D1728117

Am Anfang stand eine Idee...

nämlich die Idee, die Struktur in der deutschen Autoversicherung im Interesse der Verbraucher zu verbessern. Hierzu gehörte auch ein neues Tarif- und Vertriebssystem. In Kooperation mit der Nationwide Insurance Company, Columbus/Ohio, einem der größten Autoversicherer der Welt, kam es im Jahre 1964 zur Gründung der NECKURA. Während Dr. Josef Neckermann seine Kaufhausorganisation zur Verfügung stellte, brachte die Nationwide das Fachwissen ein.

Im Frühjahr 1965 nahm die „NECKURA – die faire Versicherung" den Geschäftsbetrieb in der Autoversicherung mit einem bis heute einmaligen Tarifsystem auf. Sie betrachtet es als gerecht und damit verbraucherfreundlich, den Schadenfreiheitsrabatt nach Versicherungsjahren zu berechnen und nicht – wie alle anderen Gesellschaften – nach Kalenderjahren. Dadurch geht dem Kunden für die Rabattberechnung kein schadenfreier Tag verloren. Der Erfolg dieses Systems blieb nicht aus und führte zu einem stetig wachsenden und zufriedenen Kundenstamm.

In den Folgejahren erweiterte die NECKURA ihr Angebot um die Familien- und Einzel-Unfallversicherung, die Hausrat- und Haftpflicht- und Lebensversicherung. Dadurch wurde es schon bald notwendig, den ursprünglichen Vertriebsweg über die Kaufhausorganisation hinaus auszudehnen. Eine eigene Außendienstorganisation wurde aufgebaut, die inzwischen zusätzlich zur Produktpalette der NECKURA auch die Vermittlung von Rechtsschutz- und Krankenversicherungen, Bausparverträgen und individuellen Finanzdienstleistungen im Rahmen eines Allfinanzkonzeptes betreibt.

Seit 1975 ist Oberursel der Hauptsitz der NECKURA Versicherungsgruppe mit ihren Tochtergesellschaften, zu denen auch die AUTO DIREKT, ein erfolgreicher Direktversicherer zählt. Von hier aus wird mit zur Zeit über 500 Mitarbeitern über ein bundesweites Agenturnetz der Vertrieb der marktgerechten Produktpalette gesteuert, wobei auch die jüngsten gesamtdeutschen Entwicklungen berücksichtigt werden.

Derzeit sind weit über eine halbe Million Versicherungsverträge, über eine viertel Milliarde DM Beitragseinnahmen und über eine halbe Milliarde DM Kapitalanlagen die Beweise für die Leistungsfähigkeit des jetzt 26 Jahre jungen Unternehmens, das sich als qualifizierter **Familienversicherer** inzwischen einen Namen gemacht hat.

Sichtbares Zeichen des anhaltenden Erfolges ist unter anderem die kürzlich fertiggestellte Aufstockung des Verwaltungsgebäudes. „Gesundes Wachstum" lautet die Devise des Vorstandsvorsitzenden U. Jacobsen, und dieser Weg läßt sich nicht nur in die Vergangenheit zurückverfolgen, er ist auch bereits für die Zukunft geebnet.

NECKURA
Die faire Versicherung

Angelika Baeumerth

Oberursel am Taunus

Eine Stadtgeschichte

Verlag Waldemar Kramer
Frankfurt am Main

Die Deutsche Bibliothek — CIP-Einheitsaufnahme
Baeumerth, Angelika:
Oberursel am Taunus : Eine Stadtgeschichte / Angelika
Baeumerth. – Frankfurt am Main : Kramer, 1991
  ISBN 3-7829-0404-4

© 1991 Verlag Waldemar Kramer, Frankfurt am Main
ISBN 3-7829-0404-4

Umschlag: Joachim Romann, Kronberg
Titelbild: Oberursel um 1587. Nach einem Ausschnitt aus der
„Mittelstedter Karte" im Hessischen Hauptstaatsarchiv Wiesbaden.
Siehe dazu in diesem Buch S. 146–150.
Umschlagrückseite: Wasserzeichen der Oberurseler Papiermühle,
Mitte 18. Jahrhundert. Siehe dazu in diesem Buch S. 133.

Gesamtherstellung: W. Kramer & Co. Druckerei-GmbH, Frankfurt am Main

Inhalt

Liebe Mitbürgerinnen und Mitbürger,

im Jahre 791 wurde „Ursella" in einer Urkunde des Klosters Lorsch erstmals schriftlich erwähnt. Anläßlich des 1200jährigen Jubiläums der Ersterwähnung gibt die Stadt Oberursel am Taunus dieses Buch heraus.

Schon lange bestand der Wunsch, eine Fortschreibung und Ergänzung der Anfang des 20. Jahrhunderts erstellten Chroniken von August Korf und Dr. Ferdinand Neuroth zu wagen. 1988 schuf die Stadt Oberursel die Voraussetzungen zu einem solchen Werk durch Bereitstellung der finanziellen Mittel. Auf Vorschlag des Vereins für Geschichte und Heimatkunde in Oberursel konnte Frau Dr. Angelika Baeumerth als kompetente Autorin gewonnen werden. Aus praktischen Gründen mußte das anspruchsvolle Projekt eines „Geschichtsbuchs" für die Stadt Oberursel, einschließlich der Stadtteile, in mehreren Abschnitten verwirklicht werden. Die erste Etappe, eine Geschichte der Stadt Oberursel zu schreiben, ist mit dem vorliegenden Buch abgeschlossen. Oberursel, 1444 zur Stadt erhoben, war nicht nur auf wirtschaftlichem, sondern vor allem auch auf dem kulturellen und sozialen Sektor eine sehr rege Stadt.

Das vorliegende Werk tritt als Geschichtsbuch an die Stelle der 1955 erschienenen und im Buchhandel seit langem vergriffenen „Geschichte der Stadt Oberursel und der Hohemark" von Dr. Ferdinand Neuroth. Frau Dr. Baeumerth schreibt die Geschichte von Oberursel bis in die Gegenwart fort. Das bedeutet, daß für die Zeit nach den Gebietsreformen von 1929 und 1972 auch die ehemaligen Gemeinden Bommersheim, Oberstedten, Stierstadt und Weißkirchen einbezogen sind.

Bedanken möchte ich mich bei Frau Dr. Angelika Baeumerth für Ihre gründliche Forschungsarbeit. Ich freue mich, daß sie eine Fülle neuer Erkenntnisse gewonnen hat und daß sie die Gabe hat, dem Leser die Geschichte unserer Stadt in so ansprechender Art und Weise zu schildern. Dank gebührt auch den zahlreichen Bürgerinnen und Bürgern, Archivaren und anderen Helfern, die die Autorin unterstützten.

Möge dieses lesenswerte, allgemeinverständliche „Handbuch" seinen Leserinnen und Lesern viel Freude bereiten!

Thomas Schadow
Bürgermeister

*Unleserliche Geschichte ist
keine Geschichte.*

Johann Huizinga

Dieses Buch beschreibt die Geschichte der Stadt Oberursel im Zeitraum von 791 bis 1991. Es ist chronologisch gegliedert und in sieben Epochen eingeteilt. Den einzelnen Epochen sind in sich geschlossene Abhandlungen von Themen zugeordnet, die in der jeweiligen Zeit ihren inhaltlichen Schwerpunkt haben. So findet sich im Anschluß an das Kapitel „Oberursel im Mittelalter" die Geschichte der Hohen Mark und nach dem historischen Überblick über „Oberursel in kurmainzischer Zeit" die Geschichte der Oberurseler Mahlmühlen und so weiter.

Ein Buch wie das vorliegende bedarf einer vergleichsweise umfangreichen Vorbereitung. Außer der Verfasserin haben an seinem Entstehen zahlreiche Personen mitgewirkt. Ihnen allen schulde ich Dank.

An erster Stelle sind die zahlreichen Oberurseler Bürger, die Heimatforscher, Historiker und Zeitzeugen zu nennen, die mir mit ihrem breitgefächerten Spezialwissen sehr hilfreich waren. Ich danke Frau A. Bott, Frau M. Broeker-Liss, Herrn L. Calmano, Herrn H. Dinges, Herrn J. Friedrich, Herrn P. Grünewald, Herrn Dr. R. Kempner, Herrn W. Kolb, Herrn M. Kopp, Herrn J. Mertens, Herrn R. Michel, Herrn Chr. Müllerleile, Frau Dr. M. Petran, Herrn Dr. H. Petran, Herrn Dr. B. Post, Herrn G. Raiss, Herrn Dr. H. H. Reck, Herrn Dr. K.-F. Rittershofer, Herrn G. Spahn, Herrn W. Washausen, Herrn W. Zink. Besonders danke ich Herrn L. Calmano und Herrn R. Michel, auf deren Wissen ich jederzeit zurückgreifen durfte.

In den aufgesuchten Archiven wurde ich fachkundig beraten. Dafür danke ich Herrn

Dr. H. Heinemann und Herrn Dr. B. Post im Hessischen Hauptstaatsarchiv Wiesbaden, Herrn Dr. J. R. Wolf im Hessischen Staatsarchiv Darmstadt sowie Herrn Dr. Kallfelz und Herrn Wagenhöfer im Bayerischen Staatsarchiv Würzburg.

Besonders danke ich den Mitarbeiterinnen des Stadtarchivs Oberursel, die mir in stets zuvorkommender Weise behilflich waren. Der Leiterin des Stadtarchivs, Frau A. Bott, sage ich Dank für die kompetente Unterstützung meiner Arbeit.

Frau Dr. Susanne Schlösser half bei der Transkription mittelalterlicher Texte. Frau A. Bott unterzog sich der Mühe der letzten Korrektur. Dem Leiter des Kulturamtes der Stadt Oberursels, Herrn H. Wilhelmi, danke ich für das Verständnis und die Geduld, die er dem Entstehen dieses Buches entgegenbrachte. Frau Dr. H. Kramer sei gedankt für ihr verlegerisches Engagement. Last not least möchte ich allen Familienmitgliedern danken, die mich in meiner Arbeit unterstützt haben. Mein Schwager Eberhard Baeumerth half mir aus mancher schwierigen Situation, die sich aus dem für mich neuen Umgang mit dem Computer ergab. Besonderen Dank schulde ich meinem Mann Karl Baeumerth, der mir klaglos helfend und ausgleichend zur Seite stand. Meine Eltern, L. und W. Nold, waren stets bereit, mich von häuslichen Verpflichtungen zu entlasten. Ihnen widme ich dieses Buch.

Angelika Baeumerth

10

Anstelle einer Einleitung – Zur Geschichte der Stadtgeschichte

„An Lokalforschern ist unsere Stadt im Vergleich zu ihrer Größe nicht arm gewesen",[1] schrieb Oberursels erster ausgebildeter Stadtarchivar Dr. Rolf Rosenbohm und nannte als ersten „Darsteller unserer Geschichte" den bekannten Dichter und Schulmeister Erasmus Alberus. Anläßlich seines letzten Aufenthaltes in Oberursel widmete er der Stadt „Ein schön kurtzweilig und nützlich geticht Von einem armen Edelmann David Wolgemut genannt…Darinnen auch das lob der Stadt Ursel begriffen ist, durch Erasmus Alber gemacht Unnd gedachter stadt Ursel zum newen jar geschenckt, Frankfurt: Egenolph 1537".[2] In diesem „Gedicht" beschrieb Alberus jedoch nicht die Vergangenheit der Stadt, sondern die Gegenwart zu seiner Zeit, die für uns Vergangenheit ist. Das Werk ist jetzt eine historische Quelle, ebenso wie seine Fortsetzung, „Nova Facies. Das ist: Neues Außsehen, Der in Königsteiner Graff- und Herrschaft gelegenen Stadt Ober-Ursel, Worinn sich selbige von zweyen Seculis her, absonderlich vom 1537ten biß auff dieses gegenwärtige 1724ste Jahr darstellet. Gedruckt in diesem Jahr".[3] Verfasser war der 1691 in Oberursel geborene Mönch des Prämonstratenserklosters Ilbenstadt, Otto Wallau. Dieses Druckwerk mit dem merkwürdigen Titel erlebte fünf Auflagen. Ferdinand Wilhelm Emil Roth, der das Büchlein neu herausgab, fügte eine Reihe historisch-topographischer Anmerkungen hinzu und wertete so das Gedicht zu einem kleinen Geschichtswerk auf. „Es ist eine lockere Mischung von historischen, topographischen und volkskundlichen Beiträgen, die nicht ohne Verdienst, aber noch weit von einer eigentlichen historischen Darstellung entfernt sind".[4]

Eine ganz andersartige Gattung der Geschichtsschreibung vertraten die Jurisdictionalbücher, in denen die historisch gewachsenen Rechtsansprüche der Herrschaft festgehalten wurden. Das Jurisdictionalbuch der Herrschaft Königstein von 1619 enthielt darüber hinaus einen kurzgefaßten Abriß der Geschichte Oberursels: die erste „Geschichte" der Stadt.[5] Verfasser war Friedrich von Fürstenberg, Oberamtmann der Herrschaft Königstein. Wie seine beiden Vorläufer aus der Mitte des 15. Jahrhunderts, das „Eppsteinische Salbuch" und das „Rote Buch"[6] war dies ein Salbuch, das auf Grund von Urkunden, Akten, Rechnungen und anderer Archivalien, die in den königsteinischen Registraturen und Reposituren lagerten, alle Rechte und Gerechtigkeiten, die sein kurfürstlicher Herr in dem Oberamt Königstein besaß oder beanspruchte, verzeichnen sollte. Folglich war es dem neuen Landesherrn, Erzbischof Johann Schweickhardt, gewidmet. Er habe, schrieb Fürstenberg, „demnach diß opus Ew. Churfürstl. Gnaden zue underthänigster Dancksagung undt meinem ahm Ampt Nachfolgern zue künfftiger undt dessen eilendter Nachrichtigung hiemit offeriren wollen…" Der Folioband mit 210 beschriebenen und mehreren unbeschriebenen Blättern führte den Titel „Herrschafft Königstein Gerechtigkeit".[7] „Für seine Benutzung müssen aber zwei Gesichtspunkte maßgebend bleiben: einmal entbehrt es nicht einer gewissen Einseitigkeit, denn es stellt die „Berechtsame" nur unter dem Gesichtspunkt „Mainz" dar; zum andermal haben Verfasser und Schreiber eine ganze Menge ausschlaggebender Archivalien nicht gekannt und auch oft Sinn und Wortlaut der Unterlagen falsch verstanden."[8]

1660 wurde dann noch speziell für „Stadt und Ambt Ursel" ein Jurisdictionalbuch angelegt, in dem auf 29 Seiten die Rechte der Landesherrschaft aufgeführt wurden.[9]

Im Stadtarchiv Oberursel wird ein kleines, aber inhaltsreiches Heft aufbewahrt, das auf das Jahr 1792 datiert ist und den Titel trägt: „Geographisch-historisch-statistische Beschreibung der Stadt Oberursel".[10] Als Verfasser wurde der Mainzer Domkapitular Johann Konrad Dahl identifiziert, der einige Jahre lang in Oberursel Kaplan war, die Stadt und ihre Bewohner also gut kannte. In Dahls Schriftchen wurde erstmals eine Zustandsbeschreibung mit den bekannten historischen Fakten verknüpft.

Um die Mitte des 19. Jahrhunderts verfaßte dann der Dichter und Heimatschriftsteller Aloys Henninger einige Oberursel betreffende Aufsätze. Ein umfassenderes Werk über die Stadt hat er jedoch nicht verfaßt.[11] Henninger wagte es als erster, außer der Kenntnis der Schriftquellen und der eigenen Beobachtungsgabe auf seine Interpretationsfähigkeit aufzubauen, wobei er Gefahr lief, der Fantasie allzu freien Lauf zu lassen.

Als erster Stadthistoriker Oberursels im eigentlichen Sinn machte sich Sanitätsrat Dr. Ferdinand Neuroth verdient. Ferdinand Neuroth (1847–1930) kam 1876 nach Oberursel. Neben seiner Tätigkeit als Hausarzt war er Polizei-, Hospital-, Armen- und Bahnarzt. Außerdem war Dr. Neuroth in der Stadtpolitik aktiv. „Im Stadtparlament hat er sich besonders die Förderung des höheren Schulwesens angelegen sein lassen. Auch der Fortbildungs- und Handwerkerschule galt seine Sorge. 1902, nachdem er

Dr. Ferdinand Neuroth

zum Ratsherrn (Stadtrat) gewählt war, trat er für die Gründung einer Stadt- und Volksbibliothek ein und schenkte dafür als Grundstock die Hälfte seiner eigenen Bücherei. Er förderte Stadterweiterungspläne und half, die Verkehrsverhältnisse verbessern. Neuerungen war er durchaus nicht verschlossen. Die Gründung einer Sanitätskolonne ist ihm zu verdanken, ebenso wie die Gründung des Vaterländischen Frauenvereins. Er rief eine Wöchnerinnenhilfe ins Leben und richtete im Ersten Weltkrieg in Oberursel die ersten Lazarette ein. Wann und wo man ihn rief, wenn es zu helfen galt, war er immer da, und oft genug verzichtete er auf sein ärztliches Honorar…

Und dann noch seine heimatkundlichen Studien! Wie oft hat er bis 2 Uhr früh, eingehüllt in dicke Wolken seines Gesundheitstabaks, an seinem Schreibtisch gesessen und

Blatt um Blatt mit seiner kleinen Schrift gefüllt. Man muß seine Notizen, Vorarbeiten und verschiedene Entwürfe gesehen haben, um festzustellen, welch eine Unsumme von Arbeit allein in der Chronik steckt."[12]

Seit 1965 trägt die Neurothstraße in Oberursel den Namen des verdienstvollen Arztes und Heimatforschers.

Neuroths „Geschichte der Stadt Oberursel und der hohen Mark" wurde im Manuskript 1905 abgeschlossen. Aus unbekannten Gründen kam es nicht zum Druck. Erst 50 Jahre später wurde der Text publiziert. Zunächst in Fortsetzungen in der seit 1954 erscheinenden Heimatkundlichen Beilage zum Taunus-Anzeiger, dem Taunus-Wächter, 1955 in Form eines Buches, zu welchem W. Wollenberg den Text redigierte und in Teilen kürzte. Aus Anlaß des ersten Abdrucks am 30.10.1954 schrieb Wollenberg: „Seit 1905 lag die Arbeit Dr. Neuroth's unangetastet im Archiv der Stadt. Nur wenigen kam sie in diesem halben Jahrhundert zu Gesicht. Sie wurde gelesen, aber nie überarbeitet oder als Quelle für Sonderdarstellungen benutzt. Man dachte hier und da vielleicht an eine Veröffentlichung, aber es kam nie dazu...Es gibt auch niemand, der sagen könnte, wie die Chronik entstanden ist."[13]

Sicher ist, daß Dr. Neuroth im wesentlichen an den Quellen des Stadtarchivs Oberursel arbeitete. Der Besuch auswärtiger Archive war für den beruflich stark beanspruchten Forscher kaum möglich. Daß er sich in den Jahren 1901 und 1902 Archivalien aus dem Hessischen Hauptstaatsarchiv, vor allem dem Ortschaftsarchiv Oberursel, kommen ließ, belegen einige Benutzerzettel mit der Notiz: „Am ...dem Magistrat in Oberursel für Dr. Neuroth gesandt."[14] Es liegt auf der Hand, daß sich Dr. Neuroth auf diese Weise keinen Überblick über den Wiesbadener Bestand verschaffen und nur einen geringen Bruchteil bearbeiten konnte.

Dr. Neuroth verfaßte außer dem Geschichtsbuch noch einen Kurzen Führer (1904) und einen Aufsatz über Oberursel im 30jährigen Krieg (1906). Dann stellte er aus unbekannten Gründen seine Publikationstätigkeit zur Oberurseler Geschichte ein.

Weniger bekannt, da oft an entlegener Stelle oder in Form von Festschriften erschienen, sind die lokalgeschichtlichen Arbeiten von August Korf (1862–1936).[15] Er wirkte in Oberursel ungefähr zur gleichen Zeit wie Dr. Neuroth. Dieser bewirkte, daß dem gelernten Kaufmann Korf, der als „Hausvater" des Holzhofs für Arbeitslose nach Oberursel gekommen war, 1903 die Begründung und Leitung der Stadt- und Volksbibliothek übertragen wurde. Es folgte die Schaffung eines städtischen Archivs. Als Benutzer des heutigen Stadtarchivs kann man immer wieder bewundernd registrieren, wie penibel Korf die Verzeichnung der Archivalien vornahm. Er mag an „Aktenstrukturstudien" wenig interessiert gewesen sein, um so mehr interessierten ihn die Archivalien in ihrer heimatkundlichen Aussage. Hier stieß Korf auf die Quellen, die ihn fesselten. Und er tat, was er nicht hätte tun müssen: er las die Archivalien und wertete sie aus. Anders als Dr. Neuroth hat A. Korf eine Fülle von lokalgeschichtlichen Publikationen hinterlassen, die oft inhaltsreicher sind als ihr Titel verheißt. Rund 70 Monographien, Aufsätze und Quellenpublikationen sind bekannt. Allein 1902 erschienen fünf Arbeiten, darunter die inhaltsreiche und grundlegende Geschichte der evangelischen Gemeinde in Oberursel. „Korf hinterließ bei seinem Tode ein festgefügtes Geschichtsbild unserer engen Heimat: einen modernen Geschichtsabriß mit umfangreichem Quellenanhang der Stadt,

August Korf

die in ihrem Aufbau besser und gleichmäßiger ist als die Neurothsche Chronik, deren Redaktion im Grunde nicht fertig geworden ist. Ferner schuf er eine Geschichte von Stierstadt, Oberstedten und Seulberg sowie einen kurzen Abriß von Weißkirchen und eine Fülle zum Teil versteckter Arbeiten."

Korfs Geschichtsbild wirkt tatsächlich ausgesprochen modern. Statt um weltgeschichtliche Ereignisse und große Gestalten der Geschichte, für die noch Dr. Neuroth ein unverkennbares Faible hatte, ging es Korf um die Alltagsbewältigung der Masse der gemeinen Menschen, sei es im politischen, wirtschaftlichen oder religiösen Sinn.

Nach dem Zweiten Weltkrieg regte sich in Oberursel vergleichsweise früh wieder das Interesse an der Heimatgeschichte. Schon 1949 gab Wilhelm Wollenberg das erste Oberurseler Jahrbuch heraus, das allerdings nur in einem Jahrgang erschien. Schon diese Publikation zeigte, daß Wollenberg weniger an eigener schriftstellerischer Tätigkeit gelegen war, obwohl er 1963 das brillant geschriebene Büchlein „Oberursel am Taunus. Bildnis einer Stadt" verfaßte. Seinem Drang, etwas zu „bewegen", entsprang dann 1955 die Herausgabe von Dr. Neuroths „Geschichte der Stadt Oberursel und der Hohemark". Wollenberg redigierte das Manuskript und versah die Publikation mit einem Vorwort, das die Entstehungsgeschichte des Buches erläuterte. Vor den meisten Heimatforschern zeichnete sich Wollenberg dadurch aus, daß er sich nicht nur mit der älteren Geschichte beschäftigte, sondern auch mit der jüngsten Vergangenheit. So begann er 1951 eine zeitgeschichtliche „Chronik" der Stadt zu schreiben, die jedoch über das Stadium eines Manuskriptes von 16 Seiten nicht hinauskam. [16]

1952 gründete Hans Hoyer mit Unterstützung von W. Wollenberg und anderen Heimatfreunden den „Heimatkundlichen Arbeitskreis", aus dem 1962 der Verein für Geschichte und Heimatkunde Oberursel hervorging. [17] Seither gestaltet dieser Verein reichhaltige heimatgeschichtliche und heimatkundliche Jahresprogramme mit Vorträgen, Führungen und Exkursionen. Zu den führenden Persönlichkeiten Reinhard Michel und Adolf Kempf traten mit der Zeit als weitere aktive Heimatfreunde Waldemar Kolb, Ludwig Calmano, M. Müller, H. Junk und andere. Schließlich wurde die Fülle der selbstgestellten Aufgaben und Interessengebiete so groß, daß sich Arbeitsgruppen bildeten. So gelang es, maßgeblich an der Wiedererrichtung des Stadtarchivs und an der Neueinrichtung des Vortaunusmuseums mitzuwirken, in Arbeitskreisen die Grundlagen für die Erforschung von Schwerpunktthemen zu schaffen und schließlich mit einer Schriftenreihe, den „Mitteilungen des Vereins für Geschichte und Heimatkunde Oberursel (Taunus) e.V.", heimatkundlichen Forschungen zur Publikation zu verhelfen.

Die stadtgeschichtliche Dokumentation erfuhr durch die feste Etablierung von Stadtarchiv und Vortaunusmuseum eine große Bereicherung. Das kulturelle Dreigestirn am Marktplatz – Archiv, Bibliothek, Museum – entfaltet sich seither in unübersehbar positiver Weise. Die Mitarbeiter/innen des Stadtarchivs und des Vortaunusmuseums erarbeiten seit den 1970er Jahren Ausstellungen und Informationsbroschüren, die immer neue Einzelaspekte der Stadtgeschichte beleuchten. Stadtarchivar Dr. Rolf Rosenbohm trat darüber hinaus mit zahlreichen wertvollen Beiträgen in der örtlichen Presse an die Öffentlichkeit. Leider gelang auch ihm nicht die in der Vergangenheit schon mehrfach versuchte feste Einrichtung einer heimatkundlichen Beilage zur Lokalzeitung. Der Wunsch, eine sehr breite Öffentlichkeit über heimatkundliche Belange zu unterrichten, bleibt somit ein Wunsch für die Zukunft.

Mehr Erfolg war, dank des Engagements der Stadt und des ortsansässigen Verlegers Dr. Waldemar Kramer, zwei Buchveröffentlichungen beschieden, die unter dem Titel „Ursella" 1978 und 1980 erschienen; Band I war eine Aufsatzsammlung, Band II ein Themenband „Mühlen, Fabriken und Menschen am Urselbach".

Einen Wunsch wollte sich die Stadt Oberursel zur 1200-Jahrfeier im Jahr 1991 erfüllen: ein Geschichtsbuch, in dem sich möglichst viel von dem zusammengefaßt wiederfinden sollte, was die breitgefächerten und schon so lange währenden heimatkundlichen Forschungen zutage gefördert hatten.

Schon lange hatte man im Geschichtsverein darüber nachgedacht, daß es notwendig sei, die „Geschichte der Stadt Oberursel und der Hohemark" von Dr. Neuroth zu ergänzen und zu erweitern. Zugleich sollte das große Manko der Veröffentlichungen von Korf und Dr. Neuroth, die unterlassene exakte Benennung der Quellen, behoben werden.

Die Verfasserin wurde vom Magistrat der Stadt Oberursel mit diesem, wie sich zeigen sollte, sehr anspruchsvollen Projekt beauftragt. Es galt nämlich nicht nur, die bisher erschienenen Publikationen zu verarbeiten, sondern zugleich den archivalischen Quellen Korfs und Neuroths nachzuspüren. Zu meiner großen Verwunderung (und nicht geringen Bestürzung) stellte ich fest, daß eine überraschende Fülle von bisher unbekannten Quellen, vor allem des Hessischen Hauptstaatsarchivs in Wiesbaden, zu entdecken, zu sichten, zu interpretieren und mit dem bekannten Material in Einklang zu bringen war.

Da das Buch einen festen Erscheinungstermin hatte, standen für die eigentliche Bearbeitung nur knapp zwei Jahre zur Verfügung. Nicht zuletzt deshalb wurde eine Abwandlung der Konzeption erforderlich. Es zeigte sich aber auch, daß die Zeit für einen „historischen Überblick" noch gar nicht reif war. Zu viele Quellen waren neu und mußten erst einmal ihrem Inhalt nach vorgestellt werden. Es empfahl sich also eine Darstellung der Stadtgeschichte unter Bildung von Schwerpunkten. Der geschichtliche Rahmen, aber auch andernorts ausführlich dargestellte Einzelbereiche (z.B. der 30jährige Krieg) wurden aus diesem Grund bewußt knapp gehalten. Es sind also nicht persönliche Präferenzen der Verfasserin, sondern die Gegebenheiten des Vorge-

fundenen für Form und Inhalt des vorliegenden Buches ausschlaggebend gewesen.
Im übrigen seien die Leser eindringlich darauf hingewiesen, daß diese Publikation einen sehr umfangreichen Anmerkungsteil
hat, dem bei Interesse an Einzelthemen wei-
terführende Hinweise entnommen werden
können.

Daraus ergibt sich, daß mit diesem Buch
die Stadtgeschichtsschreibung nicht abgeschlossen werden soll. Vielmehr soll es möglichst viele Leser anregen, sich mit der Geschichte Oberursels zu beschäftigen. Wenn
das vorliegende Werk als Handbuch dienen
kann, hat es seinen Zweck und den Wunsch
der Verfasserin erfüllt.

Oberursel im Mittelalter

...und davor[1]

Oberursel wurde als „Ursella" im Jahr 791 erstmals in einer Urkunde erwähnt. Doch bedeutet dies nicht, daß es damals „entstand". Ursella existierte schon eine geraume Zeit, bevor es „aktenkundig" wurde.

Erste Spuren menschlicher Ansiedlung im heutigen Stadtgebiet von Oberursel fanden sich im Käsbachtal bei Oberursel-Stierstadt, sie stammen aus der Mittleren Altsteinzeit (ca. 100.000 v. Chr.). Die ersten Siedler lassen sich hier in der frühen Jungsteinzeit (Bandkeramik; 6. Jahrtausend v. Chr.) nachweisen.[2]

Die heutige Kernstadt von Oberursel liegt am Südhang des Taunus auf einem Schuttkegel des Urselbachs, der als Heidtränkbach aus dem Taunus kommt. Daß der Hügel, auf dem heute die St. Ursulakirche steht, schon in vorgeschichtlicher Zeit besiedelt war, ist möglich, jedoch noch nicht nachgewiesen.

Seit der späten Bronzezeit befanden sich auf den Bergen um Oberursel Ringwälle und Höhenbefestigungen. Von der Befestigung auf dem Bleibeskopf aus dem 9./8. Jahrhundert v. Chr. hat sich ein etwa 490 m langer Steinwall erhalten. Auf dem Altkönig befinden sich Reste einer keltischen Ringwallanlage (5./4. Jh. v. Chr.).

Aus vorrömischer Zeit stammt ein Wall mit davorliegendem Graben, der schnurgerade das Urselbachtal vom Borkenberghang bis zur gegenüberliegenden Höhe abriegelte (Heidegraben).[3]

Im 2. und 1. Jahrhundert v. Chr. dehnte sich über dem Heidetränktal, verteilt auf Goldgrube und Altenhöfe, eine aus einer älteren Anlage hervorgegangene spätkeltische Höhensiedlung aus, das Heidetränk-Oppidum.[4] Es war „die größte befestigte Siedlung" im heutigen Bundesland Hessen mit einer der „bedeutendsten vorgeschichtlichen Ringwallanlagen des Mittelrheingebietes".[5] Das Oppidum lag auf den ersten über die Rhein-Main-Ebene sich erhebenden Höhen des Taunus, aber noch vor dessen Kammlinie, an einem wichtigen Zugang zum Hochtaunus. Es handelte sich um eine vielfach gestaffelte Bergsiedlung, die sich mit Ober- und Unterstadt und einer großen Zahl von Häusern oder Hütten, die sich über ca. 1900 x 850 m erstreckte.[6] In der Zeit um Christi Geburt wurde das Heidetränk-Oppidum bedeutungslos.

Danach gehörte das Gebiet um das spätere Oberursel bis etwa 260 n. Chr.[7] zur römischen „Civitas Taunensium", die sich zwischen Taunuskamm und Main erstreckte und ihr Zentrum in Nida-Heddernheim hatte.

In der germanischen und frühen fränkischen Zeit war der Taunus ein Grenzland, das so gut wie keine historischen Zeugnisse hinterließ.

Belege menschlicher Ansiedlung sind eine frühmittelalterliche Anlage am Borkenberg[8] und eine frühmittelalterliche Burg auf dem Hünerberg.[9]

Funde aus dem Heidetränk-Oppidum im Vortaunusmuseum

Die Christianisierung des Gebietes um
Ursel war im 8. Jahrhundert vollzogen. In
der 2. Hälfte des 8. Jahrhunderts begannen
dann auch die Familien der fränkischen Ad-
ligen mit Klostergründungen. Dazu gehört
die Gründung des Klosters Lorsch im Jahre
764 durch den Grafen Cancor aus dem Geschlecht der Rupertiner. Dieses wie auch die
Klöster Fulda und Hersfeld wurden gegen
Ende des 8. Jahrhunderts zu Reichsklöstern
erhoben und waren geistige und wirtschaftliche Machtfaktoren ersten Ranges. Hinzu
kam die Expansion des Bistums Mainz, das
780/782 zum Erzbistum erhoben wurde
und einen überragenden kirchlichen Einfluß gerade auf das Rhein-Main-Gebiet aus-
zuüben begann.[10]

Die Ersterwähnung im Jahr 791

Wie viele Gemeinden des Taunusvorlandes
wurde Ursel in dieser Zeit erstmals urkundlich erwähnt. Dies geschah am 26. April 791,
als ein begüterter Grundbesitzer namens
Suicger dem Kloster Lorsch an der Berg-
straße 60 Morgen Land, einen Knecht und
zwei Hofstätten schenkte – in dem Dorf
„Ursella" und in „Steorstadt", beide im
Niddagau („pago Nitachgowe") gelegen.

Diese erste schriftliche Erwähnung von
Oberursel findet sich in dem Güterver-
zeichnis des Klosters Lorsch, dem sogenannten „Codex Laureshamensis", der zwischen
1175 und 1195 angelegt wurde. Es handelte
sich um eine Chronik des Klosters, der Ur-
kundenabschriften über die Besitzverhältnisse des Klosters angefügt waren. So wurde
die Schenkung des Suicger, auf den Tag genau, dokumentiert.

Der in lateinischer Sprache abgefaßte Text
im Wortlaut auf Seite 19.

Die Schenkung des Suicger erfolgte zu
einem Zeitpunkt, der für Suicger wie für
das Kloster Lorsch von Bedeutung war;
für den Ort hatte das Datum der ersten
schriftlichen Erwähnung den Charakter
eines Zufalls. Mehr oder weniger durch
Zufall und durch die Gunst der Verhältnisse hat sich auch der Codex Laureshamensis erhalten, während die Urkunde
selbst nicht überliefert ist.[15] Der Codex
blieb bis zum Jahr 1555 im Kloster Lorsch.
Danach gelangte er in das Pfälzische Archiv in Heidelberg. Als Kurmainz zwischen
1623 und 1650 das seit 1461 verpfändete
Kloster einlöste, wurde der Codex nach
Mainz gebracht. Von dort gelangte er in
Folge der französischen Revolutionswirren
um 1792 nach Aschaffenburg und wurde
nach 1819 in das bayerische Kreisarchiv
Würzburg übernommen. Dieses sandte den

Laurissamensi. t. q. s. Don Suicgeri
H. xpi nomine In uilla Vrsella / Steorstat.
sub die vi kl maii anno xxiii karoli regi   karoli regis.
Ego Suicger dono ad s. H. mrem qui req.
incorpe inmonast Laurish. ubi uenerabilis
Richbodo abb presse uidet donatuq; inppe   Richbodo abb.
tuu ee uolo inpago Hitachgouue inuilla
Vrsella et Steorstat. l r iurn. et i seruu et
ii houestete stipulat subnixa dctu inmo
nast Laurish. t. q. s. Don Iuttiuumdis

Ersterwähnung von (Ober-)Ursel und Stierstadt im „Lorscher Codex"

Donatio Suicgeri
in Christi nomine In villa Vrsella et Steorstat
sub die VI calendas maii anno XXIII karoli regis
Ego Suicger dono ad Sanctum Nazarium martyrem qui re-
quiescit in corpore in monasterio laurishamensi
ubi venerabilis Richbodo abbas preesse videtur
donatumque in perpetuum esse volo
in pago Nitachgowe in villa Vrsella et Steorstat
LX iurnalia et I servum et II hovestete
stipulatione subnixa
Actum in monasterio Laurishamensi[11] tempore quo supra.
Schenkung des Suicger.

In Christi Namen. Im Dorf Ursel und Stierstadt am 6. Tag vor den Kalenden
des Mai im 23. Regierungsjahr des Königs Karl.[12]
Ich, Suicger, schenke dem Märtyrer St. Nazarius, dessen Leib im
Lorscher Kloster ruht, dem bekanntermaßen der ehrwürdige Richbod
als Abt vorsteht, und ich wünsche meiner Schenkung ewigen
Bestand: Im Niddagau im Dorf Ursel und Stierstadt
60 Morgen Land,[13] 1 Knecht und 2 Hofstätten, durch Handgelöbnis bekräftigt.
Geschehen im Kloster Lorsch zur oben angegebenen Zeit.[14]

Codex mit allen mittelalterlichen Urkunden 1836 in das damalige Reichsarchiv in München. So kommt es, daß die Ersterwähnung Oberursels im Codex Laureshamensis noch heute im Bayerischen Hauptstaatsarchiv in München besichtigt werden kann.

Der Schenkende, Suicger, war ein offenbar wohlhabender Grundbesitzer und Angehöriger des karolingischen Reichsadels. Zu seinen zahlreichen Schenkungen an die Klöster Lorsch und Fulda gehörten außer jener des Jahres 791 noch zwei weitere „in villa Ursella et in Steorstat" in den Jahren 795 und 796.[16]

Es spricht vieles dafür, daß das urkundlich erwähnte „Ursella" die Keimzelle des heutigen Oberursel war. Mit letzter Sicherheit auszuschließen ist jedoch nicht, daß es sich um Land in Nieder- oder Mittelursel handelte. „Der Grund liegt in der damaligen Siedlungsweise. Es gab noch keine geschlossenen Dörfer. Unter Ursella dürfte die Talschaft des Urselbaches gemeint sein mit verstreuten Hofreiten oder Hofstätten".[17] So läßt die bis ins 14. Jahrhundert fast ausschließlich verwendete Bezeichnung Ursel gelegentlich die Frage aufkommen, um welches der drei Dörfer es sich handelte. Meist läßt sie sich aus dem Zusammenhang der Erwähnung mit einiger Wahrscheinlichkeit beantworten.[18] Der Deutschordens-Hochmeister (1324–1339) Werner von Ursel wurde um 1280 mit großer Wahrscheinlichkeit in Niederursel geboren.[19] Ob die insbesondere im 14. Jahrhundert öfter erwähnten Vögte von Ursel in Ober- oder in Niederursel ansässig waren, ist strittig.[20]

Die Namensformen Ursella, Urselle, Ursalla, Vrsellere marca etc. gehen auf die frühalthochdeutsche Grundform URSEL-LA zurück.[21] Einen Schlüssel zur Deutung bietet der seit dem 14. Jahrhundert überlieferte Bachname, der 1331 mit „uff die Urßel" angegeben wird. Der Doppelkonsonant der Endung war also dem heute gebräuchlichen einfachen l gewichen. Bei dem gemeinsamen Wortstamm ist zu denken an eine Herleitung aus indogermanisch wer-/wor- mit der Bedeutung Wasser, Regen, Fluß; eine Wurzel, die sich mehrfach in der alteuropäischen Flußnamengebung nachweisen läßt (z.B. heißt der Oberlauf des schweizerischen Flusses Reuß Ursa und Ursella). Der Wortstamm ist also zweieinhalb bis dreitausend Jahre alt.[22] Von dem Namen für das Gewässer – Urselbach – ging er auf den des Fleckens, des Marktortes und schließlich der Stadt Oberursel über.

Mit dem lateinischen Mädchennamen Ursula kann „Ursella" nicht in Verbindung gebracht werden. Daß die Hl. Ursula heute die Patronin der Pfarrkirche und der Stadt Oberursel ist, geht auf eine viel spätere Entwicklung oder Entscheidung zurück. Erstmals erwähnt wird die Hl. Ursula als Kirchenpatronin im Jahr 1464.

Bis zur Ausbildung des Namens „Oberursel" vergingen jedoch noch Jahrhunderte. Um 1300 ist mehrfach von „monte Ursele" die Rede;[23] 1378 entsprechend auf deutsch: „Ursel uff dem berge".[24]

Seit dem Ende des 8. Jahrhunderts sind uns die Namen weiterer Grundbesitzer überliefert, die alle dem Kloster Lorsch Besitz in Ursel vermachten: 797 Liupert,[25] 801 Ilisa,[26] 821 Theotgoz[27] und 848 Erkengoz.[28] Auch im 9. Jahrhundert wird Ursella mehrfach urkundlich erwähnt. 880 und 882 bestätigten König Ludwig III. und Karl der Dicke die Schenkung des „monasterium ad Ursella" an die Salvatorkapelle in Frank-

Die gähnende Frau von Ursel

„Noch eine andre Frau wurde bald darauf, wie bekannt, durch dieselben seligen Märtyrer von einem großen Gebresten befreit. Dem Vernehmen nach trug sich das folgendermaßen zu. In dem Niddagau befindet sich, etwa sechs Meilen von der Kirche der Märtyrer (d. h. Seligenstadt) entfernt, ein Ort, der Ursel heißt. Dort öffnete eine Frau, als sie bei Tagesanbruch aus dem Schlaf erwachend in ihrem Bette saß und nach der Gewohnheit aufwachend die Arme auseinanderstreckte und anhaltend gähnte, um die Schläfrigkeit abzuschütteln, den Mund etwas weiter, als sie sollte; dabei renkten sich die Gelenke der Kiefer an den Ohren aus, und der Rachen blieb gähnend unbeweglich stehen. Infolge des Unvermögens, ihren Mund zu schließen, sah sie einer Maske ähnlicher als einem Menschen und büßte sehr schwer für ihr unbedachtsames Aufreißen des Mundes. Sobald das den an diesem Orte wohnenden Frauen bekannt wurde, liefen sie herbei und bemühten sich, mit Kräutern und albernen Beschwörungen der Kranken zu helfen. Jedoch die eitle und abergläubische Vermessenheit hatte keine Wirkung, sondern was die unerfahrenen Hände in der Absicht zu heilen, bei ihr anwendeten, quälte und verletzte die Leidende nur. Unterdessen kam der Bruder des Mannes der Frau herbei und gab ihr den heilsamen Rat, sich unverzüglich zu der Kirche der Märtyrer bringen zu lassen; dort, versicherte er, würde sie geheilt, wenn je Aussicht auf die Wiederherstellung ihrer Gesundheit bestände. Sogleich setzten sie sie auf ein Lasttier und führten sie dorthin. Wie sie sich der Kirche näherten, nahmen sie sie von dem Tiere herab und ließen sie zu Fuß gehen. Als sie an eine Stelle gekommen waren, von wo aus schon das Glockentürmchen der Kirche sichtbar war, und sie auf das Geheiß ihrer Führer die Augen nach ihm zu erheben, dieses erblickte und anschaute, erlangte sie im Nu ihre Gesundheit wieder. Da fielen alle ohne Unterschied zur Erde nieder, priesen die göttliche Barmherzigkeit mit allen möglichen Lobsprüchen, standen dann auf und eilten zur Kirche weiter. Dort verehrten sie die hochheiligen Märtyrer, erfüllten nach dem Maß ihres Vermögens ihre Gelübde und kehrten danach unter großem Jubel nach Hause zurück. Wir sahen und sprachen die Frau; und das, was mit ihr geschehen, erfuhren wir aus ihrem eigenen Munde."

furt.[29] Der berühmte Einhard, Historiograph Karls des Großen, erzählt in seiner zwischen 827 und 831 entstandenen Schrift „Übertragung und Wunder der Heiligen Marzellinus und Petrus" von einer Frau aus Ursel, an der sich ein Heiligen-Wunder vollzogen haben soll. Die Frau soll von einer Maulsperre befreit worden sein, die sie sich beim Gähnen zuzog.[30]

Über das Aussehen des frühmittelalterlichen Oberursel lassen sich keine verbindlichen Aussagen treffen. Zwar wissen wir, daß an der Stelle der heutigen St. Ursulakirche vor der Jahrtausendwende ein kirchliches Gebäude existierte, aber es ist nicht mit letzter Sicherheit erwiesen, daß es sich um das urkundlich erwähnte „monasterium" handelte.[31]

Die in der Vergangenheit ausgesprochene Vermutung, in Oberursel habe in karolingischer Zeit auf dem Platz der heutigen Ursulakirche eine bewehrte königliche Hofanlage (Curtis) bestanden, wurde durch eine Grabung im Jahr 1979 nicht bestätigt.[32]

Die Behausungen der einfachen Bewohner des Fleckens Ursella sind nicht überliefert, denn sie bestanden wohl ausschließlich aus vergänglichem Material, vor allem aus Holz. Daher ist auch die Zahl der Häuser und ihrer Bewohner unbekannt.

„Ursele zum Stulen"

Seit dem 9. Jahrhundert taucht in den Urkunden immer wieder die Bezeichnung „comitia Ursele zum Stulen" auf. Diese „Grafschaft" Ursel umfaßte etwa die Gebiete der Hohen Mark, der Mark Hardt und der Seulberger Mark. „Ursele zum Stulen" könnte eine von drei Unterabteilungen des Niddagaus gewesen sein.[33]

Zur Urseler Grafschaft gehörten Ober-, Mittel- und Niederursel, Ober- und Niederbommersheim, Ober- und Niedereschbach, Stierstadt, Weißkirchen, Kalbach, Harheim, Obererlenbach, Kirdorf, Ober-, Mittel- und Niederstedten, Holzhausen, Steinbach, Oberwöllstadt und Heddernheim.

Im 12. Jahrhundert waren die im Niddagau, in der Wetterau und am Mittelrhein begüterten Grafen von Nürings auch im Besitz der Grafschaft Ursele zum Stulen. Nach dem Tod des letzten Nürings (1171 oder 1191) fiel Stulen an den König, der sie dem Pfalzgrafen übergab, welcher wiederum Wortwin von Stedten/Hohenberg damit belehnte. Vor 1211 starb Wortwin. Danach gehörte die Grafschaft zu Teilen den Herren von Falkenstein und den Herren von Eppstein.[34] Als die Brüder Philipp II. und Werner I. von Falkenstein 1271 ihre Burgen aufteilten, erhielt Werner alles zu Königstein gehörige „uszgenommen die grafschaft, genant Ursele zu den Stulen". Diese sollte, was die gewinnbringenden Rechte, „das gerichte und die vrebele", betraf, beiden Brüdern gehören; nur die Einkünfte von Leibeigenen und von Grundbesitz, „die lude und die gulde", sollten „sin alleyn sin".[35] Die Hoch- und Blutgerichtsbarkeit scheinen sich die Eppsteiner vorbehalten zu haben. Außerdem besaßen sie als „Zubehör" der Herrschaft Homburg Rechte und Besitz in den „Grafschafts"orten, darunter Oberursel, Mittelursel, Weißkirchen, Nieder- und Oberbommersheim, Gattenhofen, Nieder- und Oberstedten.

Von der Grafschaft zum Landgericht

Im Hochmittelalter waren die „Grafschaften" weder territoriale Gebilde noch mit eigentlichen Grafenrechten ausgestattet, vielmehr „nur noch Hochgerichtsbezirke"[36], deren Name, „Stuell", „Stullen", „Stulen" sich später auf die Landgerichte übertrug.[37] Sie erfaßten die bäuerliche Bevölkerung und waren zuständig für die sühnbaren Kriminalfälle, die „Frevel", für die unsühnbare Gerichtsbarkeit über die „ehrlichen" Verbrechen (z.B. Totschlag, Landfriedensbruch) mit Strafen an Hals und Haupt und für die „unehrlichen" Verbrechen (z.B. Diebstahl).[38]

Die Gerichtsstätte der Grafschaft Ursele zum Stulen lag in Kalbacher Gemarkung bei dem Bonifatiusbrunnen und der auf freiem Feld stehenden Pfarrkirche „Crutzen" („ecclesia in Cruze"), deren Namen das Landgericht ebenfalls trug.[39]

Wie vielerorts sank die Bedeutung des Landgerichts zum Stulen im 15. Jahrhundert. Insbesondere das 1444 errichtete Oberurseler Stadtgericht entzog dem Landgericht die hohe streitige Gerichtsbarkeit. Stulen war nur noch „peinliches Landgericht".[40]

Über die ältere Gerichtsverfassung sind wir kaum unterrichtet. Sicher ist, daß am Landgericht zum Stulen nicht die Herrschaft, sondern die Dörfer die Unkosten zu tragen hatten. Man forderte, wie „von vielen unabdenklichen Jahren hergebracht"[41], jährlich eine feste Summe, die zur Bestreitung der Unterhaltungskosten von Turm und Gefängnis in Oberursel verwandt wurde. Die „Landgerichtsrechnungen" für Stulen (ab 1651 erhalten) zeigen, daß ein eigens eingesetzter Land- oder Halsgerichtsrechenmeister die von den Dörfern zu entrichtenden Abgaben betreute.[42]

Aufschlußreich ist ein 1568/69 stattgefundener Prozeß gegen drei königsteinische Untertanen, die auf hanauischem Gebiet einen Juden überfallen, ausgeraubt und gefangengehalten hatten. Die Angeklagten wurden vor ein königsteinisches Gericht gebracht: nach Oberursel vor das Halsgericht Stulen. Die drei „Landfriedensbrecher" endeten durch Hinrichtung mit dem Schwert.[43]

Wie vorgegangen wurde, zeigt anschaulich der peinliche Prozeß, der 1562 am Landgericht zu Oberursel gegen Hans Schmit und Hans Lower eröffnet wurde. Als Lower gütlich und freiwillig nichts gestehen wollte, wurde er peinlich gefragt und durch den Oberurseler Scharfrichter Meister Thomas gefoltert. Auch Hans Schmit wurde gefoltert, bis der Gequälte gestand.[44] Ob die Hinrichtung durch den Scharfrichter zwei Mörder oder unschuldig Gefolterte traf, läßt sich nicht entscheiden.

Aus dem 18. Jahrhundert liegt ein amtlicher Bericht über die Beschaffenheit der „Cent Ursel" vor. Damals gab es keine besonderen Zentbeamten und auch keine Zentschöffen mehr. Der Stadtschultheiß von Oberursel vertrat den Zentgrafen, der Stadtschreiber den Zent- oder Blutschreiber, der älteste Ratsverwandte den Zentverwalter und der Stadtdiener amtierte als Kerkerwart. Sie alle erhielten kein Gehalt, sondern nur Gebühren aus der Zentkasse. Jeder Ort stellte bei Veröffentlichung eines Todesurteils und bei einer Hinrichtung einen Blutschöffen, der bereits herrschaftlicher Schöffe am Dorfgericht war. Prozesse wurden durch den Stadtschultheißen und Stadtschreiber im Beisein von zwei Ratsverwandten geführt.[45] Das Landgericht hatte demnach seine selbständige Handlungsfähigkeit ganz verloren, der Unterschied zwischen der „Cent" und einem gewöhnlichen herrschaftlichen Kriminalgericht war völlig verschwunden. Nur an der Führung einer eigenen Zentkasse hielt man (bis 1812) fest.[46]

In Oberursel waren 1765 „außer einigen geringen Behältern fünf Türn oder Gefängnis [vorhanden], die nach Landesart und Beschaffenheit vor ziemlich verwahrt und zuverlässig zu halten" waren. Vom Hochgericht in Kalbacher Gemarkung hieß es, es sei „mit zweyen Pfeiler versehen, daran aber der Zwerchbalken verfallen und dato manglet".[47]

Im Jahr 1788 gingen die Kompetenzen des peinlichen Halsgerichtes auf die in Oberursel errichtete Kurfürstliche Amtsvogtei über, und somit fand die Tätigkeit des Halsgerichtes in diesem Jahr ihr Ende.[48]

Die Herren von Eppstein verlegten in der zweiten Hälfte des 12. Jahrhunderts ihren Stammsitz in den Taunus. Sie waren Inhaber zahlreicher Reichslehen, Landvögte der Wetterau und konnten ihren Besitz im Vordertaunus und im Maingebiet kontinuierlich ausbauen.

Um die falkenstein-eppsteinischen Besitzrechte zu entflechten, nahmen Philipp III. von Falkenstein und Gottfried von Eppstein 1317 einen Tausch vor. Eppstein gab die Hälfte seiner Dörfer im Mörler Grund[49] und erhielt dafür von Falkenstein die Hälfte der Gerichtsherrschaften, „des rechtis, das

---

Oberurseler Bürger des 14. Jahrhunderts

In den Frankfurter Bürgerbüchern des 14. Jahrhunderts erscheinen zahlreiche Personen, deren Herkunft aus Ursel (wohl auch Niederursel) und Oberursel angegeben wird. Anders als bei früheren Erwähnungen von Persönlichkeiten aus Ursel haben wir hier Leute aus der Bürgerschaft vor uns: Bäcker, Hirten, Walker usw. Da sich in jener Zeit die Ausbildung von Nachnamen noch nicht voll durchgesetzt hatte, kann man oft nicht eindeutig sagen, ob z.B. Bäcker die Berufsbezeichnung bedeutete oder den Namen des Betreffenden. Gleichwohl erkennt man, daß damals schon eine recht breite Berufsstreuung herrschte.[53]

1327
wurde in Frankfurt als Bürger aufgenommen: Arnoldus dictus Drewere (Treiber, Viehhändler) de obern Ursele.

1331
Culmannus pistor (Bäcker) de Ursele uf dem Berge.

1337
tritt als Bürge für die Brüder Heinricus et und Wygandus von Berkirsheim auf: Conrad Burneman de Ursele.

1338:
Henkin opilio (= Schafhirt) de Essebach gener Culmanni opilionis de Ursele; idem est fideiussor.

1338:
Guntramus de Ursele

1342:
Hennechin grebe de Ursele

1342
Bürgen: Heilman Urselere, Wenczel welker (Tuchwalker) de Ursele.

1342:
Happe von Ursele uf dem berge

1344:
Wenczle welkere (Wenczel welkir) von Ursele.

1346:
Gernand meczelere (Metzger) von obirn Ursele; fideiussores pro 1/2 mr. Bürgen: Johann Berkirsheimer, Heile Hulde von Stede.

1346:
Concze, Heylen debeckirs son (Sohn des Beckers Heyl) von obirn Ursele.

1346
Gernandus de Ursele u.a. als Bürge für fünf Personen aus Anspach und „Stallinhein".

1346:
Friderich Lynse von obirn Ursele

1347:
Wortwin oleygere (Ölhändler) von obern Ursele

1347:
bürgt „her (!) Friderich von Ursele".

1362:
Concze Stracke von Ursele hat gehuldit und hat eynis burgers dochter.

1364:
Clawis Burger (Bürger) von ubirn Ursele

1367:
Niclas von obern Ursele.

1377:
Henne von Ursel hat gehuldit und gesworn.

1387
erscheint außer Henne von Ursel noch Heinczchin von Ursel. Außerdem unter den Handwerkern der Weber Peder von Ursel.

sie han in den dorferen, daruber wir (Eppstein) ein waltbode sin, mit namen die da horen zu Ursele zum stulin und zur widin".[50]

Dennoch kam es in den Jahren zwischen 1334 und 1346 zu Unstimmigkeiten hinsichtlich der Gerechtsame der Eppsteiner in Oberursel. Zur Klärung des Sachverhaltes wiesen die ältesten Bewohner und die Schöffen in einer Versammlung das Recht, das die Herrschaft von Eppstein „ye und ye von Alter gehabt hatt und herbracht hatt in dem Dorffe zue Obern-Ursel". In der danach entstandenen Niederschrift, dem „Oberurseler Weistum", war festgelegt, welche Rechte dem Herrn von Eppstein zustanden.[51] Es wird deutlich, daß der Eppsteiner der Dorfherr von Ursel war; dagegen hatten die Falkensteiner nur noch minimale Rechte. 1418 starben die zuletzt stark verschuldeten Falkensteiner aus. Die Herren von Eppstein gelangten in den Besitz der Herrschaft Königstein.[52]

Bald darauf entbrannte zwischen den Brüdern Gottfried und Eberhard von Eppstein ein hartnäckiger Streit. Sie sahen sich außerstande, den ererbten Besitz gemeinsam zu verwalten, doch dauerte es Jahre, bis man sich zu einer Einigung über die Aufteilung

durchrang. Trotz spärlicher Überlieferung läßt sich ahnen, welch harte Kämpfe die Brüder ausfochten: 1421 teilten Eberhard und Gottfried von Eppstein die Herrschaft unter sich, und Oberursel kam an Eber-

Die „Burg"

26

Die „Burg"
(An der Burg 2 und 4)

Heute ist sie ein unauffälliges Gebäude am Rande der Altstadt: die „Burg", auf die der
Besucher nur durch die Straßenbezeichnung „An der Burg" aufmerksam gemacht wird.
Die Burg erhebt sich an der höchsten Stelle der Stadt. Rein äußerlich ist sie heute nicht
von einem Wohnhaus zu unterscheiden. Originale Bauteile haben sich nur im Keller des
Hauses Nr. 4 erhalten.

Es ist unbekannt, wann und von wem die Burg errichtet wurde. Spekulativ ist die Vermutung, „ob diese Burg mit der von dem Edelknechtegeschlecht der Orsele oder Ursele,
die von 1200 bis etwa 1500 vorkommen, bewohnten Burg Dornstein einerlei ist."[60] Sicher ist, daß die Burg in der ersten Hälfte des 15. Jahrhunderts existierte und zum Besitz
der Eppsteiner gehörte.

Da das Gebäude in den frühesten Dokumenten als „Schloß" (sloße, sloiß etc.) bezeichnet wird, diese Bezeichnung aber auch für das ganze Quartier der heutigen Altstadt galt,
ist oft nicht eindeutig zu klären, worauf sich die Erwähnung bezieht. So wissen wir nicht,
ob bei einem Rechtsakt zwischen Conrad und Frank von Morll (Mörlen) und Eberhard
von Eppstein im Jahr 1385 „uf dem Sloße Urzele" der Bezirk oder das Gebäude gemeint
ist[61]; im letzteren Fall handelte es sich um die früheste Erwähnung der „Burg".

1424 erhielt Gottfried von Eppstein „zweiteil" der Burg „mit allen iren zugehorden",
die Eberhard von Eppstein „zu diesser cziit in pancz wise innehait".[62] Bei der Bruderteilung 1433 besann man sich eines anderen: „Ein Briefflein uff Bappier" bekräftigte 1434
die Übergabe von „Slois Ursel" an Eberhard von Eppstein.[63] Da in diesem Zusammenhang nicht nur von Turmhüter, Wächter, Pförtner und Bürgern (als Bewohnern des
Quartiers „Schloß") die Rede ist, sondern auch von „uns Manne, Burgmanne", muß damit zweifelsfrei die „Burg" gemeint gewesen sein.

1439 hören wir, daß Eberhard von Eppstein sein „Sloiß zu Ursell" für jährlich („uff
Sanct Mertens Tagk") fünf Gulden an Arnolt von Breydenbach „zu rechtem Burgklehen" gegeben hat.[64] Wenig später war von Breydenbach nicht mehr die Rede, vielmehr
ernannte Eberhard von Eppstein am 24. August 1446 Wolff von Bommersheim d.J.[65]
zum „Burgmanne inn syme Sloß zu Obern Orsel": „Ich Wolff von Bomeßheime der
Junge bekenne und thue kunt uffl. mit dißem Brive vor mich und myne erben das der
Etel Junghere Eberhart von Eppenstein meyn gnediger lieber Junghere mich zu syme
Burgkmann In syme Sloiß zu Obern Orsell dar Inn haben magk als Burgkmanne recht
und gewonheit ist ungeverlich dartzu hait er mir von syner Herschafft und Sloiß Konigstein als ich daselbs auch sin Burgkman bin zu rechten Burgklehen geliehen ein margk
geldes und funff Huner die einer Jerliche zu wyssenkirchen zu Burgklehen gefallen…"[66]

1450 erhielt Jacob von Erlebach aus „Gnade und sunderliche Fruntschafft" von Eberhard von Eppstein das Recht, in „ mynes gnedigen Lieben Jungherren Sloß zu ObernUrsel myn Leptage (zu) wohnen und daruß nit (zu) keren Iß sy dan mit mynes gnedigen
Junghern obgen. Wissen und Willenn und ich sall und will auch dan selben myn lieben

Junghern wies sunst nyemants eyn Reßigk Phert uff myne Kosten halten Ime darmit zu sinen Noden gewarten." [67]

Die beiden Burgmannen hatten, laut Stadtordnung von 1445, freien Burgsitz und waren von jeglicher städtischen Steuer befreit. [68] Herrschaftssitz scheint die Oberurseler Burg nie gewesen zu sein. Daher kam die Einschätzung M. Merians: „Ist kein rechtes Schloß". 1529 schenkte Graf Ludwig von Stolberg-Königstein seinem „lieben getreuen" Philipp Reiffenstein als Dank für 28 Jahre geleistete Dienste „die Behausung und den Garten" – zweifellos die „Burg" – in Oberursel, „mit allen Freyheiten, die solch Hauß undt Gütter bis dahero gehabt haben." Unter dem Vorbehalt jedoch, daß wenn Reiffenstein oder seine Erben das Haus „verpfänden oder verkauffen wollen, soll der Herrschaft zu Königstein zuvor ahngebothen und nach Erkandnus des Gerichts zu Ursell von der Herrschaft also ahngenommen und bezalt werden". [69]

Dieser einem bedeutenden Bommersheimer Geschlecht entstammende Mann bekleidete nicht nur wichtige Ämter in der Stadt, sondern brachte auch humanistisches Gedankengut nach Oberursel.

Erasmus Alberus hat den Amtmann Philipp Reiffenstein sehr geschätzt und seinem Charakter ein Loblied gesungen. [70] Bei dieser Gelegenheit erfahren wir auch erstmals Konkretes über die Burg und vor allem über den zugehörigen Garten. Alberus' Beschreibung zufolge war die Burg über dem Bach errichtet, so „daß ihm die Bach läuft durch das Haus". Durch diese praktische Einrichtung habe der Besitzer immer frisches Wasser und frischen Fisch, denn „das Wasser zeugt ihm Fisch im Haus". Wie die Burg im Mittelalter ausgesehen hat, erfahren wir freilich auch aus diesem Bericht nicht. Wie die Kupferstiche des frühen 17. Jahrhunderts zeigen, überragte das Gebäude die umliegenden Wohnhäuser. Dennoch äußerte Matthäus Merian, die Burg sei „kein rechtes Schloß". [71]

Zur Zeit des Erasmus Alberus verdiente der Burggarten größtes Lob. „Unter den Gärten hat den Preis Herrn Philipps Reiffensteinen Gart', den ihm mein Herr, Graf Eberhard, um treue Dienst geschenket hat. Der Gart' liegt oben an der Stadt. Den hat Philippus zubereit' mit sonderer Geschicklichkeit. Es ist alles lustig und fein klar von frischem Wasser immerdar. Viel Bäum' und Kräuter mancher Art, viel schöner Blümlin zeugt der Gart'. Im Garten auch man Kirschen find', die lüstig anzusehen sind. Vier Kirschen steh'n an einem Stiel.''

Nach dem Tod Philipp Reiffensteins blieb die „Burg" in Familienbesitz. Mütterlicherseits geerbt hatte sie in den ersten Jahren des 17. Jahrhunderts Johann Zorn von Ogerßheim, „Burcksaß zu Oberursell". 1639 kam im Rat der Stadt zur Sprache, daß Zorn bisher weder Zinsen noch Kontribution gezahlt hatte, weil er sich offenbar für befreit hielt. Wir erfahren bei dieser Gelegenheit, daß zum Burggut auch die Gattenhöfer Mühle gehörte; diese wurde, da „von der Herrschafft herrührig" befreit. Für Haus und Garten der Burg hatte Zorn künftig eine Steuerpauschale von 20 Gulden und auf 30 Jahre rückwirkend insgesamt 65 Gulden zu entrichten. Dieser knüpfte an die Zahlung eine Bedingung, die darauf schließen läßt, daß das Grundstück (und der Garten?) stark zugebaut worden war. Zorn forderte also, daß „das Hauß so gegen die Burgk gestanden, abgebrochen, auch das jetzige Wachthäuslein noch mehr gerücket werden möge...und nit weiter verbawet werden sole".[72]

Daß der Zustand der Burg, vor allem der des Gartens, zunehmend zu wünschen übrig ließ, berichtete Otto Wallau, zu dessen Lebzeiten, 1737, eine Renovierung erfolgte.[73]

„Was von der Burgk Erasmus meldt
Sich anderst jetzt damit verhält:
Die Bach fließt zwar noch durch das Hauß,
Der Garten doch sieht anderst auß;
Er liegt noch oben an der Stadt,
Den Zierath doch verlohren hat,
Vier Kirschen jetzt an einem Stiehl,
Kein einig findst, auch sonst nicht viel,

Als Groß-Obst und Kastanien
Dies ists, was rars annoch zu sehen,
Der Platz ist da, das ist gewiß,
Was nettes sich anlegen ließ:
An Wasser Weyher fehlts auch nit,
Es geb ein rechte Favorit;
Frisch Wasser fließet immer ein,
Ein Wasser-Kunst sich schickt hinein".[74]

Spätestens seit 1688 war Johann Korbmacher, offenbar ein Enkel Zorns, „Burcksaß zu Oberursel". 1708 mußte er aufgrund einer Schatzungsrenovation die „Freyheit" seiner Güter nachweisen. Er gab an, „daß bey deme im vorgewesten dreißigjährigen Krieg erfolgten Plündern und Einäscherungen der Statt OberUrsell die zu dem so genannten Burckguth gehörige Documenten auch mit verbronnen und verloren gangen, und also mir völligen schrifftlichen Beweiß ratione Immunitatis aufzubringen ohnmöglich fället". Also führte er an, die Freiheit des Burggutes sei „niemahls in Zweiffel gezogen" worden. Einer Randbemerkung des gutachtenden Beamten ist zu entnehmen, daß es lediglich um die Besteuerung des Anwesens, „nicht im geringsten" aber um die der Burg ging. Es stellt sich heraus, daß bereits seit 1688 festgelegt war, daß das Burggut wie die anderen „Korbmacherische Güther gleich andern bürgerlichen Güthern dem gemeinen Fuß nach in die Schatzungsbelag gebracht werden sollen." Als 1788 erneut eine Schatzungsrenovation durchgeführt wurde, wiederholte Kurfürst Anselm Franz diesen Befehl.[75]

Von Korbmacher ging die Burg an den Stadtschultheißen Thonet über, der 1740 auf der (Steuer-)Freiheit seiner „Hausgesessenen" beharrte,[76] deren Anzahl aber beträchtlich vermehrt hatte, indem er Wohnungen einrichten ließ und diese an fünf bis acht Familien vermietete. Erst nach dem Tod Thonets konnte dieser spektakuläre Fall von Mißbrauch der Burgfreiheit aus spektulativen Motiven zur Klagesache erhoben werden. Die klagende Stadt Oberursel bezifferte ihren Schaden auf 1.519 Gulden.[77]

Im Gebäude-Brandkataster von 1822 wird Joseph Schaller als Besitzer des zweistöckigen Wohnhauses „die Burg" in der Obergasse aufgeführt. Danach gehörte das Anwesen Philipp Kamper. 1833 erscheint Gottfried Schmidt II. als Besitzer. 1845 verkaufte er eine Haushälfte an Nicolaus Elsenheimer.[78] Seither teilen sich zwei Besitzer die ehemalige Oberurseler „Burg".

hard.[54] 1424 erstellten die Brüder einen neuen Teilungsvertrag. Danach bekam Gottfried zwei Drittel und Eberhard ein Drittel der zu verteilenden Besitzungen. „Item ist auch mir Goddfried vorgenant das anderteil worden mit name zwen teile an Homburg und an Ursel mit allen ihren zugehorde die Eberhard myn bruder vorgenant zu diesser zy Inne phantsweise innehat nach ußweißunge der phantsbrieffe daruber…"[55] Diese höchst komplizierte Aufgliederung muß bald zu Reibereien geführt haben, denn man nahm schon 1433 eine neue Teilung vor: die sogenannte Eppsteiner Bruderteilung. Der Vertrag vom 5.8.1433[56] erfaßte die Herrschaften Eppstein, Königstein, Homburg und Kransberg, deren Umfang um einiges geändert und bereinigt wurde. Die Teilung geschah angeblich „umb sunderlichen nucze, noitorft und bestes unsers und unser herrschaft". Eberhard II. erhielt mit dem Altbesitz der Herrschaft Königstein die Orte Oberursel (mit Burg), Gattenhofen und Hausen.[57] Mit dem Vertrag von 1433 waren aber die Streitpunkte nicht behoben, wie die Schlichtungsverträge des Jahres 1434 zeigen.

Eberhard II. von Eppstein nannte sich seit 1433 „Herr zu Königstein". Er war der Begründer der Herrschaft Königstein.

Obwohl sich die Eppsteiner jetzt stärker als bisher um die Festigung der Herrschaft bemühten, hielten sie an dem Teilungsprinzip fest. 1442 teilte Eberhard II. seinen Besitz

wiederum unter den Söhnen Walter und Eberhard. An Eberhard III. fiel unter anderem die „kelnereij" Königstein, dazu die Burg Oberursel. Um den Zusammenhalt zu wahren, wurde jedoch bestimmt, daß keiner etwas an einen Fremden „zu erbe" verkaufen dürfe.[58]

Auch Eberhard III. versuchte zielbewußt, seinen Herrschaftsbereich zu erweitern. Ihm verdankte Oberursel die Erhebung zur Stadt und damit seine Blüte im 15. und 16. Jahrhundert.

1490 trat Eberhard IV. das Erbe an. Sein Hauptbestreben war zunächst, im Gegensatz zu seinen Vorgängern, die Herrschaft ungeteilt zu erhalten. Er brachte 1495 und 1496 seine drei Geschwister so weit, daß sie gegen Einräumung eines Jahrgeldes auf ihre Anrechte verzichteten. 1505 erwirkte Eberhard für sich und seine Geschwister den Grafentitel. Auf die Unteilbarkeit seiner Grafschaft bedacht, ernannte Eberhard in seinem Testament vom 3.7.1527 seinen Neffen Ludwig, den dritten Sohn seiner mit Graf Botho v. Stolberg verheirateten Schwester Anna, zum Alleinerben. Falls Ludwig ohne männliche Erben starb, sollte sein Bruder Philipp oder Christoph Nacherbe sein, doch so, daß immer nur einer regierte.[59]

Graf Eberhard, der letzte Eppsteiner, starb am 25.5. 1535. Begünstigt durch eine lange Regierungszeit hatte er zur Festigung der Herrschaft viel beitragen können.

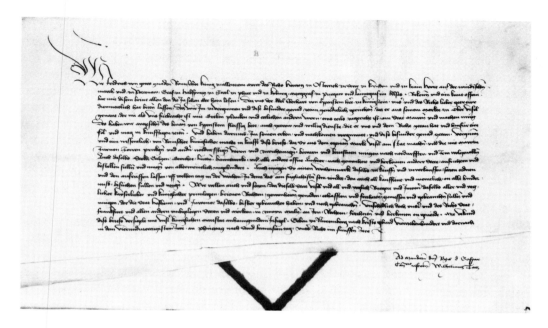

Kaiserliche Urkunde über die Verleihung der Stadtrechte an Oberursel, gegeben in Nürnberg am 31.5.1444

Stadtrechte für Oberursel

Im Jahr 1444 erhielt der Marktort Oberursel die Stadtrechte verliehen. Es war die letzte Gemeinde am Südrand des Taunus, der dieses wichtige Privileg zuteil wurde.[79] Voraussetzung war die Teilung des Besitzes unter den Brüdern Gottfried und Eberhard von Eppstein, 1433. Nachdem letzterer Oberursel zugesprochen bekommen hatte, setzte er sich für den bereits wirtschaftlichen prosperierenden Ort ein.

Da die Verleihung der Stadtrechte ein kaiserliches Privileg war, hatte Eberhard von Eppstein bei Kaiser Friedrich III. um die „Gnade" der Stadtrechtsverleihung zu bitten. Der König fertigte das Dokument, die Oberurseler Stadtrechtsurkunde, am 31.5. 1444 („an Pfingsten nach St. Francisco") in Nürnberg aus.[80] Es hieß darin, Eberhard,

„uns und des Reichs lieber getrewe" habe um die Gnade gebeten, „daz er aus seinem Markte zu Ober Orsel" eine Stadt machen dürfe. Der Flecken sei bereits „mit Greben, Planken und ettlichen andern Wern" versehen. Künftig sollten die Oberurseler ihre Stadt „mit Mauren, Turnen, Torren, Brücken und andn notdurfftigen Weren und Zurichtungen beweren und beweffnen mügen nach Notdurfften und Irem Wolgefallen, auch daselbs Stockh, Galgen, Gerichten, Hüttn, Hanntwercke und alle andere offne Ämbter nach Gewonheit und Herkommen anderr Stete aufrichten und bestellen". Auch einen Wochenmarkt sollte Oberursel haben.

„Wir wollen auch und setzen, daz diselb Stat Ursel und all und yeglich Burgere und Inwon daselbs aller und yeglich Kayserliche und kunigliche Privilegien, Brieven, Rechten, Gewonheiten, Genaden Ehehafften und Freiheiten gemessen und gebrauchen sullen und mugen, der die Stat Hofheim und Innwoner daselbs bisher gebrauchet haben, und noch gebrauchen. Unschedlich doch unsz und des Richs Stat Frankfurt und allen andern umbgelegen Steten und Merkten inn zwayn Meiln an Ihre Rechten Freiheiten und Herkommen".

Nun konnte Eberhard von Eppstein seinerseits seinen „Lieben und Getreuen, unseren Bürgern gemeiniglich der Stadt" Oberursel einen Freiheitsbrief ausstellen. An „unser Lieben Frauentag" des Jahres 1445 bestätigte er den Bürgern der Stadt Ursel, daß sie die in der kaiserlichen Urkunde festgelegten Rechte genießen und „ewiglich freisitzen" sollten.[81] Dafür erhob er als Landesherr außer den bisherigen Abgaben jährlich die stattliche Summe von 250 Gulden. Nur in den nächstfolgenden zehn Jahren, also bis 1455, wurde die Abgabe auf 225 Gulden reduziert, damit die Urseler jährlich 25 Gulden in die notwendigen Neubauten investieren konnten.

Im Kriegsfall hatten die Bürger den Eppsteinern Kriegsdienst zu leisten. Auch behielt sich der Herr von Eppstein vor, zwei Oberurseler Bürger zu „freien", d.h. von jeder städtischen Abgabe zu befreien. Bei Besuchen in der Stadt war der Landesherr zu verköstigen.

Die Bürgerschaft ging auf die Wünsche und Forderungen ihres Landesherrn ein und ließ noch am gleichen Tag einen feierlichen Gelöbnisbrief ausfertigen.[82]

Im Nachgang zu dem „Freiheitsbrief" erließ Eberhard III. 1445/46 eine ins einzelne gehende Stadtordnung: „Der Stadt Oberursel Ankunft, Herrlichkeit, Ober- und Untergericht, Ordnung und Gesetz, Bede, Geschoß, Steuer, Mahlwerk, Mühlwerk, Schäferei, Privilegien und Freiheiten".[83]

Die Existenz als Stadt kam Oberursel teuer zu stehen. Doch die Vorteile überwogen. Die Stadt garantierte den Bürgern die Freiheit der eigenen Person, die Selbstverwaltung der Gemeinde und die Einführung eines städtischen Gerichts. Die Umwehrung bot Schutz, die Märkte verhießen wirtschaftliche Prosperität.[84] Die Bevölkerung stieg explosionsartig an. Die Zahl von 134 Haushaltungen im Jahr 1450[85] dürfte sich bis 1500 auf etwa 300–400 erhöht haben.[86]

Spätestens seit der Stadtwerdung hatte Oberursel ein Rathaus,[87] das als Beratungs- und Gerichtsgebäude diente und nach damaligem Sprachgebrauch „Spielhaus" genannt wurde. Bereits in der Stadtordnung von 1446 wird es erwähnt: „... das Spielhaus zu Ursel stehet der gnädigen Herrschaft allein zu".[88] Die Herren von Eppstein waren also die Hausherren. Sie setzten auch den Schultheißen ein, als ersten noch im Jahr 1444 Simon von Benßheim.[89] Der Rat bestand aus 16 Personen. Außerdem gab es einen Stadtschreiber, der die städtischen Amtsbücher und Gerichtsakten zu führen hatte.[90]

Das „Spielhaus" stand auf der „Freiheit", einem am Hollerberg gelegenen Platz, auf dem die Bürger Rechtsschutz genossen.

Das Stadtgericht setzte sich aus dem Schultheißen und 14 Schöffen zusammen.[91] Oberster Gerichtsherr war, laut Weistum von 1453, ein Herr von Königstein.[92] Vergehen gegen „die Ehr Gottes und Gebott der Kirchen" wurden durch einen eigens eingesetzten Kirchenrat mit 14 Schöffen geahndet. Die von ihm verhängten Strafen mußten in Wachs entrichtet werden, das zur Beleuchtung der Kirche dienen sollte.[93]

Spätestens seit seiner Erhebung zur Stadt dürfte Oberursel ein Wappen geführt ha-

Marktwesen

Wochen- und Jahrmärkte waren im Mittelalter von größter wirtschaftlicher Bedeutung. Städte mit florierenden Märkten waren lebendige und wohlhabende Städte. Märkte mit großem Umsatz waren aber auch eine Freude für die Herrschaft, denn diese erhob bestimmte Marktgebühren.

Das Marktrecht, ein Hoheitsrecht der Kaiser, wurde meist bei der Erhebung zur Stadt erteilt. Oberursel war schon vor seiner Stadterhebung ein Marktflecken gewesen. Dennoch war das 1444 durch Kaiser Friedrich III. erteilte Privileg, einen Wochenmarkt abhalten zu dürfen, als formale Bestätigung von Bedeutung.

Die Märkte wurden tags zuvor eingeläutet, dann am Markttag um 10/11 Uhr durch den Amtmann feierlich eröffnet. War die Stadtfahne auf dem Marktbrunnen gehißt, walteten der herrschaftliche Bereiter und der Schreiber ihres Amtes, notierten die Verkäufer und erhoben Zölle und Standgelder. Markthüter sorgten für Ordnung; bei Streitigkeiten fungierte der Amtmann als Marktrichter. In unruhigen Zeiten schickte der Rat den Marktgästen auf den Hauptzufuhrstraßen Geleitswachen entgegen.[95]

Am 6.8.1505 erteilte Kaiser Maximilian „dem Edlen unsern und des Reichs lieben getrewen Eberhardten Graven zu Königstein" zum Dank für seine demütigen und getreuen Dienste das Recht, in oder vor der Stadt Oberursel jährlich einen Jahrmarkt abhalten zu lassen. Der Wochentag war so zu wählen, daß drei Tage vorher und drei Tage nachher in nahe gelegenen Orten kein anderer Jahrmarkt abgehalten wurde.[96]

Der Jahrmarkt wurde auf St. Gallus abgehalten und hieß deshalb Gallusmarkt. Er bestand aus einem Krammarkt auf dem Marktplatz und einem Viehmarkt „auf der Au". 1542 brachte er der Herrschaft 1 Gulden 13 Kreuzer Standgeld und 2 Gulden 14 Kreuzer Marktzoll ein. Die Oberurseler Bäcker durften auf dem Gallusmarkt die beliebten „Galluswecke" ohne Standgeldzahlung verkaufen. Dies galt auch nach der 1579 erfolgten Revision der Marktordnung.[97]

1568 verlieh Kaiser Maximilian II. dem Grafen Ludwig von Stolberg-Königstein das Recht, „im Stättlein Oberursell vor der Höhe gelegen, zu dem hiebevorigen Jahrmarkt so uff Galli gehalten wörde, noch zween Jahrmarck, einen uf S. Walpurgis, undt den andern uf St. Bartholomei Tag" abhalten zu lassen.[98]

Der Pfingstmarkt war besonders stark besucht, weil er mit dem Märkergeding zusammenfiel. An diesem Tag herrschte in Oberursel ein außergewöhnlich lebhaftes Treiben, reger Handel und buntes Leben.[99]

1579 wurde eine neue Marktordnung erlassen, die unter anderem die Standgelder regelte. Von jedem Stück Wollentuch, das zu Markt gebracht wurde, erhob man 4 Albus. Die Leinen- und Tuchkrämer zahlten 2 Albus Standgeld, die Kessler, Kupferschmiede und Waffenschmiede „und wer Eisenwerck feilhat" jeweils 1 Albus.[100]

Auch für den Viehmarkt auf der Au wurden 1579 die Abgaben festgesetzt: „von einer Kuh oder Stier 6 Albus von einer Kalbin oder Lapper 4 Albus; von einem Bock oder Gais 3 Albus, von einem Schwein oder Schaf 3 Albus, von einem Pferd so zu verkaufen uff den Markt gebracht würdt 1 Albus. Derjenige aber, so Vieh zu Markt bringt, es werde verkaufft oder nit, soll von jedem Stück gefordert werden 2 Albus."[101]

In den Jahren des Dreißigjährigen Krieges stagnierte das Markttreiben. Die Rentei-Rechnungen wiesen in der Rubrik „Einnahmgeld von den Jahrmärckten" immer wieder die Bemerkung auf: „Sint keine gehalten worden".[102] Nach dem Krieg erreichten die Oberurseler Märkte nie mehr die alte Bedeutung.

1708 werden noch drei Märkte genannt.[103] 1788 waren die Jahrmärkte in Verfall geraten. Die Stadtgemeinde wollte sich aber in Zukunft mehr um sie bemühen und bat um die Gestattung eines vierten Jahrmarktes, der offenbar vor allem ein Wollmarkt sein sollte. Die Regierung bewilligte den Markt und gestand den Marktbeschickern für die ersten vier Jahre Zollfreiheit zu.[104] Einen neuerlichen Aufschwung konnte aber auch diese Maßnahme nicht bewirken.[105]

Die Wappen der Herren von Eppstein und der Stadt Oberursel am Turm von St. Ursula, um 1479–1488

Markt in Oberursel

ben. Das älteste bildlich überlieferte Stadtwappen wurde um 1480 im Seitenschiffgewölbe der St. Ursulakirche angebracht.

Auch die Große Glocke von 1508 trägt das alte Wappenzeichen. Es zeigt zwei schräggekreuzte Pfeile, wohl die Attribute der Heiligen Ursula, die seit dem Neubau der Pfarrkirche als Patronin an die Seite der Muttergottes trat.[94] Gleichzeitig avancierte die Heilige Ursula zur Stadtpatronin, und man verwendete ihr Bild auf Stadt- und Gerichtssiegeln.

Verteidigung

In der Oberurseler Stadtordnung hieß es 1446: „Die Bürger zu Ursell sollen Ihre statt selbst bewachenn, bewehren, mit höchstem Vleiß und so viel ihnen moglich."[106] Diesem Zweck sollte vor allem der Bau einer Stadtmauer dienen.[107]

Die Stadtmauer wurde vom höchsten Punkt der Stadt, der Burg, aus talabwärts gezogen, rings um den Kern der Siedlung, in deren Mitte sich die Kirche erhob. Dieses Quartier um Kirche und Burg nannte man schon im 14./15. Jahrhundert ebenso wie die Burg: „Schloß" (slois, sloße etc.). Erst später, als eine Unterstadt angelegt worden war, setzte sich die Bezeichnung „Oberstadt" durch.

Zwischen der Rahm-Pforte und ihrem Pendant, der Mühl-Pforte bei der Herrenmühle folgte die Stadtmauer dem topographisch vorgegebenen unteren Rand der Oberstadt, unterbrochen von dem (Alten) Untertor, um dann aufwärts schwingend zum Obertor zu verlaufen. Dieses, das bedeutendste Tor der ersten Stadtmauer, war über die Obergasse gebaut und wurde von zwei Türmen flankiert.

Als das zur Stadt erhobene Oberursel großen Aufschwung nahm und die Zahl der Einwohner explosionsartig anstieg, wurde der Raum innerhalb der Mauer bald zu eng. Die Zuzügler siedelten sich außer- und unterhalb des (Alten) Untertors an. Schon 1481 soll Graf Philipp von Eppstein-Königstein die neue Ansiedlung, die man Unterstadt nannte, mit einer Mauer umgeben haben. Der neue Stadtbezirk war etwa doppelt so groß wie die Oberstadt.[108]

Die neue Mauer knüpfte an zwei Stellen an die alte an: bei der Rahmpforte und bei der Mühlpforte. Von der Rahmpforte verlief sie talwärts über den Schulberg zum Hospital, wo sie den Urselbach überbrückte. Im Bogen führte die Mauer dann bis zum (Neuen) Untertor oder Frankfurter Tor.

Verlauf der Stadtmauer oberhalb der Bleiche

35

Reste der Oberurseler Stadtmauer, gezeichnet von Friedrich Philipp Usener am 3.10.1834

Weiterhin bogenförmig hinter der Ackergasse entlang geführt, zog die Stadtmauer zum Neutor oder Homburger Tor.

Von da zog sie von der unteren und oberen Hainstraße bis zur Mühlgasse, wo sie wieder auf die alte Mauer stieß.[109]

Die jüngere Stadtmauer stellte ihre Erbauer vor die Aufgabe, die Verteidigung im flachen Gelände der Unterstadt effektiv zu gestalten. Sie begnügten sich nicht mit der Anlage eines Walles, sondern nutzten auch den umgeleiteten Urselbach als bewässerten Stadtgraben. Vor allem aber versahen sie die mit einem Wehrgang versehene Stadtmauer mit einer Reihe wehrhafter Tore, Pforten und Türme. Zwischen Stadtmauer und Stadtgraben zog sich vom Schleifhüttenberg bis zur Au ein Hain aus wildem Gebüsch und Eichwald hin, der eine zusätzliche Schutzwehr darstellte.[110]

Die beiden Tore, Neutor und Neues Untertor, waren befestigt und mit Falltoren versehen. Von den drei Pforten war die güldene Pforte durch den „Heinze Weigandstorn" die am stärksten bewehrte. Die güldene Pforte soll besonders aufwendig gestaltet und mit einem vergoldeten Ge-

wölbe ausgestattet gewesen sein. Der Weigandsturm war durch ein Bollwerk verstärkt und mit „grobem Geschütz" versehen, da er die Aufgabe hatte, den Wasserlauf des Baches und das Untertor zu schützen. Darüber hinaus gab es noch vermutlich sechs weitere Türme. Der Turm bei der Rahmpforte ist wahrscheinlich als der schriftlich überlieferte Störchsturm zu identifizieren[111], während der Rabenturm nur vermutungsweise in den Abschnitt zwischen Störchs- und Weigandsturm zu lokalisieren ist. Zwischen Untertor und Neutor stand der Mittelackergässerturm und zwischen Neutor und Mühlpforte der Daumenturm, der als Gefängnisturm diente.[112] Der Turm bei der Mühlpforte könnte der schriftlich überlieferte Wolfsturm gewesen sein, denn hier befand sich die Wolfswacht.[113]

Gleichwohl spielte die Oberstadt im Verteidigungsfall die entscheidende Rolle, denn dort stand der wichtigste aller Türme, der wehrhafte Stadt- und Kirchturm.

Das befestigte Städtchen mit seinen zahlreichen Türmen und Toren nahm sich, wie die Kupferstiche des 17. Jahrhunderts zeigen, recht imposant aus.

Wie vielerorts wurde in Oberursel die Stadtmauer zu Beginn des 19. Jahrhunderts abgebrochen. Doch waren in den 1830er Jahren noch die meisten Türme[114] und um 1900 noch zahlreiche Reste der älteren und der jüngeren Stadtmauer und der Türme zu sehen.[115]

Die Bürger hatten aber auch mit ihrer eigenen Person zur Verteidigung der Stadt beizutragen, indem sie Wachtendienst leisteten. Die Stadt war in sechs Wachtbezirke eingeteilt. In der Oberstadt gab es die Oberwacht im Norden und die Benderwacht im Süden. In der Unterstadt hieß der Wachtbezirk bei der Mühlpforte Wolfswacht, beim Neutor Neupfortenwacht, beim Untertor Unterwacht und bei der Rahmpforte Weigandswacht.[116]

Vereinigte Schützen

Außerdem gab es in Oberursel, vielleicht schon vor der Stadtwerdung, eine Schützenvereinigung.[117] Aktenkundig wurde sie aber erst 1464, als sie eine „Schützenordnung" erhielt.[118] Nach dem Dreißigjährigen Krieg, 1654, gab sich die Schützengesellschaft eine neue Ordnung nach dem Vorbild der Frankfurter Schützengesellschaft.[119] Gleichzeitig wurde eine „Wachten Schützen Ordnung" ausgefertigt. Die Wachtenschützen waren für die Stadtwachten zuständig. „Bargenschützen" (= Bürgerschützen?) waren vom Wachtenschützendienst befreit.[120] Die Bürgerwachten mußten sich regelmäßig am Scheibenschießen beteiligen. Als dieses 1685 fast gänzlich zum Erliegen gekommen war, wies der Amtmann den Schultheißen darauf hin, daß „aber gemeiner Wohlfahrt daran gelegen sei" und er dafür zu sorgen habe, daß „solches Schießen in seinem Aufnehmen erhalten bleibe."[121]

Die Oberurseler Schützen nahmen häufig an auswärtigen Schießen teil, luden aber auch zum Schießen nach Oberursel ein, so 1688 zu einem größeren „Lust- und Gesellschaftsschießen" auf der Au.[122]

Im 18. Jahrhundert neigten die Stadtoberen zu einer eher negativen Einstellung zum Schießen und reduzierten schrittweise den Zuschuß zum wachtweisen Schießen, bis sie ihn 1763 ganz strichen. Gleichzeitig versuchte der Schultheiß den Schützen die Schießübungen und das Scheibenschießen zu verbieten, wogegen die sich jetzt „Schützenkompanie" nennende Gesellschaft energisch verwahrte.[123] In beiden Fällen waren die Schützen erfolgreich. 1778 zahlte die Stadt zum letzten Mal die üblichen 10 Gulden für die Preise und übernahm künftig auch nicht mehr die Kosten für die Schützenscheiben.

Auch die Kriegsunruhen trugen zur Abnahme der Mitgliederzahl bei. Als die kurmainzische Regierung 1794 anfragte, ob die Schützengesellschaft als allgemeines Landesverteidigungskorps nutzbar gemacht werden könne, hieß es aus Oberursel, die Schützengesellschaft sei eingegangen.[124] Erst 1804 wurde wieder eine Schützenkompagnie, „so wie solche ehedessen dahier bestanden", errichtet.[125]

1814 belief sich die Zahl der Mitglieder der Kompagnie auf 71. Da sie vor allem zur Aufrechterhaltung der allgemeinen Ordnung bestimmt war, wurde die Kompagnie während der Besetzung durch Franzosen, dann durch Russen des öfteren auch von den kleineren Nachbarorten beansprucht.[126] 1818 trat die Oberurseler Schützenkompagnie zwar dem Landsturm bei. Doch nach der Auflösung des Landsturmbataillons, 1821, streiften die Schützen den militärischen Charakter vollkommen ab.

Der Schießplatz[127] der Oberurseler Schützen wird wohl seit Anbeginn auf der Au gewesen sein. Dort stand wohl auch das Schützenhaus, dessen Neubau 1683 bezeugt ist.[128] 1724 dichtete Otto Wallau: „Zur Rechten ist der Schützen-Hauß, Da gibt es ab gar manchen Schmauß, Die Burger da sich verlustir'n In Schiessen wacker exercir'n Dabei die Pritsch einen manchen trifft, Wann er des Schützen-Recht verwirft…"

Feuerabwehr

Die Verteidigung der Stadt wie auch der Hohen Mark gegen Feuer war ebenfalls Angelegenheit der Bürger.[129] Die Oberurseler Stadtverordnung von 1536 bestimmte definitiv, daß Schornsteine, Backöfen, Feueranlagen und Dächer regelmäßig kontrolliert und Löschwasserteiche angelegt werden sollten. Die Bürger mußten eine mit Wasser gefüllte Bütte im Haus haben und einen Ledereimer zum Löschen besitzen, möglichst auch noch eine Leiter. 1579 wurde eine Messing-Feuerspritze, 1682 zwei weitere angeschafft. Sie wurden 1718 durch eine neue Spritze mit ledernen Schläuchen ersetzt, die den gezielten schnell wechselnden Einsatz erlaubten. 1780 besaß die Stadt Oberursel zwei Schlauchspritzen (und eine für die Hohe Mark) und drei kleine Feuerspritzen, außerdem 18 Leitern, 7 Feuerhaken und 159 Ledereimer.[130]

Trotz aller Vorsichtsmaßnahmen konnte der Herzog Christian von Braunschweig 1622 in Oberursel 300 Häuser in Brand stecken. Die Bürger zogen daraus eine Lehre und bestimmten seit 1630 aus jeder der sieben Stadtwachten zwei Bürger als Feuermeister. (Ihre Anzahl erhöhte sich bis 1702 auf 12.) 1645 war jedoch jede Verteidigung unmöglich.

Zur Entwicklung des mittelalterlichen Stadtgrundrisses [131]

Oberursel erlebte bis zum Beginn der Neuzeit drei Entwicklungsphasen, die sich am Stadtgrundriß ablesen lassen.

Der älteste Siedlungskern lag dicht bei Kirche und Burg. Dieses Quartier hieß ursprünglich „Schloß", dann „Oberstadt". Die höhenversetzte Erweiterung nach Osten wurde als „Tal", „Unterstadt" oder „Neustadt" bezeichnet. Von der Unterstadt zweigte zuletzt südwestlich als Ausfallstraße die „Vorstadt" ab.

Das Alter der Oberstadt läßt sich nur vage bestimmen. Bei der Ersterwähnung Oberursels im Jahr 791 könnte sie existiert oder sich bald danach herausgebildet haben. Die Unterstadt entwickelte sich nach der Verleihung der Stadtrechte 1444/45, und zwar in rasantem Tempo. Bereits in den 1480er Jahren war das Tal (vielleicht nur teilweise) bebaut, und es soll sogar schon eine neue Stadtmauer gebaut worden sein.[132] Der Beginn der Bebauung der Vorstadt wird in das 16. Jahrhundert datiert.

Den Forschungen von R. Rosenbohm verdanken wir die Rekonstruktion des Siedlungsvorgangs auf dem Bergsporn des „Kirchberges", der Oberstadt. Er stellte fest, daß die Besiedlung an der höchstgelegenen Stelle der mittelalterlichen Stadt einsetzte. „Nämlich dort, wo die vorgeschichtliche vom hohen Taunus herunterkommende Fernstraße sich anschickt, die Höhe zu verlassen und der Niederung des Urselbaches zuzustreben, d.h. zu beiden Seiten der Obergasse". Nach Rosenbohm verlief diese von ihm vermutete Fernstraße ursprünglich über den Hang des Hollerberges in Richtung Eppsteiner Straße, wo sie den Bach kreuzte und dann die alte Richtung nach Südosten wieder aufnahm.[133]

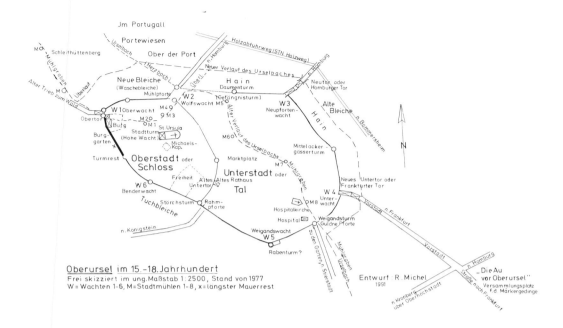

Rekonstruktion des Stadtgrundrisses von Oberursel im 15.–18. Jahrhundert

Als sich die Ansiedlung um das vermutlich sakrale Zentrum (das 880/882 erwähnte monasterium?; ein merowingischer Stützpunkt („curtis") ist nicht nachgewiesen) entwickelte, wurde die Obergasse als Durchgangsstraße aufgegeben. Innerhalb der Ansiedlung wurde sie zur Verlängerung der Kirchgasse und somit Teil der Straßenachse der Oberstadt, von der alle anderen Gassen abzweigten.

Dieses Straßennetz wurde von einer ellipsenförmigen Straße umschlossen, die größtenteils parallel zur Stadtmauer verlief. Sie setzte sich zusammen aus Obergasse (heute: An der Burg), Mühlgasse (auch: Mühlberg), Hollerberg, Kaltes Loch (heute: Hollerberg) und Schulstraße. Dieser Bezirk wurde sukzessive und mit zunehmender Planmäßigkeit bebaut. Die Bebauung war wohl im 14. Jahrhundert abgeschlossen.

An den west/südwestlichen Rändern der Oberstadt lagen zwei sich durch Rechtwinkligkeit auszeichnende Komplexe: das Anwesen der Burg an der Obergasse und die Freiheit zwischen Hollerberg und Kirchgasse. Daß der umfriedete rechteckige Platz der Freiheit eine Rolle spielte, bevor Oberursel zur Stadt erhoben wurde, geht daraus hervor, daß die nach 1444/45 angelegte Stadtmauer in ihrem Verlauf auf deren Anlage Rücksicht nahm: sie verursachte den einzigen rechten Winkel der Stadtmauer.

Die enormen Auswirkungen der Stadtrechtsverleihung auf die Siedlungsentwicklung Oberursels lassen sich klar daran ablesen, in welch kurzer Zeit der enge Stadtbezirk des „Schlosses" gesprengt wurde. Die sich herausbildende Unterstadt, das „Tal", wurde schon nach nur drei Jahrzehnten, in den frühen 1480er Jahren, mit der beschriebenen neuen Stadtmauer umgeben.

Mittelpunkt der Unterstadt war der neu gewonnene Marktplatz zu Füßen des ersten städtischen Rathauses. Auf ihm stand, wie die „Mittelstedter Karte" aus der Zeit um 1587 zeigt, eine gestufte (Gerichts-?)Linde. Verbindliche Aussagen über die ursprüngliche Größe des Marktplatzes lassen sich nicht machen, doch gibt es die begründete Vermutung, daß er um einiges größer als heute gewesen ist.[133a]

Das starke Anwachsen der Stadt hatte den Wunsch nach einem städtischen Rathaus aufkommen lassen. Als idealer Standort – an der Nahtstelle zwischen Alt- und Neustadt – bot sich das bisherige Untertor an, denn dieses war mit der Erweiterung der Stadtmauer zum Tor einer Innenmauer, also militärisch bedeutungslos geworden.

Das Erdgeschoß war offen zugänglich.[134] Das Obergeschoß wurde vermutlich in Fachwerk errichtet. Über das genaue Aussehen dieses Baues sind wir nicht unterrichtet. Wir wissen, solange keine archäologischen Beweise vorliegen, nicht, ob es größer war als das heutige Historische Rathaus (Marktplatz 14).[135] Sicher ist, daß dieses Rathaus schon bei dem ersten Stadtbrand des Dreißigjährigen Krieges, 1622, im Dreißigjährigen Krieg schwer beschädigt wurde. Es gingen alle im Obergeschoß aufbewahrten städtischen Archivalien verloren. Das massive Erdgeschoß blieb unbeschadet. Deshalb blieb ein großer, sehr dekorativer Wappenstein der Grafen von Stolberg mit der Darstellung der Stadtpatronin St. Ursula aus der Zeit um 1560 erhalten, der später seinen Platz im Tordurchgang fand.[136]

Ausgehend vom Neuen Untertor an der Ausfallstraße nach Frankfurt entstand schließlich ein neues Stadtquartier, die Vorstadt. Es bestand zunächst nur aus einer Straße, der heutigen „Vorstadt", an der mit der Zeit abzweigende Querstraßen angelegt wurden. Dieses Vorgehen wie auch der schnurgerade Verlauf der Straße und nicht zuletzt der Umstand, daß sie außerhalb der Stadtmauer verlief und nie geschützt wurde, scheint auf eine Entstehungszeit im 17. Jahrhundert hinzudeuten.[137]

Der Urselbach

Eine wesentliche Rolle im mittelalterlichen wie im neuzeitlichen Oberursel spielte der Urselbach, der in den frühen Quellen „die Ursel" genannt wurde. Der Bach war der Lebensnerv Oberursels, spätestens vom 14./15. Jahrhundert bis zum 19./20. Jahrhundert.[138] Er verfügte unter den Taunusbächen über den großen Wasserreichtum und die größte Fließgeschwindigkeit und bot damit ideale Voraussetzungen für die Anlage von Wassertriebwerken (Mühlen). Dem Urselbach verdankte Oberursel seine Entwicklung zur blühenden Handwerkerstadt, zum prosperierenden frühindustriellen Gemeinwesen und schließlich zur „industriellsten" Stadt im Herzogtum Nassau.

„Die Ursel entspringt in der Hehe (= Taunus) zum Kalten Wasser.[139] Lauft uff Ursel, Gattenhoven, durch Stierstetter Terminey, uff Weissenkirchen, neben Mittelursel uff

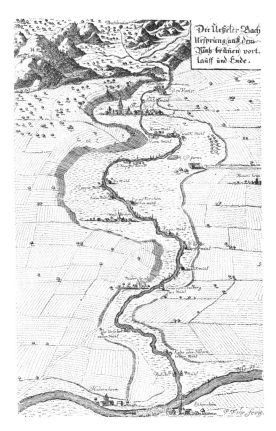

„Der Urßeler Bach" zu Beginn des
18. Jahrhunderts

Nidern Ursel, und bey Hedernheim in die
Nieda".[140]

Ursprünglich floß der Urselbach durch
die Portewiesen (hier Herz- oder Hirsch-
bach genannt) auf die Ansiedlung Ursel zu,
um dann am Fuß des Bergsporns („Kirch-
berg") über die heutige Bleiche zu laufen
und schließlich weiter nach Süden zu fließen.[141]

Die Anlegung eines künstlichen Werk-
oder Mühlgrabens empfahl sich vermutlich
schon in sehr früher Zeit. Mit einiger Wahrscheinlichkeit war er im 14. Jahrhundert
vorhanden; in dieser Zeit werden Schleif-

mühlen und Walkmühlen erwähnt, die ein
starkes Gefälle benötigten. Als die „Herrenmühle" (1444/45 bezeugt) am Fuß des Bergsporns errichtet wurde, war die Existenz des
Mühlgrabens wohl Voraussetzung. Das
heißt, daß die Bewohner Oberursels spätestens im 14./15. Jahrhundert einen Abzweig des Urselbaches herstellten, um diesen als Mühl- oder Werkgraben mit
größerem Gefälle an die Schleif- und die
Walkmühlen bzw. an die Herrenmühle her-
anzuführen.

Dieser Werkgraben zweigte im Norden
weit außerhalb der Stadt, unterhalb der heutigen „Aero Engines BMW-Rolls Royce"
(Motorenwerk) am Steinmühlenweg ab. Er
verlief dann, etwa parallel zum Urselbach,
auf einer Art Damm („Bachpfädchen") in
die Richtung der Ansiedlung und in diese
hinein. Bis zur sogenannten Kürtells Mühle
legte er 750 Meter fast ohne Gefälle zurück.
Zwischen der Kürtells Mühle und dem
Obertor zweigte ein Überlauf ab, der auf der
(Neuen) Bleiche wieder auf den Urselbach
traf. Vom Obertor wurde der Werkgraben
durch das Anwesen der Burg geführt[142] und
dann nördlich an der Kirche vorbei hinab
zur Herrenmühle geleitet. An diesem gefäll-
reichen Abschnitt des Werkgrabens – im
Kern der alten Ansiedlung Ursel – siedelten sich alsbald Schleif- und Walkmühlen,
später Öl- und Mahlmühlen an.

Wahrscheinlich zur Zeit der Stadtmauer-
Erweiterung, um 1500, verlegte man das
Bachbett des Urselbachs. Man grub außerhalb der neuen Stadtmauer ein neues Bett,
so daß der Urselbach nun, kanalisiert, in
gleichmäßigem Abstand die Stadtmauer
umfloß. Der neue Bachlauf fungierte somit
gleichzeitig als bewässerter Stadtgraben und
bildete einen zusätzlichen Schutz im Verteidigungsfall.

Am „Bachpädche"

allerdings wurde umgangssprachlich mit dem für Unkundige verwirrenden Begriff „die Bach" belegt.

Eine Besonderheit stellte dann noch der Abzweig vom Werkgraben an der Ackergasse dar. Ihrem Verlauf folgend floß in einem etwa einen halben Meter breiten Graben ein normalerweise nur etwa vier Zentimeter tiefes Gerinne. Doch hatte dieses, das „Ackergässer Flössi", eine wichtige Funktion im Feuerlöschsystem der Stadt. Ein Besucher der Stadt bemerkte, daß „die Urselbach" (richtig: der Werkgraben) so eingerichtet war, „daß sie zur Feuersnoth in alle Gassen geleitet werden kann".[143]

Das Gespür für die geniale Bachlauf-Konstruktion des Mittelalters, die für viele Generationen Existenzgrundlage war, ist uns abhanden gekommen. Mühsam rekonstruieren wir im Geist, was die Lebenswelt unserer Vorväter ausmachte.

Die Abzweigung begann an der Neuen Bleiche, genau dort, wo der (alte) Überlauf mit dem Urselbach zusammengetroffen war. Zwischen dem nun weiter außerhalb verlaufenden „neuen Urselbach" und dem „alten Urselbach" vermittelte ein neuer Überlauf. Er befand sich unterhalb der Herrenmühle, an der Stelle, an der der Mühlgraben auf den „alten Urselbach" traf. Das alte Bachbett wurde auf der (Neuen) Bleiche zugeworfen. Im übrigen widmete man den Bach in seinem alten Verlauf um und ließ ihn als Mühlgraben durch die Unter- oder Neustadt fließen. Dort betrieb er unter anderem den späteren Pfeiff'schen Kupferhammer und nachfolgende Einrichtungen.

Die Oberurseler Wasserräder drehten sich also samt und sonders nicht im Urselbach, sondern im Mühl- oder Werkgraben. Dieser

Fische, Krebse und „Corallen" aus dem Urselbach

Im 17. Jahrhundert ist das sicher schon länger bestehende Amt des Bachschützen bezeugt. Der Bachschütz gehörte zu den herrschaftlichen „Bedienten". Ihm oblag die Aufsicht über den Urselbach sowie die Fischerei für die Herrschaft; gefangen wurden Forellen, Krebse und „Corallen".[144] Hanß Rauffenbarth, um die Mitte des 17. Jahrhunderts „Bachschütz zue Urßell", lieferte im Jahr 1655 „zu 10 verschiedenen mahlen uff Befehl 700 Stück Forelln und 2030 Krebs" an die herrschaftliche Küche.[145] Für seine Dienste standen ihm jährlich 3 1/2 Achtel Korn und 2 Gulden Geld zu; außerdem die Nutzung eines „geringen Wiesenplätzleins" in Stierstadt, wo er über die beiden herrschaftlichen Weiher zu wachen hatte.[146]

Als 1698 „verschiedentlich gewisse Krebs-
dieb" bemerkt wurden, bedeutete man dem
Bachschützen, daß er „weder mit Fischen,
Krebsen oder flichtschuldiger Wachtsam-
keit" seine Besoldung verdiene.[147]

Im Jahr 1761 legte der herrschaftliche
Aufseher der Krebs- und Forellenbäche,
Niclaß Sultzbach, einen bemerkenswerten
Bericht vor. Darin hieß es, daß „die daselb-
stige Bach wegen denen Kupfferhämmer zu
Forellen gar nicht mehr dienlich" sei. Die
Krebse seien durch die französischen Solda-
ten, die „Tag und Nacht schwarm weiß in
denen Bächen herumbgewadet undt sich an
keine Abwehrung gekehrt" hätten, in ih-
rem Bestand sehr stark dezimiert worden.
Man habe „bey letzt angesteltem Krebsfang
mit aller Mühe kaum 50 Stück in der ganzen
Bach zusammen gebracht".[148]

1782 wurde die herrschaftliche „Krebs-
bach", „anfangend unter der Statt Ursel und
gehend bis unter die Wiesen Mühl an die
Brück" verpachtet.[149]

„Die Bach" als Wirtschaftsfaktor

1696 hieß es, Oberursel habe zwar im Dreißigjährigen Krieg viel zu erleiden gehabt,
aber es habe „vor andern benachbarten das
Beneficium des Bachs und beständigen Wassers, durch welches die Hämmer, Mahl- und
Schleiffmühlen getrieben werden".[150] In jenem Jahr errichteten die „Müller auf der Urseler Bach" eine Zunft.[151]

Nach einer Beschreibung der „Urseler
Bach" aus dem Jahr 1742 floß die Ursel
„zwischen zweyen Eisenhämmern durch
auf daß Städtgen oder den Flecken Oberursel; treibt hernach die Herrenmühle und
eine Walkmühle, geht an einem schönen
Garten vorbey und treibt nebst zweyen
Kupferhämmern auch die Aumühle, die Pa-

piermühle, die Entenmühle und die Weiß-
kircher Mühle, rinnt ferner an Weißkirchen
her, und dreht die Krebsmühle nebst der
Niederurseler Papiermühle herum…".[152]

Immer wieder besangen Dichter den
Urselbach in ähnlicher Weise wie I. von
Gerning 1813:
„Hämmer belebet der mutige Bach
und das donnernde Mahlwerk,
Horch, wie das rasche Getös
festlich am Taunus verhallt".[153]

Um die zahlreichen Mühlen in Betrieb zu
halten, benötigte jede einen „Wasserfall".
Der Bach mußte umgeleitet beziehungsweise abgeschlagen werden. Von einem solchen Fall hören wir 1832. Auf dem Gelände
der Tapeten„fabrik" Rosalino hatte „frü-
herhin eine Schleifmühle gestanden, und
dieser Wasserfall gehöret zu des H. Rosalino
Werken; diese Mühle hatte einen Abschlag,
seitdem nun diese Mühle in Verfall gekommen ist, haben die Wiesenbesitzer diesen
Abschlag benutzt, der gewöhnliche Bach-
fluß ist zugewachsen und die Bache laufet
schon lange Jahre durch diesen Abschlag
und dan kömmt sie wieder in ihren gewöhnlichen Fluß. Durch diesen Abschlag war die
Pfarrwiese stark in Mitleidenschaft gezogen
worden.[154]

1858 gelang es Josef Schaller nach jahre-
langen Suchgängen beiderseits des Heid-
tränktales in etwa 450 m Höhe, Quellbäche
des Urselbaches durch Sammelgräben anzu-
zapfen, an die entsprechenden Abhänge zu
führen und auf diese Weise zwei Gefälle von
50 bzw. 81 m in Druckrohrleitungen zu fassen, die schließlich zwei große Turbinen
trieben. Nie zuvor hatte jemand die Energie
des Urselbaches so intensiv genutzt. Und
doch genügte dies nicht, denn die Wasser
flossen nicht regelmäßig, aber die Fabrik
wuchs schnell auf 400 Arbeiter an. Um eine
gleichmäßige Energieversorgung und damit

den Erhalt der Fabrik sicherzustellen, mußte 1863 zusätzlich eine Dampfmaschine angeschafft werden; es war damals die zweite in Oberursel.

Dampfmaschinen ergänzten die Wasserkraft, ersetzten sie aber lange nicht. Sogar die Motorenfabrik Oberursel nutzte noch bis ca. 1923 zwei Turbinen. Noch 1942 war das Werk Mitglied der „Vereinigten Werkbesitzer am Urselbach" und sogar größter Beitragszahler.

Heute existieren in Oberursel noch drei Wasserräder, die sich nur noch zeitweise drehen: an der ehemaligen Schuckardts Mühle, in der Herrenmühle und im Femso-Werk.

Bachschutz

Als die Gebrüder Schuckart 1861–62 eine Gerberei anlegen wollten, beschwerte sich Johann Brenner vor allem deshalb, weil Schuckart bei seiner Eingabe „mit keinem Worte erwähnt habe, daß er das Wasser aus der Urselbach dazu benutzen wolle; denn dazu würden auch die übrigen Werkbesitzer ihre Zustimmung nicht erteilen". Bürgermeister und Rat ließen wenig „Umweltbewußtsein" erkennen und befürworteten die Anlage, „weil auch verunreinigtes Wasser Mühlen in Gang bringen" könne; außerdem sei der Bach ohnehin „durch die bestehenden Etablissements verunreinigt".[155] Argumentationen wie diese zeigen, daß damals dringend etwas zum Schutz hätte getan werden müssen.

Im Jahr 1861 schlossen sich die „Vereinigten Werkbesitzer am Urselbach" zu einer Interessengemeinschaft zusammen.[156] 1869 beantragten sie, zur Wahrung ihrer Rechte „einen beeidigten Bachschützen zu bestellen". Anders als sein Vorgänger im 17. Jahrhundert sollte dieser vor allem die Aufsicht darüber haben, daß der Bach nicht unbefugt „zu ökonomischen Zwecken" benutzt wurde. Ziel war, die „nicht unbeträchtliche Anzahl von zu Unrecht angelegten Ableitungsgräben" zu entfernen.[157]

Wie notwendig die Kontrolle geworden war, zeigt der im August 1872 eingetretene Fall der Vergiftung von Forellen im Urselbach.[158] Bei der angestellten Untersuchung stellte sich heraus, „daß das Bachwasser in sehr erheblicher Weise durch Fettstoffe und andere Abfälle verunreinigt ist und diese Stoffe vorzugsweise von den oberhalb der Pachten'schen Oelmühle gelegenen Etablissements zugeführt werden".

Daraufhin wurde 1873 eine Orts-Polizeiverordnung erlassen, „welche jede Verunreinigung des Bachs verbietet", doch wurde damit wenig oder nichts bewirkt.[159] 1877 stellte man beim Reinigen des Leitungskanals fest, „daß der Urselbach durch die viele oberhalb belegenen Werke verunreinigt werde". Gegen die Papierfabrik Pirath erfolgte eine Anzeige „über Verunreinigung der Ursel-Bach".[160] Resignierend stellte man fest: „Eine völlige Beseitigung der Bach-Verunreinigungen würde sich nur dadurch erreichen lassen, daß man den Fabrikbesitzern die Benutzung des Bachwassers überhaupt untersagte; dies würde indessen die Einstellung des Betriebes nothwendig zur Folge haben und ist deshalb nicht angängig. Es wird sich daher auch nur auf die Art Abhülfe schaffen lassen, daß im oberen Theil der Stadt Oberursel eine Wasserleitung resp. Brunnen angelegt werden, damit das Bachwasser nicht mehr als Trinkwasser benutzt zu werden braucht".[161]

1888 sandten die Vereinigten Werkbesitzer eine Stellungnahme an den Bürgermeister, worin sie ausführten, daß die von Joseph Adrian beabsichtigte Anlage einer Wollwäscherei „nur unter der Bedingung ertheilt werde, daß kein Wasser aus dem Urselbach entnommen werden darf, indem wir uns gegen jede fernere Entnahme von Wasser aus dem Urselbach für gewerbliche Zwecke verwahren". Da der Antragsteller sich damit nicht zufrieden gab, sondern dieselben Rechte wie die anderen Werkbesitzer beanspruchte, kam es zu einer Auseinandersetzung zwischen der Kreisbehörde, die den Antrag unter Bedingungen genehmigte, und dem Oberurseler Stadtvorstand, der sich in seiner Not sogar an den Minister für Handel und Gewerbe, Fürst von Bismarck, wandte. Das Ministerium entschied, daß eine Wollwäscherei keine genehmigungspflichtige Anlage sei. Der Betrieb konnte aufgenommen werden.[162]

Leben an „der Bach"

Im Bewußtsein vieler älterer Bürger, spielt „die Bach" vor allem deshalb eine Rolle, weil sie in ihrer Eigenart untrennbar zum menschlichen Lebensraum Oberursels gehörte.[163]

Da war das idyllische „Bachpädche" mit dem schönsten Blick auf die Stadt, das Eldorado für Spaziergänger und Liebespaare, im Winter eine ideale Eisbahn für die Kinder, besonders wenn sich die Eisbahn auf den Schleifhüttenberg ausdehnte. Da war der Treffpunkt Bleiche, wo die Frauen ihre Wäsche spülten, bevor sie zum Bleichen auf dem Gras ausgebreitet wurde. Da waren die herrlichen „Wasserfälle", die mancher „Orscheler" Lausbub durch Anheben der Überlaufschütze erzeugte. Und da war das Ackergässer „Flössi", das man so wirkungsvoll unter Hochwasser setzen konnte. Die Weidengasse schließlich galt den Oberurselern als Sehenswürdigkeit, die den Vergleich mit Venedig aushielt. „Auf der linken Seite

führte nämlich zu jedem Haus ein kleines Brückchen, so daß der Werkgraben mit etwas Phantasie an den Canale Grande entfernt erinnern konnte. An der engsten Stelle der Gasse drehte sich das nächste Wasserrad; eingeklemmt zwischen der Mühle und der „Insel", einem der kleinsten Häuser unserer Stadt". In einem der anderen Häuser wirkte der Korbweidenflechter Ebbig, an den sich noch viele Oberurseler Bürger erinnern. Bei schönem Wetter saß er auf dem zu seinem Haus gehörenden Brückchen und flocht seine Weiden.

Weniger gern als an die Bach-Idylle erinnern sich die Oberurseler an die unangenehmen Eigenschaften des Baches, vor allem an seine Unberechenbarkeit. Schon nach einem etwa zwanzigminütigen Gewitterguß konnte er für die Bachanlieger und die Werkbesitzer gefährlich werden.

„Die Bach" (Mühlgraben) in der Weidengasse

Das alles ist Vergangenheit. Seit die Motorisierung die Wasserentnahme zur Energiegewinnung zunehmend zurückdrängte, wurde der Urselbach allmählich überflüssig. Seit 1964 treibt der Bach keine Wasserräder und auch keine Turbinen mehr. Hinzu kam die städtebauliche Modernisierungswelle nach dem Zweiten Weltkrieg. Sie hatte zur Folge, daß „die Bach" an vielen Stellen begradigt und in Betonmauern gepreßt wurde. Auch empfand man es als störend und „altmodisch", daß das Gewässer allenthalben offen durch die Stadt floß, und man begann es streckenweise abzudecken. Schließlich folgte in den Jahren 1958–1968 die Verrohrung des früheren Bachbettes in der Altstadt.[164]

Jahrzehnte später knüpfte Wilhelm Mägerlein an die einstige Funktion des Urselbaches an und nahm ein kleines privates Wasserkraftwerk am Urselbach, auf der Höhe des ehemaligen Kupferhammers, in Betrieb. Mägerlein: „Schon vor dreißig Jah-

ren dachte ich mir, eigentlich ist es schade um die Wasserkraft am Urselbach, der doch einst ein richtiges kleines Industriegebiet mit Energie versorgt hat." Doch führte der Bach damals zu wenig Wasser. Erst als sich die Situation zu Anfang der achtziger Jahre besserte, zeichnete sich die Möglichkeit der Verwirklichung des alten Wunsches ab. Im Zeitalter des Umweltschutzes hat das Wasserkraftwerk Vorbildcharakter: „Wie die alten Orscheler nutze ich die Energie des Urselbaches, und das dazu noch umweltfreundlich."[165]

Ökologische Gesichtspunkte spielen auch eine Rolle bei dem Plan des Besitzers der Herrenmühle, Hans G. Usinger, Energie für Strom und Heizung mittels der Wasserkraft zu gewinnen. Ab Sommer 1991 soll das noch vorhandene Hochleistungsmühlrad wieder laufen. Nach Angabe von Experten dürfte die Wasserkapazität im alten Werkgraben etwa 10 Monate im Jahr für den Betrieb ausreichen.[166]

Oberursel und die Waldgenossenschaft Hohe Mark

Die Hohe Mark war eine der bedeutendsten genossenschaftlichen Waldnutzungsgemeinschaften des Mittelalters.[1] Ihr Name leitete sich von der alten Bezeichnung des Taunus, „Höhe", ab und bedeutete „Mark auf der Höhe". Die Hohe Mark existierte vermutlich bereits in karolingischer Zeit. Ob die Schenkung von Gütern „in Ursellere marca" an das Kloster Lorsch im Jahr 848 mit der Hohen Mark in Verbindung gebracht werden kann, ist fraglich.[2]

Es bestand ein offensichtlicher Zusammenhang mit der Grafschaft Ursele zum Stulen, mit der die Hohemark z.B. die Nidda als Südgrenze gemeinsam hatte.[3] Of-

fenbar galt die Hohemark als die „Grafschafts"mark für Ursel und wurde deshalb auch des öfteren direkt als Urseler Mark bezeichnet.[4] Die Bezeichnung „Urseler Mark" fällt noch in einem Zwist zwischen den Brüdern Gottfried und Eberhard von Eppstein, 1434.[5] Im 16. Jahrhundert kam „Urseler Höhe Marck" vor.[6] Seit dem 14. Jahrhundert scheint aber der Begriff „Hohe Mark" gebräuchlicher gewesen zu sein.[7]

Zwischen den ältesten – vermutlich karolingischen – Markordnungen der Dreieich und der Hohen Mark bestand eine „verblüffende Ähnlichkeit", vor allem hinsichtlich

Gedenkstein für die Märkergedinge
in der Adenauer-Allee

der Rolle des Frankfurter Schultheißen, der von ihnen in letzter Instanz angerufen werden sollte. Dies muß also verfügt gewesen sein, bevor die amtlichen Beziehungen der Kirchen- und Landesherrlichkeit zur Hohen Mark bestanden.[8]

Besonders deutlich werden die Verbindungen der Hohen Mark zu den benachbarten Reichsforsten im 13./14. Jahrhundert.[9] Es steht fest, daß es Königsrechte im und am Wald der Hohen Mark gab (Rotlaufweg).[10] Wir können von einer Forestierung des Gebietes zwischen Nidda, Erlenbach und Limes ausgehen, denn es erscheint „unwahrscheinlich, daß das dazwischenliegende Gebiet auf dem Höhepunkt der Macht karolingischer Könige im Sinne des Reiches rechtlich unorganisiert blieb."[11]

In der Zeit des Übergangs der Markorte an verschiedene Herrschaften wurde bestimmt, daß der Wald unter der landesherrlichen Oberaufsicht nur eines Landesherrn stehen sollte. Deshalb wurde das Amt des Waltboten an den Besitz der Burg Homburg geknüpft. 1192 ging das Waltbotenamt aus Hanau-Münzenberger Hand an die Herren von Eppstein über, die fast drei Jahrhunderte lang Besitzer der Burg Homburg blieben.[12]

Daß die Hohe Mark eine Waldgenossenschaft war, hören wir ausdrücklich zum ersten Mal im Jahr 1334.[13] Der Wortlaut der ersten urkundlichen Erwähnung der Hohen Mark als Genossenschaft im Jahre 1334 läßt darauf schließen, daß die Mark schon lange vor diesem Zeitpunkt existierte, denn sie konnte bereits Land aus der Mark vergeben. Der Waltbote und die Märker schenkten damals der Kirche Crutzen „zu den hugen an dem merckerdinge...alle die roder, die zu den hugen horent". Nach Washausen „müßte die Entstehung der nach ihrer Verfassung grundherrlichen Genossenschaft 'Hohe Mark" in die Zeit zwischen 1150 und 1200 datiert werden. Sie war nicht zuletzt Teil des Prozesses der Machtumverteilung zwischen Reichs- und aufstrebender Landesherrlichkeit bis in die erste Hälfte des 13. Jahrhunderts.[14]

Der Wald des gesamten Gebietes war ungeteiltes Eigentum der Märker und wurde durch deren Genossenschaft verwaltet. „Märker" durfte sich jeder nennen, der in einem Markort „eigenen Rauch" besaß. Standesunterschiede spielten für die formale Mitgliedschaft ursprünglich keine Rolle.

Die Zugehörigkeit zur Mark war von großer Wichtigkeit, denn sie ermöglichte den Märkern nicht nur die Entnahme von Bau- und Brennholz, sondern beispielsweise auch den Viehtrieb (Eichel- und Bucheckernmast der Schweine). Überdies gewann die vorindustriell-gewerbliche Nutzung – Köhlerei, Aschenbrennerei, Glashütten, Salzsiederei, Ziegel-, Kalk- und Branntweinbrennerei, Brauerei etc. – zunehmend an Bedeutung.

Entscheidend für die Zugehörigkeit zur Hohen Mark war die Niddagrenze. So wurde 1401 und 1484 die Zugehörigkeit Vilbels bezweifelt, da es teilweise jenseits der Nidda lag.[15] An der Hohen Mark waren beteiligt: Von Seiten Hessen-Homburgs: Homburg, Oberstedten, Niederstedten, Gonzenheim, Kirdorf, (Alt-) Dornholzhausen, (Neu-)Dornholzhausen.

Von Seiten Kurmainz: Oberursel, Stierstadt, Bommersheim, Niederbommersheim, Weißkirchen, Gattenhofen (Gozenhan?), Hausen, Mittelstedten, Kalbach, Harheim, 1/2 Vilbel, Abtshof und Mühle zu Eschersheim, 1/2 Mönchhof zu Mittelursel, drei Häuser und der Kronberger Hof zu Oberhöchstadt.

Außerdem noch Orte von fünf weiteren Herrschaften sowie der Freien Reichsstadt Frankfurt.

Das Waldgebiet der Hohen Mark hatte bei dem großen Grenzumgang 1586 folgende Grenzen:

Norden: Limesabschnitt zwischen Feldberg und Saalburg;

Westen: Grenze zur Kronberger Mark;

Osten: Wolfshecken – Fahrborn – Eiserner Schlag am Throner- bzw. Rotlaufweg;

Süden: Rotlaufweg – Landwehr.

Dazu der Wald nördlich des Limesabschnittes Feldberg – Sandplacken im oberen Weilgebiet.[16]

Als Grenzzeichen wurden in älterer Zeit „Lochbäume" verwendet, wofür auffallende Eichen, Ahorn- und Holzapfelbäume und Buchen mit einer in Kniehöhe gehauenen Kerbe versehen wurden. Für die östlichen Taunusmarken sind solche Bäume urkundlich 1434 belegt. Erhalten hat sich die Streitbuche an der Haderhecke, einem umstrittenen Grenzstreifen zwischen Kronberger Mark und Hoher Mark.[17] Sie gehörte sicherlich schon beim „großen Umgang" 1586 zu den an der Westgrenze der Hohen Mark erwähnten 54 Lochbäumen. In diesem Zusammenhang werden auch sogenannte Gebücke erwähnt, die wohl eine Art „Niemandsland" markierten. Im 16. Jahrhundert begann man Steine als Waldgrenzzeichen zu setzen. Bekannte Grenzsteine sind der „Ochsenstein", der zwischen Oberursel und Oberstedten als Hute-, Weide- oder Triftstein diente. Der berühmteste Grenzstein ist aber der in Deutschland wohl einmalige „Viermärker" an der nordwestlichen Spitze des Hohemarkwaldes, der Landgräflich Hessisches, Großherzoglich Hessisches, Nassauisches und Frankfurter Markgebiet in der Hohen Mark voneinander schied.[18]

Märkergedinge

Zentrales Verwaltungsorgan der Markgenossenschaft war das „Märkerding", auch „Märkergeding" oder „Märkergericht" genannt.[19] Erstmals erwähnt wird das Märkergericht 1317.[20] „An dem gerichte zu Ursell"[21] sollten alle Markbelange („was margk ist") behandelt werden (1453).

Seit 1334 ist bezeugt, daß die jährliche Versammlung der Märker "an sante katherine tage zu den lynden an dem merckerdinge„ abgehalten wurde.[22] Die Linden waren offenbar als Gerichtslinden zu verstehen. Das Weistum von 1401 bestätigte, daß das Märkerding jährlich am St.Katharinentag (25.November) auf der „Au" im Süden von Oberursel stattfand.[23] 1537 sagten die Mär-

Die Vorgänge bei einem Märkergeding wurden 1771 von dem hessen-homburgischen Justizrat und Anwalt der Hohen Mark Elias Neuhof „aus richtigen Urkunden mitgetheilet".

„Das Märkergeding wird auf Mittwoch in der vollen Woche nach Pfingsten, das ist den Tag vor dem Fronleichnamsfest auf der Aue vor Oberursel gehalten. Auf diesen Tag muß der zeitliche Waldschreyer den Anwaldt in Homburg zu Pferd abholen, wobey jener zugleich eine Pürschbüchse bey sich führet. Der Anwaldt reitet darauf nebst dem Waldschreyer und einem Herrschaftl. Reitknecht Morgens nach 8 Uhr auf Oberursel. Wann derselbe an das Creutz ohnweit dem Neuen Thor annkommt, so steckt der Thürmer zu gedachten Ursel auf dem Thurn eine Fahne aus, und stößt zugleich in die Trompete. An dem Thor stehen zehen bis zwanzig Mann von Oberursel im Gewehr und praesentiren solches vor dem Anwaldt bey seinem Durchreiten. Inndessen sind in des Markmeisters Wohnung, oder, wenn in Ursel kein Markmeister seyn sollte, annders wo die Markmeistere nebst den Markschultheißen von den fünf Hauptflecken versammlet. Wenn man sich daselbst miteinander besprochen und ein Frühstück eingenommen hat, so gehet der Anwaldt gegen eilf Uhr mit jezt gedachten Markmeistern und sämtlichen Markschultheisen, welche zum engeren Ausschuß gehören, alle zu Fuß durch das Unterthor nach der Aue vor Oberursel. Der Waldschreyer gehet mit seiner auf der Achsel tragenden Pürschbüchse voran. In gedachtem Thor präsentiret die daselbst postirte Mannschaft dem Anwaldt wieder das Gewehr.

Auf der Au selbsten befindet sich Homburger bewaffnete Mannschaft von etwa 20, 30 auch 40 oder überhaupt soviel Mannschaft, als der Anwaldt den Umständen nach zu beordern, vor nöthig findet; wie nicht weniger auch Mannschaft aus Oberursel. Diese stehen anfänglich en front, praesentiren das Gewehr, und wenn der Anwaldt bey ihnen vorbey ist; so verlässet diese Mannschaft ungesäumt ihre Stellung, und schließet unter den Linden einen Creyß, worinnen sich der Anwaldt mit den Markmeistern, den Markschreibern, dem Waldschreyer und den Markschultheißen verfüget.

In dem geschlossenen Creyß hält der herrschaftl. Knecht des Anwaldts Pferd in Bereitschaft. Wenn sich der Anwaldt darauf gesetzet, so giebt derselbe 1) dem Waldschreyer Befehl, daß solcher nach dem desfalls habenden Verzeichniß umfrage, ob die Markschultheißen alle beisammen sind; 2) Wenn dieses geschehen, führet der Anwaldt mit wenigen Worten die Ursache an, warum man dermalen versammelt seye, und heeget darauß 3) mit folgenden Formalibus das Märkerding: ...," [27]

ker aus, die Aue gehöre mit zur Mark: „Die Aue vor Ursell von oben bis an Weissenkirche ist margk und helt 500 morgen ungeverlich". [24]

Dem alten Markort Oberursel waren also die Märkerdinge erhalten geblieben, als das Waltbotenamt an Homburg geknüpft wurde. So war es in der Urseler Stadtordnung von 1446 fixiert: „Uber Urseler Marck ist obersten Herr und Waltpott der Hohenberg Inn hatt...Dieser sol jerlich uff Chatarinen tag uff die auhe kommen vor Ursell, und die Marck mit Radt der Landtman und Mercker bestellen". [25]

1484 verlegte man das Märkerding wegen „des häufigen Frostes und der Unbilden des Wetters um diese Jahreszeit" auf Mittwoch nach Pfingsten.[26]

Auf diesen Versammlungen, bei denen die Märker, die Schultheißen der berechtigten Orte, die Märkermeister und seltener auch die „Obrigkeiten" vertreten waren, führte der Obermärker und Waltbote den Vorsitz. Der gemeine Märker trat zwar für sich selbst auf, war aber nur durch den Schultheißen stimmberechtigt. Das Ausbleiben auf Vollversammlungen („vollen Dingen") zog empfindliche Geldbußen nach sich. Auf den „normalen Dingtagen" waren die Orte in aller Regel nur durch ihre Schultheißen und der Waltbote durch seinen Keller vertreten.

Der Markschreier hatte zur Eröffnung des Märkerdings die berechtigten Orte aufzurufen („auszuschreien"): „...bistu hute hie, als man dir geboten hat mit dinem lehenherren?"[28]

Im weiteren Verlauf wurden dann die Weisungen verlesen, Rechtsstreitigkeiten erörtert oder vertagt, die neuen Markbeamten für ein Jahr ernannt und die künftige Benutzung der Mark festgelegt. Als Grundlage dieser Handlungen galten die in sogenannten Weistümern festgehaltenen Gesetze der Markgenossenschaft.

Das älteste Weistum der Hohen Mark datierte aus dem Jahr 1398.[29] In voller Länge überliefert ist das Weistum aus dem Jahr 1401.[30] „...Des han sie eynmudeclich gewist, das die marg der obgeschr. dorffer und mercker rechtliche eigen sy, und daruber eyn oberster herre und walpode sy eyn herre von Eppenstein oder wer Hoenberg von sinetwegen in habe...". Die Rechte und Pflichten von Märkern und Waltbote wurden als gleich dargestellt. Wir erfahren, daß Märker und Waltbote gleichermaßen die

Eichelmast der Schweine in der Hohen Mark betrieben.

Wer beim Baumschälen erwischt wurde, hatte eine grausame Strafe zu gewärtigen: „so sol man jme einen darme uß sinem libe ziehen, und den an den baume binden, und jne omb den baume furen, so lange der darme ußgut." Auch wer sich sonst gegen die Mark verging, wurde schwer bestraft: er wurde dreimal ins Feuer geworfen, „komet er daruß, so hat er damit gebußet."

1484 wurde das Weistum noch einmal erneuert, erweitert und systematisiert.[31] Seit der Zeit wachsenden Einflusses der Landesherrlichkeit (1.H. 16. Jh.) sprach man nicht mehr von „Weistümern", sondern von Holz-, Wald- oder Markordnungen. Sie unterschieden sich von den früheren Weistümern nur in einem entscheidenden Punkt: Während die Weistümer von der Gemeinschaft der Markgenossen beinahe demokratisch verfaßt waren und auch den Obermärker in seine Rechte und Pflichten wiesen, waren die Holz-, Wald-, Mark- und Forstordnungen rein landesherrlichen Ursprungs. Daran konnten auch die Neudrucke des Weistums der Hohen Mark von 1484 in den Jahren 1632 und 1653 durch die Märker nichts mehr ändern. Entscheidend war die Funktion des Landesherrn als Obermärker und Waltbote, der es seit der Mitte des 16. Jahrhunderts verstand, die Selbstverwaltung der Markgenossenschaften in einem zähen Kampf mit den Märkern, die um jede alte Regelung rangen, zu entmachten und seine Befugnisse unaufhaltsam auszubauen.

Markbeamte

Nach den Weistümern des 15. Jahrhunderts wählten die Märker ihre Markbeamten, die Märkermeister und Förster, die der Waltbote zu bestätigen hatte. 1484 hieß es diesbezüglich: „... und wer also auf den Tag zum Märkermeister gekoren wird, den hat der Waldbott zu bestettigen". Kam der Waltbote dieser Weisung nicht nach, sollten die „Obrigkeiten" in Gestalt der übrigen Landesherren eingreifen. Es wurde festgelegt, daß „man soll kiesen zu merkermeistern aus den Edelen, die in der mark gesessen und gegut" seien. Sollten sich diese nicht finden, so waren die Märkermeister aus dem Stand der Priester oder der würdigsten und ehrhaftesten gemeinen Märker zu erwählen. Wie die Schultheißen die Markorte vertraten, so verwalteten die Märkermeister die Angelegenheiten der Mark – also des Waldes. Mit dem Rat der Märker sollten sie die Förster und Waldknechte ernennen, diese überwachen, den „Wald bereiten" und dem Ausschuß auf dem Märkerding zu Rechenschaft verpflichtet sein. Für Verfehlungen erwartete sie die gleiche Strafe wie die gemeinen Märker. Dazu kam es aber offenbar nur selten. 1545 beklagten sich die Märker, daß sie noch nie erfahren hätten, daß ein „oberst Waldbott oder Merkermeister" gerügt und bestraft worden sei.

Die von den Märkermeistern jedes Jahr zu ernennenden Förster und Waldknechte wurden anfänglich aus den Reihen der Märker gewählt. Im Weistum der Hohen Mark von 1438 hieß es noch: „... das die merckermeister knecht und furster hetten zu kiesen (wählen), der marg zu huden, doch mit der landtlude Radt." Zu Förstern durften nur ernsthafte, untadelige Personen bestimmt werden. Die Förster hatten sich „vom morgen biß uf den abent im walt finden (zu) lassen", durften nicht zechen und keine Büchsen im Wald tragen, sondern nur einen Spieß mit „klapschell" daran. Die Vorjahresförster sollten, wenn sie es wünschten, im

Folgejahr wieder in ihrem Amt bestätigt werden. In der Hohen Mark wurden vier Förster bestellt.

Auch wegen der Wahl der Förster kam es bald zum Streit zwischen Markgenossen und Waltboten. In der Hohen Mark vertrat 1518 der Homburger Schultheiß die Auffassung, der „oberste Herr und Waldbott" habe die Förster und Waldknechte zu ernennen, da nur so eine der Mark dienliche Kontrolle der Beamten möglich sei. Der Waltbote setzte sich offenbar auch in der Försterfrage durch; das verdeutlicht schon die Wiederholung des Streites 1521.

Der Waltbote ernannte für die Verwaltungsaufgaben in den Markgenossenschaften bis Mitte des 16. Jahrhunderts nur den Keller (Verwalter) als seinen Rechtsvertreter und Anwalt, sowie auf dessen Vorschlag den Markschreier. Mit dem Waltbotenamt war die Verpflichtung des Schutzes der Mark und ihrer Genossen sowie die Gerichtsbarkeit über Frevler verbunden. Für diese „Leistungen" genoß der Inhaber des Amtes die Ehrenrechte des Wildbannes (Jagd) und der bevorzugten Holznutzung.[32]

1563 ernannte der Eppsteiner Amtmann einen Schreier in Stedten, der auch Förster sein sollte. Daraufhin beschwerten sich die Märker mit dem Hinweis, daß allein sie die Förster zu wählen hätten; ihre Märkermeister hätten die Förster zu bestellen. Der Streit gipfelte darin, daß sich 1578 der Homburger Keller selbst das Waldschreieramt übertrug und laut Waldordnung von 1594 der Schreier zum obersten Förster bestimmt wurde. Die darauf folgenden Beschwerden der Märker gegen den Schreier zogen sich bis in das 18. Jahrhundert hinein.

Für die Besoldung der Markbeamten mußten die Markorte anteilig Mittel in Geld und/oder Naturalien aufbringen. Den Förstern stand außer der Nutzung der sogenannten Forsthube der Bezug von Naturalien zu. Entlohnung in Geld erfolgte auf der Basis der Teilhaberschaft an Bußgeldern, womit ihre Aufsichts- und Rügetätigkeit angespornt werden sollte. Die möglichen Einkünfte bemaßen sich 1547 so:

— 1 Gulden für die Ergreifung eines Weichköhlers oder anderen Ausmärkers;
— 1 Gulden für die Verhaftung von Hartköhlern, Wagnern und anderen Handwerksleuten, die ihre Produkte aus der Mark verkauften;
— 1 Gulden für die Ergreifung von Märkern, die Bau- oder sonstiges Konstruktionsholz aus der Mark fuhren;
— 1 Schilling von jederRüge für die verbotene Rodung;
— 6 Schillinge Pfand von jeder Strafe für den Eintrieb ausmärkischen Viehs.

Ein Märkermeister erhielt ein jährliches Gehalt von drei Gulden und seinen Anteil an der Hälfte der Bußeinnahmen in der Mark.

Von einer forstfachlichen Ausbildung war bis weit in die zweite Hälfte des 18. Jahrhunderts hinein keine Rede. Erst als 1797 das „hergebrachte Märkerding" durch einen „Markconvent" ersetzt wurde, und dieser 1798 beschloß, die Mißstände in der Forstorganisation mit der Einstellung eines „gelernten Försters" zu beheben, deutete sich eine Wende an.

Seit dem 14. Jahrhundert hatte es, oft „im Namen des Herren", Rodungen gegeben, besonders am Nord- und Südrand der Hohen Mark.[33] Bei einer Rodungsbesichtigung am 5.Juni 1537 stellte sich heraus, daß für die Au, wo die Märkerdinge stattfanden, insgesamt 500 Morgen Wald gerodet worden waren.[34] Insgesamt hatte die Hohe Mark durch Rodungen 3800 Morgen Waldfläche eingebüßt. Das entsprach einem Verlust von etwa 11%. Deshalb wurde beschlossen:

„Es soll keinem in der margk weiter gegonnet werden zu roden", bei Strafe von 10 Gulden.[35]

1545 wurde beschlossen, „daß an allen orthen der waltmargk, do die gerothen whiesen anstoßen, sall abgelocht (mit Lochbäumen) oder abgesteint werden".[36] Am 7. September 1547 wurde damit begonnen. Das dazu geführte Protokoll ging als „Steinbuch"[38] in die Geschichte der Hohen Mark ein. Es wurden abgegrenzt: Der Waldrand zur Feldmark von der „Looshecke" bis zum „Rotlaufweg". Die Grenzen von insgesamt 36 Rodungen innerhalb des geschlossenen Waldes, die die Feldmark zwar nicht berührten, aber oft nur durch schmale Streifen davon abgetrennt waren. Bis zum 17. September 1547 wurden 859 Steine in Abständen des Ruthenmaßstabes – allerdings ohne Richtungswinkelangabe – gesetzt.

Auf dem Steinbuch basiert die Karte der Hohe-Mark-Grenze von 1587. Die Karte entspricht dem Markgrenzanteil beiderseits des Urseltales von Oberursel aufwärts, bis weit oberhalb der heutigen U-Bahnstation „Hohemark". Nach 1547 wurden nur noch einige Flächen zwischen Oberursel und Oberstedten gerodet, so daß die heutige Waldgrenze noch fast mit den damals verzeichneten Rodungsgrenzen übereinstimmt.[38]

Konflikte zwischen Markgenossen und Waltbote[39]

Nach den Weistümern des 15. Jahrhunderts war der „Waltbott" nichts anderes als der oberste Märker. Ihm oblag zwar die Leitung und der Schutz der Mark und seiner Genossen sowie die Markgerichtsbarkeit; das sollte aber nicht so weit führen, daß er sich über das auch für ihn verbindliche „Instrument" hinwegsetzen konnte. Obwohl dem Inhaber des Waltbotenamtes die Ehrenrechte der Jagd und der Holznutzung in bestimmtem Umfang bevorzugt zugestanden wurden, durften darüber hinaus keine besonderen Eigentumsrechte bestehen, die etwa dazu führen konnten, die übrigen Märker in ihren Rechten zu beschränken. Immer wieder betonten deshalb die Markgenossen, daß die Mark ihr ererbtes Eigentum sei, und sie allein nach der hergebrachten Ordnung den Waltboten in seine Rechte und Herrlichkeit weisen können, wonach dieser sich richten müsse.

1487 startete der Waltbote den Versuch, sein Amt als pfälzisches Lehen zu erklären, in dem er als Lehnsherr über die ihm anvertrauten Gebiete unmöglich den Weisungen des Landmannes unterstehen könne, sondern vielmehr selbst weisungsbefugt sei und Eigentumsrechte, jederzeit wahrnehmen könne. Doch beriefen sich die Märker auf ihre Weistümer, die besagten, daß die Mark Gemeingut sei und ein pfälzisches Lehen niemals bestanden habe.

1536 sollte erneut eine Machtverschiebung zugunsten der Landesherrlichkeit herbeigeführt werden, indem ein Rechenmeister ernannt werden sollte, der die ausstehende Bußen eintreiben und die Markbeamten kontrollieren sollte.

1545 kam es zu neuen Anordnungen, wonach z.B. die Bußsätze erhöht wurden. Die sich in der Mitte des 16. Jahrhunderts häufenden Ausschußtage und Verhandlungen zeigten, daß die auf Gleichberechtigung beruhende Basis der Markverfassung zu einem Vertragswerk zwischen Landesherr und Untertanen geworden war. Dieser Vorgang versetzte den Herrn in die Lage, sich allmählich aus seinen Pflichten zu schleichen, seine Befugnisse zu erweitern und die früher mitberechtigten Märker auf der Ebene der Mit-

bestimmung beiseite zu schieben. Mit dem Ausbau der Macht dehnte der Waltbote seine von der Genossenschaft zugestandenen Ehrenrechte bald zu Eigentumsrechten aus.

Damit begann eine Kette von Streitigkeiten, die durch den Entwurf einer neuen Markordnung durch den Homburger Keller nur noch verstärkt wurden, denn diese sollte gerade die umstrittenen Eigentumsrechte des Waltboten fixieren.

Als sich der 1584 zur Regierung gelangte Landgraf Georg von Hessen bei dem Märkergeding vorstellte, brachten die Märker die Klagpunkte vor. Sie forderten den Waltboten auf, die Mark zu schützen und zu handhaben wie es das Markinstrument vorschreibe; der vorliegende neue Entwurf sei der alten Markordnung zuwider.[40] Doch verfügten die Märker nicht mehr über die Machtmittel, um ihr altes Recht durchsetzen zu können. So wurde die neue Ordnung 1585 rechtskräftig.

Es kam wiederholt zu Übergriffen des Waltboten und seines Kellers, gegen die sich die Markgenossen schließlich nur noch durch Anrufung ihres Landesherrn zu helfen wußten. Von einem Erfolg konnte aber keine Rede sein, im Gegenteil: die innere Spaltung der Markgenossenschaft wurde nur noch vorangetrieben.

In der ersten Hälfte des 17. Jahrhunderts war an eine Lösung der Probleme nicht zu denken. Und nach dem Dreißigjährigen Krieg kam in Homburg ein absolutistisch regierender Landgraf, Friedrich II., an die Regierung, von dem nur neuerliche Konflikte ausgingen (Markberechtigung für Hugenottenkolonien). 1704 stellten die Märker noch einmal eine lange Beschwerdeliste zusammen. Doch hielten die Mißstände, Frevel, mangelnde Pflege und Übernutzung an.

Schon damals war der drohende Ruin des Hohe-Mark-Waldes zu erkennen, wie Otto Wallau 1724 unmißverständlich schrieb:

„Sie hatten einen grossen Waldt
Vor diesem, wann es ware kalt
Daraus Holtz multum (viel) außzuhauen,
Auch gnug für Häuser aufzubauen;…
Gefahren seynd sie also lang,
Daß eim umbs Holtz wird angst und bang;
Die Marck ist also ruinirt,
Daß einem graust wer sie ansieht,
Gehauset han die Leuthe schier,
Als wär der Jüngst-Tag für der Thür…
Ein jeder dacht, wer nach mir kommt
Mag sehen, wo er Holtz bekommt.
Ein schlechte Wirthschafft ists alsdann,
Wanns künfftig nicht acht jedermann…"[41]

Doch löste die um 1750 allgemein verbreitete Erkenntnis der Waldverwüstung wenig mehr aus als Diskussionen über die zukünftige „Beholzigung".

Die Selbstverwaltung der Markgenossenschaften schwand immer mehr, bis sie in der zweiten Hälfte des 18. Jahrhunderts nahezu erlosch. Die Märkergedinge hatten ihre Bedeutung fast gänzlich verloren; sie wurden nur noch spärlich besucht.

Hinzu kam die zunehmend desolate finanzielle Lage der Markgenossenschaft. Im Wirtschaftsjahr 1782/83 standen der Kasse einer Einnahme von 666 Gulden die Ausgaben und Verbindlichkeiten von 1108 Gulden gegenüber.[42]

Es ist bezeichnend, daß der erste Versuch einer Hohe-Mark-Geschichtsschreibung gerade in jene Krisenjahre fiel: 1771 schrieb Justizrat Elias Neuhof seine „Historische Abhandlung von der in der Wetterau auf dem Gebirg bey Homburg vor der Höhe gelegenen Hohen Mark".[43]

Auflösung und Teilung[44]

Seit 1773 war man sich von Seiten Kurmainz darüber im klaren, daß eine Sanierung der Hohen Mark mit Hoffnung auf ausreichende Holzversorgung für die Zukunft nur durch die Auflösung der Hohen Mark und ihre Aufteilung unter die Markgenossen erreicht werden könne. Am 6. September 1777 wurde endlich eine offizielle Verhandlung „in der Marktheilungssache" einberufen. Das Protokoll der „Theilungs-Conferenz" zeigte die fortschreitende Verschlechterung des Waldzustandes: „Nirgend ist mehr ein Bau- oder Mastbaum zu erblicken. Kaum ist auf wenigen Districten hin- und wieder ein alter abgestümpfter schlechter Stimmel eines Baumes noch übrig geblieben…".

Zur Debatte stand jedoch nicht die (den Nachfolgern zu überlassende) Sanierung des Waldes, sondern die Befriedigung der Ansprüche der Markorte und, vor allem, des Waltboten, mit dem man sich weder über den Modus der Teilung, noch über die Größe der Flächen und die zukünftigen Besitzverhältnisse einigen konnte. Doch herrschten auch in den meisten Markorten eher eigennützige Gedanken, als sie dazu übergingen, eigenmächtig ehemalige Waldgebiete in Kulturland umzuwandeln. Das eifersüchtige Wachen der Landesregierungen über die eigenen Interessen an den Markwaldungen förderte die innere Zerrissenheit der Genossenschaften.

So kam es erst nach den politischen Neuordnungen zu Beginn des 19. Jahrhunderts zu der lange hinausgezögerten, nun aber unvermeidlich gewordenen Teilung der Markwälder. Es war eine der letzten Markteilungen überhaupt. Am 13.7.1813 wurde sie der Hohen Mark vertraglich ratifiziert und am 23.9.1813 mit der symbolischen Leerung

Der Hohe-Mark-Pokal

des Hohe-Mark-Pokals auf dem Großen Feldberg durch die Teilungskommissare besiegelt.

Zum Zeitpunkt der Teilung umfaßte die Hohe Mark 24 509 Morgen (Homburger oder kleine Morgen), ein Viertel, 23 Ruten und 56 Schuh (= 4672,46 ha). Die Anteile sollten gemäß der Zahl der Märker in den Markorten bestimmt werden. Dabei kam man bei den Orten des Herzogtums Nassau auf 1669 3/4 Märker, auf die 7758 Morgen (=1479,01 ha) Land entfielen. Die Grenzziehung wurde mit dem Lineal durchgeführt. Ausgangspunkt war der Große Feldberg. Ein Grenzstein, der nunmehr die drei Hoheitsträger anzeigte, wurde mit den Initialen GF für Großherzogtum Frankfurt im Süden, GH für Großherzogtum Hes-

sen(-Darmstadt) im Osten und HN für Herzogtum Nassau im Westen gesetzt. (Dieser „Dreimärker" verschwand nach Bauarbeiten 1938.)

Durch die Auflösung des Großherzogtums Frankfurt sowie die wiedererlangte Souveränität Hessen-Homburgs kam es 1815 zu einer weiteren Aufteilung. Bald danach, 1816, gaben das Herzogtum Nassau und das Großherzogtum Hessen (-Darmstadt) die Waldungen an ihre Gemeinden ab. Lediglich im ehemaligen Großherzogtum Frankfurt blieb zum Teil die alte Markgemeinschaft erhalten. 1826 kam es zu einer weiteren Aufteilung. Die relativ jungen Grenzziehungen, die größtenteils 1829 ausgesteint wurden, erhielten 1866 eine neue politische Bedeutung. Von den fünf auf kleinstem Raum im Hohen Taunus vorhandenen Hoheitsträgern wurden 1866 vier dem Königreich Preußen eingegliedert.[45]

Als Entschädigung für das Waltbotenamt wurde dem Landgrafen von Hessen-Homburg eine relativ große Waldfläche als Privateigentum abgetreten: von den Herzoglich Nassauischen Gemeinden „ein Achtel von dem ganzen Flächengehalt, welcher diesen Gemeinden nach der Märkerzahl zum Theil wird, sodann ein quantum aversionale von dreihundert Morgen..." Damit erhielt der Landgraf von Nassauer Seite 1451 Morgen (276,62 ha), das waren 18% der Fläche der Hohen Mark. Das an das Haus Hessen-Homburg übergegangene ehemalige Markgelände wurde fortan als „Domänenwald" bezeichnet, erst jetzt war dies landesherrlicher Wald. Seit dem Übergang Hessen-Homburgs an Preußen setzte sich der Begriff Staatswald durch.

Der aus den Teilungen der Markgenossenschaften hervorgehende, nicht der Landgrafschaft Hessen-Homburg zufallende Wald wurde gemäß den Bestimmungen der

Der Hohe-Mark-Pokal[49]

Heute ist er eine Zierde des Schloßmuseums in Darmstadt: der Hohe-Mark-Pokal. Seit 1866 im Besitz der Großherzöge von Hessen, denen das Erbe des erloschenen Hauses Hessen-Homburg zufiel, befindet sich der Pokal jetzt im Besitz von Prinzessin Margret von Hessen und bei Rhein. Dieser Pokal ist die kostbarste Hinterlassenschaft der mittelalterlichen Waldgenossenschaft der Hohen Mark.

Es ist unbekannt, wie die Genossenschaft der Hohen Mark in den Besitz des Pokals kam. Fest steht, daß der in nürnbergischer Manier gefertigte, 60 cm hohe Buckelbecher (Typus Akeleipokal) aus teilvergoldetem Silber zu Anfang des 17. Jahrhunderts hergestellt wurde. Die unbekannte Werkstatt mit dem Meisterzeichen CK arbeitete in einer ebenfalls unbekannten Stadt und bediente sich eines Doppelkamms (?) als Beschauzeichen. Bestimmt war der Pokal – laut Inschrift im Deckelinnern – für Johann Marienbaum und Abolonia Gleserin, offenbar als Hochzeitsgabe. Die Eheschließung sollte im Jahr 1623 (Inschrift) in Frankfurt erfolgen. Obwohl Träger des Namens Marienbaum/Mergenbaum in jener Zeit nachweisbar sind, ist nicht bekannt, ob die Ehe geschlossen wurde. Es ist unbekannt, wann und aus welchem Grund der Verkauf oder die Stiftung des Pokals stattfand. Im Besitz der Markgenossenschaft befand er sich spätestens seit 1669; in jenem Jahr stifteten die beiden Markorte Homburg und Praunheim der Hohe-Mark-Waldgenossenschaft die ersten von zehn silbernen Pokalanhängern.

Otto Wallau hat die Nutzung des Pokals 1724 in Versen beschrieben. „Ein wohlbestelltes Tractament (=Bewirtung), Man isst und trinckt biß an das Endt. Ein Willkommsbecher ist vor die, Welche beim Tractament noch nie Gewesen, der drey Schoppen halt. Den muß man trincken alsobald In einem Zug und zeigen an Das Wahr-Zeichen, so unten dran. Wer dies nicht weiß, der muß auch noch Den Deckelt von zwey Schoppen hoch Außtrincken, solt er auch nicht stehn Oder nach Hauß mehr können gehn. Starck ist von Silber dies Pocal Und schön verguldet über all. Alle Herrschafften nahe und fern So in die hohe Marck gehörn Daran ihr Wappen haben stehn, Gestochen ein, es ist gar schön."[50] Dieser Begrüßungsritus dürfte mit dem Niedergang der Hohen Mark in der zweiten Hälfte des 18. Jahrhunderts in Vergessenheit geraten sein. Letztmals geleert wurde der Pokal am 23. September 1813 auf dem Großen Feldberg – zur endgültigen Besiegelung der Teilung der Hohen Mark. Am darauffolgenden Tag wurde der Pokal dem Landgrafen Friedrich V. Ludwig von Hessen-Homburg zum Andenken an das von seiner Familie jahrhundertelang ausgeübte Waldbotenamt ausgehändigt.

Durch das Schicksal des Hauses Hessen-Homburg wurde ein Kulturgegenstand von hohem Zeugniswert dem Gesichtskreis der Menschen in Oberursel und Bad Homburg entrissen. Mit ihm schwand das Wissen um die einstige Bedeutung der Hohen Mark.

„Widmungs"-Plakette im Deckel des
Hohe-Mark-Pokals

Oberursel-Anhänger am Hohe-Mark-Pokal

Teilungsverhandlungen nach der Kopfzahl der Märker an die zuvor berechtigten Gemeinden verteilt. Der Umfang des Eigentums wurde zwar nach den einzelnen Berechtigten bestimmt, als Eigentümer setzte man aber nach französischem Vorbild die politische Gemeinde ein.[46]

Die Verwaltung der Wälder im Gebiet der ehemaligen Markgenossenschaften beruhte in den einzelnen Staaten, denen sie zufielen, zwar auf ähnlicher Basis, bildete aber keinen geschlossenen Komplex mehr.

Einen „Erinnerungsrest" an die ehemalige Waldgenossenschaft der Hohemark stellt der „Hohemarkverband" dar, in dem sich die Gemeinden Bonames, Dortelweil, Niedererlenbach und Niederursel (für den ehemals Frankfurter Anteil an der Hohe-Mark) gewissermaßen nach „mittelalterlichem Vorbild genossenschaftlich" organisierten. Seit 1962 ist allerdings gesetzlich bestimmt, daß diese „letzten 200 Märker" ihre Besitzrechte nicht vererben dürfen.[47] So wird ein altes Recht in absehbarer Zeit ganz verloren gehen.

Zur bleibenden Erinnerung an die hier stattgefundenen Märkergedinge wurde am 20.12.1989 „Auf der Au" (Konrad-Adenauer-Allee) als Gedenkstein ein großer Quarzit errichtet. Die Inschrift auf der von Georg Hieronymi gestalteten Bronzetafel hält die wesentlichen Daten zur Geschichte der Hohemark fest.[48]

Handwerk und Gewerbe[1]

Die Zünfte[2]

1435, zwei Jahre nachdem ihm Oberursel zugefallen war, gestattete Eberhard von Eppstein den Wollwebern dieses Marktfleckens die Gründung einer Zunft. Der Vorgang bezeugt die überragende Bedeutung der Tuchmacherei im mittelalterlichen Oberursel, das zu diesem Zeitpunkt noch nicht zur Stadt erhoben worden war.

1464 war ein für mehrere Handwerkszweige wichtiges Jahr, denn es wurden drei Zunftordnungen ausgefertigt. Datiert – auf 1464 – ist die Zunftordnung der Schmiede- und Bäckerzunft, die man bisher für die erste Zunft Oberursels hielt.[3] Dieser Zunftordnung muß jedoch (außer der für die Wollweber von 1435) eine auf das gleiche Jahr zu datierende für das „Weber Hantwerck, Schmiede Hantwerck was mit Hamer arbeit unnd Löber Hantwerck" vorausgegangen sein.[4] Diese blieb außer Kraft, denn die Weber bestanden auf ihrer separaten Ordnung und erhielten sie als Neufassung, wahrscheinlich ebenfalls 1464.[5]

Der zunftmäßige Zusammenschluß der eisenverarbeitenden Handwerke war im Mittelalter eher selten.[6] Eine auffallende Parallele findet sich in der 1403 begründeten Schmiedezunft in Butzbach. Wie in Oberursel galt dort der Zunftbrief für alle „diejenigen, die mit dem Hammer arbeiten", es wurden Wachsstrafen verhängt und schließlich sogar derselbe umgangssprachliche Begriff „Feuerzunft" gebraucht.[7]

Die Schmiede- und Bäcker-Ordnung ist von einiger Bedeutung für die Stadtgeschichte, denn sie enthält Angaben, die das Leben in der mittelalterlichen Stadt schlaglichtartig beleuchten.[8] So erfahren wir, daß 1464 „durch Hülff des allmächtigen Gottes und Steuer vieler frommen Christen Menschen" eine neue Pfarrkirche zu bauen begonnen worden war. Der Text legt nahe, daß zwischen der Gründung dieser Zunft und dem Kirchenbau durchaus Zusammenhänge bestanden, denn Eberhard von Eppstein befand, daß die Meister der neuen Zunft „einen zimlichen Leuchter" mit „ettliche Kertzen" für die neue Pfarrkirche anfertigen lassen sollten; auf Dauer hatten alle Zunftmitglieder für Kerzen und Geleuchte jährlich drei Pfennige an den „Kerzenmeister" zu entrichten. Aus diesem religiöskirchlichen Kontext erklären sich auch die Bezeichnungen Kerzenmeister (für Zunftmeister) und Bruderschaft (für die Zunft).

Auch über das mittelalterliche Zunftwesen und seine Organisation gibt diese sehr

Zunfttruhe der Oberurseler Schmiede, 17. Jh.

ausführliche Zunftordnung Aufschlüsse. Der Eintritt und die Meisterschaft in der Zunft kostete die Handwerker je fünf Gulden an die Zunft und an die Herrschaft. Der Jahresbeitrag an die Zunft betrug sechs Pfennig. Wer in seinem Handwerk arbeiten wollte, war praktisch gezwungen, in die Zunft einzutreten, denn es durfte niemand in Oberursel arbeiten, der nicht zünftig war. Die Zunft hatte also das Monopol. Andererseits konnten in diese Bruderschaft auch Personen eintreten, wenn sie weder Schmiede noch Bäcker waren; entrichteten sie ihre „Steuer mitt sechs Heller zum Handwerck", galten sie als „Bruder".

Die Kerzenmeister, jährlich an Dreikönigstag gewählt, verwahrten das Vermögen der Zunft und waren befugt, Vergehen gegen die Zunftgesetze zu bestrafen. Zweimal jährlich hatten die Kerzenmeister Zunftgebote abzuhalten und dazu, „bedünckte sie, daß noth seye", den Schultheißen einladen. Die Meister mußten erscheinen; wer ausblieb oder zu spät kam, wurde bestraft. Bei den Zunftgeboten konnten die Zunftmitglieder ihre Anliegen und Probleme vorbringen. Es war sogar allen Zunftmitgliedern – Meistern, Lehrjungen („Söhn") wie Gesellen („Knecht") – gestattet, ein Zunftgebot einberufen zu lassen, wenn sie jedem Kerzenmeister sechs Pfennig entrichteten und jedem Meister einen halben Taler, weil sie „deshalben die Zeit ihrer Arbeit versäumen".

Großzügiger als die späteren Zunftordnungen war diese frühe der Bäcker und Schmiede bei der Zulassung auch von Lehrjungen, die nicht von zünftigen Eltern abstammten; sie mußten jedoch einen halben Taler entrichten. Zünftige Eltern konnten ihren Kindern gegen Entrichtung von sechs Hellern das Zunftrecht kaufen.

Starb ein Mitglied einer Meistersfamilie (auch das Gesinde!), mußte ein Geselle herumgehen, um die Meister aufzufordern, ihm das letzte Geleit zu geben und „zu der Erdten helffen bestatten". Wer dem Begräbnis fernblieb, hatte zur Strafe einen Gulden an die Zunft zu entrichten.

Zu einem unbekannten späteren Zeitpunkt wurde diese Zunftordnung um einen weiteren Artikel erweitert. Da die Wanderlust der Gesellen immer mehr zu wünschen übrig ließ, wurde definitiv bestimmt, „daß welcher Purschhe nit zwey Jahr uff der Wanderschafft zubringt, zehen Gulden, halb gnädigster Herrschafft, undt halb der Zunfft erlegen soll."

Diese Zunftordnung von 1464, die 1587 um Weisungen für die Kupferschmiede bereichert wurde, galt offenbar bis zur Auflösung der Zunftverfassung.[9]

Die Wollweber- und die Schmiede- und Bäckerzunft waren im Mittelalter die beiden einzigen Zünfte in Oberursel. Zu Neugründungen kam es in größerem Stil erst nach dem Dreißigjährigen Krieg. Den Anfang machte die „Bauzunft" im Jahr 1670. Es folgten 1696 die „Müller auf der Urseler Bach".[10] 1706 baten die Leinweber um Erteilung einer Zunftordnung.[11] 1716 wurden die Metzgerzunft und die Bender- und Bierbrauerzunft gegründet.[12] Selbst zahlenmäßig kleine Handwerkssparten drängten jetzt auf eine Zunftgründung.

Die Beweggründe waren unterschiedlich. Bei den Metzgern spielte eine Rolle, daß „die Anzahl deren Metzger Meistern zu OberUrsel sich von einigen Jahren hero also vermehret, daß nunmehro dieselbe, ohneracht 2 bis 3 derselben in diesem geringen Orth genug wehren, auff neun Metzger angewachßen ist... und folglich durch die allzu grosse Vermehrung der Metzgeren einer den anderen ins Verderben bringen

Formular einer Oberurseler Handwerkskundschaft, 1802

muß, diesem allem aber durch eine uns gnädig ertheilende Zunfftordnung gahrwohl gestewret (gesteuert) werden könte".[13]

Ganz ähnliches brachten die Schuhmacher vor.[14] Sie gaben an, durch die Konkurrenz billiger Dorf- und Flickschuster der „gäntzlichen Ruinirung" entgegengetrieben zu werden; deshalb wollten sie eine Zunft gründen und als zünftige Schuhmacher auch Lederhandel betreiben dürfen, was ihnen gestattet wurde. Auch begehrte man, nach Mainzer Vorbild, künftig auf den Märkten die zum Verkauf anstehenden Schuhe zu kontrollieren und die untaugliche Ware sofort aus dem Verkehr ziehen zu dürfen. Hier fügte die Regierung sogar noch einen „Additional Articul" an, wonach Schuhmachern „alles Ernstes zu verbieten (sei), einige alte Arbeit für newe zu verkauffen".

Die zunehmende Überbesetzung im Handwerk blieb in den Zünften ein wichtiges Thema. Die Schuhmacherzunft duldete generell „keine Stöhrer und Stümpler"[15]. Und die Gerber monierten 1761, daß die Schuhmacher ebenfalls Schuhe anfertigen und mit Leder handeln durften. Die Müller beschwerten sich 1780 darüber, daß auch die

Bäcker und Krämer Mehl verkaufen durften.[16] Und sie bestanden darauf, daß der Herrenmüller nicht etwa ein Bäcker, sondern ein Müllermeister sein müsse.[17] Die Strumpfweber beklagten sich 1779 über ihren Zunftmeister Matthes Acker, weil er die Aufnahme eines Strumpfwebers begünstigt habe, der nicht voll zünftig gelernt habe. Und so weiter.

Die Regierung hatte die Gründungswelle zu Beginn des 18. Jahrhunderts verhindern wollen und bestimmt, daß künftig alle Handwerker des Amtes in die Königsteiner Zünfte eintreten sollten. So erhielten die Oberurseler Metzger abschlägigen Bescheid, womit sie sich jedoch nicht zufrieden gaben. In dem Königsteiner Amtmann Bettendorf fanden sie Unterstützung. Er argumentierte, daß „das Stättlein Ursell schon von uhralten Zeiten hero mit der Zunfftgerechtsame privilegiret" sei. Es gebe aber in Oberursel Handwerker, „worunter auch die Metzgere und Leinenweber", die keine eigene Zunft gegründet hätten. Man könne ihnen das nun nicht verwehren, weil zur Zeit Kurfürst Anselm Franz' „die Sach außdrücklich verabredet, und verglichen, daß zu Verhüthung allerhand inconventien alle diejenige Handwerckslsleuthe so jenseits des Urseller Walds gesessen, in der Urseller Zunfft verbleiben, die dieserseits gedachten Walds befindliche aber in die Königsteiner Zunfft gezogen werden solten". Er plädiere deshalb dafür, den Metzgern wie auch den Leinwebern zu Ursel die separate Zunft zu gestatten. Dennoch verzögerte sich die Zunftgründung dann noch um ein ganzes Jahrzehnt. Erst am 18.11.1716 erhielten die Oberurseler Metzger eine Zunftordnung.[18] Sie orientierte sich an jener der Residenzstadt Mainz. Nur die Schlachtordnung lehnte sich an die Königsteiner an, weil zwi-schen Stadt und Land ein großer Unterschied bestand.[19]

Als letzte Handwerker erhielten 1726 die Schuhmacher eine Zunftordnung. Sie war in ihrer prächtigen äußeren Aufmachung wie in ihrem Inhalt und ihrer Detailliertheit typisch für die Zeit. In einem letzten Kraftakt versuchten auch die Schuhmacher, sich mit rigiden Bestimmungen gegen Übersetzung und „Unterschleif" zu verwahren.[20] Es ist von Interesse, daß der Entwurf der Schuhmacher einer strengen Zensur unterworfen und in vielem entschärft wurde. Hierzu gehörte beispielsweise jener Artikel, der die Aufdingung [Aufnahme] der Meistersöhne als Lehrlinge betraf. Für sie hatten die Schuhmacher eine Entbindung von der regelrechten Aufdingung vorgesehen; doch die Regierung bestand darauf, mit dem Argument, daß sie sich als wandernde Gesellen in der Fremde als gelernte Handwerker legitimieren müßten. Nicht viel ausrichten konnte die Regierung gegen die von den Schuhmachern gewünschte, in dieselbe Zielrichtung gehende Bestimmung, daß eine fremder Lehrling das stattliche Lehrgeld von wenigstens 30 Gulden zahlen sollte; man beschränkte sich darauf hinzuweisen, daß ein Lehrmeister auch einen armen Lehrling „bey welchem die Kräfften gering" annehmen dürfe. Als Kurfürst Lothar Franz dann am 8.4.1726 die Schuhmacher-Zunftordnung genehmigte, hatte sie einen Umfang von 41 Artikeln erreicht. Diese Zahl wurde in Oberursel nur von der Ordnung der Wollweber übertroffen (69 Artikel im Jahr 1545).

Einen kleinen Einblick in das Zunftleben des 18. Jahrhunderts gewährt ein überlieferter Streit unter den Strumpfwebern. Es ging um die Zunftstube, in der die Strumpfweber ihre Zusammenkünfte abhalten sollten und in der auch die Lade verwahrt wurde. Diese

Zunftstube sollten sich die Strumpfweber in Oberursel bei einem Privatmann oder einem Gastwirt reservieren lassen. Der Wirtin der „Herberge Zum Raben", J. Walthers Wwe. war offenbar von den Oberurseler Strumpfwebern die Zusage in Aussicht gestellt worden, und sie hatte in Erwartung künftiger Umsatzsteigerung nicht nur die Stube herrichten lassen, sondern auch den Zunftgenossen zur Erlangung der Zunftordnung 100 Taler vorgestreckt.[21] Doch die auswärtigen Meister, deren Einfluß hier erstmals spürbar wurde, bevorzugten die Herberge des Franz Kalckhoff, „Zum Wilden Mann", in der Vorstadt. Es entbrannte ein heftiger Streit, der damit endete, daß man sich auf die „Herberge zum Raben" einigte. Es kam jedoch weiterhin zu Streitigkeiten und sogar Schlägereien. Ähnlich lebhaft bis turbulent dürfte es auch bei anderen Zünften zugegangen sein, auch wenn uns dies im einzelnen nicht überliefert ist.[22]

Die Entwicklung der Zünfte verlief nicht immer geradlinig, sondern es gab im Lauf der Jahrhunderte immer wieder Veränderungen. Für Sparten mit nur wenigen Meistern lohnte sich in Oberursel eine Zunftbildung nicht und sie schlossen sich, auf Weisung der Regierung, auswärtigen Zünften an. So die Wagner, die (in protestantischer Zeit!) zur Homburger Zunft gehörten,[23] später zur Kronberger.[24] In kurmainzischer Zeit schlossen sich die Oberurseler Gerber der Mainzer Gerberzunft an; erst später bildeten sie, zusammen mit den Färbern wieder in Oberursel eine Zunft.[25] Von der alten Schmiede- und Bäckerzunft trennten sich nicht nur die Bäcker, sondern auch die Schuhmacher und die Metzger, die es zu blühenden neuen Zünften brachten.[26] Für die Schneider gab es nur die Schneiderzunft des Oberamtes Königstein.[27] Sie scheint zu

mindest zeitweilig ihren Sitz in Oberursel gehabt zu haben, denn 1802 wird Nikolaus Baltes als Herbergsvater genannt.[28] Die Strumpfweber durften, trotz niedriger Handwerkerzahl in Oberursel, eine Zunft gründen.[29] Noch geringer war in Oberursel offenbar die Zahl der Töpfer, die deshalb 1722 beschlossen, mit dem Töpfer in Oberhöchstadt eine Zunft zu bilden. Doch kam diese Miniaturausführung einer Zunft wohl nicht zustande.[30]

Im 18. Jahrhundert ging die Zeit des fest umrahmten mittelalterlichen Genossenschaftswesens zu Ende. Die Zünfte hatten nicht erkannt, daß an die Stelle einer geschlossenen Gesellschaft mit starren, restriktiven Gesetzen eine auf Offenheit und Flexibilität aufbauende Wirtschaftsauffassung trat.

Die zahlreichen Kriege des 18. Jahrhunderts[31] wirkten sich auf Handwerk und Gewerbe, somit auch auf die Zünfte zusätzlich nachteilig aus.

An eine weitere Ausdehnung der Handwerkszweige war nicht zu denken, und es kam der Gedanke auf, die Zunftverfassung aufzuheben.[32] Doch kam es unter Kurmainz nicht dazu. Erst der Nachfolgestaat Nassau strebte – spätestens seit 1809 – die Aufhebung der Zünfte an.

1810 wurden Berichte über den Zustand der Zünfte eingefordert.[33] In jenem Jahr hatten zehn Zünfte ihren Sitz in Oberursel.

1. Baugewerbezunft
   55 Meister. Zunftmeister: Martin Kunz

2. Schuhmacherzunft
   52 Meister. Zunftmeister: Johann Oppermann u. Eberhard Meister

3. Bender- und Bierbrauerzunft
   38 Meister. Zunftmeister: Henrich Kirschner

4. Schneiderzunft
   29 Meister. Zunftmeister: Nicolaus Wienand u. Nicolaus Loeser

5. Leinenweberzunft
   71 Meister. Zunftmeister: Philipp Henrich

6. Strumpfweberzunft: 20 Meister. Zunftmeister: Philipp Ilmstadt

7. Müllerzunft
   28 Meister. Zunftmeister: Johann Schramm

8. Metzgerzunft
   22 Meister. Zunftmeister: Martin Burkart u. Adam Jamin j.

9. Gerber- und Färberzunft
   18 Meister. Zunftmeister: Georg Pfeffer sen. u. Johann Kuhn

10. Feuerzunft
    45 Meister. Zunftmeister: Eberhard Janz u. Georg Brandenstein.[34]

Oberursel als Tuchmacherstadt

Oberursel war im Mittelalter „ein wichtiger Tuchort".[1] Die Tuchmacherei war für die Stadt bis ins 16. Jahrhundert das bedeutendste Gewerbe.[2]

1349 und 1378 werden Oberurseler Wollweber im Zusammenhang mit der Friedberger Messe genannt.[3] Das Einwohnerverzeichnis der Stadt Frankfurt aus dem Jahr 1378 führt die Weber „Peder und Henne von Ursel" auf. Auch aus Aufzeichnungen der Vikarie zu Oberursel geht hervor, daß es im Jahr 1351 Weber und Walkmühlen hier gab.[4]

Den Rohstoff Wolle bezog man aus der heimischen Schafzucht, aber auch aus der Rhön, aus Thüringen und Sachsen, wobei sich der Handel zum Teil über Frankfurt vollzog.[5] Noch 1788 hieß es, daß „die Landleuthe um Oberursel herum viele Wolle zum Verkauf ziehen."[6]

Der größte Teil der Wolle wurde auf den Urseler Märkten, insbesondere dem Pfingstmarkt auf der Au verkauft. Zuvor mußte die gesamte Wolle auf der herrschaftlichen Wollwaage vom Wollwieger gewogen, betrachtet und taxiert werden.[7] Der Verkäufer hatte Wiegegeld zu entrichten.

Als der Wollmarkt 1708 „gar in Abgang gerathen" war, erinnerte Amtmann Straub an vergangene Zeiten: „Eß ist bekannt, daß von alters hero alle Gemeinde und Unterthanen der Ämbter Königstein und Ursell seyen schuldig gewesen, ihre von den Schaaffen und Hämmeln ziehende Wolle auf die Waag nach Ursell zum Pfingsmarckt zu bringen, daselbsten wiegen zu lassen und den gewöhnlichen Zoll beneben dem Wieggelt, sie werde gleich verkaufft oder nicht, darvon zu entrichten." Der Wollmarkt hatte „einigen Ruhm im Land wegen der Woll".[8]

Die älteste Oberurseler Zunft

Die Bedeutung der Wollweberei für Oberursel wird klar ersichtlich aus der Tatsache, daß dies das erste Handwerk war, das in Oberursel eine Zunft bilden durfte, und zwar eine separate, nicht mit einem anderen Handwerk kombinierte Zunft. Noch vor der Stadterhebung Oberursels, 1435, erhielten die Wollweber zu Oberursel eine Zunftordnung.[9] Voraussetzung hierfür war der Teilungsvertrag zwischen den Brüdern Eberhard und Gottfried von Eppstein 1433,[10] denn damit setzte die Förderung Oberursels durch Eberhard ein.

Die erste Ordnung von 1435 war auf bescheidenen vier Seiten niedergeschrieben und die einzelnen Vorschriften noch nicht in exakt ablesbare Artikel geschieden. Im Unterschied zu späteren Zunftordnungen wurde diese erste nicht von der Herrschaft, sondern von den „meistern des wolnweber Handwercks" selbst verfaßt,[11] jedoch „mit wissen und willen des edlen unsers gnedigen lieben Junkern Jungker Eberharts von Eppenstein Herr zu Königstein." Auch war, wie in späteren Ordnungen, dem „lieben Junker" und seinen Erben das Recht eingeräumt, die Zunftordnung nach Belieben zu verändern oder abzuschaffen.

Die Zunftordnung bestimmte, daß keinem Oberurseler Bürger das Tuchmachen

Zunftordnung der Oberurseler „Wolnweber",
1435/1521

(„duchmachen") erlaubt sei, der nicht Mitglied der Zunft sei. Zunftmitglied konnte aber nur der werden, der in Oberursel wohnhaft, ausschließlich in der Wollverarbeitung tätig und von den Meistern der Wollweberzunft für tauglich befunden worden war. Die Wahl des Wortes „duchmachen" ist von Bedeutung, denn es beweist, daß man es nicht mit einfachen Wollwebern zu tun hat; in Oberursel wurden alle Arbeitsschritte (z.B. das Walken) bis zum fertigen, hochwertigen Tuch vollzogen. Dabei war eine deutliche Hierarchie zu beobachten. Wollschläger und Kämmer waren den (Wollweber-) Meistern untergeordnet und mußten in deren Häusern arbeiten, wurden aber in die Zunft aufgenommen.

Wer in die Zunft eintrat, hatte „ein pfundt wachs an der meister kertzen In die kirchen und sechs gulden an das vorgenante Hantwercke" zu entrichten. Zum Unterhalt dieser Meisterkerze hatten alle Zunftmitglieder jährlich zweimal drei Heller beizutragen. Meistersöhnen, die in Oberursel „wonhafftig bliben", wurde das Eintrittsgeld erlassen. Sechs Heller hatte zu zahlen, wer die Zusammenkunft der Zunft (Zunftgebot) in eigener Angelegenheit wünschte. Wer Oberursel verließ, sollte aus der Zunft austreten, es sei denn, er hatte wichtige Gründe zum Verbleib und zahlte drei Heller.

Ein Meister durfte „Knecht oder maide" haben, war aber verpflichtet, sie der Zunft zu melden. Lehrjungen sollten vor Antritt der Lehre den Meistern ein Pfund Wachs und ein Viertel Wein geben.
Zum Schluß gelobten die Meister des „wolnweberhandwercks" für sich und ihre Nachkommen, die Zunft treu und unverbrüchlich zu erhalten. Wer sich nicht an die Zunftordnung hielt, sollte mit zehn Gulden bestraft werden, wovon die Hälfte der

Zunft, die andere Hälfte dem Herren von Eppstein zufallen sollte.

Diese Zunftordnung trat in Kraft „genau am Tage der Erscheinung des Herrn" (6. Januar) im Jahr 1435.[12]

Tuchwalkerei/Walkmühlen

Das in dieser Zunftordnung kurz erwähnte Walken (Stampfen oder Hämmern zum Zweck des Verfilzens) war eine sehr wichtige Arbeit, denn durch sie wurde das Produkt der Wollweber veredelt, wurde zum Tuch. Gewalkt wurde mit alkalischen Zusätzen in Walkmühlen mit Wasserradantrieb. Nach dem Walken spülte man die Tuche im Bach, stampfte sie mit klarem Wasser und spannte sie zum Trocknen auf Rahmen. Zuletzt wurde das Tuch aufgerauht. Das hierzu benötigte Werkzeug, die Karde, war vielerorts Zunftzeichen der Weber.[13] In Oberursel findet sich die Darstellung einer Weberkarde auf dem Glasfenster, das die Weberzunft in die Pfarrkirche St. Ursula stiftete.

Walkmühlen sind für Oberursel seit dem 14. Jahrhundert bezeugt. „Wenczel welker de Ursele" erscheint 1342–1345 mehrmals in Frankfurter Urkunden.[14]

1488 wurden fünf Walkmühlen innerhalb der Stadt erwähnt.[15] Eine lag „uff der Bach an der Hoffsmyten", die zweite „under meyner gnedigen Herrschaft Mahlmolen", die anderen im „Tale". Eine von ihnen gehörte wohl schon damals der Wollweberzunft.[16]

1538 kaufte Graf Ludwig zu Stolberg-Königstein von drei Urseler Bürgern für 120 Gulden eine Walkmühle, um sie wieder herzurichten. Es hieß, sie bestehe aus Haus, Hof, Scheuer und liege an der Stadtmauer „bey der Mahl Mölen ahn der Möl Pfort".[17] Diese Mühle erscheint dann im Rentbuch von 1542 als neuerrichtete herrschaftliche Walkmühle.[18]

Im 16. Jahrhundert hatte ein „Inlendischer" pro Tuch 1 Albus, ein „Frembder od. Auslendischer" 14 Kreuzer Walkgeld, d.h. herrschaftliche Steuer, entrichten. 1542 sollen 4219 Stück Tuch gewalkt worden sein. 1558 wurden „in der Fastenmeß" für 1785 Stück „Urseler Tuch" 67 Gulden Walkgeld, „in der Herbstmeß" für 1401 Stück Tuch 57 Gulden eingenommen. Jahreseinnahmen wie diese von 124 Gulden machen deutlich, daß die Urseler Walkerei auch für die Herrschaft von Bedeutung war.[19]

Erneuerungen der Zunftordnung

Die Wollweber-Zunftordnung wurde in der Folge, im Zeitraum von 110 Jahren, viermal überarbeitet und erneuert. Dabei vermehrte sich die Zahl ihrer Artikel, bis sie die Rekordziffer 69 erreicht hatten.

Erneuerung, wohl 1464

Die erste Erneuerung stand offenbar in Zusammenhang mit dem Plan, die Schmiede, Löher und Weber in einer gemeinsamen Zunft zu vereinigen.[20] Die Wollweber aber bestanden auf ihrer Separation sowie auf der „Reformirung" ihrer bestehenden Zunftordnung. Daraufhin wurden zwei Zunftordnungen ausgefertigt: eine für die Schmiede und Bäcker[21] und eine für die Weber.[22] Diese sind auf das Jahr 1464 datiert.

Zunächst erläuterte Eberhard von Eppstein, daß der Rat der Wollweberzunft (wollen weber Hantwerks) zu Ursel gebeten habe, die Zunftordnung wegen etlicher „Gebrechen" zu „reformiren". Daraufhin habe er den Rat der Wollenweberzunft geheißen, zusammen mit einigen Zunftgenossen und im Beisein des Schultheißen eine neue Ordnung zu formulieren. Diese solle jetzt „unverbruchlich" eingehalten werden, wie es die Meister alle gelobt hätten. Veränderungen an dieser Ordnung seien nur „mit unserm wissen und unserm geheiß und nit anders" vorzunehmen.

Das erste Anliegen der Wollweber war die Festsetzung der Anzahl Tuche, die ein jeder Meister höchstens herstellen durfte. Für jedes zuviel gefertigte Tuch sollten 3 Gulden Strafe, zur Hälfte an die Herrschaft, zur anderen Hälfte an die Zunft gezahlt werden. Die gestattete Tuchzahl durfte nur durch den Rat der Stadt und den Zunftrechner, im Beisein des Schultheißen, verändert werden.

Außerhalb des „Rahmtors" hatten die Meister ihre Rahmen aufgestellt, auf denen die gewalkten Tuche zum Trocknen aufgespannt wurden. Sie gaben dem Stadtquartier am Rahmtor die Bezeichung „die Rahme" (oder Rame). 1515 wird der Stadtgraben „nechst der Ramen" erwähnt.[23]

Alle Meister sollten ihre Tuche an die Rahmen anschlagen und warten bis sie gekerbt waren, „uff das keiner uber sin antzale uber mache und auch uns unser walkgelt nit verhalten werde." Deshalb durfte kein Tuch abgenommen werden, bevor es besehen und gestempelt („verbetschafft") war. Aus dem gleichen Grund sollten alle, auch die „unngerechten" Tuche mit einer Kerbe versehen, gezählt werden.

Es wurden zwei Personen aus der Zunft bestimmt, die alle Tuche an den Rahmen auf Länge, Breite und ordnungsgemäßes Gewebe hin kontrollieren sollten. Diese „Beseher" (auch „Siegler") mußten zu den Heiligen schwören, daß sie ihres Amtes gerecht walteten. Da hierdurch der Zunft „merklicher schade entstande", gab man jetzt für die Rahmen eine einheitliche Größe vor. Seit

1521 mußten die Rahmen nach Neuanfertigung durch die Kerzenmeister kontrolliert werden.[24] Die Zahl der Rahmen belief sich nach der Mitte des 16. Jahrhunderts auf 37.[25]

War das Tuch in Ordnung, setzte der Beseher seine Stempelmarke neben diejenige des Meisters. Wies ein Tuch zerrissene Fäden auf, durchschnitt der Beseher das Meisterzeichen und belegte den Meister mit einer Geldstrafe. Dasselbe geschah, wenn das Tuch mehr als eine Elle zu kurz oder zu schmal war. Hatte ein Tuch die geforderte Länge, aber nicht ganz die Breite, sollte darüber hinweggesehen werden. Die Farbwahl stand den Meistern frei. War aber ein Tuch verfärbt, wurde es verworfen. Auch stand den Meistern frei, qualitativ höherwertige Tuche („besser dan gemein kaufftucher") zu machen, wenn nur nicht die bestimmte Anzahl überschritten wurde.

Um zu gewährleisten, daß kein Meister, während die meisten seiner Kollegen in Frankfurt auf der Messe waren, unkontrolliert Tuch machte, wurde das Weben vom achten Messetag bis vierzehn Tage nach der Messe verboten. Dieses hatte der Kerzenmeister zu kontrollieren.

Jeder Meister, Wollschläger und Kämmer sollte eine Waage mit richtigen Gewichten aufstellen. Die Walker durften auch für Auswärtige waschen und walken, die dafür 12 Heller pro Tuch und das Walkgeld entrichten mußten.

Erneuerung 1490

1490 wurde die Zunftordnung wieder „reformiert".[26] Auch diese Revision wurde durch die Zunft „gemacht mit Wisen unser gn. Herrschaft".

Distelkarde und Weberschiffchen,
Handwerksgeräte als Symbole der Wollweberzunft
von Oberursel auf dem „Weberfenster" in der
St. Ursulakirche

Wieder war das erste Anliegen die Kontrolle über die Produktion von Tuch. Die neue Ordnung bestimmte, daß ab sofort die Tuche nicht erst gezählt werden sollten, wenn sie gewalkt auf den Rahmen hingen. Jetzt sollte jeder seine Tuche, bevor er sie waschen ließ, dem Beseher ins Haus bringen, damit dieser es „anzinke das er keyne mher dann sine anzale versigle". Derjenige, der ein nicht gezeichnetes Tuch fand und es zur Anzeige brachte, erhielt zur Belohnung den stolzen Betrag von 4 Gulden, der Besitzer aber wurde bestraft.

Im übrigen wurde für jeden einzelnen Meister die ihm zustehende Anzahl zu webender Tuche festgelegt. Sie sollte drei Jahre gültig sein. Bei dieser Gelegenheit erfahren wir, daß damals 129 Meister in der Wollweberzunft waren. Doch waren dies keineswegs nur Wollweber, sondern auch Wollkämmer, Walker, Wollschläger und Karder[27], vermutlich auch Färber. Wahrscheinlich gehörten auch Meister aus den umliegenden Dörfern in die Zunft.[28]

Es wurde eine Staffelung in vier Gruppen vorgenommen. „Große" Meister sollten 13 Tuche machen dürfen. Alle jene, die einen Gulden oder mehr landesherrliche Steuern (Bede) entrichteten, durften 12 Tuche machen. Wer weniger als einen Gulden gab, durfte 10 Tuche machen. Nur sechs Tuche sollte machen, wer nicht mehr als einen Schilling zur Bede gab. Da man es ganz genau nahm, verfaßte man eine Liste und trug die jeder „Klasse" zugehörigen Meister namentlich ein.[29] Die Gruppe der „großen" Steuerzahler umfaßte nur acht Meister, darunter Ewalt der Junge, Swenhenne und Lenhart Oberdorffer.[30] In der Gruppe derjenigen, die 12 Tuche fertigen durften, zählte man 73 Meister, darunter Hentz Ilbenstet, Adam Schornschnyt und Hans Apt. 40 Meister durften zehn Tuche machen, und 7 Meister durften nur sechs Tuche machen. Daraus ergibt sich, daß nur etwa ein Drittel der in der Wollweberzunft vereinigten Meister zu den „kleinen" Steuerzahlern gehörte, etwa zwei Drittel dagegen

Das Aufrauhen von Tuch mit Distelkarden

67

zu den gut und sehr gut gestellten Oberurseler Bürgern. Da die Wollweber/Tuchmacher ihrerseits zwei Drittel der Gesamtbevölkerung Oberursel ausmachten[31], ergibt sich, daß die Stadt um 1500 recht wohlhabend war und dieser Wohlstand zu einem beträchtlichen Teil auf die Tuchfabrikation zurückgeführt wurde.

Erneuerung um 1521

Im oder vor dem Jahr 1521 wurde die Zunftordnung der Wollweber wiederum reformiert[32]. Sie wurde mit 48 Artikeln weit umfangreicher als ihre Vorgänger. Auch wenn sie noch von den Zunfträten „gemacht" wurde, überwiegt der Eindruck eines landesherrlichen Erlasses. Wir treffen hier erstmals auf die Eingangsformel: „Wir Eberhardt grafe zu Königstein und Dietz ... thun kund offenbar ...". Der Rat der Zunft habe ihn gebeten, „etlich gebrechen" der Zunft zu beseitigen, und „haben wir unns bedacht dem Hantwerg zu nutze ordnung zu machen und zusetzen".

Neu war der mehrfach angedrohte strafweise Verlust des Tuchs. Die Drohung findet sich gleich im ersten Artikel, der wiederum auf das Hauptanliegen der Zunft einging, die Beschränkung der Anzahl der zu fertigenden Tuche.: „Und welcher mehr machte dan sin antzale der sol die selben ubermachten Duch verloren han". Dasselbe galt, falls jemand während der Frankfurter Messe webte: „welcher das breche der sol ubermacht han Und dieselben Duch sollen unserm gnedigen Hern verfallen sein".

Neu war auch die Einführung einer Zulassungsbeschränkung. Alle, die eintreten wollten, hatten ein „Einkaufsgeld" in stattlicher Höhe zu entrichten: „ zwentzig gulden frankfurter werunge uns halb und dem

Hantwerk halb". Erstmals findet sich jetzt auch ein Bestimmung über die Aufnahme von „man oder Knecht, fraw oder magt der nit zu Ursel sonder uslendisch geborn". Diese sollten verpflichtet sein, den Nachweis ihrer ehelichen Geburt zu erbringen.

Die schon 1490 festzustellende Tendenz, fertigungstechnische Details (Zahl der Fäden, des Gebunds etc.) zu verordnen, verstärkte sich 1521.

Von Interesse sind die Anordnungen, die sich mit den Tuchsorten beschäftigten. Die feinste Sorte war wohl das weiße Tuch („wys Duch"); es mußte in der Breite acht Gebund haben. Schwarze („moren") und hellgraue („aschefarbe") Tuche waren ebenfalls etwas Besonderes. Die Meister durften nur entweder das eine oder das andere fertigen und davon nur ein Stück. Es wurde nicht gezählt und nicht gesiegelt, und durfte „solichs auch nit zu frankfurt in der messe Im huse feyl" gehalten werden. Graues Tuch aus Schafwolle („aus schof groe Duch") unterlag keiner Einschränkung; es sollte gesiegelt und dem Meister von den Schnitt-Tuchen („schnit duchen") abgerechnet werden. Die Schnitt-Tuche stellten demnach das Gros der Urseler Ware. Meister, die sechs Tuche machen durften, sollten davon die Hälfte mit Waid blau färben.

Die blaue Pflanzenfarbe Waid war im „ferbe Hus" die meistverwendete Farbe. Sie kam vorwiegend aus Thüringen[33] und wurde von Händlern gebracht, die man Waidgäste („weyde geste") nannte. Hatte die Mehrheit der Meister beschlossen, was gekauft werden sollte, mußte sich die Minderheit beugen; d.h. man kaufte im großen. Zur Probe färbte der Waidgast ein Tuch, dann hielt man unter den Interessenten „Markt".[34]

Starb ein Zunftmitglied zwischen den beiden Frankfurter Messen, durften die Kinder bis zur nächsten Messe Tuch machen und färben, damit Wolle und Farbstoff bezahlt werden konnten. Gaben die Kinder „Ir Kertzen nit", sollten sie aus der Zunft ausgeschlossen werden.[35]

Bezüglich der Ausbildung des Nachwuchses wurde festgesetzt, daß ein Urseler Kind, das bei einem Meister lernen wollte, der Zunft 18 Schillinge Frankfurter Heller, zwei Pfund Wachs und ein Viertel Wein geben sollte. Bei einem ausländischen Knaben belief sich die Geldgabe auf 2 Thurnos.

Neu war auch ein Artikel, der sich auf das Benehmen der Zunftmitglieder und damit auf das gesellschaftliche Ansehen der Zunft bezog. Wer sich, sei es „zu Frankfurt In der messe" oder „hie zu Ursel" bei Versammlungen der Zunft unhöflich oder unzüchtig benahm, hatte mit einer Strafe von 20 alten Hellern zu rechnen.

Alle Meister mußten ein Meisterzeichen führen und dieses in die Tuche einnähen. Wurde ein ungezeichnetes Tuch gefunden, nahm man es dem Meister ab. Wer das Zeichen eines anderen Meisters verwendete, wurde aus der Zunft ausgeschlossen und nie wieder zugelassen. Dasselbe galt für Leute, die Tuch aus Ursel hinaus brachten. Außerhalb der Stadt durften Oberurseler Meister gar kein Tuch herstellen.

Neufassung 1545[36]

„Wir Ludwig Graf zu Stollberg etc. bekennen in diesem offnen brieff vor uns, unsere Erben, und Nachkommen... ordnen, wollen und meinen mitt Maß, das diese ordnung von den unsern gehandthabt, und von unsern underthanen und andern stadt vest und unverbrüchlich gehalten und vollzogen werde bey poen und straf wie jedem Articul ahngehengt, wie dan underschiedlich und ordentlich hehrnach folgt."

Graf Ludwig ließ nicht die seit 110 Jahren immer wieder erweiterte und veränderte Zunftordnung der Wollweber noch einmal überarbeiten, sondern schuf eine ganz neue. Als Grund führte er an, daß die von „unsere althern Grawen und Hern zu Königstein seeligen gedächtnuß" aufgerichtete Zunftordnung „Flickwerk" sei und einander widersprechende oder unverständliche Artikel enthalte, die in eine „richtige clare form" gebracht werden müßten.

Wer ein anderes Handwerk betrieb, wurde nicht mehr in die Wollweber-Zunft aufgenommen. Rigoroser als früher hieß es, wer Oberursel verlasse, werde aus der Zunft ausgeschlossen, „es wehre dan das solche persohn eine oder mehr zu unserem Dienst gebraucht".

Die Kinder zünftiger Eltern sollten „zu diese Zunfft geerbt sein"; deren unzünftige Partner jedoch hatten sich mit zehn Groschen einzukaufen.

Jeder Meister hatte jährlich sechs Heller zur Erhaltung der Zunft beizutragen. Für Gesellen, Wollschläger und Kämmer, „die uff dem vorgenanntes Handwerck arbeithen", wurde dieser Betrag auf zwei Jahresraten aufgeteilt.

Wer einen schlechten Ruf hatte, sollte „uff diesem Handwerck kein Arbeit thun".

In Ursel hergestelltes Tuch durfte erst ausgeführt werden, wenn es „ahn die ramen" geschlagen und somit die Steuer entrichtet war. Zuwiderhandelnden drohte der Verlust der Zunftzugehörigkeit und des Tuchs.

Neu waren die präzisen Angaben der einzuhaltenden Maße und Gewichte für die Geräte wie für die Produkte. So mußte ein Werfrahmen fünf Ellen (Frankfurter, wie am Rathaus angeschlagen) lang sein und „ein jedlich werff zu einem Tuch soll uff der werffrahmen halten viertzig ellen ahn der läng, Ein kam und rieth zu sieben gebunden sol halten in der breith drey ellen und zoll." Die Berechnung der zu fertigenden Tuche wurde vereinfacht: jeder durfte pro Messe 10 Meß- und 4 Schnitt-Tücher herstellen; wer einen Groschen und mehr Bede entrichtete, 12 Meß- und 4 Schnitt-Tücher. Die Obermeister und die Siegler der Zunft, aber auch der Stadtschultheiß (wenn er Zunftmitglied war) durften 14 Meß- und 4 Schnitt-Tücher machen. Über die erlaubte Anzahl hinaus gefertigte Tücher wurden eingezogen.

Das Webverbot in der Frankfurter Fastenmesse („nach dem Sontag Judica") und Herbstmesse („nach S.Bartholmas Tag") erstreckte sich jetzt „bis so lang alle Meister wieder aus der Meß kommen seindt".

Zum Farbeinkauf bestimmte die Ordnung jetzt: „Welcher Meister sechs Tuch macht, der soll zum wenigsten ein halb gescheidt weithfarben, und auch ein steffel nehmen, welcher das nit thut, der soll von jedlichem Tuch sechs heller zur buß verwirckt haben, uns halb und dem Handwerck halb." Auch erfahren wir jetzt, daß man zwei Arten der Tuchfärberei kannte: einmal wurde das Waid in einer Grube aufbereitet, das andere Mal im Farbhaus; letzteres war anzeigepflichtig, und das Tuch mußte gezählt werden.

Abschließend wurde denjenigen eine Strafe angedroht, die es versäumten, zum jährlichen Zunftgebot zu kommen.

Diese letzte Zunftordnung der Oberurseler Wollweber war mit 69 Artikeln die umfangreichste am Ort.

Verbreitung des Urseler Tuchs

Seit dem 14. Jahrhundert begegnen wir Oberurseler Tuchmachern in Frankfurt; sicher besuchten sie die dortige aufstrebende Messe. Frankfurt wurde der „unbestrittene Mittelpunkt des ganzen mittelrheinischen Tuchgewerbes", das die sich hier darbietende Möglichkeit nutzte, „seine Erzeugnisse in das ganze Einzugsgebiet der Messen und noch darüber hinaus abzusetzen."[37]

Aus vielen Tuchstädten zogen die Webermeister gemeinsam nach Frankfurt, wo sie sich Absteigequartier und Tuchhaus durch langjährige Verträge gesichert hatten.[38] So auch die Urseler. Schon in der Zunftordnung von 1521 lesen wir, daß die Oberurseler Tuchmacher in Frankfurt ein Haus hatten, das ihnen während der Messe als Verkaufsgeschäft und wohl auch als Quartier diente. Es ist die Rede davon, daß „zu frankfurt in der messe Im huse" eine bestimmte Tuchsorte nicht verkauft werden dürfe.[39] Bei diesem Haus handelte es sich wahrscheinlich um das Haus zum Rothen Löwen (Ecke Große Sandgasse/Neue Kräme), das die Oberurseler Wollweber am Andreastag (30.11.) 1545 erneut auf zehn Jahre mieteten, um darin während der Messen zu wohnen und zu verkaufen: Erwähnt werden die große Stube, das Sommerhaus, die Küche zu ebener Erde, Schlafkammern „als vil wir deren bedurffen", dazu Holz, Licht, Salz, Flaschen, Trinkgefäße und Kochgerät, „wie von alter her gebreuchlich", auch eine Speisekammer für Wein und Brot. Zwei Mägde sollten „die bett helffen zu machen und sonst in der kuchen mit zugesehen und Küchenarbait zutun".[40]

Von den Geschäftskontakten der Urseler Tuchmacher haben wir nur vereinzelte und spärliche Nachrichten, die auf Zufallsfunden beruhen. Es scheint, als habe sich der Handel mit Urseler Tuch auf Süddeutschland konzentriert.

In den Jahren 1467-1470 sind die Oberurseler Bürger Voltz Schling und Konrad Greiner auf der Messe in Nördlingen/Ries

(Schwaben) nachweisbar. Sie hatten mit Kronberger und Königsteiner Bürgern einen gemeinsamen Messestand gemietet und handelten mit Gewand.[41]

1507 und 1517 kaufte das Kloster Salem „schwartz Urseler" Tuch.[42]

In den Inventurbüchern der Augsburger Handelsgesellschaft Haug taucht Oberurseler Tuch immer wieder auf. So erscheinen 1555 dort 30 Ursler (Tuch), 6 schwartz, 12 rott, 7 grau, 3 tanet, 2 blau. Sie gehörten damals schon zu den billigsten auf dem Markt.[43]

1582 bestellte Balthasar Eisenmenger aus Wimpfen bei Werner Diring von Oberursel, derzeit in der in der „Urseler Halle" in Frankfurt (Schnurgasse) in Frankfurt in der „Urseler Halle" grünes, rotes und schwarzes Urseler Tuch.[44]

Nur zweimal läßt sich der Export Urseler Tuchs ins Ausland nachweisen. So erscheinen Tuche aus Ursel in Straßburg, wo ihr Zolltarif zum Export nach Italien festgelegt wurde[45] und auf der bedeutenden Zurzacher Messe in der Nordschweiz.[46]

Der Anfang vom Ende

Die Oberurseler Tuchmacherei ging nicht erst im Dreißigjährigen Krieg unter. Eine Reihe von Indizien verweisen bereits im 16. Jahrhundert auf einen allmählichen Niedergang. Der Abwärtstrend war allgemein, z.B. auch im Tuchmacherstädtchen Butzbach, feststellbar. „Mancherlei Gründe verursachten diesen Verfall. Erstens die Einfuhr von Baumwolle und der Aufstieg der süddeutschen und rheinischen Baumwollweberei, die billige und geschmackvolle Stoffe anbot. Gleichzeitig kam eine einfachere ernstere Mode auf, welche anstelle der farbenfrohen schweren Wolltuche die leichteren, weichen

und glatten Zeuge sowie Seidenstoffe bevorzugte. Unter den deutschen Wollstoffen ging damals der Handel der altmodisch gewordenen mittelrheinischen und hessischen Tücher so zurück, daß im Augsburger Großhandel von 15 Sorten, welche noch 1543 genannt werden, binnen weniger Jahre 2/3 verschwanden. Die nun beliebten Mischgewebe wie Halbwolle und Halbseide durften nach den mittelalterlichen Zunftbestimmungen mit ihrer strengen Unterscheidung der verschiedenen Gewebearten von den Wollwebern nicht hergestellt werden. Die in Lothringen und Belgien entwickelte moderne Tuchmacherei glatter, ungewalkter Stoffe erfreute sich bald großer Beliebtheit. Die Versorgung Deutschlands mit Tuch ging damals aus den Händen der zahlreichen Wollweber in diejenigen weniger Großkaufleute über, welche die fremden Tuche in großen Partien einführten und den ganzen Handel mit ihren Kapitalien zu monopolisieren wußten. Je mehr der gewerbliche Mittelstand sank, desto mehr entwickelte sich ein selbständiger Handelsstand. Da diese Entwicklung in erster Line in den großen Städten Erfolg versprach, wo sich mancher Wollweber nur noch dem Handel widmete, drohte den kleinen Weberstädten die wirtschaftliche Katastrophe".[47]

In Oberursel dürfte der Höhepunkt der Oberurseler Tuchproduktion um die Mitte des 16. Jahrhunderts erreicht gewesen sein. Nach Ausweis der 1558 einsetzenden Rentei-Rechnungen verringerte sich ständig das Wollwieggeld, das Walkgeld und das Rahmenwachs.

1558 wog der Wollwieger 1182 Kleudt (Ballen) Wolle,[48] 1581 nur noch 418.[49] 1583 nahm er für 454 Kleudt Wolle etwas mehr als 2 Gulden ein. 1585 und 1586 stieg die Zahl wieder leicht an, 1587 sank sie drastisch auf 318 Kleudt. 1588 wog man wieder 510 1/2 Kleudt. Die starken Schwankungen – zwischen 400 und 750 Kleudt – hielten bis nach 1600 an. 1605 war mit 232 Kleudt ein neuer Tiefstand erreicht, doch wurde dieser schon drei Jahre später unterboten: mit 137 Kleudt Wolle. Seit 1638 wiederholte sich in der Rubrik „Einnahme Wieggelt" stereotyp die Bemerkung: „Nichts".

Parallel verlief die Entwicklung in der Walkerei. Nach der Mitte des 16. Jahrhunderts verminderte sich die Zahl der gewalkten Tuche langsam, aber stetig. 1571 wurden 2045 Stück Tuch gewalkt: davon waren 1883 „inländisch", 162 „ausländisch".[50] Acht Jahre später hatte sich die Zahl auf 1626 Stück reduziert und die der Urseler (1245 Stück) in ganz besonderem Maß.[51] 1582 hatte sich das Zahlenverhältnis nahezu umgekehrt: der Urseler Anteil betrug 437 Stück, der des „Auslands" 1805 Stück.[52]

In den ersten Jahren des 17. Jahrhunderts schien sich das Walkgeschäft wieder zu beleben (1605: 91 Gulden), doch war der Aufwärtstrend von kurzer Dauer. 1606 hatte man mit 12 Gulden den bisher niedrigsten Einnahmestand erreicht. Die Talfahrt hielt an. 1612 nahm man wenig mehr als einen Gulden ein.

1614 hieß es, man habe zehn Gulden Walkgeld eingenommen, „weil man zu Kierdorff geringen Waßers halben nit walcken können".[53] 1616 sank das Walkgeld wieder auf 4 Gulden.[54]

Die Walkerei lag also längst am Boden, als der Dreißigjährige Krieg ausbrach, der dem Handwerk einen zusätzlichen letzten Stoß versetzte. Seit 1628 bewegten sich die Einnahmen an Walkgeld nur noch zwischen einem und zwei Gulden.[55] 1638 war der absolute Tiefstand erreicht: „Diss Jahr ist aber nichts gewalcken worden".[56] Dabei blieb es bis zum Jahr des Stadtbrandes 1645, der auch die Walkmühlen nicht verschonte.

Wie das Walkgeld reduzierte sich seit dem ausgehenden 16. Jahrhundert die zweite herrschaftliche Abgabe, die mit dem Walken zusammenhing: das „Rahmenwachs", eine ursprünglich in Wachs zu entrichtende Abgabe für das Spannen (auf „Rahmen") und Trocknen der Tuche nach dem Walken. Auch als sich die Oberurseler entschieden hatten, die Abgabe lieber in Geld zu entrichten, wurde der Berechnung das Wachsgewicht zugrundegelegt: pro Pfund 7 Albus. 1542 kam man auf 33 Pfund Wachs[57], 1558 auf 33 Pfund[58], 1581 nur noch auf 18 Pfund.[59] 1583 hatte sich das Rahmenwachs nochmals, auf 16 Pfund reduziert, und wir erfahren auch den Grund: „weil der Wülnweber wenig worden in diesem Jahr".[60] 1586 hieß es gar zur Erklärung dafür, daß nur 13 Pfund Rahmenwachs entrichtet wurden: „Seint drey (Wollweber) ihn diesem Jhar abgangen".[61] Nachdem sich die Zahl bis zum Jahr 1600 nochmals, auf 7 Pfund, reduziert hatte, trat wenig später die totale Stagnation ein. Seit 1604 füllte das schlichte Wort „Nichts" die Rubrik „Rahmenwachs".[62]

Nicht ganz so deutlich zeigte sich der Verfall an der Entwicklung der Färberei. 1571 war noch von mehreren neuen Farbhäusern die Rede. Eines stand im „Thal in der Wacht Heintzen Weiganz Thornn" an der Stadtmauer, eines „hinder Bonifacius Möllern gelegenn genant das Bornn Krügleinn", ein weiteres bei dem Bornkrüglein und Adam Sommern.[63] 1589 hatte Jacob Lauter ein neues Farbhaus zu einer „Mehlmühl" umgebaut und ein weiteres, „des Bornkrugs Ferbhaus", in eine Scheune umgewandelt.[64]

Nach dem Dreißigjährigen Krieg

Der Dreißigjährige Krieg versetzte der Tuchmacherei den letzten Stoß. Zwar konnte die Wollweber-Zunft noch immer auf Geldreserven zurückgreifen und der verschuldeten Stadt 300 Gulden leihen,[65] doch war 1649 noch kein einziger Wollweber nach Oberursel zurückgekehrt.[66]

Die vormals zahlreichen Walkmühlen waren verschwunden und wurden größtenteils nicht wieder aufgebaut. Sowohl die alte herrschaftliche Walkmühle an der Unterpforte als auch die Walkmühle bei der Pfarrkirche wurden nach dem Dreißigjährigen Krieg nicht mehr als solche eingesetzt, sondern waren Mahl- und Ölmühlen (Unter- und Obermühle).

Innerhalb kürzester Zeit wieder gangbar gemacht wurde die Walkmühle des Johann Schieß.[67] Nach Jahren des absoluten Stillstands unternahm Schieß 1646 den Versuch, die Walkerei wieder zu beleben. 16 Stück „ausländisches" Tuch wurden nach Oberursel zum Walken gebracht, und man erzielte immerhin 24 Albus Walkgeld.[68] 1647 wurden 19 Stück ausländisches Tuch gewalkt,[69] 1649 waren es 15 Stück, 1651 kam man auf 30 Stück Tuch. Bestürzend waren nicht so sehr diese geringen, nur langsam ansteigenden Stückzahlen. Anlaß zur Sorge gab vielmehr, daß im Gegensatz zur Vorkriegssituation nun kein einziges Stück Tuch aus Ursel kam, sondern ausschließlich ausländisches Tuch gewalkt wurde. 1649 wurde der Jahresertrag der Schießschen Walkmühle mit 180 Gulden erstaunlich hoch angesetzt;[70] unbekannt ist, ob er erreicht wurde.

Gegen Ende des 17. Jahrhunderts war auch diese Walkmühle „zu Theil ruiniert" und wurde durch die Filtzingersche Ölmühle ersetzt.[71]

Zwar gab es im 18. Jahrhundert wieder einige Wollweber in Oberursel; von einer nennenswerten Tuchfabrikation konnte aber nicht mehr die Rede sein. Vorhaben wie die Umwandlung des ehemals dritten Kupferhammers in eine Walkmühle (1781/82) waren selten und erfolglos.[72]

1788 hieß es in einem Vogteiamts-Bericht, die Wollweberzunft sei „ausgestorben" und „kein Mitglied mehr am Leben".[73] In jenem Jahr bemerkte man, daß die Zunft eine Walkmühle hinterlassen hatte, die „schon am laufenden Geschirr sehr baufällig" geworden war. Man ließ sie für 154 Gulden wiederherstellen.[74] Zur Klärung der Eigentumsverhältnisse trugen die „zu Rate gezogenen alten Zunftordnungen" nichts bei. Da „die meisten Einwohner zu Oberursel ... auch zugleich Glieder von berührter Wollenweber Zunft" gewesen seien, beschloß man, die Walkmühle als herrenloses Gut zu betrachten und der Stadt zu übereignen.

Die Stadt verpachtete das frisch renovierte Gebäude noch 1788 auf sechs Jahre an den Blaufärber Georg Pfeffer.[75] Um 1800 muß das Pachtverhältnis geendet haben, denn es hieß 1804, die Walkmühle sei „nach und nach in ganz unbrauchbaren Zustand gekommen" und „seit etlichen Jahren unbrauchbar und ohne Nutzen." Der Antrag, die „ganz ruinirte Walkmühle" reparieren lassen zu dürfen, da Walkmühlen „in hiesiger und der benachbart Gegend" sehr selten seien, wurde als zu riskant abgelehnt. Auf taube Ohren stießen auch drei Oberurseler Bürger, die sich erboten, die Walkmühle auf ihre Kosten wiederherzustellen, wenn ihnen der größte Teil des notwendigen Holzes gestellt werde und ihnen eine zwei- oder dreijährige kostenlose Nutzung garantiert werde. Statt dessen schlug die Regierung vor, die Walkmühle zu versteigern, „so wie sich solche gegenwartig befinde". Daraufhin scheint man sich entschlossen zu haben, „die walck miel von der Oberorseller Borgerschaft" an den Weißgerber Franz Reinhold zu verpachten.

Im 19. Jahrhundert gab es in Oberursel zwei Walkmühlen. Probsts Walkmühle (Eppsteiner Straße 27) existierte bereits 1810; sie war mit einer Färberei kombiniert.[76] 1822 wird der Standort als „Hintergasse" bezeichnet; dort standen neben einem zweistöckigen Wohnhaus ein zweistöckiges Färbhaus, eine zweistöckige Walkmühle und eine Scheune.[77] 1827 wandte sich Philipp Probst gegen eine Wasserentnahme-Einrichtung seines Nachbarn, des Brauers Georg Pfeffer, da er eine Beeinträchtigung seiner eigenen Wasserentnahme befürchtete.[78] Der Stadtschultheiß erklärte, daß Pfeffer nur eine kleine Brennerei betreibe; im übrigen sei die Färberei des Probst viel schlimmer, denn sie verbreite üble Düfte und verfärbe den ganzen Bach. Die Beschwerde wurde zurückgewiesen und dem Brauer die Wasserentnahme gestattet, unter der Bedingung, daß „dasselbe alsbald unter dem Wasserrad des Philipp Probst wieder in die Bach geleitet" werde. Diese Walkmühle existierte bis 1891, als bei einem Brand in der Metzgerei Joh. Burckard „die nebenstehende Walkmühle der Wittwe Kaspar Probst eingeäschert" wurde.[79] 1901 betrieb H. Berndt Wwe. eine Färberei in der ehemaligen Walkmühle.[80] Heute steht hier das Wohnhaus Eppsteiner Straße 27.[81] Die Braunsche Walkmühle am heutigen Korfplatz gegenüber der Hospitalkirche war zugleich Lohmühle. Sie existierte bis etwa 1870.[82] Seit der Mitte des 19. Jahrhunderts trat die Textilindustrie an die Stelle der handwerklichen Tuchherstellung. Im heutigen Oberursel erinnert nur noch eine Straßenbezeichnung – „Am Rahmtor" – an die Tuchmacherei.

Eisenverarbeitung in Oberursel

Die Verarbeitung von Eisen gehörte schon früh zu den einträglichen Handwerken Oberursels. Die Voraussetzungen waren ideal: Es gab Eisen (von der Lahn?), Holz aus dem Markwald und das reichlich fließende Wasser des Urselbaches. Unbewiesen ist die Vermutung, daß das Eisen in der Gegend des Stalnhainer Grundes (bei Anspach) gewonnen wurden, wo sich Eisenschmelzen befanden.[1]

Die Schmiede gehörten nach den Wollwebern zu den ersten Handwerkern, denen in der jungen Stadt Oberursel die Gründung einer Zunft gestattet wurde: gemeinsam mit den Bäckern erhielten sie 1464 eine Zunftordnung. Die Schmiede- und Bäckerzunft war nach mittelalterlichem Brauch als Bruderschaft organisiert, und es konnten auch Personen eintreten, wenn sie weder Schmiede noch Bäcker waren.

Eisenverarbeitendes Handwerk war in Oberursel aber schon lange vor dem Erlaß dieser Zunftordnung ansässig. Die erste Nachricht datiert aus dem Jahr 1297.[2] Auch deutet die alte Bezeichnung „Schleifhüttenberg" für den späteren Borkenberg darauf hin, daß hier schon früh Eisen verarbeitet, geschliffen wurde. Erstmals erwähnt wird eine Schleifhütte in Oberursel im Jahr 1351.[3] Im Rentbuch des Amtes Königstein von 1488 werden fünf Schleifmühlen (Poliermühlen) erwähnt, wovon zwei wüst lagen. Eine befand sich „in der Smyde Hoffe" und wurde auch als „Hoffsmytte" bezeichnet. Die zweite lag im „Tale", die dritte ebenfalls, und zwar „neben dem Korbe". Die beiden eingegangenen lagen oben am „Schloße", d.h. außerhalb der Stadt vor dem Obertor.[4]

Es spricht vieles dafür, daß Oberurseler Scherenschleifer die Leipziger Messen be-

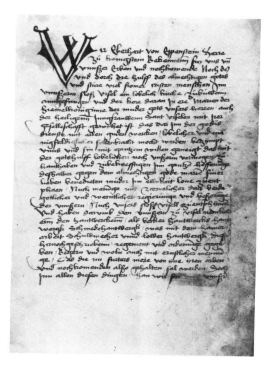

Zunftordnung für die Schmiede und Bäcker, 1464

suchten. Seit etwa der Mitte des 15. Jahrhunderts sind sogar einige Scherenschleifer aus Ursel („Vrsal" u.ä.) in Leipzig ansässig geworden. Sie gehörten zu den reichsten Familien der sehr reichen Stadt.[5]

1542 soll es in Oberursel nur noch zwei Schleifmühlen gegeben haben.[6] Die eine, die sogenannte oberste Schleifmühle hatte zwei Gänge und war zu einer jährlichen Abgabe von Geld oder zwei Messern an die Herrschaft verpflichtet. Die andere gehörte einem Waffenschmied Clas. Sie müssen zu jener Zeit ohne Bedeutung gewesen sein, sonst hätte sie Erasmus Alberus 1537 erwähnt.

Bald folgte wieder eine Aufwärtsbewegung. 1558 gab es in Oberursel drei Schleifmühlen: die „oberste Schleiffmulen mit zweien Gengen obendig dem Stege über der Stat Ursel gelegen"; sie gehörte Wendel schmitten und Wolff messerschmiden zu Oberursel, die Schleiffmühle des Waffenschmieds Niclas Bulman, „unwendig Eobalt Donsten kopferschmiden gelegen; "ist ime durch Philips Reiffenstein verliehen worden". Außerdem eine dritte Schleifmühle. Im gleichen Jahr 1558 erbaute Hans Jörg Schuchart eine neue Schleifmühle.[7]

Die Schleifmühlen entrichteten ihre Abgaben meist in „Naturalien", d.h. in Äxten, Hämmern usw.[8]

1571 war der seit 1558 in Oberursel nachweisbare Waffenschmied Hermann Becht Kompagnon in der Schleifhütte des Ludwig Bulmann.[9] 1589 gehörte sie Herman Becht[10] allein; nahebei wurde in jenem Jahr eine neue Lohmühle erbaut.[11]

1579 entrichtete Hans Klingeisen 6 Albus „von seiner Schleifmühl so Wendell Kellers gewesen". Die zweite Schleifmühle gehörte gemeinschaftlich Hermann Waffenschmidt und Ludwig Bulman. Die dritte Schleifmühle gehörte Velten Waffenschmidt, der eine Axt ablieferte.[12]

1588 waren abgabepflichtig die Waffenschmiede Enders Bopp, Herman Becht, Adam Sommereysen, Stoffel Raab und Thiel (Diell) Haube.[13]

Im Jahr 1600 starben Adam Sommereysen und Hermann Becht, dessen Kinder die Schleifmühle weiterbetrieben. Als neue Waffenschmiede traten auf: Ewalt Schmied, Jeorg Ostemer und Jacob Müller.[14]

Nach einer Lücke in der Überlieferung treffen wir 1628 auf größtenteils neue Namen: Jacob Müller, Adam Becker, Philipp Rosenbachs Wittib, Bast Humm, Alexander Müller, Ludwig Euler, Johann Steden, Conrad Nagell, Peter Wittlich und Adam Becht.[15]

Den großen Brand Oberursels im Jahr 1645 überstanden immerhin zwei Schleifmühlen – die des Adam Schmidt und die des Michel Coci – wohl aufgrund ihrer stadtfernen Lage soweit unbeschadet, daß sie ihre Abgaben entrichten konnten; von den übrigen war „des Brandtschadens halben nichts zu verlangen".[16]

Kurz nach dem Krieg kamen zwei weitere Schleifmühlen dazu, deren Jahresertrag geschätzt wurde: Schleifmühle Johann Apt: 40 Gulden, Schleifmühle Wwe. Steden: 20 Gulden[17]

1649 sind als Betreiber von Schleifmühlen bezeugt: Hans Paul Walnauer, Johann Stedens Wwe., Johann Apt, Ewald Sommereisen, Jakob Rosendahl und Hermann Nagell.[18]

1670 mußten Johann Adam Schmied und sein Bruder je ein Pfund Wachs entrichten, als Strafe, „weil sie uff sontag ihre schleifmühl abgeeist".[19]

1728 waren noch vier bis sechs Schleifmühlen tätig. Der Rat der Stadt war der Ansicht, daß man derzeit weniger Schleifmühlen benötige, weil die Waffenschmiederei schon „vor vielen Jahren abgangen".[20] Deshalb durften die beiden „ohnbrauchbar" gewordenen Schleifmühlen des Philipp Wallauer Wwe. und Konsorten in eine Ölmühle umgewandelt werden. Das Grundstück der Signorino'schen Ölmühle in der St.Ursulagasse (früher Kirchgasse) 8 war demzufolge bis dahin Standort dieser beiden Schleifmühlen. Signorino habe diese „nahe ahn der alldasig Kirchen stehende Schleiffmühlen ahn sich erhandelt".[21]

1810 ist in Oberursel nur noch eine Schleifmühle bezeugt.[22] Es war vermutlich die „einstöckige Schleifmühle" von Jakob Rompel in der Weidengasse, die 1831 an Engelhard Wolf, 1837 an Johann Georg Islaub

Waffenschmiede bei der Arbeit am Amboß

überging.[23] 1855 verkaufte J. G. Islaub seine Schleifmühle an Wolf Herzfeld.[24] 1862 beantragte Wolf Herzfeld, seine Schleiferei in eine Mahlmühle umwandeln zu dürfen. Das Projekt scheiterte wohl.[25] 1869-1891 gehörte das Anwesen Conrad Wallauer; ob er die Schleifmühle als solche genutzt hat, ist unbekannt.[26]

Seit 1850 besaß Wolf Herzfeld eine zweite Schleifmühle, oberhalb der Stadt (Hohemarkstraße 98). Sie ging vor 1863 an den Stahl- und Bronzefabrikanten Herget aus Offenbach über, der die Stahlschleiferei in ein neu erbautes Gebäude verlegte. Es ist unbekannt, wie lange diese Schleifmühle arbeitete; um 1900 scheint sie verschwunden gewesen zu sein.[27]

Schmiede

1392 wird ein Kannenschmied („kammensmid) Henne von Ursel als Bürger in Frankfurt genannt.[28]

Im Jahr 1407 bezog der Kellner des Schlosses Neuweilnau 3000 Steinnägel zum Befestigen der Dachschiefer aus Oberursel, wo es demnach Nagelschmiede gab.[29] Doch konnte die Nagelschmiederei, auch als sie zu Beginn des 18. Jahrhunderts von der Stadt gefördert wurde, in Oberursel nie richtig Fuß fassen.[30]

Größere Bedeutung hatte die Waffenschmiederei. Schon 1297 wurden die Urseler Waffenschmiede vom Frankfurter Marktzoll befreit.[31] Die Waffenschmiede durften nur neue Waffen verkaufen und keine Reparaturarbeiten übernehmen. Ernstliche Konkurrenten der Oberurseler waren eine Zeitlang nur die Waffenschmiede aus Nürnberg, Siegen, Schmalkalden und Suhl.[32]

Einer Notiz aus dem 18. Jahrhundert zufolge hätten die Oberurseler Waffenschmiede, „welche hiebevor die auf hiesiger Bach stehende 5 biß 6 Schleiffmühlen fourniret", früher ihre Ware auch auf dem Markt in Erfurt angeboten. Jetzt aber besetzten benachbarte Handwerker, „unter dem leeren Nahmen Urseler Waffenschmitt", den „uralten" Marktstand in Erfurt.[33]

Im 16. Jahrhundert waren alle drei Waffenschmieden bei der Oberpforte angesiedelt.[34]

Es heißt, die Herrschaft in Königstein sei stark interessiert gewesen an den „Orscheler Gewaffen", und die Oberurseler Waffenschmiede hätten den Bedarf an Waffen und Rüstungen für die altnassauischen Lande gedeckt. Auch sollen sich „in den Museen unserer Heimat" Waffen und Rüstungen befunden haben, die den Vermerk „Ursella" mit der Jahreszahl (meist aus dem 14. bis 17. Jahrhundert) trugen.[35] Den Oberurseler Lokalforschern sind solche Stücke allerdings (noch) nicht bekanntgeworden.

Das Schmiedehandwerk erfuhr im Lauf des 16. Jahrhundert durch neue Kriegstechniken tiefgreifende Veränderungen. So begegnet uns im Jahre 1542 nur noch ein Plattenschläger oder Harnischfeger.[36]

Spätestens im ausgehenden 16. Jahrhundert lieferten die Urseler Waffenschmiede nicht mehr ausschließlich Waffen und Harnische, sondern alle schneidenden Werkzeuge überhaupt in allen Stahlwerkzeugen aus Eisen und Stahl.[37] 1579/80 lieferte Adam Sommereisen, Waffenschmied zu Ursel, der Herrschaft in Königstein „ein Handbeil und zwei groß bloch eisen",[38] 1588/89 lieferte der Schmied Ewalt von Ursel einen neuen großen, starken Bohrer.[39]

Die Urseler Eisenerzeugnisse sollen so vorzüglich gewesen sein, daß die Stadt Frankfurt das Feilhalten dieser Artikel auf den Messen durch ein besonderes Gesetz anordnete.

1589 werden drei Waffenschmieden erwähnt: 1. die von Jacob Müller „bei der Oberpfort neben Stoffel Raben", 2. die von Enners Bopp und Conrat Becker „an der Oberpfort, vormalß Wendel Kellers gewesen", 3. die des Messerschmidts Stoffel Raab, „vor der Oberpfort neben Adam Sommereisen".[40]

Im Streit um drei Wiesen im Heuser Grund (Wüstung Hausen), 1609–1612, erfahren wir, daß drei der Schmiede, die wir aus anderen Quellen namentlich kennen, dort angesiedelt waren: die des Michael Sommereißen, die des Paull Ohll und die des Paul Schmidt(en).[41]

1591 wurde ihr Holzverbrauch eingeschränkt, da mit dem Holz aus der Hohen Mark sehr viel Mißbrauch getrieben worden war und eine völlige Vernichtung des Waldes abzusehen war.

Im Dreißigjährigen Krieg war in Oberursel noch der Waffenschmied Hans Fenn wohnhaft gewesen, am 8.10. 1633 brannten sein Haus und seine Scheune nieder.[42]

1728 hieß es, die „Waffenschmitt zu Ursell (seien) schons vor vielen Jahren abgangen".[43]

Eisenhämmer

Während das eisenverarbeitende Handwerk in Oberursel schon früh bezeugt ist, hören wir erst im ausgehenden 17. Jahrhundert von einem Eisenhammer. Durch kurfürstlichen Befehl wurde 1698 der ehemalige fünfte Kupferhammer in einen Eisenhammer umgewandelt. Der erste Besitzer war Landhauptmann Wenzel[44]. 1725 begann die Ära des „gemeinschafftlichen Hamer und Drahtzugwercks zu Oberorschell".[45] Beteiligt waren die Brüder Johannes Trieb als Hüttenfaktor und Theobaldus Trieb[46], der 1725/26 das Rechnungsbuch führte, außerdem die Homburger Hofrat Kirchhoff und Stadtschultheiß Friederich sowie Doktor Schaff in Frankfurt. Es wurden zahlreiche Reparaturarbeiten ausgeführt, das Wohnhaus ausgebessert, im Hammer ein neuer gegossener Schmelzherd eingebaut und das Inventar ergänzt. Das Brennmaterial, Kohlen, kam aus Frankfurt. An Personal werden zwei Drahtzieher erwähnt, die je anderthalb Gulden Wochenlohn erhielten.

Am 5.2.1726 fertigte Johannes Trieb ein sehr detailliertes „Inventarium" über das „Wohnhaus mit vier Stuben, zwey Küchen, Keller undt Boden", das „groß Hammer-Gebäude", „ein großes neu gebauetes Drath Zug Gebäude", den gemauerten Kohlenschuppen, das Alteisen-Magazin und einen Stall sowie einen Baum- und einen Küchengarten, den Wassergraben („gegen den DrathZug, ist versehen mit einem Waßerbett") und die beiden Wasserräder. Der Eisenhammer war demnach „in gutem

Dach und Fach". Die Ausstattung bestand aus: einem großen Hammer, einer großen gegossenen „chabatte", einem Schlichthammer und einem Zahnhammer, „welche drey Hämmer allesamt mit einem großen Wellbaum und darzu nöthigem eisernen Ramen und höltzernem Hammer Gerüste wohl versehen sindt". Dazu gehörten vier Feuerstellen, ein großes Schmelzfeuer, ein Wärmfeuer, ein Auswarm(?)feuer – „welche drey Feuer durch das große Waßerrath durch seine Machinen getrieben werden" – und ein Hammerfeuer. Im Drahtzuggebäude befanden sich:„Unten her eine Stube vor die DrathZieher, worinnen ein doppelter eiserner Offen, drey neue schlechte Fenster, eine bretterne Pritzsche, worauf die Drath Zieher schlafen, eine Küche im Gange mit einem Herdt von gebackenen Steinen, woselbst über der Thür ein Fenster, ein Magazin zum Drath oder worzu man es brauchen will, mit einem Fenster, ein Appartement zum Drathziehen, oben her mit einer Pritsche von doppel Thielen. Oben her in dem Oberstock zwey Stuben, eine Küche, einen großen Boden, ein Secret p., welches vermöge Contracts mit Thüren, Fenstern, Öfen, Fußböden undt allem nöthigen und nützlichen inwendig und auswendig fertig und brauchbar gemachet werden muß. In dem Drahtzug befanden sich Feuerstelle, Esse, Öfen und zahlreiches Spezial-Werkzeug. Die Energie lieferte das unterschlächtige Wasserrad.

1728 kam es, offenbar durch finanzielle Unregelmäßigkeiten, zu Auseinandersetzungen zwischen den am Eisenhammer Beteiligten. Danach scheint es mit dem Betrieb schnell abwärts gegangen zu sein. 1733 stand er still und war „ruinos". Der Papiermacher Conrad Gottfried Mann („wohnhaft bei Ober Ursel") wollte den „Trippischen (= Trieb'schen) Eisenhammer" in eine Papiermühle umwandeln, was ihm aber nicht gestattet wurde.[47] Im Jahr 1742 kamen „auff den Eisenhammer" 5 Gulden 7 Albus „Herrengelder" (Schatzung, Zoll, Liefergeld, Beede, Kopfgeld).[48]

1814 wollte Friedrich Fischer aus Oberstedten auf dem Platz, „worauf vor ohngefehr 70 Jahren ein Eisenhammer gestanden hat", eine Mahlmühle errichten. Dieses wurde ihm abgeschlagen „wegen zu befürchtender Holzdieberei" und weil „wegen der Nähe der Waldungen eine Diebesherberge daraus werden könnte".[49] Schon früher hatte der Frankfurter Handelsmann Friedrich Wilhelm Winkelmann dort eine Pulvermühle errichten wollen, was ihm ebenfalls verweigert worden war. Zum Zuge kam 1814 der Handelsmann Gottfried Wilhelm Derschow mit seinem Plan, einen Kupferhammer zu erbauen.

Ein weiterer Eisenhammer, der 1810 bestand, aber nicht mehr in Betrieb war, ging in den 1840er Jahren vollends ein.[50]

1841 baute Johann Adam Christ einen Eisenhammer „unterhalb der Stadt". Das Anwesen ging 1845 an Joh. Brenner über, der eine Mahlmühle betrieb.[51]

1851 beantragte Heinrich Schuckart II., in seiner stillstehenden Schneidemühle am Urselbach zwischen Lohmühle und Steinmühle eine Eisendreherei und Fournirschreinerei anlegen zu dürfen.[52] Das Projekt scheint abschlägig beschieden worden zu sein, denn 1852 beantragte Schuckart die Konzession einer Mahlmühle, die ihm erteilt wurde („Schuckardts Mühle").

Löher, Lohmüller, Gerber

Der wasserreiche Urselbach ließ Oberursel auch für das lederverarbeitende Handwerk als idealen Standort erscheinen, denn es wurde zur Behandlung der Tierhäute mit Gerbstoffen viel Wasser benötigt. Der Gerbstoff Lohe (Eichenrinde) gab den Löhern, Löbern oder Lohgerbern den Namen.[1] Später setzte sich die Berufsbezeichnung Gerber (Rot- und Weißgerber) durch.

Leider geben die Quellen über das mittelalterliche Löherhandwerk kaum Aufschluß. Daß es existierte und eine nicht geringe Bedeutung hatte, ist zu ersehen aus der Tatsache, daß (wohl 1464) die Löher zusammen mit den Schmieden und den Webern eine gemeinsame Zunft bilden sollten.[2]

Im 15. und 16. Jahrhundert gab es zwei Lohmühlen. 1488 gehörte die eine Schucharthennes Erben und lag „unden im Tale"; die andere befand sich „an der Steyngasse" (Bommersheim?).[3] 1558 erfahren wir, daß sich bei der Lohmühle an der Steingasse jetzt ein Kupferhammer befand.[4] Die Löher gehörten zur Königsteiner Loherzunft.[5]

Erst 1586 vereinigten sich die Rot- und die Weißgerber mit den Sattlern und Schuhmachern und bildeten eine Zunft.[6] Ihre Zunftordnung war mit 21 Artikeln relativ knapp gehalten und zeigte noch deutliche Spuren spätmittelalterlichen Zunftverständnisses. So wenn im ersten Artikel der altertümliche Begriff des „Kerzenmeisters" gebraucht wurde und dieser bei dem Hauptgebot aus der Zunftlade ein Almosen für die Armen im Spital und für die „Handwercks Hausarmen" entrichten sollte. Erst Artikel 2 regelte, wer in die Zunft aufgenommen werden durfte. Ein Meisterssohn wurde unentgeltlich aufgenommen, „gibt aber zum Todten duch und Almosen 1 Gulden und wegen der Frau Einkauffsgeld 1 Gulden". Zwei Jahre Wanderzeit und ein Jahr Arbeit am Ort waren obligatorisch für alle. Unzünftige sollten nicht geduldet werden. Beim Einkauf von „Fellwerck" in Oberursel hatte die Herrschaft Vorrang. Den einheimischen Sattlern und Gerbern war das Kaufen erlaubt, auswärtige wurden auf die Jahr- und Wochenmärkte verwiesen. „Denen Juden aber, Störer oder Landfahrer, ist solches gantz und gaar verbotten". Im übrigen sollte „jeder Meister bey seinem von Jugend auf gelernten und wohlhergebrachten Handwerck verbleiben". Die Ordnung wurde ergänzt, als sich die beiden ortsansässigen Färbermeister (wohl wegen Niedergangs der Wollweberzunft) entschlossen, sich der Gerber- und Sattlerzunft anzuschließen.

1645 werden sechs Lohmühlen erwähnt. Von ihren Besitzern – Wilhelm Eckardt, Claus Nickel, Henrich Ullberger (Usperger), Michel Ilmstatt, Caspar Kertel und Niclas Schmidt (Lohmühle in der Steingasse) – konnte keiner seine Abgaben entrichten; demnach waren alle im großen Stadtbrand vernichtet worden.[7] Daß alle sechs Lohmühlen sofort wieder zu arbeiten begannen, zeigen die wenn auch geringen Beträge, die sie schon 1646 wieder entrichten konnten.[8]

Neu war damals die Lohmühle des aus Schwaben zugewanderten, seit 1633 in Oberursel nachweisbaren Caspar Kürtell (heute Altkönigstraße 43). Die Familie Kür-

Gerber beim Walken und Gerben der Felle

tell betrieb diese Lohmühle fast 300 Jahre lang bis 1911.[9]

1649 betrieben Hieronymus und Johann Ebert Eckardt die Lohmühle des Vaters Wilhelm Eckardt gemeinschaftlich. Ihr Ertrag wurde auf jährlich 40 Gulden geschätzt;[10] die des Usperger auf 70 Gulden[11] Die Eckardts gehörten zu den wohlhabendsten Familien der Stadt. Hieronymus („Crommes") Eckardt, der als Retter der Großen Glocke in die Stadtgeschichte eingehen sollte, besaß am Ende des Krieges ein Vermögen von mehr als 3000 Gulden; außer der halben Lohmühle gehörten ihm zwei Häuser, eines mit Brauhaus, außerdem Äcker, Wiesen und Weingärten.[12]

In der Mitte des 18. Jahrhunderts gab es in Oberursel drei Gerber, von denen zwei selbst gerbten, einer sein Leder in Mainz kaufte. Insgesamt verarbeiteten sie jährlich fünf Zentner Leder.[13]

1810 werden in Oberursel sieben Gerber erwähnt.[14]

Die Braunsche Lohmühle, zugleich Walkmühle, existierte bis etwa 1870 an der Stelle des heutigen Korfplatzes gegenüber dem Hospital.[15]

In den Jahren 1870-76 arbeitete in der Hohemarkstraße 60 (vormals Wiemersmühle) die Gerberei Vinzenz von Wasilewski.[16]

1861 richteten die Gebrüder Christoph und Anton Schuckart eine Eingabe an den Magistrat, wonach sie beabsichtigten, gemeinschaftlich im Haus ihres Vaters in der Kirchgasse eine Vacheledergerberei zu errichten.[17] Der Gemeinderat hatte keine Einwände, wohl aber einige der Nachbarn, vor allem Metzger Jakob Burkart, der glaubte, daß die Gerberei Ungeziefer anziehe und daß sie im Sommer seine Ware beeinträchtige. Aus diesen Gründen, wie auch wegen des „sehr großen Gestanks" und der Verschmutzung des Bachs, dürften

Gerbereien nur noch außerhalb der Stadt errichtet werden. Die Behörde schloß sich diesem Einwand an und lehnte am 5.3.1862 das Gesuch ab.

Doch die Gebrüder Schuckart gaben nicht auf und baten um Bewilligung eines veränderten Projektes, wonach sie die Gerberei unterhalb Oberursel „etwa 400 Schritte unterhalb der Stadt," zwischen Brenners- und Aumühle, auf einer ihnen gehörigen Wiese einrichten wollten. Wieder war die Behörde zur Genehmigung geneigt, aber nun beschwerte sich der Müller Johann Brenner, vor allem deshalb, weil Schuckart bei der Eingabe mit keinem Wort erwähnt habe, daß er Wasser aus dem Urselbach benutzen wolle; „denn dazu würden auch die übrigen Werksbesitzer ihre Zustimmung nicht ertheilen". Bürgermeister und Rat befürworteten den Betrieb dennoch mit dem etwas befremdlichen Argument, daß auch verunreinigtes Wasser Mühlen in Gang bringen könne und außerdem der Bach ohnehin „durch die bestehenden Etablissements verunreinigt" sei. Schließlich wurde die Konzession erteilt, unter der Bedingung, „daß zu dem Betrieb der Gerberei Wasser aus dem Urselbach nicht verwendet werde".

1863 führte Brenner erneut Beschwerde gegen Schuckart, der einen „Abschlagbach" zwischen Brenners- und Aumühle angelegt hatte, „von welchem aus das Wasser von der Gerberei und dem Wiesenwässerungsgraben geleitet wird", so daß „meine Wiesen noch mehr und insbesondere aber meine Brunnen Schaden leiden, indem durch den Abflußgraben aus der Gerberei schädliche Substanzen auf mein Eigenthum herübergeleitet werden".

Lederverarbeitende Betriebe stießen auf immer stärkere Ablehnung, auch wenn die Wasserverschmutzung ausgeschlossen wur-

de. Daß schon die mögliche Geruchsbelästigung als eine Beeinträchtigung der Wohnstadt Oberursel angesehen wurde, zeigt der Fall der Taunus-Lederwerke Haas & Srpek, die 1898/99 einen Konzessionsantrag zum Betrieb einer Lederfabrik in der ehemaligen Steinmühle stellten. Auf die Veröffentlichung des Vorhabens folgten eine Reihe von Einsprüchen wegen zu befürchtender Geruchsbelästigung insbesondere in der als Villengebiet ausgewiesenen Altkönigstraße. Obwohl die Antragsteller versicherten, daß weder Kalk noch Beize zur Verwendung kämen, befand der Kreisausschuß, daß eine Belästigung „absolut sicher nicht ausgeschlossen" werden könne. Entscheidend war der Hinweis, daß Oberursel als Wohnstadt „in einem erfreulichen Aufblühen begriffen" sei und einen „ziemlich bedeutenden Fremden- und Touristenverkehr" zu verzeichnen habe.[18]

Nahezu gleichzeitig, 1897/98, reichte die in der Gattenhöfer Mühle etablierte Lederfabrik Autenrieth ein Gesuch zur Errichtung einer Gerberei ein, in der Hundekot zum Beizen verwendet werden sollte.[19] Unter den zahlreichen Einsprüchen war auch jener des Magistrats der Stadt Oberursel, der erklärte: „Eine derartige Anlage gehört nicht in die Nähe einer Stadt, die im Aufblühen begriffen ist und sich nur durch ihre gesunde Wald- und Bergluft des Zuzuges besserer Steuerzahler erfreut."

Außerdem sei man „überzeugt, daß der Betrieb der Gerberei ohne Verunreinigung des Wassers nicht möglich ist." Auch diese Gerberei wurde nicht errichtet.

Keine Probleme hatte dagegen Friedrich Stadermann, als er 1896 in der ehemaligen Beckersmühle „eine Lederzurichterei mit kleiner Gerberei" einrichten wollte.[20] Der Standort war „von angränzenden Nachbarn ganz ausgeschlossen", und Stadermann verpflichtete sich, den verschärften Abwasser-Vorschriften zu entsprechen.

Auch die Übersiedlung der Lederwarenfabrik Louis Rowold von Celle nach Oberursel, 1906, verlief ohne Schwierigkeiten. Man fertigte in der eigenen Zurichterei Spezialsaffianleder, das zu Kleinlederwaren, seit 1920 auch zu Handtaschen verarbeitet wurde. Die Lederzurichtung wurde nach dem Zweiten Weltkrieg eingestellt. Die Strukturen der Feintäschnerei änderten sich, fabrikmäßig gefertigte Massenware drängte auf den Markt. Die seit 1950 in der dritten Generation geführte Firma Rowold blieb jedoch der handwerklich gefertigten Ware verpflichtet. 1990 wurde die Fertigung eingestellt. Geräte und Produkte der Firma Rowold werden im Vortaunusmuseum gezeigt.

Bäcker

Der erste namentlich bekannte Oberurseler Bäcker hieß Culmann. 1337–38 war er Bürger und Bäcker in Frankfurt.[35]

Nach der Stadterhebung ließen sich in Oberursel vermehrt Bäcker nieder, so daß sie schon 1464 zusammen mit den Schmieden eine Zunft begründen konnten. In der Zunftordnung wurden die Bäcker gemahnt, dafür sorgen, daß man in Oberursel täglich „schön Brodt und Rücken Brodt" kaufen konnte. Darauf hatten eigens bestellte „Brotbeseher" ebenso zu achten wie auf Größe und Gewicht der Brote.[36]

Im Jahr 1539 erhielt Ursel eine Brotgewicht-Ordnung („Ordenung brodt gewichts in Ursell"). Darin wurde detailliert aufgeführt, wieviel Brot und Brötchen bei welchem Gewicht und Qualität kosten durften.[37]

Nach dem Dreißigjährigen Krieg gehörte der Bäcker Johannes Steden zu den ersten,

Bäckerei Schuckart, Eppsteiner Straße 11, Erker des nach dem Dreißigjährigen Krieg erbauten Hauses

die in Oberursel wieder ihr Handwerk betrieben. Er begründete ein bis heute in der Stadt ansässiges Bäckergeschlecht.[38] Seit 1678 nachweisbar ist die Bäckerei Schuckart in der Eppsteiner Straße 11.[39] Das Fachwerkhaus soll zu den drei Häusern gehören, die 1645 den Stadtbrand überdauerten. Der vielbewunderte Erker mit seinen reichen Schmuckformen und der Figur der Muttergottes stammt jedoch erst aus dem ausgehenden 17. Jahrhundert.

1761 erging eine neue Bäckerordnung, die jedoch die ständigen Reibereien zwischen Bäckern und Müllern nicht zu beheben vermochte.[40] So beschwerten sich 1780 die Oberurseler Bäckermeister bei der Regierung darüber, daß die Müller ihnen den

Kleinhandel mit Weißmehl verwehrten und „auch würcklichen einigen denen Beckern das weismeel confiscirt haben".[41] Ihre Behauptung, der Mehlverkauf im Kleinen sei „von undencklichen Zeiten her" ihr hergebrachtes Recht, ließ sich indessen nicht beweisen. Sie hatten also keine gültige Zunftordnung mehr und galten wohl auch als unzünftig. Dagegen konnte die Müllerzunft auf ihre Zunftordnung und das darin enthaltene Verbot des „Unterschleifs" hinweisen. Schließlich wurde den Bäckern aber doch gestattet, „dem Herkommen nach" Weißmehl zu verkaufen.

Metzger

Bis zum Beginn des 18. Jahrhunderts waren die Oberurseler Metzger der Schmiedezunft inkorporiert.[42] Die Gründung einer eigenen Zunft fiel zusammen mit der deutlich anwachsenden Bedeutung der Metzgerei für Oberursel.[43]

Die Zunftordnung der Metzger war, wie im 18. Jahrhundert üblich, streng darauf ausgerichtet, den Zugang zur Zunft nach Möglichkeit zu erschweren. So forderte man, daß ein eintretender Meister „endweder ein Meisters Kind sein, oder eines Meisters Wittib oder Tochter hewrathen" und das Bürgerrecht erworben haben sollte. Doch galt auch der mit einer Meisterswitwe oder -tochter verheiratete Meister wie auch der mit einer Auswärtigen verheiratete Meister nicht als vollgültig, er hatte 12 Gulden Einzuggeld zu entrichten und an Sachgütern dem Brudermeister „einen ledern Eymer, 4 Pfund Zinn, endweder ein Teller oder Schüssel, 2 Pfund Wachskertzen, ein gülden Standtgeldt, zwey Gülden dem Handtwerck zu verzehren" zu überreichen. Meisterssöhne oder -töchter waren von die

Zunftsiegel der Metzger von Oberursel („Ober-Orssel"). Das Siegel zeigt unter dem Mainzer Rad eine Figur (einen Metzger), die eine Axt gegen ein gehörntes Tier (Ochse ?) erhebt.

sen hohen Abgaben befreit. Fremde Meister sollten „ohne erhebliche Ursachen" nicht in die Zunft eintreten dürfen. Die Gesellenzeit betrug, auch für die Meisterssöhne wenigstens vier Jahre. Gesellen und Lehrjungen hatten vor ihrer Aufdingung 15 Gulden zu entrichten und ihre Lehr- oder Geburtsbriefe vor der ganzen Zunft zu zeigen, die sie „biß zu dessen wieder Abmarsch oder außgestandene Lehrjahren" zu verwahren hatte.

Den Metzgern war ausdrücklich verboten, sterbende Rinder, Kälber, Hämmel oder Schweine oder Schafe, die die Pocken hatten, zu kaufen. Auch sollte kein Metzger ein „Saugkalb kauffen und schlachten, es seye dan wenigstens drey Wochen alt, bey Verlust des Kalbs".

Streitigkeiten zwischen Zunftgenossen sollten „nicht einseitig oder heimblich verglichen oder verschwiegen, sondern bey versambleter Zunfft angezeigt und in Beysein Unßers dasigen Schultheißen verglichen" werden; die Strafe sollte jedoch nicht mehr als 3 Gulden betragen.

Drei Gulden Strafe hatte auch der Meister zu gewärtigen, der sich unterstand „mit denen Knechten oder Jungen ärgerlicher Weiß mit den Karten oder Würffel zu spielen, hauptsächlich aber und vielweniger mit denenselben in denen Ställen oder Schlachthäußern Toback zu rauchen, weilen es denen Kauffenden nicht geringe Abscheue machet."

Zur Bestreitung der Unkosten der Zunft hatten die aktiven Metzger jährlich 5 Albus

Metzgerei (Rauffenbarth ?) in Oberursel, um 1900

beizutragen, „die jenige aber so das Handtwerck nicht treiben, sondern nur die Zunfft erhalten wollen, zwey alb.".

Die Fleischpreise waren taxiert und wurden von Zeit zu Zeit obrigkeitlich angeglichen. Das Hausieren mit Fleisch war „so wohl denen Christen alß Juden bey confiscation des herumbtragenden Fleisches" verboten; jüdischen Metzgern war es nicht gestattet, „ihr geschächtes Fleisch pfundtweis auszuhawen und zu verkauffen". 1737 wurde den Oberurseler Metzgern und Viehhändlern verboten, Vieh nach außerhalb zu verkaufen.[44]

Gegen Ende des 18. Jahrhunderts notierte ein aufmerksamer Beobachter der Oberurseler Lebensverhältnisse: „Das sonderbar merkwürdige aber ist, daß in diesem eigentlich nicht großen Städtchen mehr als zwanzig Metzger wohnen, die alle immerfort schlachten."[45] Im Jahr 1810 zählte man in Oberursel nur noch 16 Metzger.[46]

Die Metzger waren die einzigen Oberurseler Handwerker, die sich nach der Aufhebung der Zunft noch einmal zusammenschlossen. Doch ging die 1886 begründete „Fleischer-Innung bald wieder ein.[47]

Bierbrauer

„Jetzt kommt das Bier allda in Preyß
Wie jederman zu sagen weiß,
Gut Urßler Bier ein jeder will
Es suchens auch der Herren viel:
Von Lufft-Maltz wird es sonst gemacht
Hat Gschmack und Farb das ein anlacht,
Was brauchts da ich dieß schriebe hier
Tranck ich ein gut Glaß Urßler Bier."
Otto Wallau[48]

Bis zum 16. Jahrhundert scheint in Oberursel kein Bier gebraut worden zu sein, denn Erasmus Alberus schrieb 1537, die Oberur-

Zunftsiegel der Bierbrauer und Bender von Oberursel („Einner Ersammen Birbrauer u. Benner Z.Sigel Stat Ursel").
Links die Symbole der Brauer: gekreuzte Maische-gabel und Schöpfer. Rechts die Symbole der Bender: gekreuzte Faßhaken und Hammer. Mittig ein Pfeil, wohl als Symbol der Stadtpatronin St. Ursula.

seler bezögen ihr Bier aus Butzbach, Gießen und Marburg.[49] 1649 gab es in Oberursel zwei Brauereien, die von Johann Scheller und die von Hans Jörg Ruppel.[50] Im frühen 18. Jahrhundert hatte die Stadt einen auffallenden Aufschwung der Bierbrauerei zu verbuchen. 1754 waren dreizehn, 1765 zehn Bierbrauer in Oberursel ansässig, außerdem wurde von 73 Privaten gebraut[51].

Der Aufschwung spiegelte sich auch in einem Nachtrag zur Mühlordnung von 1685, worin bestimmt war, wieviel den Müllern für das Schroten von Malz zu bezahlen sei. Hier fällt auch erstmals der Begriff „Luftmalz", wobei es sich um Malz handelte, das nicht auf der Darre, sondern in

freier Luft getrocknet wurde. Luftmalz wurde gewöhnlich für Weißbier gebraucht, das damals eine Oberurseler Spezialität gewesen zu sein scheint.[52] In die neue Mühlordnung von 1696 wurde dann aufgenommen, daß die Brauer „von Jedem Achtel Maltz ad fünff Simmern zum höchsten, bey Verlust deßen, so viel sich darüber befindten solte, vier Kreutzer abtragen, und von jedem Gebrauw, ob solcher in gering od grösserer Achtelß Zahl bestehen möge, dannoch ohnweigerlich ein halb Viertell Schroth Bier abfolgen lassen" sollten.[53]

Wie die Metzger trennten sich die Bierbrauer erst im Jahr 1716 von der Schmiedezunft und bildeten mit den Faßbindern eine eigene Zunft.[54] Es scheint in diesem Handwerk nicht selten vorgekommen zu sein, daß sich Gesellen einen „blauen Montag" gönnten „und zu des Meisters Schaden Zeit mit Essen, Trinckhen, Spielen, Müßiggehen, undt dergleichen zu vertreiben" sich gelüsten ließen; dieses war ihnen bei Strafe eines Wochenlohnes verboten. Auch sollte sich kein Geselle unterstehen, die Nacht außerhalb des Meisterhauses zu verbringen oder etwa seine Freizeit mit „ohnerlichen Leuthen, als Wasenmeister, Schinder und dergleichen" zu verbringen.

Die Lehrzeit betrug zwei Jahre für zahlende Lehrjungen, drei Jahre für nichtzahlende. Gesellen sollten mindestens zwei Jahre lang gewandert sein. Das Meisterstück der Bierbrauer bestand in einer Probe guten Gebräus „nach Außweisung der Zunft". Wollte ein Bender-Geselle Meister werden, mußte er innerhalb von zwei Wochen ein Stückfaß von zwei Ohm mit zwei gleichen Böden und einem Türchen sowie einen Trichter als Meisterstück gefertigt haben.

Die Bender sollten „allweg schuldig seyn zu den Faß tüchtiges gesundes Holtz zu nehmen" und die Bierbrauer „jeder Zeit gutes

Brauhaus mit Felsenkeller

Um 1822 ließ Stadtschultheiß Schaller auf dem bis dahin unbebauten Gelände bei dem Amtshaus (Marktplatz 1) ein Brauhaus errichten.[58]

1846 erwarb der Bierbrauer Philipp Kamper II das Anwesen mit den zugehörigen Gärten. „Die Um- und Neubauten nach dem Erwerb durch Kamper standen ganz im Zeichen der Bierbrauerei. So wurden die beiden alten Keller unter dem Wohnhaus und der unter dem Brauhaus, die als Malzkeller dienten, mit Sandsteinen geplättet. Das Brauhaus erhielt eine neue Einrichtung, u.a. eine Malzdörre, ebenso die Küferwerkstatt und die Gärkammer. An der heutigen Schulstraße entstand im Winkel zum Brauhaus ein Kühlschiffbau, in dessen offenem Erdgeschoß ein Pferdegöpel (Schrotmühle) eingebaut wurde."

Besonders aufwendig war der 1852 fertiggestellte Felsenkeller, eine Kelleranlage in drei Ebenen, die durch Gänge, Treppen und einen Schacht miteinander in Verbindung standen und die großen Lagerfässer aufnahmen.[59] „Unter der Erde verborgen und nur wenigen bekannt, stellen sie eine der großartigsten Bauleistungen dar, die Oberursel jemals erlebte. Ungeheure Erdmassen mußten bewegt werden, liegt doch der tiefste der zur Zeit zugänglichen Keller mit einem Boden schon weit über fünf Meter unter der Oberfläche. Wen wundert es da noch, daß die beteiligten Maurer anläßlich der Fertigstellung dieses Keller- und Gängelabyrinthes im Jahre 1852 einen festlichen Umzug durch die ganze Stadt veranstalteten: sie konnten mit Recht stolz auf den Erfolg ihrer Arbeit sein".[60]

Gleichzeitig mit den Kellern wurde auch die Stützmauer aufgeführt, die das bis dahin zur Schulstraße hin schräg ansteigende Grundstück in einen oberen und einen unteren Hof trennte.

Nach Kampers Tod 1867 wurde die Brauerei nicht weiter betrieben. 1872 ging das Anwesen an die Gebrüder Krebs über, die den Brauereibetrieb modernisierten (Dampfkessel) und im Hof eine Halle bauen ließen, „im Sommer zur Lagerung leerer Fässer und im Winter zur Aufbewahrung von Eis". 1886 hatte das schwungvoll angegangene Unternehmen ein Ende, die Liegenschaften wurden zwangsversteigert. Seit 1980 ist in dem ehemaligen Brauhaus das Stadtarchiv Oberursel untergebracht.

und gesundes Bier aus bloße Früchten und Hopfen, ohne Beymischung dollmachender Kräuter oder was dergleichen sonst sein mag, aufrichtig zu brawen". Auswärtige Faßbender sollten ihre Arbeiten nur auf den Urseler Wochen- und Jahrmärkten verkaufen dürfen. Weil in Oberursel das Angebot an Bier größer war als die Nachfrage, war das Bierzapfen den „andern Zäpffern, so dieser Zunfft nicht einverleibet seind, gäntzlich verbotten". Auch Gastwirte sollten nur für den Hausgebrauch, nicht aber für ihre Gäste, brauen dürfen. Damit war die Beschwerde zweier Oberurseler „Schildwirthe", daß ihnen die Bierbrauer den Verkauf eigenen Biers untersagen wollten, obwohl sie doch durch die „Schildgerechtigkeit" dazu befugt seien,[55] zugunsten der Bierbrauer entschieden.

1822 wirkten in Oberursel nur noch vier Bierbrauer: Georg Pfeffer d.J., Philipp Adrian, Anton Ochs, Johann Ochs.[56] Pfeffer betrieb auch die Brandwein-Brenne-rei.[57] Von Bedeutung war aber nur die wenig später hinzugekommene sogenannte Kamper'sche Bierbrauerei.

Bauberufe

Nach dem Dreißigjährigen Krieg – „nach ausgestanden erbarmlichen Mordtbrandt alhier" – vermehrten sich in Oberursel die Bauberufe so stark, daß an die Gründung einer Gemeinschaftszunft gedacht werden konnte. Am 14.11.1670 baten die Zimmer-leute, Maurer, Steindecker, Schreiner, Weiß-binder und Glaser um die Erteilung von Zunftartikeln. Sie schrieben, sie hätten sich „einer eigenen Zunft und gewisser Ord-nung bishero entrathen".[61] Das undatierte Zunftsiegel der Bauzunft nennt als Mit-glieder Zimmerleute, Maurer und Weiß-binder.[62]

Bis zum Beginn des 18. Jahrhunderts war die Zahl der Bauhandwerker so stark ange-wachsen, daß sie untereinander zu restrikti-ven Maßnahmen griffen. So bewirkten die Weißbinder, daß den Maurer verboten wurde, mit Farbe oder Nägeln zu hantieren oder sich an Holzwerk zu vergreifen.[63]

Zunftsiegel der Zimmerleute, Maurer und Weiß-binder von Oberursel („Zunftsigl Der Zimmerleit Meirer und Dincher in Oberurschl").
Das Siegel zeigt in drei Kartuschen die Handwerks-symbole. Oben: Zwerchaxt, Breitbeil und Winkel (Zimmerleute). Links: Kelle, Spitzfläche und Lot (Maurer). Rechts: Pinsel, Zirkel und ein unbekann-tes Gerät (Weißbinder).

Schuhmacher

Die Oberurseler Schuhmacherzunft war im Jahr 1726 als Abspaltung der Zunft der Rot- und Weißgerber, Sattler und Seiler begrün-det worden. In der Folge starb die alte Zunft ab, die Schuhmacherzunft vertrat 1819 als einzige das lederverarbeitende Handwerk.

Insgesamt erweckt die Zunftordnung den Eindruck, daß man bei den Schuhmachern sehr auf Zucht und Ordnung achtete. Her-kunft, Lehr-, Gesellen- und Wanderzeit wur-den streng kontrolliert. Ein junger Meister durfte im ersten Jahr keinen Gesellen („Schuhknecht") und in den ersten zwei Jahren keinen Lehrjungen haben. In der Zunftstube sollte man weder mit „Schürtz, Camisol oder Kappen, viel weniger mit Pan-toffeln erscheinen, bey Straff einer Maaß wein".

Das Meisterstück der Schuhmacher sollte „in einem paar Stieffel, in einem Paar Man-nes Modeschuh, ein paar Bauern Schuh, ein ledern Eimer" bestehen. Von der Anferti-gung des Meisterstücks befreit waren Mei-sterssöhne und Fremde, die Meisterstöchter oder -witwen heirateten.

1706 baten die Leinweber um Erteilung einer Zunftordnung.[1] Es zeigte sich, daß nicht nur die elf Leinweber der Stadt, sondern auch viele aus dem „Ambt Ursell" und aus dem katholischen „Ausland" an einer Aufnahme in diese Zunft interessiert waren. Aus Harheim meldeten sich 14, aus Kirdorf drei und aus Weißkirchen, Stierstadt und Niederhöchstadt je ein Leinweber; darüber hinaus wollten noch „mehrere" aus Ober Erlenbach und (Burg-) Holzhausen zugelassen werden.

Der Kurfürst ließ wissen, daß er „nit ungeneigt" sei, der Bitte zu entsprechen, wenn zuvor die Kanzleigebühren von 20–23 Talern entrichtet würden. Unterdessen solle der Oberamtmann in Königstein die von den Leinwebern eingereichten „viele Arti-

Zunftsiegel der Schuhmacher von Oberursel, 1657 („Schumagr Zunfd Sigil in Ower Orschel").
In Wappenkartusche ein stilisierter, von einem Pfeil (St. Ursula!) durchbohrter Schuh, darüber gekreuzte Schuhmacher-Messer und vier Sterne; über der Kartusche die Jahreszahl 1657.

Um die Mitte des 18. Jahrhunderts gab es in Oberursel fünf Schuhmacher, die zusammen einen Zentner Leder verarbeiteten, das sie in Mainz, Oberursel, Hofheim und Königstein kauften.[64]

Leinweber

Die Leinweberei scheint in Oberursel erst nach dem Dreißigjährigen Krieg zu größerer Bedeutung gelangt zu sein. Zu einem Zeitpunkt also, da das „vornehmere" und lukrativere Handwerk der Tuchmacherei weitgehend zum Erliegen gekommen war.

Zunftsiegel der Leinweber von Oberursel („D: Erba: Leyne-Weber-Handt-Werck V: Oberu:").
Im Siegelfeld sind drei Weberschiffchen über gekreuzten Pfeilen angeordnet.

cul" überprüfen. Dieser vermehrte dann die Zahl der Paragraphen von 32 auf 52, wobei er jedoch im wesentlichen nur eine feinere Gliederung vornahm. Abweichende Vorstellungen gab es lediglich über die Art des Meisterstücks. Hatten die Leinweber an die Herstellung von zwei verschiedenen Qualitäten Leinentuch gedacht, so bestimmte die am 7. Juli 1707 ausgefertigte Zunfturkunde diesbezüglich, daß das Meisterstück „kein beständiges Werck" sein solle, vielmehr sollten die Zunftmeister eine am Ort gefertigte Arbeit, wenn sie als gelungen angesehen wurde, als Meisterstück anerkennen.[2]

Wer der Zunft nicht beitrat durfte zwar sein Handwerk ausüben, aber keine Lehrjungen oder Gesellen bei sich haben.

Die Zunftgenossen sollten sich in einem Gasthaus eine Zunftstube reservieren lassen „zu Haltung Ihres Jahrtags und anderer nöthigen Zusammenkünfft". Man wählte den „Adler".[3]

Als Termin für das jährliche Zunftgebot („Jahrtag") war der Montag nach Laurentius (11. August), und wenn dies ein Feiertag war, der Dienstag nach Laurentius festgesetzt. Dazu hatten alle Meister zu erscheinen oder eine Buße zu gewärtigen. Auch sollte der Schultheiß oder der Gerichtsälteste anwesend sein, „damit dem gmeinen Wesen zum Schaden und Nachtheil zumahl nichts vorgenommen werde".

Die Lehrjungen hatten ihre „eheliche Geburt" und untadeliges, frommes Verhalten nachzuweisen. Während der dreijährigen Lehrzeit sollten die Lehrjungen „so viel möglich zu keiner andern Arbeith alß zum Handtwerck angehalten" werden. Hielt ein Meister seinen Lehrjungen „übel", durfte jener aus dem Lehrverhältnis austreten, der Meister mußte das Lehrgeld herausgeben und durfte ein Jahr lang keinen Lehrling aufnehmen. Verließ aber ein Junge grundlos

den Meister, sollte er von keinem anderen angenommen werden.

Fremde Leinweber-Gesellen sollten in der Zunftstube beherbergt werden und vom Zunftmeister zu einem Meister gewiesen werden. Blieb ein Geselle bei einem Meister, mußte er bei dem nächsten Zunftgebot erscheinen, sich in das Protokollbuch einschreiben und 6 Albus Einschreibgeld entrichten.

Bei Streitigkeiten zwischen Gesellen hatten die Zunftmeister zu urteilen. Wurde einem Gesellen nachgewiesen, daß er einem anderen Meister den Kunden „abgeschwätzt" hatte, mußte er mit 2 Reichstalern Strafe rechnen. Ebensowenig war es einem Gesellen erlaubt, einem Kunden sein Tuch „heimbzutragen" oder mit ihm wegen des Lohns zu verhandeln. Verhandelte ein Meister mit einem Kunden über den Preis der Ware, durfte der Geselle „darzu nichts reden". Befand er das von ihm selbst gefertigte Stück Leinen als zu gering bezahlt, konnte er dies der Zunft anzeigen.

Wollte ein Geselle hier Meister werden, hatte er „genugsamb Schein" über seine Herkunft, Lehr- und Wanderjahre, letztere „zwey biß drey Jahr", sowie über seine Aufnahme in die Bürgerschaft „Unßerer Statt OberUrsell" beizubringen. Die Arbeit an dem Meisterstück sollte nicht länger als 3-4 Wochen dauern und für dessen Begutachtung sollte der angehende Meister sechs Gulden, ein Pfund Wachs und einen halben Gulden für jeden Schaumeister zu einer Mahlzeit entrichten. Das Meisterstück war auch von den Meistersöhnen und von den in eine Meisterfamilie einheiratenden Gesellen zu leisten, doch hatten sie nur die Hälfte des Meistergeldes zu bezahlen.

Die dritte Gruppe, die der Meister, wurde besonders in die Pflicht genommen. Sie sollten, wenn nicht von der Herrschaft aufgefordert, keine Ein- oder Abschätzung der Arbeit eines anderen Meisters vornehmen oder ihm einen Kunden abwerben. Verboten war es auch, einem anderen Meister den Lehrjungen oder Gesellen „abzuspannen". Veruntreute ein Meister das von Kunden eingelieferte Garn, mußte er dieses nicht nur den Kunden gegenüber verantworten, sondern auch der Zunft eine Strafe bezahlen. Auch durfte ein Meister nur so viel Arbeit annehmen, wie er zu leisten imstande war, wobei ihm der Umstand, daß er nicht mehr als drei Webstühle besetzen durfte, eine deutliche Grenze setzte. Wollte die Witwe eines Leinwebermeisters das Handwerk durch Söhne oder Gesellen weiterführen lassen, sollte ihr „solches ohne alle Hindernuß" gestattet sein, wenn sie sich der Zunftordnung gemäß verhielt.

An alle Zunftgenossen erging die Anweisung, „Ihren kunden nach Begehre breith oder schmahle gut und tüchtige Arbeit zu machen". Die Zunftmeister sollten mindestens einmal im Jahr die Werkstätten besichtigen, „damit nichts ohnrechts passiren, sondern so viel möglich eine Gleichheit gehalten werden möge".

Fremde Leinweber durften in Oberursel kein Garn einkaufen und keine eigene Ware hier verkaufen. Einheimische durften nur mit eigenem Garn arbeiten und kein Garn nach außerhalb bringen, um dort Leinen fertigen zu lassen.

Es ist nicht bekannt, wie sich die Leinweberzunft im 18. Jahrhundert entwickelte. 1810 hatte die von Philipp Henrich angeführte Leinweberzunft noch 71 Meister.[4] Im Gewerbesteuer-Kataster von 1831[5] werden nur noch sechs Leinweber aufgeführt: Henrich Matheus, „Leinweber mit 1 Stuhl", hatte 120 Gulden Steuerkapital und mußte 30 Kreuzer Gewerbesteuer bezahlen. Desgleichen Heinrich Philipp alt, Philipp Letz-

ler (Nr. 247) und Matheus Possert (Nr. 303). Heinrich Urban besaß, da auch Bauer mit zwei Kühen, insgesamt 195 Gulden und hatte dementsprechend 48 Kreuzer und 3 Heller Gewerbesteuer zu bezahlen. Dasselbe galt für Adam Krieg. Wenige Jahre später traten Fabriken an die Stelle der Handwerksbetriebe.

Strumpfweber

Ein Handwerkszweig beleuchtet schlaglichtartig die wirtschafts- und religionspolitische Situation Oberursels im 18. Jahrhundert: die Strumpfweberei.[65] Zunächst verwundert, daß die Strumpfweberei überhaupt Fuß fassen konnte, galt dieses hochspezialisierte Handwerk doch als die „Spezialität" der in die protestantischen Länder eingewanderten französischen Glaubensflüchtlinge.[66] Auch in der Oberursel benachbarten Landgrafschaft Hessen-Homburg hatten Hugenotten die Strumpfweberei eingeführt und vor allem in Friedrichsdorf bald zur Blüte gebracht. Seit 1720 waren die dortigen Strumpfweber zünftig organisiert.[67]

Bereits 1721 gaben „verschiedene" Oberurseler an, das bisher in Deutschland unbekannte Handwerk „erlernet" zu haben. Bei Hugenotten?

Am 15.7.1721, ein knappes Jahr nach den Friedrichsdorfern, suchten die Oberurseler Strumpfweber um Erteilung von Zunftartikeln nach. Um ihr Gesuch zu untermauern, gaben sie an, es hätten sich auch Strumpfweber aus „anderen benachbarten Herrschaften" und „noch mehrere catholische Unterthanen" interessiert gezeigt. Es war die erklärte Absicht, die Strumpfweberei „in eben den Flor wie von benachbarten protestantischen Herrschaften beschehen, zu bringen." Des weiteren wurde, in nahezu wörtlicher Entsprechung zu dem Ansuchen der Friedrichsdorfer von 1720, angeführt, daß die Strumpfweberei nicht allein die Strumpfweber ernähre, sondern daß dabei auch „viele arme Leuthe, ja sogar die Kinder von einigen Jahren ihre Arbeit mit Wollspinnen, Kämmen, Streichen, Doublieren, Weben und Nähen" ihren Unterhalt finden könnten. Das Argument, weiteren Kreisen der Bevölkerung Unterhalt zu verschaffen, stieß bei der Regierung auf offene Ohren, zumal auch der Oberurseler Stadtschultheiß Antoni die Zunftgründung mit dem Hinweis darauf empfahl, daß sonst „die Armuth mehr und mehr überhand" nehme.[68] Die Strumpfweber ihrerseits versäumten nicht, auf das Darniederliegen des traditionellen Oberurseler Handwerks, besonders der Wollweberei, hinzuweisen. Strümpfe aber seien jetzt so begehrt, daß die Strumpfweber den Bedarf gar nicht decken könnten. Kurzum, es empfehle sich die Strumpfweberei „ahnstatt der Wüllenweberey". Auch das Oberamt in Königstein befürwortete das Ansuchen, und so erteilte Kurfürst Lothar Franz den Strumpfwebern am 7. Mai 1722 die gewünschte Zunftordnung.[69]

Die Zunftordnung der Strumpfweber enthielt 35 Artikel und galt nicht nur für Oberursel und die Ortschaften des Oberamtes Königstein, sondern ermöglichte auch den Beitritt von Strumpfwebern aus den Ortschaften der umliegenden Ämter, soweit diese unbescholten und „catholischer Religion" waren.[70] Dies, obwohl die Aufnahme fremder Handwerker „bey andern Zünfften nicht gebräuchlich" war und Probleme aufwarf. Da aber ohne „Ausländer" die Anzahl der Mitglieder zu gering gewesen wäre, entschloß man sich diese bei der Zunftgrün-

dung zuzulassen, aber „alsdan ferner nicht mehr".

Als Meister aufgenommen wurde der Strumpfweber, der zunftmäßig gelernt hatte, zwei Jahre gewandert war und ein Meisterstück gefertigt hatte. Dieses bestand in der ordnungsgemäßen Aufrichtung des Strumpfwebstuhls, für die Meistersöhne, -schwiegersöhne und mit Meisterwitwen verheiratete Strumpfweber in einem Paar gewebter Strümpfe.

Jeder Meister durfte so viele Gesellen haben wie er Webstühle zur Verfügung stellen konnte. Es sollte aber kein Meister mehr als einen Gesellen seinen Stuhl „abverdienen" lassen.[71] Der Meister mußte warten, bis der Stuhl wirklich abverdient war und erst dann einen neuen Gesellen aufnehmen. Diese Bestimmung ging deutlich auf eine Erfahrung der Friedrichsdorfer Strumpfweber zurück, die sich in (Artikel 12) deren Zunftordnung en detail niedergeschlagen hatte: „Weil es auch ein sehr schädlich und verderbliches Werck ist, daß biß dahero ohne Unterschied so viele Stühle abzuverdienen an Gesellen so kaum aus den Lehrjahren getretten, übergeben worden, so soll hinkünftig kein Meister Recht haben, mehr als einen Stuhl auf einmahl abzuverdienen zu geben."[72]

Die „abzuverdienenden" Stühle konnten aber offenbar nicht nur von den Meistern selbst, sondern auch von auswärtigen Auftraggebern gestellt werden. In einem bekannt gewordenen Fall hatte ein Oberurseler Geselle bei einem der potenteren Friedrichsdorfer Meister den, wie sich herausstellte, viel zu hoch angesetzten Webstuhl abzuverdienen.[73] Der Vorfall beweist auch, daß weiterhin über die Landes- und Konfessionsgrenzen hinweg Kontakte zwischen Oberurseler und Friedrichsdorfer Strumpfwebern bestanden.

Grundsätzlich trafen sowohl die Friedrichsdorfer als auch die Oberurseler Strumpfweber einen, sonst bei keiner anderen Zunft bekannten Unterschied zwischen Meistern mit und ohne „Betriebsmittel". Es gab also Meister, die ihre eigene Wolle und Garn verarbeiteten, und es gab solche, die „vor andere Meister die Arbeit machen" und von diesen mit Wolle und Garn versorgt wurden. Aus der ersten Gruppe rekrutierten sich im Laufe der Zeit die „Fabrikanten", während die anderen Meister abhängig blieben und am wirtschaftlichen und sozialen Aufstieg nicht teilnahmen. In Oberursel scheint die letztere Gruppe überwogen zu haben.

Zu den für die abhängigen Meister geltenden Einschränkungen gehörte vor allem das Verbot, außer den eigenen Söhnen Lehrjungen zu halten, und zwar mit der in Oberursel und Friedrichsdorf nahezu gleichlautenden Begründung, „weylen von Kaufleuthen keine von Jungen gemachte Arbeit angenommen werden will."[74] Dieser Passus erregte bezeichnenderweise niemals in Friedrichsdorf (wo die „Fabrikanten" vorherrschten), sehr bald aber in Oberursel bei den abhängigen Meistern Unmut. Am 9.9.1725 richteten die Zunftmeister J. Jörg Acker und J. Philipp Weißbrodt ein Schreiben an den Kurfürsten, in dem sie vorbrachten, daß es andernorts, z.B. in Butzbach, den abhängigen Meistern gestattet sei, Lehrjungen zu haben.[75] Dorthin gingen die Jungen aus dem Zunftbezirk Oberursel auch deshalb, weil sie „bey denen wenig hiesig vorräthigen Meistern nicht unterkommen oder angenommen werden können." Ihre Rückkehr nach Oberursel sei dann nicht mehr möglich, da sie an „unzünftigen Orthen" gelernt hätten. Sie baten daher, „einen jedem", also auch den abhängigen Meistern, einen Lehrjungen zuzugestehen; den freien

Meistern aber, die drei oder mehr eigene Stühle mit eigener Wolle bearbeiten ließen, zwei Lehrjungen. Dies entsprach den Gepflogenheiten in der (Stadt-) Homburger Strumpfweber-Zunft, von deren Meistern sich die Oberurseler ein entsprechendes Attestat hatten anfertigen lassen. Es scheint, als sei die Angelegenheit im Sande verlaufen. Fest steht, daß Oberurseler als Lehrjungen nicht nur nach Butzbach gingen, sondern beispielsweise auch in die Waldenserkolonie Isenburg südlich von Frankfurt.[76]

Wie viel dem Kurfürsten am Florieren der Strumpfweberei gelegen war, läßt sich daren erkennen, daß er denjenigen Strumpfwebern, die in Oberursel ansässig waren oder sich hier niederlassen wollten, ein Privileg zu erteilen versprach, das keine andere Zunft am Ort kannte: „auf zehn Jahr die Personal Freyheit, so in Manngeld, Wacht und Frohnen bestehet."[77] Es war sicher kein Zufall, daß die Personalfreiheit, ebenfalls auf die Dauer von zehn Jahren, zu den Zuzugsprivilegien der Hugenotten in Hessen-Homburg gehört hatte. Dahinter stand die Erkenntnis, daß man nur konkurrenzfähig war, wenn man die Existenzgrundlagen jenen der Konkurrenten anglich.

Aber der Kurfürst hatte nicht mit der Aufmerksamkeit der anderen Oberurseler Handwerker gerechnet. Am 8.6.1723 wurden, namens der „sambtlichen Bürgerschaft", einige Oberurseler „Gerichtsmänner" bei dem Oberamtmann in Königstein vorstellig und protestierten gegen diese Privilegien, die sich die Strumpfweber „erschlichen" hätten.[78] Die Regierung sprach von „Aufruhr" und ließ verkünden, der Kurfürst habe das „Gemeinwohl" („bonum publicum") im Auge gehabt, da von der „Einführung frembder Gewerbschaften" vielerlei Nutzen und „Nahrung" zu erwarten sei. Es sei unverantwortlich, daß Untertanen den Beschluß des Landesherrn in Frage stellen („in question ziehen") wollten. Die „Aufrührer" gaben klein bei und bekannten, „daß dasjenige so ein Landesfürst zum gemeinen Besten auf ein Gewerb concediret (zuläßt), nicht könne von Unterthanen widersprochen werden; wann es dem gemeinen Besten schädlich wäre, würde es unser gnädigster Herr nicht thun". Am 10.7.1723 berichteten Schultheiß und Rat, man habe mit „Ernst und nachtrücklichen Vorstellungen die Querulanten zu beruhigen" sich bemüht und im übrigen die Meinung gewonnen, daß die Beschuldigten nicht aus Boshaftigkeit gehandelt hätten, sondern weil sie meinten, es könne hinderlich sein, „frembden anhero zu ziehen". Deshalb legte man ein gutes Wort für sie ein und bat, „denen ahngemasten Supplikanten ihre Übereylung nicht ohngnädig aufnehmen" zu wollen. Der Landesherr ließ Milde walten. So schlicht gestaltete sich Konfliktbewältigung im Kurfürstentum Mainz Anno 1723.

Der Streit um die zu wählende Zunftherberge führte dazu, daß im August 1722 „diejenige Strümpfwebere, welche sich bei Aufrichtung der Zunft einverleiben lassen wollen" zusammenkamen und ihre Stimme abgaben. So sind uns alle 46 Gründungs-Mitglieder der Zunft namentlich überliefert. Nur zwölf von ihnen waren aus Oberursel: Jacob Zweyffel, Ebert Wolf, Joseph Zweyffel, Jean Alexandres, Hanß Jörg Acker, Christoph Zweyffel, Matthes Kamper, Johannes Wellichens, Hanß Jacob Merckel, Niclas Würth, Antoni Hellwig, Hanß Jörg Homm.[79]

Im Lauf des Jahrzehnts scheint sich das Gewicht weiter zugunsten der auswärtigen Strumpfweber verlagert zu haben. 1732 stellten die Strumpfweber aus Kirdorf den Zunftmeister und insgesamt 14 Zunftmit-

glieder, während „von Oberursell" nur noch sieben Strumpfweber waren. Bis auf den von Anfang an zu Zunft gehörigen Hanß Georg (Jörg) Acker begegnen uns nur neue Namen: Johannes Biersack, Conrad Datz, Johannes Heroldt, Andreas Erben, Johann Nicol Rauffenbarth, Eberhardt Jamin.[80]

Wie eine im Jahr 1743 durchgeführte Zählung zeigt, lebten damals in Oberursel 17 Strumpfweber.[81] (1754 nur noch 15.)[82] Da mit dieser Zählung eine Art Steuerreform bezweckt werden sollte, wurden die Bewohner Oberursels in fünf Klassen eingeteilt, so daß wir auch Rückschlüsse auf die soziale Situation der Strumpfweber ziehen können. Dabei bestätigt sich zunächst die Vermutung, daß die Oberurseler Strumpfweber nicht mit Reichtum gesegnet waren, denn wir finden keinen von ihnen in der höchstbesteuerten 1. Klasse.

Relativ gut ging es den Strumpfwebern in der 2. Klasse, Joseph Zweyffel und Christoph und Mattheß Kamper sowie in der 3. Klasse, Eberhard Jamin und Eberhard Wolf. J. Zweifel konnte der St. Ursulakirche immerhin acht Leuchter, drei Altartafeln, Rauchfaß und Kruzifix hinterlassen (1759).[83] Nur zwei Kühe und sonst nichts hatten dagegen die drei Strumpfweber Jacob und Niclaß Würth sowie Anton Hellwig, die der 4. Klasse zugeordnet waren. Die meisten, nämlich acht Strumpfweber finden wir aber in der 5. Klasse, unter den nahezu Besitzlosen.

Offensichtlich war die Strumpfweberei in Oberursel als das große Konkurrenzvorhaben zu den protestantischen Kolonien fehlgeschlagen. Die Oberurseler Strumpfweber blieben als abhängige Meister arm. Nur der über die Produktionsmittel verfügende freie Meister vermochte in dem kapitalistisch orientierten Verlagssystem – dem

Geheimnis des hugenottischen Erfolges – die obersten Stufen der sozialen Leiter zu erreichen.

Hinzu kam, daß die Gründung der Strumpfweberzunft in Oberursel eigentlich schon zu spät kam. Eine echte Novität waren die Strümpfe in den ersten Jahren des hugenottischen Zuzugs, also vor 1700, gewesen. In der ersten Hälfte des 18. Jahrhunderts, das zeigt die Abnahme der Strumpfweber in Friedrichsdorf, verlor das Handwerk sehr rasch seinen goldenen Boden und sank bis zum Ende des 18. Jahrhunderts sogar zur Nebenerwerbsquelle der armen Leute im Hintertaunus herab.[84] Es wurde immer stiller um die langsam „einschlafende" Zunft der Strumpfweber in Oberursel.[85]

Nur ein Strumpfweber von hier besuchte Ende des 18. Jahrhunderts die Frankfurter Messe: „Matthias Acker von Oberursel, handelt mit leinenen und wollenen Strümpfen, steht auf dem Römerberg bey Jungf. Götz." 1792 stellte aber auch Acker seinen Messebesuch ein.[86]

1810 bestand die Strumpfweberzunft zwar noch aus 20 Meistern und ein Oberurseler, Philipp Ilmstadt, war Zunftmeister. Aber es gab außer ihm in der Stadt nur noch vier Kollegen.[87] Das Gewerbesteuer-Kataster von 1831–1833 führte nur noch drei Strumpfweber auf, die alle zu der Familie Ilmstadt gehörten. Alle drei arbeiteten „im Lohn."[88]

Um die Mitte des 19. Jahrhunderts wurde auch in der Strumpfweberei die handwerkliche Manufaktur endgültig durch die industrielle Fabrikation ersetzt. Der einzige Betrieb dieser Branche in Oberursel war die „großartige Strumpffabrik von Wittekindt & Comp., welche seit der neueren Zeit das Urselthal schmückt".[89] Die Fabrik beschäf-tigte 300–400 Strumpfweber – in Heimarbeit.

Erhalten hat sich von der Oberurseler Strumpfweberzunft nur ein Zunftsiegel. Die Produkte der Strumpfweber, also die Strümpfe selbst, kennen wir nicht. Wir wissen nur, aus der Zunftordnung von 1722, daß in Oberursel grobe, feine und seidene („sayettenn") Strümpfe hergestellt wurden.

Gewerbefreiheit statt Zunftverfassung

Die Aufhebung der Zünfte

Am 15.5.1819 wurde die Zunftverfassung im Herzogtum Nassau durch Gesetz aufgehoben. Die Abwicklung der Zunftauflösung war mit einigem „Papierkrieg" verbunden, so daß wir heute sogar über den zeitlichen Ablauf informiert sind. Die anläßlich der Aufhebung entstandenen Akten geben aber auch einen umfassenden Einblick in die alten Zünfte, sprechen von ihren Zunftordnungen, Zunftladen, Siegeln und Herbergsschildern.[90] Die alten Zunftzeichen wurden jetzt ungültig, und die Landesregierung war in hohem Maße besorgt, daß den Gegenständen das von ihr vorgesehene Schicksal widerfuhr.[91]

Nach dem Erlaß des Ediktes scheinen die Zünfte zunächst einmal wochenlang untätig geblieben zu sein. Jedenfalls wurden sie am 24. Juli 1819 daran erinnert, daß sie die „Zunftaltertümer" einzuschicken bzw. zur Versteigerung vorzubereiten hatten. Am 31.8.1819 drängte das Amt auf eiligste Erledigung. Die Ablieferung der Oberurseler Zunftarchivalien verlief keineswegs reibungslos. Die Person, die Widerstand leistete – sei es aus grundsätzlichen Erwägungen oder aus persönlichen Beweggründen – war offensichtlich der Landoberschultheiß.

Er kämpfte mit den ihm zur Verfügung stehenden Mitteln bis hin zur Dienstverweigerung gegen die anstehenden Veränderungen an.

Vorrangig interessierte sich die Regierung für die Zunftordnungen, da sie ihren Rechtscharakter verlieren sollten. Es wurden zwei Verzeichnisse angelegt und die ehemaligen Zunftvorsteher hatten zu bescheinigen, „daß sonst keine Stücke jener Art vorhanden seyen". Zum letztmöglichen Zeitpunkt übersandte der Landesoberschultheiß die Archivalien nach Königstein, ohne ein Verzeichnis angefertigt zu haben.[92] Am 29.10.1819 bestätigte das Zentralarchiv in Idstein, die Oberurseler Akten und Siegel seien „richtig eingekommen". Es handelte sich um die Zunftordnungen folgender fünf Zünfte: die der Metzger, der Strumpfweber, der Müller, der Schuhmacher und der Leinweber. Bei der Schneiderzunft fand sich nur eine Zunftordnung für die Schneider des Oberamts Königstein von 1669. Die Zunftordnungen zweier Oberurseler Zünfte wurden 1819 nicht abgeliefert, was niemand bemerkt zu haben scheint. Von ihnen muß die der Baugewerbezunft als verschollen gelten. Die Zunftordnung der „Feuerzunft" dürfte identisch sein mit jener für die Schmiede und Bäcker von 1464. Sie gelangte auf unbekanntem Weg in das Stadtarchiv Oberursel, dessen einzige Oberurseler Zunftordnung sie ist.[93] Von den alten Zunftordnungen der Wollweberzunft war keine Rede mehr. Die Zunft galt offensichtlich als nicht mehr existent, und es interessierte niemanden, ob noch Zunftordnungen vorhanden waren. Wie wir gesehen haben, war dies der Fall. Die Zunftordnungen wurden in das herzoglich nassauische Landesarchiv in Idstein gebracht, von wo sie in das Hessische Hauptstaatsarchiv in Wiesbaden gelangten.

Eingeschickt werden sollten des weiteren die Protokollbücher und die Gesellen- und Meisterlisten der Zünfte, die sie auch pflichtgemäß dem Landoberschultheißen übergaben. Dort blieben sie jedoch trotz mehrfachen Mahnens. Es war offensichtlich, daß der Oberschultheiß die Ablieferung umgehen wollte.

An zweiter Stelle interessierten sich die Beamten für die Zunftsiegel, die ebenfalls ihre Rechtskraft verloren. Auch sie mußten eingeschickt werden. Die Oberurseler schickten sieben Siegel, nämlich diejenigen der Metzgerzunft, der Müllerzunft, der Schuhmacher, Schneider und Strumpfweber[94], der Schuhmacher, der Leinweber, der Zimmerleute, Maurer und Tüncher, der Bierbrauer und Bender. Sie wurden dem Landesarchiv einverleibt und gelangten schließlich in das Hessische Hauptstaatsarchiv, das heute sechs Oberurseler Zunftsiegel aufbewahrt.[95]

Das Siegel der Feuerzunft war verschwunden, während dasjenige der Bender und Bierbrauer nachträglich wieder auftauchte.

An den gegenständlichen „Zunftaltertümern" hatte die Regierung kein Interesse. Am 21.6.1819 wurde die Oberschultheißerei angewiesen, alle „unbrauchbar gewordenen Mobilien" der aufgelösten Zünfte – „als Zunftladen, Reposituren, Fahnen, Schilde, Geräthschaften, Meubel" – zu verzeichnen und taxieren zu lassen, um sie demnächst an den Meistbietenden zu verkaufen.[96]

Der Versteigerungstermin war der 15.9.1819. Stadtdiener Schramm erhielt zweieinhalb Gulden „für das Bekanntmachen mit der Schelle, Ausrufen und Tragen der Zunftladen aufs Rathaus". Dort fand der denkwürdige Akt dann wohl auch statt. Der Oberschultheiß war angewiesen, der Versteigerung beizuwohnen „und wann die

Stücke an den (Tax) Werth kommen, den Zuschlag ertheilen", den Betrag sofort bar in Empfang zu nehmen, den Erlös aber nach Wiesbaden „ad depositum" zu liefern.

Bei der Versteigerung ging es recht lebhaft zu. Elf Zunftladen kamen zur Versteigerung. Ihre Taxwerte schwankten, wohl je nach Beschaffenheit und Erhaltungszustand, zwischen zwei und vier Gulden. Die prächtigsten und besterhaltenen Zunftladen waren jene der Metzger und der Strumpfweber.

Es scheint, als hätten die ehemaligen Zunftgenossen und die Vertreter der „öffentlichen Hand" einander zu überbieten versucht: der Stadtschultheiß bot kräftig mit und erhielt dreimal den Zuschlag. Die übrigen Zunftladen gingen an Vertreter der ehemaligen Zünfte, z.B. die der Müllerzunft an den Müller Joseph Schaller.

Im Anschluß an die Laden wurden die Zunftschilder versteigert, die von den Zunftherbergen abgenommen werden mußten. Die Regierung rechnete offenbar damit, daß die Wirte das eine oder andere Zunftschild ersteigern würden. Die Metzger, Bierbrauer und Sattler hatten keine Schilder, so daß nur acht Schilder zur Versteigerung kamen. Als zahlungskräftigster Bieter erwies sich der Schützenhof-Wirt Eberhard Kopp, der die Schilder der Gerber, der Leinweber, der Strumpfweber und der Bauberufe ersteigerte.

Das Herzogliche Amt in Wiesbaden zeigte sich befriedigt über das Resultat: die Versteigerung hatte 104 Gulden erbracht. Die beiden anderen Zunftstädtchen im Amt hatten nur die Hälfte bzw. ein Viertel dieses Betrags erwirtschaftet.

Doch die „Zunftaltertümer" waren damit so gut wie verloren. Nur eine Zunftlade hat den Weg in öffentlichen Besitz genommen, die der Schmiedezunft; sie befindet sich im Historischen Museum in Frankfurt am Main.

Nun war jeder in eine Gemeinde aufgenommene Einwohner berechtigt, „nach Gutfinden jedes Handwerk, auch mehrere zugleich, selbst oder durch Gesellen zu betreiben." Er hatte sich zuvor nur einen Gewerbeschein vom Amt zu beschaffen. Auch Witwen und unverheiratete „Weibspersonen" durften ein Gewerbe betreiben. „Auf Juden sind jedoch die Bestimmungen des Gesetzes über die Gewerbefreyheit nicht auszudehnen".[97]

Die Landesregierung ließ es sich angelegen sein, stichprobenartig zu überprüfen, ob und welche Auswirkungen in welchem Zeitraum die Aufhebung des Zunftmonopols nach sich ziehe.[98] In einem Vierjahresturnus ließ man den Schultheißen über den Zustand der Produkte der Mehlhändler, Metzger und Bierbrauer Bericht erstatten. Die erste Auswirkung – die Beschwerde des Herrenmüllers Trauth wegen der „täglich und zu jeder Stunde von Morgen bis Abend" in Oberursel ihr Mehl verkaufenden Mehlhändler – war zu erwarten gewesen und wurde ungünstig aufgenommen. 1822 berichtete Stadtschultheiß Schaller, es habe seit der Aufhebung des Zunftmonopols keinen Mangel an Mehl, Brot, Bier und Fleisch gegeben. Mit Ausnahme der Metzger, deren Zahl sich „um etliche vermehret" habe, sei die Zahl der Bäcker, Mehlhändler und Bierbrauer gleich geblieben. Es unterliege keinem Zweifel, daß deren Waren seither besser geworden seien.

Handwerker- und Gewerbeverein

Seitdem 1845 in Wiesbaden der „Nassauische Gewerbeverein" gegründet worden war, gab es auch auf lokaler Ebene Bestrebungen, für eine Verbreitung „gemeinnütziger Kenntnisse" zu sorgen und die Betriebe wettbewerbsfähig zu machen.[99] In Oberursel war der Lehrer Aloys Henniger einer der Eifrigsten, die für einen Handwerker- und Gewerbeverein stritten. 1849 regte Henniger auch die Gründung einer „Gewerbeschule" an und richtete sie dann als Privatschule ein, „in welcher er den der Elementarschule entwachsenen Knaben, welche sich den Gewerbestand zu ihrem künftigen Berufe erwählt hatten, wöchentlich 8 Stunden des Abends in Mathematik, Geschäftsstil, Geschichte, Geographie usw. sowie des sonntags 2 Stunden im freien Handzeichnen unterrichtete. Es war eine der ersten „Sonntagsschulen" in Nassau.

1850 wurde der Handwerker- und Gewerbeverein offiziell gegründet. Die erste Generalversammlung am 16.4.1850 beschloß, die Gewerbeschule Henningers in das Vereinseigentum zu übernehmen, denn es gab ein neues Gesetz, wonach alle zukünftigen Gesellen und Meister eine Gewerbeschule besucht haben mußten. Doch ließ der Besuch der Schule sehr zu wünschen übrig, und sie mußte sogar zeitweise geschlossen werden. Erst als man 1871 ein Ortsstatut errichtete, das Geld- und Haftstrafen vorsah, wurde der Schulbesuch regelmäßiger.[100]

Im Oktober 1856 fand erstmals eine Generalversammlung der „Lokal-Gewerbevereine" in Oberursel statt. Schauplatz war der „Schützenhof", in dem auch eine kleine „Gewerbe-Ausstellung" arrangiert wurde, die „auf die Deputierten einen ungemein günstigen Eindruck machte".[101] 1863 und 1883 beteiligten sich Oberurseler Betriebe an auswärtigen Gewerbe-Ausstellungen (Wiesbaden und Homburg).[102]

Das 50jährige Bestehen des Vereins wurde 1901 im Sinne eines Volksfestes begangen. „Es zeigte sich, daß der Gewerbe-Verein aus dem Leben der Stadt nicht wegzudenken war, und daß er unter allen Gewerbevereinen Nassaus den besten Ruf genoß".[103]

Der Ausbruch des Ersten Weltkriegs 1914 unterbrach das Gedeihen des Vereins. Während der schwierigen Zwanziger Jahre versuchte der Verein in der Kommunalpolitik und durch Protestaktionen Einfluß zu nehmen. Zum 80jährigen Bestehen des Vereins, 1930, wurde noch einmal „eine große, vielbeachtete Industrie- und Gewerbeschau" arrangiert.[104] 1933 erfolgte die Liquidation des Gewerbevereins. Er ging „sang- und klanglos unter", d.h. er wurde in die NS-HAGO übernommen. Im April 1950 kam es zur Neugründung des Handwerker- und Gewerbevereins, der 1951 sein 100jähriges Bestehen mit einer großen Leistungsschau von Handwerk und Gewerbe feierte. Bei dieser Gelegenheit, am 8.7.1951, wurde der „Hessische Gewerbeverband" gegründet. Wiederum in Oberursel fand 1956 die Gründung des Deutschen Gewerbeverbandes statt.

In jenen Jahren trat der Gewerbeverein mit verschiedenen Aktionen an die Öffentlichkeit. Dazu gehörten die Einführung eines Rabattmarkensystems (GEWO hilft sparen – Kauft in Oberursel), Weihnachtsverlosungen und die Ausstattung der Hauptgeschäftsstraße mit Lichterketten, „um das Oberurseler Geschäftsleben lebendiger zu gestalten". Seit den 1960er Jahren intensivierte sich die Zusammenarbeit mit der Stadt. Heute gibt es in Oberursel eine „Werbegemeinschaft", der jeder Oberurseler Gewerbetreibende und Handwerker beitreten kann.

St. Ursula – die Stadtkirche[1]

Die St. Ursulakirche dokumentiert „wie kein zweites Bauwerk der Stadt den Oberurseler Bürgerstolz während der kurzen Blütezeit am Ausgang des Mittelalters".[2] Doch ist die heutige Kirche nicht der erste Kirchenbau auf dem Hügel im Kern der Altstadt. Wichtige Aufschlüsse über den zeitlichen Ablauf der frühesten Besiedlung auf dem Kirchenhügel und die Vorgängerbauten lieferte eine Ausgrabung im Jahr 1979.

Die Bebauung des Bergsporns

Das monasterium

Erstmals wird ein kirchliches Gebäude in Oberursel im Jahr 880 erwähnt. Damals bestätigte König Ludwig III. eine Schenkung an das Salvatorstift in Frankfurt: das offenbar auf königlichem Grund stehende „monasterium ad Ursella". Dabei handelte es sich offensichtlich um eine königliche Eigenkirche, die zur Dotierung des Frankfurter Stifts benutzt wurde. Die jüngere Forschung neigt dazu, unter „monasterium" kein eigentliches Kloster zu verstehen, sondern eher einen genossenschaftlich in „Kapiteln" organisierten Seelsorgeschwerpunkt. Wann und von wem es gegründet wurde, ist nicht endgültig geklärt.[3]

Seit dem 10. Jahrhundert erscheint das monasterium nicht mehr in den Schriftquellen. Kurz vor 1300 wurde eine Pfarrkirche „in monte Ursele" erwähnt;[4] das Kloster war demnach bereits aufgehoben.

Die Grabung bestätigte mit großer Wahrscheinlichkeit die Existenz des „monasterium" am Standort der heutigen St. Ursulakirche.[5] Die erste Kirche bestand aus einem rechteckigen, im Osten flach geschlossenen Saal ohne ausgeschiedenen Chorraum, aber mit Annexräumen (Anbauten) im Osten. Im Nordwesten schlossen sich die Klostergebäude an. Im Norden und Süden reichte der Kirchhof bis an die Außenmauern der Kirche heran.[6]

Das monasterium wurde vor 1150 teilweise durch Brand zerstört.

Der zweite Kirchenbau

Der Platz der ersten Kirche wurde wieder bebaut. Der etwas größere und massivere Neubau mit platt geschlossenem Chor diente zunächst noch dem monasterium, später in reduzierter Form der kleinen Gemeinde als Pfarrkirche.

Auf wachsenden Wohlstand und Repräsentationsbedürfnis läßt die Verlegung eines Tonfliesenboden schließen. Die Fliesen werden in die Zeit um 1160–1180 datiert. Es handelt sich um einen der frühesten Tonfliesenböden in einem deutschen Sakralbau.[7]

Diese Kirche wurde während der langen Zeit ihres Bestehens mehrfach Veränderungen unterzogen. So wurden zwischen 1160/80 und etwa 1250 im Westen ein Turm errichtet und im Norden ein Seitenschiff angefügt.

1296 hören wir erstmals von einem Oberurseler Pfarrer: Kuno von Hofweisel. Kurz darauf, 1297, wurde dem Bartholomäusstift das Patronatsrecht der Pfarrkirche auf dem Urselberg („ius patronatus parrochialis ecclesie in monte Ursele") mit allem Zubehör auf ewige Zeiten übertragen. Das Stift kam jedoch jahrelang nicht in den faktischen Besitz der Pfarrei Oberursel, denn

Michaelskapelle (im Bild links vor dem Turm) bei St. Ursula, Zeichnung von Franz Schütz, 1776

dies setzte den Tod des dortigen Pfarrers voraus. 1315 wurde Kuno von Hofweisel der Anmaßung der Oberurseler Pfarrstelle bezichtigt. Nach längerem Widerstreben resignierte er. Sein Nachfolger wurde der bisherige Vikar Werner.[8]

Die Bindung der Oberurseler Pfarrkirche an das Frankfurter Stift hatte z.B. zur Folge, daß bis zum Jahr 1872 über die Besetzung der Oberurseler Pfarrstelle in Frankfurt entschieden wurde.[9]

Die Michaelskapelle

Zu einem unbekannten Zeitpunkt wurde auf dem Kirchhof, nahe bei der Kirche, eine zweistöckige Totenkapelle mit Beinhaus errichtet.[10] Sie war, wie für Bauten dieses Verwendungszwecks (z.B. Marburg, Kiedrich) üblich, dem Hl. Michael geweiht. Seit der Reformationszeit wurde die Michaelskapelle als Lateinschule genutzt. Danach wurde die Kapelle im Obergeschoß zeitweise wieder als solche genutzt. Doch blieb das Gebäude immer auch Schulhaus. Nachdem im Jahr 1815 noch einmal eine Wiederherstellung (als Schule für 116 Kinder) erwogen worden war,[11] wurde die Michaelskapelle im Jahr 1823 abgebrochen.[12] Ihre Steine wurden zum Bau des neuen Schulhauses an der Freiheit benutzt. Die Michaelskapelle ist in einer 1776 von Franz

Schütz gefertigten Bleistiftzeichnung bildlich überliefert. Danach stand die Kapelle mit der Westmauer unmittelbar an der Kirchgasse. Sie war etwa 11 m lang und 7,5 m breit[13], „massiv von Stein erbaut mit Schiefer gedeckt" und schon damals nicht mehr im besten Zustand.

Die dritte Kirche, ein Neubau

Um die Mitte des 15. Jahrhunderts begann man in Oberursel eine vollständig neue Kirche zu bauen. „Es liegt nahe, daß die erst 1444 zur Stadt erhobene Gemeinde ihren neuen Status auch in einem entsprechenden Kirchenbau zum Ausdruck bringen wollte." Vor 1457 war mit dem Chor als erstem Bauteil begonnen worden.[14] 1464 war in der Zunftordnung der Schmiede und Bäcker nochmals die Rede davon, daß „in unserem Schloß Ursell ein löblich kirch zu bauen ahngefangen" worden sei. Von dem Chor erfahren wir nun, daß er der Muttergottes und „auch der heiligen jungfraw Sankt Ursulen mit ihrer geseelschaft geweiht" sei.[15] Dies ist die erste verbindliche, nämlich durch den Landesherrn Eberhard III. erfolgte Erwähnung des Ursula-Patroziniums für die Oberurseler Pfarrkirche.

Wesentlich zum Bau beigetragen haben mit Sicherheit die Herren von Eppstein, die ihr Wappen an der Kirche achtmal anbringen ließen. Über die finanzielle Beteiligung des Patronatsherrn ist nichts bekannt, doch lassen architektonische Ähnlichkeiten mit der Kirche des Frankfurter Bartholomäusstifts („Dom") den Schluß zu, daß dieses eine Rolle spielte.[16] Die Stadtgemeinde finanzierte wohl vor allem den Turm, für den sie bis zum Erwerb durch die Kirchengemeinde, 1937, zuständig war.[17] Hinzu kamen noch Stiftungen von Zünften

(Fenster, Leuchter) und vielleicht auch von einzelnen Bürgern. Vermutlich bestand schon im 15. Jahrhundert eine „Kirchenfabrik", die den Bau abwickelte.

Schon bald merkte man, daß das Bauvorhaben die Kräfte der jungen Stadt überstieg, zumal gleichzeitig auch noch andere Bauten, wie z.B. die Befestigungsanlagen, finanziert werden mußten.[18] Glücklicherweise hatte man, um den Gottesdienst fortführen zu können, die alte Kirche zunächst stehen gelassen und am Rand des Bergsporns mit dem Chor der neu ausgerichteten Kirche begonnen. So konnte man, als die Kosten die Möglichkeiten zu übersteigen begannen, die Einbeziehung von Teilen des Vorgängerbaus (Turm) in Erwägung ziehen. Dies allerdings auf Kosten der Schönheit. Auf diesen Planwechsel gehen die Unregelmäßigkeiten im Grundriß, der den Innenraum prägende „Knick" zwischen Chor- und Langhausachse zurück.[19]

Aus dieser Bauzeit stammen eine Reihe von plastischen Arbeiten in Chor und Sakristei: Schlußsteine mit Christuskopf und Wappen, eine Blattmaske und figürliche Konsolen, darunter ein Gesicht mit herausgestreckter Zunge und Narrenkappe.

Um 1470/75 wurde der Altbau endgültig abgebrochen. Jetzt konnte man im Chor Gottesdienst halten und mit den Bauarbeiten am Langhaus fortfahren.[20]

Die Außenmauern waren kaum fertiggestellt, als um 1480 eine zweite Planänderung beschlossen wurde. Jetzt sollte der alte Westturm doch abgebrochen und ein neuer, wesentlich größerer Turm gebaut werden. Offenbar dachte man daran, die gerade gebauten Langhausteile wieder abzureißen, denn der neue Turm wurde in die Richtung des Chors gebracht. Daß man sich damit auf den ursprünglichen Plan besann, hatte seinen Grund darin, daß sich die Hoffnung auf einen Aufschwung nach der Stadtwerdung jetzt zu erfüllen schien.

Das Langhaus wurde aber nicht abgebrochen. Vielmehr verfolgte man schon bald nach Fertigstellung des Westjochs 1485/90 das Ziel, die Arbeiten so schnell wie möglich zum Abschluß zu bringen. Also wurden alle bisher gebauten Teile beibehalten und im Innern eine fünfbogige Arkade eingezogen, die weder zu den vier östlichen noch zum westlichen Joch parallel verläuft. Immerhin konnte jetzt das Langhaus gewölbt und (nach 1498) benutzbar gemacht werden.[21] Und der neue Turm wurde gebaut.

Der Kirch- und Wachtturm

Der neue mächtige Westturm, der Inschriften aus den Jahren 1479, 1480 und 1481 aufweist, wurde zum Wahrzeichen der Stadt Oberursel. Daß die Bürgerschaft mit ihm einen Kraftakt vollzog, zeigt der schleppende Baufortgang. Das oberste Treppenturmfenster trägt die Jahreszahl 1498, die große Glocke wurde 1508 aufgehängt. Der Turmbau hatte also 25–30 Jahre in Anspruch genommen.[22]

Der Kirchturm war zugleich Wachtturm („Hohe Wacht") und in das Verteidigungssystem der Stadt einbezogen. Möglicherweise geht auf die Verteidigungsfunktion auch der ursprünglich erschwerte Zugang zu den Obergeschossen des Turms (nur von innen über die Empore) zurück.[23] Die Fenster nehmen von unten nach oben an Zahl und Größe zu. Nur die drei oberen Geschosse sind durch Maßwerkfenster ausgezeichnet. Das Innere des Turms enthält flachgedeckte schmucklose Räume, in denen heute das Turm-Museum untergebracht ist. Über dem abschließenden Umgang mit Maßwerkbrüstung erhebt sich die verschie-

Blick auf den Kirchturm von St. Ursula

ferte, von einem Spitzhelm bekrönte Türmerstube.

Der fünfgeschossige Turm hat trotz seiner Höhe eine gedrungene Gestalt, die ursprünglich durch eine halbkugelige Haube noch mehr betont wurde. Diese Haube war entsprechend der Turmform vierseitig und von etwa halbkreisförmigem Querschnitt; sie wurde von einer kleinen Laterne bekrönt. Das Vorbild dieses Turmabschlusses findet sich, wohl nicht zufällig, am Frankfurter „Dom", der Kirche des Oberurseler Patronatsherrn. Nach der Zerstörung von 1645 trat an die Stelle der Haube ein gedrungener Spitzhelm[24], der seinerseits 1897 durch den noch existenten schlanken Spitzhelm ersetzt wurde.[25]

Der Türmer

In der Türmerstube wohnte der Türmer mit seiner Familie. Über seine Pflichten schrieb Otto Wallau 1724: „Und in dem hohen Kirchen Thurn Man sehen thut anjetzt zwey Uhrn, Die eine schlagt die Viertel an, Die andere Stundweiß schlagt daran, Dabey ein Thürner wohnt und wacht, Für Feuers-Brunst all Tag und Nacht; Des Nachts er doch ein Mitwacht hat, Welche verordnen thut die Stadt. Die halbe Nacht sie wachen um, Biß daß die gantze Nacht herum: Ein Glöcklein so hang auff der Lehn, Zu Läuten all halb Stund aufstehn; Dieß Zeichen man thut hören weit, Erkennt hierdurch ihr Wachsamkeit."[26]

Seiner großen Verantwortung entsprechend, war der Türmer zeitweise der bestbesoldete Mann in der Stadt.[27] Das Amt wurde bis ins 20. Jahrhundert wahrgenommen. Der letzte Türmer, Nikolaus Kirsch, hat zahlreiche Begebenheiten um den Turm in seinem „Hausbuch" festgehalten:[28]

„1663, am 8. Mai, fiel der zweijährige Sohn des Thurmwächters, Peter Münz, vom Thurme herab. Das Kind blieb unbeschädigt und lächelte freundlich, als die bestürzten Zuschauer ihm nahten...

1770, am 19. Dezember nachmittags zwischen 3 und 4 Uhr ist ein Wind entstanden, der über 150 Obstbäume umgejagt, das Kreuz auf dem Thurme ganz gebeugt hat, und ganze Stücker Blei herunterfallen sind...

1771... Am 17. April desselben Jahres ist das (neue) Kreuz nebst dem Knopf in der Stadt herumgetragen worden. Die Musickanten spielten dabei und ein Steindecker von Königstein hat es wieder an Ort und Stelle gebracht, wobei er neue Schuh und Strümpfe angezogen haben soll, sowie einen langen Spruch gethan hat. Dabei sind Weck und Glicker herunter geworfen, Wiwat getrunken, und Pistolen losgeschossen worden...

1875, den 17. Januar Nachts entzündete sich der Ruß im Schornstein des Thurmes. Ein durch den Schornstein gehender Balken brannte hellauf und hatten bereits andere Balken außerhalb des Schornsteins Feuer gefangen. Durch starkes Sturm- oder Feuersignal wurde von Seiten der wassertragenden Bürgerschaft den verhehrenden Flammen doch Einhalt geboten....Am 4. Juli desselben Jahres Mittags 1/2 1 Uhr schwebte ein schweres Gewitter über unserer Stadt. Bei demselben schlug der Blitz in die Spitze des Thurmes und zündete; zu gleicher Zeit fuhr er in die nebengelegene Pfarrkirche, ohne dort erheblichen Schaden anzurichten. Es dauerte über 3 Stunden, bis der Brand des Thurmes beseitigt war. Unter starken Regengüssen wurde wacker gearbeitet; die Straßen oberhalb der Stadt waren dicht gedrängt voll Menschen. Das Zinn am Knopf des Thurmes schmolz und lief wie Regen herunter. Gegen 4 Uhr war die Gefahr beseitigt..."[29]

Die Glocken[30]

Die älteste, die „Große Glocke", wurde 1508 von dem Glockengießer Georg Crafft aus Mainz gegossen und angeblich von einer Gräfin Lünneburg gestiftet[31]. Sie wiegt 52 Zentner[32] und hat einen unteren Durchmesser von rund anderthalb Meter. Im

Die Große Glocke von 1508

Teil der Inschrift der Großen Glocke

Volksmund heißt sie „Maria Crafft", weil diese beiden Worte auf der Glocke beieinander stehen. Wie die Kirche ist die Große Glocke der Muttergottes und der heiligen Ursula geweiht, deren Bilder auf der Glocke angebracht sind. Die Glockenkrone ist aus bärtigen Männerköpfen gebildet. In einem der Schmuck- und Schriftbänder findet sich das alte Oberurseler Wappen, zwei sich kreuzende Pfeile im Wappenschild. Die lateinische Inschrift läuft in zwei Zeilen kreisförmig um den oberen Teil der Glocke herum. Sie lautet in deutscher Übersetzung: „Ich heiße Maria, weil man hier in der Stadt die Heilige Gottesgebärerin und Ursula zusammen mit ihren Gefährtinnen zu Patroninnen hat. Wie bekannt ist, hat Georg Kraft mich in der Stadt Mainz gegossen. Möge jetzt jede Patronin beim Allerhöchsten für unsere Bürger und den Meister Fürbitte tun, wenn ich erklinge."[33]

Die Große Glocke war weithin berühmt; noch als sie 1645 vom brennenden Turm herabgestürzt war, bemühte sich die Stadt Frankfurt vergeblich um sie. Die Glocke hatte den Absturz unversehrt überstanden.

Die zweite Glocke im Kirchturm von St. Ursula ist kleiner und leichter als die Große Glocke. Sie wurde 1696 von dem Glockengießer Tilmann Schmid in Aßlar gegossen. Auch sie zeigt die Reliefs von Maria mit dem Kind und der Hl. Ursula, letztere eine Nachbildung der Figur auf der Großen Glocke.

Die Glocke trägt zwei lateinische Inschriften, die von ihrem Schicksal künden. Sie lauten auf deutsch:

„Seht mich hier: Ehedem in feindlichem Feuerbrand geschmolzen und untergegangen, wurde ich hernach in wohltätiger Friedenszeit neu gegossen. Abermals zersprungen, wurde ich dennoch von den Bürgern hervorragend ausgezeichnet und (noch) vergrößert".

„Für Ursel und den heimischen Altar gegossen, werde ich Ursula genannt, weil diese (die heilige Ursula) nach altehrwürdigem Brauch Urseler Patronin sein soll".[34]

St. Ursulakirche von Süden, Stahlstich von Rohbock/Thümling, Mitte 19. Jh.

Die Glocke mußte 1942 abgeliefert werden, wurde aber nach dem Weltkrieg auf dem Hamburger Glockenfriedhof wieder aufgefunden und 1947 zurückgebracht.

Zwei weitere Glocken kehrten nicht mehr nach Oberursel zurück.[35] Deshalb wurde 1954 zur Ergänzung des Geläuts eine dritte Glocke angeschafft. Sie wurde in der Glockengießerei Otto in Hemelingen bei Bremen gegossen und anläßlich des 40. Priesterjubiläums von Pfarrer Josef Hartmann geweiht.[36]

Die Glocke hat einen unteren Durchmesser von 110 cm und wiegt rund 17 Zentner. Sie trägt ein Flachrelief mit der Darstellung des Hl. Josef mit dem Jesusknaben und die Inschrift (in deutscher Übersetzung):

„Hl. Josef, Schützer Seines Hauses, Tröster der Betrübten, Mittler der Gestorbenen + 1954 +".

Im Jahr 1980 erhielt die Ursulakirche eine weitere, dem hl. Christophorus geweihte Glocke.

Die heutige Kirche

Für den weit nach Osten vorgeschobenen neuen Chor reichte der Platz innerhalb der Kirchhofsmauern nicht aus. Der östlich darüber hinausragende Teil erforderte wegen des steil abfallenden Geländes aufwendige, bis fünf Meter hohe Substruktionen aus unverputztem Bruchsteinmauerwerk.[37]

Wappenhalter mit eppsteinischem Schild

Der bestehende, in seinen Formen spätgotische Bau setzt sich aus einem Chor von zwei Jochen und Fünfachtelschluß, einem fünfjochigen, zweischiffigen Hallenlanghaus mit breitem Hauptschiff und schmalem nördlichen Seitenschiff und dem quadratischen Westturm zusammen. Auf der Südseite ist den beiden Chorjochen die Sakristei, dem zweiten Langhausjoch ein Portalvorbau angefügt. Ein steiles Satteldach faßt beide Schiffe des Langhauses zusammen, es überragt das des Chores beträchtlich. Der Grundriß zeigt die sich aus der Baugeschichte erklärenden Unregelmäßigkeiten.

Am Außenbau herrscht eine einheitliche Formensprache. Der umlaufende Sockel und zwei Gesimse gliedern den Bau horizontal. Langhaus und Chor sind mit Strebepfeilern besetzt, die glatten Wandflächen werden von hohen Spitzbogenfenstern durchbrochen. Die vier fast identischen dreibahnigen Chorfenster werden durch schlichtes Maßwerk unterteilt. Die Maßwerkfenster in der Langhaussüdwand zeigen mit dem sogenannten Fischblasenmotiv eine etwas aufwendigere Gestaltung. Die Südseite ist als Schaufassade zum Kirchhof und zum Kirchplatz etwas reicher als die rückwärtige Nordseite gestaltet. Die Tür zwischen Chor und Sakristei ist die älteste am spätgotischen Neubau. Sie wird von einem sorgfältig gearbeiteten Gewände eingefaßt. Noch plastischer wirkt das Gewändeprofil des jüngeren Hauptportals im zweiten Joch der Langhaussüdwand. Die beiden Nebenportale im vierten Langhausjoch und die Durchgänge zur Turmhalle besitzen lediglich an der Kante schmal abgefaste Laibungen. In den Bogenscheiteln der Durchgänge befinden sich je zwei Wappenschilde, im Norden mit den Wappen der Herren von Eppstein und der Stadt Oberursel.[38]

Figürliche Darstellungen treten am Außenbau nur an der Sakristei und am Treppenturm auf. Die im ersten Eckquader der Sakristei in einer spitzbogigen, von einem Taustab gerahmten Nische angebrachte stehende Figur trägt einen Schild mit dem Eppsteiner Wappen.[39] Am Treppenturm sind unter den Konsolen des Rundbogenfrieses kleine Skulpturen angebracht: ein Frauen(?)gesicht, ein amorphes Gebilde, ein Löwe und ein weiteres Tier.[40]

Nicht eigentlich als Bauplastik zu bezeichnen ist die Figur des/der „Flennelz"/„Flennels".[41] Die Büste mit verzerr-

„Flennels"

tem Gesicht und Narrenkappe wurde erst jüngst, nach der Freilegung von bislang vermauerten Eselsohren, als „Gauchstein" mit der Funktion des Abschreckens von Eindringlingen identifiziert.[42] An diese Figur knüpft sich die seit dem 19. Jahrhundert verbreitete Sage des auf der Kirchentreppe büßenden Ritters Els/Elz von Dornstein („Flennelz"). Ihr Wahrheitsgehalt muß heute als zweifelhaft gelten.

Kunstgeschichtlich gehört die St. Ursulakirche in den Rahmen der mittelrheinischen Baukunst, besonders der sogenannten „Frankfurter Schule". Ihr Chor läßt sich mit anderen mittelrheinischen Chören aus der Jahrhundertmitte (z.B. St. Justinus-Kirche, Höchst) vergleichen. Er ist der mit Abstand qualitätvollste Bauteil der Kirche.[43] „Mittelrheinischen" Ursprungs sind schließlich auch die Glasmalereien der Chorfenster.[44] Für die Turmhaube konnte bereits das Vorbild des Frankfurter „Domes" benannt werden, dessen Einzigartigkeit in der deutschen Baukunst des

späten Mittelalters erwiesen ist.[45] Die zweischiffige Staffelhalle mit dem weiten Hauptschiff und dem gangartig schmalen Seitenschiff erklärt sich vielleicht aus dem Vorgängerbau. Doch waren in vorreformatorischer Zeit zweischiffige Kirchen keine Seltenheit.[46]

Der Eindruck des Innenraums wird beherrscht von der Weite des Hauptschiffes, der Enge des Seitenschiffs und der eigenständigen Wirkung des geräumigen Chors. Chor und Seitenschiff werden von Kreuzrippengewölben überspannt. Auf Gewölbeanfängern wie im Seitenschiff ruht im Hauptschiff eine als Kreuzrippengewölbe gestaltete Holzkonstruktion von 1959.

Die ursprüngliche Innenausstattung kann großenteils rekonstruiert werden[47], erhalten haben sich aber nur geringe Reste. Seit 1975 steht in der Turmhalle der spätgotische

Hl. Ursula. Glasfenster in der Ursulakirche

106

Kanzel in der St. Ursulakirche

kierte Weberkarde dargestellt ist, was zu der Vermutung berechtigt, daß dieses Fenster von den Oberurseler Wollwebern gestiftet wurde.

Mit Ausnahme dieser Gegenstände entstammt die Ausstattung der St. Ursulakirche dem 17. und 18. Jahrhundert.

Ein kunstvolles Gebilde ist die mit reichem Schnitzwerk dekorierte Kanzel auf einem von vier Atlanten getragenen Fuß.[51] Die neue Westempore trägt das Datum 1653.[52] 1670 erhielt Urban Bader den Auftrag zur Anfertigung des Altars. Die Skulpturen lieferten die Bildhauer Zacharias Juncker und Franz Nagel in Miltenberg. 1671 wurde der Hochaltar aufgestellt. Mit der Aufstellung der Orgel war 1680 der Wiederaufbau abgeschlossen.[53]

Taufstein, der 1713 auf den Kirchhof versetzt worden war. Er stand ursprünglich im Hauptschiff. Das steinerne Becken sitzt auf vier Löwen und ist durch rundbogiges Blendmaßwerk geschmückt.[48] Aus der Erbauungszeit erhalten hat sich auch das in die Nordostecke des Chorschlusses eingemauerte Sakramentshäuschen. Die hochrechteckige Öffnung ist noch original vergittert. Darüber erscheint ein in flachem Relief gearbeiteter Christuskopf.[49]

Die Glasfenster im Chorhaupt entstammen teilweise noch dem 15. Jahrhundert.[50] Dazu gehört im Nordostfenster die für Oberursel älteste Darstellung der Hl. Ursula mit ihrem Attribut, den drei Pfeilen. Im Südostfenster befindet sich der größere Teil des originalen Bestandes. Es wird das „Weberfenster" genannt, weil im untersten Feld eine von zwei Weberschiffchen flan-

Pfarrhaus und Kaplanei[54]

In den Jahren 1607–1611 war in Oberursel ein neues Pfarrhaus gebaut worden. Die Kosten hatte das Bartholomäusstift getragen. Der erste Stadtbrand 1622 vernichtete dieses Gebäude, doch wurde es schon 1625 wiederaufgebaut.

Strittig war zwischen dem Stift und der Stadt Oberursel die Übernahme der Baukosten für eine Kaplanei, die von der Stadt („bequemer Handreichung halber") in einem dem Pfarrhaus benachbarten Haus gewünscht wurde. Nach längeren Auseinandersetzungen wurde das Haus erworben und renoviert.

Der zweite Stadtbrand 1645 vernichtete auch Pfarrhaus und Kaplanei.

Danach gestaltete sich der Wiederaufbau zu einem Problem, da jetzt Pfarrer und Kaplan in einem Haus untergebracht werden sollten und das Stift weiterhin erklärte, es sei für die Kaplanei nicht zuständig. 1657 kam es schließlich zu einem Vertrag mit der Stadt Oberursel, die ein Drittel der Baukosten übernahm.[55]

Vom Schicksal der St. Ursulakirche

Während der Reformationszeit wirkte in der St. Ursulakirche ein evangelischer Prediger, der aus den Altareinkünften unterhalten wurde.[56] Damals wurde eine Empore eingebaut. Nach der Rekatholisierung Oberursels 1604–06 dürften im Kirchenraum nur geringfügige Veränderungen vorgenommen worden sein.

Die äußere Erscheinung der Ursulakirche veränderte sich bis 1645 kaum. 1622 scheint die Ausstattung der Kirche gelitten zu haben, während der Bau selbst beim anschließenden Stadtbrand unversehrt blieb.[57] Verheerende Wirkung hatte dagegen der Stadtbrand im Jahr 1645. Das gesamte Holzwerk, alle Dächer, Decken, der Glockenstuhl und die Ausstattung fielen dem Feuer zum Opfer. Der Stadt- und Kirchturm wurde ein Raub der Flammen.[58]

1647 wurden Kirchengüter verkauft, um die Wiederherstellung finanzieren zu können; wie es hieß, war „der Chorbau mehrentheils zu Ende gebracht"[59] Beim Wiederaufbau wurde vor allem die ursprüngliche Dachform des Langhauses und die Turmbekrönung verändert.[60] 1654 war das Langhaus im Rohbau fertiggestellt, 1679 die Kirche ausgestattet. Man komponierte die größtenteils heute noch vorhandenen Ausstattungsgegenstände zu einem querorientierten „raffinierten Raumgefüge", das sich im heutigen Bestand nicht mehr ablesen läßt. Schon im 18. Jahrhundert wurde das Innere durch Renovierungen verändert.[61]

1782 befand der „Hof Orgel und Instrumenten Baumeister" Johann Conrad Bürgy in Homburg, die Orgel sei nicht mehr reparaturfähig.[62] Da sich die Stadt nicht imstande sah, eine neue Orgel zu finanzieren, wurde die musikalische Begleitung des Gottesdienstes zunächst auf die hohen Festtage eingeschränkt. Dann besann man sich auf das „wohlbemittelte Hospital", das dann auch den Hauptanteil der Kosten trug. Am 4.3.1791 konnte die neue Orgel aufgestellt werden, es war das letzte Werk von J. C. Bürgy.[63] Heute steht von der Bürgy-Orgel nur noch der Prospekt.[64]

Als 1875 der Blitz in die Turmspitze eingeschlagen hatte, wurden viele Holz- durch Steinteile ersetzt. Bei dieser Gelegenheit kam es im Innern wie am Äußeren zu einer „behutsamen Regotisierung". Es wurden nicht nur die nachgotischen Elemente entfernt, sondern auch Eingriffe im Sinn der Neugotik vorgenommen: die Kirche wurde ausgemalt, die Glasfenster unter Verwendung erhaltener Scheiben des 15. Jahrhunderts neu gestaltet und neugotische Altäre aufgestellt (1934 entfernt).[65]

Die 1959–60 durchgeführte Renovierung sollte den ursprünglichen Raumeindruck wiederherstellen. Für den Hochaltar schuf der Oberurseler Künstler Georg Hieronymi 1959 eine moderne Holzplastik, „Die Heilige Ursula mit den elf Märtyrerinnen".

Die Außenrenovierung der Kirche im Jahr 1976 bot sich als günstige Gelegenheit zur Vornahme von Bauforschungen an. Die Untersuchungen begannen mit der Bauaufnahme des Westturms. Es konnte „die Chronologie des bestehenden Baus lückenlos geklärt werden." Der darauf folgende Einbau einer Fußbodenheizung, 1979–80, bot dann den Anlaß für eine gründliche archäologische Ausgrabung.[66] Die jüngste Gesamtrenovierung sollte Fehler korrigieren, ohne den Bestand anzutasten.

Untergegangene Siedlungen

Im späten Mittelalter und zu Beginn der Neuzeit ging die Zahl der Siedlungen stark zurück. Ursachen des Wüstungsvorgangs waren Pest, Dürre, Mißernten, Fehlsiedlung an ungünstigem Platz und die damit zusammenhängende Landflucht in die expandierenden Städte.[1] Auch das im ausgehenden Mittelalter sich merklich abkühlende Klima spielte eine Rolle.[2] Da in unserem Raum fast alle Wüstungen vor 1600 entstanden, steht fest, daß nicht erst der Dreißigjährige Krieg diese Siedlungen auslöschte.

Gattenhofen

An den einstigen Ort Gattenhofen erinnern heute nur noch der Straßenname Gattenhöferweg und der Flurname „Im Gattenhöfer Loch". Im 19. Jahrhundert gab es noch die Gattenhöfer Mühle.[3] Sie war der letzte Rest des mittelalterlichen Dorfes Gattenhofen, das Anteil am Hohemarkwald hatte und in der Liste der Markorte im Jahre 1438 zum letzten Male erwähnt wurde.[4]

Der Name des Ortes scheint auf eine Gründung (durch Gatto o.ä.?) zwischen dem 8. und dem 12. Jahrhundert, „besser wohl mehr in den Anfang dieser Zeitspanne", zu deuten.[5] Möglicherweise war das 1281/82 erstmals erwähnte „Gathenhoven" identisch mit Goczenhane oder Goczenheim.[6]

1324 wurde als Frankfurter Bürger aufgenommen: Culmannus dictus Lussere de Goczenhain.[7] In den Jahren 1324 bis 1360 sind in Frankfurt mehrere Personen aus diesem Ort als Bürger aufgenommen worden.[8] 1438 erscheint Goczenheym in einem Hohemark-Protokoll, etwa gleichzeitig in einem Mainzer Visitationsprotokoll. Gattenhofen lag in Oberurseler Gemarkung südwestlich der Stadt am Urselbach.[9] In Frage kommt das Terrain zwischen Eisenbahn – Pfaffenweg – Am Heiligen Rain – Stierstädter Heide – Königsteiner Straße und Evangelische Kirche. Der Ort selbst dürfte im Bereich der Flur „In der Steingasse" gelegen haben.[10]

Bei einem Streit um den Zehnten im Jahre 1586 schreibt das Bartholomäusstift in Frankfurt, es habe „von alters her" ein Recht auf den Zehnten von Oberursel mit seinen Pfarrfilialen Bommersheim und Stierstadt. Es sei außerdem seit 1297 zuständig gewesen für die Flecken Gattenhofen, Hausen und Niederbommersheim, die aber nicht mehr bestünden. Daraus ist zu entnehmen, daß diese kleinen Dörfer zur Pfarrei Oberursel gehörten.[11]

Seit 1586 wird Gattenhofen in den Grenzumgängen nicht mehr erwähnt.[12] 1590 heißt es, der Flecken „Gattenhoven" sei Filial von Ursel gewesen, „itzo nit mehr vorhandten".[13] 1619 hieß es, Gattenhofen sei „hie bevor ein Dorff gewest nuhn mehr gantz abgangen."[14]

1281/82 hatte Eppstein „villam unam Gathenhoven" vom Reich zu Lehen. Sie zählte vordem zum Lehnsbesitz des Grafen v. Nürings.[15]

1312, 1331 und 1347 wird Gattenhofen mehrfach erwähnt.[16]

1338 verschrieben Gottfried V. von Eppstein und Lorette, seine Frau, ihrer mit dem Grafen Engelbert von Ziegenhain verheirateten Tochter Isengart zu Brautschatz 2500 Pfund Heller und verpfändeten hierfür u.a. Gattenhofen.[17]

1378 wird als falkensteinischer Besitz ein Weingarten zu Gattenhofen erwähnt. Man nannte ihn noch 1596 „Königserbe", er war also einstiges Königsgut".[18]

1351 wird in Gattenhofen erstmals eine Walkmühle erwähnt.[19]

1413 hatten die Brüder Ruprecht und Wolf von Bommersheim gemeinschaftlichen Besitz in der Gemarkung Gattenhofen. 1444 stritten sie erneut.[20]

Bei der Eppsteinischen Brüderteilung 1433 gelangte „Gattenhoffen" an Eberhard von Eppstein.[21]

Um 1450 scheint Gattenhofen keine selbständige Guts- und Dorfgemeinschaft mehr gebildet zu haben; denn in diesem Jahr wird der Grund und Boden schon als zur Gemarkung Oberursel gehörig behandelt; als Besitzer erscheint Eberhard von Eppstein, der eine Mühle dort errichtet hatte.[22] Diese Mühle existierte noch Jahrhunderte nach dem Veschwinden von Gattenhofen unter der Bezeichnung „Gattenhöfer Mühle".[23]

Am Ende des 15. Jahrhunderts wurde ein namentliches Verzeichnis über die Bewohner von „Gattenhoeffen" erstellt. Es ist darin die Rede von einer „Molen" und von einer „Kopper Molen", die Henne Kesseler von Ursel gehörte, der versuchte, in Gattenhöfer Gemarkung eine Kupferschmiede einzurichten; sie ging jedoch bald wieder ein.[24] 1558 hieß es: „Die Kopfer Schmidt obendig an Gattenhofen so Leonhard Kesselers gewesen ist verfallen".[25] In einem Verzeichnis von 1589, das zahlreiche „Oberurseler" Namen enthält (Apt, Hagell, Bulman, Schützbret), wird wieder ein „Kupffer Schmöd" Enners Hagelß (Andreas Hagell) in Gattenhofen genannt. Außerdem „Caspar Aumüllers Schmöd" bei Gattenhofen.[26]

In jenem Jahr 1589 betrieben die aus Ursel bekannten Waffenschmiede Michell Sommereisen und Johann Ewalt eine „Schleiffmühle zu Gattenhoffen". Um eine Schleif-

mühle muß es sich auch gehandelt haben be[i] der „kleinen Mühl" des Diel Hans.[27]

Der seit 1618 in Oberursel als Drucke[r] ansässige Bartholomäus Busch richtete ver[] mutlich die alte Kupfermühle zu eine[r] Papiermühle ein. Auch sie wurde ein Opfe[r] des Dreißigjährigen Krieges, indem si[e] „durch damaligen Commandanten alhie[] Baierischen obrist wachtmeister Nusbaum[] in anno 1640 ruinirt und abgebrochen." De[r] Platz wurde vor 1660 von der kurfürstli[] chen Kammer an Joh. Wolff Rompel ver[] kauft, der einen Kupferhammer darauf er[] richtete.[28] Die Familie Rompel ist bis in di[e] 80er Jahre des 19. Jahrhunderts im Besit[z] des Kupferhammers geblieben. Am 10. 12[.] 1880 brannte der Hammer nieder und[] wurde als solcher nicht wieder aufgebaut[.] Nicolaus Rompel VIII., der letzte Besitze[r,] eröffnete später im Wohngebäude ein[e] Wirtschaft und am Bach die Sommerbade[] anstalt „Kupferhammer". 1894 wurde di[e] Holzluxuswarenfabrik der Fa. Goldman[n] & Jamin Besitzer des Grundstücks, des ehe[] maligen Gattenhofen.[29]

Hausen – „obendig Vrsel uff dem Wiesengrund"

Im Mittelalter gab es nördlich von Ober[] ursel, vermutlich zwischen Eichwäldche[n] und Hohemarkstraße, ein Dorf namen[s] Hausen. 1587 wußte man noch, daß Hause[n] „obendig Vrsel uff dem Wiesengrund be[y] S. Albans Brunn " gelegen habe.[30] Di[e] Feldgemarkung des Dorfes wird an de[r] Stelle der heutigen Hilpertsiedlung vermu[] tet (Flurname „Häuserfeld").[31]

Seit wann Hausen existierte, ist unbe[] kannt. Doch weist der besonders in karolin[] gischer Zeit beliebte Name auf eine Ent[] stehung im 8./9. Jahrhundert hin.[32] „E[]

ntwickelte sich vielleicht aus einem fränkischen Gutshaus, das am Rande des Eichwäldchens stand. Schon früh müssen sich die Bewohner zur Dorfgemeinschaft zusammengeschlossen haben, denn sie hatten als dörfliche Gemeinschaft ihr Nutzungsrecht an der Hohen Mark wie die anderen Mitmärker im Niddagau."[33]

Im Jahr 1400 soll die Gemeinde 400 Morgen groß gewesen sein. Erwähnt wird ein schöner Forellenbach, der sich auf der Gemarkungsgrenze zwischen Oberstedten und Oberursel befunden haben könnte.[34]

Kirchlich war Hausen Filiale von Ursel und unterstand demzufolge seit 1297 dem Bartholomäusstift in Frankfurt.[35]

Bis 1455 hatte Hausen ein „höfisches Gericht", dem eine große Zahl von Gütern im Häuser Bezirk „allein zustendig" waren.[36]

Das Geschlecht der Fleming von Husen[37] war begütert zu Hausen, Mittelstedten, Oberstedten; außerdem waren die Fleming Ganerben der Burg Homburg.[38] 1279 wird dieses Geschlecht mit Henricus Fleminc zum ersten Mal urkundlich erwähnt. Seine Söhne Jakob und Heinrich erscheinen urkundlich seit den 1330er Jahren.[39] 1346 traten die Gebrüder Jacob und Heinrich genannt Fleming in den Dienst von Erzbischof Heinrich von Mainz gegen Gerlach von Nassau. Damit begann ihr Aufstieg. 1357 nannte sich Jacob Fleming „Ritter von Stedten". Orte Fleming, der sich offenbar abwechselnd „von Husen" oder „von Monter" (Münster) nannte, war Burgmann Philipps von Falkenstein.[40] 1388 stand Henne Flemyng, Orthe Flemings Sohn, in Dienten der Stadt Frankfurt.

1430 hatte Gottfried von Eppstein „das Flemminges Guth an Husen und zu Monter" inne.[41] Es scheint bei den Fleming ein völliger Vermögensverfall eingetreten zu sein. Sie verkauften und verpfändeten von ihrem alten Besitztum ein Stück nach dem anderen. 1438 und 1442 übergab Hen Fleming alle seine Lehen Güter an die Brendel von Homburg und an Gottfried von Eppstein. 1466 verlieh Gottfried von Eppstein Henne v. Langsdorf als Burglehen:„...was alles ihm von Jorg Flemigk (†) und durch Ankauf von Henne Flemigk von Hausen überkommen ist".[42] Hen Fleming von Husen ist der letzte uns bekannte seines Geschlechtes. Ob dieses mit ihm ausstarb oder ob es an einem anderen Ort Fuß faßte, ist nicht bekannt.

Im 15. Jahrhundert wurde Hausen wüst.[43] Auf dem Märkergeding am 13. April 1401 wurde es noch aufgerufen, auf dem Geding am Katharinentag 1401 erwähnte es der Markschreier nicht. Hausen hatte sein Mitsprache- und Nutzungsrecht verloren oder es bestand nicht mehr. Wahrscheinlich ist sein Untergang während der bis etwa 1420 andauernden Unruhen im Gefolge des Städtekriegs besiegelt worden. Bei der Eppsteiner Bruderteilung 1433 hieß es, „Obernursel und Husen daran gelegen" werde Eberhard zugesprochen.[44]

Bei dem Grenzumgang von 1568 wurden mehrere Häuser/Heuser Grenzpunkte genannt und beschrieben, wie man von der „Häuser Landwehr" oder dem „Häuser Hain" durch Überqueren des Wiesentals die ehemalige „Häuser Mühle" (lußmuhle) erreichte.[45] Diese Mühle ist in der „Hirschkarte" aus der Zeit um 1587 noch mit Mühlrad eingezeichnet.[46]

1590 war Hausen definitiv „nit mehr vorhandten".[47]

Um das neue freie Land stritten sich Oberstedten und Oberursel mit großer Ausdauer. Oberursel argumentierte, das abgegangene Dorf Hausen sei in dem alten Oberurseler Gerichtsbuch verzeichnet und das Häuser Gericht sei 1455 auf Ursel übertra-

„Heusermihl" und „Heuser Schlag", Detail der „Hirschkarte", um 1587

gen worden. Deshalb gehöre ihm der größte Teil des Landes. Der lange Streit wurde erst am 14. Juli 1599 von dem Kurfürsten von Mainz und dem Landgrafen von Hessen durch Vergleich beendet. Strittig blieben drei Wiesen im „Heuser Grund".[48]

An das längst untergegangene Dorf erinnern heute noch die Flurnamen Häuserfeld, -hain, -mühl, -schlag, -weg.

Mittelstedten

In Oberurseler Gemarkung, zwischen Homburg (Platzenberg), Ober- und Nieder-

stedten, lag im 14. Jahrhundert das Dorf Mittelstedten, das als Markort zuletzt 1401 genannt wurde. Erhalten haben sich vor ihm die Flurnamen Mittelstedter Feld, -Gericht und -Linde.[49]

Jacobi fand auf Mittelstedter Terrain die Grundmauern von zwei großen Gebäuden, die er als römische Getreidespeicher zur Versorgung des Saalburgkastells interpretierte. Auch fand er Reste von Grundmauern des mittelalterlichen Dorfes, Töpfe und zahlreiche Scherben.[50]

Mittelstedten wurde im Jahr 1303 erstmals erwähnt, unter der Bezeichnung „mediocrem Stedin".[51] 1338/41 verpfändete Gottfried von Eppstein die Hälfte von Mittelstedten.[52] 1342 erschienen als Bürger in Frankfurt Berchtoldus Zintgrave und Herman Isenbecher von „mittil Stedin" 1347 Sybold, „Hermans son".[53] 1372 war der Edelknecht Diederich von Sterzelnheim in „Mittelstedin" begütert.[54] 1388 versprach Peter Hirtzbethir von „Mutelsteden", nichts gegen die von Kronberg zu unternehmen.[55]

Wohl bis 1442 waren die Fleming von Hausen in Mittelstedten begütert.[56] Gottfried von Eppstein verlieh 1466 dem Henne von Langsdorf als Burglehen einen Garten zu Mittelstedten, „von dem früher Kla Eschenborner zu Ursel drei Gänse entrichtete".[57] Gegen Ende des 15. Jahrhundert erhielt der Eppsteiner Herr zu Königstein als Zehnt 308 Achtel Korn.[58] Es handelte sich dabei um ein Drittel des Zehnten. Dieser ursprünglich dem Kugelhaus zu Königstein gebührende Anteil wurde 1572 von Graf Ludwig von Stolberg „an das Spital zu OberUrsel" verkauft. Weiter beteiligt war die Pfarrei Kirdorf und die Kartause auf dem Michelsberg zu Mainz.[59]

Über Jahrhunderte besaß die Deutschordens-Kommende Sachsenhausen ein Gu in „Mittelstedin" („medio campo"), das 1331 erstmals erwähnt wurde. Im 15. Jahrhundert erfahren wir etwas über die Lage der Güter: sechs Morgen lagen an der Kolmauern, 3 Morgen am Homburger Pfad, 2 Morgen „uff der hoge", 3 Morgen obendig die Wiesen, ein Morgen Wiesen im freien Grund.[60] Von 1569 an haben sich die Bestandsbriefe der Pächter erhalten.[61] In jenem Jahr nahmen Heinrich Münster und seine Frau Ursula, beide „zu Ursell wonhafftig", gegen ein Achtel „gutes dürres Korns, Kauffmans guet" die Deutschordensgüter in Pacht.

Vom 5. März 1591 datiert der Bestandsbrief des Oberurseler Müllers Jacob Dippel und seiner Ehefrau Leuggel. Später kamen die Güter an Jacob Canter, 1639 an Seibold Bender, 1652 an Joh. Philipp Wentzel.[62] Seit 1714 entrichtete der Bierbrauer Philipp Jamin von Oberursel zwei Malter Korn als Pachtzins. Seinem Nachfolger Heinrich Kietz unterstellte der Oberurseler Brauer Andreas Ruppel 1749, er habe das Gut verderben lassen, so daß es jetzt aus „lauther sandigen schlechten Äckern" bestehe. Gleichwohl bemühte sich Ruppel nachhaltig um die Pacht, die ihm jedoch erst 1753 übertragen wurde. 1784-1800 erscheint der Sohn Johannes Ruppel als Pächter. Da sich herausgestellt hatte, daß „keine authentisirte Beschreibung oder Ackerbuch" existierte, wurde jetzt auf eine „neuerliche Ausmessung, Beschreibung und figurirte Rißfertigung" gedrungen. Mit der auf neun Jahre befristeten „Bestandszusage" an Georg Ruppel vom 6.7.1805 endet die Dokumentation des Deutschordensgutes in Mittelstedter Terminei.

Wie Hausen wurde Mittelstedten beim Märkergeding im Frühjahr 1401 letztmals aufgerufen. Vermutlich ging es ebenfalls während des Städtekrieges um 1420 unter.

Die Bewohner zogen größtenteils nach Oberursel. Ihre Güter in „Mittelstedter Terminei" gingen allmählich in der Oberurseler Gemarkung auf.[63] 1589 waren 17 Personen in Mittelstedter Terminei begütert.[64] 1660 hieß es, Mittelstedten sei "gantz abgegangen und die Terminei der Urseler incorporirt worden".[65]

Schon auf der „Mittelstedter Karte" erscheint der Ort nicht mehr. Aber der Zeichner kannte den Platz und deutete ihn mit einem gestrichelten Kreis an, in dessen Mitte er die Aufschrift anbrachte: „Olim Mittelsteden" („Einst Mittelstedten").[66]

Diese Karte entstand während eines Rechtsstreites, in dem der Mittelstedter Bezirk aufgrund seiner Lage zwischen dem hessischen Homburg und dem mainzischen Oberursel eine wichtige Rolle spielte. Es ging um das Fischen und Krebsen im Grenzbach. Im Jahr 1587 hatte man sich „dahin verhandlett, das die Urseller die Bach oben ahm Furth ahn so alda sich Ober und Mittelsteder marck scheidett bis ahn den Steg ahn Heusels wiesen sich des fischens und krebsens allein zugebrauchen haben sollen, was aber ober und under den specificirten Orthen gelegen, sollen die Homberger solches auch ebener masen vor sich allein inhaben." Damit es keinen neuen Streit gab, sollten Grenzsteine gesetzt werden. Da ihr Verlauf detailliert beschrieben wurde, ist die Lage der „Mittelstedter Terminei" genau nachvollziehbar.[67]

Die „Mittelstedter Karte" zeigt uns auch den Standort des noch Jahrhunderte nach dem Untergang des Dorfes fortbestehenden höfischen Gerichts in Mittelstedter Gemarkung. Zwei Bäume (Linden) kennzeichneten den Platz südlich der Wüstung, am Rande des „Mittelsteder Hoffisch Feldt", als Gerichtsort. In den Quellen heißt es, das Gericht werde „uff der Wurtzell" gehalten,

Die Wüstung Mittelstedten, das „Mittelsteder Höffisch Feldt" und der „Mittelsted. Gericht Sitz", Detail der „Mittelstedter Karte", um 1587

so daß wir vielleicht annehmen können, daß der mit der Beischrift „Hir Mittelsted. gericht Sitz" versehene halbrunde Platz die Stelle eines abgestorbenen dritten Baumes einnahm.[68]

Im 16. Jahrhundert erhob der Oberurseler Schultheiß von dem Mittelstedter Gericht die herrschaftliche Steuer,[69] die z.B. 1543/44 in 17 jungen Hühnern und 17 Mesten Hafer bestand. Damals gehörten zum Gericht acht Personen aus Oberursel, Bommersheim und Oberstedten.[70] Noch 1660 las man, es „würdt auch noch uff Donnerstag nach Misericordias Domini ein Gericht, so von Urseler Bürgern besetzt und im nahmen Ihro Churfl. Gnaden durch ein Schultheissen zu Ursell gehögt würdt, daselbs im freien Feld gehalten, bei welchem alle, die mit viel oder wenig begütert, erscheinen, von jedem Morgen 1 pfg., so dem Schultheissen zukombt, erlegen, auch sonst der Gerichtsordnung nachkommen mußen."[71]

Wie so oft bei Wüstungen, kam es noch lange nach dem Verschwinden des Dorfes Mittelstedten zu heftigen Streitigkeiten über die Rechte an der Gemarkung. Nachhaltig stritten Oberursel und Oberstedten, das sich benachteiligt und in seinen alten Rechten beschnitten fühlte. 1587 wurde Oberstedten gestattet, gemeinschaftlich mit Oberursel in Mittelstedter Gemarkung zu

eiden („Koppelweide").[72] Damit hatte es
ber nicht sein Bewenden. 1598 jagten die
Urseler die Oberstedter mit ihren Schafen
us dem Mittelstedter Johannesfeldchen.
Als die Schafe zwei Jahre später sogar nach
Oberursel „entführt" worden waren, kam
s zu einer gewaltigen Schlägerei.[73] Dies
inderte die Urseler nicht daran, das Ganze
m Jahr 1616 zu wiederholen. 1618 wurde
ndlich den Oberstedtern die Koppelweide
m Johannesfeldchen entzogen. Dagegen
ollten sie sich auf dem „Schindberg", gleich
en Oberurselern, der Mitweidgerechtig-
eit „zu ewigen Zeiten ungehindert" er-
reuen.[74]

1789 gab es einen „Mittelstedter Hof", der
nnähernd 600 Morgen Land umfaßte. In
enem Jahr wurde das Gericht, wohl erst-
nals, in Oberursel auf dem Rathaus abgehalten. Zwei Drittel der Feldrügen standen den in der Gemarkung Begüterten zu,
die sie sofort in einer Mahlzeit verzehrten,
zu der auch Amtsvogt und Stadtschreiber
zugezogen wurden. In jenem Jahr stellte
ndessen der Amtsvogt den Antrag, das
Gerichtsessen „einzusparen". Doch das
kurmainzische Oberamt beschied, daß es
bei dem „uralten hergekommenen Brauch"
bleiben solle. Ein neuerlicher Versuch, dem
städtischen „aerario" das Geld zuflißen zu
lassen, scheiterte 1808 endgültig.[75]

Die beiden nun folgenden Wüstungen lagen nicht auf Oberurseler Gemarkung. Da
sie trotzdem für die Stadt von Bedeutung
waren, sei ihr Schicksal kurz geschildert.

Niederstedten[76]

Das seit dem 9. Jahrhundert erwähnte Dorf
„Stetine" war sehr wahrscheinlich mit dem
späteren Niederstedten identisch. In diesem
bedeutendsten der drei Stedten-Dörfer gab
es in der Karolingerzeit „beträchtliches

Reichsgut und auch eine königliche Eigenkirche", die dem heiligen Remigius geweiht
war.[77] Sie lebte offenbar in der 1310 erwähnten Kapelle zu Stedten fort, die mit
zwei weiteren (Weißkirchen und Kalbach)
Filial der Pfarrkirche zu Crutzen war. Bei
der Einführung der Reformation im Jahr
1525 wurde noch Gottesdienst in dieser Kapelle gehalten.[78]

1263 war Gottfried von Eppstein in
„Niederstetten" begütert.[79] 1354–66 hatten
Frank von Kronberg und Werner und Johann von Vilbel gemeinschaftlichen Besitz
in „Niederstedtin".[80] 1434 wurde Frank von
Kronberg vom Abt von Fulda mit der Kirche zu Crutzen und dem Dorf Niederstedt-
ten einschließlich dem Gericht, dem Dinghof und seinem Zubehör belehnt.[81] Seit
der Mitte des 15. Jahrhunderts hatte auch
Gottfried von Eppstein ererbte und von den
Fleming von Hausen überkommene Rechte
in Niederstedten.[82] 1496 belehnte der Abt
von Fulda Heinrich von Vilbel[83] mit der
Crutzenkirche und Gericht und Dinghof
zu Niederstedten.

Im 14. Jahrhundert werden als Frankfurter Bürger genannt: Arnoldus centurio
(= Hauptmann) de inferiori Steden (1341);
1345 Peter der schuchwurte von nydir Steden und Hedewig Wubern von nydir
Steden; Bürge: syfrid von Steden. (1345);
Concze Cinggreffe von nydern Stedin
duchscherer.[84]

Im 15. Jahrhundert scheint in Niederstedt-
ten eine Mühle existiert zu haben, denn es
wird eine Mühlwiese („molwesen") genannt.[85]

Niederstedten wurde offenbar erst im
späteren 16. Jahrhundert wüst. In den Streitigkeiten um das Mittelstedter Feld ist noch
von dem Niederstedter Schäfer die Rede.
Auch wurde in der zu diesem Streitfall gehörigen Karte Niederstedten (anders als Mittel-

stedten) noch nicht als Wüstung eingezeichnet. Vielmehr sehen wir die vermutlich seit 1525 verwaiste Kapelle bzw. deren Ruine und einen Lindenbaum. Sie leben in den Flurnamen Niederstedter Feld, Kirchweg, Kirchhof, Kirchhofslinde, Kirchhofswiesen und Taufstein fort.

Auch das Niederstedter höfische Gericht wurde noch bis ins frühe 19. Jahrhundert hinein „auf dem Niderstetter Kirchhofe unter einem Baum alle Jahr das Gericht unter dem freyen Himmel geheeget und gehalten und alle diejenigen zu Homburg oder anderwerts angesessenen Unterthanen, welche in dieser Grenze begutert sind bei solchem erscheinen müssen". Die Stadt Homburg bestellte hierfür sieben Schöffen und einen Schultheißen, den man den „Bockfeller" oder „Haut-Schultheiß" nannte, weil er für besondere Dienste mit einer Bockshaut „in Natur oder Geld" belohnt wurde.[86]

Heute befindet sich auf dem Standort des ehemaligen Niederstedten eine Ruhestätte für Haustiere („Hundefriedhof").

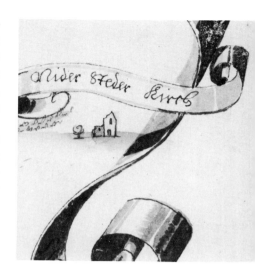

Die Wüstung Niederstedten, Detail der „Mittelstedter Karte", um 1587

Mittelursel

Das Dorf Mittelursel wurde im 14. Jahrhundert mehrfach erwähnt. Es lag zwischen Nieder- und Oberursel. In den Frankfurter Bürgerbüchern erscheinen als aufgenommene Bürger: 1323 „Wenczlo Sintram de mittel Ursele",[87] 1345 „Hennekin Grahen son von mitteln Ursele", fideiussores pro 1/2 mr. Conrad Stracke, Petir Grozse von mitteln Ursele.[88] und 1349 „Conrad zymmirman von mitteln Ursele"fideiussores pro 1/2 mr. Heil Welkir eyn winschroder und Peter schultheizse von mytteln Ursele.[89]

1340 erhielt das Stiftskapitel von St. Bartholomäus den Zehnten in Mittelursel zugesprochen.[90] Zu dieser Zeit hatten die Nor nen des Prämonstratenserklosters Retters i Mittelursel einen Hof, den „Mönchshof" zu dem eine St.Veitskapelle gehörte.[91]

1378 hatte Königstein jeweils die Hälft der Gerichtsbarkeit am Mönchshof „uf dem berge bii Mittelursel." „Det sint cinse zu Mitteln Ursel 1/2 marg zu bede".[92]

1433 fiel der Anteil Eberhard von Epp stein zu.[93] Seit 1436 unterstand Mittelurse drei Herren: Königstein, Kronberg und de Stadt Frankfurt.[94] 1453 hatte die Herr schaft Königstein den Mönchshof „zu sich gezogen".[95]

Als Mitglied der Hohen Mark wurde Mit telursel 1484 zum letzten Mal genannt.[9] Der Verfall Mittelursels ist jedoch erst um die Mitte des 16. Jahrhunderts eingetreten. „Den ersten schweren Schlag müssen Dor und Mönchshof 1552 von den abziehenden Belagerungstruppen erlitten haben".[97] Die Aufgabe des Klosters Retters 1559 beschleunigte die Verödung Mittelursels.

Auch nach dem Verfall Mittelursels hielt man auf dem verbliebenen Mönchshof weiter das Gericht.

Lange hielt sich auf dem Mönchshof auch die Kirchweihe; doch hieß es 1558, es sei seit Jahren keine „Kirbe" gehalten worden.[98] In den Königsteiner Rentei-Rechnungen findet sich bis in die Mitte des 17. Jahrhunderts die wörtlich wiederholte Notiz: „Uff dem Munchoff zu Mittel Ursell ist seid hero der Baure Ufruhr kein Kirb gehalten worden. Vor dem Ufruhre ab(er) ist das Kirbgelt daselbst zu geraden Jaren der Herrschafft Königstein, und zu ohngerade Jaren Solms und Franckft. gefallen." Die weiterhin entrichtete Maibede betrug 20 Gulden pro Jahr.[99]

Das von Königstein, Solms und Frankfurt weiterhin gemeinsam auf dem Mönchshof gehegte Gericht ging erst 1581, nach dem Tod Graf Christophs ein.[100] Der Versuch, die Gemarkung ganz unter kurmainzische Landeshoheit zu ziehen, mißlang. In die hohe Obrigkeit hätten sich Frankfurt und Solms „de facto mit einzubringen unterstanden".[101] Doch mit dieser Rechtsverdrehung kam Mainz nicht weit. 1592 mußte

Mittelursel, Abgaben, 1581

sich Kurmainz zur Teilung des „Mittelgerichtes" herbeilassen; es erhielt die Hälfte, Frankfurt und Solms zusammen die andere, samt hoher und niederer Obrigkeit.[102]

1660 hieß es, das Dorf Mittelursel „oder der Münchhof genant" sei „gäntzlich abgangen".[103] Und in der topographischen Geschichte von 1782 lesen wir: „Vormals gab es auch ein drittes Ursell, nämlich Mittel-Ursel, ein kleines Dorf, welches zwischen Ober- und Niederursel lag, in zween Urkunden v. J. 1340 vorkömmt, aber in der Folge ausgegangen ist."[104]

Oberursel zur Zeit der Reformation [1]

Das Zeitalter der Reformation wird in der Oberurseler Lokalforschung als „Das Goldene Jahrhundert" bezeichnet. Die Stadt wuchs erstmals im Lauf ihrer Geschichte über ihre rein wirtschaftliche Bedeutung hinaus.[2] Die Geschäftsbeziehungen der Urseler Gewerbetreibenden, insbesondere wohl die Messebesuche der Tuchmacher, hatten deren Gesichtskreis erweitert, und sie brachten neues Gedankengut und reformatorische Ideen in die Stadt.[3] Überhaupt war man durch die Nähe Frankfurts gut informiert, sicher auch über den Auftritt Luthers im Jahr 1521. Die gemeinsam regierenden Grafen Georg und Eberhard von Eppstein legten dem Eindringen der reformatorischen Bestrebungen keine Hindernisse in den Weg, obwohl sie selbst katholisch blieben. Ihr designierter Nachfolger, Graf Ludwig von Stolberg, hatte dagegen in Wittenberg die Schule besucht und war ein eifriger Anhänger Luthers geworden; 1521 ließ er sich in Königstein nieder.

Es scheint, als habe Graf Ludwig dafür gesorgt, daß in Oberursel schon seit 1522 die neue Lehre verbreitet wurde. In jenem Jahr kam der junge Pädagoge, Dichter und Humanist Erasmus Alberus nach Oberursel. Er war ein Studiengenosse Graf Ludwigs. Alberus wurde die Gründung einer Lateinschule (gelehrte Schule) in Oberursel übertragen.[4] Als überzeugter Anhänger Luthers stellte er den Katechismus in den Mittelpunkt des Unterrichts. Zur Vermittlung seines „Lehrstoffes" bediente er sich mit Vorliebe von ihm selbst gedichteter Fabeln, die er als Gleichnisse für Zwecke der Lehre betrachtete.

Die Lateinschule mit ihrer humanistischen Prägung zeitigte in einer relativ breiten Bevölkerungsschicht Folgen: eine erstaunlich große Zahl junger Männer aus Ursel bezog im 16. Jahrhundert eine Universität.[5] Nicht zuletzt das Verdienst der Lateinschule und ihres Leiters war es auch, daß die evangelische Lehre in Oberursel sehr bald festen Fuß faßte, wie Erasmus befriedigt feststellte: „Gotts wort wird ihn gepredigt recht, Nach Doctor Martin Luthers weiß, Das hört man da mit gantzem fleiß."[6]

1527 verließ Erasmus Alberus Oberursel. Der dichtende Schulmeister setzte der Stadt in seinem Gedicht „Von einem armen Edelmann" (1537) ein Denkmal. Besungen wurden darin nicht nur die Urseler Frauen, deren eine Alberus zur Gattin nahm. Besungen wurde vor allem der Oberurseler Amtmann Philipp Reiffenstein, der Freund und Gönner Erasmus Alberus'. Wie schon sein Vater und seine vier Brüder war Philipp Reiffenstein Humanist.[7]

Der religiöse Aufbruch blieb nicht auf die Gelehrten beschränkt, sondern ergriff gleichermaßen Stadtbürger und Landbevölkerung. Nach Kronberger Vorbild bildete sich in Oberursel eine evangelische „Brüderschaft", an deren Spitze ein angesehener Bürger stand.[8]

Der katholische Pfarrer Johannes Rau hatte nach erfolglosem Widerstand 1525 seine Stelle räumen müssen. Als erster lutherischer Prediger in Oberursel wurde Dietrich Sartorius eingesetzt. Das Präsentationsrecht des Bartholomäusstiftes war damit gegenstandslos geworden. Solange das evangelische Oberursel unter der Herrschaft der Königsteiner Grafen stand, ernannten diese den Pfarrer zu Oberursel, der ihnen von Schultheiß und Rat der Stadt und vom lutherischen Superintendenten präsentiert wurde.

Die Reformation bewirkte eine grundsätzliche Veränderung der kirchlichen Verhältnisse in Oberursel. Die junge Gemeinde forderte: Ein- und Absetzung des Pfarrers durch Rat und Gemeinde zu Oberursel, Abschaffung der Steuerfreiheit der Geistlichen, Verwendung der geistlichen Pfründen zur Unterhaltung von Lehrern. Gleichzeitig wurde dem Bartholomäusstift die Zahlung des Zehnten verweigert, worin die Bürgerschaft vom Rat und von Graf Eberhard von Königstein bestärkt wurde. Letzterer bestimmte, daß der Zehnte von Bommersheim und Stierstadt zur Hälfte den Gemeinden verbleiben, zur anderen Hälfte zum Unterhalt von Kirchen und Schulen in Oberursel dienen sollte. Die Einkünfte des Michaelis- und Katharinenaltars zu Oberursel wurden zum gleichen Zweck eingezogen.[9] Das Stift hatte also den Zehnt verloren. Erst in mainzischer Zeit (1594) erhielt es ihn zurück.[10]

Als das Haus Eppstein im Mannesstamm auszusterben drohte, konnte Eberhard IV. für seine Seitenverwandten wenigstens eine eingeschränkte Lehnsfolge durchsetzen und ihnen somit die Grafschaft erhalten. 1521 genehmigte ihm der Kaiser, daß die Reichslehen auf seine Töchter oder auf „eine mannsperson" unter den Kindern seiner Schwester Anna übergehen sollten. 1535 starb Eberhard IV., der letzte Eppsteiner. Graf Ludwig v. Stolberg trat die Nachfolge an. Am 5.6.1535 huldigten die Ge-

meinden dem neuen Landesherrn: die Urseler auf der „Freiheit", die zwölf zum Gerichtsbezirk gehörenden Dörfer auf der Au.[11] Das bereits evangelische Oberursel erfreute sich der besonderen Gunst Graf Ludwigs. Schon bald nach seinem Regierungsantritt richtete er die Stelle eines Kaplans ein, der den Pfarrer unterstützen und die Filiale Stierstadt versehen sollte.[12] In dem zu seiner Zeit entbrannten Dogmenstreit unter den Reformatoren bezog Graf Ludwig die Position der reinen Lehre der Lutheraner (Flacianer). In der Gründung einer auf religiöse Streitschriften spezialisierten Druckerei in Oberursel fand dies seinen Niederschlag.

Anfänglich hatte das Haus Königstein nur einen Amtmann. Im Amt Königstein begannen sich in der 2. Hälfte des 16. Jahrhunderts Unteramtsbezirke herauszubilden, so um Königstein einer mit 12 Orten und um Oberursel ein Bezirk mit den Orten Oberursel, Bommersheim, Stierstadt, Weißkirchen, Heddernheim, Kalbach, Obererlenbach, Harheim, Oberwöllstadt, Kirdorf.[13] Außerdem wurde die Kellerei zu Königstein in drei „Zirke" eingeteilt: Königstein, Oberursel, Holzhausen. Amtmann und Keller verwalteten nicht nur das Territorium, sondern auch den ganzen darüber hinausgehenden Herrschaftsbereich.

Unter Ludwig von Stolberg blieb die Grafschaft bis etwa 1545 in geordnetem Zustand. Danach wurden größere Anleihen, vor allem auf die Einnahmen der herrschaftlichen Städte aufgenommen.[14] Das wohlhabende Oberursel wurde besonders herangezogen[15] 1563 borgte Graf Ludwig bei der Stadt 1000 Gulden, wofür jährlich 50 Gulden Zinsen zu entrichten waren.[16] 1565 entlieh die Stadt Oberursel für Graf Ludwig von Stolberg 2000 Gulden aus einer Dürkheimer Almosenstiftung.[17] 1579 bestätigte

Graf Christoph, daß ihm die Stadt 9000 Gulden und seinem verstorbenen Bruder 2000 Gulden geliehen habe.[18] Man verglich sich dahingehend, daß der Stadt „die halbe Nutzung unser Jhar Marcks für Ursell" und ein Teil des Weinschanks zustehen sollte, die diese wiederum zur Begleichung der „Dürkheimer" Zinsen aufwendete.[19] In den Kriegszeiten des 17. Jahrhunderts, in denen weder Markt abgehalten noch übermäßig Wein verzehrt wurde, zeigte es sich, daß dies für die Stadt ein schlechtes „Geschäft" gewesen war. 1651 hatten die „Dürkheimer" Zinsschulden die Höhe von 1600 Gulden erreicht, und die Bürger wünschten, „daß unsere antecessores (Vorfahren) von damaligen regierenden Grafen diese schwere Bürgschaft nit uf sich genommen" hätten. Erst 1738 konnte die Schuld endgültig abgetragen werden.

Graf Ludwig von Stolberg unterhielt während seiner ganzen Regierungszeit (1535–1574) Münzstätten. 1569.[20] Vermutlich gleichzeitig mit der Königsteiner, wurde die Urseler Münze in Betrieb genommen, angeblich im Haus St. Ursulagasse 22, in dem sich auch die Druckerei des Henricus befunden haben soll.[21] Beide Münzen waren an den gräflichen Münzmeister Wilhelm Baumgärtner verpachtet. Sie brachten ihm nichts ein, er geriet in Schulden und wurde deshalb 1571 in Frankfurt inhaftiert.

1569 beschwerte sich die Stadt Frankfurt über die geringe Qualität der Urseler Münzen. Die offenbar kleine Urseler Münzstätte

Urseler Hohlpfennig, 1570

gehörte also zu jenen, die Münzen mit zu geringem Gewicht herstellten.

Es wurden in Oberursel geprägt: Taler, Dreibätzner, Halbbatzen, Dreikreuzer und Pfennige. Unzweifelhaft als Oberurseler Produkte identifizierbar sind aber nur die Pfennige, die Graf Ludwig nach ihren Prägestätten signieren ließ: im Fall Oberursels mit einem „V". Oberurseler Pfennige haben sich in nur geringer Stückzahl erhalten, da die Münzstätte in Oberursel nur ungefähr fünf Jahre lang existierte. Mit dem Tod Graf Ludwig im Jahr 1574 wurde die Münztätigkeit eingestellt.

Wie der Vertrag des letzten Eppsteiners für den Fall des Todes von Graf Ludwig vorgesehen hatte, trat dessen Bruder, Graf Christoph von Stolberg, das Erbe an. Seine Regierungszeit sollte nur sieben Jahre dauern. Als er 1581 starb, machte der Kurfürst von Mainz mit kaiserlicher Unterstützung den Stolbergern das Erbe streitig. Mit Erfolg.

Oberursel als Druckerstadt[1]

Der Gründer: Nicolaus Henricus

In den Jahren 1557 bis 1599 wirkte in Oberursel ein Drucker, der sich ganz der protestantischen Sache verschrieben hatte: Nicolaus Heinrich, latinisiert Henricus. Henricus wurde um 1530 geboren, wahrscheinlich in Oberursel. Er war verheiratet und hatte einen gleichnamigen Sohn. Die Druckerei gründete er wohl als 25–27jähriger, nachdem er, sehr wahrscheinlich bei Peter Braubach in Frankfurt, sein Handwerk gelernt hatte. Braubach war ein gebildeter Humanist und überzeugter Protestant, der seine Druckerei „der Sache der Reformation ausschließlich zur Verfügung" stellte.

In Frankfurt war das Drucken von Streitschriften unmöglich geworden, weil die Reformierten streng darauf achteten, „daß keinesfalls etwas gedruckt werde, was nicht vom Rat zensiert und genehmigt sei". Und der Rat der Stadt Frankfurt war „sorgsam darauf bedacht, jegliche Unannehmlichkeiten zu vermeiden". Streitschriften-Autoren mußten also weichen. Der mit Erasmus Alberus in Kontakt stehende Frankfurter Pfarrer Hartmann Beyer stellte die Verbindung zu Henricus her. Im nahen Oberursel fanden die Streittheologen, was sie brauchten: eine protestantische Prägung – sie war durch Erasmus Alberus und seine Lateinschule gegeben – und einen engagierten, wagemutigen Drucker, dessen Tun sich landesherrlicher Billigung oder sogar Protektion erfreute.

Der protestantische Graf Ludwig von Stolberg-Königstein, den Henricus 1563 in einer Widmung als „meinen gnedigen Herrn" bezeichnete und lobte, daß er „die reine Göttliche Lehr" nach der Augsburger Konfession erhalte, war zweifellos ein Förderer des Urseler Druckers. Wie weit er das Unternehmen, abgesehen von dem notwendigen Privileg, auch finanziell förderte, wissen wir nicht.

Es gibt verläßliche Hinweise darauf, daß in Frankfurt abgelehnte Werke wenig später bei Henricus in Ursel gedruckt wurden. Der Pfarrer Joachim Westphal aus Hamburg wandte sich gar nicht mehr nach Frankfurt, wo er bis 1557 viele Streitschriften hatte drucken lassen, sondern an Henricus in Oberursel. Der früheste bekannte Druck des Henricus datiert aus dem Jahr 1557, vermutlich dem Gründungsjahr der Druckerei.

Als Druckerzeichen wählte Henricus, obwohl Protestant, die Heilige Ursula in ihrer Funktion als Schutzpatronin der Stadt.

Die kaiserliche Bücherkommission bezeichnete den Urseler Drucker 1579 als „tauber idiota"; man hielt ihn also für einen unbeugsamen Dickkopf. Dieses Urteil kennzeichnet ihn wohl als einen Mann, der sich starr an das hielt, was er einmal für richtig befunden hatte. Henricus druckte selbst „heißeste" Streitschriften, wobei er sich nicht selten in Gefahr begab. Der (Messe-) Stadt Frankfurt bereitete er deshalb oft genug Schwierigkeiten, doch ging sie in keinem Fall gegen ihn vor.

Henricus war Drucker, Verleger, Lektor, Grossist und Buchhändler. Er verkörperte noch in einer Person, was schon wenige Jahre später auch in Ursel deutlich getrennt war: den geistig tätigen Verleger und Buchhändler und den handwerklich arbeitenden Drucker.

Verglichen mit den Erzeugnissen anderer Druckereien waren die Bücher des Henricus armselig ausgestattet, aber der Personenkreis, der für ihn als Käufer in Frage kam, war nicht so bemittelt, daß er sich große, aufwendige Bücher kaufen konnte. Außerdem waren die Werke für den Augenblick bestimmt, aktuell und deshalb kurzlebig. Die Bedeutung der Urseler Druckerei des Henricus liegt in der Konsequenz, mit der sie zeit- und volksnah der lutherischen Reformation diente.

Die Ausrichtung von Druckerei und Verlag

Henricus war einer der wenigen Drucker im 16. Jahrhundert, die mit ihrem Verlagsprogramm einer genau festgelegten Richtung folgten. Wie seine Autoren verteidigte der Drucker und Verleger „mit heftigem Eifer und großer Strenge" das Erbe der lutherischen Reformation. „Wenn Henricus als Drucker in der 2. Hälfte des 16. Jahrhunderts unter vielen Kollegen bemerkenswert ist, dann … wegen der eindeutigen Ausprägung seines Verlagsprogrammes über einen Zeitraum von 42 Jahren hinweg."

Aufgabe und Ziel der Urseler Druckerei war also die Förderung und Erhaltung der reinen Lehre, und Henricus versuchte dies auf zwei Wegen: Durch den Druck von theologischer Streitliteratur, meist in Latein, und durch Bücher zur Belehrung und Erbauung, meist in Deutsch. Er druckte weniger für die Studierstuben der Gelehrten als für die Zeitfragen der Theologen und das christliche Leben des Kirchenvolkes.

Von Henricus selbst ist nur ein Verzeichnis erhalten, das er an der Fastenmesse 1579 der kaiserlichen Bücherkommission in Frankfurt vorlegte. Dieser „Catalogus Librorum Nicolai Henrici Vrsellanensis"

Signet des Nicolaus Henricus, erstmals verwendet 1558

enthielt sechs Bücher in lateinischer Sprache und siebzehn „Deudsche bücher". Innerhalb der Verlagsproduktion dürften die lateinischen Schriften etwa 40% ausgemacht haben.

Thematisch lassen sich die Druckwerke leicht einteilen. Außer einem juristischen Werk und vier humanistischen Schriften finden wir 29% theologische Werke meist in Latein, 58% Bücher geistlichen Inhalts für Laien in Deutsch und 10% Schriften zum Tagesgeschehen.

Dank der günstigen Lage in der Nähe Frankfurts konnte Henricus rasch arbeiten. So konnte er z.B. während der stattfindenden Herbstmesse 1572 das Ergebnis einer Unterredung vom 3./4. September des Jahres herausbringen, die für den reformierten Autor Flacius erfolgreich verlaufen war, was dieser sogleich zu verkünden wünschte.

Insgesamt dürfte Henricus etwa 330 Werke gedruckt haben, durchschnittlich acht Titel pro Jahr. Die Auflagenhöhe der verschiedenen Drucke schwankte zwischen 500 und 1500 Exemplaren. Es kam vor, daß guter Absatz Neuauflagen notwendig machte. So erschien der „Spiegel der Hellen und Zustand der Verdampten" von Christoph Irenäus in vier Auflagen. 1579, 1581, 1588 und 1595.

Die bei Henricus gedruckten Bücher hatten zum Teil beachtlichen Umfang. Die „Heubtartikel Unsers Christlichen Glaubens" von M. J. Corvinus hatten einen Umfang von 1012 Seiten Quart und waren eines der umfangreichsten Druckwerke des Henricus.

Autoren

„Verzeichnet man die Männer, die bei ihm drucken ließen, oder deren Werke er neu aufgelegt hat, dann hat man gleichzeitig eine Aufstellung der bedeutendsten Lutheraner seiner Zeit" (Kopp). Es war aber nicht nur die theologische Lehrmeinung, die den Autoren gemeinsam war, sondern auch in vielen Fällen das Schicksal der Heimatlosigkeit. Die streitbaren und unbeugsamen Männer nahmen lieber das Flüchtlingsleben für sich und ihre Familien in Kauf, als in ihrer Meinung auch nur einen Deut zu weichen.

Unter den Autoren der theologischen Werke ist an erster Stelle Matthias Flacius „Illyricus" zu nennen. Dieser lebte in seinen beiden letzten Lebensjahren (bis 1575) in Frankfurt als Freund von Hartmann Beyer. Er war Anführer einer extrem luthe-risch-rechtgläubigen Partei und hatte, wie alle lutherischen Streittheologen Schwierigkeiten, seine Kampfschriften drucken zu lassen. Henricus druckte eine Reihe Schriften des Flacius, vor allem zur Abendmahlslehre, und wird ihn auch persönlich gekannt haben.

Von den Freunden des Flacius finden wir auch Johannes Wigand als Autor im Verlagsprogramm des Henricus. 1564 veranstaltete Henricus eine Neuausgabe seines 1556 erstmals erschienenen Werkes „Vom Strafampt der Sünden".

Von Simon Musäus druckte Henricus eine deutsche Postille, einen Band Abendmahlspredigten und einen Katechismus. Das Hauptwerk von Matthäus Judex, „Das Kleine Corpus Doctrinae", erschien bei Henricus in mehreren lateinischen und deutschen Ausgaben.

In späteren Jahren druckte Henricus mehrere Werke von Samuel Huber. Der gebürtige Schweizer führte das für die Henricus-Autoren charakteristische unstete Leben. In den Jahren 1595–99 ließ er bei Henricus 13 Schriften drucken, die fast alle Fragen der Erwählung und der Praedestination zum Thema hatten.

Zu den in Ursel erschienenen theologischen Büchern gehörte die 1563 gedruckte „Kirchenordnung", die in jenem Jahr von Graf Ludwig von Stolberg-Königstein für seine Grafschaft verbindlich gemacht wurde.

Während seiner ganzen Tätigkeit als Drucker finden wir bei Nicolaus Henricus immer wieder Nachdrucke und Auszüge von wichtigen Luther-Schriften.

Georg Nigrinus, zum Zeitpunkt des Kontaktes mit Henricus Pfarrer in Echzell und Superintendent der Grafschaft Nidda, wandte sich als antikatholischer Polemiker vor allem gegen die Jesuiten. In den Jahren

1570–74 erschienen bei Henricus 15 Werke von Nigrinus.

Unter den orthodox-lutherischen Theologen und Pfarrern war seit 1552 eine besondere Gattung der Volksliteratur entstanden, die auch im Verlagsprogramm des Henricus eine bedeutende Rolle spielte: die Teufelsbücher, mit denen das Christenvolk vor den vielfältigen Angriffen des Teufels gewarnt werden sollte. Die Aufnahmebereitschaft für solche Bücher wurde gefördert durch die allgemeine Dämonisierung des Lebens. Nicolaus Henricus war als treuer Anhänger des Luthertums mit seinem Verlag und Druckerei maßgeblich an der Verbreitung der Teufelsbücher beteiligt. Fünf Erstdrucke und sechs Nachdrucke lieferte er.

Zum Verlagsprogramm gehörten auch eine Reihe von Schriften, die in den Leiden der gegenwärtigen Zeit erbauen und aufrichten sollten. Autoren dieser Trostbüchlein waren vor allem der Büdinger Pfarrer Josua Opitius und sein Freund Michael Eychler. Von ihnen erschienen zwischen 1578 und 1587 zweiundzwanzig meist kleine Büchlein.

Zu erwähnen ist noch der Pfarrer Christoph Obenhin, der 1563–78 Seelsorger der Urseler Gemeinde war und während dieser Zeit bei Henricus fünf Werke drucken ließ, darunter ein theologisches Handbuch, einen Bericht vom freien Willen, einen Bericht vom Almosen und ein Teufelsbuch („Eydtteufel"). Sein größtes Werk, „Promptuarium Sacrosanctum", eine Sammlung von Bibelsprüchen, erschien 1576; es war mit einem Titelblatt geschmückt, zu dem vermutlich Jost Amman den Holzschnitt geliefert hatte.

Auch Nicodemus Frischlin fand 1586 in Henricus einen Drucker für ein besonders maßloses Werk. Frischlin war ein begabter Dichter lateinischer Komödien und deutscher Dramen, Oden und Elegien und dafür schon früh vom Kaiser mit dem Titel poeta laureatus und palatinus ausgezeichnet worden. Seine Kampfschriften gegen den Tübinger Professor Martin Crusius waren polemisch und fanden kaum Verleger. Henricus arbeitete für ihn prompt und zuverlässig, riskierte sogar Schwierigkeiten wegen des Vertriebs einer Schmähschrift. 1590 hielt sich Frischlin in Oberursel auf.

Zeitungen und Meßrelationen aus Ursel

Henricus hat immer wieder „Zeitungen" veröffentlicht, doch lassen sich wegen der Vergänglichkeit des Mediums keine Aussagen über ihre Zahl treffen. „Zeitungen" waren zur Zeit des Henricus „Berichte über einzelne interessante und wissenswerte Ereignisse, die untereinander in keinem Zusammenhang standen". Henricus druckte insbesondere solche Nachrichten, die Gottes wunderbares und mahnendes Handeln in der Welt verdeutlichten.

Schon im ersten Jahr seiner Tätigkeit, 1557, hatte er unter dem Titel „Wahrhafftige Beschreibung und gründlich verzeichnus erschreckender Wunderzeichen und Geschichte, die von dem Jar von 1501 bis auf das Jar 1556 geschehen" ein berichtendes Werk des Jacobus Fincelius gedruckt. Es ging um Hexen, Marter, Zauberei und Unwetter. Verschiedene Zeitungen betrafen den Türkenkrieg.

Die Vorläufer unserer Wochen- und Tageszeitungen waren die Meßrelationen. Sie enthielten Berichterstattungen über die Ereignisse eines halben Jahres, jeweils von der Fasten- zur Herbst- und von der Herbst- zur Fastenmesse. Erfunden wurden die Meßrelationen in Köln 1583, in Frankfurt wurden sie 1591 nachgeahmt von dem

Buchhändler Paul Brachfeld aus Antwerpen. 1593 wurde erstmals der Drucker der Frankfurter Meßrelationen genannt: Nicolaus Henricus in Ursel. Nach der Fastenmesse 1595 kamen die Relationen unter dem Orts-Decknamen „Walstatt" heraus. Die Gestaltung des Titelblattes macht es wahrscheinlich, daß wenigstens einige Ausgaben nicht mehr in der Urseler Druckerei entstanden. Doch hat noch Henricus' Nachfolger Cornelius Sutor in Ursel 1599 Meßrelationen gedruckt. Die Relationen waren so beliebt, daß 1595 und 1599 Sammelbände mit allen bis dahin erschienenen Ausgaben auf den Markt gebracht wurden.

Allem Anschein nach hat Henricus die Meßrelationen nicht nur gedruckt, sondern gelegentlich auch bei der Material-Sammlung und -Bearbeitung mitgearbeitet. Bestimmt verantwortlich war er für eine Urseler Notiz unter der Überschrift „Ungestümer Windt thut grossen schaden": „Am 15.tag Jenners (1593) morgens umb 4. Uhren erhub sich zu Ober Ursel in der Graffschaft Königstein / und derselben gegend herumb ein grausame ungestümigkeit des Windes / thet mercklichen Schaden an den Bäumen / riesse unzehliche Eichen und Buchen in den Walden und Obsbäume in den Gärten und aff den Eckern mit den Stämen und Wurtzeln auß der Erden / und fället sie wunderbarlich über und durch einander. Es ward auch ein klein Erdbidem darbey gespüret / also / das die / so in ihren Betten gelegen / darvon bewegt und erschüttelt worden".

Für uns sind die Meßrelationen von großem Interesse, weil sie einen Einblick in die Verhältnisse der damaligen Zeit gewähren. Berichte von den verschiedenen Kriegsschauplätzen wechseln sich ab mit Nachrichten von den Herrschern, ihren Plänen, ihrer Politik und den Familienneuigkeiten.

Eine Reihe von Meldungen befassen sich mit Unglücksfällen und seltsamen Ereignissen.

Die Relationen waren mit Kupferstichen von Schlachten und Landkarten versehen. Sie zeigen Henricus als einen sehr prompt und zuverlässig arbeitenden Drucker, denn trotz der großen Eile – die Relationen wurden erst kurz vor den Messen abgeschlossen und oft noch mit einem Anhang „letzte Meldungen" versehen – ist die Zahl der Druckfehler und Irrtümer erstaunlich gering. In seinem gesamten Verlagsprogramm nehmen diese „Berichterstattungen" nur einen kleinen Raum ein, aber sie sind ein gutes Zeugnis für die Leistungsfähigkeit der Urseler Druckerei.

Der Buchhandel und die Zensur

Zum ersten Mal wird Henricus als Buchhändler erwähnt in einer Streitsache, wobei ausgesagt wurde, daß ein Drucker aus Lemgo an der Fastenmesse 1563 „mit Hülf Nicolauß Heinrichen, Buchdruckers zu Ursel, ein vaß mit Buch kaufft, und er Nicolauburg worden, das derselben Nechstkunftige Herbstmeß bezalt werden solt, solche bücher auch gen Lemgo verdingt worden zuführenn". 1572 wird Nicolaus Henricus zweimal als Schuldner erwähnt. Die Schuldscheine zeigen, daß er offenbar regelmäßig Papier aus Straßburg bezog und daß er dafür zur Herbstmesse 1572 einen Betrag von 8 Gulden 2 Schilling zehn Pfennig Straßburger Währung gestundet bekam. Zur damaligen Zeit kostete der Ballen Papier normaler Qualität etwa acht Gulden, so daß die genannte Summe für 10 Ballen = 2 000 Buch = 50 000 Bogen zu zahlen gewesen wäre. Außerdem dürfte Henricus einen Teil seines Papiers bei Frankfurter Fabrikanten oder sogar in der Oberurseler Papiermühle eingekauft haben. Zur Orientierung über den Papierbedarf Henricus' sei das Beispiel des „Spiegel des ewigen Lebens" von Ch. Irenäus von 1572 genannt; hierfür wurden 100 Bogen benötigt. Für ein gleichzeitig erschienenes Teufelsbuch benötigte er pro Exemplar jedoch nur 17 Bogen, was dem durchschnittlichen Umfang der bei Henricus gedruckten Werke entsprach.

Am 23.3.1579 ordnete Kaiser Rudolf II. eine strengere Bücherzensur und Überwachung der Messe an. Bisher hatte der Rat der Stadt Frankfurt als Hüter der Ordnung bei privatrechtlichen Klagen wegen Nachdruck und Zahlungsverzug Recht gesprochen und durch beauftragte Personen eine Zensur über die in Frankfurt selbst erscheinenden Werke ausgeübt. Nun bestellte der Kaiser den jeweiligen Fiskal am Kammergericht zu Speyer zum Bücherkommissar. Bevor sich jedoch die kaiserlich beauftragte Kommission erstmalig zur Herbstmesse 1579 konstituierte, ließ der Rat zur Fastenmesse ein „Verzaichnuß der Büchtrucker, Buchhändler und Buchführer, so in der Fastnmeß des 79. Jars zu Franckfurtt gewesen" erstellen. Darin finden wir auch die Notiz „Ursell. Nicolauß Hainrich. Truckt undt verkaufft, und kaufft". Hier ist also die im Falle Paulus Schmidt 1563 angedeutete Tatsache ausdrücklich bestätigt, daß Henricus auch mit den Erzeugnissen anderer Drucker handelte. Unter den Anlagen befindet sich der „Catalogus" der Urseler Druckerei. Zur Herbstmesse 1579 begann die Kommission ihre Arbeit und befragte die erschienenen Drucker, Verleger und Buchhändler nach ihrem Bücherverzeichnis, nach kaiserlichen Druckprivilegien für besondere Werke und den dafür zu entrichtenden Pflichtexemplaren. Nach Köln, Straßburg, Frankfurt, Basel und Tübingen

erscheint auf einem Blatt mit Paris und Venedig „Ursell bey Franckfurt" mit der Notiz: „Niclas Heinrich, Drucker, hat kein Privilegium, sagt sein Bücher werden zu Königstein examinirt, hat kein Urkunth noch Catalogum. Ist ein tauber idiota." Die Angabe, seine Bücher würden zu Königstein examiniert, ist wohl eher eine faule Ausrede, denn eine ernstzunehmende Tatsache. Sowohl der 1574 gestorbene Graf Ludwig als auch sein danach regierender Bruder, Graf Christoph von Stolberg-Königstein, waren fromme Männer, die keinesfalls die Urseler Druckerei durch eine strenge Zensur behinderten. Selbst nach dem gewaltsamen Übergang der Herrschaft Königstein an Mainz gab es weder einen Konfessionswechsel noch einen Bruch in der Tätigkeit des Henricus, der weiterhin im Dienst der evangelischen Sache stand.

Der Nachfolger: Cornelius Sutor

Henricus hatte im Lauf der Jahre sicher mehrere „Schüler". Einer von ihnen, Johann Spieß, übersiedelte 1572 von Ursel nach Frankfurt und richtete dort eine Druckerei ein, die er bis 1610 betrieb. Johann Spieß wurde zu den bedeutendsten Druckern Frankfurts gezählt. Ein anderer war Wendel Humm (Homm), auch aus Oberursel, er etablierte sich ebenfalls in Frankfurt.

Auch Henricus' Sohn Nikolaus hatte die Kunst des Buchdrucks gelernt und sollte die väterliche Druckerei übernehmen. Es kam aber anders. Der junge Buchdruckergeselle hatte in München die verwitwete Tochter des berühmten Druckers Adam Berg, Susanna, kennengelernt. 1597 wollte er sie heiraten und in München eine eigene Druckerei errichten, sehr zum Verdruß der beiden

Väter. Trotz ihres Widerstandes kam die Heirat zustande. Der noch 1597 erteilten Erlaubnis zur Niederlassung als Drucker war Henricus' Konversion zum Katholizismus vorausgegangen. Wie sein Vater für die streng lutherische Sache arbeitete der Sohn für die streng katholische. Er veröffentliche zahlreiche Werke von Jesuiten und wurde schon bald Hofbuchdrucker.

Ursellis-Druck von Cornelius Sutor, 1611

Henricus sen. wird sich seit 1597 nach einem Nachfolger für die Druckerei umgesehen haben. Noch im gleichen Jahr druckte er ein Werk, in dessen Impressum

als Auftraggeber Cornelius Sutor (Schuster) aufgeführt wurde. Im folgenden Jahr 1598 erscheint Sutor als selbständiger Drucker in Ursel. Man kann daraus schließen, daß ihm Henricus seine Druckeinrichtung und seine Gesellen überließ, nachdem sein Sohn Ursel verlassen hatte. Nicolaus Henricus arbeitete weiter neben Sutor; so erschienen 1599 noch fünf Bücher unter seinem Namen, vier davon hatten Samuel Huber zum Verfasser. Es ist unbekannt, ob Henricus danach noch gedruckt hat. Möglicherweise ist er bald danach gestorben, denn er wird bei der Befragung der Urseler Bürger wegen des Konfessionswechsels, 1605, nicht mehr genannt.

1598 schrieb Sutor im Impressum: „Urselis, ex officina typographica Cornelii Sutorii." Er hatte also die Urseler Druckerei jetzt fest in der Hand.

Cornelius Sutor stammte aus Rheinberg. Seinen Nachnamen Klompen (Holzschuh/Holzschuhmacher) hatte er, wie viele Intellektuelle seiner Zeit, latinisiert. Die zahlreichen lateinischen Vorworte zu Büchern, die er selbst verlegte, zeigen ihn als einen gebildeten Mann. Er arbeitete zunächst als Verleger und Buchhändler und unterschrieb 1598 eine Widmung „Cornelius Sutorius, civis & Bibliopola Ursellanus" (Urseler Bürger und Buchhändler). Später nannte er sich auch „Typographus".

Im Jahr 1598 versah Cornelius Sutor das Titelblatt einer Leichenpredigt mit seinem Signet, einer Frau mit dem Spaten über der Schulter und einem Anker in der Hand sowie der Umschrift „In spe et labore".

Die Rekatholisierung Oberursels im Jahr 1605 war auch für die Urseler Druckerei und ihren Besitzer von Bedeutung. Sutor war evangelisch, doch kam dies in seinem Verlagsprogramm kaum zum Ausdruck. Seine Interessen lagen auf anderen Gebieten: Förderung der Bildung trat an die Stelle der Förderung der „reinen Lehre". Als er jedoch 1605 gefragt wurde, ob er katholisch werden wolle oder fortziehen, äußerte er die Absicht, seine Druckerei in Ursel wieder zu verkaufen und wegzuziehen, angeblich nach Speyer. So muß man vermuten, daß Sutor frühestens im November 1605, spätestens im Februar 1606 nicht mehr in Ursel lebte und die Druckerei in andere Hände übergegangen war.

In den Jahren 1597–1606 verließen die Sutorsche Presse schätzungsweise 90 Druckwerke, wovon mehr als die Hälfte im eigenen Verlag erschienen. Sie waren größtenteils in lateinischer Sprache verfaßt. Das Spektrum war recht breit: je 15% Theologie und Erbauung, Jura, Staatslehre und Politik, Chemie und Medizin, Geschichte und Geographie. Streitschriften kamen bei Sutor nicht heraus. Er war in erster Linie Buchhändler und als solcher darauf bedacht, Werke zu veröffentlichen, die den Wünschen seiner Kunden nach Bildung und Wissensvermittlung entsprachen. Wichtig war denn auch, daß geographische Werke und Reiseführer mit Landkarten im Kupferstich ausgestattet wurden. Solche Reiseführer brachte Sutor 1603/04 für Deutschland, Italien und Spanien heraus.

Eine für die Urseler Verhältnisse große verlegerische Leistung des Sutor war die Neuauflage des Arzneibuches von Christoph Wirsung, für das er 1605 sogar ein kaiserliches Privilegium erhielt.

Sutors Geschäftsbeziehungen nach auswärts waren weitverzweigt, Frankfurt bildete den Mittelpunkt. Jonas Rosa in Frankfurt und Lazarus Zetzner in Straßburg gehörten zu den zehn bisher bekannten Verlegern, für die Sutor im Lohn druckte. Für die Vergabe von Druckaufträgen nach Ursel waren in erster Linie geschäftliche Gründe maßgebend.

Wendel Junghen, Lohndrucker

Elf Jahre nach dem Weggang Sutors tauchte in Oberursel wieder ein Drucker auf: Wendel Junghen. Bei der Befragung 1605 war sein Beruf als „Wollweber" angegeben, so daß die Vermutung naheliegt, Junghen sei nur der Besitzer der Druckerei gewesen und habe Buchdrucker angestellt.

Junghen benutzte keine persönliche Druckermarke, sondern das auch von anderen katholischen Druckern verwendete IHS. Er selbst trat nicht als Verleger auf, sondern arbeitete im Lohndruck nahezu ausschließlich für den Kölner Verleger und zeitweiligen Besitzer der Oberurseler Papiermühle Anton Hierath. Junghen druckte fast ausschließlich theologische Werke.

Mit dem Urseler Brand 1622 war das Schicksal der Druckerei besiegelt. Zwar ließen gelegentlich noch Auftraggeber in Oberursel drucken, doch wurden die Druckerzeugnisse nicht eigens als Urseler Drucke ausgewiesen. Die Notwendigkeit, in einem kleinen Städtchen wie Ursel eine Druckwerkstatt mit Verlag zu unterhalten bestand nicht mehr, denn die Verhältnisse hatten sich weitgehend geändert. Städte wie Mainz, Dillingen und München hatten leistungsfähige Druckereien, die für die katholische Sache arbeiteten. Um hier in eine erfolgversprechende Konkurrenz treten zu können, fehlten für Ursel die Voraussetzungen.

1624 verkaufte Hierath die Papiermühle an den Vilbeler Keller Bartholomäus Busch, der sich hochtrabend „Verleger der Buchtruckerey zu besagtem Ursell" nannte.[3] Die Papiermühle wurde ein Opfer der Kriegsläufte; wann er als Verleger resigniert hat, wissen wir nicht. 1655 bemühte sich der Verleger Johann Beyer in Frankfurt um die Papiermühlen-Konzession in Oberursel. Er

beabsichtigte den Wiederaufbau der Papiermühle und die „Wieder Einführung der
Druckerey deß Orths". Doch starb Beyer,
bevor sich die Regierung zu einer Entscheidung durchgerungen hatte.[4]

Papiermühlen

Papiermühlen werden in Oberursel schon
seit längerer Zeit für das 16./17. Jahrhundert, die Zeit der Oberurseler Buchdruckerei (1557–1622), vermutet, denn es lag
nahe, daß zumindest ein Teil des benötigten
Papiers in der Stadt am wasserreichen Urselbach hergestellt wurde.[5] Der Nachweis
kann nunmehr für das Jahr 1589 erbracht
werden, in welchem die Königsteiner Rentei-Rechnung den Posten aufwies: „1 R 6 alb.
die Papiermühl, prius (= früher) ein Kupffer
Schmöd Jörg Ohlers Erben gewesen."[6]
Diese Vergangenheit erklärt, warum die Papiermühle jahrzehntelang in der Rubrik
„Kupferschmiede" geführt wurde.[7]
1604 wurde aktenkundig, daß der Neffe
des Papiermüllers Leuthold in Bonames,
Friedrich Hildebrand, Papiermüller in
Oberursel war, jedoch mit wenig Erfolg arbeitete und seinen Betrieb nur mit Hilfe
eines Darlehens von 1000 Gulden seitens
der Gemeinde aufrechterhalten konnte.[8]
Als Hildebrand 1605 den Übertritt zur
katholischen Kirche verweigerte und lieber
nach Frankfurt ziehen wollte, gestaltete sich
sein Abzug schwierig, da Wendel Hoff 2000
Gulden auf die Mühle geliehen und die
Stadt eine Bürgschaft in Höhe von 450 Gulden geleistet hatte.[9]
Mit Hildebrands Nachfolger, einem seit
1604 in den Rentei-Rechnungen erwähnten,
aber nicht namentlich genannten „Papie-

Der Papiermacher

rer", trat die Papiermühle neuerlich im Zusammenhang mit dem Buchdruck auf.[10]
Aus einer späteren Quelle erfahren wir
nämlich, daß der anonyme Papierer der
Buchhändler Antonio Hierath aus Köln
war.[11] Von ihm erwarb 1624 der Vilbeler
Keller Bartholomäus Busch die Papiermühle für 3000 Gulden, wovon er jedoch
565 Gulden schuldig blieb, was jahrzehntelang für Rechtsunsicherheit sorgen sollte.
Busch war „der Zeit Verlegern der Buchtruckerey zu besagtem Ursell".[12]
Die Gebäude der Papiermühle werden als
„ansehnlich" beschrieben. Es handelte sich
um vier Bauten: die Mühle, das Wohnhaus
mit einem „feinen gewölbten Keller", das
Trocken- und das Lumpenhaus. Zum Müh-
lenanwesen gehörten 2 1/2 Morgen Land
und der „Wasserfall".[13]

„Wenige Zeit aber hernach" sei die Papiermühle, („ahn der Vorstadt zu gedachtem Ursell")[14] „wegen nahegelegenen Mauren" von der damaligen Garnison niedergerissen und abgebrannt worden – „biß uff ein Stuck Mauer und Thor ahn der Einfahrt deß Hoffs".[15] Dieses muß um 1638 geschehen sein, denn seit jenem Jahr erschien der „Papierer" nicht mehr in der Rentei-Rechnung.[16] Nach einer anderen Quelle soll die Papiermühle 1640 auf Geheiß des Kommandanten Nusbaum abgebrochen worden sein, da sie außerhalb der Stadt, etwas unterhalb der Aumühle lag und einem Feind Deckung bieten konnte.[17] Die Lagebeschreibungen lassen den Verdacht aufkommen, daß es sich um zwei Papiermühlen gehandelt habe. Doch wird in den Rentei-Rechnungen seit 1640 jahrelang nur eine „abgebrante Pabier Mühl" erwähnt, durch die der Herrschaft eine Einbuße von jährlich einem Gulden Pachtgeld entstand.[18]

1655 beanspruchte der Schwiegersohn Buschs, Johann Schützbreth von Ursel, einen Teil des Erlöses (300 Gulden), den die Regierung beim Verkauf des „Wasserfalls" an einen Urseler Bürger erzielt hatte. Daraus ist zu schließen, daß die Papiermühle nicht in Betrieb war.[19] Es heißt, daß sich der Papierer nach dem Brand in Kirdorf aufgehalten habe.[20] Jetzt, 1655, wollte der „Buchführer" Johann Beyer zu Frankfurt die Papiermühle wieder aufbauen „undt consequenter auch die Druckerey wieder dahin bringen".

Die Regierung beauftragte einen Sachverständigen mit der Prüfung der rechtlichen, finanziellen und technischen Möglichkeiten des Wiederaufbaus. Dieser schlug einen Neubau von 104 Schuh Länge und 40 Schuh Breite vor, der die Funktionen der bisherigen vier Gebäude in sich begreifen sollte. Auch listete er Zahl und Art des benötigten Holzes, der Ziegel (24.000) usw. auf.[21] Der Neubau kam nicht zustande, da Beyer starb, bevor sich die Regierung zu einer Zusage entschloß.[22]

1669 lag der Papiermühlplatz noch immer wüst. Jetzt erbot sich der Schweizer Papiermacher Hanß Wilhelm Kronberger zum Wiederaufbau und „Uffrichtung einer geringen Papiermühl"; der Amtmann in Königstein hielt das Vorhaben für zu wenig profitabel und meinte, „es sollten sich noch wohl einige vermögliche Kauffleuthe, so beydes die Papiermühle undt Druckerey wieder in Schwung brächten, ohnschwer finden".[23]

Erst 1675 zeigte sich Johann Wolff Rumpel am Kauf des Platzes interessiert, um darauf einen Kupferhammer zu errichten. Für 300 Gulden ging das Gelände der ehemaligen Papiermühle an Rumpel über.[24] Das war das Ende der Papiermühle „an der Vorstadt".

Eine neue Papiermühle

Oberursel blieb nicht lange ohne Papiermühle. Im April 1696 wurde wieder ein Papiermacher vorstellig, der in Oberursel eine Papiermühle betreiben wollte. Es war Johann Conrad Anne(n)berg aus Grünberg in Hessen. Da ein Konkurrenzunternehmen im Nassau-Usingischen drohte, beeilte man sich mit der Zusage. Dem Papiermacher wurde ein Platz an der Bach „vor Urßell", im Wiesengrund bei der ehemaligen Gattenhöfer Mühle, angeboten. Dort errichtete er seinen Neubau, von dem schon im August 1696 Fundamente, Mauerwerk und Dämme fertiggestellt waren.[25]

Im April 1697 erhielt Anneberg seinen Bestandsbrief. Es war offenbar das erste Dokument dieser Art für Oberursel, wie die verschiedenen abgewandelten Fassungen zeigen. Die endgültige Version lautete:[26]

„Auff Ihro Churfürstl. Gnd. zu Maintz gnedigste Ratification seind mit Johan Conrad Anneberg aus Grünberg im darmbstattischen Ambt Grünberg, welcher eine Pabiermühl auff die Bach nach Ursel anzurichten entschlossen ist, folgende Conditiones verabredet worden.

1.

Soll der Pabirmacher die Mühl auff seine eigene Spesen und Cösten aufbauen und in einen beständigen guten Stand setzen.

2.

Ist derselbe schuldig, einen jährlich ständig Waßer Zinß der Billigkeit nach abzuführen…

3.

Verspricht er nit allein in Höchstgedr. Sro. Churfürstl. Gnaden Schutz sich zu begeben, sondern auch deren Untertahn zu werdten, und das juramentum fidelitatis abzulegen…

6.

Will sich derselbe keiner Leibß Servitut underwürffig gemacht haben, auch sich mit keinen Diensten beladen laßen.

7.

Wird underthänigst gebetten, Ihro Churfürstl. Gnaden mögten gdst geruhen den schrifftl. Befehlch dahin ergehen zu laßen, damit keinem Frembden die Außfuhr der Lumpen auß dero ErtzStiffts Ämbtern gestattet, sondern Ihme und andern Eingeseßenen Pabirmachern allein vergönth und gndst erlaubt werden…

8.

Verspricht derselbe alles SchreibPabier in billigem Preiß im Ertzstifft zu verkauffen, auch den Vorkauff dergestalt zuzulassen, daß Er ohne Vorwissen des Oberambts alhier nichts vertragen oder an Frembde begeben wolle, damit er aber

9.

in seiner Hanthierung nit gehindert, oder mit dem baaren nothürfftigen Pfenning gar gesteickt (?) werden dörffte, behält sich derselbe vor das Druck-, graw- und blau Papier in Frankfurt und sonsten zu vertreiben, mithin sich mit Kauffleuthen und Buchdruckern daselbst zu engagiren.‘‘

Um die Erlaubnis des Lumpensammlens entspann sich 1724–27 ein heftiger Streit mit den Papiermüllern in Hofheim und Lohr.[27]

1715 war die Papiermühle im Besitz von Stadtschultheiß Chr. B. Anthoni, der sie am 1.5.1715, samt dem darunter gelegenen Geschirr, dem Trockenbau, Stallung und übrigen Zugehör auf sechs Jahre für 180 Gulden jährlich Pachtgeld an den Papiermacher Jacob Hain verpachtete.[28]

Wenig später wurde das Inventar der Papiermühle aufgenommen. In dem „großen Papiermühlenbau‘‘ befanden sich drei „Geschirre‘‘ (Antriebsräder): das obere Geschirr, das untere Geschirr und das „Beygeschirr‘‘, alle mit Wasserrad, Wellbaum etc. An weiteren „Utensilia zur Papiermühl‘‘ gab es eine große Presse, eine Druckerpresse, eine Bütte mit kupferner „Blas‘‘ (Kessel ohne Füße) und einen Leimkessel.[29] Zu Hains Zeit waren zwei Papiermacher-Gesellen, Johannes Brunst und Johann Henrich Brendel, in der Papiermühle beschäftigt.[30]

Jacob Hain ging 1719 in Konkurs und flüchtete, unter Hinterlassung bedeutender Schulden, aus Oberursel. Ihm folgte als Erbpächter der Papiermacher Hans Jörg Düringer aus Köppern.[31]

1733 bat der Papiermacher Conrad Gottfried Mann („wohnhaft bei Ober Ursel‘‘), ihm den ehemaligen Eisen- und vormaligen Kupferhammer oberhalb Oberursel in Erbleihe zu übertragen und ihn in eine Papiermühle umwandeln zu dürfen. Rentmeister Straub in Königstein unterstützte das Vorhaben, da „von derley Mühlen nur eine unterhalb der Statt Ursell, noch eine andere aber zu Stätten (= Oberstedten)" vorhanden seien. Auf Widerstand stieß das Vorhaben bei Stadtschultheiß Thonet, der zur Hälfte an der ersten Oberurseler Papiermühle beteiligt und deshalb gegen die unliebsame Konkurrenz eingestellt gewesen sein soll. Die Regierung schlug das Gesuch ab, weil „schon mehr Papiermühlen in dem hohen Ertzstift erbawet" und die Rohstoffbeschaffung für eine weitere Papiermühle mancherlei „Beschwernis" befürchten lasse.[32]

Der Sohn und Nachfolger des Papiermüllers, Eberhard Düringer, stand mit dem Frankfurter Buchhändler Varrentrapp in Verbindung.[33] Eberhard Düringer scheint ein recht gebildeter Mann gewesen zu sein. Er flocht in seine Korrespondenz mit Vorliebe lateinische Sentenzen ein.[34] Auch bediente sich die Oberurseler Papiermühle zu seiner Zeit eines Wasserzeichens, das aus zwei Motiven bestand: dem Schriftzug „OBERURSEL" und einem dem kurmainzischen Wappenbild nachgeahmten Rad.[35]

Zu Eberhard Düringers Zeit ging es mit der Papiermühle bergab. 1770 warfen die Erben Antonis dem Papiermacher Eberhard Düringer Zuwiderhandlungen gegen den Bestandsbrief vor.[36] Düringer wehrte sich, indem er darauf hinwies, daß ihm („wegen Errichtung einer Papiermühl in Hoffheim") die Konzession des Lumpensammelns im Erzstift entzogen und er auf einen viel kleineren Distrikt beschränkt worden sei. Dieses habe der Oberurseler Papiermühle „einen solchen Stoß versetzt, daß wegen dem Mangel an Lumpen nur mehr zwey Gäng zu gebrauchen oder zu benutzen waren". Der Papiermüller sprach wohl nicht

Wasserzeichen der Oberurseler Papiermühle, 18. Jahrhundert

zu Unrecht von der Zerrüttung seines Erbbestandes.[37] 1773 starb Eberhard Düringer. Sein Sohn Adam Düringer hatte ständig irgendwelche Schuld- und Klagesachen zu begleichen.[38]

1785 wird ein Papiermüller Philipp Jacobi genannt.[39]

1804 erwarb Christian Illig die Papiermühle; im gleichen Jahr wurde sie als Papiermühle aufgelöst.[40] Danach scheint das Anwesen noch einmal den Besitzer gewechselt zu haben. 1812 verkauften Johannes Hohfeld und seine Ehefrau Katharina geb. Trauth ihre „ohnweit Oberursel vor der Aue an der Urselbach gelegene Papiermühle mit allem Zugehör, Gebäuden, Gärten, Wiesen, auch Rechten und Gerechtigkeiten", Gerätschaften und Werkzeug für 9.000 Gulden an Joseph Rosalino von Frankfurt. Noch im selben Jahr 1812 wurde Rosalino und seinem Kompagnon J.L.Brand gestattet, in der Papiermühle eine Tapetenfabrik einzurichten.[41] 1848 ging das Anwesen an Johann Georg Zimmer über, der hier eine

Mahlmühle („Zimmersmühle") einrichtete. Auf dem Gelände standen damals ein zweistöckiges Wohnhaus mit Papiermühle, dazu Scheune und Stallung.[42] Die letzte ausschließlich mit Wasserkraft betriebene Papiermühle hatte zu arbeiten aufgehört Die 1874 in Oberursel etablierte Papierfabrik der Gebrüder Pirath arbeitete unter industriellen Bedingungen.[43]

Das Hospital[1]

Das Hospital in Oberursel wurde im ersten Drittel des 16. Jahrhunderts gegründet mit der Zweckbestimmung, arme und alte Bürger zu unterhalten; von Krankenpflege ist nicht die Rede.[2]

Es bestand schon bei Regierungsantritt Graf Ludwigs von Stolberg-Königstein, 1535. Vielleicht gab es die Einrichtung schon 1502, sicher 1533.[3]

Dem Renteibuch des Grafen Ludwig aus dem Jahr 1542 war zu entnehmen, daß die Herrschaft 21 Pfennige erhielt „von einer Hoffraydt, ist Velten Sintrams gewest, gelegen an Jacob raben, haisst itzunt der spital." Das Renteibuch ließ eine Person außer acht, die für die Finanzen der Herrschaft keine, für das Hospital aber eine wesentliche Rolle spielte: den Bürger Volz Henchen, der dieses Anwesen erworben hatte, um es (vermutlich) gleich darauf dem Hospital zu schenken. In den Quellen heißt es, er habe für das Spital „die Behausung hergegeben". Henchen war der erste namentlich bekannte Stifter des Hospitals.[4] Die Oberurseler Bürger folgten dem Beispiel Henchens, und auch Gräfin Walburga von Stolberg vermehrte die Stiftungsmittel durch ein Geschenk von 100 Gulden.

Am 11. April 1545 bestätigte Graf Ludwig zu Stolberg-Königstein die Stiftung des Hospitals.[5] Es heißt, daß bei seinem Regierungsantritt 1535 „die Ehrsame Unßere liebe getrewe Schultheiß, Burgermeister und rath zu Oberursell bericht, wie daß sie auß christlichem bedencken Ihrer Armer Bürgern und Stattkindern zu gutem ein spitahl und gemein allmoßen bey Ihnen angericht und Verordnet zu welchem guten werck einer Ihrer mitbürger Hengen genant eine behaussung gegeben, undt sie darnach alle in Ihrer gemeindt undt pfarr Ihre tägliche stewer darzu gethan undt noch thäten". Der Bitte, diese „anrichtung anstiefftung undt ordnung" zu dulden und zu bestätigen wurde entsprochen und angeordnet, daß „nun jeden Jahres drey redliche Personnen Eine des Raths undt zwey auß der gemeinde zu Ursel mit gebührenden Pflichten der Verwaltung undt außtheilung der gemeinen Collecten undt allmossen Verordnet werden, die sollen Vor unserem schultheißen und dem rath uff den newen Jahr Tag jedes Jahr zu Ursell auffrichtig Ehrbar rechnung thun und Unß oder Unßeren Erben ieder Zeit davon abschrifft zu schicken."

Nutznießer der Einrichtung sollten Bürger aus Oberursel, Bommersheim und Stierstadt sein, „Eß wäre dann, daß Ettliche flecken dörf oder sondere Persohnen oder außerhalb in der graffschafft Konigstein eine solche gaab oder stewer zue solcher allmoßen thäten, daß durch Unß und den Rath erkennt möge werdten, solche frembde armen aufzunehmen wäre". Zum Schluß wurde noch verordnet, daß die Hospitalkasse (der „allmoß Vorrath") immer in Oberursel bleiben und dort durch Schultheiß und Pfleger gut verwahrt werden solle.

Das Hospital im Jahr 1991

Am 1. April 1633 erneuerte Graf Heinrich Vollrath zu Stolberg-Königstein die Bestätigung und Privilegierung.[6]

Der Hospitalfonds

Wie dem Jurisdictionalbuch von 1619 zu entnehmen ist, war ein Drittel des Zehnten zu Mittelstedten, vormals dem Kugelhaus zu Königstein gehörig, im 16. Jahrhundert „an das Spital zu OberUrsel" verkauft worden.[7] Dieser Verkauf scheint 1533 stattgefunden zu haben, wie eine Rechnung des Kugelhauses aus jenem Jahr nahelegt.[8]

Im Jahr 1572 kaufte die Hospitalpflegschaft von dem Grafen Ludwig ein Drittel

des Homburger, Dornholzhauser, Kirdorfer, Gonzenheimer und Obereschbacher Zehnten um 1700 Gulden. In dem Vertrag war festgesetzt:

1. Die Herrschaft darf dauernd dem Hospital eine arme Person aus dem Schloß oder Tal (der Stadt Königstein) zur Verpflegung auf Lebenszeit präsentieren.

2. Bei Wiederverkauf des Zehnten bleibt der Herrschaft das Vorkaufsrecht.

3. Das Hospital muß jährlich 35 Achtel (Malter) Korn abliefern und zwar an das Kugelhaus in Königstein 27 Malter und 8 Malter an den Pfarrer von Obereschbach.

Die Zehnten erbrachten dem Hospital in guten Erntejahren reiche Einkünfte. Wenn aber in Kriegszeiten die Felder brach lagen, wenn Mißjahre, Hagelschläge usw. eintraten, bereiteten die Zehntpflichtigen viele Scherereien. Deshalb versuchte die Pflegschaft den Zehnten zu verpachten; doch wanden sich auch die Pächter um die Bezahlung der Pacht. So bildete die Zehnterhebung eine Kette von Mißhelligkeiten aller Art. So hatte das Hospital wegen des ihm zustehenden Zehnten „im Flemig" mit Philipp Eisenberger und dessen Erben einen Prozeß, der von 1600 bis 1629 dauerte und endlich beim Reichskammergericht zu Gunsten des Hospitals entschieden wurde. Im Niederstedter Feld kam es 1712 wegen des 6 Morgen umfassenden sogenannten Geißmarischen Ackers zum Streit. Da das Hospital seine Zehntberechtigung nicht nachweisen konnte, mußte es froh sein, daß ihm schließlich die Zehnterhebung in der Homburger Gemarkung zugesprochen wurde.

Besonders kompliziert war die Zehnterhebung in Obereschbach, wo sich das Hospital mit Frankfurt und Hanau den Zehnt teilte; es kam noch im frühen 19. Jahrhundert zu schweren Konflikten mit den Einwohnern von Obereschbach. Sicher waren beide Teile froh, als der Vorschlag zur Ablösung des Zehnten in barem Geld gemacht wurde. Diese kam 1819 zustande; das Hospital erhielt ein Kapital von 8025 Gulden, die indessen schwierig genug einzutreiben waren.

In Bommersheim besaß das Hospital den sogenannten „Schelmenzehnten", den der Schultheiß Dietz Anthoni von den Schelmen von Bergen gekauft hatte und der von dessen Erben an die Hospitalpflegschaft veräußert worden war. Die wenig ertragreichen Äcker lagen im Kalmauerfeld am Homburger Weg.

In Heddernheim besaß das Hospital seit Anbeginn ein Gut, das in Erbpacht verliehen war; die Pächter hatten ihre in Korn bestehende Pacht auf dem Hospitalspeicher abzuliefern.

1685 erwarb das Hospital von Herrn von Günderode in Harheim ein aus 33 Morgen bestehendes „Freigut"; später kam dazu noch das „Rothenfeldsche Gut" in Harheim.

Alle diese Einkünfte sicherten dem Hospital nicht nur seinen Bestand, sie machten es zu einer mit finanziellen Mitteln wohlausgestatteten Einrichtung der Stadt. Infolgedessen waren immer wieder die Blicke auf das Hospital und seinen Fonds gerichtet, wenn Geldmangel herrschte.

Die Stadt Oberursel beanspruchte des öfteren den Hospitalfonds. So zog man während des 30jährigen Kriegs das Hospital mehrfach zu Kriegssteuern und Kontributionen heran. In jenen Jahren verpflegte und unterstützte das Hospital Hunderte von Flüchtlingen, Abgebrannten, Witwen, Waisen und verhungerte Soldaten. Nach dem Brand von 1645 trug der Hospitalfonds wesentlich zum Wiederaufbau der Stadt bei, obwohl dieser Verwendungszweck der Stiftung „durchaus zuwider" war.

Während des Siebenjährigen Krieges machte die Stadt wiederholt Anleihen bei der Hospitalstiftung, weil anderwärts Geld nur zu Wucherzinsen oder überhaupt nicht zu erhalten war. Auch in den napoleonischen Kriegen war die Lage nicht anders, wie ein Bericht des Amtsvogtes Hilt 1803 besagte: „Der hiesige Hospitalfond besteht in 78.804 Gulden 50 Kreuzern, worin aber ein der Stadt Mainz vorgeschossenes Kapital von 6000 Gulden einbegriffen ist, welches als "unergiebig„ betrachtet werden muß. Dann schuldet die hiesige Gemeinde ein Kapital von 13.175 fl. , von welchem auch seit Jahren keine Zinsen bezahlt werden, ...(mit) sämtlichen Zinsrückständen schullet die Stadt dem Hospital 33.230 Gulden, wovon wahrscheinlich weder Kapital noch Pensionen je zu haben sind."

Am 20.11.1794 entlieh die von den Franzosen besetzte Stadt Mainz bei dem Hospital in Oberursel die Summe von 6000 Gulden und entrichtete bis 1797 regelmäßig die Zinsen. Dann aber stockten die Zahlungen. Mahnungen des Hospitalverwalters fruchteten nicht. Es stellte sich heraus, daß die Mainzer unter der neuen politischen Konstellation nicht gewillt waren, Gelder auf die rechte Rheinseite zu zahlen. Die zur Hilfe angerufene Regierung erwies sich als ohnmächtig, sie empfahl dem Hospital, "noch so lange an sich zu halten, bis das Kapitalien- und Schuldenwesen der dieß- und jenseitigen Körperschaften überhaupt näher wird auseinandergesetzt sein." 1801 beschäftigte sich der Oberurseler Vogteiamts- und Hospitalverwalter-Bericht mit dem Problem, 1802 war die Angelegenheit noch immer anhängig.[9] Schließlich wurde die Geduld der Hospitalspflegschaft mit dem Verlust von Kapital und Zinsen (10.800 Gulden) bestraft.

1823 entlieh die Stadt bei dem Hospital, "bis es wieder ohne fühlbaren Druck abgelegt werden kann", ein unverzinsliches Kapital von 7000 Gulden, um eine neue Schule zu bauen; es war 1856 noch nicht zurückbezahlt.

Also formulierte Bürgermeister Aumüller mit Recht: "Unser Hospitalfonds ist der allerwertvollste Schatz, den die Stadt besitzt. An seiner Vermehrung muß jeder mit der Verwaltung betraute Mann das höchste Interesse haben. Leider ist mit dem Fonds, bei früher oft ungenügender Aufsicht, gar manchmal in unverantwortlicher Weise umgegangen worden."

Einkaufs- und Präsentationsrechte

Das Oberurseler Hospital galt in Zeiten ohne Altersheime und mangelnder Altersfürsorge bei Armen wie bei Reichen als Zuflucht im Alter.[10] Begüterte Einwohner pflegten sich zur lebenslänglichen Versorgung im Hospital einzukaufen. Auch einzelne Auswärtige stifteten Stipendien unter der Bedingung, daß sie oder ihre Erben berechtigt sein sollten, eine arme Person zu dauernder Verpflegung präsentieren zu dürfen. Der erste Stifter war ein Frankfurter Bürger, Georg Weiß, welcher dafür am 30.10.1545 zum Andenken an eine hier gestorbene Verwandte 100 Gulden stiftete unter der Bedingung des ihm oder seinen Erben zustehenden Präsentationsrechtes für eine arme Person.

Am 24.5.1682 zahlte der Oberamtmann Vollrads von Greiffenclau 300 Gulden ein und erhielt dafür für sich und seine Nachkommen das Recht, dem Hospital unter seinen Dienstleuten zwei Pfründner zum lebenslänglichen Genuß des Hospitalbrotes überweisen zu können. Der Sohn dieses Testators machte, gegen den Widerstand des Rates, wiederholt von diesem Recht Gebrauch. Erst die späteren Erben ließen ihre Ansprüche fallen.

Aus dem Jahr 1669 ist ein Schriftstück überliefert, das Einblick in den Alltag der Hospitaliten gewährt. Darin wurde dem Ehepaar Johann und Marie Müller aus Oberhöchstadt die Aufnahme gewährt und "verwilliget, daß ihnen zwei nächste Ostern ein Stübchen fertig gemacht und hernach ihnen Beiden neben dem Brod, Licht und Holz monatlich zwei Pfund Butter, zwei Pfund Schmalz, Speck, zwei Pfund Käse und alle hohe Feste 10 Albus genannt Kuchengeld, wie es andere Pfründer auch bekommen, gereicht werden solle, dagegen sie jetzunt dreisig Gülden baar und über ein Jahr die übrigen zwanzig Gülden zu erlegen versprochen."

Wie wir hörten, hatte sich Graf Ludwig das Recht vorbehalten, dem Hospital immer einen Armen aus Königstein „zum Pfründgenuß" zu präsentieren. Den Gemeinden Bommersheim und Stierstadt stand unter den gleichen Bedingungen der Stiftung wie den Urselern selbst ein rechtlicher Anspruch zur Präsentation zu, weil sie hier eingepfarrt waren und sich bei der Stiftung aktiv beteiligt hatten. Auch die Gemeinden Kalbach und Weißkirchen erhielten das Präsentationsrecht für einen Ortsarmen zugesprochen. Königstein machte bis zur Begründung des Lokalarmenfonds 1826 von seinem Präsentationsrecht fortdauernd Gebrauch. In jenem Jahr löste das Hospital mit einer einmaligen Zahlung bei Königstein, Kalbach und Bommersheim die Präsentationsgerechtsame ab, die Rechte von Stierstadt und Weißkirchen galten als erloschen.

Baugeschichte des Hospitals [11]

Die Grundstücksbegrenzung des Hospitalanwesens in ihrer jetzigen Form besteht frühestens seit 1719/20. Das um 1530 von Henchen gestiftete Grundstück machte nur einen Bruchteil der heutigen Fläche aus. Über das Haus Volz Henchens gibt es keine direkten Nachrichten. Sicher ist, daß es mit seiner Front an der Hospitalgasse (früher „Hintergasse") lag. Erhalten hat sich von diesem Gebäude nur der kleine tonnengewölbte Keller, der die Schlußfolgerung zuläßt, daß das Gebäude mit seiner Traufe annähernd parallel zur Stadtmauer stand und eine Tiefe von 6 Metern hatte. Dieses Haus dürfte um 1500 gebaut worden sein.

Wahrscheinlich wurde der Bau vor dem Dreißigjährigen Krieg umgebaut oder erweitert, so daß er ziemlich geräumig wurde.

Der Stadtbrand von 1622 verschonte das Hospital offenbar. Jedoch wurde es 1645 vollkommen niedergebrannt. Der Wiederaufbau ließ auf sich warten. Die Pfründner wurden durch den Hospitalfonds versorgt und offenbar privat untergebracht.

Erst 1667 ging man daran, den Neubau des Hospitalgebäudes vorzubereiten. 1668 war der Rohbau fertiggestellt. Am 1.1.1670 konnten die Pfründner in dem wieder aufgebauten Hospital aufgenommen werden. Doch zog sich der Innenausbau noch weiterhin, wie eine Schreinerrechnung aus dem Jahr 1675 zeigt. Aus einer Stiftungsurkunde vom 29.12.1679 erfahren wir, daß das „durch damahlige frantzösische feindsVölcker in Anno 1645 in die asch gelegt gewest(e) (Hospital), wieder so weit...gebracht, daß nit allein das hauß uffgerichtet, sondern auch ein capell daran gebauet."[12]

Der Baumeister, Hieronymus Eckhardt, konzipierte das neue Hospital in wesentlich größeren Abmessungen als den Vorgängerbau (Tiefe 7,55 m, Länge 16,80 m bzw. 19,45 m) und schob es ein erhebliches Stück in die Hospitalstraße hinein. Auf der Ostseite kam man dem Mühlgraben so nahe, daß man die dortige Giebelwand schräg stellen mußte, um überhaupt noch einen Durchgang zwischen Graben und Haus freizulassen. 1696 wurde die bachseitige Giebelspitze des Hauptgebäudes mit Schiefer verkleidet. Im Süden waren die Erweiterungsmöglichkeiten durch den beträchtlichen Abstand zur Stadtmauer gegeben, was man mit dem Kapellenanbau auch in großem Maß nutzte.

Architektonisch blieb das Hospital sowohl mit seiner Konstruktion als auch mit seinen Schmuckformen im Rahmen des im

Oberurseler Bürgerhausbau Üblichen. Für die Grundrißlösung findet sich in dem 1609/10 erbauten Hospital in Kronberg ein Vorbild, während der Kapellenanbau am Ende einer Längsseite weitverbreitet war (z.B. Spital in Steinau a.d. Straße).

Im Jahr 1684 wurde schräg hinter dem Wohnhaus eine große Hospitalscheune errichtet, in der die Zehntfrüchte aufbewahrt wurden. 1786 war sie so baufällig, daß umfangreiche Reparaturen durchgeführt werden mußten. Durch die Zehntablösung um 1850 wurde die Scheune überflüssig und daher abgebrochen.

1685 erwarb der Hospitalfonds des „Johannes Schmidten Haus". Dieses Gebäude ist vermutlich mit dem seit dem gleichen Jahr häufig erwähnten „kleinen Spital" identisch. Es wurde für 9 Gulden jährlich an eine Privatperson vermietet, die jedoch verpflichtet war, bei Bedarf Pfründner bei sich aufzunehmen. Die Lage des Hauses läßt sich nicht mehr genau ermitteln. Die Rechnungen begnügen sich mit der ungenauen Angabe „ahm Hospital". Aus den örtlichen Verhältnissen ergibt sich jedoch, daß es mit großer Wahrscheinlichkeit an der heutigen Korfstraße stand. 1693 verzeichnen die Akten den Bau eines Feuerleiterhauses; wie auch spätere Ausgaben bezeugen, legte man auf die sorgfältige Pflege und Aufbewahrung der Feuerleitern besonderen Wert.

Insgesamt bestand das heutige Hospitalgrundstück aus vier mehr oder weniger großen Anwesen: dem um 1530 von Henchen gestifteten Grundstück, das wohl nur mit einem Haus bebaut war; dem 1685 vom Hospital erworbenen Haus des Johannes Schmidt („kleines Spital"); dem wohl 1714 von Johann Niclas Schlägel dem Hospital vermachten Anwesen, bestehend aus Wohnhaus, Scheune und Stallung; dem 1719 durch die Stadt angekauften Rompelschen, früher Nagelschen Anwesen, bestehend aus Wohnhaus und Scheune.

Die Größe und genaue Lage der Grundstücke sowie der einzelnen Gebäude läßt sich nicht mehr ermitteln.

Von der Kapelle zur Hospitalkirche [13]

Erst mit dem Neubau des Hospitals nach dem Dreißigjährigen Krieg kam es zur Errichtung einer Kapelle. 1671 erfahren wir erstmals von ihrer Existenz; der Beleg, eine Schlosserrechnung über das Beschlagen der Kapellentür, könnte mit ihrer baulichen Fertigstellung in Verbindung gebracht werden. Denn nun häufen sich auch die Nachrichten: 1673 wird der Altarstein aus Frankfurt angefahren, 1674 kommt eine aufgedoppelte eichene Tür an die Kapelle, 1675 erhält sie ein neues Fenster und einen Glockenstuhl. Im Oktober 1676 endlich wurde die Kapelle durch Weihbischof Adolf Gottfried zu Ehren der heiligen Barbara geweiht. Die Beschaffung der Ausstattung zog sich über Jahre hin. 1677 wurden ein neuer Kelch und ein von Christoph Roth in Mainz gegossenes Glöckchen angeschafft (heute als Relikt der ersten Hospitalkapelle im Dachreiter der Hospitalkirche). 1680 wurde das Altarretabel aufgestellt, 1682 kamen zwei Messingleuchter und ein gemaltes Antependium dazu.

1679 setzten Schultheiß, Bürgermeister und Rat der Stadt jährlich 10 Gulden für den Kaplan aus, wenn er an zehn bestimmten Tagen je eine Heilige Messe dort lese und abends der Litanei beiwohne, die im übrigen den Pfründnern zur Pflicht gemacht wurde. [14]

Im Jahr 1719 reichte der Rat der Stadt bei dem Oberamt ein Gesuch um die Genehmigung zum Neubau einer Kapelle ein. Zur

Figur der Hl. Barbara über dem Eingang der Hospitalkirche

Begründung hieß es, die alte Kapelle sei für die mittlerweile 31 Pfründner und weitere Gottesdienstbesucher zu klein geworden. Am 24.1.1720 erteilte das Oberamt die Genehmigung und beglückwünschte die Stadt zu ihrem Vorhaben. Die Baukosten hoffte man „mittels Beyhülf christlicher Gutthäter" bestreiten zu können.

Angesichts der beengten Verhältnisse stellte sich zunächst die Frage, wie Baugrund in Hospitalnähe zu beschaffen sei. 1715 hatte Peter Schenck das auf Abbruch versteigerte kleine Spital erworben. Wenig später überließ Johann Niclas Schlägel sein benachbartes Anwesen dem Hospital, anstelle des „Einkaufsgeldes" für sich und seine Frau. 1719 erwarb die Stadt für das Hospital die Hofreite des Mathias Rompel,

die dieser kurz vorher im Tausch gegen seine frühere von Johannes Nagel erhalten hatte. Sie ließ dieses Anwesen an der Strackgasse gleich darauf auf Abbruch versteigern, um Platz für den Neubau der Hospitalkirche zu erhalten. Die Beseitigung dieser Gebäude bewirkte eine erhebliche Vergrößerung der zum Hospital gehörigen Freifläche, die jetzt Baugrund wurde.

Am 4.5.1720 wurde der Grundstein gelegt. Die in ein böhmisches Glas eingelegte Urkunde besagte, daß der Bau „aus Mitteln des hiesigen Hospitals zu Ehren der hl. Jungfrau und Märtyrerin Barbara begonnen" worden sei. Am 15.5.1720 unterzeichnete der Magistrat einen Werkvertrag mit dem 1704 aus Stetten/Neckar zugewanderten Maurermeister Johannes Strasser, der sich verpflichtete, den Rohbau „in Zeit sechs Monath" auszuführen. Um diesen Termin einhalten zu können, wurden seiner „Direction" zwei weitere, ebenfalls nach Oberursel zugewanderte Maurermeister unterstellt, nämlich der aus Tirol stammende Frantz Weisenbach und der aus Steinbach im Allgäu stammende Andreas Bortzner.

Die Baumaterialien wurden größtenteils in der näheren Umgebung gekauft. Eine Ausnahme machten die aus Marktheidenfeld bezogenen Mainsandsteine für Gewände, Pilaster und Stufen, die eine abenteuerliche Reise hinter sich brachten: das Floß, das sie über den Main transportieren sollte, brach, und die Steine mußten mit Hilfe von Frankfurter Schiffern wieder aus dem Wasser gefischt und aufgeladen werden, was natürlich zusätzliche Kosten verursachte.

In seiner Studie zur bildnerischen Ausstattung der Hospitalkirche konnte L. Baron Döry nachweisen, daß die meisten Plastiken der Hospitalkirche von dem Mainzer Bildhauer Martin Biterich gefertigt wur-

Hospitalkirche, Innenraum mit Blick zum Altar

den.[15] Bei dem Altar mit dreiteiligem Retabel über verkleidetem Unterbau verteilt sich die Plastik auf die Nische, in der sich die Kreuzigung befindet und auf den Auszug mit Gottvater im Relief, ganz oben die Gestalt der Hl. Barbara. Beiderseits der Kreuzigung stehen neben den Säulen Rochus auf der Südseite, Josef auf der Nordseite. Auf dem Gebälk befinden sich vier Putti mit Leidenswerkzeugen. Die Oberurseler Arbeiten zeigen enge Zusammenhänge mit anderen Werken Biterichs.

Über diese Bildwerke besagt die Hospitalrechnung Nr. 82: „Dem Bildhauer zu Mayntz Martin Bietterich vor die sambtliche Bildhauer- und Schnietzarbeit samt einem Gottes Vatter Bildnuß und Trinckgeld lauth Accords zalt worden 170 fl." Der folgende Posten, Nr. 83, belegt die Überführung der fertigen Arbeit nach Oberursel: „Solche von Mayntz anhero zu tragen der Susanna Kallin zahlt 4 fl. 3 xr." Zum Aufschlagen kam Biterich nach Oberursel. Die Statue des Rochus und die des Josef wurden von Döry dem Frankfurter Bildhauer

Valentin Schwartzenburger zugeschrieben, die beiden äußeren Engel auf dem Gebälk dem Frankfurter Bildhauer Andreas Donett.

Es konnte nachgewiesen werden, daß der Altaraufbau farbig gefaßt war; er imitierte schwarzen Marmor. Die Figuren wurden so angestrichen, daß sie Alabaster vortäuschten. Besonders interessant ist das farbliche Verhältnis zwischen Altar und Wand: der im wesentlichen dunkle Altar hob sich behutsam von der dunkel gestrichenen Wand hinter ihm ab – „eine Relation, die jedem künstlerisch empfindenden Menschen sofort einleuchtet, jedoch in keiner Weise der heutigen Praxis entspricht" (Döry). Im Zuge von Restaurierungsmaßnahmen haben Figuren, Altar und Wand ihre farbige Fassung eingebüßt.

Am 1.7.1728 wurde die neue Kirche durch den Mainzer Weihbischof Kaspar Adolf Schnernauer feierlich geweiht, und zwar zu Ehren der Heiligen Rochus und Barbara.

Der Bau der Hospitalkirche machte die Kapelle überflüssig, und man richtete sie 1778 zu einer Stube ein.

19. und 20. Jahrhundert

Die in nassauischer Zeit immer wieder anzutreffenden Bestrebungen, alte Strukturen aufzubrechen und Neuerungen einzuführen, ließ sich in Oberurseler Hospitalangelegenheiten ein weiteres Mal feststellen.

Bereits im Jahr 1819 hatte eine Untersuchung des baulichen Zustands des Hospitals ergeben, daß das Haus feucht und ungesund war. Man erwog Abbruch und Neubau. Der herzogliche Baudirektor Goetz schrieb 1822 in einem Brief an Justizrat Stahl: „Dieses Gebäude ist nicht tief genug erbaut, um eine zweckmäßige Einrichtung darinnen erreichen zu können, und zu bejahrt und baufällig, um viele Veränderungen wagen zu dürfen."[16] Goetz legte drei unterschiedliche Pläne vor, darunter einen zu einer Dreiflügelanlage von erheblichen Abmessungen. Dem Brief fügte Goetz eine Aufstellung der Reparaturen bei, die bis zu einer endgültigen Entscheidung im alten Hospital vorgenommen werden müßten. Sie ist insofern von Bedeutung, als viele der 1851 durchgeführten Arbeiten hier ihren Ursprung finden.

Die Goetzschen Vorschläge wurden jedoch nicht weiter ausgearbeitet, da man inzwischen den Plan gefaßt hatte, in Oberursel ein Distrikthospital für die Armen aus dem ganzen Amt Königstein einzurichten. Der Gemeinderat stimmte zu, Regierungsbaumeister und Kommissionen besichtigten Plätze, zuletzt entschied man sich für einen Platz an der Rahm. Schon schienen die Verhandlungen beendet, als sich 1824 innerhalb der Bürgerschaft eine heftige Opposition gegen diesen Plan erhob. Die Müller und Bierbrauer brachten vor: „Da an und im Hospitalgebäudes fließendes Wasser sei, das an demselben immer vorbeitfließen muß, so erleiden hierdurch die Müller, welchen solches gleich oberhalb der Stadt abgenommen werden muß – sowie ferner die Bierbrauer, welche an der Stadtmauer, der Rahm gegenüber ihre Brauereien haben, großen Nachteil, indem für erstere Abbruch an Wasser entstehet und letztere Grund zu befürchten haben, daß der Absatz des in der ganzen Umgegend bekannten und in dieselbe verführt werdenden Biers um deßwillen wegfallen wird, weil das zum Bierbrauen nötige Wasser an dem Hospitalgebäude vorbeifließen, jeder also Abscheu gegen das darvon gebraut werdende Bier bekommen muß. Außer dem Verlust des einträglichen Allmends für die Stadtkasse

würde sonach auch ein bedeutender für die einzelnen Bürger entstehen." Die Hauptsache war jedoch, daß die Bürgerschaft befürchtete, es würden durch ein Distrikthospital dem bestehenden Hospital große Mittel entzogen werden. Oberursel aber würde voraussichtlich den größten Teil der auf 6000 Gulden veranschlagten Baukosten zu tragen haben. Plötzlich hatte jeder die Lust zum Bauen verloren. Der Gemeinderat schloß sich der Bewegung gegen einen Neubau an, die Regierung ließ darauf die Angelegenheit auf sich beruhen und die ganze Sache versandete.

Erst 1837 trat man in erneute Verhandlungen über einen Neubau ein, nachdem die Klagen über den elenden Zustand des alten Baues sich ständig vermehrt hatten; es wurden wiederum verschiedene Plätze ausgewählt: am Homburger Weg; dem alten Hospital gegenüber in dem Hennemann'schen Garten; in den Biengärten neben der Pfeiff'schen Wirtschaft. Jeder Platz hatte Fürsprecher und Gegner. Unterdessen reduzierte sich der Hospitalfonds, und man scheute die hohen Baukosten. 1840 gelangte man schließlich zu der Überzeugung, ein Neubau sei nicht wünschenswert. So blieb die Sache abermals zehn Jahre lang liegen.

Erst 1850 wurde das alte Gebäude grundlegend renoviert; an die Stelle der Scheune trat ein geräumiger Anbau. Im Innern des Haupthauses gab man die zellenartigen, nur für eine Person oder ein Ehepaar gedachten Kammern zugunsten wesentlich größerer Räume auf. Die Kosten beliefen sich auf 8000 Gulden.

Turbulenzen um den Hospitalfonds[17]

Am 19.10.1816 erging ein Herzogliches Edikt über die Armenpflege in Nassau, au welchem der Stadtrat folgerte, daß man ihn künftig nicht mehr mehr die Fonds selbständig verwalten lassen wollte; er reklamierte und es wurde ihm darauf die amtliche „Versicherung, daß der Zweck der Stifter des dortigen Hospitals unverrückt beibehalten und hierin keine Änderung stattfinden soll."

Trotzdem kam es anders. Die Regierung ordnete eine Amtsarmenverwaltung mit Sitz in Königstein und lokale Armenfondsbildung innerhalb der einzelnen Gemeinden an. Die neugebildete Amtsarmenkommission nahm nunmehr den Hospitalfonds in eigene Verwaltung, und damit war die Hospitalpflegschaft in Oberursel lahmgelegt. Der Rat beschwerte sich am 15.10.1819 bei dem Ministerium gegen das Verfahren der Amtsarmenkommission: „Der Stiftung gemäß schließen die Oberurseler Armen die auswärtigen Armen von der Teilnahme an dieser milden Stiftung aus. Hiergegen erlaubt sich die Amtsarmenkommission Ausnahmen. So hat z.B. dieselbe unlängst wieder für den blödsinnigen Anton Schindling von Schneidhain an das Irrenhaus eine Zahlung leisten lassen. Was den auswärtigen Armen zugewiesen wird, entbehren die Oberurseler Armen. Einleuchtend ist dieses Benehmen mit der Gerechtigkeit unverträglich. Wenn auch, was zwar der Fall nicht ist, diese milde Stiftung so ergiebig wäre, nachdem alle Oberurseler Armen zureichend mit Unterstützungen versehen worden sind, noch ein überschuß vorhanden wäre, so ist er doch nicht an auswärtige Armen zu verwenden. Welche bedeutende Summen sind auf solche stiftungswidrige Weise schon den Oberurseler Armen entzogen worden.

Der Stiftung gemäß steht überhaupt der Amtsarmenkommission kein Dispositionsrecht über diese milde Anstalt zu. Die Stif-

tungsbriefe übertragen dieses Recht einem aus einem der Mitglieder des Stadtraths und zweien Personen aus der Oberurseler Gemeinde, welche vom Stadtrathe und Stadtvorstand gewählt werden, niedergesetzten Kollegium..."

Die Verfasser dieses Schreibens wurden gerügt und zur Ruhe verwiesen. Doch die Erbitterung nahm zu, als Fälle bekannt wurden, daß die Amtsarmenkommission aus dem Hospitalkasten Gelder entnahm und diese, angeblich nur leihweise, anderen Lokalarmenfonds überwies. Diese „Entleihungen" beliefen sich bis zum Jahr 1851 auf immerhin annähernd 2000 Gulden, wovon allein Königstein 485 Gulden erhalten hatte.

Es war begreiflich, daß sich die Erregung in dem Revolutionsjahr 1848 Luft machte und die Bürger zur Selbsthilfe griffen. Am 6. März feierte man „die Wiedergeburt des Bürgersinns": „Heute Morgen 8 Uhr ertönte die große Sturmglocke; die Bürger eilten zusammen und einten sich ebenfalls schnell zu einer Bürgertat. Die Stadt hat ein reiches Spital; die gewaltübende Vormundschaft hatte die Papiere im Jahre 1830 gegen heftigen Widerspruch der Bürger nach Königstein bringen lassen und schaltete willkürlich mit dem Vermögen des Fonds. Bald hieß es, eine Gemeinde irgendwo, bald ein Fonds habe unverzinslichen Vorschuß aus dem Oberurseler Spitalfonds erhalten, während hiesige Bedürftige, welchen die Stiftung gilt, abgewiesen wurden.

Der Wiedereroberung dieser Papiere oder vielmehr des Fonds galt daher der heutige Bürgerzug. Nach 12 Uhr Mittags ertönten abermals die Glocken, und die Nachricht: Sie kommen! wälzte sich wie ein Feuerlärm durch die Stadt, und alles, wankende Greise und Weiber, Männer und Jünglinge, Frauen und Mädchen zog, Freudenlieder singend, den kräftigen Bürgern entgegen, Fahnen wehten, Musik erklang unter fortwährendem Glockengeläute. Und als die beiden Züge sich trafen, füllte ein donnerndes Hoch von beiden Seiten die Lüfte. Jetzt gings nach der Stadt die Jugend mit Tannenzweigen voran. In feierlichem Zuge wurde das eroberte Gut durch alle Straßen gefahren; die verschiedensten Lieder ertönten, bald: „Großer Gott, wir loben Dich!" bald: „Was ist des Deutschen Vaterland!". Aber keine Unordnung störte die feierliche Freude. Mit fröhlichem Ernste bewegte sich unaufhaltsam der Zug; nur vor dem Pfarrhause gabs einen Halt, um ein neues Hoch der Freiheit, der Religionsfreiheit zu bringen, worauf in der schönsten Ordnung sich der Zug zum Rathause bewegte, wo man die Kiste mit den Papieren dem Stadtvorstande, der sich innerhalb der Stadt angeschlossen hatte, übergab. noch ein hoch der Freiheit und dem Recht, und jeder ging wieder an seine Geschäfte. Möchte das Stadt das wichtigste Palladium, ihre bürgerliche Freiheit, zuzüglich mit in ihre Mauern gebracht haben, dann würden ihr auch die anderen Fonds wieder, die man ihr teilweise gewalttätig hinweggenommen. Charakteristisch ist noch der Umstand, daß das Volk den Mann, der einst die Kiste fortgefahren, zwang, dieselbe auch zurück und im Triumphe durch die Stadt zu fahren."

Damit sollte es jedoch nicht sein Bewenden haben. Im Juni 1848 versuchte die Regierung nachzuweisen, daß die alleinige Verfügung der Stadt Oberursel über den Hospitalfonds keineswegs rechtlich verankert sei, denn die Urkunde Graf Ludwigs von 1545, auf die man sich berufe, sei keine Stiftungs-, sondern eine Bestätigungsurkunde. Da eine eigentliche Stifterurkunde nicht existiere, sei also sehr wohl das Edikt über die Armenpflege anwendbar, „welches die Verwaltung sämtlicher Armenanstalten

im Herzogtum, soweit nicht stiftungsmäßige Bestimmungen entgegenstehen, den Amtsarmen-Kommissionen der betreffenden Ämter überweist." Dies brachte die Oberurseler erneut in Rage, „da zu ersehen war, daß die einmal verhaßt gewordene Amtsarmen-Kommission auch weiterhin an der Verwaltung des Fonds beteiligt bleiben solle und man nicht ohne Grund vermutete, diese werde Mittel und Wege finden sich schließlich doch wieder in den Alleinbesitz des Fonds zu setzen." Die Hospitalverwaltung beschloß, die im Triumph wieder erlangten Wertpapiere und die beiden Schlüssel zum Kasten niemals und unter keinen Umständen wieder herauszugeben – „und fand sich mit diesem Beschlusse im harmonischsten Einklang mit der gesamten Bürgerschaft".

Inzwischen hatte sich die politische Lage verändert, die Reaktion war wieder erstarkt. Im Februar 1849 erging der Befehl der Regierung, den Hospitalvorstand, der „weder eine stiftungsmäßige noch gesetzliche Behörde ist", aufzulösen. Statt dessen verlangten 37 Mitglieder des Bürgerausschusses die Bildung einer eigenen Kommission zur Verwaltung des Hospitals, doch wurden sie wiederum unter Berufung auf die fehlende Stiftungsurkunde, abgewiesen. Nach wiederholter Strafandrohung fügte sich der Hospitalvorstand endlich. Bürgermeister Kunz lud die Mitglieder des Gemeinderats und der Hospitalkommission für den 20.7.1849 auf das Rathaus, „nachdem Nicolaus Mann dahier die Anzeige gemacht hat, daß die Hospitalkommission die Schlüssel und Wertpapiere des Hospitals überliefern wolle."

Von umwälzender Bedeutung wurde ein Gesetz, das am Heiligabend des Jahres 1848 verabschiedet wurde, denn es setzte jahrhundertealte Traditionen außer Kraft: das

Hospitalordnung aus dem Jahr 1853

§ 1. Das Hospitalsgebäude soll bestimmt sein zur Aufnahme solcher Personen aus der Bürgerschaft, welche wegen Alters oder eines körperlichen Gebrechens außer Stand sind sich zu ernähren.

§ 2. Die Aufsicht über die Anstalt erhält ein Verwalter.

§ 3. Der Verwalter steht zunächst unter dem Bürgermeister als Präses des Hospitalvorstandes. Verwaltungsangelegenheiten unterliegen der Beratung- und Beschlußfassung des Hospitalvorstandes.

§ 4. Die Hospitaliten welche arbeitsfähig sind, halten sich während des Tags in den Arbeitszimmern auf, blinde und andere arbeitsunfähige verbleiben in anderen ihnen angewiesenen Stuben. Außerdem sind eigene Schlafzimmer eingerichtet, welche nach Geschlechtern getrennt sind und nötigenfalls geheizt werden können. Jeder Hospitalite hat seine Bettstelle allein, in dieser ein mit gutem Stroh gefüllten Strohsack, Bettuch, Federkissen und ein federn Oberbett.

§ 5. Die Nahrung besteht: a) am Morgen aus Kaffe nebst einem Stück guten Brode, b) am Mittag erhalten dieselben am Sonntage, Dienstage und Donnerstage Fleisch mit Suppe oder Gemüse, an den übrigen Tagen nur dickeingekochte Suppen von Kohlfrüchten, auch wird jedem genugsam Brod gereicht, c) am Nachmittag Kaffee mit Brod, d) und abends abwechselnd Suppe, Kartoffeln – Butter oder Käse mit Brod.

Nach dem Ermessen wird bisweilen bei härteren Arbeiten oder bei ordentlichem und fleißigem Betragen auch etwas Bier und Branntwein gegeben. Die an Rauchen und Schnupfen gewohnt sind, erhalten wöchentlich etwas Tabak.

§ 6. Jeder Hospitalite soll nach Maßgabe seiner Kräfte und Arbeitsfähigkeit beschäftigt werden und bestehen diese Arbeiten im Tagelohn außer dem Hause, wobei jedoch der Lohn an den Hospitalfonds gezahlt wird, im Flechten von Strohdecken, im Spinnen, Haspeln und ähnlichen Beschäftigungen, wie sie sich gerade darbieten.

Der Verdienst fließt der Hospitalkasse zu.

Die Arbeiten beginnen in der Regel morgens um 6 Uhr im Sommer, im Winter eine Stunde später und endigen des abends um 7 Uhr...

Mit dieser Beschäftigung wird übrigens den Hospitaliten kein Zwang auferlegt, auch keine bestimmte Aufgabe erteilt, sondern dieselben sollen nur durch gütliche Vorstellungen und durch Belohnung von Überverdienst zu fleißigem Arbeiten angehalten werden.

§ 7. Den Hospitaliten wird zur Pflicht gemacht, daß sie den Anordnungen des Verwalters (sowie des Leiters der Arbeiten) in den Arbeitsstunden ohne Widerrede nachkommen und in jeder Hinsicht willig sind, daß sie zur Reinlichkeit und Ordnung im Hospitalgebäude nach Kräften beitragen – namentlich jeden Zank und Zwist unter sich selbst vermeiden – geschehene Beleidigungen zur Kenntnis des Verwalters bringen.

Ebenso wird denselben Fleiß und Aufmerksamkeit bei ihren Arbeiten empfohlen, indem sie dadurch zur Lösung der Aufgabe beitragen, daß dem Hospitalfonds einiger Ersatz für die daraus erhaltenen Unterstützungen geleistet wird...

Zehntablösungsgesetz, das die Veräußerung gegen einmalige Zahlung vorsah. In der Oberurseler Gemarkung wurde der Hospitalzehnt 1850 abgelöst, die Heddernheimer Gülte 1852, der Zehnte in Bommersheimer Gemarkung nach 1852 und in den Gemarkungen Homburg und Gonzenheim 1853.

Ausklang

Bis zum Jahr 1900 verringerte sich der Vermögensstand des Hospitalfonds, da er „durch größere Unterstützungen bedeutend in Anspruch genommen worden" war. Noch niemals in den 370 Jahren seines Bestehens hatte die politische Gemeinde je etwas für das Hospital und die Stadtarmen zu leisten gehabt. Im Jahr 1902 war dies erstmals notwendig.

Die sozialen Einrichtungen des 20. Jahrhunderts machten das Hospital allmählich überflüssig. 1958 wurde das „Städtische Altersheim" im Hospital geschlossen. Danach diente das Haus noch einige Zeit als Unterkunft für Sozialfälle. 1971 wurde der Hospitalfonds aufgelöst. Und auch die sichtbare Hinterlassenschaft der einst segensreichen Einrichtung waren gefährdet: Verkehrsplaner und Gewerbetreibende forderten den

Abbruch des störenden Hospitalgebäudes. Aus verschiedenen Gründen verzögerte er sich. 1974 wurde das kleine Nebengebäude an der Korfstraße beseitigt und 1975 die Fläche zwischen Hospital und Kirche neu gestaltet (Kinderspielplatz, Sitzbankgruppen etc.). An einen Abbruch des Hauptgebäudes dachte inzwischen niemand mehr; selbst die Wegnahme des Kapellenanbaus, eine früher von verschiedenen Seiten vorgeschlagene Lösung, stand nicht mehr zur Diskussion.

Schließlich kam es 1976 zur völligen Sanierung des Hauses, wozu das Land Hessen erhebliche Gelder aus Konjunkturförderungsmitteln beisteuerte. Das Gebäude wurde entkernt, sein seit Beginn des 19. Jahrhunderts verputztes Fachwerk freigelegt. „Immerhin wurde eines der bedeutendsten Gebäude der Altstadt in seinem äußeren Erscheinungsbild aufgewertet und mit der Altentagesstätte eine neue Funktion gefunden, die an die ursprüngliche anknüpft" (Reck).

Das am 6.11.1976 feierlich der Öffentlichkeit übergebene Hospital beherbergt außer der Altentagesstätte eine Sozialstation und Räume für kulturelle Zwecke (Volkshochschule, Kulturkreis, Verein für Geschichte und Heimatkunde).

Oberursel erscheint im Bild

Kartenbilder [1]

Im Jahr 1583 erschien Oberursel erstmals auf einer Landkarte. Sie zeigte „Das Gericht Bornheimer Berg" und wurde von dem Frankfurter Kartenzeichner und Wappenmaler Elias Hoffmann gezeichnet. Dessen Schwiegersohn Eberhard Kieser sollte viele Jahre später eine der bekanntesten Oberursel-Ansichten schaffen. Elias Hoffmann

indessen beabsichtigte keine realitätsgetreue Wiedergabe des damaligen Stadtbildes. Es ging ihm vielmehr darum, darzustellen, daß Oberursel eine im Weichbild des Hauptgegenstandes seiner Karte gelegene Stadt war. Deshalb fügte er „Obern Ursel" in eine Randvignette ein, verlieh ihm den Charakter einer bildlichen Chiffre für „Stadt" und beschriftete diese mit ihrem Namen. [2]

Wenige Jahre später, um 1587, wurden zwei weitere Landkarten angefertigt, auf denen Oberursel erschien. Die Zeichner dieser Karten bemühten sich erstmals um eine dem tatsächlichen Erscheinungsbild der Stadt nahekommende Wiedergabe. Sie werden als „Hirschkarte" und als „Mittelstedter Karte" bezeichnet.

Die „Hirschkarte" entstand im Zuge eines Streites zwischen dem Kurfürsten von Mainz und den Märkern der Hohen Mark. Er war durch den Oberurseler Bürger Johann Alt verursacht worden, der zu verbotener Zeit außerhalb der Hohen-Mark-Waldung in „Urseler Terminey" einen Hirsch schoß.[3] Dieser Sachverhalt ist mit der Beischrift „Hirsch geschossen worden" auf der „Hirschkarte" wiedergegeben. Die Karte diente also dazu, den Beteiligten die Örtlichkeit im Zusammenhang vor Augen zu führen. Die „Hirschkarte" dürfte mit großer Wahrscheinlichkeit um 1586/1587 entstanden sein, da der Streit am 25.3.1587 abschließend behandelt wurde und in diesem Zusammenhang davon die Rede war, daß der Hirsch „vorm Jhar" geschossen worden sei.

Das am 25.3.1587 ausgefertigte Notariatsinstrument besagte,[4] daß die Vertreter der Märkergemeinden der Hohen Mark befragt werden mußten, ob der Wiesengrund, auf dem Alt den Hirsch geschossen hatte, zur „Marck gehörig oder obs Königsteinisch Obrigkeit sey?" Die Örtlichkeit lag oberhalb Ursel im Gebiet südlich der heutigen Hohemarkstraße oberhalb der Hohemark-Endstation.

Offensichtlich hatte das Wiesengelände ursprünglich der „Herrschaft" gehört. Bei der Aussteinung und Anlegung des Steinbuches im Jahr 1547 hatte man sie aber Oberursel zugeschlagen.

Erst nach 40 Jahren mußten die Vertreter der Markgemeinden darüber entscheiden, ob das Gelände dem Kurfürsten von Mainz oder der Markgenossenschaft zugesprochen werden solle.

„Daruff antworten die von Ursel, was vor Wiesen oder gerodete gueter vor viertzig Jharen von der Marck abgesteint, halten sie nicht vor Marckgut uff ihrer seiten . . ."; sie waren also für die Übertragung an die (Oberurseler Landes-) Herrschaft.

„Homberger berichten dargegen, daß die gerodeten gueter und Wiesen vor viertzig Jharen außgesteint, sey darumb beschehen, daß kunfftig von der Marck nichts weiter abgerodet, oder ingenommen solt werden, und obwol die gerodeten gueter von der Marck abgesteint, stehens doch der Marck zu . . .". Die Homburger sprachen sich also für die Zugehörigkeit zur Mark aus.

Oberamtmann Schwalbach stellte schließlich fest, die Mehrheit der Märker habe den fraglichen Wiesengrund „nicht für Marck" gehalten, sondern anerkannt, daß es „Königsteinischer grundt und Obrigkeit" sei; er wurde also dem Kurfürsten von Mainz als Rechtsnachfolger zugesprochen.

Die „Hirschkarte" zeigte das gesamte Tal des Urselbachs bis hin zur Stadt Oberursel. Diese wurde, nicht ganz realitätsgetreu, nahe an das Tal herangerückt, um zu zeigen, daß sie die nächstgelegene und betroffene Stadt war. Deshalb begnügte sich der Zeichner damit, hart am linken Kartenrand nur einen Teil der Stadt abzubilden. Dennoch war ihm sehr daran gelegen, das Abbild der Stadt so zu gestalten, daß sie wiedererkannt werden konnte. Er versuchte sich, soweit es seine künstlerischen Fähigkeiten zuließen, in einer weitgehend realitätsgetreuen Wiedergabe der markantesten Elemente der Stadt, vor allem der St. Ursulakirche und des Stadtturms, dessen kuppelförmige Haube hier erstmals im Bild erscheint. Auch das Obertor, die „pfannenschmidt"

„Hirschkarte", um 1587

und drei Mühlen, darunter die zu der Wüstung Hausen gehörige „Heusermiehl" sind gut und mit dem Ziel der Wiedererkennbarkeit charakterisiert.

Der Kartenzeichner der „Hirschkarte" ist uns ebenso unbekannt geblieben wie jener der „Mittelstedter Karte". Obwohl beide Karten nahezu gleichzeitig für denselben Auftraggeber, den Kurfürsten von Mainz, angefertigt wurden, kann mit Wahrscheinlichkeit davon ausgegangen werden, daß die Karten zwei verschiedenen Kartenzeichnern in Auftrag gegeben wurden, deren Fähigkeiten auf unterschiedlichen Gebieten lagen. Es scheint, als habe der Zeichner der „Hirschkarte" vor allem in der sehr detaillierten topographischen Aufnahme des Geländes seine Stärken gehabt, während der Zeichner der „Mittelstedter Karte" im Erfassen übergeordneter Zusammenhänge und deren optisch effektvoller Umsetzung Talent bewies.

Wie die „Hirschkarte" gehörte die „Mittelstedter Karte"[5] zu einem Streifall, den ein am 13.8.1587 abgeschlossener Vertrag zwischen Erzbischof Wolfgang zu Mainz und Landgraf Georg von Hessen beenden sollte.[6]

Es ging dabei um ein Gebiet bei dem untergegangenen Dorf Mittelstedten („Mittelsteder Feld"), das zwischen Homburg und Oberursel gelegen hatte. Da zwischen den beiden Städten eine Landesgrenze verlief, waren zwei Landesherren betroffen: der Landgraf von Hessen (-Darmstadt) und der Kurfürst von Mainz.

Auch die „Mittelstedter Karte" sollte den Beteiligten helfen, einen Überblick über die strittigen Sachverhalte zu gewinnen.[7] Deshalb war die „Mittelstedter Karte", wie die „Hirschkarte", mit großer Wahrscheinlichkeit vor dem Abschluß der Verhandlungen im Jahr 1587 vorhanden. Da sich der Streitfall „Mittelstedter Feld" über Jahre hingezogen hatte[8], könnte sie schon einige Jahre vor 1587 angefertigt worden sein.

Der Zeichner der Mittelstedter Karte gab ebenfalls Oberursel im Bild wieder. Anders als der „Hirschkarten"Zeichner erlag er jedoch nicht der Versuchung, die Stadt in

148

„Mittelstedter Karte", um 1587

einen faktischen Zusammenhang mit dem Haupt-Kartengegenstand zu stellen.

Vielmehr erscheint das Städtchen – unter einer dekorativen Banderole mit der Aufschrift „Statt Urßell" – als Einzeldarstellung im unteren Kartenabschnitt. Im Gegensatz zur Hirschkarte sehen wir das Städtchen nicht auf wenige Monumente reduziert, sondern blicken, aus der Vogelschau, auf einen größeren Stadtbezirk. Er reicht von der Oberstadt mit der St. Ursulakirche und der „Burg" bis zum Neutor oder Homburger Tor. Mit Ausnahme der Homburger (heute: Eppsteiner) Straße und einiger Sträßchen um den Marktplatz hat der Kartenzeichner auf eine Wiedergabe der Unterstadt ganz verzichtet; dies ist befremdlich, da doch gerade dieser jüngere, größere Teil Oberursels zeigte, wie stattlich das Städtchen war. Überhaupt ließ der Zeichner wenig Interesse an den städtischen Statussymbolen erkennen; so zeichnete er die Stadtmauer mit ihren vielen Türmen, Toren und Pforten nicht etwa im Detail, sondern er deutete nur beiläufig ihren Verlauf an.

Somit entstanden im ausgehenden 16. Jahrhundert, in enger zeitlicher Nähe, die beiden ältesten bildlichen Wiedergaben der mittelalterlichen Stadt Oberursel. Ihr Reiz besteht in der Unmittelbarkeit wie in der subjektiven Prägung der Wiedergabe. Dies haben sie den wenigen Jahren später auftretenden, auf ein geschlossenes Erscheinungsbild der Stadt bedachten Topographien voraus.

Ortsansichten

Das 17. Jahrhundert war die Zeit der großen topographischen Werke, die mit Texten und Bildern ausgestattet wurden. In jener Zeit erschien auch Oberursel im Bild. Genauer gesagt wurde die Stadt, wenige Jahrzehnte nachdem sie in das Kartenbild Eingang gefunden hatte, zum Gegenstand „zweckfreier" Darstellungen. Oberursel-Ansichten finden sich in den drei Publikationen, die für Hessen von Bedeutung waren.

„Urssel", Kupferstich von Wilhelm Dilich, um 1605

1605 legte Wilhelm Dilich (1572–1650) seine reich bebilderte „Hessische Chronica" vor.[9] Es war die erste und für lange Zeit einzige gedruckte Darstellung der Landeskunde und Geschichte Hessens. Seine überregionale Bedeutung erhielt das Werk durch die zahlreichen Kupferstiche hessischer Städte, Burgen, Klöster etc. Ihr künstlerischer Wert besteht darin, daß es Dilich mehr als andere Zeitgenossen verstand, die Städte in die Landschaft hineinzustellen und damit ein stimmiges Gesamtbild zu erreichen. „Dilichs Zeichnungen sind ein Höhepunkt in der Entwicklung des Städtebildes" (Niemeyer).

Für die Lokalgeschichte sind die kleinformatigen Stiche von Bedeutung, weil sie das oft noch mittelalterliche Aussehen der Städte festhielten. So veranschaulicht das Blatt „Urssel" das Bild von Oberursel, wie es sich vor der Zerstörung im Dreißigjähri-

„Ober Ursell", Kupferstich von Eberhard Kieser, um 1630

gen Krieg darbot. Der Zeichner wählte einen Standort außerhalb der Stadt, um möglichst viele ihrer Charakteristika darstellen zu können. Er erfaßte die ummauerte Stadt mit ihren zahlreichen Türmen und der alles überragenden St. Ursulakirche, deren Turm zu dieser Zeit noch von einem halbkugeligen Helm bekrönt wurde.

Auf diese Oberursel-Darstellung griffen Daniel Meisner und Eberhard Kieser (gest. 1631) zurück, als sie ihr groß angelegtes, mehr emblematisch als topographisch ausgerichtetes Werk „Thesaurus Philopoliticus oder Politisches Schatzkästlein" in Angriff nahmen, das zur Fastenmesse 1623 in Frankfurt erschien.[10] Bereichert um die damaligem Zeitgeschmack entsprechende emblematische Aussage über einem mit einem Knüppel beschwerten Hund, erscheint das Bild der Stadt aus derselben Perspektive wie bei Dilich. Obwohl die Darstellung an Plastizität gewonnen hat, erscheint es eher unwahrscheinlich, daß der Zeichner Oberursel selbst in Augenschein nahm.

Dasselbe gilt für Matthäus Merian d.Ä. (1593–1650), der die Arbeiten seiner Vorgänger genau studierte. Das Blatt „Urssel" in seiner 1655 in Frankfurt erschienenen

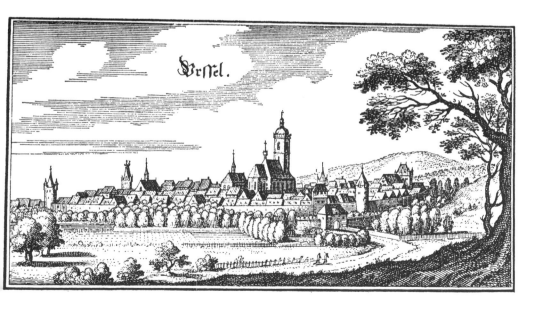

„Urssel", Kupferstich von Matthäus Merian, um 1655

„Topographia Hassiae et Regionum Vicinarum" zeichnet sich durch einen künstlerisch und technisch souveränen Umgang mit den Vorlagen Dilichs und Meisner/Kiesers aus.[11] Die Kupferplatte wird als „offensichtlich eigenhändig" von Merian gestochen klassifiziert. Der Begleittext enthielt, im Falle Oberursels erstmals in einem topographischen Werk, Mitteilungen zur Zeitgeschichte, nämlich zum Schicksal Oberursels im Dreißigjährigen Krieg – ungeachtet der Tatsache, daß sich dieses Schicksal an der in dieser Beziehung veralteten Darstellung der Stadt nicht ablesen läßt.

Oberursel in kurmainzischer Zeit

Bis zum Dreißigjährigen Krieg

Schon vor dem Tod Graf Christophs von Stolberg hatte der Mainzer Kurfürst Daniel versucht, in den Besitz der lange begehrten Grafschaft Königstein zu kommen. Sofort nach seinem Tod besetzte Kurfürst Daniel Brendel mit kaiserlicher Vollmacht das Schloß und den größten Teil der Grafschaft. Die Stolberger strengten einen letztlich erfolglosen Prozeß beim Reichshofgericht an.[1] 1581 endete faktisch die Selbständigkeit der Herrschaft Königstein für immer. Die ganze Grafschaft wurde noch 1581 zum Oberamt Königstein umgestaltet.[2] Diese Verwaltungseinheit umfaßte fünf Kellereien. Die alte Kellerei Königstein (jetzt Rentmeisterei genannt) behielt ihren bisherigen Umfang. In der Verwaltung führte der Kurfürst erhebliche Sparmaßnahmen durch und schaffte die ganze Hofhaltung auf Schloß Königstein ab.

Im übrigen sorgte der Kurfürst, um nicht den Eindruck einer gewaltsamen Besitzergreifung aufkommen zu lassen, im Oberamt Königstein für Erleichterungen und Vorteile. Erst mehr als zwei Jahrzehnte später, in den Jahren 1604–1606, rekatholisierte Kurmainz Oberursel.

Die Rekatholisierung – eine „gewaltsame Religionsumwandlung"

1601 war Johann Adam von Bicken zum Erzbischof gewählt worden – „nachdem er seinen festen Entschluß kundgegeben hatte, für die katholische Reformation im Stifte entschieden einzutreten."[3] Es begann die Wiederherstellung des Katholizismus. Johann Schweikart von Kronberg, seit 1604 Kurfürst „war wie sein Vorgänger der katholischen Kirche treu ergeben."[4] Als die protestantischen Gemeinden, darunter Oberursel, kurz nach dem Regierungsantritt Johann Schweikarts in einer Bittschrift um künftige Duldung ihres Bekenntnisses baten, beeilte sich der Kurfürst, diesen alsbald die Huldigung abzunehmen. Am 27.2.1604 mußten sich die Bürger der Gemeinden des Oberamtes Königstein zur „Freiheit" nach Oberursel begeben. Als Johann Schweikart versprochen hatte, die Privilegien und Freiheiten weiter bestehen zu lassen, ließ sich jeder Einzelne in Eid und Pflicht nehmen.

Doch stellte sich wenig später heraus, daß der Kurfürst gar nicht daran dachte, die protestantische Konfession zu dulden. Weilbach und Wicker waren die ersten Pfarreien, die rekatholisiert wurden. Die nächste Station war Oberursel, das „nur mit vieler Geduld und unter Aufbietung des größten Eifers wiedergewonnen werden konnte.[5] Die Oberurseler waren nicht geneigt, ihren Glauben aufzugeben. Die Lateinschule des Erasmus und die Druckerei des Henricus hatten ebenso Spuren hinterlassen wie der rege Verkehr zwischen Oberursel und der protestantischen Umgegend, vor allem Frankfurt. Somit bot die Rekatholisierung Oberursels ein entscheidendes Signal für die Wiederherstellung des Katholizismus im ganzen Amt Königstein. Deshalb faßte Johann Schweikart die Wiedergewinnung Oberursels für die katholische Kirche schon bald nach seiner Wahl ins Auge.

Nichts Gutes ahnend, bat die Bürgerschaft am 11.8.1604, von der Wiedereinführung der katholischen Religion in Oberursel abzusehen.[6] Die harsche Antwort lautete, daß sich der Kurfürst von niemand „Ziel oder Maß geben" lasse und daß in Oberursel bald der katholische Gottesdienst wieder eingeführt werde. Es wurde ein „wohl qualifizierter katholischer Schultheiß" eingesetzt, der die Rekatholisierung vorbereiten sollte.

Am 20.8.1604 zog eine stattliche Deputation Johann Schweikarts in die Stadt ein. Am Morgen des 21. August wurde dem Rat der Stadt verkündet, daß der Kurfürst, auf Förderung der Zufriedenheit und des Glückes seiner Untertanen bedacht, zu seinem großen Leidwesen wahrnehme, daß die Angehörigen des Erzstiftes nicht alle eines Glaubens seien, daß manche derselben leider nicht auf dem Wege seien, auf dem sie ihr ewiges Heil erlangen könnten. Diesen Weg zeige nur der katholische Glaube. Als Landesfürst und Bischof sei Johann Schweikart berechtigt und verpflichtet, für die Wohlfahrt seiner Untertanen zu sorgen, sie also auch, wenn nötig, zum katholischen Glauben hinzuführen. Die Untertanen sollten sich in der wahren Religion unterrichten lassen, die Kirche eifrig besuchen, ihre Kinder in die katholische Schule schicken, protestantische Predigten nicht mehr hören und sich aller Umtriebe gegen die Wiedereinführung des Katholizismus enthalten.

Der Rat schwieg. Nur der Stadtschreiber Wendelin Hof bestand auf der Beibehaltung der Augsburgischen Konfession. Die Bürger von Oberursel, Bommersheim und Stierstadt beschlossen, noch einmal um Duldung des seitherigen Zustandes zu bitten. Als man ihnen bedeutete, daß die Bitte keine Aussicht auf Berücksichtigung habe, reagierte die Menge erregt.

Dann wurden die lutherischen Prediger und Lehrer angewiesen, ihre Tätigkeit in Oberursel aufzugeben, was diese ohne „Widerstreben" zu tun versprachen. Nur wünschten sie bis zum Ende der Ernte bleiben zu dürfen.

Zu dem ersten katholischen Gottesdienst am 22.8.1604 fand sich eine große Menge in der Pfarrkirche ein.

Für den neuen katholischen Pfarrer Konrad Diehl gestalteten sich die Verhältnisse unerquicklich. Schon bald bezeichnete er seinen Aufenthalt in Oberursel als „mühseliges, jammervolles Exil". Der ihm zur Seite stehende Seibäus meldete zwar, „daß die Ober-Urseler bald zu Hunderten seiner Predigten beiwohnten", doch konnte auch er nicht verhüten, daß im August und September 1604 manche die Neuordnung mißachtende Handlung geschah. So ließen zwei Bürger Kinder in Weißkirchen und Kronberg von protestantischen Pfarrern taufen und, die Tochter des Färbers Marpurger scheute sich nicht, in der Christenlehre aus Luthers Katechismus zu rezitieren. Der Ratsherr Johannes Sinter erklärte, er werde seine Kinder nie in die katholische Schule schicken, gab jedoch nach Androhung von Maßnahmen seinen Widerstand auf.

Die Situation in Oberursel war schwierig. Als Seibäus und dann auch Burger Oberursel verließen, ging der Besuch von Gottesdienst und Schule so stark zurück, daß der Kurfürst sich entschloß, Seibäus als ständigen Pfarrverwalter nach Oberursel zu beordern.[7] Nach der Schilderung Seibäus' waren Anfang 1605 der Gottesdienst- und der

Schulbesuch so stark, „als ob die Stadt nie protestantisch gewesen wäre." Nun wollte man sie zum tatsächlichen Übertritt bewegen. Im Januar 1605 schickte Johann Schweikart wiederum eine „ansehnliche" Deputation nach Oberursel, die den Ratsmitgliedern und den Viertelsmeistern befehlen sollte, bis zum Ende der österlichen Zeit katholisch zu werden oder „ihre Gelegenheit an andern Orten zu suchen."

In den Ostertagen legten 27 Oberurseler das tridentinische Glaubensbekenntnis ab, doch entsprach diese Zahl den Vorstellungen von Pfarrer und Erzbischof keineswegs. Man beschloß, mit „größerem Ernst" vorzugehen. Der Erzbischof befahl am 8.6. 1605, jeden „Ratsverwandten" einzeln zu verhören, dann die Zunftmeister vorzuladen und ihnen unter Strafandrohung zu gebieten, sich der katholischen Kirche anzuschließen und die Handwerksgenossen dazu anzuhalten. Schließlich sollten die Abgeordneten die ganze Bürgerschaft versammeln und ihr das „Auslaufen" bei Strafe verbieten.

Am 9.8.1605 fand das angeordnete Verhör in Oberursel statt. Schultheiß Antoni war bereit, sich „katholisch einzustellen", die Mitglieder des Rates und Gerichtes aber, die drei sogenannten „Gefreiten", die zwei Spitalmeister und die zwei Kirchenbaumeister lehnten jede bestimmte Antwort ab.[8] Doch versprachen sie, nach vier Wochen sich endgültig zu entscheiden.

In diesen vier Wochen sollten sich die Bürger über die katholischen Lehren und Einrichtungen genauer belehren lassen.

Am 23.9.1605 mußten die Bürger Oberursels auf dem Rathaus erscheinen, um ihre endgültige Erklärung abzugeben. Wer sich weigerte, am 1. November zur Kommunion zu gehen, sollte bis zum 10. November auswandern. Wie es scheint, hatten seit dem Be-

Fronleichnamsprozession in Oberursel, 1950

ginn der „gewaltsamen Religionsumwandlung" im Jahr 1601 schon rund sechzig Familien die Stadt verlassen.[9] Es erschienen 211 Bürger. Davon erklärten 105, bei ihrer evangelischen Lehre verbleiben und abwandern zu wollen, 52 wollten sich bis Allerheiligen noch bedenken, 51 versprachen, an Allerheiligen die heiligen Sakramente empfangen zu wollen, drei Personen waren nicht vernehmungsfähig.[10] Der Amtmann ließ nichts unversucht, die Widerspenstigen doch noch umzustimmen, „aber es nützte nichts, es hatte fast den Anschein, als hätten sie sich zusammen verbunden." Am 30. Oktober kam der Oberamtmann auf Wunsch des Pfarrverwalters noch einmal nach Oberursel und bemühte sich, die noch immer widerstrebenden Bürger zur Konversion zu bewegen. Nicht weniger als 112 beichteten und kommunizierten dann in der Pfarrei Oberursel am 1.11.1605. Am 6. November schlossen sich weitere 62 an, am 13. November folgten 30 andere nach.[11]

Protestantisch gebliebene Oberurseler, die sich nicht oder nicht so rasch von der Heimatstadt trennen konnten, wurden am 8. November unter Androhung einer Strafe von 50 Gulden nochmals zum Verlassen der

Stadt innerhalb von zwei Wochen gedrängt. Daraufhin verließen noch einmal 30 Familien Oberursel.[12] Bis Ostern 1606 war die Rekatholisierung von Oberursel abgeschlossen. Seibäus verließ Oberursel; der seitherige Kaplan Alexander Heß trat an seine Stelle.[13]

Es zeigte sich, daß nicht wenige Oberurseler nur auf dem Papier katholisch geworden waren. Der Besuch von Gottesdienst und katholischer Schule ließ bald zu wünschen übrig. „Die Leut sind auf gut luterisch und Calvinisch begierig."[14]

Stolbergisches Intermezzo

Die Spannungen zwischen Protestanten und Katholiken hörten im 17. Jahrhundert nicht auf, sondern verstärkten sich und führten letztendlich zum Ausbruch des Dreißigjährigen Krieges, 1618. Auf der Seite der Protestanten stand König Gustav Adolf von Schweden. 1631 traf er auf kurmainzer Gebiet ein und begann die kaiserlichen und ligistischen Truppen zu vertreiben. Am 14./24. Dezember wurde Königstein besetzt und wohl zu gleicher Zeit auch Oberursel.[15]

Am 7.1.1632 erhielt Graf Heinrich Vollrath zu Stolberg-Königstein durch König Gustav Adolf die Grafschaft Königstein wieder zugestellt, „in reifer Betrachtung deroselben kundbaren Fug und undisputirlichen Rechtens". Am 13. Februar 1632 leisteten sämtliche Ortschaften dem Grafen in Oberursel den Huldigungseid.

Mit dem Übergang der Herrschaft Königstein an das Haus Stolberg fand die evangelische Lehre wieder Eingang; es blieb aber auch die katholische bestehen. In Oberursel wurde der evangelische Gottesdienst zunächst von dem Königsteiner Hof- und Stadtprediger Johannes Gereuhm versehen. Am Palmsonntag trat Nicolaus Scharselius sein Amt als evangelischer Pfarrer an.[16]

Im Januar 1635 räumten die Schweden Oberursel. Dafür besetzten Kaiserliche und Spanier die Stadt und fast die ganze Wetterau. Graf Vollrath wurde gefangen genommen und mußte am 8. September 1635 Königstein an die Kaiserlichen übergeben. Am 3.12.1635 wurde die Grafschaft Königstein dem Kurfürsten von Mainz wieder zugestellt. Zum 1. Juli 1636 mußte der evangelische Geistliche Oberursel verlassen. Das stolbergische Intermezzo war beendet. Oberursel war endgültig katholisch.

Der Dreißigjährige Krieg[1]

Der 30 Jahre währende Krieg in der ersten Hälfte des 17. Jahrhunderts hatte für Oberursel verheerende Folgen. Die blühende Stadt wurde nicht nur eingeäschert, sondern auch ihres Lebensnervs beraubt: die vormals bedeutende Tuchfabrikation war mit einem Schlag erloschen und die frühindustrielle Entwicklung vor allem in der Ei-

senverarbeitung stark in Mitleidenschaft gezogen. Der Dreißigjährige Krieg bedeutete das Ende des mittelalterlichen Oberursel.

Bei Beginn des Krieges belief sich die Zahl der Häuser auf 300,[2] die der Einwohner auf schätzungsweise 1600. Ihr Schicksal hing von demjenigen des Kurstaates Mainz ab, der sie vor kurzer Zeit erst zu Katholiken ge-

Die Kreuzkapelle, Zeichnung von Marie von Ehrenstein, um 1920

macht hatte und ihnen nun schon die Treue im Kampf gegen die Protestanten abverlangte. Und dies, obwohl den in Oberursel eingesetzten katholischen Pfarrern keineswegs vorbildliches Verhalten bescheinigt werden konnte.[3]

Zu allem Unglück herrschte im Jahr 1618 in Oberursel die Pest. Als man sie überstanden hatte, errichtete man auf dem alten Richtplatz außerhalb des Stadtkerns eine Sühnekapelle und nannte sie Kreuzkapelle. Eine Inschrift hinter dem Altar besagt: „Extructa A. 1618. Restaurata et ampliata 1718" (Erbaut im Jahre 1618, instandgesetzt und erweitert 1718).

Der aus Feldsteinen errichtete kleine Bau mit dreiseitigem Chorschluß hatte auf der Westseite eine dreiseitig offene Vorhalle, die wohl 1718 in den Innenraum einbezogen

wurde. An der Südwestecke befindet sich eine von innen zugängliche Außenkanzel, die auf einer großen, mit „Beschlagwerk" verzierten Konsole ruht.[4] Die Kapelle gehörte zu den wenigen Gebäuden, die den Brand von 1645 überstanden.

Wie in Kriegszeiten nicht anders zu erwarten, kehrten Pest und Seuchen in den nächsten Jahrzehnten immer wieder. Der 1642 ausgestellte Lehrbrief des Barbierlehrlings Lorenz Oßburg zu Oberursel erinnerte daran, daß „wegen damahlig gefährlicher Kriegs undt Pest Zeiten, die alda gewesene Chirurgie mit todt abgangen" sei.[5] Gemeint war offenbar die Seuche (Pest oder typhöses Fieber) der Jahre 1633/34, bei der ein Arzt aus Wetzlar geholt werden mußte. Eine Notiz der Hospitalrechnung aus dem Jahre 1634 besagte: „35 Wagen für

Holz von Weihnachten bis Ostern, da jederzeit viel Kranke darin gelegen, mit 35 fl. bezahlt". [6]

Unmittelbar mit dem Kriegsgeschehen konfrontiert wurde Oberursel, als 1622 der Herzog von Braunschweig, der „tolle Christian", mit 20.000 Mann von Westfalen in Richtung Pfalz zog. Die Befürchtung, daß die kurmainzischen Gebietsteile nördlich des Mains den ersten feindlichen Ansturm auszuhalten hätten, traf bald zu. Am 5. Juni 1622 rückte ein starker Trupp auf Oberursel zu und nahm es mühelos ein. Der Herzog von Braunschweig nahm in Oberursel Quartier. Am nächsten Tag begab er sich mit seinen Leuten nach Höchst, um den Mainübergang zu erzwingen. Am 9. Juli ließ der Braunschweigische Brandmeister unter anderen „das Städtlein Ober-Ursel so mayntzisch" in Brand stecken. Es brannten die Hälfte der Wohnhäuser, das Rathaus, das Pfarrhaus und die Kaplanei; die große Glocke im Pfarrturm stürzte herab und wurde fast zerstört. Während des Brandes wurde geplündert, die Bürgerschaft flüchtete in den Markwald, wurde aber eingeholt und mit Gewalt zurückgebracht. Die auferlegte Brandschatzung belief sich auf 400 Taler.

Als Tilly die Braunschweiger bei Höchst besiegt hatte, wurden die kurmainzischen Gebietsteile – im Gegensatz zu den umliegenden evangelischen Orten – für längere Zeit von Angriffen verschont. Oberursel begab sich an den Wiederaufbau. 1630 war die Stadt größtenteils wieder aufgebaut, es waren 244 Wohnhäuser vorhanden, und in den Ställen standen 250 Stück Ochsen und Kühe. Die Gesamteinnahme der Stadt belief sich auf die Summe von 919 Gulden, jene der Ausgaben auf 967 Gulden.

Der Krieg dauerte an. Die Kriegssteuern nahmen kein Ende. 1628 befand sich General Graf Tilly mit Gefolge in Oberursel in Quartier. 1630 quartierten sich Spanier ein. 1631 wendete sich das Kriegsglück zugunsten des protestantischen Schwedenkönigs, der Würzburg und Aschaffenburg besetzte, dann in Richtung Frankfurt zog; das mainzische Höchst kapitulierte, Königstein wurde eingeschlossen. Der protestantische Landgraf Wilhelm von Hessen-Kassel kam dem Schwedenkönig mit 1000 Mann zu Hilfe. In oder bei Oberursel sollen sie zusammengetroffen sein. Die katholische Stadt scheint aus dem „hessischen Einfall" mit Geldzahlungen gegen Rückführung ihres geraubten Viehs davongekommen zu sein.

Die Rettung der Großen Glocke[7]

Als die Große Glocke vom Turm herabgestürzt war, erbot sich die Stadt Frankfurt zum Kauf. Die meisten Bürger glaubten, die Glocke sei gesprungen und untauglich geworden und stimmten für diesen Handel. Dem Einspruch des Lohmüllers Hieronymus („Crommes") Eckardt schenkte man keine Beachtung. Da faßte er den Entschluß, zusammen mit dem jungen Wiederhold die Glocke heben und prüfen zu lassen. Es stellte sich heraus, daß sie „ihrn Klang noch wie zuvor" hatte: „Für Freuden weynte Jedermann Und dankte Gott mit Lobgesang". Die Retter beschenkte man mit einer besondere Gabe. Bei ihrem und ihrer Nachkommen Leichenbegängnis sollte die Große Glocke geläutet werden. Während die Familie Wiederhold ausgestorben ist, hat sich der Brauch bei den Nachkommen des Crommes Eckardt bis heute erhalten.

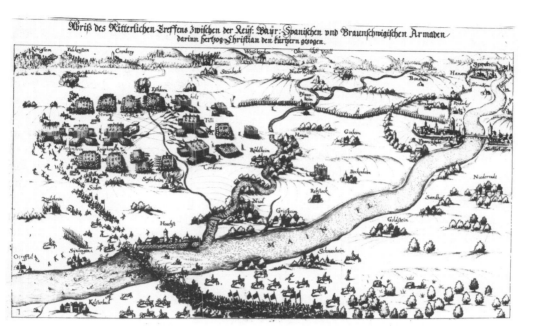

Das brennende Oberursel im Hintergrund einer Darstellung der Schlacht bei Höchst am 10.6.1622

Das Jahr 1632 bescherte den Oberurselern eine Überraschung: Glaubenswechsel war angesagt, nachdem der siegreiche Schwedenkönig die Königsteiner Grafschaft an den rechtmäßigen Erben, Grafen Heinrich Volrath von Stolberg, zurückgegeben hatte. Zwar hatte Gustav Adolf verfügt, daß die katholischen Gottesdienste nicht gestört und die Priester beibehalten werden sollten, was in Oberursel auch geschah. Doch mehrten sich die Anzeichen, daß der Übertritt zum evangelischen Glauben nach und nach vollzogen werden sollte. Es wurden evangelische Gesangbücher angeschafft, der Weihnachtsgottesdienst 1632 von dem protestanischen Hofprediger aus Königstein zelebriert und schließlich Nicolaus Scharselius zum evangelischen Pfarrer ordiniert.[8] Der neue Zustand war nicht von langer Dauer.

1635 war eines der schlimmsten Kriegsjahre überhaupt. Die Schweden zogen sich vor den von Süden her andrängenden, vom Grafen Mansfeld befehligten Kaiserlichen und Ligisten zurück. Im Januar 1635 zogen sie von Oberursel ab, und gleich darauf zogen die kaiserlichen ligistischen Regimenter ein. Graf Volrath war in Frankfurt eingeschlossen und wurde so lange gefangengehalten, bis er am 8.9.1635 die Festung übergeben ließ. Unverzüglich ließ der Kaiser dem Kurfürsten von Mainz die Grafschaft Königstein wieder zustellen.[9] Der Herrschaftswechsel spiegelt sich in der Königsteiner Rentei-Rechnung von 1635, in der für Oberursel bemerkt ist, daß der mainzischen Herrschaft nur 13 Gulden Grundzinsen entrichtet wurden, „und haben die Stolbergische die Stadtbeeth vor sich erhalten".[10]

Die Rekatholisierung Oberursels bereitete angesichts der Kürze der protestantischen Zwischenspiels keine Schwierigkeiten. Mit den katholischen Truppen war auch der katholische Geistliche Christoph Kumelius nach Oberursel zurückgekehrt, wo er in den bevorstehenden schlimmen Zeiten segensreich wirkte.[11]

Nun hatte die Stadt unter der Einquartierung katholischer Truppen zu leiden, die im Dezember 1635 allein für ihre 400 Pferde mehr als 100 Achtel Frucht in Anspruch nahmen. Hinzu kam, daß sich die Untertanen des ganzen Amtes Ursel nun schon seit fast einem Jahr „in diesem engen Stättlein" beisammen aufhielten.[12] Das Gedränge muß unbeschreiblich gewesen sein.

Und so ging es Jahr auf Jahr. 1636 mußte einer Kompagnie mehr als 700 Gulden Geld und 10 Achtel Frucht gegeben werden, und als deren Obrist Carstatt einen „Ausflug" nach Oberursel unternahm, „verzehrte" er 25 Reichstaler, „und haben ihme noch 100 eyer, jedes ad 1 batzen mit naher Mainz geben müssen". Alles in allem kostete die Carstatt'sche Besatzung die Urseler fast 2000 Gulden.[13] Glücklicherweise fanden die Urseler in Rentmeister Samuel Hepp einen Fürsprecher, der sich bei dem Kurfürsten immer wieder für sie einsetzte.[14]

1639 und 1640 lag der schwedische Obrist Volmar von Rosen (der „doll" Rosen) mit seinen Dragonern in Oberursel. Am 22.7.1640 geschah ein Überfall auf die Besatzer: der kaiserliche Obrist Wolff fiel an vier Stellen in Oberursel ein, ließ 300 Rosen'sche Dragoner gefangen nehmen und 10 töten. Rosen, der die Oberurseler der Kollaboration mit Wolff bezichtigt haben mag, legte den Bürgern nahe, sich gegen eine „Abfindung" von 2.000 Gulden von ihm gegen Überfälle verteidigen zu lassen. Da er dieses Versprechen nicht hielt, sondern im Gegenteil zum „Mortbrande" der Stadt beitrug, baten die empörten Oberurseler, ihm die noch ausstehenden 500 Gulden verweigern zu dürfen – „all zu groß bekander Armuth halber zumal, vermeinen auch nit, daß wir es schuldig seien".[15] Die Gegenseite sah das anders: Oberursel hatte zu zahlen.[16]

1644 konnten die Steuern und Grundzinsen der Stadt an die Herrschaft „vor diesmahl der continuirlichen Einquartirung halben nit erlangt werden". Die Herrschaft mußte auf das Wieggeld von der Mehlwaage und der Mehlwieger auf seine Besoldung verzichten. Auch das Weidgeld war „mit allen andern Gefällen anitzo stecken blieben."[17] Die Oberurseler mußten ihren noch immer beachtlichen Viehbestand reduzieren, weil das Futter zu teuer war, die Brauer konnten ihrem Handwerk nicht nachgehen, weil es keine Gerste gab, und die Wollmärkte (wie alle Märkte) fielen aus, weil man keine Wolle mehr zum Verarbeiten hatte.[18]

Oberursel in Schutt und Asche

1645 wurde für Oberursel zu einem Schicksalsjahr, es wurde heimgesucht von der schrecklichsten Brandkatastrophe, die es je erlebt hatte.

Seit 1644 waren die Evangelischen die Sieger. Der Befehlshaber der Niederhessen, General Geise, eroberte auf einem Marsch nach Mainz am 6.9.1644 das von einer kleinen Garnison gehaltene Oberursel. Mainz wurde den Franzosen übergeben. Der französische Kommandant von Mainz, Courval, veranstaltete Streifzüge in die Umgebung und griff am 23.,24. und 25.1.1645 Oberursel an, jedesmal ohne Erfolg.

Als der französische Feldherr Turenne im Mai 1645 seine Truppen in der Wetterau zu sammenzog und Courval mit mehreren tausend Mann[19] dorthin abmarschierte, nutzte er den Anlaß zur Rache an Oberursel. Als die Oberurseler von der Zahl der sich nähernden Soldaten erfuhren, war ihnen klar, daß sie sich gegen einen solchen Heerhaufen nicht behaupten konnten und entschlossen sich zur Flucht aus der Stadt. Als Courval mit seiner Truppe am Fronleichnamstag, dem 5./15. Juni 1645[20] ankam und bemerkte, daß die Oberurseler entkommen waren, ließ er wutenbrannt die verlassene Stadt anzünden.[21]

„Etliche Wagen Strohe" seien in die Stadt und zuerst in die Kirche hineingefahren worden, hieß es in einem an Kardinal Mazarin gerichteten Schreiben (des Kurfürsten?) vom 24.6.1645, in dem das schwere Schicksal der Urseler geschildert und zur Bestrafung der Täter aufgerufen wurde.[22] Auf eine Reaktion wartete man in Oberursel wohl vergeblich. Dem Schreiben lag eine in französischer Sprache abgefaßte Liste der Verluste bei, die auch in deutsch ausgefertigt wurde.

„Drei Häuser nur blieben verschont", schrieb ein späterer Chronist, „eines in der Vorstadt, wo jetzt Johann Meister wohnt, des schwarzen Beers in der Mühlgasse und des Holzschnitters Schmitt in der Hintergasse".[27]

Specification

Wie viel Häußer, Scheuren, Stall und gemeine gebaw die Barbarische Frantzosische Feindts Völcker underm Commando deß Vicomte de Courvals Gubernators Zue Maintz, undt deß Obristen Leutenandts Baltzer Rüdigers in festo Corporis Christi dießes 1645 Jahrs, Zue OberUrsell in die Asche gelegt, und waß vor unerhorten Unchristliche Worth, undt Schandtthaten ermelte Barbarische Völcker daselbst verubt haben.

An gemeinen gebew.

1. Die schöne Kirch, in welche Courval 3 Wagen voll Stroh tragen undt zum dritten Mahl anstoßen laßen, weill sie anfangs nit brennen wollen, worin Sie die Canzell Altaria, die Orgel, den Newen Letner worauff ein dopell regal gestanden sambt allen stulen de facto angezundet, daß alles zue Aschen worden, undt die schöne glock darauff zerschmoltzen.
2. den großen Statt undt Kirchthurn, worin 3 grose Glocken gehangen deren die große 84 Centner gewogen, welche alle herund gefallen undt zerschmoltzen.
3. die Schul wo eine schöne Capelle geweßen, undt bey der Kirch gestanden.[23]
4. das PfarHauß, Caplaney Hauß mit 2 Scheuren undt Stellen
5. daß Schulhauß, Schewer und Stall
6. das Hospitall alt undt new sambt den neben Gebewen
7. drey große Wacht Thurn, 2 an der Stattmauer undt einer in der Statt
8. Statt Thor sambt den Ubergebawen undt Wachthäusern
9. die Burgh mit aller Zugehör undt gehabten Gebawen
10. Ein Mahlmühl mit 2 Gäng[24]
11. drey Schleiffmühlen
12. Zwo Lohmühlen
13. Ein Weißgerber Mahlmühl

Wohnhäußer
188 Burgerhäußer welche respective von 700 biß 900 fl. in der Schatzung gewesen.[25]
137 Scheuren
53 große Stelle ohn die Schwein undt andere kleine Stell

An Persohnen seindt martyrifirt
Conrath Ketroffen Schreiner von Stierstatt gehawen, gestochen, gestoßen, mit Steinen geworffen, undt endtlich den Kopff mit einer Grab Schuppen von einandt gehawen, auch deßen Todt kranke Weib ein Arm endtzwey geworffen.

Enders Krebsen ein alt lahmer Pfortner, gehawen, gestochen, ein Arm endtzwey geworffen undt beede Ohren geschlitzet, daß er auch gestorben.

Ein altes Weib von 80 Jahren bey dem Hospital zue Todt geschlagen.

Ein alt lame Pfrünnerin (Pfründnerin?) von 64 Jahren, welche die Tag Ihres lebens keines mans werth gewesen, gestochen, geschlagen undt stupirt.

Ein alt burgers weib von 60 Jahren hatt ein officier geschandet, welche weil sie sich sehr gewehret, deßen Diener halten mußen. Ohn waß Sie vor andere Weib Persohnen mehr erdappet undt Ihren muthwillig mit ihnen verubet haben, daß also die Turcken nit tirannischer hetten hausen können.``[26]

Wer nicht in den umliegenden Ortschaften Unterschlupf gefunden hatte, hauste „mehrentheils ahn der StattMauer unterm freien Himmel [später in Hütten[28]] unnd in den überriechenden Kellern" und hatte „nichts als Wasser und kaum das liebe Brot". Die einzige Habe waren die reifenden Feldfrüchte, doch hatte man keine Mittel, um sie ernten zu lassen und keine Scheunen, um sie zu lagern.[29] Hier scheint der Kurfürst helfend eingegriffen zu haben, denn wir hören, daß noch 1646 eine Schutzwache (Sauve-Garde) bei der Ernte half.[30]

Weniger einsichtig zeigte sich der Landesherr gegenüber der Bitte der Oberurseler um „Erlassung aller Contribution" und um ein Rundschreiben an alle Stände und Städte des Reiches mit der Bitte „bei zuspringen, darmit wir doch nöthigen Unterhalt, Hülff zur Bawung unnd vornemblich zur Kirchen überkommen".[31] Zum Kirchenbau steuerte der Kurfürst 100 Gulden bei, aber von Erlaß

der Kontribution konnte keine Rede sein: 1646 erreichte sie schon wieder eine Höhe von 361 Gulden[32]

Die Steuern und Grundzinsen der Stadt wurden 1645 „auf gnädigste Bewilligung Meines gnädigsten Churf. undt Herrn" auf „nur" 160 Gulden reduziert und 1646 noch einmal, auf 100 Gulden – „undt ist ubriges wegen viel entwichener Bürger vor dießmahl nit zu erlegen gewesen". Mit dem gleichen Argument wurden 1647 nur 130 Gulden erhoben. Seit 1649 konnte die Stadt Oberursel dann wieder Steuern und Grundzinsen in der vollen Höhe von 263 Gulden entrichten.[33] Dabei wuchs die Schuldenlast der Stadt auf 7960 Gulden, die der Bürgerschaft auf 20.075 Gulden.[34]

Oberursel erholte sich nur sehr langsam von diesem schweren Schlag. 1648 waren 121 Bürger zurückgekehrt und 65 Wohnhäuser wieder aufgebaut. Naturgemäß waren diese Häuser – ein Beispiel steht in der

Obergasse 6 – vollkommen schmucklose Fachwerkbauten, deren teilweise altertümliche Konstruktionsdetails verraten, daß man der Not gehorchend auf Bewährtes zurückgriff und jedes, auch das geringste Risiko scheute. „Das alles ist in erster Linie nicht als Stilwollen, sondern als Zeugnis von Armut zu deuten".[35]

1649 gingen 59 von jetzt 158 Bürgern einem Gewerbe nach, die anderen betrieben Ackerbau.[36] 1671 wurden 648 Bürger gezählt.[36a]

„Die wirtschaftlichen Nachteile, die der Krieg im Gefolge hatte" waren nicht das schlimmste, schrieb Dr. Neuroth. Er hatte wohl ein konkretes Beispiel – das des betrügerischen Stadtschreibers und späteren Schultheißen Peter Wolf – vor Augen, als er betonte: „Unheilvoller war die sittliche Verelendung, der vollständige Zusammen-

bruch jedes freiheitlichen Denkens, des hochgesinnten Mannesgefühls."[37]

1674 hatte Oberursel Gelegenheit, sich für „den mörderischen Brandt" von 1645 zu rächen, als wiederum französische Truppen der Stadt nahten. Dieses Mal war man gegen den Feind gewappnet: „Vernichtet mußt er fliehen, Das war des Frevlers Lohn...".[38]

Erst nach vielen Jahrzehnten zeichnete sich ab, daß der verheerende Dreißigjährige Krieg auch etwas Positives nach sich gezogen hatte: die Chance des Neubeginns.

Otto Wallau 1724 beschrieb das „Erneuerte Wesen nach dem Brandt" so:
Nun hat sich Gott Lob alles schön
Erneuert wieder muß gestehn
Daß alles in weit beßrem Stand
Zu Ursell, als war vor dem Brand,
Die neue oder unter Stadt
Vor der Obern das Prae jetzt hat...[39]

Ein neues Rathaus[40]

Rathausplanung von 1629 [41]

Schon wenige Jahre nach der Zerstörung des alten Rathauses (1622) faßte die Stadtgemeinde den angesichts ihres niedrigen Kassenstandes gewagten Entschluß, ein neues Rathaus zu bauen. Am 18.3.1629 legte sie ein Baugesuch mit Kostenvoranschlag und Bauzeichnungen vor. Das Bauvorhaben wurde am 12.10.1629 genehmigt, unter der Bedingung, daß Oberursel seinen sonstigen finanziellen Verpflichtungen regelmäßig nachkam.

Den erhaltenen Zeichnungen zufolge sollte das 1629 geplante Rathaus in Höhe und Tiefe etwa dem heute Historischen Rathaus entsprechen. Die zum Marktplatz ausgerichtete Fassade aber wäre etwa 5 Meter breiter und vor allem viel reicher ausgestal-

„Haus Esch", Strackgasse 4, erbaut um 1680

tet worden, denn der Baumeister hatte im ersten Obergeschoß rechteckige Erker mit hohen, spitzen Türmchen auf den Gebäudecken vorgesehen.

Wir wissen nicht, ob die Planung von 1629 das abgebrannte Rathaus „nachbildete",[42] oder ob man sich zu diesem Zeitpunkt noch den Bau eines erweiterten Rathauses zutraute. Die architektonischen Indizien sprechen eher für die letzte Annahme.

Der geplante Außenbau erinnert zwar an einen seit dem ausgehenden 15. Jahrhundert überlieferten Rathaus-Typus (Beispiele: Michelstadt, Alsfeld). Der Baustil aber war deutlich derjenige des frühen 17. Jahrhunderts. Der ausklingenden Renaissance verpflichtet ist auch die Bearbeitung des massiven Erdgeschosses mit seiner Eckquaderung. Ebenso die Ausmaße und Proportionen des Gesamtbaus, der eher breiten als hohen Erker, des Tores, der sehr hohen Eingangstür und der auffallend großflächigen Fenster. Auch das Fachwerk mit seinen betonten Fuß- und Kopfstrebenzonen und den nasenbesetzten Hölzern (auch an den Erkern) zeigt sich auf der Höhe der Entstehungszeit der Planung.

Im Erdgeschoß sollte der Neubau in zwei annähernd gleich große, im Grundriß rechteckige Räume unterteilt werden, wovon der südliche als Eingangs- und Treppenhalle mit integrierter Haftzelle, der nördliche als gewölbter Durchgang oder Torfahrt konzipiert war. Das erste Obergeschoß sollte rundum mit Fenstern versehen werden. Vorgesehen waren hier drei Amtsräume, neben dem großen Ratssaal vermutlich ein Empfangs- und Beratungszimmer sowie die Stube des Stadtschreibers. Eine Tür im Treppenhaus sollte das Begehen der rückwärtigen Stadtmauer ermöglichen.

Entwurf zu einem neuen Rathaus für Oberursel, Giebelseite, 1629

Von vornherein sollten die noch bestehenden Mauern des alten Untertores einbezogen, jedoch nach Süden um einen neuen Anbau erweitert werden. Doch kam die Ausführung des Baues durch die Ungunst der Zeit nicht recht voran. 1633 hören wir, daß das Rathaus „gewölbet" und „aufgerichtet" wurde. Es stand also nach vier Jahren gerade im Rohbau, und über diesen sollte es während des Krieges nicht mehr hinauskommen. Ob man 1633 noch den Plänen von 1629 folgte oder schon reduzierte, müßte eine Grabung an dieser Stelle klären.

Der begonnene Rathausbau wurde 1645 ein Opfer des großen Oberurseler Stadtbrandes.

Das Rathaus von 1659
(„Historisches Rathaus")

1655 ging man an den Wiederaufbau des Rathauses, der vier Jahre in Anspruch nehmen sollte. Anders als 1629 geplant, beschränkte man sich jetzt auf eine Überbauung des ehemaligen Untertores.[43] Darauf setzte man einen aus einem Voll- und zwei Dachgeschossen bestehenden Fachwerkbau in schlichten Formen. Das mit dem Giebel auf den Marktplatz ausgerichtete Rathaus wurde von einem Dachreiter bekrönt. An der Giebelfront wurden eine Sonnenuhr und ein eisernes Exemplar der in Oberursel gültigen Frankfurter Elle angebracht, damit man jederzeit die Maße der auf dem Marktplatz handelnden Händler überprüfen könne.[44]

Im Durchgang brachte man den Wappenstein der Grafen von Stolberg aus der Zeit um 1560 an.[45]

Der Zugang zum „Betzenloch", der im Bogen auf 1659 datierten Arrestzelle, befand sich im rückwärtigen Torbereich. Die darüber angeordnete Außentreppe führte zum Ratssaal im Ersten Stock. Über der Tür befindet sich die Inschrift: „Anno MDCIX iterum erecta est haec curia post incendium Brunsevicense anno MDCXXII exortum. D.F.I.M.M.H.E.". (Im Jahre 1659 ist dieses Rathaus nach dem braunschweigischen Brand vom Jahre 1622 wieder aufgebaut worden).[46] Die Bedeutung der Buchstabenfolge D.F. J.M.M. H.E. über der Eingangstür zum Historischen Rathaus: Daniel Falter (Schultheiß), Johann Martin Messer (Stadtschreiber), Hieronymus Eckardt (Ältester Ratsherr).[47] Die Inschrift markierte das Ende der vierjährigen Bauzeit.

1660 wurde der Ratssaal ausgestattet. Die Wandtäfelung aus gesandelter Kiefer im Renaissance-Stil ist wahrscheinlich von dem Frankfurter Kunsttischler und Ornamentzeichner Friedrich Unteutsch entworfen und hergestellt worden. Er lebte um 1650 in Frankfurt am Main und seine Kupferstiche lassen Ähnlichkeiten mit der Täfelung im Oberurseler Rathaus erkennen. Die Türbeschläge sind in Ziselierung und Form dem frühen Barockstil angepaßt. Der Überbauschrank trägt die Jahreszahl 1671.

Erst im Jahr 1787 wurden die Oberurseler wieder in einer Rathaus-Angelegenheit bei dem Oberamt in Höchst vorstellig. Die Rathaus-Glocke war zersprungen, und man bat, diese „versilbern" und zu mäßigem Preis eine neue anschaffen zu dürfen. Aus der Ablehnung des dreimal vorgebrachten Gesuchs geht auch hervor, wozu die Rathaus-Glocke bisher gedient hatte. Es hieß, bei einem Brand sei das Sturmläuten der Kirchen-

„Historisches Rathaus", Ansichtspostkarte um 1900

165

Ratssaal im Historischen Rathaus

glocken „weit füglicher", die Erhebung der Schatzung und die herrschaftlichen Befehle könnten durch Ausschellen bekannt gemacht werden, und auch das Zusammenrufen der Leute könne mit der Schelle besorgt werden. Im Grunde scheint man in Höchst über das Zerspringen der Glocke nicht unfroh gewesen zu sein, da „uns aus der Erfahrung bekannt ist, wie unruhig und geneigt zu Prozeß und Widerspenstigkeiten die Oberurseler von jeher gewesen sind, wozu Zusammenlaufen auf dem Rathhauß mehrmal vieles beigewirkt hat".[48]

Jahrhundertelang genügte das Rathaus von 1659 den Ansprüchen des Oberurseler Gemeinwesens.[49] Erst 1890–95 zog die inzwischen angewachsene Stadtverwaltung in die vormalige Schule auf der „Freiheit" (Hollerberg 10), die jetzt „Stadthaus" genannt wurde.

Im „Alten Rathaus" wurde jetzt nur noch die Ratsstube (zu Magistrats- und Stadtverordnetensitzungen) genutzt.

Da seit 1912 verschiedene Ämter aus dem Stadthaus ausgelagert werden mußten, wurde 1932 die Möglichkeit, mit der Verwaltung in das leerstehende Lyzeum (Oberhöchstadter Straße 7) einzuziehen, gern wahrgenommen.

Dieser Umzug brachte den endgültigen Abschied der aktiven Stadtpolitik von dem jetzt tatsächlich „Historischen" Rathaus mit sich. Obwohl ungenutzt, wurde es stets den notwendigen Renovierungsarbeiten unterzogen, denn das „Alte Rathaus" galt längst als eines der Wahrzeichen Oberursels und schließlich auch als ein Objekt des Denkmalschutzes. So war es denn folgerichtig, daß es einer musealen Nutzung zugeführt wurde, indem hier 1956 die Hans-

166

Thoma-Gedächtnisstätte einzog. Seit deren Auszug steht der Ratssaal zur Besichtigung im Rahmen von Stadtführungen zur Verfügung.

Die Stadtverwaltung zog 1977 in ein modernes Verwaltungsgebäude an der Oberhöchstadter Straße.

Nach dem 30jährigen Krieg

Der 30jährige Krieg hatte das mittelalterliche Oberursel ausgelöscht. Nach dem Wiederaufbau wandelte sich der Charakter der Stadt. Symptomatisch war, daß Tuchmacherei und Tuchhandel sich nicht mehr erholen konnten und dafür um so stärker eine frühe industrielle Entwicklung am Urselbach einsetzte. Mühlen (Wassertriebwerke) der verschiedensten Art und Hammerwerk für Eisen und Kupfer bestimmten das Bild der Stadt und ihres Umfeldes.[17]

Im historischen Rückblick erscheint das 18. Jahrhundert in Oberursel vergleichsweise ereignisarm. Für die damaligen Bewohner der Stadt war es gleichwohl keine ruhige Zeit. Immer wieder warfen kriegerische Auseinandersetzungen in Form von Schatzungen und Einquartierungen ihre Schatten auf Oberursel.[18] Der schleichende Prozeß der Verarmung hatte nach dem Siebenjährigen Krieg seinen Höhepunkt erreicht: die Schulden der Stadt beliefen sich auf 11.400 Gulden.[19] Wie zum Hohn ließen die Stadtoberen in dieser Situation die Bürgerschaft im Stich: es herrschten Mißwirtschaft und Eigensucht.[20] Alle Versuche der Regierung, die Lage in den Griff zu bekommen, schlugen fehl.

Dies alles war einer gedeihlichen Entwicklung der Wirtschaft wenig förderlich.

Wichtig wurde der Zuzug von Fremden, die neues Gedankengut und Handelsgeist in die Stadt brachten: „Brabanter"[21] und Italiener. Die Brabanter waren durchweg Hausierhändler („Tödden"), die Italiener vorwiegend Kaufleute, die in die günstig gelegene Stadt im Rhein-Main-Gebiet und in unmittelbarer Nähe zur Messestadt Frankfurt kamen.

Während sich die Brabanter vor allem im Kupfer- und im Haarhandel betätigten, waren die Italiener in den verschiedensten Branchen tätig.

Hugenotten konnten sich dagegen in Oberursel nicht niederlassen, da diese französischen Glaubensflüchtlinge Protestanten und damit in Kurmainz unwillkommen waren.[22] Zwar versuchte man, die wirtschaftlich erfolgreiche Strumpfweberei auch im katholischen Oberursel einzuführen und sogar zu privilegieren, doch blieb der Erfolg aus.

Schon vor der Mitte des 18. Jahrhunderts wirkte sich auf Oberursel das Bemühen der kurmainzischen Regierung um eine zahlenmäßige Erfassung des Staates aus. Um einen Überblick über die Verhältnisse im Lande zu erhalten, wurden „über alles und jeden Statistiken angelegt".[29]

Aus dem Jahr 1743 liegt eine „Specification aller in Oberursel befindlichen Eheleuten…" vor, die als Grundlage für die künftige Besteuerung dienen sollte.[30] Aus dieser Liste geht hervor, daß die in Oberursel lebenden Einwohner jährlich 678 Gulden Steuern zu entrichten hatten.

Wenige Jahre später, 1750, legte man eine „Spezifikation deren Unterthanen zu Ursell samt dasigen Juden" an.[31] Sie listete die einzelnen Familien – „Bürger, Weiber, Söhne, Döchter" – in den Stadtvierteln auf; Witwen, Vormundschaftskinder, Beisassen (Einwohner ohne Bürgerrecht) und

Fremde werden Oberurseler[23]

Eine besonders große und erfolgreiche Gruppe von Fremden waren in Oberursel die Brabanter Tödden, die einerseits den Kupfer- und Kesselhandel im 17./18. Jahrhundert beherrschten, andererseits Oberursel vom frühen 18. (1735) bis ins 19. Jahrhundert zu einem „centrum van haarhandelaars" (Mertens) machten. Die Haarhändler (Haartödden) „tauschten namentlich von den Landleuten gegen bunte Tücher und Geld den üppigen Haarwuchs ein."[24] Menschenhaar wurde damals in großen Mengen zur Herstellung von Perücken benötigt. Die Haartödden kamen aus derselben Gegend wie die „Kupfertödden". Auch sie betrieben ihre Geschäfte in Kompagnie, d.h. sie schlossen sich zu Handlungsgesellschaften zusammen, die ihre besonderen Gesetze und Statuten hatten. Wegen ihres freundlichen, einnehmenden Wesens und ihres gepflegten Äußeren waren sie gern gesehene Geschäftsleute, zumal sie sich durch Rechtschaffenheit, Mäßigkeit und Biederkeit auszeichneten. Sie waren streng katholisch und besuchten gemeinsam die Gottesdienste. Zusammen ging man ins Wirtshaus und bezahlte aus der Gemeinschaftskasse.[25] Die Haartödden hatten zwei Absteigequartiere in Oberursel, das „Weiße Roß" und den „Goldenen Adler".

Neben diesen gruppenweise auftretenden Fremden ließen sich in Oberursel auch etliche Einzelpersonen aus verschiedenen Ländern nieder. Sie begründeten zum Teil bekannte und heute als „Alt-Urseler" angesehene Familien. Aus der Schweiz kamen, vorwiegend im 17. Jahrhundert, die Familien Mag, Raufenbarth und Zweifel. Die Familie Loderhos wanderte aus Österreich zu, die Familie Sondershausen um 1640 aus dem Bistum Salzburg.[26] Schwabe war der Lohmüller Kaspar Kürtell, der 1633 in Oberursel heiratete. Im frühen 18. Jahrhundert begegnen wir Bauleuten aus Süddeutschland und Tirol, vor allem beim Bau der Hospitalkirche:[27] Johannes Strasser aus Stetten bei Oberndorf am Neckar, Andreas Bortzner aus Steinbach im Allgäu, Franz Weisenbach aus Tirol. Nicolaus Coci besorgte an der Hospitalkirche die Schreinerarbeiten.

Ansonsten waren Italiener in breiter Berufspalette vertreten. Stefano Pizzala, seit 1714 in Oberursel nachgewiesen, war Schornsteinfeger. Joseph Signorino kam 1717 als Gewürz- und Fetthändler nach Oberursel. 1729 ist die Spezereiwarenhändlerin Rasaletti in Oberursel bezeugt. Der Ölsieder Johann Crana betrieb 1778 mit seinem Landsmann Manessi Geschäfte. Als sehr flexibel erwies sich Johann Maria Barbieri aus Bologna. In Mainz zum Kaminfeger ausgebildet, verlegte er sich in Oberursel auf die Produktion von Stärke; später richtete er eine Ölseifensiederei in Mainz ein. Der Italiener Rosalino stellte zu Beginn des 19. Jahrhunderts in Oberursel Tapeten her. Der Tabakfabrikant Bolongaro war nur kurze Zeit in Oberursel ansässig.

Eher ein Sonderfall war der Hofsekretär Chiochetti, der durch seinen Schwiegervater Pfeiff nach Oberursel gekommen sein dürfte.

Erst 1811 kam Ludwig Calmano, der Enkel eines nach Limburg/Lahn eingewanderten Italieners nach Oberursel, wo er die Tochter eines Brabanter Haarhändlers, Margaretha Koops, heiratete. Von diesem Paar stammen alle Calmano und Caprano des Rhein-Main-Gebietes ab.

Neben diesen ansässig gewordenen Italienern kamen immer wieder, vor allem bei größeren Baumaßnahmen, „Gastarbeiter" aus Italien nach Oberursel. 1876 waren 300 Italiener in Oberursel (Arbeitseinsatz unbekannt). 1890 und 1909 wurden Italiener zur Fertigstellung der Hochdruck-Wasserleitung bzw. zum Bau des Straßenbahn-Einschnittes am Bahnhof geholt.

Im 19. Jahrhundert nahm daneben der Zuzug aus den ärmeren heimischen Gegenden zu. Zu ihnen gehörten die vor allem in der Landwirtschaft eingesetzten „Fulder" aus dem Fuldaer Land. Aus Magdlos bei Schlüchtern kamen alle Mädchen nach Oberursel. Mädchen aus dem „Hultschiner Ländchen" (Tschechoslowakei) sortierten bis 1937 bei I. Berger die Lumpen. Einige verheirateten sich in Oberursel.

Mit Beginn des Wirtschaftswunders in der Bundesrepublik wurden auch in Oberursel ausländische Arbeitskräfte benötigt. 1975 begründete sich in Oberursel der Verein zur Betreuung von ausländischen Kindern e.V., der für Kinder den „Aufeinanderprall der verschiedenen Welten" mildern will. 1989 wurden rund 70 Schüler aller Schultypen betreut. [28]

Heute beträgt der Ausländeranteil in Oberursel ungefähr 9%.

Juden wurden ohne weitere Angaben aufgeführt. Aus dieser Spezifikation ergibt sich, unter anderem, daß Oberursel in jenem Jahr 1346 Einwohner hatte. Der Beamte, der die Liste anlegte, notierte nicht nur die Namen der Einwohner, sondern auch deren Vornamen, ihr Alter (auch das der Kinder) und gelegentlich den Beruf. Es begegnen uns hier die Namen vieler „Alt-Orscheler" Familien, z.B. Abt, Aumüller, Balthes, Beer, Burckarth, Henrich, Homm, Ilmstadt, Jamin, Kertel, Mann, Rauffenbarth, Rompel, Ruppel, Stehden, Usinger, Wallauer, Zweyffel.

Über den Schuldenstand der Stadt Oberursel im Jahr 1766 informierte eine „Summarische Verzeuchnus-Tabelle, wie hoch sich die Schuldemasse der Gemeind Ober Ursel dermahlen belauffe, und wie hoch sich im Jahr 1763 beloffen habe".[32] Danach waren innerhalb von drei Jahren die Stadtschulden von 10.661 Gulden auf 12.061 Gulden angestiegen. Kein gutes Licht auf die Verwaltung wirft die Bemerkung der Ge-

richtsvorsteher und der Bürgervertreter, daß sie zwar von den Schuldenbeträgen wüßten, „wohin sie aber verwendet worden, wissete sie nicht, weil alles vom Rath allein tractirt und weder aus dem Gericht noch auch aus der Bürgerschaft jemand darzu gezogen wird, welches sie schon bey Churfürstl. hoher Regierung eingeklaget". Von nun an wurde regelmäßig eine Tabelle „Gemeiner Schulden" angelegt, was jedoch nicht verhinderte, daß der Schuldenstand bis 1775 auf 16.395 Gulden anstieg.

Aus einer Aufstellung des Jahres 1780 erfahren wir die Zahl der damals in Oberursel stehenden Wohnhäuser: sie betrug 277.[33]

Gegen Ende des Jahrhunderts[34] erlebte die Stadt eine Rangerhöhung: sie wurde 1782 Sitz der Amtsvogtei Ursel, was in etwa dem heutigen Landratsamt entsprach. Zur Amtsvogtei Ursel gehörten die Orte Bommersheim, Stierstadt, Weißkirchen, Kalbach, Kirdorf und Harheim. Diese Dörfer unterstanden der Gerichtsbarkeit der Vogtei. Die Amtsvögte hatten ihren Sitz im

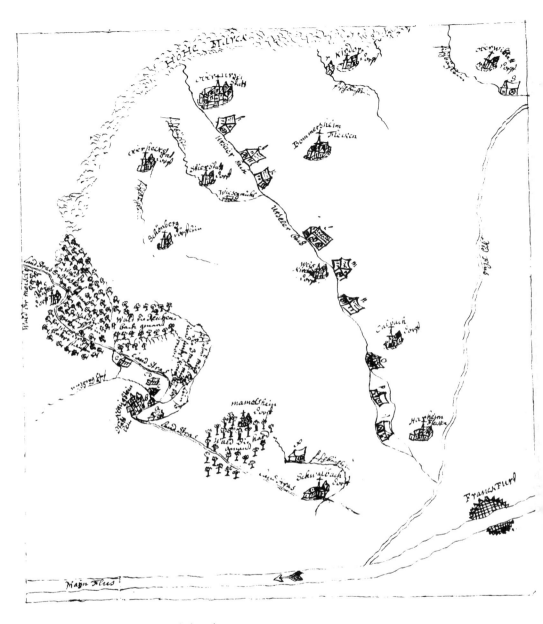

Das Amt Königstein im 18. Jahrhundert

Haus Marktplatz 1 (Vortaunusmuseum). Erster Oberurseler Amtsvogt war der Schultheiß Joseph Franz Montmorency (1767–1783). Die Amtsvogtei existierte bis 1815.[35]

Im Jahr 1792 verfaßte ein Kenner der Stadt, vermutlich der Kaplan Konrad Dahl, eine Beschreibung von Oberursel.[36] Damals wohnten hier 1.260 Einwohner, die sich von Ackerbau, Handwerk, Gewerbe und Handel ernährten. 422 Gebäude führt Dahl an, darunter 200 Wohnhäuser, 180 Scheunen, fünf Mühlen und vier Kupferhämmer. Das Stadtmodell „Oberursel um 1800" im Vortaunusmuseum zeigt uns en miniature, wie wir uns das Städtchen noch zur Zeit Dahls vorzustellen haben: mit Mauern, Türmen, Graben und drei „gut verwahrten Toren". Auf dem Modell ist noch die Michaelskapelle zu sehen, und der Spitzhelm des Kirchturms zeigt noch die gedrungenere Form (erst seit 1875 acht Meter höher).[37]

Die Nachrichten von den Ideen der französischen Revolution trafen vermutlich erst spät in Oberursel ein.[38] Unter der Regierung von Kurfürst Friedrich Karl Joseph von Erthal zählten die Truppen 2000 Mann. Zur Verteidigung des Oberamtsbezirks Höchst, zu dem Oberursel gehörte, wurde im Schloß in Höchst ein Kommando von 100 Soldaten unterhalten.

Die wirtschaftliche Situation Oberursels gab Anlaß zu Optimismus. Die Schulden der Stadt aus dem Siebenjährigen Krieg waren abgetragen. Man hoffte die Oberurseler Märkte wieder in Schwung zu bringen. Der Zugang zur Frankfurter Messe wurde wieder geöffnet.

Im Frühjahr 1792 brach der Krieg aus, der bis zum Jahr 1815 das Schicksal auch der Menschen in Oberursel bestimmte. Die Soldaten der Französischen Revolutionsarmeen lebten von dem Lande, in dem sie sich gerade aufhielten. Es wurde einquartiert und requiriert. Lebensmittel, Futter, Gespanne, Fuhrwerke, Dienstleistungen wurden kurzfristig angefordert und eingetrieben. Städte wurden gebrandschatzt. Kommandeur der Truppen, die zu Beginn des ersten Koalitionskrieges in der Umgebung Oberursels operierten, war Adam-Philipp Graf von Custine.[39] Dieser hatte im Oktober 1792 mit 18.000 Mann den Rhein überschritten und am 28.10.1792 Königstein zur Kapitulation gezwungen; im November war das ganze Taunusgebiet in französischer Hand. Um sich gegen preußische und hessische Gegenangriffe zu sichern, ließ Custine im November 1792 zwischen Königstein und Höchst eine Kette von Feldbefestigungen anlegen. Drei Schanzen wurden oberhalb von Oberursel errichtet. In Oberursel und Umgebung wurden die Einwohner aufgefordert, gegen Vergütung bei den notwendigen Erdarbeiten zu helfen. Tatsächlich gingen die Kosten zu Lasten der Gemeindekasse, denn die Arbeitslöhne erschienen in der Abrechnung der Kriegskosten.

Man kann die Überreste der drei „Custine-Schanzen"[40] heute noch besichtigen. Sie liegen südlich, also linker Hand der verlängerten Altkönigstraße zwischen der Theologischen Hochschule und dem Haupteingang des Hauptfriedhofs, zwei im Wald, eine innerhalb des Friedhofsbereichs. Sie liegen in einem Abstand von 260 bzw. 320 m hintereinander in einer nicht ganz geraden Linie. Graben und Wall umgeben ein Innenfeld, das nach der Vorstellung des Ingenieur-Offiziers wohl exakt quadratisch hätte ausfallen sollen. Die Seitenlängen be-

Stadtmodell „Oberursel um 1800", erbaut von Hans und Elisabeth Dinges, 1981–85

tragen ungefähr 30 m; die Ecken sind abge-
rundet; schmale Zugänge, nicht breiter als
2 m, führen von der Bergseite her in den ge-
schützten Innenraum.

Der Hang, auf dem die Schanzen ausgeho-
ben wurden, war seinerseits natürlich be-
waldet. Verhindert werden sollte eine Annä-
herung des Feindes von Osten, d.h.
geschützt werden sollten die uralten, tief
ausgefahrenen Straßen, Hohlwege, die an
dieser Stelle in das und über das Gebirge

führten, zur Rechten des Urselbachs und
westlich vom Roten Born. In zeitgenössischen Quellen liest man die Ortsangabe
„Oberurseler Heide"; auf einer Landkarte
von 1813 ist „Küstins Schanze" eingetragen
zwischen dem Oberurseler Birnenwäld-
chen, Krebswingert und Rothebornswie-
sen.

Eine Grabung im Jahr 1911 ergab, daß die
Schanzen wenig sorgfältig, vermutlich in
großer Eile, gebaut wurden. Lediglich die

172

mittlere ist einigermaßen gleichmäßig in allen Abschnitten ausgebaut. Um die Schanzen direkt ist vermutlich nicht gekämpft worden. Es spricht vieles dafür, daß französische Vorposten dort nur kurze Zeit gewacht, kampiert, gekocht und erbärmlich gefroren haben.

Allem Anschein nach wurden die Schanzen am 3.12.1792 von preußischer Artillerie beschossen und daraufhin von den französischen Soldaten in größter Eile geräumt.

Ein Schriftstück vom 8.4.1793 informiert darüber, daß man zu jener Zeit in Oberursel die Schanzen für überflüssig hielt und sie gerne verschwinden lassen wollte. Das Oberamt in Mainz genehmigte den Antrag der Gemeinde, die Schanzen wieder „zuwerfen" zu lassen; bezahlen mußte das freilich die Gemeinde selbst. Daß die Schanzen tatsächlich eingeebnet wurden, ist nach ihrem heutigen Befund nicht anzunehmen. Außer geringen Resten von Feuerstellen haben die Grabungen von 1911 nichts zutage gefördert.

Zwar wurde Oberursel kein direktes Opfer militärischer Gewalteinwirkung. Aber die Stadt hatte stark unter Einquartierungen und Requirierungen zu leiden. Produktion und Handel litten, die Schuldenlast wuchs ins Unermeßliche.

1796 wurde dem Oberamt eine Brandschatzung auferlegt. Oberursel wurde mit 1.750 Gulden belastet. 1798 hatte die Schuldenlast Oberursels den Betrag von 53.117 fl. erreicht, und die Stadtväter wußten keinen anderen Ausweg mehr, als eine Anleihe von 26.740 Gulden aufzunehmen.

Schon zu Beginn des ersten Koalitionskrieges, als hessische Truppen des Prinzen von Hohenlohe in Oberursel Quartier nahmen, mußte man 260 Mann aufnehmen, obwohl es in Oberursel nur 235 Häuser gab. 1794 nahmen preußische und sächsische Truppen in Oberursel Quartier. Auf längeren Aufenthalt richteten sich 1796 erneut in Oberursel einrückende Soldaten ein. Sie errichteten dort am 28.4.1797 auf Befehl des Generals Lefèbre ein Lazarett, das die Gemeinde finanziell beträchtlich belastete. Eine präzise Aufstellung in 16 Punkten, die die Stadt am 25.2.1798 dem Oberamt zusandte, rechnete genau auf, was da alles aufzubringen und zu bezahlen gewesen war für Heu, Stroh, Milch, Eier, Gemüse, Kupfergeschirr, für Schreiner-, Schmiede- und Weißbinderarbeiten bis hin zu den Kosten für die Bestattung eines hier verstorbenen französischen Soldaten. In den Jahren 1797 und 1798 wurde besonders lebhaft über die üppige Verpflegung der französischen Obersten Galliee und Sorbiee geklagt.

Ein erpresserischer, besonders grausamer Überfall französischer Husaren auf die Familie und das Ladengeschäft des Schultheißen Schaller im Jahr 1799 ergänzt das düstere Bild.[41] Bis 1801 wuchs der Schuldenberg auf 77.000 Gulden an. Die Steuerrückstände waren beängstigend. Es drohte der Bankrott.

Mit dem Reichsdeputationshauptschluß vom 27.4.1803 wurde dem alten Kurstaat ein Ende bereitet; die Amtsvogteien Königstein und Oberursel kamen an Nassau-Usingen.

Jüdisches Leben in Oberursel[1]

Es scheint, als seien vor dem Dreißigjährigen Krieg keine Juden in Oberursel angesiedelt gewesen. Erst 1636 tauchen Juden in der Königsteiner Rentei-Rechnung auf. Der herrschaftliche Beamte notierte dazu, daß „darüber sonsten keine Rubrik" vorhanden gewesen sei.[2] Dies wird bestätigt durch eine Aktennotiz von 1648, wonach „zuvor... kein Jud in Ursell gewohnet."[3] Gleichen Inhalts war schließlich auch der amtliche Vermerk im Jurisdictionalbuch des Amtes Oberursel von 1660 unter „Juden Schutz": „vor diesem haben zwar deren keine dis Ortes gewohnet, hernach dann ettliche in den Kriegestroublen als geflüchtet Leut ahnfänglich hihnein gesetzt". Der Kurfürst habe gestattet „alhie wie anderer Orten Juden uff- und ahnzunehmen."[4]

Drei dieser infolge von „Kriegestroublen" nach Oberursel gekommenen Juden sind seit 1636 nachweisbar: die Schutzjuden Abraham, David und Hirsch. Sie waren aus Heddernheim nach Oberursel geflohen.[5] Abraham und David lebten seit dem Oberurseler Brand von 1645 in Königstein[6]; Hirsch wird nicht mehr erwähnt. Der kurz vor dem Brand aufgenommene Jude Lazar flüchtete sich nach Kronberg, seit 1649 wohnte er ebenfalls in Königstein.[7]

Die Rückkehr der drei Juden nach Oberursel, 1659, ging nicht reibungslos vonstatten, denn es beschwerten sich die Oberurseler Krämer und Metzger: „Uns armen Bürgern, die wir mit großer Mühe und Arbeit geringe Hüslin wider aufgebauet undt uns darüber in Schulden gesteckt, daran unsere Kindtskinder zum Theil noch zubezahlen haben werden, auch außer den unsern Metzler Handwerck undt geringe Krämerey sonst kein Auskommen oder Nahrung

Sabbat-Leuchter der jüdischen Gemeinde im Vortaunusmuseum

vor arme Weib undt Kindern haben kör nen, das Brodt aus dem Mund entzogen un wohl gar aus dem Flecken getrieben werde dörfften". Früher sei in Oberursel keiner Juden „eigen Hauß und Hoff" gestatte worden. Die Regierung lenkte ein und e laubte den zurückgekehrten Juden, Häuse zu bauen, aber nicht zu kaufen.[8]

1660 erhielten die Juden Itzig und Hirsc den Temporalschutz „uff Wohlverhalten" Letzterer war ein Sohn des aus Homburg zu gezogenen Isaac,[9] von dem es 1696 hieß, e habe „in Capitali alle andere übertroffen"

174

Zwei Brüder Hirschs waren nach Frankfurt und Hanau übergesiedelt. Im Gegensatz zu ihrem Vater, der nur beim Vornamen Isaac genannt worden war, unterzeichneten die Söhne mit „Leser (= Lazarus) Beer" und „Beer".[10] Wir haben hier also die ersten bekannten Vertreter der nachmals in Oberursel verbreiteten jüdischen Familie Bär/Beer vor uns.

Um 1700 soll der Bau einer neuen Synagoge in Homburg durch die Existenz jüdischer Familien aus Oberursel veranlaßt worden sein. Wahrscheinlich handelte es sich um die Juden Lazarus Ursell und Moyses Ursell Witwe, denn diese hatten sich nach ihrem Herkunftsort benannt.[11]

1750 wurden bei einer Volkszählung 1327 Einwohner und drei jüdische Familien mit 19 Personen gezählt.[12] 1792 waren es sechs Familien. Ab diesem Zeitpunkt wird man wohl eine jüdische Gemeinde gebildet haben, da mit 10 erwachsenen männlichen Juden die Mindestzahl für eine Gemeinde und zur Abhaltung des Gottesdienstes erreicht war.[13] Bis zum Jahr 1815 erhöhte sich die Zahl der jüdischen Familien auf acht.[14] 1817 bestand die jüdische Gemeinde aus 59 Personen. Nach einer kurzfristigen Reduktion um die Jahrhundertmitte wurde 1875 die Zahl von 75 Juden erreicht. Im Jahr 1905 lag der Anteil der Juden an der Gesamtbevölkerung bei mindestens 0,57%. 1925 wurden 64 Juden gezählt. Bis zum Jahr 1933 hatte sich die Zahl auf etwa 26 Juden reduziert. 1939 lebten nur noch etwa sechs Juden in Oberursel.[15]

Insgesamt waren in den Jahren 1900 bis 1945 ca. 320 Personen in Oberursel „israelitischer Religion". Davon waren 9,5% aus Oberursel gebürtig, 22% aus Frankfurt am Main, 5,5% aus Rußland, 3% aus Polen, 5% aus Osteuropa, 4% aus West-Europa, 50% aus dem Deutschen Reich.[16]

Existenzbedingungen

Die Landesherrschaft legte fest, wieviele Juden sich niederlassen durften. Die Zahl der ansässigen Judenfamilien blieb relativ konstant, weil von den Landesherren darauf geachtet wurde, daß nur bei erfolgtem oder zu erwartendem Tod eines Juden ein Sohn oder ein anderer Jude aufgenommen wurde.[17]

Voraussetzung für Aufenthalt und Berufsausübung war das Ablegen eines besonderen „Judeneides".[18] Die Rechte und Pflichten der Juden wurden in „Judenordnungen" geregelt.[19]

„Schutzjuden" genossen für Person und Eigentum herrschaftlichen Schutz; dafür entrichteten sie eine hohe Personalsteuer.[20] 1636 bezahlte jeder der drei in Oberursel niedergelassenen Juden 10 Gulden.[21] 1649 belief sich das Schutzgeld jeweils auf 20 Gulden[22] Hatte ein Jude das Schutzgeld entrichtet, wurde ihm der „Schutzbrief" ausgehändigt, der alle 2–3 Jahre verlängert werden mußte und nur für eine begrenzte Zahl Angehöriger galt.

Zu welchen persönlichen Problemen das Warten auf die Inschutznahme führen konnte, zeigt das Beispiel des Lazar Wolf in Oberursel, der 1791 seit zwei Jahren mit der Jüdin Gudel Maier von Eppingen verlobt war, aber erst „durch gnädige Ertheilung des hohen Schutzes vor kurzem in den Stand gesetzt worden, jede Stunde seine Braut zu ehelichen". Damit waren deren Zweifel an der Heiratswilligkeit ihres Verlobten beseitigt, und der angestrengte Prozeß konnte aufgehoben werden.[23]

Als entehrend galt der Judenzoll (Juden-Leibzoll), der beim Überschreiten von Grenzen gezahlt werden mußte, wie sonst nur für Vieh. Daß diese Parallele tatsächlich gezogen wurde, zeigt die Königsteiner Rentei-Rechnung von 1645: „34 Gulden 8 Albus seindt dieß Jahr von Jueden und Viehe Zoll zu Ober Ursell undt andern darzue gehörigen Orthen gefallen."[24] Ein „Gehender Jud" hatte 20 Heller, ein „Reitender Jud" 30 Heller zu entrichten.[25] Der Juden-Leibzoll wurde erst 1806 aufgehoben, gleichzeitig aber das Schutzgeld erhöht.[26]

1815/16 führte die nassauische Regierung eine Reform bei der Berechnung des Schutzgeldes durch. Künftig sollte „nicht das reine Vermögen des Juden, sondern dessen jährlicher reiner Erwerb zur Grundlage genommen werden".[27]

Das in diesem Zusammenhang erstellte Verzeichnis beleuchtet schlaglichtartig die Situation der acht Oberurseler Juden. Sie konnten zwar insgesamt nur 2050 Gulden „Erwerb" erzielen, mußten aber für „Schutzgeld und andere Abgaben" 262 Gulden bezahlen. Die neue Abgaberegelung sollte für mehr „soziale Gerechtigkeit" sorgen, indem beispielsweise Anzahl und Versorgungsstand von Kindern berücksichtigt wurden. Im Einzelfall gestaltete sich die Lage so:

1. Isak Lazer, 85 Jahre alt, „Makler", lebte aber von Almosen. Da er keinen Erwerb vorzuweisen hatte, wurden ihm die bisher gezahlten 4 Gulden Schutzgeld und Abgaben seit 1816 erlassen.

2. Herz Lazer, 76 Jahre alt und Vater von vier Kindern im Alter von 14 bis 20 Jahren, war taub und handelte „dann und wann mit Vieh", womit er überschlägig 400 Gulden Erwerb erzielte und 75 Gulden Schutzgeld und Abgaben bezahlte. Für ihn reduzierte sich die Abgabe auf weniger als die Hälfte.

3. Bär Lazer, 69 Jahre alt und Vater von acht Kindern, bezeichnete sich als „Makler", der aber von Almosen und der Unterstützung durch einen Sohn leben mußte. Seine Einkünfte wurden mit 200 Gulden

veranschlagt, sein Schutzgeld betrug bis dahin 4 Gulden, wurde jetzt aber erhöht au[f] 8 Gulden.

4. Jakob Isak, 59 Jahre alt und Vater vo[n] 3 Kindern im Alter von 13 bis 17 Jahren, wa[r] Makler „und lebt zum Theil noch von All[?]mosen". Sein Erwerb wurde auf 150 Gulde[n] veranschlagt; für ihn sank das Schutzgel[d] von 16 auf 8 Gulden.

5. Bär Wolf, 55 Jahre alt und Vater vo[n] zehn Kindern im Alter von 3/4 bis 24 Jah[?]ren, betrieb „geringen Viehhandel" un[d] hatte „von seinen Kindern keine Unterstüt[?]zung und noch Schulden". Seine Einkünft[e] lagen bei 200 Gulden. Für ihn reduziert[e] sich das Schutzgeld auf weniger als ein Drit[?]tel, 20 Gulden 42 Kreuzer.

6. Lazer Wolf war 45 Jahre alt, ohne Nach[?]kommen, und handelte mit Ellenware[n,] Vieh und Häuten, für welches Geschäft e[r] offenbar „noch in circa 2000 fl. Capitalie[n] ausgeliehen" hatte. Sein Erwerb belief sic[h] auf geschätzte 700 Gulden, und er hatte i[n] Zukunft, wie zuvor, 63 Gulden zu en[t]richten.

7. Herz Hayum, 45 Jahre alt und Vate[r] zweier Kinder im Alter von 8 und 11 Jahre[n,] bezeichnete sich als Makler, erhielt abe[r] „Unterstützung von guten Freunden", s[o] daß sein Erwerb auf 150 Gulden geschät[zt] wurde; für ihn reduzierte sich die Abgab[e] von 10 auf 8 Gulden.

8. Hayum Herz, 22 Jahre alt, ein Kin[d,] handelte „mit geringen Ellenwaren" un[d] betrieb „unbedeutenden Viehhandel[".] Seine Einkünfte wurden auf 250 Gulden ge[?]schätzt, die Abgaben reduzierten sich ge[?]ringfügig von 25 auf 23 Gulden.[28]

Die Erleichterungen waren spürba[r,] reichten aber nach Ansicht von Stadtschre[i]ber Adrian nicht aus. Er stellte sich hinte[r] die vier Juden, die sich über die Höhe ihre[r] Abgaben beschwerten: „kann man mi[t] recht beurtheilen, daß zu jezzigen Tagen sämtliche Juden dahier etwas zu hoch besteuert sind, und dürfte allerdings jedem derselben... ein Nachlaß zu begnadigen sein."[29] 1819 konnten von acht jüdischen Familien zwei keine Steuer bezahlen, weil sie „von Allmosen" lebten oder „in Concurs verfallen" waren.[30]

Erst seit 1843 wurde in Nassau den Juden die gleiche Armenpflege zuteil wie den christlichen Untertanen.[31] Bis dahin hatten die Juden ihre Armen selbst zu unterstützen. In Oberursel wurden beispielsweise im Jahr 1832 von fünf Juden monatliche Beiträge zwischen 12 Kreuzer und zweieinhalb Gulden für die Armenpflege entrichtet. Lazarus Wolf lag mit 30 Gulden Jahresabgabe bei weitem an der Spitze der Spender.[32] Empfänger des Geldes waren Arme, Alte und Waisen- bzw. Pflegekinder. Die ständigen Ausgaben für diese Zwecke lagen z.B. 1842 bei 170 Gulden.[33]

Seit 1821 lebte der Jude Lazar Wolf in Oberursel. Er wurde sehr hoch, mit 56 Gulden versteuert, denn er hatte „Schönnes Vermögen, keinen Kinder und treibt seinen bedeutenden Handel im in und aus Landt mit Leng Wahr und FellHandel, könnte von den anderen etwas abnehmen an der Steuer". Diesen Vorschlag wiederholte Stadtschultheiß Schaller 1822 und 1823, jedoch ohne Erfolg. Als Anfang der 1830er Jahre der Fellhandel zurückging und Lazar Wolf um Reduktion seiner Gewerbesteuer auf 30 Gulden ersuchte, einigte man sich auf 40 Gulden.[34]

Zur Gemeindekasse trugen die Juden in Oberursel eine Abgabe bei, die ihnen um 1800 gegen Frohndienst erlassen worden zu sein scheint.[35] Herangezogen wurden die Juden aber z.B. bei der Erhebung einer Türkensteuer (1718), als man sie gesondert schätzte und zur Zahlung des sehr hohen Betrages von 10 Gulden verpflichtete.[36] Auch wurden von den Juden Sondergebühren zur Unterhaltung christlicher Kirchen erhoben.[37]

Eine Judengasse scheint es in Oberursel nicht gegeben zu haben. Jedenfalls ließ sich in unserem Jahrhundert keine Konzentration jüdischer Haushalte auf bestimmte Straßenzüge nachweisen. Jedoch war die Innenstadt rund um den Marktplatz als Wohngebiet besonders beliebt.[38]

Außer dem Handel war den Juden fast jeder andere Erwerbszweig verboten. Aber selbst in diesem Metier gab es Restriktionen. So durften Juden, die noch nicht in den Schutz aufgenommen waren, keinen Handel treiben. Noch 1836 wurde unter Androhung harter Strafe den ledigen Juden Aron Bär, Wolf Bär, Salomon Bär, Daniel Bär und Isaak Hirsch Bär „bis zu ihrer Aufnahme in den Schutz" jedes selbständige Gewerbe verboten.[39] So lange mußten sie als „Mackler" (Zwischenhändler) ihr Brot verdienen; viele „mackelten" ihr Leben lang. 1815 bezeichneten sich vier von acht in Oberursel ansässigen Juden als „Makler". Ihre Geschäfte waren offenbar wenig einträglich.[40] Als Joseph Seeligmann 1830 seine Handelsberechtigung erhielt, wurde in der Steuerliste vermerkt, er habe „auf den Handel den Schutz".[41]

Doch wurden auch handelnde Schutzjuden schikaniert; so etwa Lazarus Bär, von dem man für den Handel außerhalb Oberursels „eine apparte Erlaubnuß" verlangte.[42] Bär war übrigens einer der ärmsten Oberurseler Juden.[43]

Der „klassische" Beruf der Juden, der Geldverleih, ist für Oberursel 1680 bezeugt, als der Stadt eine Strafe wegen nicht ausreichenden Grüßens des Kurmainzer Wappens auferlegt wurde. Das Geld mußte durch

Die Juden Wolf Lazar und Lazar Wolf

Zu den Oberurseler Juden, deren Leben sich schon früh und über Generationen nachweisen läßt, gehören Männer, die in mindestens drei Generationen Wolf Lazar oder Lazar Wolf hießen. Sie gehörten der vermögendsten jüdischen Familie in Oberursel an.

Wolf Lazar, Lazer oder Latzer
(* ?, † vor 1813[50])
betrieb um 1790–1800 einen schwunghaften Viehhandel.[51] Er verfaßte 1809 sein Testament, in dem er mehrere Stiftungen verfügte, darunter ein Brautlegat zu 300 Gulden, die alle vier Jahre an arme Mädchen, vorzugsweise aus der Verwandtschaft des Stifters und seiner Frau, als Aussteuer gereicht werden sollten.[52] Das Testament wurde 1813 erstmals wirksam. Es mußte „in Ermangelung eines Mädchens aus des Stifters Freundschaft solche Abgabe an eines aus dessen Ehefrau Familie verabreicht werden".[53] Es kam mehrfach vor, daß die Summe nicht verausgabt wurde, weil sich kein armes jüdisches Mädchen fand.[54]

Aus dem Testament Wolf Lazars geht weiterhin hervor, daß er zweimal verheiratet war und vier Töchter und drei Söhne — Lazar, Bär, Feist – hatte. Lazar Wolf, wohl der Älteste, sollte „Besitzer des Stammhauses" werden.[55]

Lazar Wolf
(* 1769[56], † vor 1834[57])
wurde 1791 erstmals aktenkundig als er, nachdem er den Schutzbrief erlangt hatte, um die Erlaubnis bat, die Jüdin Gudel Maier aus Eppingen heiraten zu dürfen.[58] Lazar Wolf war längere Zeit Vorsteher der jüdischen Gemeinde. Auch er hatte einen gleichnamigen Sohn.

Lazar Wolf jun.
(* ?, † vor 1848)
wurde seit 1821 in Oberursel zur Judensteuer veranlagt mit der höchsten Summe, die ein Oberurseler Jude erreichte. Die Steuerliste von 1822 enthält die Begründung: „Hatt Schönnes Vermögen, keinen Kinder und treibt seinen bedeutenden Handel, im in und aus Landt mit Leeg Wahr und FellHandel.[59] Auch in der Folge ist immer wieder vom Reichtum Wolf Lazars die Rede. So in der Repartitionsliste für 1824: „Lazar Wolf, handelt mit Ellenwaaren, hat dabey einen ausgebreiteten Handel mit Fellen und rohen Häuten. (Ist) sehr reich, u. ohne Kinder, führt den Handel mit Hülfe eines Knechtes".[60] Zu Beginn der 1830er Jahre ging der Fellhandel zurück, und Wolf Lazar beschränkte sich auf Ellenwaren, die er jedoch „im Grosen" verhandelte. 1836 wurde sein Vermögen auf 30–40.000 Gulden geschätzt.[61] 1837 hieß es, Wolf Lazar sei „stets leidend" und könne „Kranckheits halber nicht viel mehr handeln, hat auch keine Kinder"; eine Vermögensminderung sei aber noch nicht erfolgt.[62] Lazar Wolf scheint vor 1848 gestorben zu sein, denn in diesem Jahr ging sein Haus in der Weidengasse an Wolf Herzfeld über[63], der

im darauffolgenden Jahr auch die Ellenwaren-Handlung „von Lazar Wolf Sonneberg" in der Vorstadt übernahm. Vermutlich handelte sich dabei um das Geschäft Lazar Wolfs, der demnach seit 1843 den Zunamen Sonneberg geführt hätte.

Aufnahme eines Kredits beschafft werden, den man von dem am 29.4.1659 aus Homburg zugezogenen Juden Isaac Judt erhielt.[44]

1690 sollen die Oberurseler Juden „übermäßigen Viehhandel" getrieben haben.[45] Tatsächlich spielte der Viehhandel für die Oberurseler Juden eine viel geringere Rolle als für die „Landjuden". 1815 betrieben von acht ansässigen Juden drei „dann und wann", unter anderem oder „geringen" Viehhandel.[46]

1831/33 waren in Oberursel acht Juden gewerbsmäßig tätig.[47] 1887 bezeichneten sich sechs Juden als Kaufmann oder Handelsmann.[48] Unter den 1900–1945 in Oberursel ansässigen Juden hatten die Kaufleute (45 = 12,9%) noch immer den prozentual größten Anteil, jedoch dicht gefolgt von den Handwerkern (42 = 12%), während die Zahl der Arbeiter (21 = 6%) relativ gering war. Noch geringer war die Zahl der leitenden Angestellten (4 = 1,1%). Dagegen zählte man fünf Fabrikanten (= 1,4%) und 15 Akademiker (= 4,3%).[49]

Judenfeindlichkeit/Diskriminierung

Die wirtschaftliche Lage Oberursels nach dem Brand von 1645 ließ es mehrfach zu deutlich judenfeindlichen Eingaben seitens der Oberurseler Bürgerschaft kommen.[64]

Ein Strafregister des Jahres 1675 zeigt, daß der Kirchenrat Juden unverhältnismäßig hohe Strafen auferlegte. So mußte der Jude Haium für sich und seine Angehörigen 2 Reichstaler entrichten, weil er während des Gottesdienstes „über den Kirchhof uffen Thurm gangen" und der Jude Hirsch 5 Gulden „wegen Unterschiedlich mal weinsbrennen und Verkauffen ahm Sontag Gottesdienst".[65]

1695 verfügte die Regierung, „auf der Bürgerschafft zu Ursell beschehenes underthänigstes Suppliciren", daß in Oberursel über die bereits ansässigen Juden hinaus keine weiteren angenommen werden müßten.[66]

Als die Oberurseler Judenschaft 1801 ein Haus erwarb, das sie zur Synagoge einrichten wollte, protestierten die Nachbarn gegen dieses Vorhaben, „indem sie durch das laute Singen und Bethen, besonders zur Nachtzeit, in der Ruhe gestört, und dadurch ihre Häuser in einen geringen Werth gesetzt würden". Das Oberamt in Königstein reagierte darauf jedoch mit dem Hinweis, daß in Kurmainz die Juden „in der Hauptsache sich gleicher Rechte zu erfreuen haben". Im übrigen war man nicht gesonnen, auf den Widerspruch der Nachbarn einzugehen, „um so weniger als die Juden nur wenige Tage des Jahrs zur Nachtzeit, und nie sehr spät in der Nacht, ihre Gebethe verrichten und der angeführte, dadurch beeinträchtigte Werth der Häuser, blos in dem Vorurtheile lieget, welche das Landvolk überhaupt noch bei Aufnahme der Juden gewönlich an den Tag leget".[67]

Bei der Teilung der Hohen Mark 1813 wurden die Märker in den ehemaligen

Markorten gezählt. Juden zählten nur als halbe Märker.[68]

Judengemeinde und Synagoge

Bis zum Ende des 18. Jahrhunderts gingen die Urseler Juden nach Homburg zum Gottesdienst.[69]

Seit 1792 konnte sich in Oberursel eine Judengemeinde bilden, da die Mindestzahl ansässiger Juden – zehn – erreicht war.[70] 1807 war Wolf Lazer ihr Vorsteher. Als weitere Gemeindemitglieder wurden genannt: Herz Latzer, Bär Wolf, Lazer Wolf, Herz Hayum, Isack Latzer, Bär Latzer, Jakob Isack, Mordje Salomon zu Stierstadt, Salomon Abraham von Bommersheim.[71]

Weidengasse mit Vorderhaus der Synagoge (rechts)

Vermutlich seit der Gründung der jüdischen Gemeinde gab es in Oberursel einen Betsaal, der „einer Stube gleich" gewesen sein soll.[72] Als die „gemeine Judenschaft zu Oberursel, Bommersheim und Stierstadt" im Jahr 1800 bei der Kurfürstlichen Landesregierung um die Genehmigung für den Neubau einer Synagoge ansuchte, schilderte sie die bisherige Situation so: „Seit langen Jahren hat die hiesige Judenschaft ihren Gottesdienst in einer sehr elenden, kleinen Kammer halten mußen, die oft die Anwesende nicht einmahl fassen konnte."[73] Wegen der beengten Verhältnisse hatte die Gemeinde schon lange eine Synagoge bauen wollen. „Es fehlte aber dahn leider an Mitteln theils an einem schicklichen Hause".[74] Schließlich gelang im Jahr 1800 der Erwerb des Hauses von Johann Janz[75] – „in einer abgelegenen Straße". Die Judenschaft wollte sich das als äußerst reparaturbedürftig geschilderte Haus zu einer Synagoge einrichten, wogegen die Nachbarn ergebnislosen Protest einlegten.

Die Bitte der Judengemeinde, zur Bestreitung der Kosten eine Kollekte veranstalten zu dürfen, wurde abgelehnt. Zu den Baukosten wollte „der Hochzeiter Latzer Wolff" 400 Gulden beitragen; im übrigen sollten die Gemeindemitglieder feste Beiträge leisten, „bis wir das erste mahl (zur) Schulen gehn. Hernach hat das ein Ent."[76] Auch die Stierstädter und Bommersheimer Juden erklärten sich bereit, zum Bau der Synagoge, der auch sie zugehörten, einen einmaligen Betrag von 47 Gulden beizusteuern.[77]

Am 13.11.1801 erging die Genehmigung „zur Aufrichtung einer Judenschule u. Bethauses im ersagten an sich gebrachten Hause".[78] Auf dem rückwärtigen Teil dieses Grundstücks, Nr. 139 (heute: Weidengasse Nr. 9), errichtete die Gemeinde bis 1803 eine Synagoge.[79]

Für den Neubau der Synagoge in Oberursel galt die auch für Homburg belegte Maßgabe, „daß solches nicht an offener Straße, sondern hinten in einem ihrer Häuser liegen" solle.[80]

Im Gegensatz zu dem an der Straße stehenden Wohnhaus „von Holz" war die Synagoge „massiv" aus Steinen erbaut. Sie war eingeschossig und 10,5 m (21 Fuß) lang und 10 m (20 Fuß) breit. Der Grundriß läßt erkennen, daß die Synagoge – wie nach jüdischem Brauch erforderlich – nach Osten ausgerichtet war; deutlich erkennbar ist die Stelle des Thoraschreins.[81]

1807 ließ die Gemeinde ihre Thora durch den Vorsänger in Heddernheim neu anfertigen („umschreiben").[82] 1809 vermachte der Vorsteher Lazar Wolf der jüdischen Gemeinde testamentarisch: „Zur hiesigen Sinagoge seine Thora oder Gesetzrolle nebst einem weisen damastern mit Gold gestükten Vorhang samt Kranz und Mändelchen, mit dem Vorbehalt, daß seine allhiesige Kinder und Kindskinder und so weider solche in Verwahrung nehmen, und darüber zu disbanieren (disponieren) haben sollen, dergestallt jedoch, daß diese Stüke niemal verkauft oder verpfändet werden dürfen. Ferner gedachter Sinagoge seinen messingernen Weinachtsstandleichter Menora genannt, den in dem Mittelpunkt hangenden, und den zur rechten Hand hängenden messingerne Leichter, und die vor dem Altar hangende messingerne Lampe, jedoch soll seinen Kindern erlaubt seyn, diese bemelte Lampe auf eine andere bessere zu ertauschen."[83]

In den Jahren 1808 und 1809 wurde ein Judenbad erbaut. Es ist zu vermuten, daß es in unmittelbarem Zusammenhang mit der – in Bachnähe – erbauten Synagoge stand. Auch erscheinen die Rechnungen über die Bauarbeiten am Judenbad in den Listen „über Einnahme und Ausgabe an Geld wegen Erbauung der neuen Synagoge". Am

30.1.1808 erhielt Johann Baltes einen Betrag von 38 Kreuzern – „für Bord und Nägel zu der Türe auf dem Bad". Im Mai 1808 erhielt Baltes „für noch gut zu habenden Arbeitslohn und Holz", wohl ebenfalls am Judenbad, 21 Gulden 58 Kreuzer sowie „für Thüre und Gerähms auf das Bad" 3 Gulden 48 Kreuzer. Im November 1809 stellte Johann Kunz eine Rechnung von 2 Gulden 18 Kreuzer „für das Bad auszubutzen".[84]

In der Rechnung der Judengemeinde von 1814 erscheint ein Posten von 93 Gulden 12 Kreuzer „zur Einrichtung einer Wohnung an der Synagoge". Diese Wohnung war offenbar als Armenunterkunft für jüdische Gemeindemitglieder gedacht, denn sie wurde am 11.11.1814 an den (armen) Juden Isaac Lazer „auf ein Jahr um 20 Gulden verliehen."[85]

Bis nach der Mitte des 19. Jahrhunderts begruben die Oberurseler Juden ihre Toten außerhalb Oberursels. Ihr erster Friedhof wird bei der Wüstung Niederstedten vermutet, später begrub man auf dem großen Judenfriedhof in Seulberg.[86] Nach längerer Vorbereitungszeit wurde 1862 in der Gemarkung „Auf dem Bacheller" der erste jüdische Friedhof Oberursels eröffnet und 1864 die ersten Beisetzungen vorgenommen.[87]

Bereits um oder nach der Mitte des 19. Jahrhunderts scheint nur noch unregelmäßig Gottesdienst gehalten worden zu sein, denn Heinrich Quirin berichtete, der orthodoxe Lazar Herzfeld habe „bei Vollmondschein in seinem Hofe" gebetet.[88] Gegen Ende der 1920er Jahre fand wegen des zahlenmäßigen Rückgangs jüdischer Bürger der Gottesdienst nur noch an hohen Feiertagen statt. Schließlich wurde das Anwesen im August/September 1938 an einen Privatmann verkauft.[89] In der Reichspogromnacht 1938 wurde die Synagoge nicht

Jüdischer Friedhof an der Altkönigstraße

beschädigt.[89a] Aus den Brandkataster-Einträgen ist ersichtlich, daß das Vorder- und das Hinterhaus bis in die 1940er Jahre unverändert blieben. Im August 1962 wurde die Synagoge wegen Baufälligkeit niedergelegt.[90] Zu Beginn der 1980er Jahre erhielt das Vorderhaus Weidengasse 9 eine Hinweistafel auf die einstige Synagoge.

Emanzipation

Die Gleichstellung der Juden stieß auch nach der Aufklärung im 18. Jahrhundert noch lange auf tiefsitzende Vorurteile. So kam es erst 1806 zur offizielle Aufhebung des Leibzolls.[91] Die unter französischer Herrschaft 1807/08 verwirklichte Gleichberechtigung der Juden war von kurzer Dauer. Nach den Befreiungskriegen gab es wieder „Schutzjuden", Diskriminierungen und Sonderabgaben.[92]

Doch fehlte es nicht an Bemühungen, die Lage der einheimischen Juden zu untersuchen und an Plänen, sie zu „besseren" Untertanen oder, wie ein Oberurseler Bericht besagte, zu „besseren Menschen" zu machen. Dieser Oberurseler Amts-Bericht vom 22.9.1814 zeugt von einem erstaunlichen Weitblick des Amtshinhabers, der Stellung nahm zu einer ihm übersandten, offenbar zur Übernahme für das Amt Oberursel bestimmten Judenordnung.[93] So bemerkt er zu dem § 9, der offenbar die Bestimmung enthielt, daß sich Juden an christlichen Feiertagen nicht aus ihren Häusern entfernen durften. „Wäre es doch wohl dem Geiste unseres Zeitalters zuwider, wenn man die Juden auf solche Täge ganz in ihre Häuser verbannen und ihnen nicht wenigstens gestatten wollte zu einander selbst oder zu blosem Zeitvertreib über die Gasse zu gehen." Zum Verbot, bürgerliche Gewerbe und Ackerbau zu treiben, bemerkte der

Schreiber, gerade dies sei „eine Haupttriebfeder der Juden sich durch Wucher und möglichsten Vervortheilung der Christen in Handel und Wandel den nöthigen Lebensunterhalt zu verschaffen: Dieser ist doch mahl der erste Zweck aller menschlichen Betriebsamkeit. Verstopft man nun dem Juden alle andern Menschen erlaubte Nahrungsquellen, so gebietet ihm gleichsam das Gesetz der nackten Selbsterhaltung auf unerlaubte Mittel zu denken, seine Existenz zu sichern. Man würde also durch Beibehaltung dieses Verbots den Wucher eher begünstigen als – was auch hier bezweckt werden soll – demselben entgegen zu arbeiten."

Zwei interessante Anmerkungen betreffen den Handel im Amt Oberursel. Der Schreiber bemerkte, daß es hier keine christlichen Krämer in „Ellenwaren", wohl aber mehrere Juden gebe; wohingegen ein Handel mit Geld, Silber, Weinen „wenigstens hierorts gar nicht Gäng und Gebe" sei. Über das Zusammenwohnen von Juden und Christen bemerkte der Oberurseler Berichterstatter: „Diese Ordination scheint mir wieder zu hart und sozusagen unausführbar zu seyn, indem es wirklich dahier so arme Juden giebt, die nicht im Stand sind, ein ganzes Hauß zu mieten und sich mit einem Zimmerchen in einem Christen Hauß behelfen müßen." Der Bericht schloß mit der Bemerkung, „daß es doch gewiß die kluge Absicht dieser hohen Stelle ist, auch die Juden durch zweckmäsige Anstalten zu besseren Menschen zu bilden und den Druck unter welchem sie zeithero, ohne zureichenden Grund, seufzten, möglichst zu erleichtern."
1817 brachte man es sogar zu einem Entwurf für ein Edikt zur Neuregelung der staatsbürgerlichen Verhältnisse der Juden, aber er wurde nicht verabschiedet.[94]

Immerhin kamen den Juden die allgemeinen Fortschritte der nassauischen Reformpolitik in den Jahren 1816–19 zugute. So standen die 1817 eingeführten Simultanschulen Kindern aller Glaubensbekenntnisse offen[95], und durch die Einführung der Gewerbefreiheit wurde die berufliche Bewegungsfreiheit der Juden erweitert.[96] Seit 1842 durften Juden bürgerliche Namen haben. Die Oberurseler wählten u. a. die Namen Grünebaum, Herzfeld, Reinach, Strauss, Herz.[97] Aus Jakob Hertz Beer wurde J.H.B. Schwarzschild, aus Latzer Wolf wurde Latzer Wolf Sonneberg.[98] Seit 1844 waren Juden wehrpflichtig.[99]
Schwerer tat man sich mit der förmlichen Gleichstellung. Juden wurden nicht in den Gemeindeverband aufgenommen, sondern als bloße „Schutzgenossen" behandelt. Zu kommunalen Ämtern und Gemeindenutzungen wurden sie nicht zugelassen.[100] 1846 lehnte die nassauische Deputiertenkammer die Gleichstellung der Juden immer noch ab.[101] 1848 gestand der Herzog die politische und religiöse Freiheit zu, doch annullierte er bereits 1851 die Grundrechte.[102] Erst nach dem Übergang Nassaus an Preußen garantierte die Verfassung des Norddeutschen Bundes 1867 den Juden das volle Bürgerrecht.[103]

Jüdische Persönlichkeiten

Durch die lange Separation bleiben die Lebenswege der meisten Oberurseler Juden im dunkeln. Selbst im 19./20. Jahrhundert treten nur herausragende Persönlichkeiten ins Rampenlicht der Geschichte, und auch dies nur bruchstückhaft.[104]
Zu ihnen gehörten der Kaufmann Chajim (Heymann) Herzfeld und sein Sohn Wolf, der zwei Schleifmühlen besaß und in der

Die Familie Feinberg

Abraham Feinberg (1863–1942) war der letzte Vorsteher der jüdischen Gemeinde in Oberursel. Er stammte aus Litauen, siedelte 1881 in das Gebiet des Königreichs Preußen um. Seit 1900 lebte Feinberg in Oberursel, im Haus des Schwiegervaters Sigmund Heilbronn, Marktplatz 7, dessen Spirituosen- und Tabakwarengeschäft der gelernte Buchhalter und Kaufmann Feinberg schließlich übernahm. 1934 wurde den Feinbergs die 1920 erlangte preußische Staatsbürgerschaft aberkannt, da Abraham Feinberg als „Ostjude" galt. Von der Familie Feinberg starb wahrscheinlich nur Abraham eines natürlichen Todes. Sein Sohn Alfred kam am 27.10.1939 im Konzentrationslager Buchenwald um. Seine Asche wurde auf dem jüdischen Friedhof in Oberursel beigesetzt. Die Eltern hatten die Überführung der Asche bezahlt, um wenigstens einer Person ein würdiges Grabmal zu setzen, selbst wenn es nicht die Asche ihres Sohnes war. Frau Feinberg starb am 16.2.1942 im Konzentrationslager Theresienstadt, wohin sie zusammen mit ihrer Schwester Therese Heilbronn deportiert worden war. Die Tochter wurde 1942 in das Sammellager Bad Homburg und von dort wahrscheinlich in ein Konzentrationslager deportiert; als Todesdatum gilt der 8.5.1945.[105]

Vorstadt einen Stoffhandel betrieb. Auch Wolf Grünebaum war „Handelsmann"; er war maßgeblich an der Gründung der Freiwilligen Feuerwehr beteiligt.

Sally Goldmann, ebenfalls Kaufmann und Inhaber der Holzwarenfabrik Goldmann & Jamin, war längere Zeit Vorsteher der jüdischen Gemeinde. Der „Arisierung" seines Betriebes kam Goldmann 1938 durch Verkauf zuvor.

Ludwig Wilhelm von Gans, Inhaber des gleichnamigen „Pharmaceutischen Instituts", war seit 1902/03 evangelisch.

Auch Prof. Dr. Adolf Friedländer, der Begründer der Privatklinik Hohemark war seit 1910 evangelisch, galt aber dennoch als Jude und wurde 1942/43 deportiert.

Das Ende [106]

Die großen Wirtschaftskrisen der zwanziger Jahre und der erstarkende Nationalsozialismus lösten unter den Juden seit 1923 eine Landflucht nach Frankfurt und zunehmende Auswanderung aus. Diese ging 1933 in die erzwungene Emigration über.[107] Von 26 Juden im Jahr 1933 waren 1939 nur noch 13 in Oberursel anwesend; davon waren drei eines natürlichen Todes gestorben, acht hatten die Stadt unter Preisgabe ihrer Habe verlassen.[108]

Die Anordnung der Parteileitung der NSDAP zum Boykott der Juden am 1.4.1933 wurde auch in Oberursel befolgt. Vor den jüdischen Geschäften zogen SA- und SS-Männer auf, was einige Besitzer zur Schließung ihrer Läden veranlaßte. Zu Demonstrationen, Plakatanschlägen und sonstigen Zwischenfällen kam es nicht.[109]

1935 hatte sich die Lage verschärft. Die Hetzkampagnen der Nationalsozialisten zeitigten auch in Oberursel ihre Wirkung, wie ein Bericht der Sozialdemokratischen Partei Deutschlands zeigt: „In Oberursel, einem Städtchen des vorderen Taunus, wurde wie in so vielen anderen Städten und

Grabstätte Ferdinand Grünebaum und
Gedenkstein für Alfred Feinberg

Dörfern, ein Transparent über die Straße ge-
spannt mit der Inschrift: „Juden sind hier
unerwünscht!" Der Verfasser schilderte
dann, wie ein Oberurseler Betrieb durch
dieses Transparent in Schwierigkeiten geriet
und offenbar so großen Druck ausübte, daß
es entfernt wurde. „In Oberursel befindet
sich die Maschinenfabrik Turner A.G., die
in der letzten Zeit umfangreiche Auslands-
aufträge hereinbekommen hat und erhebliche Neueinstellungen von Arbeitskräften
vornehmen konnte. Wie nun bekannt
wurde, haben Vertreter ausländischer Firmen Anstoß an dem Transparent genommen und mit der Annulierung der Aufträge
gedroht, wenn das Transparent nicht beseitigt würde. Der Direktor der Maschinenfabrik wurde beim Bürgermeister in Oberur-

sel vorstellig, jedoch ohne Erfolg. Da das
Transparent inzwischen jedoch entfernt
wurde, wird angenommen, daß eine Inter-
vention bei Sprenger erfolgt ist."[110] Doch
wurden damit die judenfeindlichen Aktionen nicht gestoppt.

Daß sich auch in Oberursel Einzelpersonen judenfeindlicher Aktivitäten schuldig
machten, zeigt der erst 1950 aufgedeckte
Fall der Denunziation an einer 76jährigen
Jüdin, die wegen defaitistischer Äußerun-
gen zu fünf Monaten Gefängnis verurteilt
wurde[110a].

Am Tag der Reichspogromnacht, dem
9.11.1938, kam es auch in Oberursel zu Ausschreitungen.[110b] Der mit der Durchführung der „Judenaktion" beauftragte Sturm-
führer der SA gab an, er habe der Polizei nur
vier (von zwölf) Juden „vorgeführt", die anderen seien am nächsten Tag von der Polizei
vorgeladen und festgenommen worden.
Mißhandlungen und Zerstörungen konnten ihm nicht nachgewiesen werden. Er
selbst sagte aus, er habe keinen Befehl zu
Zerstörungen gegeben, sondern vielmehr
persönlich dafür gesorgt, daß jeder einzelne
Jude „anständig gebeten" wurde, mit zur
Polizei zu gehen. Dagegen wandte im Verfahren der Spruchkammer 1948 der Beisit-
zer ein, der Jude Unger sei „seinerzeit zur
Polizei geschleppt (worden), was in ganz
Oberursel Empörung auslöste". Außerdem
sei das Anwesen des Juden Kahn-Harten,
„der der größte Wohltäter der Stadt war",
völlig zerstört worden. Bezeugt sind Verwü-
stungen im Herrenbekleidungsgeschäft
Unger in der Unteren Hainstraße.[111] Vor
dem Kaffee- und Schokoladengeschäft von
Frau Mermann in der Vorstadt zogen in der
Pogromnacht SA-Posten auf, um den Zugang zu verhindern. Augenzeugen sahen an-
tijüdische Parolen auf dem Schaufenster.
Nach Angaben aus der Bevölkerung gab die

Inhaberin das Geschäft auf Druck der Umwelt auf.[112] Die Familie Unger wanderte mit ihren zwei Töchtern aus.

Die Synagoge wurde in der Reichspogromnacht „nicht berührt".[112a] Die Kultgeräte waren vorsorglich von Oberurseler Bürgern versteckt worden. Doch wurde der jüdische Friedhof geschändet, Grabsteine umgestürzt und Inschriften abgeschlagen.[113]

1938 war auch das Jahr der Abtransporte in das KZ Buchenwald. Das erste Opfer der Deportationswelle, die als „Reaktion" auf die Geschehnisse der Pogromnacht dargestellt wurde, war eine 1913 wegen „Geistesschwäche" entmündigte Person, die am 10.11.1938 in „Schutzhaft" genommen wurde und schon einen knappen Monat später, am 8.12.1938, im Konzentrationslager starb. Diese Person war in der Zeit des Nationalsozialismus doppelt verfolgt, weil sie zum einen geistig behindert, zum anderen jüdischer Religion war.

Von den 1939 noch in Oberursel wohnenden und später deportierten sechs meldepolizeilich erfaßten jüdischen und „halbjüdischen" Personen überlebte nur eine.[114] Der Sohn des letzten Oberurseler Gemeindevorstehers Abraham Feinberg soll anstelle seines Vaters in den Tod gegangen sein".[115] Am 10.6., 28.8 1942, zuletzt am 20.5.1943 „gingen vom Homburger Bahnhof über Oberursel die Transporte zum Frankfurter Ostbahnhof ab, wo die Juden ... nach Theresienstadt verfrachtet wurden ...". Oberurseler Augenzeugen sehen noch „eines Morgens ... 1942 eine der letzten ... Jüdinnen, Theres Heilbronn. Völlig verstört konnte sie meinen Gruß nicht erwidern. Sie war mit ein paar Habseligkeiten auf dem Weg zum ... Bahnhof. Um den Hals trug sie ein Schild, beschriftet wohl mit dem ... Ziel." Damit war Oberursel „judenrein".[116]

Nach dem Nationalsozialismus

Nach dem Krieg zogen wieder Juden nach Oberursel, jedoch ohne eine jüdische Gemeinde zu gründen. 1979 wurde die Gesellschaft für Christlich-Jüdische Zusammenarbeit Taunus e.V. mit Sitz in Oberursel gegründet.

Zu Beginn der 1980er Jahre erhielt das Haus Weidengasse 9 eine Hinweistafel auf die 1962 niedergelegte Synagoge. 1987 wurden Gedenktafeln auf dem israelitischen Friedhof und am Haus Marktplatz 7, in dem der letzte Vorbeter der jüdischen Gemeinde gelebt hatte, angebracht.[117]

Seit 1981 existiert in Oberursel eine „AG Nie wieder 1933", die seither mit zahlreichen Veranstaltungen an die Öffentlichkeit getreten ist. „Sie will Anstöße zum Gedenken an die NS-Verbrechenszeit geben, um eine Wiederholung zu verhindern."[118]

Zum 50. Jahrestag der Reichspogromnacht fanden im November 1988 mehrere Veranstaltungen statt. Aufklärung über die Vergangenheit leistete das Stadtarchiv mit seiner Ausstellung „Oberurseler Juden und die Zeit 1933–1945".

Mahlmühlen[1]

Der Urselbach verlockte zweifellos schon sehr früh zur Anlage von Mahlmühlen, ohne daß wir auch nur annäherungsweise sagen könnten, wann man sich ihre Entstehung vorzustellen hat.

Sicher ist, daß die schriftliche Überlieferung der Oberurseler Mühlen sehr spät, nämlich erst im 15. Jahrhundert einsetzt.

Wie es scheint, entwickelten sich auch die Mahlmühlen zunächst vorwiegend außerhalb des Fleckens Oberursel. Wenn der Schein nicht trügt, waren die beiden Mühlen im Süden der heutigen Stadt, die Aumühle und die Gattenhöfer Mühle,[2] mindestens so alt wie die einzige Mühle innerhalb Oberursels, die Herrenmühle.

Zur Zeit der Verleihung der Stadtrechte hatte die in der Stadt gelegene herrschaftliche Bannmühle (die Herrenmühle) offenbar die größte Bedeutung. Die Oberurseler, aber auch die Stierstädter und die Hälfte der Bommersheimer waren gezwungen („gebannt"), ihr Korn nur in dieser Mühle (der „Bannmühle") mahlen zu lassen. Der herrschaftliche Mühlenpächter hieß „Bannmüller", die Mahlenden waren „gebannte Mahlgäste".[3]

Die Bannbezirke waren vermutlich schon sehr alt. Für die Herren von Eppstein spielte der Mühlenbann bei der Erweiterung ihres Machtbereiches bzw. bei der Bildung eines gerichtlichen Bannbezirks eine Rolle.[4]

Die Stadtordnung, die Eberhard von Eppstein 1446 der Stadt Oberursel gab, enthielt auch die erste Mühlenordnung:

„Item die Müller, so in der vorgenant Statt mahlen, solln der Herrschaft ... und den Bürgermeister von der Statt wegen geloben, mit der Leut Frucht, die sie mahlen, getreulich umbzugehen, und von einem ieglichen Achtl nit mehr, dan ein bestrichenen Sechter Frucht vor Ihren Multer nehmen, als bishero Gewohnheit gewesen ist.

Item soll niemand in der vorgenanten Statt gesessen bei einigen andern Mühlen mahlen, dan bei dem Müllern, zu dem sie von der Herrschaft wegen beschieden werden, und ob derselben einer zu Zeiten Frucht ... uff ein .. von den Statt, die soll ihm der Müller ohn intrag, und dan desto mehr Multer nit nehmen."[5]

Bis zum Dreißigjährigen Krieg trug die Urseler Bannmühle der Herrschaft 102 Achtel Pacht ein. Danach erbrachte sie, „bei abgenommenen Bürgerschafft", viele Jahre lang nur noch 68 Achtel. Man hoffte, „nach und nach bis 11 uff 80 Achtell uff(zu)steigen beschwert sich aber wegen wohlfeilen Früchten und kostbarn Gesindes."[6]

Die Zahl der Mahlmühlen stieg im Lauf der Jahrhunderte nur sehr langsam an. 1589 hatte Jacob Lauter das „neue Farbhaus" zu einer „Mehlmühl" umgebaut.[7] Sie ging vermutlich im Dreißigjährigen Krieg unter, denn 1649 gab es in Oberursel nur zwei Mahlmühlen, die des Andreas Hagell (Aumühle) und die des Matthes Kühn.[8] Es handelte sich wohl um die Bannmühle und die Aumühle. Erst im ausgehenden 17. Jahrhundert kamen zwei weitere Mühlen, die Ober- und die Untermühle, hinzu. Sie lagen, wie die Bannmühle, in der Stadt.

Im Jahr 1685 erhielten die Urseler Müller eine neue Mühlenordnung, die in 16 Punkten die Rechte und Pflichten des Müllers fixierte. Dazu gehörte, daß er die ihm gebrachte Frucht nicht veruntreute und nicht mehr als den gebührenden Anteil für sich einnahm. Er sollte, wie herkömmlich, jeden Dienstag und Freitag zu Ursel, jeden Montag und Donnerstag zu Bommersheim und Stierstadt Mehltag. Die Mahlgäste mußten im Sommer um neun Uhr, im Winter um zehn Uhr auf der Mehlwaage sein. Zum Transport des Mehls hatte der Müller den Auswärtigen ein Paar Esel zur Verfügung zu stellen. Nach neun Uhr abends durfte kein Fremder mehr in der Mühle anwesend sein. Nur mittwochs und samstags durften Mehlhändler in der Stadt auf der Mehlwaage ihr Mehl verkaufen, und zwar nur solches, das sie auf der Bannmühle hatten mahlen lassen.[9]

Diese Mühlordnung wurde 1696 auf 22 Punkte erweitert.[10]

Am 30.1.1696 genehmigte Kurfürst Lothar Franz die Errichtung einer Müllerzunft, nachdem „die sambtliche Müller auff der Urseller Bach" darum gebeten hatten, weil sie als Nichtzünftige keine „rechtschaffene Mühlärtz halten" könnten und weil ihre Kinder und Lehrjungen in der Fremde nicht anerkannt würden.[11]

Die 32 Artikel enthaltende Zunftordnung[12] folgte im großen und ganzen dem üblichen kurmainzischen Modell, doch enthielt sie auch einige Besonderheiten des Müllerwesens. So gehörte zu den Bedingungen des Eintritts in die Zunft, daß zehn bzw. bei Meisterssöhnen fünf Gulden für das künftige Meisterstück in die Kasse entrichtet wurden. Leider wird nicht ausgesagt, wie das Meisterstück beschaffen sein sollte. Der Müller sollte dafür sorgen, daß sein Haus und die Mühle „mit ehrlichem frommen Gesind versehen" werde, daß die Frucht „fleißig, rein und recht wohl gemahlen" werde und daß auch für Kunden, die „uffs Gewicht wollen gemahlen haben" auf der Mehlwaage gemahlen werde. Auf keinen Fall sollte der Müller das Mehl länger als einen Tag in der Mühle behalten. Da es hier, wie andernorts, vorkam, daß die Müller sich für schlechtes Mehl damit entschuldig

Siegel der Müllerzunft von Oberursel, 1696 („De erbahren Miller Zunft Sigel in Ober Orschsel"). Im Schild die Symbole der Müller, Kammrad un „Haue", flankiert von der Jahreszahl 1696.

ten, daß sie schlechte Frucht geliefert be kommen hätten, wurde bestimmt, daß e die Frucht vor dem Mahlen zu besichtigen dem Mehlwieger Anzeige zu erstatten un ggf. die Frucht nicht anzunehmen habe „Solte aber derjenige, dessen die Frucht ist die Frucht gemahlen haben wollen, so ka derselbige über das Mehl hernacher nich klagen." Hatten die Müller ihre Mühlstein neu behauen (geschärft), sollten sie zuers Kleie darauf abmahlen und den Stein fegen „damit denen Mahlgästen ihr Mehl nit zu schanden gemacht" werde.

Strenger als in anderen Zünften wollt man es bei den Müllern künftig mit Un zünftigen halten, indem „alle Stimpler, wel che das Handwerk nicht recht gelernet und keine Lehrbriefe uffweisen können bey dem Handwerk nicht geduldet, son dern ausgewiesen werden" sollten. Andererseits wollte man Milde walten lassen, wenn ein armer Junge in die Lehre treten wollte: dieser sollte kostenlos, aber dafür vier Jahre lang lernen, während die „zahlenden" Lehrjungen nur zwei Jahre Lehrzeit hatten.

Die Aumühle, nach 1904

Aumühle
(Aumühlenstraße 3)

Die Aumühle existierte sicher schon vor dem Dreißigjährigen Krieg. Mit Schriftstücken beweisen läßt sich dies allerdings noch nicht.

Die Aumühle war mit der Immunität versehen, der Müller mußte also keine Pacht entrichten. Darüber kam es 1629, 1634 und 1638 zu Auseinandersetzungen mit den Müllern in Ursel und Stierstadt. Auf die Klage des Herrenmüllers Arnold entgegnete der Aumüller Hagell, „er habe die gantze Zeit hero über drey Achtel nit gemahlen, und seye solches auß Noht, weil clagender Ludwig Arnold die Leute nit alle mit Mehl versehen können, geschehen, welche Entschuldigung für dißmahl angenommen". Im übrigen wurde der Aumüller angewiesen, nicht für auf die Herrenmühle gebannte Mahlgäste zu mahlen.[13] 1638 bestätigte Kurfürst Anselm Casimir „aus Gnaden" Hagell die Immunität.[14] Die Klagen über Hagells unstatthaftes Mahlen für gebannte Mahlgäste hörten nicht auf.

1649 waren die Mühle des Andreas Hagell (Aumühle) und die Mühle des Matthes Kuhn die beiden einzigen arbeitenden Mahlmühlen.[15]

1660 wird als Schwiegersohn Hagells der darmstädtische Keller zu Eppstein, Adam Reinhardt Heroldt genannt.[16] Dieser verkaufte die Aumühle an Hans Jacob Kuhn, der sie seinerseits 1680 – „wegen starcker daruff hafftender Passiv Schulden" – für 600 Gulden an Jacob Heß veräußerte. Bei dieser Gelegenheit wurde noch einmal bestätigt, daß der Besitzer „absonderlich kein Mühl- noch Waßer Pfacht" zu entrichten habe.[17]

1692 wurde die Aumühle taxiert.[18] 1731/40 stiftete der Besitzer der Aumühle, Johann Adam Uhl, ein Marienkapellchen, das beim Bau der Verbindungsstraße Oberursel-Homburg (1904) zerstört wurde.[19]

1765 verpachtete Andreas Eltzenheimer die Hälfte der Aumühle an Peter Willig aus Obererlenbach, der sich als säumiger Pächter erwies.[20]

1825 ging die Mühle von Jakob Messer an Georg Hain über. Das Anwesen bestand damals aus einem zweistöckigen Wohnhaus mit Mahlmühle, einem zweistöckigen Nebenbau, einem zweistöckigen und einem einstöckigen Stall und einer Scheune.[21] Die Tochter Katharina Hain heiratete 1851 den Besitzer der benachbarten Zimmersmühle, Johann Conrad Zimmer. 1867 kaufte Zimmer die Aumühle. Zwischen den beiden Mühlen verliefen seit 1860 die Gleise der Eisenbahnlinie Frankfurt-Homburg. 1893 verkaufte der 68jährige J.C. Zimmer die Aumühle an seinen Neffen Johann Georg Zingraf, der sie schon fünf Jahre später an Heinrich Sommer veräußerte. Rentabel war die Aumühle schon unter Zimmer nicht mehr gewesen. 1904 kam das endgültige Aus für diese Mahlmühle, die zu den ältesten in Oberurseler Gemarkung gehört hatte.[22]

Gattenhöfer Mühle
(Gattenhöferweg 36)

Vor 1450 ließ Eberhard von Eppstein eine Mühle in der Gemarkung Gattenhofen errichten. 1543 verkaufte Graf Ludwig zu Stolberg-Königstein diese Mühle an den Keller Diederich Gewend, behielt sich jedoch „alle Obrigkeitt Gebott und Verbott" vor. Seit 1608 war sie im Besitz des Mainzischen Kellers Johann (Hans) Dietrich Zorn, einem Schwiegersohn des Urseler Amtmanns Reiffenstein.[23] Da beide, Reiffenstein und Zorn, zugleich Burgsassen waren, liegt die Vermutung nahe, daß zwischen der (gefreiten) Burg und der (gefreiten) Gattenhöfer

Die Gattenhöfer Mühle, um 1930

Mühle ein kausaler, vermutlich sehr alter Zusammenhang bestanden haben dürfte. Johann Zorn wurde 1639 vom Rat der Stadt zugestanden, „nun und hinfürter" keine Bede für die Mühle bezahlen zu müssen, weil sie „von der Herrschaft herrührig" sei.[24]

1639 oder 1640 wurde die Mühle zerstört. Für den entstandenen Schaden erhielt Zorn 300 Reichstaler. 1643 hieß es, er habe „den geringsten Heller daran nit angewendet". Sie sei immer noch nicht repariert, und „so viel der Augenschein dieser verfallenen Mühlen gibt, ist damit fast zu lang gewartet, also daß sie ohne merckliche Kosten nit wieder in Gang zu bringen ist". Um Zorn unter Druck zu setzen, besann sich der Rentmeister, daß die Gemeinde Schwalbach auf die Gattenhöfer Mühle gebannt war und Zorn für sie sechs Achtel Korn entrichtete. Also: „hab ich berührten Schwalbacher Unterthanen äußerlich diesen Vorschlag gethan, wann ihnen das freye Ausmahlen gestattet undt daß sie mahlen mögen, wo sie wollen, ob sie diese sechs Achtel jährliche Pfachts entrichten wolten, daruf sie sich gleich dahin erklärt". Zorn brachte dagegen vor, daß er die Mühle, „beharrlichen Unfriedens halben undt weil sie gantz allein an der landtstraßen gelegen undt von andern Flecken und Dörffern etwas entlegen, nicht bewohnt und bewirtschaftet werden könne.[25]

Offenbar hatte die Taktik des Rentmeisters Erfolg: Hans Zorn verkaufte die Mühle bald danach an Jacob Messer. Als dieser 1692 die Mühle auf seinen Sohn übertragen wollte, legte der „Burgsaß" zu Oberursel, Hans Korbmacher, Einspruch ein mit der Begründung, daß sein Großvater (Hans Zorn) die Mühle unter der Bedingung des möglichen Rückkaufs veräußert habe. Die Mühle blieb in Messerschem Besitz.

Peter Hain – ein wohlhabender Müller

1845 setzten der Müller Peter Hain und seine Frau Christine ihr Testament auf.[36] Es gibt nicht nur Auskunft über Höhe und Verteilung des stattlichen Vermögens der Müllerfamilie, sondern gestattet auch einen Einblick in deren Lebensumstände.

Die Summe des Vermögens belief sich auf 33.700 Gulden, wovon 9.000 Gulden auf die Mühlengebäude entfielen. 15.000 Gulden waren die Feldgüter des Ehepaars wert. An Barschaft hatten sie 1.800 Gulden, die Außenstände bezifferten sich auf 7.000 Gulden. Das Ausmaß dieser Werte läßt sich aus dem auf nur knapp 600 Gulden geschätzten Mobiliar-Vermögen rückschließen.

Das Mobiliar der Gattenhöfer Mühle kann insgesamt als das eines begüterten, vermutlich einer alten Familie[37] entstammenden Müllers bezeichnet werden. Man besaß goldene und silberne Tischuhren und eine Anzahl silberner Löffel, 50 Teile aus Kupfer, Messing (Zuckerdose) und Blech (Präsentierteller) sowie 68 Teile aus Zinn, darunter 13 Zinnteller und 15 zinnerne Löffel. Beachtlich war auch der Besitz an „Eisenwerk"(110 Teile), wozu z.B. ein Dutzend Messer und Gabeln, zwei Bügeleisen, zwei gußeiserne „Kroppen"(Kochtöpfe) und drei „Grabschippen" gehörten. Die 245 Stück „Holzwerk" bestanden großenteils aus Mobiliar, z.B. ein eichener Tisch mit Schublade, drei gepolsterte und mit Leder überzogene sowie sechs mit Rohr geflochtene Stühle, ein Weißzeugschrank mit zwei Flügeln, ein Schrank aus Tannenholz mit weißem Anstrich, eine nußbraune Kommode, Tische, Tischchen und Bettstellen. Aus Holz gefertigt waren aber auch viele Geräte in Küche und Werkstatt, z.B. die zwei Backmulden und die „Brothängen", die aufgeführten fünf Siebe, die beiden Gewürzmühlen, das Butterfaß und die sechs Käsebretter; nicht zu vergessen die zwei Putzmühlen, die zwei Schnitzbänke und die zehn Rechen. An Keramik, Porzellan und Glas zählte man 255 Stück; darunter waren 60 irdene Milchtöpfe, drei Kaffeekannen und 11 Kaffeetassen aus Porzellan, 31 Porzellanteller und ein Senfkännchen aus Porzellan sowie 14 Weingläser. Für die vier Betten, darunter zwei „Gesindebetten", besaß man reichlich „Bettwerk". Auch mit Tischwäsche war man gut eingedeckt. Fenstervorhänge werden nicht erwähnt. Eher spärlich war die Dekoration der Wände: in der ganzen Mühle gab es nur acht Bilder. Handwerkliche Tugenden wurden im Hause Hain offenbar höher geschätzt als geistige, denn man besaß nur sieben Bücher und keine Musikinstrumente. Um so mehr war man leiblichen Genüssen gegenüber aufgeschlossen, wie die Hinterlassenschaft von zehn Pfund ausgelassenem Fett, fünf Hinterschinken und sage und schreibe 150 Stück Handkäse zeigt.

.750 wird Gabriel Messer als Müller auf der Gattenhöfer Mühle erwähnt.[27]

1759 war sie im Besitz von Eberhard Düinger.[28]

Vor 1832 war die Gattenhöfer Mühle im Besitz von Johann Adam Messerschmitt.[29]

In jenem Jahr wurde sie von Peter Hain erworben.[30] Als er und seine Frau Christine geb. Desor[31] im Jahr 1845 ihr Testament machten (s. Kasten), wurde die Mühle mit einem Wert von 9000 Gulden veranschlagt.[32] 1854 ging die Mühle im Erbgang an die mit Johann Georg Fischer verheiratete Tochter Katharina geb. Hain, die hier noch 1866 bezeugt ist.

Später war die Maschinenfabrik Gros angesiedelt. Seit 1896 nutzte die Lederfabrik C.F. Autenrieth in Frankfurt die Gebäude der ehemaligen Gattenhöfer Mühle.[33] 1897 bekundete die Firma, „ausser der bisher betriebenen Lederzurichterei noch die Fabrikation feiner Schuhoberleder" aufnehmen zu wollen. Ihr Gesuch um die Konzession einer Gerberei stieß auf Widerstand und wurde schließlich abgelehnt.[34] Günstiger fiel die Entscheidung über die Wasserentnahme aus dem Urselbach für ein englisches Konsortium aus, das 1899 nur unter dieser Bedingung das Anwesen erwerben wollte, um darauf eine Dampfwasch-Anstalt zu errichten. Da es sich um eine nicht genehmigungspflichtige Anlage handelte, wurde die Entnahme gestattet und Emil Cohen richtete 1900 die Dampfwasch-Anstalt „Frauenlob" ein.[35]

Herrenmühle
Stadtmühle[39]
(An der Herrenmühle 7–9)

„Die Herrn-Mühl steigt von Quater auff
Mit drey Gäng hat ihrn vollen Lauff
Noch zwei Mühln stehn oben und untn
Das hat vor diesem keiner fundn,
Walck-Mühlen und Schleiff-Mühlen drey
Stehn auch darinn mit in der Reyh:
Ein Papier-Mühl sich beygesellt,
Die macht aus Lumpen schönes Geld."
Otto Wallau, 1724[38]

Die herrschaftliche Mahlmühle stand – sicher nicht zufällig – am günstigsten Abschnitt des Werkgrabens: „ein Gefälle von 5,15 Meter auf nur 10 Meter, das ist einmalig

an diesem Gewässer.[40]" Hinzu kam die günstige Verkehrslage am Rande der Altstadt in unmittelbarer Nähe der „Möl Pfort".[41]

In den Königsteiner Rentei-Rechnungen erscheinen regelmäßig Ausgaben für bauliche Maßnahmen unter der Rubrik „Zu ObernUrsell verbaut". 1558 bekam die herrschaftliche Mühle eine neue Wasserwand und zwei neue Stege.[42] 1581 erhielt der „Leydecker" Hans Bayer von Eppstein 10 Albus „wie ehr die Mühel zu Ursell bestiegen", um Dachdeckerarbeiten durchzuführen.[43] 1587 hatten zwei Urseler Dachdecker, Hannes Conradt Gündermann und Joist Kietz, den Auftrag, schadhafte Teile des Daches neu zu decken.[44] 1588 erhielt die Mühle einen neuen Wellbaum „aus dem Waldt bey Bornn".[45] 353 Gulden kosteten „ein neues Biedt mit seiner neuen Zugehoer" und 69 Gulden das Hauen der Steine „zum Wasserfall ahn die Mühlen zue Ursell".[46] 1600 wurden einige Fenster ausgebessert und andere neu angefertigt.[47]

Der Dreißigjährige Krieg mit den beiden Bränden 1622 und 1645 zog die Herrenmühle stark in Mitleidenschaft. 1619 kündigte der bisherige Herrenmüller Jacob Lauter die Mühlenpacht auf. Stadtschultheiß Paul Anthoni bewarb sich um seine Nachfolge und wurde angenommen. 1622 fiel Herzog Christian von Braunschweig in Oberursel ein. Paul Anthoni berichtete, der „tolle Christian" habe 100 Soldaten in der Mühle einquartiert und die übrigen Soldaten auf die umstehenden Bürgerhäuser verteilt gehabt. Diese Soldaten hätten bei ihm 150 Achtel Frucht „verfudert", die Gebäude seien „verderbt worden", und schließlich habe „auch der Herzog selber seine gehaltene Tafell von dem meinigen versehen lassen, und also ich den grösten Schaden in der Herrschafft Königstein ausgestanden".[162]

Die ehemalige Herrenmühle

baten die Erben Anthonis, von der Pacht entbunden zu werden.[48]

Da „das gehende Geschirr ahm Mühlenwerck in ziemblichen Abgang" gekommen war, ging man gern auf das Angebot des Müllers und Mühlarztes Ludwig Arnold von Steinbach ein, die Mühlenpacht zu übernehmen.[49]

1628 setzte eine rege Bautätigkeit ein. In jenem Jahr wurden fast 100 Gulden ausgegeben für 518 3/4 Schuh gehauene „Quaterstein" und deren Transport von Hörst nach Oberursel. 1629 beliefen sich die Ausgaben für Kalk, Sand, Eisen und Arbeitslöhne auf 230 Gulden.[50] Die Kriegszeit dokumentierte sich in Eintragungen wie: „7 fl. 15 alb. Cuntz Zimmermann daselbsten die von den Solthaten zerhauwene Stallungen

ahn Meineß gnädigsten Herrn Mühlen wiederumb zu reparirn".[51]

Nach einem kurzen Zwischenspiel des Müllers Matthes Kühn wurde Paul Schröter von Bonames als Bannmüller angenommen. 1640 schilderte der Rat der Stadt, daß durch „die gehabte langwürige Schwedische Guarnison alles ruinirt" worden sei; „und hat der neu angenommene Paul Schröter dem Regiments Meister ahn Gelt erlegt 33 R. und vier Achtell ein Simmern Mehl, Item dem Obristen Rosen Sieben Simmern, und doch in der Mühle kein Friede gehabt, deswegen in derselben nichts sicher gewesen, und dardurch das Mahlwerck in augenscheinlichen Abgang kommen, daß auch in einer gantzen Woche nicht drey Achtel zu mahlen gebracht worden". Schröters Pacht war nicht von langer Dauer. Schon 1641 hieß es, er sei „abgesprungen". Johann Schieß von Oberursel wurde sein Nachfolger. Wenig später hören wir wieder von einem neuen Müller, Thomas Gleber. Er klagte, er habe die ganze Mühle zerbrochen und verwüstet vorgefunden.[52]

Der große Brand Oberursels 1645 ging auch an der herrschaftlichen Mühle nicht vorüber. Zunächst bemühte man sich, „die bei dem Brandt zerschlagene Thür, Fenster und Kasten wieder nach Nothdurfft zu repariren".[53] 1646 konnte man eine in Kirdorf abgängige Scheune abbrechen und in Oberursel wieder aufbauen. Die Kosten beliefen sich, einschließlich Strohdach und „Weinkauf", auf 83 Gulden.[54]

1648 ist von einem neu erbauten Stall die Rede, der ebenfalls mit Stroh gedeckt wurde.[55] 1649 wurde das Bieth erneuert und kleinere Arbeiten verrichtet.[56] 1650 wurde ein zerfallener Ofen in der Unterstube aufgesetzt und die Stube, „so gantz verwüst gewesen", wieder hergerichtet.[57]

Nach dem Krieg hatte Andreas Heß die Herrenmühle inne.[58] 1681 beschwerte sich die Bürgerschaft über diesen Herrenmüller „wegen seines Unfleißes".[59]

1684 wurde Johann Baltasar Filtzinger Pächter der Herrenmühle.[60] Es begann eine Zeit des Unfriedens zwischen Bürgerschaft und Herrenmühle. Die Herrschaft gewann schließlich die Überzeugung, daß die Dinge so nicht weitergehen konnten und veranlaßte den Pächter, gegen eine Entschädigung von seiner Leihe Abstand zu nehmen.

Die Stadtgemeinde beschloß nun, die Mühlenpacht selbst zu übernehmen und womöglich die Regierung zu veranlassen, die Mühle der Stadt in einer ewigen Erbleihe zu überlassen. Die Regierung, nicht abgeneigt, den seitherigen Temporalbestand[61] in eine ewige Erbleihe umzuwandeln, wählte jedoch hierzu den Weg einer öffentlichen Verpachtung an den Meistbietenden in der Erwartung, daß der Fiskus sich dabei am Besten stellen werde. Im Jahre 1714 bot die Herrschaft ihre Bannmühle zu Oberursel öffentlich zur Erbleihe aus.[62]

Am Tag der Verpachtung wurde eine Deputation von fünf Bürgern nach Königstein geschickt mit dem Auftrag, der Versteigerung beizuwohnen und stets mehr zu bieten als andere. Doch verlief die Versteigerung anders als die Urseler geplant hatten. Die fünf Deputierten wurden nicht zugelassen, weil Filtzinger appellierte. Am 1.9.1714 wurde eine Bürgerabordnung nach Mainz geschickt auf Verlangen der dortigen Kammer „zwecks Instruktion auf die Mühl". Die Oberurseler gaben wiederholt die Erklärung ab, bei dem Meistgebot bleiben zu wollen, und es wurde ihnen die ewige Erbleihe auch schriftlich zugesagt. Am 26.6.1715 verlieh Kurfürst Lotharius Franz von Mainz der Stadt Oberursel die herrschaftliche Mahlmühle.[63] Als die Urkunde über die Erbleihe in Oberursel eintraf, feierte der Rat dieses Fest mit 14 Maß Wein.

Der Erbleihvertrag vom 26.6.1715[64] enthielt u.a. folgende Bedingungen: An die Renterei Königstein sind (wie vordem von den Pächtern) jährlich 84 Malter speicherdürres Korn abzuliefern, auch ist dem Rentmeister das, was er bisher von der Mühle bezog, nämlich zwei Malter Vorschußmehl und Mast für zwei Schweine zu belassen; alle 25 Jahre sind 25 Gulden Anerkennungsgebühr an die Hofkammer zu entrichten. Sollte der versprochene Erbkanon von 84 Malter Korn zwei bis drei Jahre nacheinander nicht geliefert werden, behielt sich die Regierung vor, die Mühle ohne Erstattung einiger Meliorationen wieder einzuziehen und damit anderweitig nach Gefallen zu disponieren.

Im übrigen galten die bisher gebräuchlichen Freiheiten, Rechte und Gerechtigkeiten, besonders der Mehlbann, weiter; „damit aber auch denen gebannten Mahlgästen keine Ursach gegeben werden möge, sich über die zeitlichen Müller wegen des übermäßigen Molters zu beschweren, so ist unser gnädiger Wille, daß die zu Oberursel eingeführte Mahlordnung (von 1685) auf das Genaueste observiert und darwieder in keinerley Weg gehandelt werden solle bei Vermeidung scharfen Einsehens und ohnnachlässiger Bestrafung."[65]

Filtzinger aber klagte bei der Herrschaft, daß ihm, der die Mühle über 30 Jahre gepachtet gehabt habe, nun ein anderer vorgezogen werde. Es blieb dabei, aber der Kurfürst genehmigte Filtzinger den Mühlenbetrieb in seiner eigenen Mühle, der Obermühle, die dann lange seinen Namen trug: Filtzingersche Mühle.

Wenig später verlieh die Stadtgemeinde die Herrenmühle auf sechs Jahre an den Müller Johannes Rauch. Er verpflichtete sich zur Entrichtung von 84 Achtel Korn, zwei Achtel Mehl und Mastung für zwei Schweine an die Rentei in Königstein sowie 100 Gulden Geld und Fütterung für den Gemeindeeber an die Stadt Oberursel.[66]

Mit der Übernahme der Mühle in städtische Regie hieß sie offiziell „Stadtmühle", doch hielt sich daneben auch die Bezeichnung „Herrenmühle".[67]

Noch im Jahr der Übernahme durch die Stadt, 1715, begann der Neubau der Herrenmühle.[68] „Weilen das Wohnhaus und andere Gebäude ziemlich ruinos, das selbige nicht wohl mehr zu repariren sindt, also soll die Stadt verbunden sein, solches Gebäu gäntzlich abzubrechen und von Grund auf

mit völlig gutem Mauerwerk, auch die Stein gegen denen Wasserrädern, so weit solches von unter herauf nöthig, mit gehauenen Quadersteinen aufzuführen und nach dem von unserem Werkmeister darüber verfertigten Riß neu zu erbauen; die bei späteren Reparaturen zur Unterhaltung des laufenden Geschirrs nothwenigen Haupthölzer sollen aus unseren nächst gelegenen Waldungen jedesmal gratis verabfolgt werden."

Die Bauarbeiten nahmen zwei Jahre in Anspruch. Die „Rechnung über den Bauprozeß und andere Kosten" schloß mit 3532 Gulden.[69] Eine Inschrift im steinernen Türsturz des Eingangs zum Wohnhaus hielt fest, daß diese Mühle auf Kosten der Stadt und durch Beisteuer der benachbarten Dörfer des Amtes (Königstein) errichtet worden sei: „SUMPTIBUS HUIUSCE CIVITATIS ET VICINIS PRAEFECTURAE PAGIS / COMITIA PRAESTANTIBUS HOC MOLEND(I)NU EXSTRUCTU EST 1717". Über dem Oberlicht wurde ein Wappen angebracht, das die neuen Verhältnisse spiegelte: in der Mitte das Mainzer Rad mit bekrönendem Kurhut, flankiert von den Pfeilen der Stadtpatronin St. Ursula als Zeichen der Stadt Oberursel und vervollständigt durch die Jahreszahl „Anno 1717".

1721 ging die Herrenmühle von Johannes Rauch auf den neuen Pächter Johann Niclas Aumüller von Stierstadt über.[70]

1732 wurde die Herrenmühle auf sechs Jahre an den Bürger und Müllermeister Gabriel Messer verliehen.[71] 1738 folgte der Müllermeister Ludwig Schramm, 1744 Müllermeister Adam Uhl. 1755 ging die Pacht an die Söhne des Ludwig Schramm, Johannes und Georg.[72]

1768 und in der ersten Hälfte des Jahres 1769 war Niclaus (Nicklas) Krohe Pächter der Herrenmühle.[73] Er blieb seine Pacht schuldig, so daß die Stadt nach Verkauf seiner „Effecten" noch 86 Malter Korn nach Mainz zu liefern hatte, wozu „das ohne hin verschuldete Ursler gemeine aerarium aber ausser Stand und Mittlen ist".[74] 1769 wurde Kilian Aumüller Bestänter der Stadtmühle. 1770 bat dieser wegen der hohen Kornpreise um Ausstand für die Kornpacht.[75]

Seit 1770 beschwerten sich die Herrenmüller über den neuen Inhaber der Obermühle, Jacob Schaller, der sie durch unzulässigen Mehlhandel außerhalb der Markttage derart beeinträchtige, daß die Erbleihe gefährdet sei.[76] Hinzu kamen Klagen der Herrenmüller über die gebannten Mahlgäste, über sinkendes Wasser und die Notwendigkeit einer auf 600–700 Gulden zu veranschlagenden Reparatur der Mühlengebäude.

1775 war Georg (Jörg) Schramm Bestänter der „Herren- und Stadtmühl". Er blieb einen großen Teil seiner Pacht schuldig.[77]

1781 hieß es, die Mühle sei in „äußersten Verfall geraten". Offenbar war sie auch gar nicht verpachtet, denn die Rentmeisterei in Königstein wurde beauftragt, herauszufinden, „ob nicht ein neuer Bestänter für diese Mühle ausfindig zu machen sei", was jedoch nicht gelang. Die sich zuspitzende Situation gipfelte 1781 in dem Vorschlag, „diese Mühlen Erbleyhe an gndgste Herrschafft als Dominium directum zur anderweiten willkührigen Accordirung und Verfügung" zurück zu erstatten.[78] Die Landesregierung lehnte ab, womit aber das Problem nicht gelöst war.[79]

1782/83 stand die Herrenmühle erneut auf der Tagesordnung. Amtsvogt Montmorency schrieb, er habe „schon das äusserste gethan, um der Stadt wieder einen Mühlbeständer anzuschaffen, aber niemand will dieselbe übernehmen". Die Pacht sei zu hoch, die Stierstädter und Bommersheimer unterliefen das Bannrecht der Herrenmüh-

le und der Mehlhandel in Oberursel sei ihr obendrein nachteilig.[80]

Nachdem im Juli 1783 der Müller und Krämer Jacob Schallert noch einmal ernstlich ermahnt worden war, sich des Mehlverkaufs in Oberursel „gäntzlich zu enthalten", erklärte dieser, er wolle die Herrenmühle für ein Jahr in Bestand nehmen. Daß Schaller auf diese Weise den Mehlhandel an sich zu bringen gedachte, erschien dem Amtsvogt durchaus nicht negativ, da hierdurch in jedem Fall der Mehlhandel wieder in die Mühle gebracht werde.[81] Wenig später wurde der Mühlarzt von Stierstadt beauftragt, die notwendigen Reparaturen aufzulisten. Sie waren recht erheblich und reichten von der Erneuerung des Wasserbettes und des Wasserrades bis zu einer neuen „RollMühl, wo der Waitzen darauf gebutzt werden soll".[82]

Im gleichen Jahr 1783 erhielt die „Herrenmühle" eine neue, 23 Artikel umfassende Mühlenordnung. Darin stand unter anderem, daß die örtlichen Mehlhändler, die mittwochs und freitags auf der (städtischen) Mehlwaage Mehl verkaufen wollten, dieses nur in der Herrenmühle mahlen lassen dürften.[83]

Das Los der Mühle schien sich zum besseren zu wenden. Doch am 27.12.1783 mußte Amtsvogt Montmorency melden, „wie daß vor einigen Tägen der hiesige Krämer Jacob Schallert, welcher die hiesige herrschafftliche Erbleihmühl von der Stadt in Bestand genommen hatte, gestorben ist; die nachgelassenen Kinder haben den Bestand aufgesagt, weilen zwischen ihnen eine Grundtheilung vorgenommen wird".[84]

1784 wurde die Stadtmühle dem Bäcker Albert Rauffenbarth auf drei Jahre verliehen.[85] Bis zu seinem Tod im Jahr 1786 führte Rauffenbarth Klage gegen den Besitzer der Kleinen Stadtmühle, Eberhard Jamin.[86] Rauffenbarths Nachfolger wurde Michel Usinger, der, wie Rauffenbarth, kein Müller war und deshalb Schwierigkeiten mit der Müllerzunft bekam.[87]

Als es 1787 zur neuen Verleihung der „Herrenmühle" kam, überbot der Oberurseler Müllermeister Jörg Schramm den bisherigen Bestänter um 5 Gulden und benannte Eberhard Jamin als Bürgen. Die Amtsvogtei brachte dagegen vor, „dieser Mann seye schon 3mahlen als Bestänter in der Mühle gewesen und Jeterzeit hätte die Bürgerschaft in Ansehung des Pachts einbüsen müssen".[88] Als die Angelegenheit 1788 noch nicht geregelt war, wurde Amtsvogt Montmorency deutlicher: „Ich finde, daß der Joh. Jörg Schramm, so gern als ich demselben die Mühle gönne, die 6 Jahre ohnmöglich aushalten kann, dann nichts im Vermög zu haben und sich in eine solche Mühl einzurichten erfordert ettliche Auslagen, ich weiß also nicht wie dieser Mann wird bestehen könne."[89] Es kam zur Versteigerung der Erbpacht. Der bisherige Bestänter Michel Usinger war mit 51 Gulden der Meistbietende.[90]

1799 wurde die Mühlenpacht der Witwe Michel Usingers übertragen.[91] 1803 bat die Witwe Usinger, die Mühlenpacht ihrem Schwiegersohn Konrad Reitz übertragen zu dürfen.[92] 1807 schrieb Konrad Reitz, er habe die Pacht der ihm verliehenen Herrenmühle an Jörg Aumüller abgetreten.[93]

1808 erhielt Anna Catharina Trauth für sich und ihre Nachkommen die Pacht der Herrenmühle übertragen; um 1811 starb sie.[94] 1812 ging die Pacht an Johann Trauth über.[95] 1814 hieß es, Scheuer und Stallung der Herrenmühle befänden sich in baufälligem Zustand. Die Scheuer sei schon seit mehreren Jahren mit Stützen unterfangen. Der Pächter sei willens zum Neubau, habe schon einen Plan anfertigen lassen und bitte

nun um kostenlose Überlassung des Bauholzes.[96] Die Bereitstellung der ihnen nur für Reparaturen, nicht für Erweiterungen zustehenden Bauhölzer bereitete den Herrenmüllern stets großen Ärger, da die Regierung die Notwendigkeit der Maßnahme genauestens überprüfen ließ und dann nur das Allernotwendigste bewilligte. Es kam vor, daß beantragtes Bauholz erst nach Jahren geliefert wurde. Dennoch hielt der Herrenmüller Trauth die Regelung für vorteilhafter als die ihm angebotene Ablöse. Er weigerte sich, da Holz selten und teuer sei. Erst 1850 erklärte er sich bereit, auf die Holzberechtigung zu verzichten, wenn seine Erbpacht um einen Malter Mehl und 9 Malter Korn reduziert werde.[97]

Die von der nassauischen Regierung eingeführten Neuerungen führten auch bei der Herrenmühle Veränderungen herbei. 1816 bat Trauth um Verminderung seiner Erbpacht, da 1815 das ihm zustehende Monopol des Mehlverkaufs (außer mittwochs und samstags auf dem Markt) aufgehoben worden sei; die Pacht wurde von 82 auf 54 Malter Korn reduziert.[98] Doch zog sich die Angelegenheit noch über Jahre hin. Auch die Aufhebung des Frondienstes hatte Konsequenzen: Trauth forderte und erhielt für diesen Verlust eine Entschädigung, die 1819 auf 30 Gulden jährlich festgelegt wurde.[99]

1841 wurde die Herrenmühle auf Carl Joseph Trauth überschrieben. Er sollte der letzte Erbleihmüller auf der Herrenmühle sein. 1865 wurde Trauth, nach mehrmaliger Eingabe, endlich mitgeteilt, das Finanzkollegium sei „nicht abgeneigt", auf seinen Vorschlag der Ablöse des Bannrechts einzugehen. Die vorgeschlagene Ablösesumme von 10.000 Gulden erschien Trauth aber „viel zu hoch". Die Angelegenheit kam jedoch erst nach dem Übergang Nassaus an Preußen wieder zur Sprache. 1869 wurde der Domänenrentmeister bevollmächtigt, mit Trauth zu verhandeln „wegen der durch das Gesetz vom 17. März 1868 erfolgten Aufhebung des mit seiner Mühle verbunden gewesenen Bannrechts".[100] Bei einer Anhörung führte der Vertreter der Gemeinde Oberursel aus: „Das Bannrecht der Oberurseler Erbleihmühle ist in den letzten zehn Jahren nur noch in unerheblichem Maße ausgeübt worden. Die überwiegende Mehrzahl der Bannpflichtigen hat bei andern Müllern, deren wir eine große Anzahl in der Umgebung Oberursels haben, etwa 18, mahlen lassen. Von ehemals Bannpflichtigen lassen auch jetzt noch einige bei dem Erbleihmüller Trauth mahlen. Die Benutzung ist aber nach wie vor als eine nicht bedeutende zu bezeichnen". In Stierstadt und Bommersheim hatte Trauth sein Bannrecht verpachtet.[101] 1870 erhielt Trauth eine Entschädigung für das entgangene Bannrecht.[102] Noch im gleichen Jahr kam es zu Verhandlungen über die Ablöse der Herrenmühle. Schließlich einigte man sich darauf, daß Trauth 20 Jahre lange einen sich aus der bisherigen Naturalabgabe errechnenden Betrag – 85 Gulden – entrichten habe, dann solle die Ablöse vollzogen sein. Am 1.1.1871 ging die Herrenmühle in das Eigentum von Carl Trauth über.[103]

1876 erwarb Georg Anton Messer, bisher Herrenmüller in Weißkirchen, die Herrenmühle.[104] Am 30.6.1886 entrichtete er die letzten drei Raten des Erbleihablösungskapitals.[105] Georg Anton Messer erwies sich als tüchtiger Mann, der nicht nur die Herrenmühle in gutem Zustand erhielt, sondern so viel erwirtschaftete, daß er das Nachbarhaus und etliche Grundstücke erwerben konnte.[106]

Bis 1892 wurde die Mühle ausschließlich mit Wasserkraft betrieben. In jenem Jahr erfolgte der Einbau einer Dampfmaschine.

Unter Heinrich Messer, seit 1896 im Betrieb, wurde die Vergrößerung und Modernisierung der Herrenmühle weiter betrieben. Seit 1925 war ein Motor eingesetzt. In den zwanziger Jahren hatte die Vermahlung steigende Tendenz, doch stand diesem ein nachlassender Handel mit Mehl gegenüber. Den Mehlhandel tätigte die 1923 gegründete „Mühlen- und Handelsaktiengesellschaft Herrenmühle".

Heinrich Messer erlebte auch den Niedergang der Herrenmühle: seit 1957 stand sie, wie die meisten Mühlen am Urselbach, still. Heinrich Messer starb 1963 ohne Nachkommen.[107]

In der Folge waren die Gebäude der ehemaligen Herrenmühle als Lagerräume vermietet und dienten als Vereinslokal. In den 1970er Jahren wurde zunehmend der Erhalt der Herrenmühle gefordert.[108] 1979 wechselte das Anwesen den Besitzer. Nach grundlegender Renovierung bezogen die Werbeagentur Usinger, die Redaktion des Oberurseler Kurier und Mieter in vier Wohnungen das historische Gebäude. Das Mühlrad wurde wieder funktionsfähig gemacht.[109]

Untermühle
Thonetische Mühle, Kleine Stadtmühle,
Steinmetzmühle
(Hollerberg 23)

Im Jahr 1649 hören wir erstmals von einer zweiten Mahlmühle innerhalb der Stadt; als Pächter wird Matthes Kuhn genannt.[110] Vermutlich war sie die Nachfolgerin der mittelalterlichen Walkmühle, die 1538 herrschaftlich geworden war und von der es hieß, sie bestehe aus Haus, Hof, Scheuer und liege an der Stadtmauer „bey der Mahl Mölen ahn der Möl Pfort".[111] Es handelte

Die Steinmetzmühle, vormals Untermühle, um 1930

sich um eine recht kleine Mühle mit nur einem Wasserrad.[112]

Auch diese Mühle war eine Bannmühle: 1651 war das Dorf Kirdorf (heute Stadtteil von Bad Homburg) auf sie gebannt.[113] 1737 beschwerten sich die auf die Untermühle nach Oberursel gebannten Mahlgäste von Kirdorf über die „vielen Betrügereyen" des Müllers Walter Aumüller. Es wurde ihm eine Strafe auferlegt, doch gab er weiterhin Anlaß zur Klage. Betroffene Mahlgäste aus Kirdorf berichteten von Grobheiten und Betrügereien. Der Regierung war Aumüller als „unruhiger Kopf" und „böser Müller" bekannt. Immer wieder kamen Fälle wie jener des Kirdorfers Ludwig Weißbrod zur Sprache, „welcher allzeit gespührt, daß Er sein rechtes Gewicht nicht bekomme, anjetzo in seinem Stibich unter dem Cley Sand gefunden".

Schließlich baten die Kirdorfer im Jahr 1747, mahlen zu dürfen, wo sie wollten und erboten sich, die von Aumüller an die Herrschaft entrichteten 8 Achtel Korn Mühlenpacht selbst direkt an diese abzuführen. 1752 erklärte sich die Herrschaft mit diesem Verfahren einverstanden.[114]

Aumüller befand sich in finanziell prekärer Lage. Seit 1744 hatte er Schulden bei Stadtschultheiß Thonet, dem die Mühle seit 1751 de facto gehörte. Doch blieb Aumüller auf der Mühle, bis ihn die Regierung 1756 endlich zur Räumung zwang. Bei der zwangsweisen Entfernung des Müllers fand man nur noch wenig Mobiliar, „kein Weißzeug, kein Zinn noch Kupffer, kein Korn, Viehe, also nichts wehrts mehr". Man beließ Aumüller seine Kleidung, ein Schwein „und was er zum Gebrauch verlanget". Aumüller zog in den übel berüchtigten Haushalt seines Schwagers Stephan Filtzinger und ließ sich noch manche Untat zuschulden kommen.[115]

Nach Thonets Tod kam es zu Auseinandersetzungen zwischen der Erbin Frau von Gall und der Stadt. 1778 verlieh die Stadt Oberursel die Mühle an den Müllermeister Anton Stempel von Oberursel, aber sie gehörte ihr offenbar noch nicht.[116] Erst 1782 wurde die Mühle der Stadt in einem Vergleich abgetreten.[117] Die Mühle hieß jetzt, zur Unterscheidung von der Stadtmühle, kleine Stadtmahlmühle. Der Rat befand, daß es vorteilhafter sei, „wann vorberührte Mühl an den Meistbiethenden verkaufft wäre". Die Bedingungen lauteten:

1. daß vorzüglich wegen dem gethanen Gebott die hohe Ratification wegen des Zuschlags eingelanget werden soll.

2. habe der Käufer alle Jahr 2 Achtel Korn wegen dem Wasserfall zur Rhenterey Königstein zu liefern,

3. hat Käufer alle Jahr 15 Kreuzer. Grundzinß wegen einem gegen der Mühl über an der Stattmauer vorseyenden Plätzgen zu entrichten,

4. hat Käufer kein weiteres Recht in seiner Mühle als dem zu hiesige Erbleymühle nicht gebannten Mahlgästen zu mahlen, bey Straf vermög der hier stehenden Filtzingerischen nunmehro Schallertischen Mühl ad 25 Rthlr. Herrschafft und der Statt den doppelt Ersatz des Molters so oft als der Besitzer in diesem Fall erwischt und angegeben wird,

5. wird dem Besitzer erlaubt auf die ordinaire Marcktäg als Mittwoch und Sambstag auf hiesiger Mehlwaag zum Verkaufen Mehl auszustellen, jedoch nicht länger als bis 11 Uhr mittags, nach 11 Uhr solle derselbe die Waag mit seinem Mehl raumen, auser diese Tägen aber ist der Eigenthümer nicht befugt, weder in noch auser der Mühle dahier zu Oberursel und den gebannten Orth Bommersheim und Stierstatt etwas Mehl zu verkaufen bey Verlust des Mehls und 5 fl. herrschaftlicher Straf.'

Obwohl die Mühle in baulich schlechtem Zustand („fast ruinirt") war, fanden sich fünf Bieter, von denen Philipp Jamin mit 900 Gulden das Höchstgebot abgab.[118]

1746 hatte der Weißgerber und Müllermeister Eberhard Jamin die Mühle von seinem Bruder übernommen. Da er der Meinung war, die Mühle „mit allen darauff hafftenden Gerechtigkeiten" gekauft zu haben, verkaufte er Mehl aus seiner Mühle und geriet hierdurch mit dem Herrenmüller Rauffenbarth in Konflikt.[119] Jamin gab an, der Herrenmühle nicht schädlich zu sein, weil diese gar nicht imstande sei, die viele Frucht zu mahlen; außerdem sei sein größter Handel nicht in den Bannmahlorten, sondern außerhalb. Zur Untersuchung des Falles wurden zahlreiche Oberurseler Bürger vorgeladen. Des Ärgers leid erklärte

Jamin schließlich, er habe nichts gegen einen erneuten Verkauf der Mühle, „wann er wegen denen angewendete Baukösten, weilen die Mühle fast gäntzlich häte zusammen fallen wollen, schadlos gehalten würde". Statt dessen wurde ihm eine empfindliche Geldstrafe von 23 Reichstalern auferlegt. Jamin protestierte, „da ich nicht einsehen kan, wie iener Beständer (der großen Stadtmühle) das geringste Recht hat, mir den Mehlverkauf untersagen lassen zu wollen".[120]

1810 wurde als eine von sechs Mahlmühlen die Mühle des Johann Messerschmidt erwähnt.[121] Sie stand in der „Mühlgasse" und bestand aus einem zweistöckigen Wohnhaus mit Mahlmühle, Scheune und Stall. Es handelte sich zweifellos um die alte Unter- bzw. kleine Stadtmühle. 1852 ging sie an Johann Georg Stark und dessen Ehefrau Elisabetha geborene Krämer über.[122]

1876 kaufte Carl Wagner die Mühle und richtete darin eine Druckerei ein. Die Wasserkraft trieb nun Druckmaschinen an. Nach einem Streit mit dem Herrenmüller verkaufte Wagner das Anwesen im Jahr 1892.

Neuer Besitzer war Josef Adam Steinmetz, der eine Stockdreherei betrieb und einen Teil der Wasserkraft an einen Dreher vermietete, bis der Rückgang in diesem Gewerbe zur Aufgabe zwang. 1901 nutzte Josef Steinmetz die Wasserkraft wieder zum Betrieb einer Mahlmühle. 1921 bestätigte der offizielle Wasserrechtseintrag dem Sohn Wilhelm Steinmetz, daß er für seine Mahlmühle zwischen Herrenmühle und Roth'scher Mühle dem Mühlgraben Wasser entnehmen dürfe.

1933 wurde die Mühle erneuert und teilelektrifiziert. Nach dem Tod Wilhelm Steinmetz' 1934 führte die Witwe den Betrieb als ausschließlich mit Wasserkraft arbeitende Schrotmühle bis 1945 fort. Ihr folgten die beiden Obermüller der Herrenmühle, Seifert (1946–53) und Walker (1953–63) als Betreiber.

Seit Ende 1963 stand die Mühle still; sie hatte von allen Oberurseler Mühlen am längsten gearbeitet. Der Versuch, die wesentlichen Teile der Mühle für ein technisches Museum zu retten, scheiterte. 1973 verzichteten die Besitzer entschädigungslos auf ihr Wasserrecht. Heute erinnern nur noch zwei Sgrafitti (von G. Hieronymi) auf der Giebelwand an die einstige Bestimmung des Wohnhauses: ein von einem Müllerburschen angetriebener Esel mit Kornsack auf dem Rücken und ein stilisiertes Wasserrad mit einem Steinmetzzeichen. In den 1980er Jahren versuchte die Stadt eine Wiederbelebung des Mühlenquartiers um Herrenmühle/Steinmetzmühle/Roth'sche Mühle. Doch war das (nur gelegentlich) vor der Steinmetzmühle fließende Rinnsal kaum dazu geeignet, die einstige Wasserkraft des Werkgrabens zu veranschaulichen.

Die Schallersche Mühle, vormals Obermühle, zwischen Steinmetz- und Signorino-Mühle

Obermühle [123]
Filtzingersche Mühle, Schaller(t)s Mühle
(St. Ursulagasse, früher Kirchgasse 10)

Die dritte Oberurseler Mühle im Bereich der Altstadt war eine Gründung des Müllers der Herrenmühle, Balthasar Filtzinger. Gegen Ende des 17. Jahrhunderts, vielleicht 1687, baute er sich diese eigene Mühle oberhalb der herrschaftlichen Bannmühle – „auffm Platz einer auch zu Theil ruinirten Walkmühl". Die Bürgerschaft protestierte, da sie zu nahe („nicht gar weit") an der Kirche zu stehen komme, wodurch die Andacht gestört werde. [124] Als 1728 J. Signorino gestattet wurde, eine zweite Ölmühle zwischen Filtzingers Ölmühle und Johann

Fell zu bauen, [125] entsann sich Filtzinger dieses Protestes und lehnte den geplanten Neubau ab, da er „noch viel näher als die meinige ahn die Kirch" zu stehen komme. [126]

Die Mühle – Obermühle oder Filtzingersche Mühle genannt – wurde zunächst nicht aktenkundig, da es sich lediglich um eine Öl- und Tabaksmühle handelte. [127] Erst 1715, als ihm die Pacht der Herrenmühle entzogen worden war, dachte Filtzinger daran, diese Mühle in eine Mahlmühle umzuwandeln. Offenbar holte er sich die dafür notwendige Konzession nicht ein. Das erste auf die Filtzingersche Mühle bezügliche Dokument nämlich besagt: „Nachdemahlen man sich bey hiesigem Oberamt nicht zu erinnern weis, daß Balthasar Filtzinger zu Ober Ursell in seiner daselbst neu erbaueten Mühl eine Mahlens Gerechtigkeit oder auch sich damit der Gebühr legitimiret habe; als hette derselbe sich des Mahlens gänzlich zu enthalten".[128]

Filtzinger erhielt die Erlaubnis zum Betrieb der Mühle als Öl- und Mahlmühle. In der Konzessionsurkunde vom 31. Oktober 1715 präzisierte Kurfürst Lothar Franz den Sachverhalt. Danach durfte Filtzinger sich seiner Mühle „fuhrohin zwar gebrauchen". Aber: „mit dieser austrucklichen Restriction, daß derselbe und seine Erben nicht nur Unserer daselbst stehenden Bannmühle... mit sothanem Mahlwerck durch Abspannung der dahin gebannten Mahlgästen in geringstem keinen Eintrag thun, auch weder offent- oder heimlich einigen Burgern oder seinen Anverwandten einige Früchten mahlen noch einiges Meel verkauffen, sondern lediglich und allein diesen Unserer Gndgsten Concession in Mahlung für sein eigenes Haushalten, und auch den Verkauff des Meels ausserhalb der Örther, so in die Herrschafftl. Erblich verliehen Mühl nicht gebannet seynt, sich gebrauchen solle und möge".[129] Im Klartext hieß dies, daß Filtzinger nur für Bewohner der Amtsdörfer, nicht aber für Oberurseler, Bommersheimer, Stierstädter etc. mahlen und auch in der Stadt kein Mehl verkaufen durfte. Bei Verstoß hatte er eine Strafe von 25 Reichstalern zu gewärtigen. Für die Konzession seiner Mühle bzw. für die Nutzung des Urselbaches hatte er jährlich zwei Malter Korn „wohlgesauberter Frucht" nach Königstein zu liefern.

Schon 1716 hatte die Bürgerschaft Anlaß zur Klage: Filtzinger hatte bei sich für Mahlgäste gemahlen, die auf der Herrenmühle mahlen lassen mußten.[130]

1728 klagte Filtzinger, daß ihm „allscho[n] bekanter maasen von denen Oberurseler ge[gen] alle Billigkeit bis hiehero nicht einmah[l] auff offentlichen Wochen Marcktägen zu[m] Obernursell mein Mehl wie die Frembt i[n] der Waag oder in der Mühl verkauffen z[u] dörffen erlaubt werden will, sondern so[l]ches in frembde Herrschafften mit gröste[n] Kösten zum Verkauff fahren und mei[ne] Nahrung allda suchen" muß.[131]

Immer wieder versuchte Filtzinger, fü[r] seine Mühle die Genehmigung zum Ver[kauf von Mehl auf dem Oberurseler Wo[chenmarkt zu erhalten. Doch wurde ihm dieses untersagt, „da solcher Mehlhande[l] und Verkauf der Erbleihe zuwider", d.h. de[r] nunmehr städtischen Herrenmühle zur[m] Schaden, sei.[132]

1752 reichte Adam Filtzinger („Müller i[n] der Unterbannmühl bey Hoffheim") er[neut eine Eingabe um Gestattung des Meh[l]verkaufs aus „meinem Filtzingerische[n] Mühlgen in Oberursell" ein. Ohne diese[n] könne bei den hohen Abgaben die Müh[le] nicht gehalten werden. Er wurde abschlägi[g] beschieden und vor weiteren diesbezügli[chen Anläufen gewarnt.[133]

Wenig später muß die Mühle an Filtzin[gers Tochter Magdalena, verheiratet mit Ge[org Weissenbach, übergegangen sein. 175[ ] bezeichnete sie, inzwischen Witwe mi[t] sechs kleinen Kindern, das Mühlwerk al[s] „gänzlich verfallen". Die Wiederherstel[lung gestaltete sich schwierig, weil der Stadt[ ]vorstand nicht gestatten wollte, daß di[e] Mühle, wie bisher, mit zwei Rädern ausge[stattet werde, „deren eines das Mahl-, da[s] andere die Öhl- oder Tabackmühl" betri[e]ben sollte. Sie legte dar, daß die Mühle we[gen Wassermangels ohnehin nur ein Mah[l]werk haben könne, das ab- und angehäng[t] werden müsse. Das Gesuch wurde, wie da[s] gleichlautende der benachbarten Witwe Sig[

norino abschlägig beschieden – um die herrschaftliche Bannmühle „ohnbenachteiliget zu conserviren"[134]

Um 1770 erwarb Jacob Schaller(t) die Filtzingersche Mühle. Unmittelbar danach setzten Beschwerden der Herrenmüller gegen Schaller ein, der ihrer Mühle durch verbotenen „starcken" Mehlhandel „mercklich Abbruch verursachet habe" . Der Rat der Stadt sah sich zu keiner Entscheidung imstande und rief die Landesregierung an. Diese stellte 1781 endlich fest, daß Schaller an den beiden wöchentlichen Markttagen auf der Mehlwaage Mehl verkaufen, aber keine Niederlassung (Ladengeschäft) betreiben dürfe.[135]

Die Existenz der Schallertschen Mühle gab weiterhin Anlaß zu ständigen Reibereien. Als die Herren- oder Stadtmühle so weit heruntergekommen war, daß sich für sie kein Pächter finden ließ, gab man Jacob Schaller die Schuld. „Die Ursach und Grundlage hiervon solle einzig und alleine auf dem Handelsmann Jacob Schallert zu Oberursel haften", der „durch seine ungleich stärkere Mittel und Handelsgewerb immer dene Herrenmühlen Beständern nachtheilig und abbrüchig zu seyn volle Gelegenheit hätte".[136] Auf die erneute Mahnung, sich des Mehlhandels zu enthalten, reagierte Schaller im August 1783 mit dem Angebot, die Herrenmühle für ein Jahr in Bestand zu nehmen. Es blieb ihm jedoch keine Zeit die Rolle als Herrenmüller für seine Mühle in der Kirchgasse nutzbringend einzusetzen, denn er starb noch im Dezember 1783.[137]

Nach dem Tod Jacob Schallerts blieb die Mühle in Familienbesitz. Unter Jacob Christoph Schaller wurde die Ölmühle ganz aufgegeben und in eine Mahlmühle umgewandelt.[138]

1860 gab Ferdinand Schaller die Mahlmühle auf, um die Wasserkraft zum Antrieb von Maschinen zur Herstellung von Papierröhrchen zum Aufrollen von Garnen zu nutzen. Schaller belieferte die seinem Bruder Joseph gehörige Spinnerei Hohemark, aber auch viele Spinnereien im In- und Ausland.

Nach dem Tod Ferdinand Schallers erwarb H. Sommer das Anwesen und arbeitete unter der Firma „Papierhülsenfabrik von Ferdinand Schaller Nachf. (Inh. H.. Sommer)" weiter. Er beschäftigte um 1900 im Schnitt 20 Arbeiter. 1903 gelangte die Fabrik inmitten der Oberurseler Altstadt an Georg Pfaff[139]. 1913 vernichtete ein Feuer das Gebäude. Es wurde als Vorder- und Hinterhaus mit insgesamt 13 Wohnungen wieder aufgebaut. Das Wasserrad unter dem Haus betrieb bis 1923 eine Holzschneiderei. Seit 1962 ist der Werkgraben verrohrt.[140]

Ölmühle/Mahlmühle von Signorino
(St. Ursulagasse, früher Kirchgasse 8)

1728 erwarb Joseph Signorino die beiden Schleifmühlen unterhalb der St. Ursulakirche von der Witwe Wallauer und bat um die Konzession einer Ölmühle:

„Was gestalten vor 12 Jahren ich mich aus der Schweitz zu Ursel mit einem Gewürtz- und Fett Kram häuslich niederlassen, daselbsten geheyrathet, undt mit Anschaffung Haus undt dem Publico zu Diensten vertriebenen guten Waaren ohne einig gegen mich eingelangte Klagen in aller Zufriedenheit, und Beliebten, ohne Ruhm Vermeldung auffgeführet, das Öhl, aber mit großen Kosten aus der Pfaltz und Hessenlandt dahien bringen lassen müssen, undt wo auch diese

Joseph Signorino
Bürger, Krämer und Ölmüller

Remigio Joseph Signorino wurde 1687 im Valle Onsernone westlich Locarno geboren. Er wurde am 20.7.1717 in Oberursel eingebürgert und heiratete 1721 in Bommersheim.[141]

Von Beruf war Joseph Signorino Kaufmann; nach eigener Angabe ließ er sich „zu Ursel mit einem Gewürtz- und Fett Kram häuslich nieder" und ließ sich nichts zuschulden kommen.[142]

1728 erhielt er die Konzession einer Ölmühle, die er zusammen mit seinem Wohnhaus in der Kirchgasse 8 einrichtete.

Einer amtlichen Statistik des Jahres 1743 ist zu entnehmen, daß Joseph Signorino ein sehr vermögender Mann war, er erscheint in der ersten Steuerklasse gleich an zweiter Stelle. Bei dieser Gelegenheit erfahren wir, daß er eine Magd und dazu „noch der öhlen schläger Gesell mit 2 Weibs-Hülfen oder Mägdt" hatte.[143]

Am 3. Januar 1745 starb Joseph Signorino im Alter von 53 Jahren. Das Kirchenbuch verzeichnete ihn als „Italus, Mercator et Scabinno (Schöffe)". Seine Frau, Margaretha Signorino starb am 14.11.1761.[144]

Joseph Signorino hatte sechs Kinder.[145] Anna Maria heiratete den Gerber Johann Jakob Helbig. Anna Clara wurde 1746 die Frau des benachbarten (Öl-)Müllers und Großkaufmanns Johann Jakob Schaller.[146] Der gleichnamige Sohn Joseph Signorino erbte und betrieb die Ölmühle in der Kirchgasse 8. 1808 wird er als verstorben bezeichnet. Als frommer Katholik hatte er in seinem Testament bestimmt, daß die Zinsen aus einem Kapital von 200 Gulden „zur jährlichen Anschaffung einer Kerze zum Besuch der Wallthürner Wallfahrt" verwendet werden sollten. Da aber, wie der Pfarrer schrieb, die Wallfahrt nach Walldürrn „aufhörte", wurde das Geld unter die kranken „Hausarmen" verteilt.[147] Eine Enkelin von Joseph Signorino, Josepha Maria Signorino, stiftete im Jahre 1818 das Signorino-Kreuz an der Heide/Königsteiner Straße. Die Familie ist mit ihr ausgestorben, ein Zweig bestand aber auch in Amsterdam. Es ist die Firma Signorino & Mayerhoff, die im Jahre 1802 eine Forderung an Michael Bastian von Bommersheim geltend machte.

zu weilen wegen schlechter Witterung undt dergleichen inconvenientien nicht wohl zu transportiren gewesen, veranlasset wordten, das ahn solcher Debetirung Mangel entstandten, undt der gemeine Mann das Geldt ja benachbarten frembdten herrschafften auch nit ohne seine incommodation zu vertragen sich genöthiget gesehen. Weshalben aber vorzukommen, nicht weniger damit auch jeder des Öhls innerlicher Güthe sich desto gesicherter wissen, undt vor Augen ha-

ben möge, bin zu den Gedancken gerathen auff zwey mit einem Wasserfall in Ursell in Abgang gekommene Philipp Wallauer Wittib undt Consorten zuständtig Schleiffmühl-Platz eine Öhle-Mühl sambt einem Hirschen Gang auffbauen zu lassen wann die darzu erförderliche gnädigste Concession mit etwa 10jähriger Schatzung Freyheyt unterthänigst erlangen könte.

Wann nun gnädige und hochgebiethende Herren die Waffenschmidt zu Ursell scho vor vielen Jahren abgangen, dahero denn die 5 ad 6 daselbstige Schleiffmühlen so ohnbrauchbar wordten, das auch der davon gdgster Herrschafft jährlich habendte Wasserpfacht in die Lang nicht mehr forgegeben werdten dörffte, bey Etablirung dieses gemeinnützigen Gewerbs auch nicht allein die Nahrung im Stättlein vermehret, sondern auch das Geldt im Landt behalten, wordurch ich dann hoffentlich bequemlicher Gelegenheit erlangen würdte, vor Weib undt Kindter ein Stück Brodt zu erwerben, und meinem nechsten mit versicherter Waar besser ahn die Handt gehen zu können; über dieses nicht weniger gemeint als willig bin, den von solcher Theils ruinirt liegender Schleiffmühlen, bis noch zu mit einem Gulden jährlichs abgeführtem Wasserpfacht, forthin desto bestänndig undt gewehrter zu entrichten.

Als gelanget ahn Ew. Hochwürd. Gnad. Excell. gnad. undt Herrl. mein unterthänige Bitte, sie geruhen gnädig anstatt vor ermelden Schleiffmühlen eine Öhlemühl mit einem Hirschen Gang gegen jährlichs abzuführendten ein Guldten Wasserpfacht auffzurichten. Undt also zu gebrauchen, mir gndst zu erlauben. Undt von deren gewöhnlicher Verschatzung umb da mehr auff etliche Jahren mich gndst zu befreyen, als gdgste Herrschafft, auch dem Publico darunter nichts benohmen, sondern vielmehr Nahrung undt Consumption von aussen dem Orth zugezogen wirdt; gleichwie dann auch dieses unterthgste Gesuch nicht allein zur Auffnahm eines Unterthanen contribuiren dörffte, sondern auch auff das Bonum publicum sein Absehen zugleich hatt, als lebe der unterthäniger Hoffnung ein hochpreisliche Churfürstl. hohe Regierung wirdt zu solcher Begnädigung von selbsten geneigt seyn,... Joseph Signorino Bürger undt Krämer in Oberursell."[148]

Inschrift über der Haustür der ehemaligen Öl- und Mahlmühle Signorino, 1728.
Der deutsche Handwerker hat den Namen des Bauherrn, des Italieners Joseph Signorino, nach dem Gehör geschrieben. Das „G" schrieb er generell seitenverkehrt.
„DEN 26 OCTOBER 1728
ES HAD DER JOSEPH SINGORINO UND SEINE HAUS FRAU ANNAMARGREDHA DIS AREM (arm?) (Haus gebaut?).

Dem Gesuch wurde nicht willfahren. Zur Ablehnung dürfte die Erfahrung beigetragen haben, daß „nach etlich Jahren aber sogleich unter Vorwanth von gros-angewendeten Cösten, und daß mann beym erstern Gesuch sein Conveniens nicht findte, der Ahntrag undt ohnauffhörliches Suppliciren dahien gerichtet zu werden pflege, umb aus solcher Öhl- und Schlag- eine Mahlmühl errichten zu dörfen".[149] Es habe noch „jedes in Oberursel gestattet werdende neue Mahlwerck Anlaß zu Unterschleifen gegen das bestehende Bannrecht" der Herrenmühle gegeben.[150] (Die Zukunft sollte zeigen, daß diese Sorge auch im Falle Signorinos nicht unbegründet war.)

Schließlich war auch nicht einzusehen, daß Signorino, um auswärtigen Früchtekauf zu vermeiden, eine Ölmühle bauen mußte, denn es existierte ja bereits die Filtzingersche Ölmühle. Adam Filtzinger legte denn auch Protest gegen das Vorhaben ein.[151] Signorino versuche, „die völlige Nahrung in allen Stücken dasiger Orthen völlig ahn sich zu ziehen und seine Mitnachbahren in einen solchen Ruin zu setzen, daß sie nachgehents nichts mehr zu leben haben". Auch als Händler habe er „schon etliche Krähmer (welche fürhero, ehe der Signorino nacher Oberursel kommen, sehr wohl gestandten und sich ehrlich und treulich ernähret haben) nuhnmehr aber durch dessen gahr grosen Verlag und Hanthierung in völligen Abgang geraten" lassen. Daß Signorino „überflüssige Nahrung" habe, ersehe man auch daran, daß er in seinem Kramladen zwei bis drei Diener beschäftige. Im übrigen solle „seine vorhabente Öhlenmühl oberhalb meiner, und gahr zu nahe ahn die Kirchen zu stehen kommen, wodurch die Kirch nicht allein in Feuersgefahr gesetzt würde, sondern auch große Ungemach wegen des vielen Stampfen" entstehe.

Signorino hatte die beiden Schleifmühlplätze schon erworben und suchte deshalb noch einmal an. Neuerlicher Befürwortung durch die Regierung[152] hatte er zu verdanken, daß ihm am 11.8.1728 die Konzession erteilt wurde.[153] Am 13.8.1728 gelobten Joseph Signorino und seine Ehefrau Margaretha, „daß wir solchem allem getreulich nachkommen wollen und sollen, urkundt unserer aigenhändtigen Unterschrifft und Vordruckung unserer gewöhnlichen Pettschafft".[154] Die Konzession gestattete Signorino, „daß derselbe ahn seiner aigenthumblicher Schleifmühl daselbst neben Adam Filtzingers Mahl undt Öhlmühl undt Johann Fell auff seine Cösten eine Öhlmühl undt Hirschen Schellgang auff zu bawen, undt in behörigen Standt undt Gang zu bringen befugt sein soll, also undt dergestalt, das Er und seine Erben alsdann solche Mühl nach aignem Willen undt Gefallen nutzen und geniesen mögen, dahingegen

aber schuldig undt verbundten sein solle jährlich umb S. Martini Episcopi Vier Gu[l]dten Wasserfall zu unserer Rentherey Kö[?]nigstein onfehlbahr undt richtig zu bezah[?]len, Jedoch mit dieser Restriction und Condition, daß Er und seine Erben nu[?] undt nimmermehr sich unterstehen soller[?] diesen Öhl undt Hirschenschellgang in ein[?] Mahlmühl zu verändern, undt zwar diese[?] bey Verlust gegenwertiger ihme ertheilte[?] Concession..."[155]

Zur Signorino-Mühle kam das Wasser vo[n?] der oberhalb gelegenen Kürtells Mühle, e[?] lief an der Rückseite der Mühle vorbei un[d?] verschwand dann unter dem Haus der Scha[?]lertschen Mühle (Kirchgasse 10).[156]

Über dem Eingang auf der Vorderseite fin[?]det sich auf dem Türbalken folgende In[?]schrift: „Am 28. Oktober 1728. Es had de[?] Joseph Signorino und seine Hausfrau Ann[?] Margaretha dis arem (Haus erbauen lassen)[?]

Unter dem Erben Joseph Signorino blie[b?] es still um die Ölmühle, bis zum Jahr 179[?] Jetzt wollte Joseph Signorino d.J. aus seine[?] Ölmühle eine Mahlmühle machen. Bei die[?]ser Gelegenheit erfahren wir, daß die Öl[?]mühle – „mit einem unterschlechtige[?] Gange oder Wasserrade" – im Inneren s[?] eingerichtet war, daß auch Blauholz gemah[?]len werden konnte. Diesen „Blauholzgang"[?] wollte Signorino in einen Mahlgang umän[?]dern. Als Grund gab er an: „Während die[?]sem leidigen Kriege haben bekanntlic[h?] Handel und Wandel abgenommen, die Fa[?]bricken liegen danieder, wordurch ich in di[e?] traurige Lage versetzt bin, die beiden We[r?]ken meiner oben gedachten Mühle scho[n?] seit geraumer Zeit nicht mehr zu benutze[n?] allen Verdienst derselben zu entbehren, so[?] mit einen beträchtlichen Abgang meine[?] Nahrungszweiges zu empfinden". De[r?] Stadtvorstand erklärte, es sei dagegen nicht[?] einzuwenden, wenn der Bürgerschaft un[d?]

der Herrenmühle dadurch kein Schaden zugefügt werde. Die „sämtlichen" Müller Oberursels sprachen sich dagegen aus, da ihre Mühlen „ohnhin geschwächt" seien.[157] Die Regierung lehnte am 10.6.1800 die gewünschte Maßnahme als „ganz unstatthaft" ab.[158]

Daraufhin scheint Signorino die Ölmühle stillgelegt zu haben, denn es war künftig nur noch die Rede von seiner „Farbmühle".

Signorino nutzte die nächstbeste Gelegenheit, sein Anliegen wieder vorzubringen. Sie ergab sich nach dem Übergang Oberursels an Nassau, 1803. Interessant ist Signorinos Argumentation, die sehr an die Befürchtungen der Regierung aus dem Jahr 1728 denken läßt. „Zu Oberursel, Amts Königstein, besitze ich eine Farbmühl mit einem unterschlechtigen Gang, welche nahe an der Kirche steht, und bey dessen Gebrauch die aller äußerste Behutsamkeit anzuwenden ist, damit die Farb-Materialien sich nicht entzünden können, und auch bey der allergrößten Sorgfalt gleichwohl doch eine Feuersgefahr nicht ganz zu vermeiden ist. Eben deswegen steht diese Mühle während dem größten Theile des Jahres müßig, und daher mir um so mehr zum Schaden, da doch darin ein bedeutendes Kapital steckt, und die jährliche Unterhaltungskosten doch nicht zu vermindern sind…"[159]

Die neue Regierung zeigte sich sogleich interessiert an Signorinos Vorhaben, sofern er jährlich zwei Malter Korn als „Wasserfall Abgabe" entrichtete. Die Interessen der Herrenmühle sah man nicht beeinträchtigt, da Signorino „blos für Auswärtige oder nicht gebannte Personen mahlen dürfe".[160] Am 12.11.1803 wurde die Umwandlung der Farbmühle in eine Mahlmühle gestattet.[161]

Joseph Signorino wird als „wohlhabender Mann ohne Kinder" bezeichnet.[162] Er starb also ohne Erben. 1850 war die Mahlmühle im Besitz von Andreas Weiler und seiner Ehefrau Elisabeth geb. Kirsch („Weilersmühle"). Seit 1957 liegt die Mühle still, das Gebäude wird als Wohnhaus genutzt.[163]

Das 19. Jahrhundert

Erst mit dem Beginn der Gewerbefreiheit, im frühen 19. Jahrhundert, stieg die Zahl der Mahlmühlen in Oberursel sprunghaft an. Im Jahr 1810 bestanden sechs Mahlmühlen:

1. Georg Aumüllers Mühle
2. die Mühle des Nicolaus Aumüller
3. die Mühle des Johann Messerschmidt
4. die Mühle des Walter Messerschmidt
5. die Mühle des Nikolaus Rauffenbarth
6. die Mühle des Josef Anton Schaller.[164]

1840 wurden zwölf, 1850 vierzehn Mahlmühlen gezählt. Es bestand ein Überangebot, und die einzelne Mühle konnte ihre Mahlkapazität nicht voll ausnutzen. Deshalb ging ihre Anzahl bis zur Jahrhundertwende kontinuierlich zurück.

Raufenbarth-Mühle, Roth'sche Mühle (Obere Hainstraße 12)

1810 gehörte eine der sechs Mahlmühlen Nikolaus Raufenbarth.[165] Sie stand in der „Hintergass" und bestand aus einem zweistöckigen Haus mit Mahlmühle. 1850 ging sie an Friedrich Raufenbarth über, der in den 1860er Jahren starb.[166]

Vielleicht erbweise ging die Mühle an Johann Heinrich Roth („Roth'sche Mühle"), dessen Witwe seit 1895 einen Mehl-, Getreide- und Futterhandel unterhielt. Friedrich Wilhelm Roth betrieb die Mühle noch 1920, dann verlegte er das Geschäft in die Frankfurter Allee 12. Sein Nachfolger, Burkard, setzte die Mühle 1923 außer Betrieb.[167]

Mühlenprojekt Fischer

1814 wollte Friedrich Fischer aus Oberstedten auf dem Platz, „worauf vor ohngefehr 70 Jahren ein Eisenhammer gestanden hat", eine Mahlmühle errichten. Dieses wurde ihm „wegen zu befürchtender Holzdieberei" und weil „wegen der Nähe der Waldungen eine Diebesherberge daraus werden könnte", verweigert.[168]

Mühle Elsenheimer

1815 suchte der Bäcker Nicolaus Elsenheimer um Genehmigung einer neuen unterschlächtigen Mahlmühle mit einem Gang an.[169]

Die Mühlen- und Wassergefällbesitzer zu Oberursel scheinen sich dagegen gewehrt zu haben, dennoch wurde sie am 15.6.1815 genehmigt. 1825 reichte Elsenheimer erneut ein Gesuch ein, dieses Mal wollte er eine Mahlmühle am Urselbach oberhalb Oberursel errichten. Die Müller Anton Kürtell, Johann Trauth, Andreas Weiler erhoben Einspruch. Die Genehmigung erfolgte am 16.4.1828. 1850 war sie nicht mehr vorhanden.[170]

Mahl- und Ölmühle Derschow

1831 suchte Gottfried Wilhelm Derschow um Erlaubnis an, seinen oberhalb Oberursel gelegenen Kupferhammer in eine Mahl- und Ölmühle umwandeln zu dür-

fen.[171] Es ist nicht bekannt, ob die Umwandlung zustande kam.

Wiemersmühle
(Hohemarkstraße 60)

Diese Mühle „an der Bach oberhalb Oberursel" gehörte bis 1844 Christoph Fischer. Sie bestand aus einer „neuen" zweigeschossigen Mühle mit Wohnung."[172]

In den Jahrzehnten 1850 bis 1870 gehörte die Mühle Friedrich Christoph Wiemer zu Bonames („Wiemersmühle").

Seit 1870 arbeitete hier die Gerberei von Wasilewski. Das Anwesen fiel wohl schon 1898 der sich ausbreitenden Motorenfabrik zum Opfer.[173]

Steinmühle

Die Steinmühle – zwischen Wiemers- und Schuckarts-Mühle gelegen – war bis um 1850 eine Mahlmühle; Besitzer war damals Wilhelm Neuhof, der sie 1845 von Sebastian Hain übernommen hatte.[174] Über ihre ältere Geschichte sind wir nicht informiert. 1865 erwarben die Gebrüder Rompel die Steinmühle und bauten sie zu einem Kupferhammer aus. Danach diente das Anwesen mehreren Besitzern zu vielfältigen Funktionen.[175] 1930 wurde das Areal Teil der Motorenfabrik Oberursel und die Baulichkeiten wurden abgebrochen.[176]

Zimmersmühle
(Zimmersmühlenweg 25)

1848 kaufte Johann Georg Zimmer von der Untermühle in Homburg für 15.000 Gulden die Papiermühle von Josef Rosalino

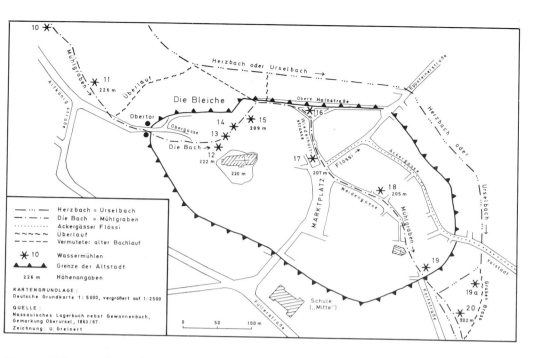

Wassermühlen an „der Bach" um 1880. 10 Schuckardts Mühle; 11 Kürtells Mühle; 12 Weilers Mühle; 13 Schallers Mühle; 14 Herrenmühle; 15 Steinmetzmühle; 16 Rothsche Mühle; 17 Probsts Walkmühle; 18 Herzfelds Schleifmühle; 19 Brauns Loh- und Walkmühle; 19a Mühlenbauanstalt Joseph Brass; 20 Götz-Mühle.

Oberursel. Er wandelte sie in eine Mahl-mühle um, „die Zimmersmühle".[177]

1852 ging das Anwesen „an Conrad Zim-mer ledig und majorenn von Homburg durch Kauf lt. Steigbrief". Er errichtete ne-ben dem Wohnhaus mit Papiermühle „ein zweystöckig Fabrickhaus 42'lang 28'tief", eine Remise und ein „Beygeschirr".[178]

1867 verheiratete sich J.C. Zimmer mit Katharina Hain von der Aumühle. In den folgenden 25 Jahren wurden beide Mühlen gemeinsam bewirtschaftet.

1890 ging die Mühle an Christian Conrad Zimmer über, der seit 1900 in ihre Moderni-sierung investierte. Die Konkurrenz der Großmühlen wurde übermächtig. Nach einer kurzen Blütezeit nach dem Zweiten

Weltkrieg wurde die Zimmersmühle 1957 stillgelegt.

Brennersmühle
(An der Brennersmühle 1)

1850 war Johannes Brenner Besitzer dieser Mahlmühle im Südteil der Stadt.[179] Sie war aus einem der Pfeiff'schen Kupferhämmer hervorgegangen. Das älteste Gebäude des Anwesens scheint 1656 erbaut worden zu sein, denn aus jenem Jahr stammt eine Bal-keninschrift.

1921 waren Ernst und Heinrich Brenner Eigentümer; sie ließen die Wasserkraft un-genutzt, betrieben die Mühle also nicht mehr. 1931 war der Bäckermeister Jakob Homm Besitzer der Mühle; auch er nutzte ihre Wasserkraft nicht mehr.

Mahlmühle Christoph Fischer
(Hohemarkstraße 110)

Christoph Fischer gehörte zu den 14 Mahlmüllern, die noch 1850 im Spezial-Gewerberegister aufgeführt wurden. Sieben Jahre später resignierte auch er und verkaufte das zweistöckige Wohnhaus mit Mühle, Scheune und Hofraum an Louis Rambeau und Jacob Jandorf.[180]

Wallauers Mühle
(Oberhöchstadter Straße 14)

1892 erwarb Konrad Wallauer die Mühle, die 1850 Johann Micol gehört hatte. Wallauer hatte vorher eine kleine Mühle in der Weidengasse besessen (Herzfeldsche Schleifmühle).[181] Wallauer erweiterte das Mühlengebäude und bediente sich vorwiegend der Dampfkraft. 1932 wurde die Mühle durch einen Großbrand vernichtet.[182] 1938 ging das Anwesen an den Landwirt Jakob Heinrich Burkard über, der sich erfolglos bemühte, das Wasserrad wieder in Betrieb zu setzen. Schließlich wurde das Mühlengebäude an verschiedene Betriebe vermietet. Nach 1976 wurde das Wasserrecht entschädigungslos gelöscht.

Götz-Mühle
(Körnerstraße 12)

Auf dem Platz eines ehemaligen (Pfeiffschen) Kupferhammers ist 1850 eine Mahlmühle nachweisbar.[183] 1863 wurde als Eigentümer Wilhelm Wenzel genannt. 188. erscheint als Besitzer der Müller Johan G.F. Götz aus Stübach/Mittelfranke ("Götz-Mühle").

Der Mühlgraben führte von Nordnord west auf die Mühle zu, kreuzte hier den vo Osten kommenden, rechtwinklig ab knickenden Urselbach und führte in eine hölzernen Rinne zum oberschlächtige Mühlrad. Von da strömte es als Unterlauf i einen tiefen, offenen Kanal und dann i Graben zu Wallauers Mühle.

1892 und 1895 wurden Neubauten un Modernisierungen vorgenommen. Nac dem Tod Götz' und seiner Brüder über nahm Marie Götz 1936 den Betrieb. 193 mußte die Mahlmühle "auf Anordnung vo oben" auf Dauer stillgelegt werden. Si wurde ein Opfer der allgemeinen Überpro duktion der Mahlmühlen.

In der Folge dienten die Baulichkeiten z Lagerzwecken, ohne äußerlich einer Verä derung unterzogen zu werden. Nachdem schon früher Teile des Grundstücks an di Stadt Oberursel verkauft worden waren gingen 1977 auch die Mühlengebäude in de Besitz der Stadt über, die hier nach Abriß der Gebäude die Stadthalle errichten ließ.

Schuckardts Mühle
(Altkönigstraße 53)

1851 beantragte Heinrich Schuckart II. eine Eisendreherei und Fournirschreinere in der vormaligen Schneidemühle seines Va ters Heinrich Schuckardt einrichten zu dür fen, was offenbar verweigert wurde. Jeden falls trat Schuckart 1852 mit einem neuen Gesuch auf, dieses Mal um Konzession einer Mahlmühle ("Schuckardts Mühle").[184] 1866 wird Heinrich Schuckardt II. als Ei gentümer der Mahlmühle genannt. Heute

Schuckardts Mühle

ist die stillgelegte Schuckardts Mühle ein von alten Bäumen umstandenes Idyll am „Bachpädche", dem dammartigen Weg entlang dem Werkgraben. Der Blick von hier auf die Stadt mit der St. Ursulakirche im Mittelpunkt ist von Malern und Fotografen vielfach festgehalten worden.

Projekt Mahlmühle Herzfeld (Hohemarkstraße 98)

Noch 1862 beantragte Wolf Herzfeld, seine Schleiferei in eine Mahlmühle umwandeln und ein neues Gebäude erbauen zu dürfen. Das Projekt scheiterte an der Weigerung Herzfelds, einen Aichpfahl zu setzen.[185]

Beckersmühle (Hohemarkstraße 104)

Die Mühle von Konrad Becker gehörte zu den kleinen Mahlmühlen. Sie lag oberhalb der Stadt am Borkenberg und bestand aus einem einstöckigen Wohnhaus, in dem sich

auch die Mahlmühle befand, und einer Scheune.[186] Bis Ende des 19. Jahrhunderts konnte sie ihr Eigendasein bewahren. 1896 wurde sie von L. Zimmermann und J. Stadermann erworben, die hier eine Gerberei, später Lederfabrik einrichteten.[187]

Schudt-Mühle

Diese Mühle ist uns nur aus einer einzigen Notiz bekannt: „1896, am 4. Mai Morgens um 7 Uhr brach Feuer aus in der Mühle des Herrn Schudt oberhalb der Stadt und verzehrte die Mühle und das Wohnhaus desselben".[188]

Die Existenz zahlreicher Mühlen brachte es mit sich, daß sich in Oberursel seit dem 19. Jahrhundert mehrere Mühlenbauer, sogenannte „Mühlärzte, niederließen. 1840 etablierte sich Joseph Brass als Mühlenbauer in der Vorstadt 26. Aus dem Betrieb entwickelte sich die Mühlen-und Maschinenbauerei Brass. Sie existierte bis 1912.[189] Ihre Nachfolge trat, noch im gleichen Jahr 1912, die Mühlenbauanstalt Adam Koch an; sie arbeitete in der Altkönigstraße 43 (vormals Kürtell'sche Lohmühle) bis zum Jahr 1957.[190]

Dem Ende entgegen

Die Ölmühlen verschwanden seit dem ausgehenden 19. Jahrhundert völlig. Die Ölmühle des Johannes Hattemer (1852–62) wurde seit 1870 als Ölfabrik der Gebrüder Rudolf und Ferdinand Pachten betrieben, bevor sie 1892 an das Sensenwerk Schilli überging.[191]

In der Notzeit nach dem Ersten Weltkrieg spielte die Ölgewinnung noch eine große

Rolle. 1919 erwarb Philipp Menges die ehemalige Herzfeldsche Schleifmühle und funktionierte sie zu einer Ölmühle um.[192]

Nach dem Zweiten Weltkrieg errichtete die Firma Oel-Becht Hans Becht KG ein Nahrungsmittelwerk in Oberursel und produziert dort in industrieller Arbeitsweise Speiseöle und -fette. Heute wird die Ölmüllerei im Oberurseler Vortaunusmuseum am Beispiel der aus Hunoldstal (Taunus) stammenden Ölmühle demonstriert.

Nicht besser erging es den Mahlmühlen. „Gegen Ende des 19. Jahrhunderts waren es nicht nur eine Reihe von Fabriken, die zu dem Wandlungsprozeß am Urselbach entscheidend beigetragen haben, sondern auch vier Mahlmühlen, die innerhalb weniger Jahre zu Kunst- oder Handelsmühlen geworden sind... Hauptenergiequelle waren seitdem aber Dampfmaschinen, später auch Diesel- und Elektromotoren, die kontinuierlich die erforderlichen 30 bis 100 PS lieferten; damit war der Betrieb unabhängig

von den Wechselfällen der Natur geworden geriet aber gleichzeitig in den Konkurrenz kampf, der bereits seit 1900 unter den Groß mühlen begonnen hatte."[193]

Nach dem Zweiten Weltkrieg „macht sich der gegenseitige Konkurrenzdruck der art geltend, daß viele Betriebe nur noch mi Verlust arbeiteten". In Oberursel waren e um 1950 noch vier Mühlen. Als der Bundes tag 1957 ein Mühlengesetz verabschiedete das die freiwillige Stillegung von Mühler gegen Entschädigung ermöglichte, nahmer drei von ihnen das Angebot an und stellter ihren Betrieb ein. Die letzte Mahlmühle folgte 1964. Heute ist „im Raum Oberurse von Klein- und Mittelbetrieben in der Müh lenbranche nichts mehr übrig geblieben Damit ist zugleich ein Handwerk erlo schen, das hier seit mindestens 700 Jahrer wahrscheinlich ununterbrochen bestanc hat und das in seinen vielseitigen Anforde rungen eigentlich von keinem anderer Handwerk übertroffen wurde..."

Von Kupferschmieden und Kesselhändlern[2]

„Die Kupffer-Schmidt auch nach wie vor Ihrn Handel treiben vor dem Thor."[1]
Otto Wallau

Seit langem spielen Kupferwaren im Haushalt kaum noch eine Rolle, Blech und Plastik haben das edle Material verdrängt. In früheren Zeiten fand sich Kupfergerät in nahezu allen Haushalten. Das leicht schmiedbare Metall eignete sich besonders gut zur Herstellung von Kesseln. Das Spektrum des Bedarfs war breit. Von den Oberurseler Kupferschmieden wissen wir, daß sie nicht nur kleine Wasserkessel für den Küchenherd fertigten, sondern beispiels

weise auch Weihwasserkessel,[3] „Branden weinkessel"[4] und große eingemauerte Waschkessel.[5] 1651 wurde „eine Anzahl"* Urseler Kupferwaren an die Kurfürstliche Hofküche geliefert; der Schultheiß bezahlte „zwey Weibern" für das Tragen dieser Ware nach Frankfurt 22 Albus.[6]

Zur Herstellung von Kupferwaren bedurfte es rohen oder auch alten Kupfers, das in den Kupferhämmern bearbeitet wurde. Für das Jahr 1748 ist bezeugt, daß man Kupfer aus dem Usinger Land bezog.[7]

Die Kupferhämmer hießen nicht zufällig ursprünglich „Kupfermühlen", denn auch

Kupferschmiede im 18. Jahrhundert

diese Betriebe waren auf das Wasser als Antriebskraft angewiesen. Deshalb war Plätze am wasserreichen Urselbach sehr gefragt, Oberursel mithin ein idealer Standort für Kupferhämmer.

Die ältesten Kupferschmieden

Gegen Ende des 15. Jahrhunderts hören wir erstmals von kupferverarbeitendem Gewerbe auf Oberurseler Gemarkung. Damals betrieb ein Mann aus Oberursel die Gattenhöfer „Kopper Molen": „Henne Kesseler von Ursel".[8]

In Oberursel selbst trat die Kupferverarbeitung erst im Laufe des 16. Jahrhunderts stärker in Erscheinung. Durch Erasmus Alberus wissen wir, daß am Urselbach schon um 1537 die „Kupferschmied ihr'n Handel treiben"; ohne den Wasserlauf „könnt' daselbst ihr keiner bleiben".[9]

Die 1558 einsetzenden Königsteiner Rentei-Rechnungen führten neben den Einnahmen aus der Woll- und aus der Mehlwaage das „Innam Gelt von Kupfer Schmieden" als eigene Sparte. Damals arbeiteten in Oberursel drei Kupferhämmer, die vier Gulden oder 24 Pfund geschmiedetes Kup-

fer als Abgabe an die Herrschaft zu leisten hatten.[10] Sie lagen: „unwendig der Stadt Ursel ahn der Hirzbach bey den olen Mühlen Jan Jagöls", oberhalb der Steingasse bei der Lohmühle und „zwischen Philips Seibeles Wießen auf beidenn Seiten". Die letzte war die bedeutendste; sie gehörte 1558 Dirk (Dirgh) Ewalt. Die vierte Kupferschmiede bei dem wüsten Dorf Gattenhofen, „so Leonhart Kesselers geweßen, ist verfallen".

1580 gehörten die drei Kupferhämmer Jörg Öhlers Erben, Johann Adam und Caspar Kessler.[11]

Seit 1588 hatte Oberursel wieder einen vierten Kupferschmied, Endres (Enners) Hagel(l). Sein Kupferhammer lag „zwischen Caspar Aumüllers Schmötten unnd der Gattenhöffer Mahl Mühln, vormals 2 Schleiffmühln gewesen".[12] Aumüller hatte den Kupferhammer von Dirk Ewalt übernommen, Caspar Kessler wird nicht mehr erwähnt.[13] 1595 war Antoni Schuchart Besitzer des Öhlerschen Kupferhammers, den er offenbar in eine Papiermühle umwandelte.[14] Aufgrund ihrer etwas abseitigen Lage entging die Hagellsche „Kupfermühle" als einzige dem großen Brand Oberursels im Jahr 1645; während Hagell seine Abgabe an die Herrschaft entrichten konnte, war „von ubrigen des Brandtschadens halben nichts zu verlangen gewesen".[15] Aber schon im darauffolgenden Jahr 1646 hatten sich die beiden an Schmidt und Coci übergegangenen Kupfermühlen erholt, und es konnte die herrschaftliche Abgabe annähernd in der ursprünglichen Höhe entrichtet werden.[16]

1649 sind zwei Kupfer„schmieden" bezeugt: die von Andreas Roth und die von Johann Rompell.[17] Rompel galt als Handwerker (Ertrag 100 Gulden) und als Gewerbetreibender (Ertrag 500 Gulden), er stellte also Kupferware her und vertrieb sie auch.

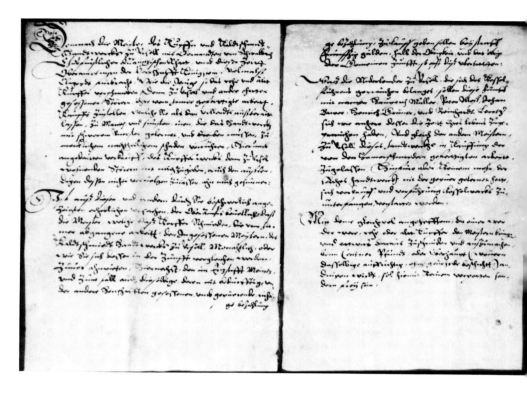

Bestimmungen über die Kupfer- und Kesselhändler, Nachtrag aus dem Jahr 1587 in der Zunftordnung de
Schmiede- und Bäckerzunft von 1464

Mit diesen Einkünften stellte er alle Oberurseler Gewerbetreibenden in den Schatten.[18] Wohl 1675 erwarb Johann Wolff Rumpel (Rompel) den Platz der ehemaligen Papiermühle „an der Vorstadt", um darauf wieder einen, nämlich den vierten Kupferhammer in Oberursel zu errichten.[19]

Die Kupferschmiede gehörten der alten Schmiede- und Bäckerzunft an. 1587 erwies es sich als ratsam, einige Sonderregelungen für die Kupferschmiede zu treffen. Sie wurden der Schmiede- und Bäcker-Zunftordnung von 1464 angefügt, die sich im Stadtarchiv Oberursel erhalten hat.[20] Anlaß war das Auftreten von Kesselhändlern, die, ohne einer Zunft anzugehören, den Kupfer-

schmieden, „die das Handwerckh mi schweren Uncosten gelernet und dreyber müssen, zu mercklichem nachtheilige Schaden" gereichten. Ihre Namen waren Hauprech Müller, Peter Meß, Johan Bauer Henrich Kremer (oder Grüner) und Rein hard Lentz.[21] Die Kupferschmiede sahen ir ihnen „Störer" und baten, man möge der „Niederländern" den Kupferhandel unc den Bezug der Waren von den hiesigen Hämmern verbieten. Die Regierung verordnete, daß die fünf bisher anwesenden Kupferhändler ihr Gewerbe weitertreiben dürften; künftig sollten aber nur noch solche zugelassen werden, die das Handwerk ordentlich gelernt hätten.

214

Kupfer- und Kesselhandel

Bei diesen „niederländischen" Kupfer- und Kesselhändlern (Kesslern) handelte es sich wohl bereits um „Brabanter", wenn auch diese vermehrt erst ein Jahrhundert später auftraten.[22] In Oberursel nannte man „Brabanter" oder „Brobenner" die aus dem holländisch-belgischen Grenzgebiet (Nordbrabant, Limburg, Kempenland) hierher gekommenen Händler. Die Bewohner des armen Kempenlandes waren aus wirtschaftlichen Gründen gezwungen, ihre Heimat zeitweise oder auf Dauer zu verlassen.[23] Von Beruf waren sie Hausierhändler, „Tödden". Handelten sie mit Kupferwaren, wurden sie als „Kupfertödden" bezeichnet. In Oberursel gab es außerdem noch „Haartödden", die mit Menschenhaar handelten.

Mißt man den wirtschaftlichen Erfolg der Kesselhändler an der Zahl der gegen sie vorgebrachten Beschwerden der Konkurrenz wegen Geschäftsschädigung[24], muß er recht groß gewesen sein.

Organisiert waren alle in einer Kompagnie, die für den wirtschaftlichen, aber auch den ethisch-moralischen und nicht zuletzt religiösen Zusammenhalt in der Fremde garantierte.

Die „Brabanter" waren strenggläubige Katholiken und versuchten, wenn möglich, mit Glaubensgenossen zu leben.

Im Jahr 1700 heißt es, in Oberursel hätten sich elf Kesselhändler niedergelassen, welche bis zu zweihundert „Knechten" (Gesellen?) hätten.[26] Immer wieder kamen „frembdte und im hohen Ertzstifft nicht gesessene Leuth auß Brabandt zu ihrer Compagnie" nach Oberursel[27], um dann gegen Jahresende in ihre Heimat zurückzukehren.

Der Wirkungskreis der Kesselhändler war genau festgelegt. Ausdrücklich verboten war ihnen im Erzbistum Mainz das Hausieren in den Vizedomämtern Mainz, Rheingau, Neuberg, Ohlen und Algesheim.[28] Aus den Akten geht hervor, daß man sich nicht immer daran hielt. So beschwerten sich 1683 die Meister des Kupferschmiedehandwerks zu Mainz und Bingen und anderen Orten über die hausierenden „niederländischen Kesselführer" Johann Haubrecht und Konsorten aus Oberursel. 1684 wurde Haubrechts Ware in Mainz beschlagnahmt. Es bestand Verdacht auf Handel mit alter „ohntüchtiger" Ware. Gewogen wurden fast 500 Pfund Ware, nämlich 208 kleine und große Kessel, 63 Pfannen, 55 Bollen (?) und 4 Feilen. Ein Drittel der Ware wurde eingezogen[29]

Im Jahr 1700 beschwerten sich die Kupferschmiede in Gießen, daß Oberurseler Kesselhändler unrechtmäßig „in dissen Landen mit allerhand kupffernen und messingen Wahren herumbstreichen und solche verkauffen".[30] Im gleichen Jahr baten die Kupferhändler Henrich Henrichs und Arnold Jülichs aus Oberursel um die Erlaubnis, in der Obergrafschaft Katzenelnbogen, in der Herrschaft Eppstein und im Amt Bingenheim mit Kupferwaren umher und hausieren gehen zu dürfen. Das Gesuch wurde abgelehnt, mit der Begründung, daß dies „dem gemeinen besten ohnverträglich" sei.[31]

Katholische Zielorte wurden von den Brabantern naturgemäß bevorzugt. Doch suchten sie auch protestantische Orte auf. 1688 hatten die Oberurseler Niederlassungen in Homburg, Obereschbach, Friedberg und Hanau.[32] Für 1699 sind als Zielorte überliefert: Hanau, Aschaffenburg, Miltenberg, Dieburger Land, Fulda, Vogelsberg.[33]

In der Grafschaft Nassau-Weilburg hatten das Kupferhandel-Privileg Adrianus Jacob Vogelsang und Lampert Janson (1683), spä-

Kupfertödden – Denkmal in Luyksgestel

wir doch am Bestandtgeldt alles gleich und wohl noch darüber bezahlen müssen".[36]

1756–57 beschwerten sich die Urseler Kupferhändler, daß sie durch den hessenkasselischen Kupferhändler Johann Georg Fischer „in denen Ämbtern Amoeneburg und Neustatt starck beeinträchtiget würden"; der dortige Kammerrat und Forstmeister wurde angewiesen, die Urseler Händler „in allen thunlichen Weeg zu schützen".[37] Wir erfahren in diesem Zusammenhang auch, wie der Kupferhandel dort organisiert war: Die Urseler hatten in Mardorf einen „Freund aus ihren Mitteln wohnhafft", „der die gestempelte Kupferwaaren von ihnen zu Ursel empfinge, und selbe im Oberambt Amoenburg selbst jederzeit zum Verkauff parat" hatte, d.h. damit hausieren ging.[38]

Der fünfte Kupferhammer – eine Attacke gegen das Zunftwesen[39]

ter Matthias Vogelsang und Wilhelm Engel (1694). Außerdem erhielt Matthias Vogelsang 1697 das Recht, in den Ämtern Braunfels, Greiffenstein, Hönigen, Gambach, Wolffersheim und Langsdorff den ausschließlichen Kupferhandel zu betreiben.[34]

Besonders gut sind wir über den Handel der Urseler Kessler im katholischen Amt Amöneburg bei Marburg orientiert.[35] 1748 wurde berichtet, daß Eberhard Alvens „das Ambt Amoeneburg eintzig und allein die gantze Zeit über behandelt, ohne daß er davon anderen Mitbeständern das geringste entgeldet, welches auch gethan sein Vorfahre Henrich Henrich alt, und, zwar ahn ged. Alvens dazumahlen noch leddigen Standes sogar verkaufft, folglich meines gnädigsten Herrn Unterthanen das Stücklein Brod vor der Naaßen abgeschnitten, da

1688 waren in Oberursel vier Kupferhämmer in Tätigkeit, und die Zahl der Jahr für Jahr nach Oberursel kommenden Kesselhändler bezifferte sich auf 20 bis 40.[40] Zwei von ihnen, Arnold Bill und Antonius Witters, hatten sich in Oberursel niedergelassen und baten nun, ihr Gewerbe im ganzen Erzstift betreiben und außerdem einen fünften Kupferhammer errichten zu dürfen, weil die bestehenden vier zu ihrer Versorgung nicht ausreichten.

Dieses Ansinnen muß auf die Kupferhammerschmiede schockierend gewirkt haben, da die Kessler unzünftig waren und nach ihrer Auffassung als Händler nicht den geringsten Anspruch auf den Betrieb eines Kupferhammers erheben konnten. Doch als man bemerkte, daß die „Störer" in dem Oberamtmann in Königstein einen eifrigen Be-

Dekret über die Zulassung des fünften Kupferhammers

fürworter fanden, wird sich Entsetzen breit gemacht haben. Schließlich wurde nicht nur ihre Weltordnung empfindlich gestört, sondern ein Wirtschaftssystem aufs Spiel gesetzt, das die Herrschaft selbst in Gang gesetzt hatte. Aus der historischen Distanz betrachtet waren die „Brabanter" Kessler so etwas wie die Vorboten der Gewerbefreiheit. Freundlicher als bei den betroffenen Handwerkern wurde der Gedanke bei den regierenden Herren aufgenommen; man war offensichtlich fasziniert von dem neuen Wirtschaftsdenken, das die „Brabanter" mitbrachten. Es sollte sich allerdings zeigen, daß die sich hier abzeichnenden Versuche einer Modernisierung des Wirtschaftssystems ohne umfassende Umstrukturierungen nicht denkbar waren.

Einstweilen befleißigte sich der Oberamtmann einer rosigen Schilderung der Vorzüge, die das Vorhaben der Kessler nach sich ziehen werde. Er betonte, daß den beiden niedergelassenen Kesslern wohl weitere acht folgen würden, wenn die Voraussetzungen geschaffen seien. Bill und Witters hätten schon 1.600 Gulden in Oberursel angelegt und seien sehr geschäftüchtig (einer habe im Jahr 15 000 Pfund Kupfer verkauft), aber die Kupferhämmer kämen nicht nach, weshalb der Bau eines fünften Hammers erforderlich sei. Werde dieser nicht bewilligt, wollten die Kessler in Niederursel oder Hanau zwei Hämmer bauen. Würde er aber gebaut, solle dafür gesorgt werden, daß auch die anderen Kupferhämmer immer Arbeit hätten. Solchermaßen gedrängt, blieb dem Kurfürsten nichts übrig, als am 2.4.1688 die Genehmigung zum Bau des fünften Kupferhammers zu erteilen.[41]

Am 14.7.1688 schob der Kurfürst die Genehmigung nach, „dasjenige Kupfer, welches auff den Kupferhämmern allda bearbeitet und mit des Stättleins Stempel gezeichnet worden" überall zu verkaufen. Also wurde das Urseler Kupfer seit 1688 gestempelt, und zwar durch die Kessler. Für die Benutzung des Stempels hatten sie jährlich zwischen 100 und 200 Gulden zu entrichten.[43] Da sich das Stempeln durch die Kessler nicht bewährte, wurde 1698 der Stempel wieder eingezogen[44] und der Spitalmeister mit dem Stempeln des Kupfers beauftragt.[45] 1699 wurden mehr als 23.000 Pfund Kupfer gestempelt.[46]

Gegen Ende des Jahrhunderts[47] ließen sich die Kessler immer wieder Verstöße zuschulden kommen. Sie bezogen, auch von auswärts (Usingen), heimlich Kupfer und vertrieben schlechte Ware, sogar Messing.[48] Mehrfach wurden sie überführt.

Die Klagen der Kupferschmiede – damals Peter Rompell, Johannes Lackner und Johannes Kamper – [49] hielten weiterhin an. 1699 beschwerten sie sich, daß die Kessler so viele Mitarbeiter beschäftigen durften, wie sie wollten. Tatsächlich waren in jenem Jahr nur sieben Kessler tätig, aber ihre Belegschaft belief sich auf 56 Mann.[50] Besonderen Ärger aber bereitete weiterhin die Tatsache, daß der fünfte Kupferhammer von „unzünfftigen Leuten" betrieben wurde.

So kam es, daß der Kurfürst nach nur 10 Jahren, 1698, den von „unzünfftigen Leuthen" eingerichteten fünften Kupferhammer wieder aufhob, weil er sich als „hinder-

lich und überflüssig" erwiesen hatte.[51] Dies war das unrühmliche Ende des von den unzünftigen Kesslern betriebenen fünften Kupferhammers. Gemäß landesherrlicher Weisung sollte er in einen Eisenhammer umgewandelt werden. Der neue Besitzer, Landhauptmann Wentzel, erklärte am 9.1.1699 „von dem Kupferweeßen gäntzlich abzustehen" zu wollen.[52]

Der Abgang des fünften Kupferhammers machte sich bei den verbliebenen drei Kupferhämmern sofort bemerkbar. Sie produzierten im Jahr 1699 mehr als 23.000 Pfund Kupfer.[53] Im Jahr 1700 sank die Produktion auf ca. 12.100 Pfund, womit der künftige durchschnittliche Stand erreicht war.[54]

Wechselhaftes Glück

Am 15.10.1700 wurde den Kesslern für drei Jahre das „Hausieren" mit Kesseln und Kupferwaren gestattet. Für diese Konzession hatten sie jährlich 150 Gulden „in guther ohnverruffener gangbahrer Müntz ohnfehlbar zu entrichten und zu bezahlen".[55] Dies war die erste Konzession der Urseler Kupferhändler und Kessler.

1703 waren nur noch zwei Kaltkupferschmiede in Oberursel, Johannes Kamper und Peter Rompel. Nach Angabe der Kessler war bei ihnen „nicht das geringste im Vorhalt", sie kämen kaum ihren Aufträgen nach.[56] Folglich wurden die Kessler im Handel behindert, und folglich konnte die Konzessionsgebühr nicht erhöht werden.[57] Die Aufstellung der Kessler zeigt einen noch immer beeindruckenden Umsatz:

Johannes Jörres 8806 3/4 Pfund
Johann Arnold 1940 Pfund
Antoni Witters 6042 3/4 Pfund

Caspar Walteiß 4472 1/2 Pfund
Henrich Simons 800 Pfund
Bartholomäus Bei 185 Pfund
Henrich Faß 450 Pfund
Martin Welligens 5510 Pfund
Adrian Pauli 1002 3/4 Pfund
Peter Schwan 2948 Pfund

1706 gab es in Ursel wieder vier Kupferhämmer, die „jährlich sechß bis sieben Hundert Centner Kupfer" schmiedeten und elf Kessler damit belieferten.[58]

In jenem Jahr schlug der Urseler Kessler Antoni Witters ein neues Abgabensystem vor. Für jedes Pfund Kupfer sollte ein Kreuzer entrichtet werden, und zwar während des Wiegens und Stempelns des Kupfers. Für diese Tätigkeit erbat sich Witters eine fünfjährige Konzession.[59] Die Regierung war von dem Vorschlag sehr angetan. Rentmeister Straub und Schultheiß Anthoni warnten, daß dadurch „die so lange zu Ursell im Flor gestandene Kupfferfabric in eine gar empfindtliche Decadence gebracht" würde, weil die Kupferschmiede sich wehrten. Der Kesselhändler Henrich Henrichs trat als Konkurrent Witters auf. Schließlich erhielten am 10.11.1706 Witters und Henrich gemeinsam die Konzession.[60] Wieder kam der Stempel in die Hände von Kesselhändlern.

Der Protest der Kupferschmiede ließ nicht auf sich warten. Rentmeister Straub schilderte einen Fall, an dem sich die Problematik deutlich aussprach. „Es ist jüngst ein Kaltkupferschmid aus dem Bistum Speyer zu Ursell gewesen, welcher auf dasigen Hämmern 600 Pfund Kupfer hat schmidten lassen; Nachdeme nun derselbe von Antonio Witters ahngehalten worden, ermeltes Kupfer stämpeln zu lassen, hat derselbe sich zur Statt gewendet und gesagt, adieu Ursell…"[61]

1719 beschwerten sich die Oberurseler Kupferschmiede,[62] daß die Oberurseler Kessler nicht bei ihnen schmieden ließen; Antoni Witters verkaufe verbotenerweise die Ware anderer Kessler. Außerdem: „Waß den Stempel ahngienge, würde keine Ordnung mehr damit gehalten, sondern behielten solchen die Kessler unter ihren Handen". Ein Kupferschmied könne folglich nicht kontrollieren, „ob seine oder ausländische Kessel darmit gestempelt worden" seien.[63] Schließlich erhielten die Kessler die Verlängerung ihrer Konzession nur unter der Bedingung, daß sie alle ihre Kupferwaren von zwei „glaubhafften und der Waaren verständigen Männern" stempeln ließen.[64] Dieses Mal waren die Kupferschmiede aus dem Pokerspiel um den Stempel siegreich hervorgegangen: die „verständigen Männer" waren zwei Kupferschmiede. Wie sich viel später herausstellen sollte, bot auch dies keine absolute Garantie für zuverlässige Kontrolle. Ausgerechnet Stadtschultheiß Thonet kam auf die Idee, den Stempelmeister Mathes Rompell als „Factor" in seinen Kupferhämmern einzustellen,„welches die Leuthe auf die Muthmasung gebracht, als wenn der Rath Thonet die Stempel an sich gezogen."[65]

Seit 1720 waren die Kessel- und Kupferhändler befugt „in all Ertzstifftl. Ämbtern, wo keine zunfftige Kaltkupferschmitt wohnhafft undt ihr Handtwerck nicht ordentlich treiben", mit Urseler Kupferwaren zu handeln. Voraussetzung war, daß dies „keine liederliche, noch betrügliche War, undt mit dem gewöhnlichen Stempel gezeichnet" war. Und es wurde, wohl auf Drängen der Kupferschmiede, jetzt den Kesselhändlern verboten, „mit mehr nicht alß ein oder höchstens zwey Knechten" zu arbeiten.[67] Das war hart und veranlaßte die Kesselhändler, noch einmal mit der Möglichkeit der Abwanderung nach Hanau oder Altweilnau bei Usingen zu drohen.

Als die Konzessionszeit 1725 ihrem Ende zuging, wurden die Kessler vorstellig und baten um Minderung ihres Konzessionsgeldes, weil „die Landleuthe bey dieser Zeith nichts von Kupferwaaren kauffen alß was sie zur höchsten Nothdurfft gebrauchen, welches dan verursachet, daß man bluthwenig Wahren consumiret, undt wobey uns noch dieses am allerschädlichsten ist, daß man Die jenige Waaren, so man verkaufft hinauffborgen und hernach der Zahlung halber so viele Weeg, Steg undt Unkosten verwenden muß, daß man offt des Capitals verlustiget wirdt". Die Konzession wurde erteilt, auf sechs Jahre und gegen Entrichtung von 206 1/2 Gulden pro Jahr.[68]

1731 hatte sich die Zahl der Kupferhändler auf fünf reduziert: Henrich Henrichs sen., Eberhard Aloyns, Conrad Schwamm (Schwahn?), Henrich Dillmann und Henrich Henrichs jun.[69] Diese erbaten wiederum die Herabsetzung des Konzessionsgeldes auf 100 Gulden, weil „wir bey ietzigen Geldt-Klemmen undt schlechten Zeiten mit dem mühesahmblichen Hausierengehen einen solchen schlechten Profit machen, daß Wir das bißherige Bestandtgeldt darab hinführo ohne unseren grösten Schaden und Verderb nicht mehr mögen entrichten können."[70] Stattdessen wurde das Konzessionsgeld auf 210 Gulden und die Konzessionsfrist auf acht Jahre erhöht.[71]

Daß die Geschäfte der Kessler schlechter gingen, zeigen auch Auseinandersetzungen, die an die Konkurrenzkämpfe der Zünfte erinnern. So protestierten die Kesselhändler 1731 gegen einen Kollegen, Wilhelm Vogt von Gernsheim, der ohne „erzstiftlicher Untertan" zu sein, in ihrem „Revier" tätig geworden war.[72] Wenig später, 1739, beschwerte man sich über einen mit Kesseln handelnden Juden. Es stellte sich jedoch heraus, daß dieser gemäß einer der Judenschaft im Erzstift 1732 erteilten Zusage handelte, „daß denenselben der ohngehinderte Handel mit Waaren, undt alten wie auch neuen Kesselen" erlaubt sei.[73]

Die Kriegszeiten waren dem Handel sehr abträglich. 1734 bestätigten die beiden Stempelmeister Johan Jacob Herold und Johann Peter Sturm, daß sie den Kesslern „von Zeit 6 Monath keinen Keßel gestempelt haben." Mit dieser Bestätigung versuchten die Kessler wiederum, eine Minderung ihres Konzessionsgeldes zu erreichen, weil „leyder Gottes ein so Land und Leuth verderblicher Krieg eingefallen, daß nicht nur die Unterthanen kein neues Kupffer Geschier zu kauffen vermögende seyen, sondern unß, wan wir hausiren gehen, noch daruber das ihrige alte zu verkauffen anerbiethen." Wieder wurde dem Gesuch nicht entsprochen,[74] was sie nicht hinderte, bei künftigen Konzessionsgesuchen weiterhin ähnliche Klagen vorzubringen.[75]

1747 erklärten die Kessler, sie wollten ihre Konzession nicht verlängern lassen. Der Mainzer Hofkupferschmied störe sie in ihrem Geschäft, und die Urseler Kupferhämmer-Bestänter wollten ihnen kein raues Kupfer mehr abnehmen, weshalb diese längere Zeit still stünden.[76] Einer der Hammerpächter war 1747 der Schwiegersohn des Hofkammerrats Pfeiff, Hofsekretär Chiochetti (Ciocetti). Zu seiner Verteidigung führte er an, daß er zum „größten Schaden" seines Kupferhammers oft lange auf die zu schmiedenden Waren habe warten müssen, so daß er sich sogar entschließen mußte, „ausser Landes auff dem Franckfurter Kupferhammer zu kauffen".[77] Rentmeister Straub ergriff Partei für den Hammerpächter und unterbreitete Vorschläge, die zu

Kupfereimer aus der Kupferschmiede Janz, datiert 1795

einer schweren Beeinträchtigung der Kessel- und Kupferhändler führten.

Die Tatsache, daß wir in der ersten Hälfte des 18. Jahrhunderts kaum noch etwas von den Kupfer- und Kesselhändlern hören, bestätigt, daß ihnen der Boden weitgehend entzogen war. Und es ist vielleicht auch kein Zufall, daß sich der „Brabanter" Mathes Jansen nicht als Händler, sondern als Kupferschmied in Oberursel niederließ. Die Familie betrieb von 1717 bis ins 20. Jahrhundert ihre Kupferschmiede-Werkstatt in der Eppsteiner Straße 9.[78]

Die Kupferhämmer

Die Situation der Kupferhämmer im 18. Jahrhundert war gekennzeichnet von Kriegen, Rohstoffmangel, Teuerung, Konkurrenz.[87] – und dem Auftreten des Hofkammerrats Pfeiff.[88]

Peter Roth und Reinhold Herold, die einen der Kupferhämmer gemeinsam betrieben, schlossen 1728 einen Vertrag mit Pfeiff, der sie verpflichtete, lediglich für Pfeiff zu schmieden. Aber bald stellte sich heraus, daß ihnen dies sehr nachteilig war, denn der Hammer war nicht ausgelastet. 1729 wurden sie vertragsbrüchig und arbeiteten auch für andere, was eine Klage Pfeiffs nach sich zog.[89]

Mathes Rompel und Peter Lackner betrieben ebenfalls gemeinsam einen Kupferhammer, in dem sie für Frankfurter Kaufleute arbeiteten. Sie konnten auch für andere schmieden und waren deshalb mit Arbeit und Verdienst eingedeckt. Bis zu dem Zeitpunkt, als sie sich auf einen Vertrag mit dem Frankfurter Kaufmann Krieger einließen, der auch sie zum ausschließlichen Schmieden für diese verpflichtete. Der Kupferhammer wurde schwach belegt, der Schmiedelohn heruntergedrückt und die Einkünfte immer geringer.

Um ihren Zahlungsverbindlichkeiten nachzukommen, sahen sich die Besitzer der beiden Kupferhämmer genötigt, Geld zu leihen. Hierzu fand sich der Hofkammerrat Pfeiff bereit. Als er 1742 seine 2000 Taler zurückforderte und die Kupferhämmer dieser Forderung nicht sofort nachkommen konnten, ließ er die Kupferhämmer beschlagnahmen. Lackner und Roth versuchten mit allen Mitteln die Hämmer zu behalten, aber Pfeiff beharrte auf deren Verkauf.[90] Kurz darauf war Pfeiff Eigentümer aller drei Kupferhämmer.

Pfeiff verpachtete die Kupferhämmer an Gerlach Capito und Engel Gundermann (Güntermann).[91] 1743 war der dritte Kupferhammer „zerfallen".[92] Capito berechnete den Verlust auf 205 Gulden, da „auf denen zweyen brauchbar geweßenen Hämmern 410 Centner Kupffer geschmiettet worden" seien.[93] 1748 lagen die Kupferhändler mit den Kupferhammerpächtern

Hofkammerrat Adam Anton Pfeiff

Im 18. Jahrhundert sorgte ein Mann, der höchstens zwei Jahrzehnte lang hier lebte, für Aufregung: der Kurfürstliche Hofkammerrat Adam Anton Pfeiff.[79] Um 1690 geboren, kam er um 1725 nach Oberursel. Er betrieb allerlei, insbesondere versuchte er die drei Kupferhämmer in seine Hände zu bekommen, was ihm schließlich auch gelang.

1735 schenkte der Kurfürst seinem Hofkammerrat Adam Anton Pfeiff in Oberursel einen Bauplatz in der Nähe des Untertores.[80] „Dieser Platz ist eingeschloßen von denen Stattmauren zur rechten Handt und hinten, Lincker Hand von der Urßeler Mühlbach, vornen von der sogenandten Hertzbach", der mit einem ausschwingenden Steg überbrückt werden sollte.[81] Das große Grundstück war etwas unregelmäßig und hatte an der für den Straßenzug den heute noch charakteristischen „Knick".

Das Vorhaben, hier ein massives Haus „in purem Stein" mit Scheune und Stallung, auch steinerner Grundstücksbegrenzung bauen zu wollen, stieß aus verschiedenen Gründen auf die Ablehnung des Rates. Man verwies darauf, daß ein so stark „befestigtes" Haus in so großer Nähe zur Stadtmauer „gegen die claren Rechten" über Stadtmauern, -tore und -gräben verstoße. Durch die Bebauung verliere die „an solchem Orth unß schon öffter gediente" Stadtmauer ihre Funktion als Schutzmauer. Zum zweiten brachte man vor, daß der Boden des Stadtwalles sehr fruchtbar sei, weshalb bisher die Stadtgemeinde und verschiedene Privatleute das Gelände „zu Pflantzung des Rosmarins" genutzt hätten. Pfeiff bot der Stadtgemeinde an, den bisherigen Ertrag zu entgelten und die „in loco quaestionis liegende schwartze Rosmarin Erde" zu verlagern. Damit war für die Regierung das Problem gelöst. Bei der Bürgerschaft aber blieb der Groll über Pfeiffs „ohnartiges Aufführen". Die schiere Existenz des Hauses führte den Bürgern ihre Macht- und Schutzlosigkeit gegen Schikane und Willkür vor Augen.

Zu Pfeiffs Zeiten führte vom Hof mit seinen geräumigen Stallungen eine Säulenhalle in das Wohnhaus. In dem großen Garten befanden sich ein Gartenhaus[82] und ein Gehege für Edelhirsche. Im Inneren begrüßt den Gast noch heute ein großzügiges, mittig angelegtes Treppenhaus mit steinerner Treppenbrüstung und Stuckdecke im Obergeschoß. Besonders aufwendig in französischem Stil stuckiert sind die Decken des Saales und seines Nebenzimmers.[83] Der Stuckateur, dem man den Hilfsnamen „Meister von Oberursel" gegeben hat, entstammte einer italienisch-französisch orientierten Schule und arbeitete seit etwa 1725 in der näheren Umgebung (Frankfurt, Eberbach).

In diesem Haus hatte Pfeiff, der des öfteren landgräflichen Besuch von Homburg empfangen haben soll, wohl auch seine kleine Gemäldesammlung untergebracht[84]. Bei Einquartierungen hatte stets der kommandierende Stabsoffizier sein Quartier darin.

Lange erfreute sich Pfeiff seines Oberurseler Hauses nicht. Vielleicht war er der vielen Querelen, an denen er nicht unschuldig war, müde, als er sich 1741 nach einem Haus in Frankfurt umsah. 1742 wird er als „Resident zu Frankfurt" bezeichnet.[85]. 1748 starb Adam Anton Pfeiff in Frankfurt.

Eine Tochter Pfeiffs war mit dem mainzischen Hofsekretär Chiochetti verheiratet, der die Urseler Kupferhammerpacht übernahm und vermutlich auch das Haus in der Ackergasse bewohnte.[86]

Später wurde das „Haus Pfeiff" für 4000 Gulden an J.A. Ochs verkauft, der es als Gasthaus „Zum Römischen Kaiser" betrieb. Seine Erben wandelten 1871 den römischen in den „Deutschen Kaiser" um (Heute: Zum Deutschen Haus). Dem Treppenhaus gilt seit 1924 das Interesse der Denkmalpfleger.

„Haus Pfeiff" als Gasthaus „Zum Deutschen Kaiser", Ansichtspostkarte, 1911

im Streit darüber, ob in den Kupferhämmern nur von den Pächtern beschafftes Kupfer verarbeitet werden dürfe oder auch solches, das die Händler besorgt hätten.[94] Der Kupferschmied Rumpel – „zur Zeit der einzige Kupferschmied in Ursel" – erklärte, er könne noch nicht einmal für sich und seinen Lehrjungen so viel Kupfer bekommen, daß er täglich seine Arbeit habe. Daraufhin wurde eine Kommission gebildet, die „sambtliche Kupferhämmer, in was Stand sie sich dermahlen befinden in Augenschein zu nehmen" hatte.

Es stellte sich heraus, „daß der oberste Hammer an des H. HoffCammerRath Pfeiffs seinem Garten zwar in gutem Stand, auch mit den nöthigen Materialien und Requisitis versehen, jedoch ist der zeithero darinn gewesene Arbeiter und Hammerschmitt schon länger alß 1/4 Jahr aus selbigem ausgetretten, dahero dieser Hammer bis hiehin leer gestanden und keine weithere Arbeit darauff gefertiget worden; Der zweytere Hammer etwas weither hinunter liegend ist in nemblichem Standt wie vorheriger mit gehörigem Handwercks

Zeuch, auch Vorrath an Kohlen und nach Aussag des Factors mit 30 Centner Kupfer versehen, worinnen dann der bereits in protocollo benahmbste Hammer Schmitt Nicolaus Rumpel arbeitet, welcher sich jedoch erklährt, daß Er nicht Arbeit genug bekommen thäte, worüber Er sich dann beklaget, indeme Er zu 5, 6 und mehrern Wochen feyern, und den Hammer still stehen lassen müsse, wodurch dann geschehen, daß an denen Rädern und Gängen sich überall Schaden und Mängel fürfinden thäten;

Der dritte Hammer hingegen stehet völlig still, undt ist schon über Ein Jahr kein Schnitt darinn genohmen, dahero umb nicht bestohlen zu werden, sie die Blaß Bälch (Blaßbälge) und übrige Geraithschafften herausgethan, soforth von denen Beständern selbsten aus guter Vorsicht beraubet worden, wobey der Factor Mathes Kampfer gemeldet, daß würcklich zwey Hammer Schmitt, worunter der Jene auff dem Frankfurther Hammer zu Haußen befindlich, sich gemeldet, und auff denen zwey stillstehenden Hammeren zu arbeiten sich offeriret, wann man ihnen nur den Lohn, daß sie dabey bestehen könten, reguliren thäte."

Dreiläufige steinerne Treppe im Haus Pfeiff, nach 1735

Den Hammerpächtern wurde befohlen künftig für ausreichend Kupfer und Schmiede zu sorgen und „die Kupferhändler vorzüglich allen anderen, besonders aber frembden auff all Weiß zu fördern und zu schmieden..."[95]

Nach dem Tod Pfeiffs scheinen die drei Oberurseler Kupferhämmer in den Besitz des Mainzer Domkapitels übergegangen zu sein; jedenfalls hieß es 1753, sie seien jenem „zugeeignet". Das Domkapitel seinerseits trug die Kupferhämmer dem Oberurseler Stadtschultheißen Philipp Jacob Thone[n] zum Kauf an, und dieser griff zu.[96] Thone bemühte sich sogleich, „diesen von hundert und mehrern Jahren hero weit und breit in gutem Ruhm gestandenen Kupferhämmern ihr abgegangene Kundschafften wieder herbey zu führen". Er investierte 1000 Gulden,

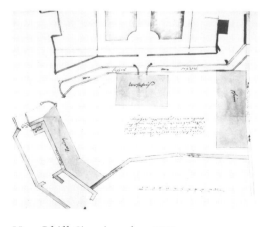

Haus Pfeiff, Situationsplan, 1735

um die Hämmer „in vollkommensten Gang brauchbar" herzustellen und das Magazin mit Kupfervorrat einzudecken. Den dritten Hammer wandelte er, damit er nicht gar verfalle, in eine Tabak- oder Ölmühle um.

Über das Schicksal der Kupferhämmer nach Thonets Tod (1759) hören wir erst 1781/82, daß der dritte aufgegeben und an einen Weißgerber verkauft worden war, der darin eine Walkmühle einrichtete.[97] Die beiden anderen waren 1782 durch Erbschaft „an den v. Gall" in Köln[98] gekommen.[99] Gegen diesen Herrn v. Gall erhoben die Brüder Niclas und Mathes Rompel in jenem Jahr 1782 den Vorwurf, „sie aus dem Bestand sotaner seiner Kupferhämmer herausgesezet und selbe einem Frembden" verliehen zu haben. Obwohl Mathes Rompel gerade einen Kupferhammer, „der ganz verfallen gewesen", gekauft hatte,[100] stellten die Brüder den Antrag, einen weiteren Kupferhammer bauen zu dürfen.[101] Unterdessen waren die beiden Gall'schen Kupferhämmer an den zugezogenen Kupfergewerker Joseph Schmidt verkauft worden.[102] Es entspann sich zwischen Rompel und Schmitt ein heftiger Streit um das Für und Wider eines neuen Kupferhammers. Die Regierung sprach das Machtwort: Nein.

Um die Mitte des 18. Jahrhunderts erst meldeten sich die Kupfer- und Kesselhändler wieder zu Wort. Jetzt gewinnen wir einen kleinen Einblick in die Handelskompagnie der „Brabanter". Sie hatte 1756 zehn Mitglieder: Eberharth Adrian, Wilhelm Adrian, Johann Jörg Schwehn, Wilhelm Adrian, Joseph Danielß, Gabriel Adrianssen, Henrich Schwehn und Arnold Schwagers. Dazu kam der bisherige „MittConsort" Ivo van Kaick und der Obergeselle Henrich Brauch (Henderigk Brouvers). Vier von ihnen erklärten sich – „auf vielfältiges Zureden" – bereit, namens der an-

deren die Handelskonzession auf acht Jahre zu erneuern. Offenbar gingen die Geschäfte nicht gut, weil die Kupferhämmer weiterhin zu wenig Ware lieferten.[103]

In diesem Zusammenhang erfahren wir auch, wie rigoros die Kompagnie gegen Mitglieder vorging, die sich nicht nach den Regeln der Kompagnie verhielten: der alte „Brabanter" Henrich Henrichs wurde nach 34jähriger Handelstätigkeit in Oberursel von der Kompagnie ausgeschlossen.[104]

Die Kompagnie besaß übrigens in Oberursel kein Kupfermagazin (1785), sondern ihre Mitglieder holten die Ware, wo sie wollten und bei wem sie die beste Arbeit erhielten.[105]

Dies ist das erste und letzte Mal, daß wir aus den Akten von dieser Kompagnie erfahren.

Das 19. Jahrhundert

Der Gedanke an einen fünften Kupferhammer ruhte nicht. Im Jahr 1801 suchten die Herren Derschow und Krieger aus Frankfurt um die Erlaubnis an, in Oberursel einen neuen Kupferhammer einrichten zu dürfen. Sofort legten die Kupferschmiede Rompel, Jacob und Eberhard, Protest ein, da „für den Augenblick schon 4 Kupferhämmer in Oberursel befindlich", womit „die Zahl der Kupferhämmer allschon übersetzt" sei. In Wahrheit fürchtete man, daß die „einem reichen Handlungshaus" vorstehenden Derschow und Krieger „dieses Geschäft ins grose treiben würden", was ihren „allerseitigen Untergang" zur Folge hätte. Das Oberamt fand genügend Gründe, den Supplikanten „die nachgesuchte Erlaubnis abzuschlagen".[106]

Wenige Jahre später wehte im nunmehr nassauischen Städtchen Oberursel ein neu-

„Kupferhammer bei Oberursel Gebr. Heitefuß, Juli 1827", Zeichnung von Carl Morgenstern

er, der Gewerbefreiheit günstiger Wind. Die Frankfurter Kaufleute Gottfried Wilhelm Derschow und Conrad Krieger stießen 1812/15 bei der Regierung auf offene Ohren, als sie neuerlich die Absicht bekundeten, einen Kupferhammer auf dem Eisenhammer-Platz einzurichten. Der Oberurseler „Kupferhammerschmiedt" Jakob Rompel lief dagegen Sturm, weil durch einen neuen Kupferhammer „die hier schon bestehende vier Kupferhammer ganz außer Nahrung gesetzt" würden. Die Regierung entgegnete, daß „Gewerbe dieser Art keiner Beschränkung unterliegen können."[107]

1830 florierte von den vier Oberurseler Kupferhämmern[108] nur noch einer: der kaufmännisch geführte Kupferhammer von Heitefuß. Seine Existenz führte nicht nur die beiden Kupferhämmer der im Gewerbe traditionsreichen Familie Rompel – Jakob sen. und Johann – dem Ruin entgegen, sondern auch den Kupferhammer von Krieger/Derschow, der 1831 in eine Mahl- und Ölmühle umgewandelt wurde.[109]

Der Kupferhammer von Heitefuß[110] lag 1822 „an der Bach unterhalb der Stadt" (Gattenhöfer Weg 3); das Grundstück umfaßte ein zweistöckiges Wohnhaus, den Kupferhammer und einen Kohlenstall.[111] Carl Morgenstern hat das Anwesen in einer Bleistiftzeichnung vom Juli 1827 festgehalten.[112] 1844 ging das Anwesen an Jacob

Herzberger über, der es jedoch schon zwei Jahre später an Ludwig Wenzel verkaufte, von dem es 1847 an Jacob und Johann Micol überging.[113]

Die äußerst negativen Folgen der Niederlassung von Krieger/Derschow und dann von Heitefuß zeigen sich am Beispiel der Kupferhämmer von Johann Rompel und von Jakob Rompel sen. in aller Deutlichkeit.

Der Johann Rompelsche Kupferhammer befand sich zu Beginn des 19. Jahrhunderts „an der Bach unter der Stadt". Das Anwesen bestand aus einem lediglich aus dem Kupferhammer und einem Kohlenstall, ein Wohnhaus war nicht dabei.[114] 1821 bat die Witwe des Johann Rompel, ihren Kupferhammer veräußern zu dürfen, den sie seit dem Tod ihres Mannes (1810) mit ihren beiden ältesten Söhnen betrieben hatte.[115] Allem Anschein nach warf er für die gemeinschaftliche Haushaltung nicht mehr genügend ab. Die Regierung stimmte der Versteigerung zu, damit die Witwe ihre Schulden bezahlen könne. Der Kupferhammer wird als sehr reparaturbedürftig beschrieben.

Stadtschultheiß Adrian erläuterte mit deutlicher Anteilnahme für die Lage der Witwe, wie die prekäre Lage des Rompelschen Kupferhammers entstanden war. Der Kupferhammer sei „zu alten Zeiten" gut gegangen, bis die Herren Krieger und Derschow ihren Hammer erbaut hätten. Dadurch sei der Rompelsche Hammer „gleichsam brodloß außer Arbeit gesetzt, wodurch selbige Joh. Rompels Wtw. nun bereits 5 Jahre lang des Jahres hindurch kaum 4 Monat u. dies bey andren Kaufherrn, letzten Jahrs somit bey H. Gebrüder Heitenfuhs zu Frankfurt Arbeit bekahme u. sich hiermit begnügen lassen mußte". Auch könne es „wohl keinem Zweiffel unterliegen, daß die Supplicantin durch mehrere Jahre hin-

durch, die von ihr angegebene Schuld bei gedachten H. Krieger u. Derschow mit 1500 Gulden zurück geblieben, solche ganz gewißlich würde nach und nach bey denenselben abverdienet haben, wenn sie längere Zeit Arbeit daselbst bekommen u. H. Krieger u. Derschow nicht ihren eigenen Hammer erbauet haben" würden. Schließlich könne „gründlich ausgesprochen werden, daß die Supplicantin durch die ihr das Jahr hindurch zu gering zufließende Arbeit in ihrem Gewerb dermaßen zurückgesetzt (werde), daß sie die angeblichen Schulden nicht anders, als durch Veräußerung ihres unbeweglichen Vermögen berichtigen kann".

Die Versteigerung fand dann aber erst am 12.5.1823 statt. Das höchste Gebot, 4050 Gulden, gaben der Sohn der Witwe, Nicolaus Rompel, und sein Teilhaber Johann Chr. Kloß von Frankfurt ab.[116]

Auch Jakob Rompel sen. geriet bei den Gebrüdern Heitefuß in Schulden. Aus dem bei seinem Tod 1833 aufgestellten Inventar wird deutlich, daß es sich um einen ursprünglich sehr ansehnlichen Kupferhammer – mit einem Walzwerk, einem zwei- und einem einstöckigen Wohnhaus – gehandelt hatte.

Doch schlug auch für den bislang so mächtigen Heitefußschen Kupferhammer bald, 1844, die letzte Stunde. Sein Niedergang dürfte den Brüdern Jacob, Karl und Franz Rompel einen der Gründe geliefert haben, im Jahr 1847 die Kupferhammer-Tradition der Familie wiederaufleben zu lassen. Gemeinsam begründeten sie den letzten vorindustriell arbeitenden Kupferhammer in Oberursel.[118] Der Standort (heute: Kupferhammer 6, 8, 10) war gut gewählt, der Kupferhammer lag damals am weitesten von allen Betrieben bachaufwärts nach dem Taunus zu. Der Werkgraben des Urselba-

Kupferhammer der Gebrüder Rompel, um 1870

ches hatte an der Stelle ein über zehn Meter hohes Gefälle. Dennoch bereitete der Kupferhammer von Anfang an Sorgen. 1851 hieß es: „In Folge eingetretener ungünstiger Verhältnisse steht dieses Hammerwerk öfters still".[119] Man kam auf den Gedanken, in dem Kupferhammer noch einen Mahlgang einzurichten. Das vorhandene Gefälle reichte jedoch nicht aus, um zwei Mühlräder gleichzeitig zu betreiben; „vielmehr wird der Hammer ruhen müssen, wenn gemahlen werden soll und so umgekehrt". 1866 wurde ein moderner französischer Flammofen zum Schmelzen von 30 Zentner Kupfer eingebaut; bis dahin war das Metall nur auf offenem Herd geschmolzen wor-

den. Trotzdem arbeitete der Betrieb noch weithin handwerklich, zunächst mit Erfolg. 1865 bis 1873 unterhielten die Brüder Rompel sogar ein Zweigwerk in der ehemaligen Steinmühle.[120] Doch auf Dauer vermochte man sich der Industrialisierung nicht zu widersetzen.

1895 konnte sich der Kupferhammer nicht mehr halten. Das Heddernheimer Kupferwerk kaufte das Anwesen samt Inventar, und Philipp Rompel führte den Betrieb als Direktor weiter. 1899 setzte eine rege Bautätigkeit ein[121] und man arbeitete nicht mehr ausschließlich mit Wasserkraft, sondern setzte eine Lanz Lokomobile (30 PS) ein. 1901 hatte das Unternehmen 22 Arbeiter. Um 1900 soll das Werk Kupferplatten aus dem obersten Kupferhammer zu Rohlingen für Kupfergeld ausgestanzt haben.[122] 1922 erwarb die benachbarte Firma Ignaz Berger den stilliegenden Kupferhammer und richtete dort ihr Werk II ein. Von dem Kupferhammer ist seit 1931 nichts mehr zu sehen, aber der Werkgraben ist noch vorhanden. Das große Wasserrad lief noch bis 1937.[123]

Im Jahr 1880 hatte der Kupferschmied Nicolaus Janz das Anwesen Vorstadt 31 (zugleich Nassauer Hof) geerbt.[124] 1881/82 ließ er eine Kupferschmiede-Werkstatt bauen, die er bis zu seinem Tod 1897 betrieb. Seine Schwester Susanna übernahm die Werkstatt, und ihr Ehemann Jacob Fried-

Inserat der Kupferschmiederei Rompel, 1910

rich Rompel führte sie weiter. 1940 wurde die Kupferschmiederei aufgegeben. Heute ist „Rompel" ein großes, aus zwei Komplexen bestehendes Ladengeschäft für Haushaltswaren aller Art, Heimwerker- und Gartenbedarf sowie Spielwaren.

Oberursel im Herzogtum Nassau

Die Französische Revolution, die darauffolgenden Kriege in Europa und die Auflösung des Heiligen Römischen Reiches Deutscher Nation veränderten Deutschland zu Beginn des 19. Jahrhunderts grundlegend. Für Oberursel von unmittelbarer Bedeutung war die Auflösung des Kurfürstentums Mainz.

Durch den Frieden von Lunéville 1801 mußten die deutschen Reichsstände ihre links des Rheines gelegenen Länder an Frankreich abtreten; sie sollten dafür durch geistliche und reichsstädtische Gebiete rechts des Rheines entschädigt werden. Der Entschädigungsplan erhielt als Reichsdeputationshauptschluß am 27.4.1803 die kaiserliche Bestätigung.[1]

Siegel „F(ürstlich) N(assau) Usingische Amtsvogtei Oberursel", 1803

Mit dem Reichsdeputationshauptschluß waren die politischen und rechtlichen Grundlagen des alten Reiches zerstört. Alle geistlichen Herrschaften wurden säkularisiert und mediatisiert und damit zahlreiche deutsche Kleinstaaten aufgehoben.

Siegel „Herzoglich Nassauisches Amt Oberursel", 1815

Den Vereinbarungen zufolge wurde das Territorium des vormaligen Kurfürstentums Mainz aufgeteilt.[2] Fürst Carl Wilhelm v. Nassau-Usingen erhielt als Entschädigung für Gebietsverluste an Frankreich unter anderem die kurmainzischen Amtsvogteien Eppstein, Königstein und Oberursel.[3] Damit wurde auch das katholische Oberursel dem protestantischen Nassau-Usingen zugeteilt.

Der neue Landesherr hatte es außerordentlich eilig, seinen Neuerwerb zu übernehmen. Schon vor der Verabschiedung des Reichsdeputationshauptschlusses nahm er im November 1802 die neuen Gebiete in Besitz und organisierte am 2. 12.1802 die feierliche Huldigung der Ämter Höchst, Hof-

231

Sehnsüchtige Blicke auf Oberursel

Am 8.9.1802 beklagte sich Landgraf Friedrich Ludwig von Hessen-Homburg bei der in Regensburg tagenden Reichsdeputation über Verluste, die ihm durch die Franzosen zugefügt worden seien.[7] Als Entschädigung verlangte er das Amt Oberursel.

Für Oberursel interessierte sich aber gleichzeitig der Fürst von Nassau-Usingen, dessen Regierungspräsident Kruse sich denn auch wenig begeistert zeigte von dem Ansinnen des Landgrafen. „Er verlangt Entschädigung, Gott weiß all wo vor, und fordert den Mayntzischen Ort Ober-Ursel im Amt Königstein und 7 Dörfer, er wird von einigen und besonders von unseren geschworenen Feinden, selbst bei den Franzosen unterstützt, die Forderung ist indessen so frivol und verspätet, daß ich wenige Besorgnis vor dieser reclamation habe, sie jedoch nicht aus den Augen lassen will."[8]

Am 16.9.1802 sprachen sich die Delegierten der Länder mehrheitlich dahin aus, „daß dieses Gesuch außer der Geschäftsobliegenheit der Deputation liege".

Der Landgraf von Hessen-Homburg gab nicht auf. Doch waren alle seine Bemühungen nicht von Erfolg gekrönt. Bei dem Reichsdeputationshauptschluß 1803 wurde ihm Oberursel nicht zugesprochen. Es kränkte den Landgrafen sehr, daß das von „Homburgischen Besitzungen ganz umgebene" Oberursel dem Konkurrenten zugesprochen wurde. In einem Gedicht verlieh Friedrich Ludwig seinem Schmerz Ausdruck:

Die Urseler Glocken
Du feierlicher Glockenklang aus Süden,
Du ziehst auf deinen Schwingen himmelwärts;
Einst brachtest du in meine Seele Frieden
Und gossest Balsam in das wunde Herz.

O schwebet nur, erhabne Glockentöne,
Zwar schwer und dumpf, doch hehr und himmelan;
Die Welt liegt unter euch – zeigt mir der Wolken Bahn,
Daß ich mit Welt und Menschheit mich versöhne.

Erst nach dem Wiener Kongreß wurde der Landgraf von Hessen-Homburg 1816 entschädigt, jedoch wiederum nicht mit Oberursel, sondern mit Meisenheim am Glan.[9]

Jahrzehnte später machte sich ein Homburger Landgraf noch einmal Hoffnungen auf Oberursel. Doch zerschlug sie sich auch für Landgraf Ludwig, der wiederum resignierend die Oberurseler Glocke besang. „Mein Schwanengesang" lautete der Untertitel zu dem 1839 abgefaßten Gedicht „Die Urseler Glocke", in dem er die Wehmut des „feierlichen Glockenklangs aus Süden" beschrieb. „Gedächtnis, Ahnung alter Zeiten, Sie flieh'n mir jetzt wie dunkle Schatten vor!"[10]

heim und Oberursel im Bolongaropalast in Höchst.[4]

1806 trat Fürst Friedrich August v. Nassau-Usingen dem Rheinbund bei, vereinigte Nassau-Usingen mit Nassau-Weilburg und nahm den Titel eines souveränen Herzogs von Nassau an. Im Herzogtum Nassau bestanden Ämter im wesentlichen unverändert fort. Zum Amt Oberursel gehörten: Oberursel, Stierstadt, Bommersheim, Weißkirchen, Kalbach, Harheim.[5]

Oberursel befand sich nun in der äußersten Südostecke Nassaus. Ein Oberurseler Kaufmann mußte bis zur Messestadt Frankfurt sechs Grenzen überschreiten – und sechsmal Wegegeld entrichten.[6]

Auch als nassauische Untertanen bekamen die Oberurseler Bürger zu spüren, daß die Kriege weitergingen und ihren Preis verlangten. Als Verbündeter Napoleons hatte Nassau 1.680 Soldaten zu stellen, woran sich das Amt Oberursel mit einer Reserve-Kompagnie und fünf Milizkompagnien zu je 200 Mann beteiligen mußte.[11]

Durch Edikt vom 16.7.1810 wurden die früheren sechs Ämter aufgelöst und durch das Amt Königstein und das Amt Oberursel ersetzt. Das neue Amt Oberursel entstand durch Zusammenlegung der bisherigen Ämter Oberursel, Kronberg, Sulzbach und Heddernheim unter Zuteilung der bis dahin zum alten Amt Königstein gehörigen Orte Oberhöchstadt, Schönberg, Mammolshain und Schwalbach. Die neue Einteilung trat am 1.1.1811 in Kraft.[12]

Doch wurde das Amt Oberursel schon am 1.7.1815 aufgelöst. Damit verlor das Haus Marktplatz 1 seine Funktion als Vogteiamt. Oberursel wurde dem Oberamt Höchst unterstellt; das alte Amt Königstein wurde wieder neu geschaffen.[13]

Noch einmal begegnen wir dem Landgrafen Friedrich von Hessen-Homburg in einer Oberurseler Angelegenheit. Er setzte sich tatkräftig für den Erhalt eines in seinen Augen wertvollen Eichenhains ein, der im Haingraben, einem Teil der Oberurseler Stadtbefestigung, stand. Es gab einen oberen Hain – vom Urselbach an der Kürtells Lohmühle bis zum neuen Tor – und einen unteren Hain, der vom neuen Tor zum unteren Tor und schließlich zum Rondell oder der „gemeinen Schanze" am Hospital reichte. Als der Rat der Stadt Oberursel – um seiner drückenden Schulden Herr zu werden – beschloß, diesen Eichenhain auszuroden und das Holz zu verkaufen, danach Wiesen anzulegen und diese zu verpachten, schritt der Landgraf ein. In einem Schreiben an Staatsminister Albini beschrieb er das Vorhaben als „himmelschreiende Operation", durch die eine „Hauptzierde von der ganzen Gegend", in der es „gar keine Bäume" mehr gebe, geopfert würde. Im übrigen sei bei dem hohen Schuldenstand Oberursels der Erlös „wie ein Tropfen auf einen Bach geworfen." Doch die Oberurseler bestanden darauf, daß ihr Hain „noch von niemandem als ein Lustwäldchen betrachtet" worden und im übrigen der Erlös beträchtlich sei. Schließlich wurde die Rodung gestattet und 1804-05 durchgeführt. 1810 verpachtete die Stadt die Wiesen und Bleichplätze erstmals.[14]

Der Vorgang bezeugt die außerordentlich schlechten Finanzverhältnisse der Stadt zu Beginn des 19. Jahrhunderts.[15]

Immer noch hatte Oberursel französische Truppen zu beherbergen.[16]

Erst am 24.10.1813 verließen die letzten Franzosen die Stadt. Aus der Sicht der Zeitgenossen machte der Abzug der ungebetenen „Gäste" aus dem Kirchweihtag 1813 die „beste Kerb" seit langer Zeit. Isaac von Sinclair, Regierungsrat im franzosenfeindlichen Homburg, besang den großen Tag.[17]

Die Kerb zu Ursel. 24. Oktober 1813, der Tag an dem die Franzosen abzogen.

Wo war wohl die beste Kerb,
Die beste seit langer Zeit?
Wo war wohl die beste der Kerwe,
Die beste so weit und breit?

Zu Ursel ist es gewesen,
Das Städtchen mir wohlgefällt,
Da war die Kerb auserlesen,
Die beste Kerwe der Welt.

Und wie es sich zugetragen,
Daß die Kerb die beste war,
Das will ich gleich euch sagen,
Doch klinget es wunderbar.

Sonst pflegt man die Kerb zu preisen,
Gibt viele es Gäste am Ort;
Doch hier tat anders es heißen,
Die Gäste gingen all' fort.

Die Kuchen schon waren gebacken,
Gezapfet der Aepfelwein,
Doch taten die Gäste sich packen
Und wollten dabei nicht sein.

Die Kesten[18] schon waren gezählet
Die Brenner knasterten schon;
Da haben die Gäste gefehlet,
Da gingen sie alle davon.

Sie wollten die Kuchen nicht essen,
Die Kesten beim Aepfelwein,
Sie haben den Tanz auch vergessen,
Sie wollten beim Tanze nicht sein.

Die Mädchen doch waren im Putze,
Es blieb doch keine zu Haus,
Kam ihnen doch all nicht zu Nutze,
Es blieben die Gäste aus.

Wie wär' doch die Kerb zu preisen,
Wo keine Gäste bestellt, –
Doch soll sie die beste noch heißen,
Die beste Kerwe der Welt.

War'n ungeladen gekommen
Die Gäste, vor zwanzig Jahr,
So Gäste konnten nicht frommen,
Doch gar zu lange das war.

Nun heißt es ja stets: Zum Feste
Man Ungelad'ne nicht braucht;
Drum bleibt doch die Kerb die beste,
Sie hatten zur Kerb nicht getaugt.

Was täten so schnell nur sie reisen,
Als zur Kerb es läutete schon?
Es tät sie doch keiner es heißen,
Da gingen sie auf und davon.

Sie machten sich auf die Socken;
Was mochte das wohl sein?
Wär's wegen der großen Glocken,
Die alte Ursel mußt's sein.

Es hat sie die Ursel vertrieben,
Sie hörten die Alte nicht gern,
Der Jungen wegen da blieben
Sie wahrlich von Ursel nicht fern.

Drum haltet die Ursel in Ehren!
Sie soll uns in Ehren sein!
Und allemal, wenn wir sie hör'n,
So wollen des Tags wir uns freu'n.

Absonderlich Sonntag da läute
Sie fröhlich die Nachkerb ein!
Denn leicht kann da größer die Freude
Als selbst an der Kerwe noch sein.

Denn haben uns diesmal die Gäste
Die ungelad'nen gefehlt;
So kommen wohl dann uns zum Feste
Die andern, die wir erwählt.

Dann mag wohl leichtlich es heißen:
Die Kerb zu Ursel war schön;
Doch mehr noch die Nachkerb zu preisen,
Auf Gutes noch Bess'res gescheh'n!

Wo war wohl die beste Kerwe,
Die beste seit langer Zeit?
Wo war wohl die beste Kerb,
Die beste seit weit und breit?

Zu Ursel ist es gewesen,
Das Städtchen mir wohl gefällt;
Da war die Kerb auserlesen,
Die beste Kerwe der Welt!   1813. Sinclair

Das Herzogtum Nassau gehörte zu den fortschrittlichsten Staaten in Deutschland. 1803 wurde die Gleichberechtigung aller Konfessionen gewährleistet, 1808 die Leibeigenschaft abgeschafft, 1810 Freizügigkeit gewährt und 1819 die Zunftverfassung aufgehoben. Als erster deutscher Staat erkannte Nassau am 4./5. Mai 1814 den Grundsatz der unbeschränkten Pressefreiheit staatlich an. Nassau war auch der erste Staat, der durch landesherrliches Edikt vom 3.9.1814 eine landständische Verfassung erhielt.[19]

1813 kam es zu der längst fälligen Auflösung und Teilung der Hohen Mark.[20] Der Anteil Oberursels wurde Stadtwald.[21] Die Forstleute forderten eine staatlich organisierte Forstverwaltung zum Zweck der nachhaltigen Bewirtschaftung der Wälder, und sie setzten sich, gegen mancherlei Widerstände, damit durch.[22]

Bald kümmerte sich die nassauische Regierung auch um die Zustände der Oberurseler Schulen.[23] Die Knaben wurden noch immer in der Michaelskapelle bzw. im Winter im Wohnzimmer des Rektors unterrichtet.

Eine neue Volksschule sollte gebaut werden. Baumeister Goetz legte mehrere Pläne zur Schule an verschiedenen Standorten vor. Man entschied sich für das Grundstück am Hollerberg 10, das im Mittelalter Teil der „Freiheit" gewesen war. Die Michaelskapelle sollte abgebrochen und noch brauchbares Material zum Schulneubau verwendet werden. 1824/25 wurde die Volksschule gebaut, zunächst mit drei, später vier und schließlich sechs Klassenräumen. 1877 wurde diese Volksschule aufgegeben und als Stadthaus (Rathaus II) eingerichtet. Heute befindet sich in dem grundlegend sanierten Gebäude eine Sozialstation.

Evangelische Kirche, erbaut 1854/55, heute Ferdinand-Balzer-Haus

Mit dem Übergang Oberursels an Nassau wurde auch den Evangelischen der Zuzug uneingeschränkt gestattet und 1847 eine evangelische Gemeinde gebildet. Die erste evangelische Kirche in Oberursel wurde 1854/55 nach Plänen des nassauischen Baumeisters Goetz gebaut und am 24.10.1855 feierlich eingeweiht.[24]

In nassauischer Zeit wurde ein weiteres Gesetz von weitreichender Bedeutung verabschiedet: das Zehntablösungsgsetz vom 24.12.1848. Zu den Zehnten, die 18151–53 in Oberurseler Gemarkung abgelöst, also gegen eine einmalige Zahlung einem Eigentümer übereignet wurden, gehörte der Hospitalzehnt. Die Zehntablösung zeigte einmal mehr, daß man mit jahrhundertealten Traditionen brach, um sich modernen Wirtschaftsformen zu stellen.[25]

Zögernder verhielt sich Nassau in außenpolitischen Fragen. Als Bayern und Württemberg, Hessen-Darmstadt und Preußen

1828 Zollunionen schlossen, versuchte Nassau, wie Hessen-Homburg, dieser großen Zollunion einen eigenen Verein, den mitteldeutschen Handelsverein, entgegenzusetzen. Man wollte an der Schutzzollpolitik festhalten und fürchtete eine zu große Übermacht Preußens. Nach dem Scheitern dieser Pläne schloß sich Nassau 1836 dem inzwischen in Kraft getretenen Deutschen Zollverein an.[26]

Das Jahr 1848 und die Folgen

Die Revolutionsbewegung des Jahres 1848 ging an Oberursel nicht vorbei. In Nassau begann die große Bewegung am 1.3.1848 in Wiesbaden. Am 4. März kam es zu einer erregten Volksversammlung, die der Herzog alsbald zu zerstreuen verstand.[27] Aus Oberursel hatten nur etwa 10 Mann an der Versammlung teilgenommen, „weil sie hiervon zu spät Kunde erhielten".

„Um so schöner feierte" Oberursel nach der Rückholung des Hospitalfonds am 6. März die „Wiedergeburt des Bürgersinns".[28]

Am zweiten Ostertag fand auf dem Marktplatz in Oberursel eine sehr gut besuchte Volksversammlung statt. Aus den umliegenden Ortschaften und auch aus Homburg waren die Einwohner herbeigeströmt, um die Redner zu hören. Von Oberursel sprachen der Pfarrer Hörter, der Lehrer Rühl, Direktor Schaller u.a. „feurige Worte, die der Freiheit, dem Recht und dem deutschen Vaterland galten". Danach bildete sich eine 60–70 Mann starke Bürgerwehr mit Stadtrat Zweifel als Hauptmann und der Schützengesellschaft als Verstärkung. Die Übungen fanden auf der Bleiche statt. Ein Wohlfahrtsausschuß übte die vollständige Gerichtsbarkeit aus.

Die Zeit der Selbstregierung war nicht von langer Dauer. Die Regierung gewann nach und nach wieder die Oberhand. Man kehrte (fast) zu den alten Verhältnissen zurück.[29] Der Wohlfahrtsausschuß und die Bürgerwehr wurden aufgelöst und sogar eine Abteilung preußischer Soldaten nach Oberursel verlegt. Eine Untersuchung der Aufstands-Angelegenheit von 1848 verlief ergebnislos, weil die Zeugen aussagten, „die ganze Bürgerschaft sei es gewesen, die für ihre Freiheit, für ihr Recht eingetreten sei."

Die Revolution hatte aber Spuren in den Köpfen hinterlassen. Der Untertanengeist begann allmählich zu schwinden. Aloys Henninger verbreitete in Oberursel liberale Ideen. 1850 gründete er den Gewerbeverein und die Gewerbeschule.[30] Henninger war es auch zu verdanken, daß die politisch erwachten Bürger nicht länger mit den alten Amts- und Intelligenzblättern Vorlieb nehmen mußten, denn er gründete die erste Zeitungsredaktion in Oberursel.[31]

Am Sonntag, 24.3.1850, erschien die erste Ausgabe des ersten Oberurseler Lokalblatts. Es hieß „Der Taunuswächter" und erhob den Anspruch, „Ein Bürgerblatt für Oberursel und die Umgegend" zu sein. Die Zeitung wurde in Frankfurt gedruckt und erschien zweimal wöchentlich. „Der Taunuswächter" enthielt eine Fülle von Lokalnachrichten, historische und allgemeinbildende Aufsätze sowie Geschäftsanzeigen. Die Oberurseler würdigten das hohe Niveau der Zeitung nicht im erforderlichen Maß. 1852 zog sich Henninger zurück, und das Blatt änderte den Charakter. 1856 erschien die letzte Nummer.

Erst 1863 kam wieder ein Lokalblatt heraus, „Der Bürgerfreund", ein „Anzeige- und Unterhaltungsblatt für Oberursel und die Umgegend". Diese Zeitung wurde in Oberursel gedruckt. Unter dem „Verantwortlichen Redacteur" Heinrich Berlebach nahm sie 1890 neue Funktionen und einen neuen Namen an: „Oberurseler Bürgerfreund. Anzeige-Blatt für den ganzen Obertaunuskreis". Das Blatt brachte politische Berichte, amtliche Bekanntmachungen, Berichte aus dem Vereinsleben sowie Erzählungen und Romane. Unter dem Namen „Taunus-Anzeiger" fortgeführt, ging das Blatt 1969 ein; die nachfolgende „Taunus-Zeitung" ist kein eigentliches Lokalblatt mehr.

1899 begründete Jacob Abt eine weitere Lokalzeitung, den „Oberurseler Lokal-Anzeiger". Sie existierte bis 1934.

In den Jahren 1925–26 gab es eine dritte Zeitung, „die Oberurseler Zeitung", ein politisches Blatt mit sozialdemokratischer Ausrichtung. Nach dem Zweiten Weltkrieg war Oberursel viele Jahre lang nur noch in den Lokalbeilagen von drei Frankfurter Zeitungen präsent. Seit 1972 wird eine neue Zeitung, der „Oberurseler Kurier", in Oberursel gedruckt und verlegt.

Vereine

Das Vereinswesen nahm, in Oberursel wie anderwärts, um 1850 in großem Maß zu. Darin sprach sich ein neues bürgerliches Selbstverständnis aus.[32] Den Anfang machten sangesfreudige Männer bereits im Jahr 1840; sie gründeten den Gesangverein „Harmonie".[33] Es folgten eine Reihe bedeutender bürgerlicher Vereine. Die Gemeinsamkeit des Tuns förderte bürgerliche Solidarität und stieß daher stets auf das Mißtrauen der Regierung. Nach dem Attentat auf Reichskanzler von Bismarck gerieten auch solche Vereine in die Schußlinie, die „ursprünglich nicht zu politischen Zwecken gegründet sein mögen, gleichwohl aber nach

neuerdings gemachten Erfahrungen durch ihre Leiter auch solchen Zwecken dienstbar gemacht werden."[34] Es setzte eine verschärfte Kontrolle ein.

Schützenverein

Der 1862 gegründete Schützenverein stand in der Tradition der Oberurseler Schützen-Gesellschaft des 15. Jahrhunderts, die ihren militärischen Charakter 1821 abgelegt hatte und danach allmählich „eingeschlafen" war.[35] Der Taunusbote meldete: „Das große deutsche Schützenfest hat den hiesigen langjährig bestehenden Schützenbund aus dem Schlafe geweckt…" Zwar konnte der Verein lange Zeit keine sehr große Mitgliederzahl aufweisen, doch erfreuten sich die Schießübungen im Sommer und die Schützenbälle im Winter großer Beliebtheit. Sie fanden in dem 1805–07 erbauten Schützenhaus an der Allee statt.[36]

1862 mußte der Schießplatz wegen des Eisenbahnbaus an den Kastanienhain verlegt werden. Dort mußte er 1909 der Villa Gans weichen. 1913 wurde der neue Schießstand am Kohlenweg („Im Rosengärtchen") eingeweiht.

1922 hatte der Verein 95 Mitglieder. Zu dieser Zeit entstand daneben der Kleinkaliberschützenverein „Gut Ziel" Oberursel. Beide Vereine wurden 1940 zwangsweise zur „Schützengemeinschaft e.V. gegr. 1464 Oberursel" vereinigt. Als der Schießsport nach dem Zweiten Weltkrieg wieder ausgeübt werden durfte, wurde der „Schützenverein Oberursel" wieder gegründet. Er machte es sich zur Aufgabe, den Schießsport und die Geselligkeit zu pflegen. „Jetzt ist das Schießen ein Sport, der seine Jünger zu Körperbeherrschung und zur Einordnung zwingt. Die Geselligkeit ist dabei wie eh und je der erholsame Ausgleich." 1986 wurde der Verein mit der Sportplakette des Bundespräsidenten ausgezeichnet.[37]

Freiwillige Feuerwehr

Eine ähnliche Entwicklung wie bei der Schützenbewegung ist bei der Feuerwehr zu beobachten. Ursprünglich ausschließlich auf die Verteidigung – gegen Feuer – abgestellt, wurde die Wehr im 19. Jahrhundert auch bürgerlicher Verein.[38] Den Anstoß zur Gründung einer Freiwilligen Feuer-

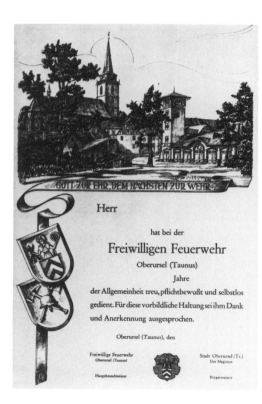

Ehrenbrief für Mitgliedschaft bei der Freiwilligen Feuerwehr, entworfen von Paul Dick

wehr gab der Bürgerverein, nachdem be einem Brand in Homburg die Oberursele Spritze mit großer Verspätung eingetroffe war. 1865 wurde die Freiwillige Feuerweh gegründet und Franz Janz zum Hauptman bestimmt.

Bürgerverein

Der 1860 gegründete „Bürgerverein" gab al Vereinszweck an: „Gesellige Unterhaltung gegenseitige Belehrung u. Fortbildung so wie Besprechung über gemeinnützig Zwecke".[39] Dahinter verbarg sich ein Ver ein, der ein Sprachrohr der Bürgerschaf war und einen Diskussionskreis für kom munalpolitische Fragen bot.[40] Der Bürger verein förderte Bildungseinrichtunger (Realschule, Stadt- und Volksbibliothek) setzte sich für die Errichtung einer Bade-An stalt ein und initiierte die Gründung de Freiwilligen Feuerwehr (1863). Zugleic übernahm er die Aufgaben eines Verkehrs vereins.

Ein Verschönerungsverein existierte i Oberursel ebenfalls. 1885 setzte er sic dafür ein, daß die Wiesen unterhalb de Schützenhofs in Anlagen umgewandel wurden.[41]

Taunusklub 1878 Oberursel

Seit der Gründung des Taunusklubs ware gerade zehn Jahre vergangen, als sich 187 eine Sektion Oberursel bildete, die 189C Zweigverein des Klubs wurde. Der Taunus klub Oberursel vertrat „die kommunaler Interessen der Bürgervereine, wie sie sic nach 1848 landauf, landab gebildet hatten weitgehend mit."[42] Eine der ersten Haupt aufgaben war die Erschließung des Wander-

Ansichtspostkarte zur Errichtung des „Schillerturms", 1905

gebiets um Oberursel (Wegbezeichnung, Bänke, Emminghaushütte, Ravensteinhütte). 1904 gab der Taunusklub einen eigenen „Führer von Oberursel und Umgebung" heraus. 1905 erwarb der Klub die Attraktion einer Gewerbeausstellung, den Schillerturm, und ließ ihn auf dem Borkenberg errichten. Der filigran wirkende eiserne Turm auf massivem Unterbau war schwierig instandzuhalten und wurde deshalb 1907 der Stadt übertragen. Heute steht nur noch der aus Hausteinen gefügte Unterbau mit seinen spitzbogigen Öffnungen und dem bekrönenden Zinnenkranz.

Dem Taunusklub Oberursel kommt nach wie vor die Aufgabe zu, zur Erschließung der natürlichen Umgebung der Stadt sowie zur Vermittlung natur- und heimatkundlicher Kenntnisse beizutragen.

Eine „Heimatkundliche Arbeitsgemeinschaft" wurde erst in unserem Jahrhundert, 1952, begründet. Aus ihr ging 1962 der Verein für Geschichte und Heimatkunde hervor.[43]

Geselligkeitsvereine

Wahrscheinlich im Jahr 1872 wurde das „Bürgercasino" gegründet, ein Verein, in dem sich vor allem die gutsituierten Bürger zum Zweck der „geselligen Unterhaltung" trafen.[44]

„Nur gemütliche Zusammenkunft und gewerbliche Unterhaltung" gab der Club Einigkeit als Vereinszweck an. Seine Mitglieder waren größtenteils Arbeiter.[45]

„Stilles Vergnügen" nannte sich ein Verein, der die humoristische Geselligkeit pflegte. Zu Fastnacht 1865 wollte er „die Schwarzen und die Roten" aufführen, was die Aufmerksamkeit des Landjägers auf den Verein lenkte.[46]

1884 wurde der Theaterverein „Thespiskarren" gegründet. Seinen Statuten von 1885 zufolge wollte dieser Verein „der Stadt Oberursel während den Wintermonaten humoristische und Theater-Vorstellungen geben und ein Drittheil des Reinertrages der hiesigen Armen-Casse zufließen lassen."[47]

1890 begründeten sich der Oberurseler Karneval-Verein Frohsinn und der Club „Humor".[48] Später gab es dann noch die Humoristische Gesellschaft „Edelweiß".[49]

1878 zählte man in Oberursel fünf Gesangvereine. Der älteste war der 1842 gegründete Gesangverein Harmonie[50]. 1871 folgte der Gesangverein Männerquartett, 1873 der Gesangverein Amicitia[51] und 1875 der Gesangverein Liederkranz[52]. Auf der Hohemark gab es seit 1873 den Gesangverein Alpenrose, seit 1883 den Gesangverein Eichenkranz.[53] 1894 wurde der Gesangverein Sensenwerke ins Leben gerufen.[54]

Sport- und Wandervereine

1861 wurde in Oberursel der Turnverein gegründet.[55] Am 29.9.1884 gründeten 16 Oberurseler Bürger die Turngesellschaft Oberursel.[56] 1885 erwarb diese Turngesellschaft einen Turnplatz an der Schillerstraße und erbaute darauf eine kleine Turnhalle. 1896 erwarb der „Turnverein" einen Platz an der Oberhöchstadter Straße (jetzt Ev.Kirche), der im Sommer als Turnplatz genutzt wurde. 1911 wurde von der Turngesellschaft das Grundstück an der Gartenstraße (heute Korfstraße) erworben und die Turnhalle mit Vereinshaus errichtet.[57] 1913 erwarb der „Turnverein" das Gartenrestaurant „Zum Kaisergarten" (bis 1922).

Nach dem Zweiten Weltkrieg wurde der Verein 1946 als „Turn- und Sportgemeinde 1861 e.V." begründet. Er übernahm das Vereinshaus mit Turnhalle (bis dahin Lazarett und Materiallager). Das während des Krieges stark beschädigte Haus wurde renoviert und vergrößert. 1953 folgte die Vergrößerung des 1927/28 angelegten Sportplatzes in der Altkönigstraße.

Heute enthält das zweigeschossige Vereinshaus: 1390 qm Gesamtfläche, Gaststätte, Turnhalle, Kegelbahnen, Vereins-Besprechungsraum, Büroräume, Wohnräume im Dachgeschoß, einen großen und einen kleinen Saal sowie Zweckräume.[58]

Im Jahr 1910 wurden der Wanderklub Oberursel und der Eisklub gegründet.[59]

Hilfsvereine

1873–1883 existierte ein Kranken-Unterstützungsverein Oberursel.[60]

1870/71 gab es in Oberursel einen „Verein für Pflege der im Felde verwundeten und erkrankten Krieger", der ein Lazarett unterhielt.[61] An seine Stelle trat 1872 der Kriegerverein Alemannia. Er wurde gegründet zur „Haltung von Freundschaft unter den Kriegern von 1870/71 sowie Unterstützung der Kameraden im Krankheitsfall". Auf diesen Verein geht auch die Errichtung des Kriegerdenkmals in der (Adenauer-)Allee zurück.[62]

1904 wurde der Vaterländische Frauenverein Oberursel gegründet. In besonderem Maß aktiv waren die darin vereinigten Frauen während des Ersten Weltkriegs.[63]

Ein Hilfsverein war auch der im Jahr 1898 gegründete „Oberurseler Bau- und Sparverein".[64]

Interessenverbände

Der katholische Gesellenverein wurde 1877 gegründet. Der unter der Leitung von Pfarrer J. Tripp stehende Verein hatte schon im darauffolgenden Jahr 18 zahlende Mitglieder.[65]

Eine wichtige Rolle spielte der Lokalgewerbeverein.[66]

Es gab eine „Vereinigung der Drechsler"[67] und zeitweilig sogar einen Verein der Schank- und Gastwirte.[68]

1860 organisierte der Landwirtschaftliche Verein mit großem Aufwand ein „Landwirtschaftliches Fest".[69] Fünfzig Jahre später, 1910, fand ein noch größeres „Landwirtschaftliches Fest" in Oberursel statt.[70]

1896 begründete sich in Oberursel ein „Evangelischer Arbeiterverein".[71] 1909

Gasthaus „Zum Hirsch" am Marktplatz, Ansichtspostkarte, um 1900

wurden in Oberursel fünf Arbeitervereine gezählt: der Arbeitergesangverein Bruderliebe, der Arbeiterradfahrerverein, der Arbeitermusikverein, die Freie Turnerschaft, der Metallarbeiterverband. Ihre Mitglieder galten als Anhänger der Sozialdemokratie und waren der Regierung „verdächtig".[72] 1911 organisierte der Arbeiter-Turnerbund den 2. Kreis-Turngang, verbunden mit einem Spieltag.[73]

Seit 1919 besteht in Oberursel ein Verein der Haus- und Grundbesitzer.[74]

Einen Obst- und Gartenbauverein gab es in Oberursel bereits 1885.[75] 1895 wurde der Vogelschutz- und Kanarienzuchtverein gegründet.[76]

Die Zahl der Vereine hat sich seither ständig vermehrt. Heute gibt es in Oberursel und seinen vier Stadtteilen insgesamt mehr als 150 Vereine. Die Angebotspalette reicht vom Campingclub über den Kulturkreis bis zur Schiffs-Modell-Gemeinschaft, vom Automobilclub über den Verein zur Betreuung von ausländischen Kindern bis zur Versehrtensportgemeinschaft usw.[77]

Gasthäuser und Cafés

Die Geschichte der Oberurseler Gasthäuser beginnt erst im 19. Jahrhundert Gestalt anzunehmen.[78] Die wachsende Mobilität und die sich immer stärker abzeichnende Rolle Oberursels als industrieller Ort gaben zu dieser Entwicklung den Anstoß.

1649 hatte es nur ein Gasthaus in Oberursel gegeben, das von Velten Messer.[79] Das Gasthaus „Zum Hirsch" (Marktplatz 8) bestand schon im und wahrscheinlich auch vor dem Dreißigjährigen Krieg. 1641 trug sich hier eine Episode um einen Scheintoten zu.[80] Nach seiner Zerstörung im Jahr 1645

Gasthof „Schützenhof", Ansichtspostkarte, um 1900

wurde das Gasthaus neu errichtet, laut der Inschrift: „Dis Haus steht in Gott. Bewahr es vor Feuer und Brand. Andreas Hess Herrnmüller. 1656. Den 10. Juli." „Hirsch's Wirte waren im 17. Jahrhundert die Vorfahren der Korn- und Obstbrennerei Burkard (Schlenkergasse 7).[81] Das Gasthaus existiert unter dem alten Namen noch heute.[82]

Das Gasthaus „Zum Schwanen" hat eine Scheune, die inschriftlich auf das Jahr 1705 datiert ist. Es befindet sich seit damals im Besitz der Familie Ochs.[83]

Im 18. Jahrhundert sorgten die „Brabanter" für stärkeren Umtrieb, auch in Gasthäusern. Im Gasthaus „Zum rothen Ochsen" hatten die Kesselhändler ihre Herberge. Namentlich überliefert ist der Eigentümer Mons, wohl ein „Brabanter", zu dessen Zeit das Gasthaus mit neuen, vom Landgrafen von Hessen-Homburg gestifteten Fenstern versehen wurde.[84] In das Gasthaus „Zum Weißen Roß" (Strackgasse 20) heiratete im 18. Jahrhundert der „Brabanter" Kupferhändler Willem Koops ein. Seine Enkelin Margarete heiratete 1812 den Küfer Franz Ludwig Calmano, dessen Familie aus Oberitalien stammte. Im Weißen Roß hatten die Schützen ein Zimmer für den Wachtdienst; hier durften sie auch auf Gemeindekosten einen Trunk zur Stärkung zu sich nehmen. Das Gasthaus bestand bis zum Jahr 1964.[85]

Eine Gründung des beginnenden 19. Jahrhunderts war der Schützenhof, erbaut 1805–07 durch die Schützen-Gesellschaft und verkauft 1813 an den Wirt Eberhard Kopp. In dem 1860 erweiterten Gasthaus gab es 1876 eine Kegelbahn. Außerdem verfügte das Gasthaus über eine beliebte Gartenwirtschaft. Zu den prominenten Gästen

Gasthaus „Zum Bären", Ansichtspostkarte, um 1930–35

des ausgehenden 19. Jahrhunderts zählten Fürst von Bismarck und Hans Thoma. 1969 wurde der Gasthof geschlossen, das Gelände ging an Kaufhaus Braun KG über.[86]

Schräg dem „Schützenhof" gegenüber erbaute der Gastwirt Georg Pfaff 1813 das Gasthaus „Zum Bären". Nach der Mitte des 19. Jahrhunderts wurde das Haus um- oder neugebaut. Es verfügte über einen Saal, in dem schon vor 1900 ein Kinematograph (Kino) untergebracht war, außerdem über Kegelbahn und Gartenwirtschaft.[87] 1991 soll das Gebäude abgebrochen werden und an seiner Stelle ein modernes Einkaufszentrum entstehen.[88]

Im 19. Jahrhundert gab es außer dem Schützenhof und dem Bären an der „Bärenkreuzung" noch ein weiteres Gasthaus, den „Frankfurter Hof" (heute Bayerische Hypothekenbank).[89]

Das heutige Gasthaus „Deutsches Haus" wechselte im 19. Jahrhundert mit der großen Politik seinen Namen: „Zum Römischen Kaiser", „Zum deutschen Kaiser", schließlich „Zum deutschen Haus".[90]

1810 gab es in Oberursel 15 Wirte und 6 Branntweinbrennereien.[91] Mit einem Brauhaus verbunden war das Gasthaus „Zum Engel" (Schlenkergasse 7). Auch im Jahr 1868 zählte man 15 „Schankwirthschaften",[92] obwohl um die Mitte des 19. Jahrhunderts der „Nassauer Hof" (Vorstadt 31) eröffnet worden war.[93] Dieses Gasthaus verfügte über eine Kegelbahn in einem eigenen „Kegelhaus". Es existierte bis um 1940.

Unter wechselndem Namen beherbergte das Gebäude des heutigen Vortaunusmuseums im 19. Jahrhundert das Gasthaus „Zum Felsenkeller" mit Sommer- und Winterwirtschaft und Tanzsaal.[94]

Café Krämer, Vorstadt, Ansichtspostkarte,
um 1915–20

Um oder kurz nach 1900 wurde die Gaststätte „Zum Altkönig" (Hollerberg 3) eröffnet. Sie scheint vor 1937 eingegangen zu
sein.[95] Als Vereinsherberge der „Harmonie" spielte das Gasthaus „Zum Taunus"
am einstigen Obertor eine Rolle.[96]

Im Gasthaus „Zum kühlen Grunde" in
der Unteren Hainstraße 14 verkehrte die
„organisierte Arbeiterschaft", und es hieß
deshalb auch die „Rote Wirtschaft".[97]

Durch den wachsenden Taunus-Touris-
mus wurden um 1900 auch weit außerhalb
der Kernstadt Oberursels Ausfluggaststät-
ten eingerichtet. Das Hotel Waldlust (Hohemarkstraße 168) mit Gartenwirtschaft
wurde im Jahr 1900 eröffnet.[98] Sehr beliebt
war das Hotel Spinnerei Hohemark am
Ende der Straßenbahnhaltestelle.

Nach der Jahrhundertwende entstanden
in Oberursel die ersten Cafés. Das 1907 gegründete Café Zinßmeister in der Vorstadt

12 ist heute ein Schuhhaus. Ebenfalls in der
Vorstadt, Hausnummer 3, wurde 1913 das
Café Krämer eröffnet. Bis heute hat das in
späten Jugendstilformen errichtete stattliche Gebäude seine äußere Gestalt und auch
seine Funktion als Kaffeehaus behalten.[99]

Neue Wege zur Kommunikation

Wesentlichen Anteil an der Entwicklung
Oberursels zur Industriestadt hatte die Verbesserung der Kommunikationsmöglich-
keiten.

Entwicklung der Briefpost[100]

Bis zum Jahr 1855 versahen ausschließlich
private oder städtische Boten den Anschluß
an das Postnetz, und zwar in Frankfurt.
Dreimal wöchentlich ging mittags um 12
Uhr eine Bote nach Oberursel ab.

Um die Mitte des 19. Jahrhunderts drängten insbesondere die Industriellen im oberen Urselbachtal auf den Anschluß an das
Postnetz. Am 1.10.1855 war es soweit: das
erste Oberurseler „Postamt" wurde im
Hause Strackgasse 18 eröffnet und der hier
wohnende Hospitalverwalter Jakob Phil-
dius zum Postexpeditor ernannt. Zum Zu-
stellbezirk Oberursel gehörten Bommersheim, Stierstadt, Weißkirchen und seit 1857
auch Kalbach. Der Zu- und Abgang der Post
erfolgte zunächst durch einen Fußboten,
der morgens und abends nach Homburg
ging, doch nahm schon ein Jahr später die
erste Postkutsche von Homburg über Oberursel nach Frankfurt am Main ihren Betrieb
auf. Mit der Eröffnung der „Homburger
Eisenbahn" im Jahr 1860 änderten sich die
Postverhältnisse grundlegend. Die Post
wurde jetzt mit der Bahn transportiert.

1863 ist „die Post" im Hause Weikert, Untere Hainstraße, nachweisbar. Dort verblieb das Amt bis 1895, als es das Haus Staudt in der Oberhöchstadter Straße 10 bezog.

1884 richtete die Kaiserliche Reichspost eine Postkutschenverbindung von Oberursel nach Schmitten ein. Sie fuhr in der Vorstadt ab und ging über die Hohe Mark, Sandplacken, Arnoldshain nach Schmitten. Diese Postkutsche beförderte auch die Post, bis der Bau der Eisenbahn Homburg-Usingen 1895 diese Einrichtung überflüssig machte.

Um die Jahrhundertwende entschloß sich die Stadt Oberursel, in der Oberhöchstadter Straße 5 ein spezielles Postamt zu errichten. Dieses wurde am 15. August 1912 bezogen. 1961–64 war die Post in einer Baracke Ecke Ebertstraße/Portstraße untergebracht, bis der Neubau in der Berliner Straße 89 bezogen werden konnte.

1901 führte Oberursel anläßlich der Jubiläumsfeier des Lokal-Gewerbevereins den ersten Sonderstempel; es war einer der ersten in Deutschland überhaupt.

„Kaiserliches Postamt", Oberhöchstadter Straße, heute Volkshochschule

Straßen

Voraussetzung für eine florierende Briefpost war der Ausbau des Wege- und Straßennetzes zwischen Oberursel und den benachbarten Gemeinden. So wurde dem Wege- und Straßenbau, insbesondere nach Königstein und Oberhöchstadt, im 19. Jahrhundert vermehrt Beachtung geschenkt.[101] Die größte Bedeutung kam der Verbindungsstraße nach Schmitten zu; da man hinter ihrem Bau im Jahr 1866 militärische Zwecke vermutete, hieß und heißt sie im Volksmund „Kanonenstraße". Diese über den Sandplacken und ins Weiltal geführte Straße erschloß von Oberursel aus den Taunus.

Doch reichte sie zunächst nur bis zur Hohen Mark; erst 1878/79 wurde ihre Fortführung nach Oberursel in Angriff genommen.[102]

Eisenbahn[103]

Die einschneidendsten Veränderungen zog aber die Eisenbahn nach sich. Schon 1845 bemühte sich ein Unternehmer um die Konzession zum Bau einer Eisenbahnlinie von Frankfurt nach Homburg; eine Planvariante sah eine Abzweigung nach Oberursel vor. Von dessen 32 Mühlwerken und Fabriken erwartete man sich jährlich 10.000 Zentner Fracht. Das Vorhaben scheiterte am Widerstand Nassaus.[104]

245

Straßenbauarbeiten an der „Kanonenstraße", um 1860–70

1852 erarbeitete der Ingenieur E. Heusinger v. Waldegg einen neuen Plan, der erst verwirklicht wurde, nachdem der Engländer Sir Samuel Morton Peto 1859 die Konzession erhalten hatte. Am 10.9.1860 konnte die Eisenbahnlinie für die Personenbeförderung, am 6.10.1860 für die Güterbeförderung in Betrieb genommen werden. Oberursel hatte nun eine den damaligen Ansprüchen genügende Verkehrslage. Damit war eine der wichtigsten Voraussetzungen für das Anwachsen der Industrie gegeben.

Das kleine, im freien Feld bei Oberursel gelegene Bahnhöfchen konnte den Anforderungen schon nach wenigen Jahrzehnten nicht mehr genügen. So wurde im Jahr 1901 ein neuer Bahnhof dem Verkehr übergeben. Den alten Bahnhof brach man jedoch erst 1977 ab.[105]

Bahnhof Oberursel, Ansichtspostkarte, um 1900

Elektrische Vorortbahn[106]

Die Frankfurter Lokalbahn AG (FLAG) eröffnete am 2.10.1899 eine normalspurige Bahn vom Bahnhof Oberursel zur Hohemark (4,5 km). Sie wurde zunächst mit Dampfloks betrieben und diente vor allem dem Güterverkehr zahlreicher Fabriken im Urselbachtal.

Erst im Jahr 1910 begann die FLAG mit dem Betrieb der elektrischen Vorortbahn Linie 24 von Frankfurt nach Weißkirchen – Bommersheim – Oberursel Bahnhof – Hohemark. In Oberursel wurde die seit 1899 bestehende Strecke mitbenutzt.

Da die neuen Vorortbahnen – außer der „24" noch die nach Homburg führende Linie 25 – ständig wachsende Fahrgastzahlen aufwiesen, plante die FLAG noch weitere Strecken im Vordertaunus, darunter die „Taunusrandbahn", die jedoch nicht verwirklicht wurden.

Nachdem die Vorortbahnen 1955 in das Eigentum der Stadt Frankfurt übergegangen waren, begann 1968 die Eingliederung in das neu entstehende U-Bahnnetz und schließlich in den FVV. Heute führt die U 3 (früher 24) zur Hohemark.

Telegraph

Mit der Eröffnung der „Homburger Eisenbahn" wurde im Oberurseler Stationsgebäude ein Telegraph installiert. Dieser Bahn-Telegraph wurde gleichzeitig als Post-Telegraph mitbenutzt. Ankommende Post-Telegramme wurden durch den Telegraphenbeamten Jungen aufgenommen und, ohne das Postamt zu berühren, durch einen Boten dem Postkunden zugestellt. Erst 1878 bekam das Postamt einen Telegraphenapparat in seine Diensträume installiert. Im gleichen Jahr erhielt die Baumwollspinnerei auf

Bahnhof „Spinnerei Hohemark", Ansichtspostkarte, um 1900

der Hohen Mark den ersten privaten Telegraphenanschluß von Oberursel und Umgebung.[107]

Telefon

Johann Conrad Zimmer ließ sich als erster Bürger in Oberursel um 1890 eine private Telefonleitung legen. Damals gab es in Deutschland erst 1400 Telefonanschlüsse. Zimmer hatte einen triftigen Grund: Zwischen seinen beiden Mühlen, der Zimmers- und der Aumühle, verliefen seit 1860 die Gleise der Eisenbahnlinie Frankfurt-Homburg, die „eine arge Trennlinie zwischen seinen beiden Mühlen" bildete.

Zur schnellen Verständigung untereinander entstand hier die erste private Telefonleitung in Oberursel. Beim Legen der Leitung half ein Hund unwissentlich mit: Da man das Kabel nicht über die Bahnlinie führen wollte, mußte ein Bewässerungsdurchlaß benutzt werden. Der Hund brachte das Kabel sicher hindurch, weil am anderen Ende eine Wurst winkte. Als es später darum ging, auch in Oberursel ein öffentliches Telefonnetz einzurichten, war Zimmer einer der eifrigsten Fürsprecher. Er war bereit, für sich den Anschluß Nr. 13 zu übernehmen, als die Planung deswegen ins Stocken zu geraten drohte.[108]

Heute verfügt Oberursel über ein modernes Fernmeldeamt mit Fernsprech-Knotenvermittlungsstelle.[109]

„Die industriellste Stadt unseres Landes"[1]

Die günstige Verkehrslage des Rhein-Main-Gebietes, die Kapitalkraft der Handelsmetropole Frankfurt sowie deren Abneigung gegen die Ansiedlung von Industrie waren der Industrialisierung Oberursels seit der Mitte des 19. Jahrhunderts günstig.

In Oberursel machte sich seit den 1840er Jahren eine deutliche Tendenz zur Gründung von Fabriken bemerkbar. Die ersten Unternehmen waren von einer zeittypischen Gründerwelle getragen, deren Euphorie nicht selten in Resignation umschlug. Doch fanden sich immer wieder wagemutige Fortsetzer begonnener Vorhaben. Frankfurter Unternehmer und Bankiers investierten in Fabrikbetriebe rings um die Metropole, so auch in Oberursel.

Wie für die Industriebetriebe im Rhein-Main-Gebiet im allgemeinen, war es für jene in Oberursel kennzeichnend, daß sie von einheimischen Bodenschätzen unabhängig waren und sich auf die Veredelung und Weiterverarbeitung von Produkten spezialisierten. Viele waren „industrialisierte Handwerksbetriebe" oder gingen auf solche zurück (z.B. Jamin/Goldmann & Jamin). Als sich mit dem Eisenbahnbau und der Mainkanalisierung die Verkehrslage des Rhein-Main-Gebietes weiter verbesserte, siedelten sich auch moderne Industriezweige an, z.B. die chemische Industrie.[2] Trotz zunehmender Motorisierung und schwindender Abhängigkeit von der Wasserkraft blieb Oberursel ein begehrter Industrie-Standort. So gab es neben leder- und textilverarbeitenden Betrieben eine Reihe von Maschinenfabriken und sogar eine Schokoladen- und Zuckerwarenfabrik. Hinzu kam, daß Firmen mit Hauptsitzen in deutschen und europäischen Großstädten Filialen in Oberursel einrichteten, z.B. Labin und Koppel, Papierverarbeitung: Kontor in Hamburg, Fabrik „Hohemark-Oberursel bei Frankfurt am Main" (1917).[3]

Die Vielzahl der seit 1850 bestandenen Industriebetriebe ließe, den Versuch, sie vollständig aufzuführen, als aussichtsloses Unterfangen erscheinen. Wir beschränken uns deshalb auf die wesentlichsten Betriebe.[4]

Urselbachtal bei der Papierfabrik Pirath, vor 1900

Spinnerei Hohemark, Ansicht, 1860

Wittekind/Klotz

Zu einem uns unbekannten Zeitpunkt hatte Alexander Scheidler von Frankfurt in Oberursel die Konzession zum Betrieb einer Spinnerei- und Wollwarenfabrik erhalten. Im November 1846 gab er sein Vorhaben auf und bat, seine Konzession auf Johann Carl Klotz in Frankfurt übertragen zu dürfen. Wenig später hatte Klotz die erforderlichen Grundstücke erworben und reichte ein Baugesuch ein.[5] Doch verzögerte sich die Firmengründung. 1848 beteiligte sich der Schwager Klotz', der Kaufmann Anton Maria Wittekind an dem Vorhaben, und die Sache kam ins Rollen. Jetzt stand zur Debatte, am Urselbach eine Wollspinnerei und Strumpffabrik zu gründen.[6] Dies geschah 1850 oberhalb des Kupferhammers („oberhalb der Mühle des Christoph Fischer von Oberursel") am Waldrand. Um den Wasserfall zu gewinnen, wurde der Bach verlegt und durch den Oberurseler Wald geführt.[7]

Es handelte sich um das erste fabrikartige Unternehmen am Urselbach. Man besaß neueste Maschinen, z.B. eine Vertikalturbine, die zwei Spinnmaschinen mit 240 Spulen und mehrere Stühlen antreiben konnte.

Doch zeigte der Betrieb auch noch deutliche Züge des Verlagswesens. So waren nur etwa 25 Hilfsarbeiter in der Fabrik beschäftigt, während den größten Teil der Arbeiter 300 bis 400 Heimarbeiter in der Strumpfweberei stellten. So gesehen stellte der Betrieb die konsequente Fortsetzung des hugenottischen Verlagswesens dar, und die Bedenken der Strumpfweber des Amtes Usingen, daß ihnen die Fabrik die Nahrung entziehe,[8] erwiesen sich als unbegründet, denn gerade mit ihnen rechnete das Unternehmen.

Es war ihm kein Glück beschieden. 1860 wurde die Strumpfabteilung zugunsten der Herstellung von Tuchgarnen aufgegeben. 1869 schloß auch die Spinnerei. 1873 wurde das Anwesen von den Gebrüdern Dr. Dr. Pirath erworben, die die Gebäude zu einer florierenden Maschinenpapierfabrik ausbauten.[9]

„Aktiengesellschaft für Spinnerei und Weberei zur Hohen Mark"[10]

Noch weiter außerhalb als Wittekind/Klotz errichtete Joseph Schaller 1857 die „Aktiengesellschaft für Spinnerei und Weberei zur Hohen Mark". Sie war Oberursels

250

erste Fabrik im eigentlichen Sinn und das erste bedeutende Fabrikunternehmen in Nassau.[11]

Der Gründer Joseph Schaller entstammte einer vermögenden Oberurseler Müller- und Kaufmannsfamilie.[12] Seine Geldgeber – Frankfurter Bankhäuser – dachten an einen „sehr zeitgemäßen Konsumartikel", Kattun, der preiswert produziert werden sollte, um mit der englischen Textilindustrie konkurrieren zu können. Schaller wählte das Waldgebiet der Hohen Mark als Standort, um „die brachliegenden Arbeitskräfte der Feldbergdörfer" für die Fabrik zu gewinnen. Das Unternehmen erhielt die Betriebsform einer Aktiengesellschaft. Sie „stellte einen der ersten Versuche dar, ein echtes Industrieunternehmen, das von vornherein als Fabrik angelegt war und nach maschineller Fertigung von Massenprodukten strebte, auf nassauischem Boden anzusiedeln" (Lerner).

In seinem Antrag auf Genehmigung der Fabrik schrieb Joseph Schaller am 29.3.1855: „…Die Nähe des großen Knotenpunkts des südwestdeutschen Eisenbahnnetzes, mit dem Oberursel demnächst in unmittelbare Verbindung gesetzt werden wird, die Nachbarschaft der billigen Wasserstraßen des Rheins und Mains und des großen Geld- und Wechselmarktes der Stadt Frankfurt sind für den Bezug der Rohstoffe, für den Absatz der Fabrikerzeugnisse und für die Vermittlung der Handelsgeschäfte des projektierten Unternehmens äußerst günstige örtliche Vorbedingungen.

Die Gegend um Oberursel, in welcher bereits mit gutem Erfolg fabrikmäßige Geschäfte betrieben werden, ist reich an vortrefflichen Wasserkräften, die am südlichen Abhang des Taunusgebirges selbst bei dem niedrigsten Wasserstand hinreichende Zuflüsse erhalten, um eine ununterbrochene Benutzung derselben und im Vergleich zur Anwendung der Dampfkraft eine bedeutende Ersparnis zu sichern.

In den benachbarten Ortschaften Reifenberg, Arnoldshain und Schmitten lebt eine arme Bevölkerung, welche an wenig Bedürfnisse gewöhnt, nicht ohne industriöse Anlagen, zur Aneignung der nötigen Fähigkeiten völlig geschickt ist und bei einem im Vergleich mit den Arbeitskräften anderer Spinnereien und Webereien niedrigen Lohn

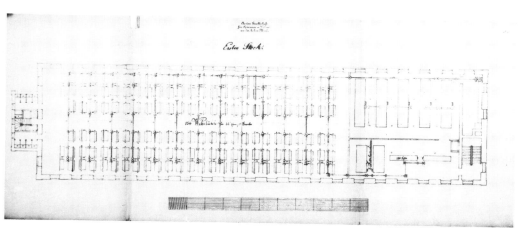

Spinnerei Hohemark, Grundriß Erster Stock, 1858

Villa Schaller
Eine Fabrikantenvilla im 19. Jahrhundert

„„...Im Jahr 1862 war auch das Direktionshaus fertig; es lag frei im großen Park, und nun zogen die Eltern dorthin...
Das Haus hatte Zentralluftheizunmg, fließende Quellwasserleitung und im Souterrain ein gekacheltes Bad. Das Bad hatte Warm- und Kaltwasserzuleitung. Das warme Wasser kam aus dem Fabrikgebäude von der Dampfmaschine her, es war Abwasser aus der Kondensationseinrichtung. Außer der Luftheizung war im Wohnzimmer ein Marmorkamin aufgestellt, in dem den ganzen Winter über die dicken Buchenscheite brannten. Auf dem Kamin stand eine Marmoruhr mit den Bronzerittern darauf, die die Eltern beim Einzug in das Haus von dem Aufsichtsrat der Spinnerei geschenkt bekamen, dahinter ein großer Spiegel. In der einen Ecke stand das große Tafelklavier, in der anderen eine kleine Kommode und in einer dritten der Klappschreibsekretär, an dem Großvater Wiewels schon und dann meine Mutter ihre Korrespondenz erledigten. In diesem Sekretär waren auch unsere Sparbüchsen aufbewahrt. Ein Tisch, ein grüngemustertes Sofa, zwei große Sessel, worauf mein Vater sein Mittagsschläfchen hielt, und diverse Stühle bildeten die Einrichtung. Im guten Zimmer, das ganz in weiß gehalten war, hingen an den Wänden Stahlstiche in goldenen Holzleistenrahmen...
Die Schlafzimmer lagen im ersten Stock, und im Dachgeschoß waren noch schöne Fremden- und Mädchenzimmer und ein großer Speicher ausgebaut. Hier stand in einer Ecke noch ein altes Spinnrad, das von der Großmutter stammte. Es verstand aber niemand mehr damit zu spinnen...
Die Küche lag im Erdgeschoß, aber mit ebenem Ausgang nach dem hinteren Teil des Gartens, da das Haus an dem stark abfallenden Gelände gebaut war. Von der Küche führte ein Speiseaufzug nach dem Eßzimmer. Vor der Küche war ein großer ebener Sandplatz mit Platanen bepflanzt, auf dem wir Krocket und „Wechsel das Bäumchen" spielten. Dann kam der Wiesenbach, an dem immer eine Zahl Wasserräder, Hämmer und Pochwerke arbeiteten, die wir Kinder dort aufstellten...""[21]

ihre soziale Lage sehr wesentlich verbessern würde.

Es sind also an dem bezeichneten Punkt die wichtigsten Bedingungen ohne Schwierigkeit zu erfüllen, von denen die Rentabilität einer Spinnerei und Weberei örtlich abhängig ist...""[13]

Gegen das Vorhaben erhoben vier Wasser- und sechs Wiesenbesitzer Einspruch. Sie bewirkten, daß die Konzession der Fabrik von 12 Bedingungen abhängig gemacht wurde, durch die Störung im Wasserfall des Urselbaches verhindert werden sollten.[14]

1865 errichtete die Spinnerei eine Drahtseil-Transmissionsanlage, die 700 Meter lang und damals in Europa einmalig war.[15]

Bei der vom Deutschen Zollverein für 1861 durchgeführten Industriestatistik war die Aktiengesellschaft mit 215 Beschäftigten, die 8209 Spindeln bedienten, der größte

Villa Schaller

Fabrikbetrieb im Herzogtum Nassau. Bis zum Jahr 1878 stieg die Zahl der Arbeiter sogar auf 375 an.[16]

1860 formulierte der Verwaltungsrat der Aktiengesellschaft eine Fabrikordnung und Statuten zur Gründung einer Kranken- und Unterstützungskasse.[17]

Da ein großer Teil der Arbeiter aus dem noch unerschlossenen Hintertaunus kam, ließ die Aktiengesellschaft für diejenigen, die zum Übersiedeln bereit waren, 1873 vier „Arbeiterwohnhäuschen" für jeweils zwei Familien bauen, und zwar an der Straße nach Schmitten (Kanonenstraße). Es handelte sich um kleine Doppelhäuser mit vollem Erd- und ausgebautem Dachgeschoß. Im Erdgeschoß gab es eine Küche, ein Wohnzimmer, ein Schlafzimmer.[22] Später kamen dazu ein Ladengeschäft, Badeeinrichtungen, Turn- und Gesangssäle und eine Bibliothek, die den Gemeinschaftscharakter der kleinen Kolonie im Wald unterstrichen.[23]

Auch eine Schule für die Kinder von Betriebsangehörigen war der Aktiengesellschaft angegliedert. Der geräumige Schulraum befand sich im Wirtschaftshaus. Der zuständige Schulrat stellte 1876 etliche Mängel fest. „Die Schule wird von 42 Kindern besucht, welche teils ortsangehörig sind, teils aus den verschiedenen Ländern Deutschlands, Österreichs und der Schweiz stammen. Dieselben erscheinen vielfach barfuß, ungewaschen und ungekämmt zum Unterricht. Die Aufmerksamkeit der Kinder bei dem Unterricht und ihre Teilnahme an demselben war im allgemeinen eine geringe. Die Leistungen derselben im Lesen, Freischreiben, in der Orthographie, in der Geschichte und Geographie sowie im mündlichen Ausdruck waren, selbst mit Rücksicht auf die für den Unterricht einer solchen Schule in vielen Beziehungen ungünstigen Verhältnisse, nicht genügend".[24]

Das Unternehmen war schon 1863 in Schwierigkeiten geraten, da der amerikanische Bürgerkrieg die Zufuhr an Baumwolle stocken ließ, so daß die Kosten für den Rohstoff stiegen. Die Verluste trafen die Spinnerei stark. 1881 kam hinzu, daß die Nassauische Landesbank ihr Aktienpaket abstieß. In den 1890er Jahren stellte die Firmenleitung noch mehrfach den Antrag, die Arbeiterinnen und jugendlichen Arbeiter nachts arbeiten lassen zu dürfen.[18] Um 1900 kam dann das Aus für die einst bedeutende Spinnerei und Weberei auf der Hohemark. Zuletzt hatte sie mit 30.000 Spindeln gearbeitet, und ihre 400 Arbeiter hatten jährlich 3 Millionen Pfund Garn produziert.[19]

1909 arbeitete auf der Hohemark die Thüringer Hartpapierwarenfabrik von Hermann Fr. Löscher, seit 1917 das Papierverarbeitungswerk („Hartpapier-Verpackungen aller Art") von Labin & Koppel.[20]

Oberurseler Betriebe auf Gewerbe-Ausstellungen

1863 beteiligten sich 58 Oberurseler Betriebe an der großen Nassauischen Kunst- und Gewerbe-Ausstellung in Wiesbaden.[32] Vorgeführt wurde die ganze Produktpalette des Städtchens: Kupferschmiedearbeiten, Mühlenprodukte, Spazierstöcke, Seilerwaren, Bürsten, „ein Assortiment Kunstwolle", Webgarn, Ölproben, Schnupftabake usw.

Auch bei der Gewerbe-Ausstellung in Homburg, 1883, präsentierte sich eine Reihe von Betrieben aus der Nachbarstadt Oberursel:[33]

„... Wilhelm Höfner in Oberursel zeigt einen Brenn-Apparat für Stock-Fabriken und Einlauf für Müller, aus Zink gefertigt, daneben Schuhmachermeister Georg Quirin von Oberursel hübsch und sorgfältig gearbeitete Stiefletten...

Die rühmlichst bekannte Actienspinnerei Hohe Mark bringt in einem Schranke, übersichtlich geordnet, Erzeugnisse ihres umfangreichen Betriebes zur Anschauung: rohe und gereinigte ostindische und amerikanische Baumwolle sowie fertigen Baumwollfaden auf Spulen...

An der anderen Wandseite die Producte des Schirmstock-Fabrikanten J. Kappus in Oberursel, vertreten durch ca. 80 Muster in schöner und gediegener Arbeit...

Jacob Tems in Oberursel zeigt durch eine ausgewählte Collection von Schaukelstühlen und Gartenmöbeln aller Art in Eisen und Holz die Vielseitigkeit seiner practischen und bequemen Fabrikate, welche sich allgemeiner Anerkennung erfreuen...

Sehr bemerkenswerth ist die durch geschmackvolles Arrangement sich auszeichnende Ausstellung des Blitzableiter-Fabrikanten und Seilers Karl Vest von Oberursel, der eine Zusammenstellung von Seilen verschiedener Stärke sowie Kupferdrahtseile und Blitzableiterspitzen dem Beschauer vorführt. Die Arbeiten zeichnen sich ganz besonders durch gediegene Herstellung aus...

Schmiedemeister Jacob Pletsch in Oberursel bringt Hufeisen verschiedener Formen und Systeme zur Anschauung...

Mit Pflügen verschiedener Arten sind die Schmiedemeister Jacob Kuhn und Joh. Hofmann von Oberursel vertreten, Mühlenbauer Karl Ries von Oberursel durch eine Schrotmühle... die Heerdfabrikation ist durch zwei Exemplare von Lorenz Caprano in Oberursel vertreten...

Daneben Färberei-Besitzer Caspar Propst von Oberursel gedruckte Stoffe aller Art in hübschen Mustern und gediegener Ausführung...

Schuhmachermeister G. Quirin von Oberurel ist durch 2 Paar gut gearbeitete Schuhe vertreten...

Und Bildschnitzer Jacob Kunz in Oberursel die Holzschnitzerei, unter dessen Objecten eine Madonna mit dem Kinde und ein Wandbild als stylvolle und gute Leistungen hervortreten..."

In der „Kunst-Halle" waren Werke des Malers Eberhard Quirin zu sehen.

Kunstwollfabrik und Spinnerei Jandorf/Rambeau

Ungefähr gleichzeitig wie Joseph Schaller, 1855 oder 1857, kauften Louis Rambeau und Jacob Jandorf die Mahlmühle des Christoph Fischer in der Hohemarkstraße 101 und etablierten darin eine Kunstwollfabrik. Sie hatten mehr Glück als ihre Nachbarn Wittekind/Klotz. Ihre Erzeugnisse waren äußerst begehrt, auch im Ausland. In der schon 1860 erweiterten Fabrik wurde die erste Dampfmaschine in Oberursel aufgestellt.[25] 1892 hatte die Firma 40 „großjährige" Beschäftigte; davon waren 33 Frauen.[26] 1901 waren rund 100 Arbeiter beschäftigt. Wenige Jahre später kam das plötzliche Ende. In die Fabrik zog die Lumpensortieranstalt Ignaz Berger ein.[27]

Ölfabrik/Filzfabrik Pachten & Co.

Seit 1871 betrieben R. u. F. Pachten & Co. aus Frankfurt in der ehemaligen Ölmühle von Hattemer eine Ölfabrik. Sie wurde später in eine Filzfabrik umgewandelt, die als Filz-Fabrik Oberursel, Pachten, Lange & Cie. firmierte.[28] Noch im gleichen Jahr 1892 wurde der Betrieb eingestellt und die Gebäude an die Sensenwerke A. Schilli verpachtet.

Außer Pachten, Lange & Cie. bestand (seit 1866) die Filzfabrik von G. A. Jost, die noch um 1900 als sehr „leistungs- und konkurrenzfähig" galt.[29]

Sensenwerk Andreas Schilli & Co.

Am 4.6.1892 reichte A. Schilli in Frankfurt ein Gesuch um Genehmigung einer „Sensenfabrik mit Hammerwerk" in der bisherigen Filzfabrik Pachten, Lange & Cie. ein. Im Oktober 1892 wurde die Konzession erteilt.[30]

Das Sensenwerk beschäftigte ca. 60 Arbeiter und Angestellte. Das Stammpersonal kam überwiegend aus Kitzbühel/Tirol, dem Schwarzwald und dem Rheinland. Die

Filzfabrik Oberursel Pachten, Lange & Co., Briefkopf, um 1900

Sensenwerke Schilli, Reklamekarte, um 1900

in Oberursel produzierten Sensen wurden in Deutschland und im europäischen Ausland vertrieben.

Das Werk baute für seine Mitarbeiter kleine Häuser und Arbeiterwohnungen, die begehrt waren. „Man lebte in einer eigenen Welt, – Kinder haben es sogar als eine Idylle empfunden. Von Oberursel haben sie außer der Schule nichts gekannt."

Das blühende Unternehmen erlitt durch den Ersten Weltkrieg einen schweren Rückschlag. Nach 1933 hatten die Sensenwerke einen schweren Stand, weil einer der Inhaber Jude war und weil die Sensenherstellung gedrosselt werden mußte. 1939 schloß das Werk – „ein origineller Betrieb, in dem noch eines der ältesten Handwerk auf ursprüngliche Art ausgeübt worden war."

Der letzte Zain-Hammer des Sensenwerkes wurde bei der Schließung des Werks einem künftigen Heimatmuseum gestiftet; er steht heute im Hof des Vortaunusmuseums.[31]

Stockfabrik Philipp Jamin

Am Beispiel der Stockfabrik Jamin läßt sich sehr gut der gleitende Übergang vom Handwerksbetrieb zur Fabrik nachvollziehen, die in der Firmengründung von Goldmann & Jamin gipfelt.

Die Stockdreherei erlebte in Oberursel im 19. Jahrhundert einen bemerkenswerten Aufschwung. 1856 waren 22 Meister mit der Stockherstellung beschäftigt.[34] 30 Jahre später arbeiteten in Oberursel 39 Meister, 29 Gesellen und zwei Lehrlinge, außerdem 130–150 angelernte Arbeiter in dieser Branche. Sie fertigten 1883 ca. 375.000 Regen- und Sonnenschirmstöcke.[35] Damit war der Höhepunkt der Stockdreherei erreicht. Zu einem großen Teil wurde sie in Handwerksbetrieben und in Heimarbeit betrieben. Aber es gab auch schon zwei Betriebe, die sich als „Fabrik" bezeichneten und mit einem festen Arbeiterstamm arbeiteten: die Stockdrehereien Vest und Jamin.

Die Belegschaft der Schirmstock-Fabrik Philipp Jamin, 1884

Der größte Betrieb war die seit 1882 nachweisbare Stockdreherei Jamin[36]. 1883 beteiligte sich Philipp Jamin an der Gewerbe-Ausstellung für den Obertaunuskreis in Homburg mit „ca. 40 grösstentheils schwarz gebeizten Mustern seines gediegenen Fabrikats".[37]

Aus dem Jahr 1884 hat sich eine Fotografie der Belegschaft der „Schirmstock-Fabrik Ph. Jamin Oberursel" erhalten. Sie wurde wohl vor der „zum Frankfurter Hof gehörenden" Werkstatt aufgenommen (Austraße 22).[38] Die 33 ausschließlich männlichen Mitarbeiter des Betriebes sitzen in vier Reihen um den hinter einem Tisch sitzenden „Boß". Philipp Jamin hat die Attitüde des Fabrikanten angenommen, zu dem in wilhelminischer Zeit Uhrenkette und Zigarre unabdingbar gehören. Außer ihm ist nur der im Bild links von ihm sitzende Mann – vermutlich der Buchhalter – mit einem Anzug bekleidet. Der Rest der Belegschaft trägt trotz des feierlichen Anlasses (Biergläser!) Hemdsärmel und Schürzen. Ganz vorn, auf dem Boden, sitzen die Jüngsten der Belegschaft, Lehrlinge und Boten, von denen zwei das Kindesalter noch nicht überschritten haben.

1890 erwarb Jamin durch Erbschaft das „auf der Au" gelegene zweistöckige Wohnhaus und die Werkstätte des Drechslergesellen Josef Vest.[39] 1891 brannte die Stockfabrik Jamin nieder.[40] Offenbar wurde sie wieder aufgebaut, denn 1892 gehörte die Fabrik der „Gebr. Jamin" zu den Oberurseler Betrieben, die Arbeitsordnungen zu erlassen hatten, „da sie mehr als 20 Arbeiter beschäftigen". Am 7. Mai 1892 überreichte die

„Oberurseler Schirmstockfabrik Gebrüder Jamin (Engros-Export)" dem Landrats-Amt in Homburg ihre Arbeitsordnung.[41] Noch am 2.2.1894 firmierte ein Schreiben an den Hospitalverwalter – mit der Bitte um Aufnahme eines kranken Beschäftigten – unter „Schirmstockfabrik Gebr. Jamin".[42]

Einen Tag zuvor war Georg Jamin als Teilhaber der Firma „Gebrüder Jamin" ausgeschieden. Sein Nachfolger wurde der Kaufmann Sally Goldmann. Die Firma hieß jetzt „Oberurseler Schirmstockfabrik Goldmann & Jamin". Gleichzeitig kaufte Goldmann ein Anwesen im Gattenhöferweg. Dort entstand die gemeinsam mit Jamin betriebene Stock- und Holzwarenfabrik Goldmann & Jamin.[43] Durch die Gründung dieser Fabrik konnte Jamins Stockdreherei überleben, während die meisten seiner Berufskollegen in den 1890er Jahren aufgeben mußten, da sie der österreichischen Konkurrenz nicht gewachsen waren.[44]

Philipp Jamin behielt das Haus in der Austraße 22 bei. Hier starb er 1916 im Alter von 63 Jahren. Philipp Jamin war Stadtverordneter, Schiedsmann, Vorsitzender und Ehrenvorsitzender der Fortschrittlichen Volkspartei, Vorsitzender Kirchenvorstandes der altkatholischen Gemeinde und Mitglied in mehreren Vereinen gewesen.[45]

Goldmann & Jamin

1894 kaufte Sally Goldmann den ehemaligen Heitefußschen Kupferhammer und richtete zusammen mit Philipp Jamin – bis dahin Inhaber der Stockfabrik Gebr. Jamin – die Stock- und Holzwarenfabrik Goldmann & Jamin ein.[46] Außer Schirmstöcken stellte man Papierkörbe, Schreibtischuhren, geschnitzte Tiere u.a. her.

Im Jahr 1901 waren in dem Betrieb ca. 70 Personen beschäftigt. 1927 hieß es: „Der Betrieb hatte eine schöne Entwicklung genommen, jedoch leidet er zur Zeit auch an der allgemeinen Krisis".[47] 1933–37 sank die Zahl der Beschäftigten auf drei bzw. fünf. 1938 schloß Goldmann die Fabrik, um deren „Arisierung" zuvorzukommen.[48]

Lederfabriken

1896 erwarben Ludwig Zimmermann und Julius Stadermann aus Frankfurt die Mahlmühle von Konrad Becker in der Hohemarkstr. 98 und richteten darin eine Fabrik für feine Leder ein. Die Fabrik war „mit den neuesten Maschinen ausgestattet und arbeitete mit Dampf- und Wasserkraft".[49]

Im gleichen Jahr wie Stadermann, 1896, richtete C. F. Autenrieth auf dem Gelände der ehemaligen Gattenhöfer Mühle (Gattenhöferweg 36; später Gros) eine Lederfabrik ein. Sie soll schon 1899 ihre Produktion eingestellt haben.[50]

Die seit 1906 ansässige Leder- und Lederwarenfabrik Louis Rowold (Gattenhöferweg 32) spezialisierte sich mehr auf die Herstellung feiner, handwerklich gefertigter Lederwaren.[51]

Die 1883 im ehemaligen Kupferhammer eingerichtete Schuhfabrik Otto Herz existierte nur bis 1891.[52]

Um die Jahrhundertwende gab es in Oberursel mehrere Maschinenfabriken, darunter auffallend viele der lederverarbeitenden Branche.

Maschinenfabriken

Seit Ende der 1880er Jahre arbeitete in der ehemaligen Gattenhöfer Mühle die Maschi-

Lederfabrik Stadermann, Begutachtung von Häuten

nenfabrik Gros & Co., die Maschinen und Apparate für die Lederindustrie herstellte, aber nur etwa fünf Jahre lang existierte. Der Nachfolger Autenrieth stellte sogar nur drei Jahre lang Schuhe her.[53] Seit 1903 arbeitete hier die Boston Blacking Company, die „Tinten, Farben und Appreturen zur Verwendung in der Schuh- und Lederfabrikation" herstellte. 1935 entwickelte der Betrieb die ersten Industrieklebstoffe für Gummi. Unter ihrem Namen – Bostik – firmiert das Unternehmen seit 1965 am alten Standort.[54]

1894 wurde die Schuhmaschinenfabrik von Adrian und Busch gegründet.[55] Sie stellte vor allem Nähmaschinen für die Schuhfabrikation her und hatte sich um 1900 „ein Renommee in Deutschland erworben". Der Betrieb arbeitete ausschließlich mit Dampfkraft.

Spezialisiert auf Lederschuhriemen war die Fabrik von E. Greaves & Sons, die in ihrer deutschen Filiale in Oberursel 20–25 Arbeiter beschäftigte.[56]

Gerberei-Maschinen produzierte „The Turner Company", die um 1910 Filialen in Wien, Ivry-Paris, Leicester und „Oberursel bei Frankfurt a. Main" unterhielt.[57]

Vor 1898 erwarb Paul Göhring die ehemalige Tabaksmühle J. Bolongaro (Tabaksmühlenweg 30) und richtete darin die Maschinenfabrik Göhring, Eck und Koch ein. 1898 erklärte Göhring, seine Fabrik werde „nur durch die Wasserkraft des Urselbachs betrieben", deshalb wehre er sich gegen eine weitere Wasserentnahme durch die Lederfabrik Autenrieth.

Mit Maschinen dieser Fabrik ausgestattet war die 1900 gegründete „Mechanische Schuhfabrik" von Joseph Wagner, die etwa

Fabrik-Ordnung der Motoren-Fabrik Oberursel W. Seck & Co. 1892[63]

Zur Erreichung & Aufrechterhaltung eines in Allen Theilen geordneten Betriebes sind die in der Fabrik beschäftigten Arbeiter verpflichtet, die hierzu getroffenen nachstehenden Bestimmungen in ihrem ganzen Umfange zu befolgen. Durch Annahme der Arbeit erklärt sich ein jeder mit dem Inhalt dieser Fabrikordnung einverstanden.

§ 1.

Die Arbeitszeit beginnt morgens 7 Uhr & endigt Abend's 7 Uhr. Ausser der Mittagspause von 12–1 1/2 Uhr sind morgens um 8 Uhr & Nachmittag's 4 Uhr je 15 Minuten Pause. Fünf Minuten nach dem zum Arbeitsbeginn gegebenen Zeichen hat jeder mit seiner Arbeit beschäftigt zu sein.

§ 2.

Keinem Arbeiter ist gestattet ohne besondere Erlaubniss vor Schluss der Arbeitszeit die Fabrik zu verlassen.

§ 3.

Ohne vorher eingeholte Erlaubniss oder triftigen Entschuldigungsgrund darf kein Arbeiter während der Wochentage fehlen.

§ 4.

Verspätungen werden bis zu 10 Minuten mit 10 Pf., bis zu 20 Minuten mit 20 Pf. Abzug bestraft. Weitere Verspätungen je nach Dauer derselben. Diese Strafgelder werden vom Lohn abgezogen, gebucht & fliessen in eine Casse, über deren Verwendung unsere Arbeiter alljährlich Bestimmung treffen können.

§ 5.

Es darf sich kein Arbeiter beschäftigungslos in der Fabrik umhertreiben & weder seine Mitarbeiter durch Neckerei stören, noch Zank & Streit veranlassen.

§ 6.

Das Tabakrauchen & der Genuss geistiger Getränke innerhalb der Fabriklokalitäten ist während der Arbeitszeit untersagt.

§ 7.

In der Restauration werden nur während der Freistunden Speisen & Getränke verabreicht.

§ 8.

Wer in trunkenem Zustand bei der Arbeit gefunden wird, hat seine sofortige Entlassung zu erwarten.

§ 9.

Jeder Arbeiter ist für die ihm übergebenen Arbeiten & Werkzeuge verantwortlich und ist zum Ersatz des durch sein Verschulden entstandenen Schaden's verpflichtet. Die Höhe des eventuellen Schaden's bestimmt der betreffende Vorgesetzte.

§ 10.

Jedem Vorgesetzten ist unbedingter Gehorsam zu leisten. Glaubt jedoch ein Arbeiter, dass ihm irgend wie Unrecht geschehen ist, so steht ihm eine ordnungsmässige Beschwerde bei dem Fabrikherrn zu.

§ 11.

Das Arbeitsverhältniss kann von beiden Seiten ohne vorherige Kündigung gelöst werden.

§ 12.

Die Zahlung des Lohnes geschieht alle 14 Tage & zwar Sonnabend's, dagegen findet am Abend des vorhergehenden Freitag's der zur Berechnung des Lohnes nothwendige Lohnschluss statt.

Oberursel im April 1892   Motorenfabrik Oberursel
                                                    W. Seck & Co.

Motorenfabrik Oberursel, Briefkopf, benutzt 1913

20 Arbeiter beschäftigte und hauptsächlich „besseres Schuhwerk" herstellte.[58] 1907 ging die Firma in Konkurs.[59] Nach dem Ersten Weltkrieg ließ sich auf dem Gelände die Taunus-Schuhmaschinenfabrik AG von Heckmann & Schmidt nieder. Sie ging um 1928 in Konkurs.[60]

Im und nach dem Ersten Weltkrieg gab es noch die Maschinenfabriken Schreiber & Co. und Helfrich & Offner.[66]

Bis 1974 existierte die einzige Fabrik innerhalb der Altstadt, die Maschinenfabrik von Heinrich Spang in der Schlenkergasse 5. Begründet hatte sie der Mechaniker und Dreher Heinrich Spang 1904 in der ehemals Herzfeldschen Schleifmühle.[62]

Motorenfabrik Oberursel (MO)[64]

Auf dem Gelände der einstigen Wiemersmühle (danach Gerberei v. Wasilewski) entstand 1883–1886 die Eisengießerei und Maschinenfabrik der Gebrüder Seck, aus der 1892 die „Motorenfabrik Oberursel" hervorging, die 1896 in eine Aktiengesellschaft umgewandelt wurde. Schon um die Jahrhundertwende stand das sich ausschließlich mit der Herstellung von Motoren, Lokomobilen und Lokomotiven beschäftigende Unternehmen in seiner Branche an der Spitze und weckte das Interesse Kaiser Wilhelms II. Berühmt wurde der Motor „Gnom".

Belegschaft der Motorenfabrik Oberursel, um 1900

Die „MO" entwickelte eine rege Bautätigkeit. 1925 integrierte die Motorenfabrik Oberursel das Anwesen der ehemaligen Steinmühle. 1932 kam die Motorenfabrik an Klöckner-Humboldt-Deutz und firmierte als „KHD-Luftfahrttechnik".

Am 1.7.1990 wurde der Betrieb von BMW und Rolls Royce übernommen. Am Gebäude erscheinen jetzt unter dem beibehaltenen alten Namen („Motorenfabrik Oberursel AG) der neue Schriftzug „Aero Engines" und die Signets von BMW und Rolls Royce.

Seit der Jahrhundertwende ließen sich einige Chemiebetriebe in Oberursel nieder. Leider war über sie nur sehr wenig in Erfah-

rung zu bringen. So wissen wir von der chemisch-technischen Fabrik Martin Eck wenig mehr, als daß sie existierte.[68] Auch über die seit 1910 in Oberursel nachweisbare Frankfurter Chemische Fabrik Eugen Ganz ist nichts Näheres bekannt.[69] Und selbst bei dem offenbar recht bedeutenden Pharmaceutischen Institut L.W. Gans sind die Informationen spärlich. Der Betrieb siedelte 1911/12 nach Oberursel über und erhielt im Zimmersmühlenweg einen Neubau. Die Firma, deren Telegramm-Adresse „Pharmagans Oberursel" lautete, erhielt für ihre Produkte u.a. bei der Hygiene-Ausstellung in Dresden Goldmedaillen.[70] Seit 1912 gab es für die Beschäftigten eine Gewinnbeteiligung.

Dampfwasch-Anstalt „Frauenlob", Briefkopf, um 1900

Die Nahrungsmittelindustrie war mit der Schokoladen- und Zuckerwarenfabrik J. D. Hochhut vertreten.[71] Mit dem alten Namen Oberursels schmückten sich die Kraftfutterwerke „Ursella".

Die Dampfwaschanstalt „Frauenlob" warb im Jahr 1900 auf ihrem Briefkopf mit der Darstellung ihres von 125 000 Fuß Rasenbleiche umgebenen Fabrikgeländes.[72]

Um die Jahrhundertwende arbeitete in Oberursel die Fahrrad-Fabrik Schaeffner & Taggesell.[73]

Auch zwei Baugeschäfte hatte Oberursel um 1900: die 1891 gegründete Firma Anton Henrich und die Firma M. Keck.[74]

Arbeiterfragen

Durch die Vielzahl seiner Fabriken wurden in Oberursel schon früh die sozialen Probleme der Arbeiterschaft virulent. Seit 1876 fragte das Amt in Königstein regelmäßig an, ob in den Fabriken Entlassungen vorgenommen worden seien oder anstünden. Obwohl dies regelmäßig verneint wurde, sank die Zahl der Arbeiter zwischen 1876 und

Inserat Baugeschäft Anton Henrich Wwe., 1910

Villa Gans
Schicksal einer Fabrikantenvilla der Jahrhundertwende

Als eine der baufreudigsten Familien im Taunus kann die Familie Gans gelten.[65]
Ludwig Wilhelm Gans (1869–1946) stammte aus einer Fabrikantenfamilie (Cassella), die mit dem Vater 1912 in den Adelsstand erhoben wurde. 1910 siedelte L.W. Gans, 1911 die Firma („Pharmagans)" nach Oberursel über. 1928 kehrte Gans nach Frankfurt zurück. 1931 wurde der Betrieb in Oberursel eingestellt, danach die Villa verkauft. Obwohl der aus einer jüdischen Familie stammende L.W. Gans bereits 1910 zum evangelischen Glauben übergetreten war, wurde er 1942/43 in das Konzentrationslager Theresienstadt deportiert. 1946 starb er, wie es heißt an den Folgen der Deportation, in Kopenhagen.[66]
1909 ließ sich L.W. Gans an der heutigen Königsteiner Straße ein von dem Frankfurter Architekten Otto Bäppler entworfenes Landhaus errichten.[67] Nach dem dort befindlichen Kastanienhain benannte Gans sein Haus „Villa Kestenhöhe".
Das im englischen Landhausstil konzipierte Haus war luxuriös ausgestattet (Vacuum Telefon-Anlage, Orgel etc.).
Zu dem Hauptgebäude kamen in den folgenden Jahren noch Nebengebäude wie ein Gewächshaus, eine Reithalle und ein Jägerhaus. 1923 ließ Gans noch ein Arbeiterwohnhaus bauen.
Nach dem Verkauf der Villa an eine Bank wurden verschiedene Nutzungsmöglichkeiten in Erwägung gezogen. 1934 erwarb die Deutsche Arbeitsfront (DAF) die Villa, um darin eine „Schulungsburg" einzurichten. Am 20.10.1935 wurde die „Reichsschulungsburg Kestenhöhe" eingeweiht. Unmittelbar nach dem Krieg soll die Villa als „Country Club" für höhere Offiziere gedient haben. Am 14.8.1945 erhielt das Anwesen seinen alten Namen zurück: Villa Gans. Seit 1953 gehört das Anwesen dem Deutschen Gewerkschaftsbund, der hier ein „Haus der Gewerkschaftsjugend" etabliert hat und die Gebäude in vorbildlicher Weise unterhält.

1877 von 758 auf 556 und stieg danach erst langsam wieder an.[75] Bei einer Erhebung gaben 1885 die meisten Oberurseler Fabrikanten an, gelegentlich sonntags arbeiten zu lassen. „Ausnahmshalber" gestattet wurde dies nur noch der Gasgesellschaft und der Eisengießerei Seck.
Gegen Ende der 1880er Jahre begannen sich die „revolutionären" Ideen der Sozialdemokratie, ausgehend von der Großstadt Frankfurt, auch in Oberursel auszubreiten.[76] 1887 war unter den Unterzeichnern eines Wahlaufrufs für einen sozialdemokratischen Reichstagskandidaten ein Oberurse-

ler, Drehermeister Franz Reichhold; anders als seine Freunde entging er der Verbannung, weil er Vater von fünf Kindern war.[77] 1887 soll es in der Spinnerei Hohemark zu einem Streik um höhere Löhne gekommen sein.[78]
Als der Landrat des Obertaunuskreises (aufgrund einer Gesetzesnovelle zur Gewerbeordnung vom 1.6.1891[79]) 1892 verfügte, daß alle Fabriken, die mehr als 20 Arbeiter beschäftigten, Arbeitsordnungen aufstellen mußten, traf dies in Oberursel auf acht Betriebe zu: Gros & Cie.; Otto Herz & Cie.; Gebr. Jamin; Wilhelm Seck; Pachten, Lange

Villa Gans

& Cie.; S. Jandorf; Gebr. Pirath; Aktiengesellschaft Hohemark; 1893 kam das Sensenwerk Schilli hinzu. Die Papierfabrik Pirath schrieb, bei ihr sei schon seit 17 Jahren, also seit 1875, eine bisher von der Arbeiterschaft nicht angefochtene Arbeitsordnung in Gebrauch.[80]

1896 wurden neun Oberurseler Betriebe wegen Zuwiderhandlungen gegen die Arbeiterschutzgesetze bestraft; es handelte sich hauptsächlich um ungenehmigte Sonntagsarbeit und die Beschäftigung minderjähriger Arbeiter[81].

1908 legten die Weißbindergesellen wegen verweigerter Lohnerhöhung drei Tage lang die Arbeit nieder, nahmen sie jedoch nach erfolgter Einigung sofort wieder auf.[82]

Von Mitte April bis Mitte Juni 1909 wurden auch in Oberursel Maurer und Zimmerleute von ihren Arbeitgebern „wegen Differenzen hinsichtlich des Lohntarifs" von der Arbeit ausgesperrt; „dieselben hatten jedoch überall durch anderweite Arbeit genügend Verdienst".[83]

Eine private Initiative zeigt, daß das Problem „Arbeitslosigkeit" um die Jahrhundertwende kein geringes war. 1896 begründete Baron Albert von Gingins eine Notarbeitsstätte zur Überwindung der Arbeitslosigkeit, den „Holzhof für Arbeitslose".[84] Das Hofgut Hohenwald zwischen Oberhöchstadt und Oberursel diente „nicht gewinnbringenden Zwecken", sondern war dazu bestimmt, „Arbeitslosen zu jeder Zeit Arbeit zu geben und außerdem dem Wandervolke in einem hierzu gemieteten Hause Unterkunft und Beköstigung zu gewähren". Die Beschäftigung der jährlich 80–90 aufgenommenen Arbeiter bestand vorwiegend im Hacken von Holz, das als Brennholz verkauft wurde.[85] Hausvater in der Unterkunft im Wohnhaus Ackergasse 40 war seit 1896 der aus der Heimatgeschichte bekannte gelernte Kaufmann August Korf. Nach Übertragung an das Heiliggeist-Hospital in Frankfurt erfolgte 1902 die Auflösung dieser Einrichtung.[86]

265

Oberursel in Preußischer Zeit

Im Jahr 1866 annektierte Preußen das Herzogtum Nassau, und Oberursel erhielt wiederum einen neuen Landesherrn, den König von Preußen. Endlich teilte man mit dem benachbarten Homburg das Schicksal: gemeinsam gehörte man zu dem 1867 neu geschaffenen Obertaunuskreis. Dieser war aus den nassauischen Ämtern Königstein und Usingen und dem hessischen Amt Homburg gebildet worden. Er gehörte zum Regierungsbezirk Wiesbaden. Bürgermeister Jakob Aumüller war im ersten Kreistag 1868 der erste Oberurseler Abgeordnete für das Amt Königstein. 1886 wurden die Ämter Homburg und Königstein aufgehoben.[1]

Innerhalb dieses Kreisgebildes war Oberursel keine herausragende Rolle zugesprochen worden, denn die Verwaltungsämter waren in Homburg, Königstein und Usingen, und der Landrat hatte seinen Sitz in Homburg. Damit wurde eine Entscheidung getroffen, die bis heute Bestand hat. Allerdings hatte und hat Oberursel durch seine Bedeutung als Industriestandort im Kreisgebiet Gewicht.

Jahrhundertwende

Um die Jahrhundertwende wurden die Auswirkungen der Kreiszugehörigkeit in Oberursel deutlicher spürbar. Projekte, wie das Ansiedlungsprogramm „Auf zum Taunus" oder die Entwicklung des Fremdenverkehrs, betrafen das ganze Kreisgebiet und bewirkten in Oberursel Korrekturen des bislang allein auf die Industrie ausgerichteten Kurses. Es war eine für Oberursel wesentliche Entscheidung, in Zukunft nicht ausschließlich Industriestadt sein zu wollen.

Hin und wieder fiel auch ein Abglanz des mondänen Lebens im Fürstenbad Homburg auf Oberursel. So bei einer Begebenheit von geringer, aber symbolträchtiger Bedeutung, in der sich die neue Rolle Oberursels spiegelt. Als die von Kaiser Wilhelm II. favorisierten großen Autorennen im Taunus stattfanden, imitierten Oberurseler Kinder die Sensation im kleinen und veranstalteten Autorennen „en miniature". Die Idee bescherte Oberursel einen Rekord, es war die erste Austragungsstätte eines „Seifenkisten"-Rennens in Deutschland.

Man besann sich auf die landschaftlichen Schönheiten Oberursels und förderte den Fremdenverkehr. Das war nicht ganz einfach, denn das Vorhandensein der Industrie ließ sich nicht leugnen. Man gab sich Mühe, beides miteinander zu vereinen. „All' die herrlichen Naturschönheiten, welche die alte ehrwürdige Stadt umgeben, werden nicht im mindesten beeinträchtigt durch das Getöse der Fabriken, durch deren rauchende Schornsteine. Hingegen, diese tragen zur malerischen Ausstattung des Tales ein nicht geringes bei und ihre etwaigen Störungen werden daher umso weniger empfunden..."[4]

Eindeutiger Pluspunkt Oberursels war die gute Verkehrsanbindung, „die für Touristen den bequemsten Zugang zum Gebirge bietet".[5] Der Taunus war es denn auch, der

Autorennen en miniature

1904 fand im Taunus das legendäre Gordon-Bennett-Rennen statt; es berührte auch Oberursel.[2] Vielleicht war es kein Zufall, daß kurz darauf, am 3.8.1904, hier in Oberursel im Rahmen eines Sommerfestes des Vereins „Humor" ein Autorennen „en miniature" veranstaltet wurde. In der Stadt, die mehrere Maschinenfabriken beherbergte, löste die Parade modernster Rennwagen offensichtlich kreativ nachschöpfende Fantasie aus. Die Presse: „Der Hauptanziehungspunkt war das für Knaben arrangierte „Gordon-Bennett-Rennen," an welchem sich 16 Knaben mit ihren Wagen beteiligten und zollte das Publikum auch ungeteilten Beifall". Damit war das erste Kinderautomobil-Rennen in Deutschland gestartet worden.

Die Kinderautomobile waren von unterschiedlicher Ausführung, je nach den Möglichkeiten der Besitzer. Es gab Wagen aus Holz mit Kinderwagenrädern und solche mit einer Karosserie aus Eisenblech und Automobilsteuerung, man baute sie mit oder ohne Bremse und imitierte mehr oder weniger gelungen einen der Rennwagen des „großen" Gordon-Bennett-Rennens.

In den Jahren 1905 und 1907 fanden in Oberursel nochmals Kinderautomobil-Rennen statt. Letzteres hatte wiederum ein „großes" Vorbild, das Kaiserpreis-Rennen im Taunus, das auch in Usingen, Weißkirchen, Idstein und Kronberg zu Kinderwettbewerben anregte. Obwohl 1910 ein weiteres großes Autorennen im Taunus stattfand, gab es danach in Oberursel zunächst keine Kinderautomobil-Rennen mehr. Unterdessen entdeckte Amerika diesen Sport und popularisierte ihn. So waren es denn auch amerikanische Offiziere, die nach dem Zweiten Weltkrieg, 1949 und 1950, im Rahmen ihrer Jugendarbeit in Oberursel wieder „Seifenkisten-Derbies" organisierten. Auch der Begriff „Seifenkiste" war in Amerika geprägt worden. Er geht auf eine amerikanische Seifenfabrik zurück, die ihre Verpackungskisten mit Fahrzeugen zum Aussägen schmückte.

1969 fand nach fast zwanzigjähriger Pause wieder ein Seifenkisten-Derby in Oberursel statt, an dem 55 Fahrer teilnahmen. Weitere Seifenkisten-Derbies nach offiziellem Reglement des Ausrichters der U.S.A.-Meisterschaften fanden in Oberursel 1970 und dann erst wieder 1979, 1989, und 1990 statt.

Nach dem Vorbild des ersten Kinderautomobil-Rennens gestaltete der Oberurseler Jugendring 1974 ein Jubiläumsrennen auf einer Rundstrecke zwischen Marktplatz, Ackergasse und Strackgasse, das 1975 wiederholt wurde und von 1979 bis 1988 regelmäßig zu einer der Brunnenfest-Attraktionen wurde. Der Automobil- und Motorradclub Obertaunus versuchte 1975, 1977 und 1979 mit Minicar-Rennen Ersatz für die vorübergehend eingestellten offiziellen Seifenkisten-Derbies zu schaffen.

Im Vortaunusmuseum ist der Seifenkistensport in einer eigenen kleinen Abteilung dokumentiert. Zu sehen sind achtzehn „Siegerkisten" und Dokumente, die zum größten Teil aus dem Bestand der Adam Opel AG Rüsselsheim stammen, die von 1949 bis 1972 Organisatorin der offiziellen Seifenkisten-Derbies war. Am Museum wurde 1979 vom Lions Club zur Erinnerung an die Seifenkisten-Tradition der Stadt ein von dem Oberurseler Künstler Georg Hieronymi gestaltetes Bronzerelief angebracht.[3]

Kinder-Automobil von Karl und Willy Mann, Oberursel, 1904

dem Touristen als Oase der Ruhe angepriesen wurde. „Und welch ein tiefer Frieden ruht auf dem Walde. Immer liegt eine Feiertagsstimmung über dem Ganzen, immer breitet sich auch eine Feiertagsruhe über unser Gemüt bei diesem entzückenden Anblick und der köstlichen Ruhe. Dazu die erquickende reine staubfreie Wald- und Höhenluft…"[6]

Seiner schönen, an den Stadträndern ruhigen Lage verdankte Oberursel auch die Niederlassung einer Altersruhestätte (Lehrerinnenheim, Hohemarkstraße 160) und einer renommierten Klinik für Nervenkranke.

Frankfurter Lehrerinnenheim, Hohemarkstraße 160, Ansichtspostkarte, um 1910

„Auf zum Taunus"

Am deutlichsten sprachen sich die für Oberursel wirksam werdenden überlokalen Projektionen darin aus, daß es dem Gedanken der Gartenstadt in starkem Maß Folge leistete, nachdem es bereits um die Jahrhundertwende eigene Anstrengungen zur Bildung von Villenvierteln unternommen hatte. Probleme ergaben sich wiederum aus der Existenz der Industrie. Auch hier ging man den Weg, der zur friedlichen Koexistenz führen sollte. So wurden Konzessionsgesuche für Gerbereien und Lederfabriken, die die Gefahr einer Wasser- und Luftverschmutzung in sich bargen, um die Jahrhundertwende mehrfach abgelehnt.[9] Im Fall der Lederfabrik Autenrieth führte der Magistrat 1898 aus, „daß ferner auch ein industriereicher Ort wie Oberursel darauf bedacht sein muß, seine Einwohner vor Gefahren und Schaden an ihrer Gesundheit zu schützen.[10]

Dr. Ernst Ritter v. Marx, Oberbürgermeister von Bad Homburg und dann Landrat des Obertaunuskreises, entwickelte in den ersten Jahren des 20. Jahrhunderts ein Ansiedlungsprogramm für das Kreisgebiet, zu dem auch Oberursel gehörte. Dem Ansiedlungsprogramm lag die damals aktuelle Idee der Gartenstadt zugrunde, die Ritter von Marx aus England kannte. Wie er schrieb, begriff er die Gartenstadt als Reaktion auf die verheerenden Wohnungsmißstände, die infolge von Industrialisierung und Konzentration auf die Großstädte eingetreten waren. 1907 gründete Ritter von Marx den „Ansiedlungs- und Verkehrsverein Taunus", der 1908 eine großzügig ausgestattete Werbeschrift mit dem Titel „Auf zum Taunus" herausgab. Darin wurden 30 Taunusorte beschrieben, ihre Vorzüge als Wohn- und Villenvororte herausgestellt und ihr

Oberursel von Osten, um 1908

Baugelände auf beigegebenen Karten verdeutlicht.

Daß darin auch Oberursel, einst die „industriellste Stadt" in Nassau, vertreten war, signalisierte den Beginn einer zumindest teilweisen Kehrtwende. Die beigefügte Karte zeigt, mit welcher Vehemenz das Vorhaben angegangen werden sollte. Mit Ausnahme des Urselbachtals, das als „von der Bebauung ausgeschlossenes Wiesental" ausgewiesen wurde, war die Kernstadt rings umgeben von Bauland. In Richtung Stierstadt sollte ein sehr großes „Landhausviertel für Villen" entstehen, in Richtung Bommersheim ein nicht minder großes „Landhausviertel für einfache Wohnhäuser". Positiv an dieser vorgesehenen Entwicklung

war, daß die vorhandenen Grünzonen, vor allem die Kastanienhaine, erhalten bleiben sollten, da sie zum Charakter der Gartenstadt Oberursel beitrugen.

Die Selbstdarstellung Oberursels im Jahr 1908 zeigt die Ideale der Zeit nach den Gründerjahren der Industrialisierung, in der den Taunusrandstädten zunehmend die Rolle zufiel, dem wachsenden Naturverlangen, unter anderem von Industriellen, zu entsprechen und gleichzeitig alle Bequemlichkeiten der modernen Zivilisation bereitzuhalten.

„In herrlicher, freier Höhenlage, aber durch das Gebirge vor rauhen Nordwinden geschützt, am Rande weithin sich erstreckenden Laub- und Nadelwaldes, mit entzückenden

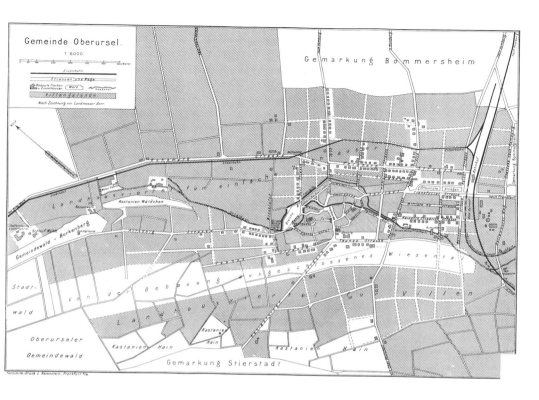

Karte „Gemeinde Oberursel", 1908. Baubestand und projektierte Baugebiete

Fernblicken ringsum, umgeben von einem Kranze lieblicher Villen – so bietet sich Oberursel dem Besucher dar…

In der Stadt wohnt eine rührige, gewerbefleißige Bevölkerung, in der besonders das Müller- und das Metzgergewerbe sich hervorragender Blüte erfreuen… So kommt es, daß Oberursel in den zwei wichtigsten Lebensbedürfnissen – Brot und Fleisch – vorzüglich versorgt ist. Die Preise dafür sind angemessen. Auch die übrigen Gewerbe sind gut vertreten und einer Landstadt von fast 7000 Einwohnern würdig. Wer von den Einwohnern dem Grundsatz huldigt, seinen täglichen Bedarf an dem Orte zu decken, an dem er wohnt, der dürfte bei gutem Willen in Oberursel keinen Anlaß zur Klage haben und nur selten in die

Notwendigkeit versetzt sein, auswärts zu kaufen.

Die Stadtverwaltung mit einem Bürgermeister und einem fünfgliedrigen Magistratskollegium an der Spitze sorgt für die Entwickelung Oberursels in moderner Richtung aufs beste. Die Schulen sind gut und ausreichend; neben den Bürgerschulen besteht eine Realschule für Knaben und eine höhere Mädchenschule. Die Erweiterung der Realschule zu einer vollberechtigten Anstalt wird erstrebt. Die Bevölkerung ist zu ungefähr 2/3 katholisch und 1/3 evangelisch. Eine kleine jüdische Gemeinde befindet sich ebenfalls in der Stadt und die Gründung einer deutschkatholischen Gemeinde ist im Gange. Die Stadt betreibt ein leistungsfähiges, nach neuesten Erfahrungen

271

Die Klinik Hohemark

1901–04 ließ Prof. Dr. Adolf Friedländer (1870–1949) auf der Hohen Mark – „inmitten dichter Wälder auf einer großen Waldwiese in einem etwa 125 000 qm großen Park" – eine Privatklinik für Nervenkranke „der besseren und höheren Stände" errichten. Die nach Entwürfen des Frankfurter Architekten Claus Mehs erbaute Klinik glich einer noblen Villa im Stil der Zeit um die Jahrhundertwende.[7] Prof. Friedländer vertrat die Ansicht, „daß Menschen mit seelischen Störungen in einer Atmosphäre der Geborgenheit, angepaßt an ihre sonstige Lebensform, behandelt werden müßten."

Im ersten Jahr nahm die Klinik 52 Patienten auf. Zu den Patienten aus dem In- und Ausland gehörten auch gekrönte Häupter. 1909 hielten sich in der Klinik die deutsche Kaiserin und Prinz Heinrich der Niederlande auf.

Um der gehobenen Klientel in der Waldeinsamkeit etwas Abwechslung zu bieten, wurden „stete Verschönerungen und Verbesserungen, wie die Anlage eines Lawn-Tennis-Platzes, einer Reitbahn, der Neubau einer japanischen Liegehalle u. a. mehr" vorgenommen. Seit 1905 konnten sich die Patienten in einer gedeckten Holzhalle mit Holzsägen beschäftigen. 1910 wurde der Bildhauer Ludwig Heid eingestellt, um den Patienten Unterricht zu erteilen.

1918 wurde die Klinik von französischen Truppen besetzt (bis 1919). Prof. Friedländer erkannte die Zeichen der für die „gehobenen Stände" unglücklichen Zeit und verkaufte die Privatklinik an die Stadt Frankfurt am Main, sehr zum Bedauern der Stadt Oberursel, die den Verlust einer „sehr guten Steuerquelle" beklagte.[8] Zunächst führte die Stadt Frankfurt die Klinik als offene Heilstätte für Nervenkranke des „gebildeten Mittelstandes" weiter. Obwohl die Klinik bei der neuen Klientel auf regen Zuspruch stieß, sah sich die Stadt Frankfurt schon 1921 zur Verpachtung an Dr. Friedrich Kalberlah gezwungen. Dieser leitete die „Kuranstalt" bis 1930. 1933 wurde die Klinik an den Deutschen Diakonieverband verkauft und wiedereröffnet. Unter der ärztlichen Leitung von Dr. Alfred Lechler und Dr. Kurt Spangenberg erhielt die Kuranstalt eine neue Ausrichtung; erstmals wurde eine psychosomatische Behandlung mit christlich fundierter Seelsorge verbunden. In diesem Bereich ist die Klinik Hohemark noch heute tätig.

erbautes Gaswerk und besitzt eine Hochdruck-Quellwasserleitung. Die meisten Häuser, vorab alle neuen, sind an die Leitung angeschlossen und so im Besitze eines vorzüglichen Trinkwassers. Außerdem steht eine Reihe öffentlicher Laufbrunnen zur Verfügung.

Die Verkehrsverhältnisse Oberursels dürften von keinem Vororte Frankfurts an Güte und Bequemlichkeit übertroffen werden. Der Sommerfahrplan weist in der Regel über 60 *Züge, darunter eine Reihe flotter Eilzüge nach beiden Richtungen auf, während im Winter immer noch ca. 50 Züge von und nach Frankfurt resp. Homburg laufen. Durch die sogenannte Bäderbahn ist direkte Verbindung mit dem Rhein und Wiesbaden geschaffen; den Verkehr nach dem beliebten Ausflugspunkte Hohemark, eine Stunde aufwärts am Fuße des Altkönigs gelegen, vermittelt eine Kleinbahn, welche zur Zeit zu einer elektrischen Straßen-*

_1911._

Hohe Mark b. Oberursel i. Taunus
Privatklinik

Privatklinik Hohemark, Ansichtspostkarte, 1911

bahn, die 20 Minutenverkehr nach Frankfurt bezweckt, umgebaut wird. Es ist im Besitze eines Postamtes mit Telegraphie und die Fernsprech-Anlage zählt über 100 Teilnehmer.

Prächtige Straßen und gutgehaltene Vizinalwege verbinden Oberursel mit seiner näheren und weiterer Umgebung, ein Dorado für den Sport. Dank der nahen Berge mit ihrem herrlichen Waldbestand – Oberursel besitzt allein 350 Hektar Wald – ist die Luft von großer Reinheit und Frische. Schattige und abwechslungsreiche Wege durchziehen die prächtigen, von Wild aller Art belebten Wälder. In der Nähe der Stadt befinden sich vier Kastanienhaine, Edelkastanien, wie sie im Taunus unübertroffen dastehen dürften. In dem etwa 10 Minuten oberhalb der Stadt beginnenden Wald, unmittelbar bei dem zur Erinnerung an den 100. Todestag des Dichter errichteten Schillerturme zweigen sich die Wege nach

allen Richtungen ab. Sie bieten entzückende Gelegenheit zu meilenweitem, stillem Wandern. Durch Aufstellung von Bänken an schönen Aussichtspunkten ist dem Ruhebedürfnis der Wanderer Rechnung getragen. Eine Reihe bescheidenen Ansprüchen genügender Wirtshäuser und Hotels sind vorhanden. Den durch eine Kleinbahn leicht erreichbaren, beliebten Ausflugspunkt Hohemark haben wir bereits erwähnt; daselbst befinden sich zwei Hotel-Restaurants mit großen, schattigen Gärten...

Landhäuser, nach den neuesten Anforderungen erbaut, sind in allen Preislagen zu mieten oder zu kaufen; meistens wird aber die Errichtung neuer Villen nach eigenem Geschmack vorgezogen. Hierzu sind mehrere leistungsfähige Baufirmen am Platze.

An Baugelände sind ausgezeichnete Lagen teils erschlossen, teils steht ihre Erschließung unmittelbar bevor....

273

Die Landhäuser des Georg Coste
(Oberhöchstadter Straße/An der Heide)

In einer zeitgenössischen Architekturzeitschrift veröffentlicht wurden die drei Landhäuser, die der Frankfurter Architekt Heinrich Laube für den in Oberursel lebenden Fabrikanten Georg Leopold Coste entwarf.[13] Eines der Häuser war als Wohnhaus für die siebenköpfige Familie Coste gedacht, das andere zum Verkauf vorgesehen.

1905 hatte Georg Coste in Oberursel Ackerland gekauft, um darauf die beiden Häuser errichten zu lassen. Sie wurden im Jahr 1906 fertiggestellt, und Georg Coste (geb. 1857 in Königsberg) zog 1906 mit seiner Familie aus Frankfurt am Main nach Oberursel. 1907 meldete er einen „Alleinvertrieb und Reklame von Zündhölzern" an. 1908 starb Georg Coste. 1910 verließ die Witwe Oberursel.[14] Die Häuser wurden danach verkauft. Das Wohnhaus ging 1914 an den Kaufmann E. F. . Hamburger über. In einer Hälfte des Doppelhauses Oberhöchstadter Straße 43 wohnte 1920 der Maler Rolf Winter, 1940 war es im Besitz von Heinrich Neckermann.

Die „Landhäuser stehen in dem Städtchen und Luftkurort Oberursel, am Fuße des Taunusgebirges und dicht bei dem Weltbade Homburg v.d. Höhe gelegen, in 20 Minuten von Frankfurt a.M. mit der Eisenbahn zu erreichen...

Alle drei Häuser zeigen den Barockstil und sind mit Aufwendung von verhältnismäßig reichen Mitteln im Inneren und im Aeußeren für Herrn Georg Coste daselbst hergestellt: Windfang mit Kupferdach, Wintergärten, Vertäfelungen, Parkettböden, Stuckarbeiten."

„Das freistehende vom Eigentümer bewohnte Haus enthält eine durch zwei Geschosse gehende Diele mit geschwungener Eichenholztreppe und an der Front nach der Oberhöchstadter Straße eine Votivtafel mit der Inschrift. „Einfach im Denken, Einfach im Tun". „Die Kosten des freistehenden Hauses berechnen sich einschließlich der großen und kostspieligen Einfriedigung, Kanalisation, Grundauffüllung, Gartenanlage, Abort- und Müllgruben sowie aller Nebenarbeiten, jedoch ohne Platz, auf 230 M pro qm bebaute Fläche, wobei Windfang und Veranda mit zur Fläche gerechnet sind."

Auf dem annähernd quadratischen Grundriß verteilen sich im Erdgeschoß das großzügig dimensionierte, mit einer barock schwingenden Treppe versehene Treppenhaus, das sich zu einer Diele öffnet und von dort aus in ein Empfangszimmer führt. Rechterhand sind das Wohnzimmer (mit „erhöhtem Sitz") und das Eßzimmer mit davor gelegener Veranda angeordnet. Auch die Treppe zur Veranda ist „barock" geschwungen. Links vom Treppenhaus sind zwei „Bureaus" angeordnet. Durch einen schmalen Winkelgang hiervon getrennt liegt die Küche mit daran anschließendem (Dienst-) Mädchenzimmer; beide mit Befensterung der Seitenfront. Ein Fenster zum Garten weist das zwischen Mädchenzimmer und Veranda angeordnete Bad auf.

Im Ober- (= Dach-)Geschoß befinden sich ausschließlich Schlafzimmer für Eltern, Söhne und Töchter sowie zwei Fremdenzimmer.

Villa Coste, um 1907

Ein Blick auf den Plan zeigt, daß die offenen, d.h. im Villencharakter erbauten Straßen der Außenstadt noch sämtlich Baulücken aufweisen, die Gelände für jeden Geschmack und für jedes Vermögen bieten. Beim Bahnhof beginnend, sei für diejenigen, die auf rasche Verbindung mit Frankfurt Wert legen, das Gelände südlich des Straßenzuges (diesen inbegriffen) Liebfrauenstraße-Oberhöchstadterstraße genannt. Wer einige Minuten nicht scheut, kann bis zu dem Straßenzug Homburgerstraße – Marktplatz – Königsteinerstraße gehen. Weite Entfernungen im eigentlichen Sinne weist das Villen- bezw. Landhausgelände aber nirgends auf. Die entlegendsten Villen, von der Bahn aus gerechnet, befinden sich z.Zt. an der Altkönigstraße etwa in Höhe der Südwestspitze des „Kastanien-Wäldchens" und sind vom Bahnhof in ca. 20 Minuten zu erreichen.

Was nun die Lage des Geländes anlangt, so ist zu bemerken, daß fast von allen Punkten freie Aussicht nach der Main- und Nidda-Ebene, nach dem Gebirge oder nach dem Walde besteht. Naturgemäß bietet der als Landhausviertel für Villen bezeichnete Teil abwechslungsreichere Blicke, als das an der

Lokalbahn gelegene Viertel für einfachere Landhäuser. Dieses hat dafür den Vorzug freierer Lage und bequemerer Erreichbarkeit, da die entfernteren Grundstücke Haltestellen der genannten Kleinbahn sind. An der besonderen Eigentümlichkeit Oberursels, daß nach heißen Sommertagen am Abend regelmäßig ein erfrischender Wind vom Gebirge her sich fühlbar macht, nehmen beide Villenlagen gleichen Anteil.

Jede gewünschte Auskunft wird bereitwilligst durch den Magistrat erteilt, bei welchem auch die Fluchtlinienpläne und Bauvorschriften eingesehen werden können. Endlich bleibt noch anzuführen, daß auch die günstigen Steuerverhältnisse – die Stadt erhebt nur 101% der staatlich veranlagten Einkommensteuer – Oberursel als Landaufenthalt besonders empfehlen."[11]

Nach wenigen Jahren konnte man in einem Oberursel-Führer lesen: „Es hat lange gedauert, bis die Erfahrung sich herausbildete, daß hier angenehm zu leben und schön zu wohnen sei. Nachdem aber einmal der Bann gebrochen und die Erkenntnis hiervon allgemeiner geworden war, ging die Entwicklung zur „Gartenstadt" mit starken Schritten vorwärts, und so präsentiert sich Oberursel nunmehr in doppeltem Gewande, zur Hälfte als lebhafter Industrieflecken, zur anderen als ruhiger, beschaulicher, behaglicher Landhausort."[12]

Durch den Zuzug veränderte sich langsam die Bevölkerungsstruktur. Um den Stadtkern, in dem die Einheimischen, die „alten Orscheler" lebten, legte sich ein Kranz von Villen und Landhäusern, die Wohngebiete der Neubürger. Es handelte sich vorzugsweise um wohlhabende Städter, Fabrikanten, Direktoren, führende Persönlichkeiten in Wissenschaft und Kunst[13], die sich in Oberursel zum Teil sehr prächtige Häuser erbauen ließen.

Hans Thoma und Oberursel[18]

Seit 1977 erinnert die Hans-Thoma-Gedächtnisstätte im Vortaunusmuseum daran, daß der Maler Hans Thoma (1839–1924) in vier Jahren seines Lebens (1894–1898) den Sommer in Oberursel verbrachte. Der gebürtige Schwarzwälder hatte nach Studienzeiten in Karlsruhe, Düsseldorf und Paris 1877 durch Malerfreunde den Weg nach Frankfurt gefunden. In dem kunstsinnigen Arzt Dr. Otto Eiser fand Thoma einen Förderer und Sammler. „Erst nach 17 Jahren fleißiger und schöpferischer Tätigkeit in Frankfurt konnte Hans Thoma es sich finanziell leisten, die Sommermonate in Oberursel zu verbringen und sich dort ein Häuschen am Stadtrand mit dem Blick in den Maasgrund und weiter in die Mainebene zu mieten" (W. Kramer). Es war das Haus Taunusstraße 9. Später mietete Thoma eine Wohnung in der Taunusstraße 36 (jetzt Altkönigstraße 20); 1926 wurde an dem Haus eine Gedenktafel angebracht.[19]

Die Stadt am Taunusrand war für Thoma, der das Stadtleben wenig schätzte, ein Refugium. Er selbst sprach einmal von seiner „Oberurseler Kur", die ihn für künftige Arbeit stärke. Doch war Thoma in Oberursel keineswegs untätig. Ob im Hühnerhof, im Kastanienhain oder einfach nur beim Blick aus dem Fenster ließ sich der Maler zu einer Reihe von Zeichnungen, Gemälden (z.B. „Sommer in Oberursel", „Blick durchs offene Fenster"; „Bildnis der Frau Cella") und Lithographien („Kastanienhain in Oberursel") inspirieren. In der Oberurseler Werkstatt des Häfners Josef Borzner kam Thoma auch auf den Gedanken, „ganz in primitiver Art Teller und Gefäße zu verzieren"; mit dem Ergebnis, daß er wenige Jahre später, in sein Heimatland Baden zurückgekehrt, die Karlsruher Majolikamanufaktur ins Leben rief.

Thomas Kontakte nach Oberursel reichten über seinen letzten Aufenthalt im Jahr 1898 hinaus, denn es verband ihn eine Altersfreundschaft mit der hier lebenden Dichterin Frances Grun. 1922 gründete die Tochter des Frankfurter Thoma-Sammlers Eduard Küchler zusammen mit Dr. J. A. Beringer die Hans-Thoma-Gesellschaft und vereinigte in ihrem Elternhaus in Frankfurt die Sammlungen Eiser und Küchler, die später an das Städel übergingen.

Nach seinem Tod sorgte die Tochter des Frankfurter Thoma-Sammlers Eduard Küchler, Sofie Bergmann-Küchler, dafür, daß Thomas Skizzenbuch aus der Oberurseler Zeit an den Ort seiner Entstehung zurückkehrte; es ist heute in der Hans-Thoma-Gedächtnisstätte zu bewundern. Auf Frau Bergmann-Küchler ging auch die erste Einrichtung der Hans-Thoma-Gedächtnisstätte im Historischen Rathaus, 1956, zurück, für die sie Werke aus der Sammlung Eiser-Küchler stiftete. 1977 zog die durch Marianne Broeker-Liss neu gestaltete Gedächtnisstätte in einen Flügel des Anwesens Marktplatz 1 an der Schulstraße 22a und wurde Teil des Vortaunusmuseums.

Die Stadt tat alles, um die Ansprüche dieser ländlichen Städter und Frankfurt-Pendler zu erfüllen. Das Schulwesen blühte, es gab eine öffentliche Bibliothek, es wurde ein Ausschuß für Volksvorlesungen gegründet (ein Vorläufer der Volkshochschule), und es gab schon 1903 einen „Kinematographen".[16] Auf die Frage „Wie sind die Gesel-

„Kastanienhain in Oberursel", Lithographie von Hans Thoma, 1894

ligkeitsverhältnisse?" erhielt man die Antwort: „Das Casino veranstaltet Geselligkeitsabende, Bälle, Vorlesungsabende usw. ... Wer Sportfreuden huldigt, kann einem Eis-, Fußball-, Kegel-, Tennis-Klub, einem Turnverein (auch für Damen), Schützen-, Gesangverein usw. beitreten... Bezüglich der Hotels, Gasthäuser, Läden usw. verweisen wir auf das „Oberurseler Verkehrsbuch," das von der Verkehrskommission des Taunusklubs herausgegeben und an alle Interessenten unentgeltlich verabfolgt wird."

Die Neubürger veränderten Oberursel auch hinsichtlich der konfessionellen Zusammensetzung. Das „katholische" Oberursel erhielt vermehrt protestantischen Zuwachs, der den Bau einer neuen evangelischen Kirche dringlich erscheinen ließ. Es war die letzte architektonische Leistung Oberursels vor dem Krieg. Gleichzeitig markierte der Bau den Abschluß des Ansiedlungsprogramms Ritter v. Marx', das durch den Krieg ins Stocken kam und danach in dieser Form nicht wieder aufgenommen wurde.

Die evangelische Christuskirche wurde nach Plänen der Karlsruher Architekten Curjel und Moser erbaut.[20] Dieses Team war unter anderem im Villenbau sehr aktiv und bekannt für „die Anknüpfung an die Tradition des landschaftlichen Hausstils auf den heutigen Wohnhausbau". Auf dem

277

Neue Evangelische Kirche, Ansichtspostkarte,
um 1915

Gebiet des Kirchenbaus waren sie hervorge-
treten mit der Planung der Karlsruher
Lutherkirche und der protestantischen Ni-
kolaikirche in Frankfurt. Mit dieser Frankfurter Kirche, einem Zentralbau mit vier in
sich verbundenen Emporen und amphi-
theatralischer Anordnung des Gestühls hat
die Oberurseler Christuskirche viele Ge-
meinsamkeiten, z.B. den quadratischen
Turm in nüchternen Formen, den klaren
Blockbau des Kirchenschiffes, die Gestaltung des Vorbaus und die Konzeption der
großen Rundbogenfenster. Gegenüber dem
noch stärker an historischen Vorbildern
orientierten Bauwerk in Frankfurt zeichnet
sich die Christuskirche in Oberursel aber
durch die klare Sachlichkeit der neoklassizi-
stischen Bauweise aus.[21]

1913 setzte sich die Oberurseler Stadtverordnetenversammlung aus 24 Personen zusammen. Davon waren 4 Sozialdemokraten. Zwei Jahre zuvor, 1911, war die Stadt-
verordneten-Versammlung zu einem Drittel
mit Sozialdemokraten (8 Personen) besetzt
gewesen und hatte damit im Obertaunuskreis absolut an der Spitze gelegen: In Friedrichsdorf und in Königstein gab es gar keine,
in Kronberg und Homburg je einen Sozialdemokraten in der Stadtverordnetenversammlung.[22] Die Entwicklung war rasant
verlaufen: 1878 soll es in Oberursel erst fünf
„Socialdemocraten"   gegeben   haben.[23]
Nach Einschätzung von Bürgermeister Füller ließ die Situation im Jahr 1913 nicht auf
einen   „Rückgang   der   sozialdemokratischen Bewegung" schließen, sondern auf
den Zusammenschluß aller bürgerlichen
Parteien.[24]

1913 fand die Maifeier der Sozialdemokraten auf der Portewiese statt. Die „Volksstimme" berichtete: „...In Oberursel war
der Festplatz die Portewiese, von 1000 bis
1500 Teilnehmern gefüllt, die aber leider
auch durch das unbeständige kühle Wetter,
recht frühzeitig den Platz verließen. Ge-
nosse Gräf hatte hier die Festrede übernommen und verstand es, die etwas frostige Stim-

Große öffentliche

Wähler-Verſammlung
zu Oberurſel.

Dienstag, 22. Januar, abends 8 Uhr im Saale „Zur Kaiser-Eiche"

Redner: Landgerichtsrat **Itſchert** Frankfurt der bisherige Vertreter unſeres Wahlkreiſes.

Rechtsanwalt **Scheyda-Homburg v. d. H.**

Zu zahlreichem Beſuche ladet freundlichſt ein

Das Wahlkomitee der Zentrumspartei.

Heinrich Verlebach, Oberurſel.

Aufruf zu einer Wählerversammlung der
Zentrumspartei, 1907

Wahlrechtskundgebung auf der Bleiche am 6.3.1910

mung in ausgezeichneter Weise anzuregen."[25]

Die erste Maifeier in Oberursel hatte vermutlich 1892, zwei Jahre nach der ersten Maifeier im Obertaunuskreis, in einem Saal der Brauerei Messerschmidt stattgefunden.[26] Im Jahr 1900 wurde die Maifeier in Oberursel von der Polizei aufgelöst, unter anderem wegen der – nach dem Preußischen Vereinsgesetz verbotenen – Teilnahme von (zwei) Frauen.[27]

Zu heftigen Auseinandersetzungen kam es zwischen der sozialdemokratischen und der Zentrumspartei vor den Wahlen zum Reichstag 1907.[28]

1906 wurden in Oberursel sechs Persönlichkeiten mit „führender Stellung" in der sozialdemokratischen „Bewegung" namhaft gemacht. An erster Stelle Richard Wick, „Schlosser und Konsum-Lagerverwalter, Homburgerstr. 2, als Bezirksleiter (jetzt Stadtverordneter)".[29] Richard Wick (1872–1924) war die markanteste Persönlichkeit der ersten Sozialdemokraten-Generation in Oberursel. Er war langjähriger Vorsitzender des Ortsvereins Oberursel der SPD (1900–1924). 1905 wurde er noch unter den erschwerenden Bedingungen des Zensuswahlrechts in das Oberurseler Stadtparlament gewählt. Von 1906 bis 1914 gehörte er dem Kreistag Höchst-Homburg-Usingen an. In den Jahren 1924-29 war Wick Stadtverordnetenvorsteher in Oberursel, 1930 wurde er zum Beigeordneten gewählt. 1933 enthoben ihn die Nationalsozialisten aller Ämter. 1946–48 kam Wick noch einmal in das Stadtparlament. 1947 wurde Richard Wick der Titel des Stadtältesten verliehen.[30]

Neue Evangelische Kirche mit Lazarettbaracke, um 1918

Erster Weltkrieg

Die positive Entwicklung Oberursels wurde jäh unterbrochen durch den Ausbruch des Weltkrieges im August 1914. Zunächst löste das Ereignis, hier wie andernorts, „hohe Begeisterung" aus.[31] Allerdings fanden „die vielen, früher öfter beklagten Lustbarkeiten mit einem Schlag ein Ende", die Kirchweih und selbst die 450-Jahrfeier des Schützenvereins wurden ausgesetzt; „die Gotteshäuser fanden sehr starken Zuspruch".[32]

Am 1.9.1914 wurde in der Mädchen-Volksschule ein „Königliches Reserve-Lazarett" eröffnet. Tags darauf wurden 62 Verwundete darin untergebracht. Der zur Verfügung stehende Raum erwies sich bald als zu gering. Deshalb baute man im Oktober 1914 bei der Evangelischen Kirche an der Oberhöchstadter Straße eine Lazarettbaracke. Seit November 1914 benutzte man außerdem das katholische Vereinshaus, eine festgefügte Holzbaracke, als Lazarett für 20 Betten.[33] Bis zum Jahresende wurden insgesamt 189 Verwundete in Oberursel gepflegt.[34] 1915 wurde die Turnhalle als Lazarett für 90 Verwundete eingerichtet. 1916 erreichte die Zahl der in diesen Lazaretten untergebrachten Kranken und Verwundeten die Höhe von 836.[35]

Große Verdienste um die Versorgung Bedürftiger, z.B. in den Lazaretten und in der „Kriegsküche", erwarb sich der 1904 gegründete Zweigverein des Vaterländischen Frauenvereins.[36]

280

Bereits 1915 trat („durch die lange Kriegsdauer") Teuerung und Mangel an Lebensmitteln ein.[37] 1916 wurden Lebensmittelkarten eingeführt.[38] Die Not wurde jedoch immer größer.

Hinzu kam, daß seit Kriegsbeginn außer der ansässigen Bevölkerung noch eine große Zahl weiterer Personen ernährt werden mußten. Dazu gehörten die zur Ausbildung in der Fliegerschule der Motorenfabrik nach Oberursel gekommenen Flieger, die zunächst „bei den wohlhabenderen Familien mit Verpflegung einquartiert" wurden. Die Zahl der einquartierten Flieger belief sich bis zum Jahresende 1914 auf 949.[39] Erst 1916 wurde der Saal des Gasthauses „Zur Rose" als Fliegerkaserne eingerichtet, „und die Bürger waren somit von der Einquartierungslast befreit".[40]

Dagegen stieg die Zahl der nach Oberursel ziehenden Arbeiter bis Kriegsende ständig an.[41] Denn: „Immer mehr ist die Anpassung der gesamten Industrie an die Kriegsverhältnisse durchgeführt und vervollkommnet sich von Tag zu Tag".[42] Die zu Kriegsbeginn stillgelegten Fabriken kamen 1915/16 wieder in Gang und produzierten größtenteils für „Heeresbedarf". Unter Personalmangel litten alle, obwohl beispielsweise die Motorenfabrik ihre Belegschaft während des Krieges mehr als verfünffachte.[43]. In dieser Situation forderten die großen Betriebe, aber auch die Stadt, immer wieder Kriegsgefangene als Arbeiter an. Zeitweise waren mehr als 200 Kriegsgefangene (Russen, Franzosen) in Oberursel.[44]

Begehrte Arbeitskräfte waren nun auch Frauen. Die Hartpapierwarenfabrik Hohemark stellte 1915 wiederholt den Antrag, zum Zweck der Erfüllung kriegswichtiger Aufträge 60 Frauen in Nachtarbeit beschäftigen zu dürfen, was gestattet wurde, da die „Beschaffung geeigneter männlicher Arbeiter mit jedem Tag" schwieriger wurde.[45] Die Motorenfabrik, die Flugmotoren für das Heer produzierte, klagte am 22.5.1915, daß ihr „von den uns nach der Mobilmachung gebliebenen Leuten seit Kriegsausbruch bereits wieder 29 unserer Specialarbeiter im militärpflichtigen Alter von 20 Jahren zu den Waffen einberufen worden" seien. Deshalb wollte man Frauen und Mädchen zur Verrichtung „ganz leichter Arbeiten" einstellen.[46] Die Schuhmaschinen-Fabrik Spang & Brands stellte während des Krieges Preßstahlgranaten her, wofür 40 Arbeiterinnen in Tag- und Nachtschicht eingestellt wurden.[47] Im Mai 1916 übernahm die Maschinenfabrik Helfrich & Offner von Krupp in Essen die Bearbeitung von Granaten für den Heeresbedarf, was die Einrichtung von Nachtschichten für 60 Arbeiterinnen sowie die Beschäftigung Jugendlicher nach sich zog.[48] 1917 beschäftigten besonders viele Firmen Frauen in Nachtarbeit. Die Gerberei-Maschinenfabrik Turner war im Krieg in eine „leichte Sprengminenfabrik" umgewidmet worden, die im Februar 1917 Bedarf an 60–120 Arbeiterinnen anmeldete.[49] Die Maschinenfabrik Helfrich & Offner war einen Vertrag mit der Kgl. Geschützgießerei Spandau eingegangen; zu seiner Erfüllung mußten 100 Arbeiterinnen in Tag- und Nachtarbeit eingestellt werden.[50] Die „Neue Industrie Werke GmbH Oberursel" stellten im Krieg, wie im Frieden, Fahrzeugkühler her. Um den „vermehrfachten" Bedarf zu decken, stellte auch dieser Betrieb im August 1917 Arbeiterinnen in Nachtarbeit ein.[51] Selbst ein kleiner Betrieb, wie die Maschinenfabrik Ferdinand Beissinger, beschäftigte 1917 in Nachtarbeit 15 Frauen.[52]

Als der Krieg im November 1918 endete, betrugen die von der Stadt geleisteten

Arbeiter-Demonstration, 9.11.1918

Kriegslasten mehr als 440.000 Mark.[53] Es hatten 1600 Männer aus Oberursel an diesem Krieg teilgenommen.[54] Am 12.10.1930 wurde das von Lina von Schauroth geschaffene Ehrenmal an der Evangelischen Kirche eingeweiht. Es hat die Form einer mosaizierten Säule und trägt die Namen von 225 „für das Vaterland" gestorbenen Oberurselern.[55]

Die Revolutionsbewegung nach Kriegsende wirkte sich auch in Oberursel aus. Am 8.11.1918 zogen etwa 1000 Arbeiter zum Stadthaus. Sie verlangten die Abdankung des Kaisers und die Einführung der Republik, außerdem für die Bevölkerung eine bessere Versorgung mit Nahrungsmitteln, insbesondere mit Fett.[56] Nachdem eine Kommission eingesetzt worden war,

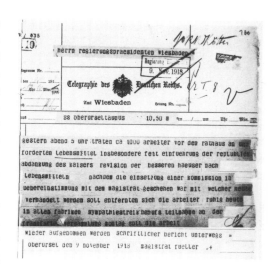

Telegramm-Bericht des Magistrats über die Arbeiter-Demonstration vom 9.11.1918

entfernten sich die Arbeiter „ruhig". Am 9.11.1918 fanden in allen Fabriken Sympathiestreiks für die Arbeiterversammlung in Frankfurt statt. An diesem Tag erreichte den Regierungspräsidenten in Wiesbaden die telegraphische Mitteilung des Magistrats, daß „nach mitteilung der motorenwerke die mannschaften der fliegerschule der aufstandsbewegung sympathie entgegen" brachten.[57]

Am 11.11.1918 beteiligten sich etwa 2000 Personen an einer Massenkundgebung auf dem Marktplatz. Der Magistrat hatte die Republik anerkannt, und es war ein Arbeiter- und Soldatenrat gegründet worden.[58] Der aus sechs Personen bestehende Soldatenrat wurde am 12.12.1918 wieder aufgelöst, da Soldatenräte in der neutralen Zone nicht geduldet wurden. Der Arbeiterrat regelte das Geschehen in der Stadt noch 1919.[59] Als im November 1919 die Errichtung einer bewaffneten Einwohnerwehr zur Debatte stand, reagierte der Arbeiterrat mit Empörung. Diese Maßnahme sei nur scheinbar gegen Plünderer und Räuber, in Wahrheit aber „lediglich gegen die Arbeiterschaft gerichtet". Weiter hieß es: „Bis jetzt herrschte stets in Oberursel Ruhe und Ordnung. Sollten einmal wider Erwarten Plünderer in Oberursel Einkehr halten, so ist die organisierte Arbeiterschaft Manns genug, denselben das Handwerk zu legen. Nur durch die Errichtung einer Einwohnerwehr ist die Ruhe und Ordnung in Oberursel gefährdet".[60]

Als die Alliierten den Brückenkopf Mainz besetzten, wurde Oberursel am 18.12.1918 zur neutralen Zone erklärt und damit als eine von wenigen Städten des Obertaunuskreises nicht besetzt (mit Ausnahme der Hohemark[61] und der „Kanonenstraße"). Da sie dem Brückenkopf Mainz am nächsten lag, wurde die Stadt in der Silvesternacht 1918/19 Schauplatz eines Feuerwerks besonderer Art: es wurden „die aus dem Weltkrieg übrig gebliebenen Kartuschen, Munition etc. verfeuert und dadurch der ganze Brückenkopf in Bereitschaft versetzt".[62]

Die Zwanziger Jahre

Die Rückkehr zum Frieden bedeutete auch Abrüstung und damit für die meisten Oberurseler Industriebetriebe die Notwendigkeit der Umstellung. Dabei war die Beschaffung von Rohmaterial ebenso problematisch wie der Anstieg der Preise und der Löhne für die nun zu zahlreichen Arbeiter. Die Zahl der Erwerbslosen stieg. 1919: „Fast alle Werke sehen mit Sorgen in die Zukunft".[63] 1920 sank der Wert des Papiergeldes weiter.

Nach einer kurzfristigen Beruhigung auf dem Arbeitsmarkt im Jahr 1922 führte die Besetzung des Ruhrgebiets zu einer dramatischen Veränderung. Die Zahl der „Hauptempfänger" von Erwerbslosen-Fürsorge stieg von 4 im Januar 1923 auf 388 im November 1923, die der „Zuschlagpersonen" von 3 auf 367 und die der Kurzarbeiter von 0 auf 280.[64] Es wurden in großem Umfang Notstandsarbeiten, vor allem im Straßenbau, ausgeführt.[65]

Die Inflation ging ihrem Höhepunkt entgegen. Im August und im September 1923 gab die Stadt Oberursel Wertgutscheine in Millionenhöhe aus, die einen Monat gültig waren. Der auf 10 Millionen Mark ausgestellte Schein vom 21.9.1923 mußte bereits vor Ablauf dieses Zeitraum aufgestockt werden: auf 50 Milliarden Mark. Auch Oberurseler Betriebe (z.B. Süddeutsche Drillmaschinen-Werke; Stadermann) gaben Geld-Wertgutscheine aus.[66] Darüber hinaus gingen einige von ihnen dazu über, ihre Mitarbeiter in „wertbeständigen" Natural-Gutscheinen zu entlohnen. Bekannt sind die Fett-, Brot- und Fleischkarten der Lederfabrik Stadermann, mit denen in Oberurseler Lebensmittelgeschäften wertstabil eingekauft werden konnte.[67] Auch die Lederfabrik Rowold händigte ihren Mitarbeitern solche Gutscheine aus.[68]

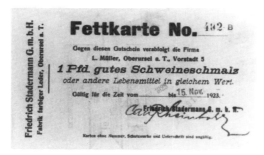

Lebensmittel-Gutschein der Lederfabrik Stadermann, 1923

1924 trat in den Betrieben eine dramatische Verschlechterung der Auftragslage ein.[69] Am 31.5.1924 schrieb die Firmenleitung der Taunus Schuhmaschinenfabrik: „Die Zuspitzung der allgemeinen ungünstigen Wirtschaftslage und die dadurch hervorgerufene katastrophale Geldknappheit hat bei uns Zustände geschaffen, die eine Aufrechterhaltung des Betriebes zur Unmöglichkeit machen". 26 Arbeiter (von 54) und 7 Angestellte (von 25) wurden fristlos entlassen.[70] Zum 1.8.1924 mußte die Motorenfabrik die Arbeitszeit auf 32 Wochenstunden herabsetzen, wegen finanzieller Schwierigkeiten und Mangel an Aufträgen. Die vollständige Betriebsstillegung schien unvermeidlich.[71] Auch die „Neuen Industrie-Werke" setzten Kurzarbeit von 24 Stunden pro Woche an, entließen elf Hilfsarbeiter und erklärten, sie seien „auf die

Dauer nicht mehr imstande, Löhne und Gehälter aufzubringen".[72]

Die wirtschaftlichen Verhältnisse förderten radikale Tendenzen, und es kam in den 1920er Jahren immer wieder zu Unruhen.[73]

Am 4.7.1922 fand auf dem Marktplatz eine Demonstration statt, „an welcher sich ca. 2000 Personen der 3 sozialistischen Parteien beteiligten". Danach kam es zu Ausschreitungen: „Die Teilnehmer zogen durch mehrere Strassen der Stadt. Sie begaben sich zunächst vor den Stadtturm (katholische Kirche), erbrachen hier die Eingangstüre und läuteten die Glocken. Der dortselbst aufgestellte Polizeibeamte musste der Gewalt weichen resp. war der Menschenmasse gegenüber machtlos. Sodann begab sich der Zug nach der Oberrealschule und dem Lyzeum, wobei in der Aula der Oberrealschule bereits aus dem Rahmen herausgenommene Bilder des Kaisers Wilhelm I., des Kaisers Friedrich III. und des Kaiser Wilhelm II. mitgenommen und auf der Strasse vernichtet wurden, während im Lyzeum Augusta Viktoria, 1 Kaiserin- und Kronprinzessinbild aus dem Rahmen herausgenommen und auf der Strasse verbrannt wurden." Die Täter wurden angezeigt.[74]

1923 wurde ein dem Christlichen Gewerkschaftskartell angehörender Arbeiter durch die Kollegen aus dem Betrieb gedrängt, weil sie in diesem „nur eine Organisation" duldeten. Im Zeugnis des Arbeitsgebers wurde ausdrücklich betont: „Mit seiner Leistung und Führung waren wir zufrieden. Sein Austritt erfolgt deshalb, weil die gesamte Belegschaft sich weigert, mit K. zusammenzuarbeiten." Die christliche Gewerkschaft stellte sich hinter ihren „terrorisierten Kollegen".[75]

Feindselig standen sich die links- und rechtsradikalen Parteien gegenüber. Es wurde vermutet, daß „jeden Abend sowohl von linker als auch rechts stehender Seite 2 bis 3 Mann durch die Stadt spazieren gehen und forschen, spekulieren, ob von gegnerischer Seite irgend etwas geschieht." Eine gewisse Rolle scheint die Turnhalle gespielt zu haben; in Polizei-Anzeigen hieß es mehrfach, von dort gingen Blitzlicht oder elektrische Lichtzeichen aus.

1925 wurde während einer deutschnationalen Hindenburgfeier im Schützenhof ein Schuß abgegeben, der bei den vor dem Gasthaus stehenden Arbeitern (ungefähr 50–60 Mann) „große Erregung" hervorrief.

Seit Kriegsende herrschte in Oberursel eine steigende Wohnungsnot. 1922 wurden 289 Wohnungen gesucht.[76] Doch kam man in der ersten Hälfte der zwanziger Jahre, aus Mangel an Mitteln, nicht über bescheidene Ansätze zum Wohnungsbau hinaus.[77] Noch 1927 war man stolz darauf, den ehemaligen städtischen Bullenstall in der Schulstraße zu Wohnungen für „unbemittelte Wohnungssuchende" ausgebaut zu haben.[78] Mit derartigen Maßnahmen aber war das vor allem nach der Aufhebung der Wohnungszwangsbewirtschaftung große Problem nicht zu lösen.

1928 legte die Stadt die Denkschrift „Das Wohnungsbauprogramm der Stadt Oberursel" vor.[79] Damals hatte Oberursel 8563 Einwohner, denen 2136 Wohnungen zur Verfügung standen. Davon waren 128 Wohnungen nach 1918 erbaut worden. Jetzt sollte das Tempo der Neubauten gesteigert werden, und zwar in Zusammenarbeit mit Baugenossenschaften. Von der seitherigen Bauweise – in Einzelhäusern – wollte man möglichst abgehen und „zur Befriedigung eines Massenbedürfnisses", größere Gruppen von mehrgeschossigen Reihenhäusern errichten.

1927 hatte die Süwag Vorschläge für eine Bebauung des ehemals Rinz'schen Geländes an der Hohemarkstraße vorgelegt. 100–120 Wohnungen sollten hier entstehen.[80] Schon im darauf folgenden Jahr standen die Rohbauten. „Die Häuser sind als Reihenhäuser erstellt und bilden zwei Quadrate, die jeweils nach einer Seite offen sind. Es sind hier Zwei- und Drei-Zimmerwohnungen gebaut worden, die zum Teil mit oder ohne Badeeinrichtungen versehen werden. Auch hier kann man feststellen, daß vor allen Dingen darauf Rücksicht genommen worden ist, unter möglichst günstigen Bedingungen vorteilhafte Wohnungen zu erstellen". Als besonderen Erfolg wertete Bürgermeister Horn, daß die schlüsselfertige Herstellung der Bauten der „Oberurseler Gemeinnützingen Handwerker-Baugenossenschaft", einem Zusammenschluß der lokalen Handwerker, übertragen worden war. Der Komplex erhielt den Namen „Siedlung Glöcknerwiese".

Vier Bauvorhaben, von denen drei verwirklicht wurden, unterbreitete die Gagfah (Gemeinnützige Aktien-Gesellschaft für Angestellten-Heimstätten) 1928/29.[81] An der Straßenbahn-Haltestelle „Bommersheim" (Gattenhöferweg) wollte man 80 Eigenheime, vorwiegend für Oberurseler Angestellte, errichten. Am Oberhöchstadterberg („in landschaftlich bevorzugter Lage") weitere Wohnungen für leitende Angestellte aus Frankfurt. Später folgen sollten 15–20 Wohnhäuser zwischen Hohemarkstraße und „Urselwiesen" sowie ein nicht genauer bezeichnetes Projekt mit 100 Wohnungen.

Es zeigte sich, daß es nicht nur um die Linderung der Wohnungsnot in der Stadt ging. Vielmehr war die Stadt interessiert, die

Siedlung „Glöcknerwiese", um 1930

Siedlung „Im Setzling", 1933

„Umsiedlung" von Städtern nach Oberursel zu fördern, ähnlich wie es vor dem Krieg Landrat von Marx vorgeschwebt hatte, jedoch in der Durchführung den Zeitverhältnissen angepaßt. Dadurch, so hoffte man, würden sich „die allgemeinen Lasten auf eine größere Zahl von Einwohnern verteilen und für den Einzelnen erträglicher sein".

Denn: „Die kommunalen Einrichtungen der Stadt sind auf eine weit größere Einwohnerzahl zugeschnitten".[82]

Die Einwohnerzahl Oberursels sollte sich gegen Ende der zwanziger Jahre noch auf andere Weise erhöhen. 1929 fiel endlich eine Entscheidung von historischer Bedeutung, auf die man 15 Jahre lang hatte warten müssen: die Eingemeindung von Bommersheim nach Oberursel. 1913/14 waren erste Verhandlungen aufgenommen worden, die scheiterten. 1922 lehnte Bommersheim erneut entschieden ab. Insbesondere die Frage der baulichen Entwicklung führte beide Gemeinden 1925 wieder an den Verhandlungstisch. Obwohl man zu der „festen Überzeugung" kam, daß die Interessen der Einwohner nur durch eine Vereinigung gewahrt werden könnten, kam es nicht zur Unterschrift unter den schon vorliegenden Eingemeindungsvertrag.[83] Für Oberursel wurde die Lösung der Eingemeindungsfrage immer dringlicher. Die Möglichkeiten der baulichen Ausdehnung nach Süden/Südosten verband sich mit dem Aspekt der steuerlichen Vorteile für Bauvorhaben in Bommersheim. Nach zähem Ringen kam es zum 1.10.1929 endlich zur „Vereinigung der Landgemeinde Bommersheim mit der Stadt Oberursel". Ausschlaggebend war für Bommersheim die Aussicht auf eine Wasserleitung für alle Häuser, auf den Bau einer modernen Straße und auf den Ausbau der Volksschule zu einer achtklassigen Schule.[84]

Die Jahre der Herrschaft des Nationalsozialismus

Schon 1938 schilderte ein Parteimitglied die Geschichte der NSDAP in Oberursel bis zu diesem Zeitpunkt in aller wünschenswerten Genauigkeit.[1] Danach gab es bereits 1923 nationalsozialistisch eingestellte Menschen in Oberursel, die sich zunächst dem judenfeindlichen Bund „Wiking" anschlossen, dem sie aber bald vorwarfen, den „Kampf gegen das Judentum nur lässig" zu führen.

Am 11.3.1925 fand im „Adler" eine öffentliche Versammlung der Nationalsozialistischen Arbeiterpartei statt. Sie wurde von ungefähr 50 Personen („hauptsächlich Hakenkreuzlern") besucht; „die Rede des Referenten bestand nur aus Anwürfen gegen das Judentum".[2] Am 21.7.1925 soll die Ortsgruppe Oberursel der NSDAP im „Adler" gegründet worden sein. Der Erfolg blieb aus, die Versammlungen der jungen NSDAP wurden so schwach besucht, daß sich die Ortsgruppe schon ein Jahr später auflösen und das Parteilokal „Adler" räumen mußte. Noch 1928 konnten die Nationalsozialisten in Oberursel „nur einen geringen Erfolg" vorweisen und wurden deshalb 1929 der Ortsgruppe Homburg angegliedert. Doch kam es schon am 1.12.1929 zur Neugründung der NSDAP-Ortsgruppe, und „in verschärftem Kampfe begann nun auch in Oberursel ein rascher Anstieg der nationalsozialistischen Bewegung".

Im Juli 1932 kam es bei einer Demonstration der Nationalsozialistischen Arbeiterpartei zu Auseinandersetzungen, bei denen Demonstranten verletzt worden sein sollen.[3]

Bei der Reichstagswahl 1930 gelang der NSDAP in Oberursel ein Wahlerfolg, den sie bis 1932 noch verdoppeln konnte (26,5%).[4]

Bei der Kommunalwahl im März 1933 wurde die NSDAP die stärkste Partei, doch lag der prozentuale Anteil in Oberursel (34,6%) weit unter demjenigen im Reich (43,9%). Von 21 Mandaten gingen 8 an die NSDAP, 5 an das Zentrum, 3 an die SPD, 2 an die KPD und 3 an sonstige Wählergemeinschaften.[5]

Als sichtbares Zeichen der „Machtübernahme" wurden auch in Oberursel einige Straßen nach führenden Nationalsozialisten benannt. So wurde am 20.4.1933 aus der „Allee" die Adolf-Hitler-Allee und aus der Ebertstraße die Schlageterstraße, am 26.4. 1933 erfolgte die Umbenennung der Karl-Marx-Straße in Horst-Wessel-Straße. Die heutigen Straßen Im Wingert und Kleine Schmieh hießen damals Scharnhorststraße und Yorkstraße.[6]

Oberursel hatte in Karl Horn einen parteilosen Bürgermeister. Als die Nationalsozialisten am 30.1.1933 die Macht übernahmen, soll Horn nicht bei der Feier erschienen sein. Auch bei der Wahl am 5.3.1933 bekundete Horn wenig Sympathie für die Partei, als er, mit nachträglicher einstimmiger Billigung des Magistrats, eine Hakenkreuzfahne aus dem Wahllokal entfernen ließ.[7] Dieses Verhalten beschleunigte nach dem für die Nationalsozialisten siegreichen Ausgang der Wahl die Amtsenthebung des Bürgermeisters. Sie wurde als „mehrwöchiger

Festplatz Bleiche am 1. Mai 1933

Erholungsurlaub" getarnt, den der Regierungspräsident auf Horns Antrag am 24.3. 1933 genehmigte. Als kommissarischer Bürgermeister wurde Karl Lange eingesetzt. Anfang Mai 1933 war Karl Horn „bis auf weiteres beurlaubt". Erwartungsgemäß kehrte er nicht auf seinen Posten zurück.[8]

Der Verwaltungschef war nicht einzige, der gehen mußte. Der Stadtbote Johann Happel mußte seinen Dienst quittieren.[9] Der in der Stadtkämmerei beschäftigte Emil Leutloff wurde 1933 aufgrund des Berufsbeamtengesetzes entlassen. Er arbeitete bis 1945 in Oberursel als Selbständiger. Nach 1945 wurde er, „nicht ohne weiteres", wieder in die Dienste der Stadt übernommen.[10] Der SPD-Beigeordnete Richard Wick wurde aller Ämter enthoben[11] und Leonhard Schwinn offiziell aus dem Stadtparlament verabschiedet.[12]

Kanalbau

Am 28.12.1933 beendete die Stadtverordnetenversammlung mit ihrer 729. Sitzung die Tätigkeit. Am 1.1.1934 wurde auch der Magistrat aufgelöst. Am gleichen Tag wurde August Weß als Bürgermeister eingesetzt. Dieser war „praktizierender Katholik und idealistisch-nationalsozialistisch eingestellt", so daß fast zwangsläufig „aufgrund seiner Einstellung gegenüber der Kirche … beim Handeln des Bürgermeisters immer eine Diskrepanz zwischen Ideologie und Wirklichkeit" bestand. So konnten unter seiner Ägide einige als „politisch unzuverlässig" geltende oder nicht der NSDAP angehörende Mitarbeiter der Verwaltung bis hin zum stellvertretenden Bürgermeister bis zum Zusammenbruch des Nationalsozialismus in ihren Ämtern bleiben.[13]

Der katholischen Pfarrei St. Ursula stand nach dem Tod des Geistlichen Rats Friton im Jahr 1933 Pfarrer Hartmann vor. Dieser lehnte den Nationalsozialismus ab, doch „vermied er zunächst den offenen Kampf mit den Parteiorganen". In den Jahren 1936–42 spitzte sich aber der Konflikt bis hin zur kurzfristigen Verhaftung Hartmanns zu.[14] Insgesamt gesehen konnten problematische Situationen durch eine „tolerante Kooperation" von Stadtverwaltung und Kirche in einer, gemessen an den damaligen Verhältnissen, zufriedenstellenden Weise bewältigt werden. Es bleibt dahingestellt, ob dieses gute Verhältnis „die Untätigkeit der Pfarrei förderte".[15] Jedenfalls kam es nach anfänglichen „Eroberungsversuchen" durch die Parteiorgane bis 1945 zu keinen Einschränkungen der katholischen Glaubensarbeit mehr. Die katholischen Jugendorganisationen wurden dagegen zunehmend unter Druck gesetzt. So erfolgte 1937 die Auflösung des KJMV, es kam zu Gestapo-Aktionen, und der Sturmschärler

wurde verhaftet. 1938 begann die Gestapo auch gegen die berufsständischen Vereine zu agieren; der Arbeitersekretär August Kunz wurde verhaftet, weil er zusammen mit Johann Happel Hirtenbriefe vervielfältigt und verteilt hatte.[16]

Zu Ausschreitungen gegen Juden kam es besonders in der Reichspogromnacht am 9.11.1938. Die Synagoge wurde in dieser Nacht allerdings nicht beschädigt.[17]

Von der Lokalpresse war zu dieser Zeit nichts mehr zu erwarten, denn sie war offensichtlich „gleichgeschaltet". So berichtete der „Oberurseler Bürgerfreund" in seiner Jubiläumsausgabe 1938 über „Das gewaltige Aufbauwerk des Führers – auch in Oberursel".[18]

Am 28.12.1933 beschloß die Stadtverordnetenversammlung, ein Gelände zwischen Altkönigstraße, Park Salomon, Rodelbahn und Ravensteinhütte bereitzustellen für das Erste Volksgesundheitsheim, das den Namen Adolf-Hitler-Genesungsheim erhalten sollte.[19] Geführt werden sollte es vom Deutschen Verband der Naturheilkundigen.

Am 19.9.1934 verkaufte die Deutsche Bank und Discontogesellschaft das Anwesen der Villa Gans in der Königsteiner Straße 29 an die Deutsche Arbeitsfront (DAF). Am 20.10.1935 wurde hier die „Reichsschulungsburg Kestenhöhe" der Deutschen Arbeitsfront eingeweiht. Ihre Existenz ist bis 1937 bezeugt. Das in jenem Jahr erschienene Adressbuch enthielt die Namen der Mitarbeiter.[20]

In den Jahren 1934 bis 1936 wurde ein seit vielen Jahren geplantes Projekt[21] verwirklicht, das Städtische „Schwimm-, Licht- und Luft-Bad". Sein Bau fiel nicht zufällig in die Zeit des Nationalsozialismus. Mit dem Schimmbadbau konnte nicht nur ein Beitrag zur Beseitigung der Arbeitslosigkeit ge-

Schwimmbad, um 1938

leistet werden. Er gab den neuen Machthabern auch die Möglichkeit, mit dieser Einrichtung „für das Volk" den Massen zu imponieren.

Als Vorbild scheint man sich das Bergstadion in Michelstadt genommen zu haben.[22] „An der höchsten Stelle Oberursels, weit über der Stadt, am Waldrand und am Hang des Altkönigs gelegen, bietet schon das Gelände einen herrlichen Blick über die Mainebene".[23]

Nur knapp ein Jahr nach der am 7.6.1937 erfolgten Einweihung konnte man im Oberurseler Bürgerfreund lesen:

„In der Erkenntlis des gesundheitlichen und des riesigen propagandistischen Wertes dieses Schwimmbades hat sich die Stadtverwaltung entschlossen, die Anlage weiter auszubauen und zu vervollkommnen. In diesem Jahr sind daher die Kabinenanlagen

nochmals erweitert worden, warme Duschen wurden geschaffen, eine neue Pergolenreihe angelegt und eine große Rollschuhbahn im Rohbau erstellt. Für die weitere Zukunft ist noch die Anlage von Sportplätzen aller Art geplant".[24]

Reichssiedlungshof

Strenggenommen nicht zu Oberursel, sondern zu Oberstedten gehörte der zur Heranbildung bäuerlicher Siedler eingerichtete Gau- bzw. Reichssiedlungshof.[25] Er hatte sich aus der 1936 begründeten „Reichssiedlerschule" entwickelt, für die das der Universität Frankfurt gehörige und als Studentenheim genutzte „Haus am Wald" in Anspruch genommen worden war. Binnen kurzer Zeit gelang es dem „Gauheimstätten amt", vor allem von der Gemeinde Oberstedten die Übereignung von schließlich rund 1,3 ha Gelände zu erzwingen, um ein, wie es später hieß, „Größenwahn-Projekt" zu verwirklichen. Das Ziel hieß zunächst „Gausiedlungshof". Bei seiner Einweihung anläßlich der 1. Deutschen Bau- und Siedlungs-Ausstellung in Frankfurt, am 3.9. 1938, erfolgte die Erhebung zum Reichssiedlungshof Oberursel.

Drei „Mustersiedlerstellen" hatten die Aufgabe, Tierzucht, Gemüseanbau usw. zu verbessern. Angeschlossen war auch das noch existierende Institut für Bienenkunde sowie das Institut für Krankheits- und Seuchenbekämpfung.

Vor allem sollte diese „Lehr- und Musteranlage" als Teil des „Rhein-Mainischen Siedlungswerkes" der Weiterbildung der im Siedlungswerk tätigen Fachleute dienen. Deren Aufzählung – „Architekten, Handwerker, Baubeamte, Siedlerführer, Gemeinschaftsleiter, Heimstättenwalter, auch politische Leiter und Bürgermeister" – zeigt die weitreichende Bedeutung der Einrichtung für die geistige Erziehung der Menschen im Nationalsozialismus.

Reichssiedlungshof, „Gemeinschaftshaus", nach 1938

Folgerichtig wurde diese „Hochschule für Siedeln, Wohnen und Bauen" mit Bauwerken bestückt, die „in umfassender Weise zeigen, wie die nationalsozialistische Weltanschauung die heutige Bauauffassung bis in die feinsten Verästelungen bestimmt, wie sie unserer heutigen Architektur alleinige Grundlage ist". Die an einer „Siedlungsstraße" aufgereihten, nach hessischen Landschaften benannten Wohnhäuser waren mit „vorbildlichem deutschem Hausrat" ausgestattet. Sie haben sich ebenso erhalten wie das „Gemeinschaftshaus" in der Mittelachse der Siedlungsstraße (Entwurf: Regierungsbaumeister Hufnagel), ein „besonders schmuckes Fachwerkgebäude" auf massivem Unterbau, versehen mit einem hohen Dachreiter und Wetterfahne.

Dulag Luft und Auswertestelle West

Bald nach Ausbruch des Zweiten Weltkriegs wurde das Gelände des Reichssiedlungshofs Gegenstand militärischen Interesses. Die Luftwaffe beanspruchte Teile davon für die Einrichtung eines zentralen Kriegsgefangenen-Durchgangslagers. Dieses Lager, kurz Dulag Luft genannt, machte Oberursel im Zweiten Weltkrieg weltweit bekannt, denn die alliierten Flieger wußten, daß sie für den Fall ihres Abschusses über dem „Kontinent" hier landen würden. Daher ihre Abschiedsworte: „Auf Wiedersehen im Dulag Luft in Oberursel".[26]

Das Durchgangslager war seit November 1939 geplant, doch verzögerte sich die Fertigstellung, weil man noch im Januar 1940 mit dem Reichssiedlungshof über dessen Entschädigung verhandelte und weil die Beschaffung von Baumaterialien „wegen umfangreicher Barackenbauten zur Zeit" schwierig war. Es ist in den Unterlagen von der Verkleidung der Abhörvorrichtungen die Rede. Das Barackengelände wurde umzäunt und ein bewachter Innenzaun gezogen, der die jetzt vorgesehenen maximal 100 Offiziere und 500 Mann trennen sollte.[27] Als Wachtruppe sollte eine Landesschützenkompanie von 115 Mann gestellt werden.

Mit dem Durchgangslager verbunden war ein Vernehmungszentrum, die während des Englandkrieges eingerichtete Auswertestelle West. Sie sollte die früheren Gefangenenvernehmungsstellen ersetzen, d.h. zentraler Sammelpunkt für alle im Zweiten Weltkrieg gefangengenommenen alliierten Flieger sein; Russen wurden zu einer separaten Auswertestelle geschickt.[28] Die Abgeschossenen mußten nach ihrer Gefangennahme unverzüglich nach Oberursel gebracht werden. Hier wurden sie vernommen und dann in ein Kriegsgefangenenlager der Luftwaffe gebracht.

In den Erinnerungen des „Chef-Vernehmungs-Offiziers" Hanns Joachim Scharff wird die Auswertestelle West detailliert beschrieben.[29] Das Lager war sozusagen „bombensicher", da man die Dächer mit der gut lesbaren Aufschrift „P.o.W." (Prisoners of War; Kriegsgefangene) versehen hatte.[30] Es bestand ungefähr aus 14 Gebäuden bzw. Baracken. Das 14. Gebäude lag im Wald, der zwei Seiten des Komplexes umgab. Es war die Unterkunft des Lagerkommandanten, Oberstleutnant Erich Killinger.[31] Das größte hatte die Form eines U, war an drei Seiten war von einem Sicherheitszaun umgeben und verfügte im Innern über ungefähr 150 Einzelzellen. Es hieß „The Cooler", weil hier die eintreffenden Gefangenen buchstäblich „abgekühlt" wurden.[32]

Im Vernehmungszentrum mit seinen verschiedenen Abteilungen (Presseabteilung, „Lagezimmer" u.a.) wurden die sich aus der Vernehmung der Gefangenen ergebenden

Informationen gesammelt und miteinander verknüpft.[33] Die Vernehmungen fanden statt im Raum 47. Im „Lagezimmer" wurden die Flüge der Alliierten in Westeuropa kartiert und genaue Karten der jeweiligen militärischen Lage erarbeitet. Die in Oberursel gesammelten Informationen wurden täglich per Kurier nach Berlin geschickt.[34]

Die Vernehmung der Kriegsgefangenen beruhte auf der Grundlage der Genfer Konvention. Grundsätzlich galt: keine Gewaltanwendung, Drohungen nur als sekundäre Waffe. Statt dessen Einsatz detektivischen Spürsinns, verbunden mit Hartnäckigkeit. Der Erfolg war beachtlich, trotz oder wegen der vergleichsweise freundlichen Atmosphäre.[35]

Dulag Luft, „cooler", nach 1940

Die Vernehmungen dauerten zwischen einer und vier Wochen. Voraussetzung für die Tätigkeit als Vernehmungs-Offizier waren hervorragende Kenntnisse in der Sprache der Gefangenen.[36]

Ein Vernehmungsoffizier schilderte seine ersten Eindrücke von der Auswertestelle West so: Man fuhr mit der Straßenbahn von Frankfurt nach Oberursel. Zivile Passanten halfen, den Weg zum Lager zu finden. Sie schienen alle bestens mit der Auswertestelle bekannt zu sein. „That is where the enemy airmen are interrogated". In der ersten Baracke begegnete man einer Menge hübscher junger Damen, die erklärten, daß die Baracken von Privatleuten und Offizieren direkt nebeneinander stünden. Die Räume waren gemütlich, das Bett weich und die Kollegen hilfsbereit. Der Umgangston war freundlich, ohne militärische Formen. Bei Dunkelheit mußten die Läden geschlossen werden zur Verdunkelung.

Naturgemäß stellte sich die Situation für einen Gefangenen anders dar, wie dem Bericht des am 11.2.1944 nach Oberursel überführten amerikanischen Leutnants D. Frey zu entnehmen ist. Von besonderem Interesse ist seine Schilderung des „cooler" und dessen Funktion innerhalb des Vernehmungsverfahrens und die Beschreibung der Vernehmungsstrategie von Scharff. „Wir kamen in Oberursel an und gingen den Hügel hinauf zur Auswertestelle West, wo ich den Wachen übergeben wurde. Sie brachten mich in einen Raum, wo sie mir befahlen, meine Taschen zu leeren. Sie beschlagnahmten alle amerikanischen Militärgegenstände. Dann wurde ich zu dem sogenannten „cooler" gebracht, einem Gebäude mit Einzelzellen. Der cooler hatte kleine Zellen mit vereisten Fenstern und einer Matratze. Ich war erschöpft und legte mich sofort nieder als die Wachen die Tür geschlossen hatten. In der Zelle gab es einen Knopf, mit dem man einen Klopfer in der Halle bedienen konnte. Ich bediente den Knopf und bald öffnete sich die Tür. Ich sagte, daß ich friere. Er ging, und ich schlief wieder ein. Als ich aufwachte, war es so heiß in der Zelle, daß ich gegrillt zu werden glaubte. Ich läutete wieder und sagte, daß es jetzt zu heiß sei und daß ich Hunger habe, aber ich erhielt erst am nächsten Morgen ein Frühstück.

Am Nachmittag wurde ich zu meinem Vernehmungsoffizier Hans Scharff nach Raum 47 geführt. Ich wußte nicht, was mich erwartete. Er stand hinter seinem Tisch, begrüßte mich höflich, bat mich Platz zu nehmen und bot mir eine Zigarette an, die ich als Nichtraucher nicht nahm. Ich war frappiert, denn ich hatte geglaubt, daß ich angeschrien, bedroht und vielleicht sogar gefoltert würde. Er befragte mich, aber ich antwortete nicht. Dennoch wußte er alles, selbst den Mädchennamen meiner Mutter. Dann kam ich wieder in meine Zelle. Schließlich erkannte ich, daß es klüger war, sich von Hanns Scharff vernehmen zu lassen als in einer kleinen Zelle zu schmoren."[37]

Abgeschossene prominente Fliegerasse wurden bevorzugt behandelt. So arrangierte Scharff für den „Thunderbolt" Piloten Einar Ayel Malmstrom im April 1944 einen eintägigen Aufenthalt auf dem Militärflugplatz Eschborn, als Gast der Luftwaffeneinheit KG-27. Man erlaubte ihm sogar einen fünfminütigen Flug in

Dulag Luft, Empfang eines abgeschossenen Fliegers, nach 1940

einer Me-109. Malmstroms Dank an Scharff: „Thanks for having treated me like a gentleman".[38]

Verwundete Kriegsgefangene wurden in der Klinik Hohemark behandelt." Hunderte verwundeter Kriegsgefangener gingen durch (Dr.) Ittershagens Hospital und er rettete viele Leben, viele Körperteile.[39]

In der Regel kamen die Gefangenen nach ihrer Vernehmung in das Dulag Luft, das zunächst ebenfalls in Oberursel, dann in Frankfurt im Grüneburgpark und zuletzt in Wetzlar eingerichtet war.

Als 1945 die Amerikaner näherkamen, wurde auch die Auswertestelle West aus Oberursel nach Weimar verlegt.[40]

Kriegsverlauf

Oberursel kam im Zweiten Weltkrieg relativ glimpflich davon. Dennoch herrschte auch hier ständige Angst vor Luftangriffen. 594 mal heulten die Sirenen im Laufe des Krieges, erstmals in der Nacht vom 5./6. Juni 1940.

In der Nacht vom 24./25.8.1942 kam es zum ersten und letzten größeren Luftangriff. In der Stadt trafen die Bomben einige Häuser und auch die St. Ursulakirche, deren Langhausfenster teilweise zerstört wurden. Tote gab es nicht.[41]

Am 8.2.1944 fiel eine Flakgranate nördlich der Haltestelle Waldlust in die Gleisanlage und richtete Beschädigungen an. Am 21.3.1944 fielen sechs Bomben und sechs schwere Minenbomben in der Nähe der Hohemark in den Wald; etwa 25 Wohnhäuser auf der Hohemark wurden zum Teil erheblich beschädigt. In der Nacht zum 29.9.1944 ging eine Bombe in der verlängerten Liebfrauenstraße auf freiem Felde nieder, und es wurden 56 Häuser beschädigt. Am 29.12.1944 und am 3.2.1945 fielen fünf feindliche Reserve-Benzin-Tanks auf die Motorenfabrik und auf das Hauptgebäude

von Stadermann und richteten zum Teil erhebliche Schäden an; eine Person erlag den Verletzungen.

Am 2.3.45 gegen 15.30 Uhr griffen feindliche Tiefflieger Oberursel an und warfen drei Bomben ab. In der Maschinenfabrik Turner wurden zwei Arbeiter, ein Deutscher und ein Franzose, tödlich getroffen.

Wenige Tage vor Kriegsende, am 20.3. 1945, fielen in der Nähe des Kupferhammers sieben Sprengbomben. In der hier befindlichen Unterkunft von 250 „Ostarbeitern" und in der Fabrik Miag entstanden leichte Schäden, ein Kind erlag den Verletzungen."[42]

Wie jüngste Nachforschungen ergaben, existierten in Oberursel 1942/43 sieben zentrale Zwangsarbeiterlager mit 418 (21.9. 1942) beziehungsweise 536 (1.4.1943) Zwangsarbeitern.[43] Einer Meldung von „Radio Frankfurt" zufolge waren noch im August 1945 Zwangsarbeiter (damals „Fremdarbeiter" genannt) in Oberursel. Ihr „Rücktransport" sollte möglichst rasch erfolgen, da entlassene Kriegsgefangene nach Oberursel zurück kamen.[44] Ein Gräberfeld des alten Friedhofs erinnert daran, daß polnische und sowjetische Zwangsarbeiter in Oberursel starben.[45]

Am 25.3.1945 schrieb der Oberurseler W. Wollenberg in sein Tagebuch: „Es ist ein herrlicher Frühlingssonntag. Unsere Flakhelferinnen haben unserem Kommandeur einen Strauß selbstgepflückter Veilchen überreicht. Eine idyllische Ruhe ist hier. Die Jabos haben ihre Tätigkeit weiter nach Osten verlegt. Am Rhein herrscht Ruhe, wahrscheinlich die Ruhe vor dem Sturm... Gestern wurde ich nach Oberursel geschickt. Da ich hier zu Hause und bekannt sei, wurde ich beauftragt, das Gepäck unserer Offiziere sicherzustellen... Vor Königstein werden wir von Jabos überrascht und finden unter Bäumen Deckung. Vor uns entlädt ein großer Lastwagen eine schreiende Last von Flakhelferinnen. Gott sei Dank passiert nichts… Niemand glaubt mehr an eine glückliche Wende des Krieges. Man erwartet täglich den Amerikaner. Das Gespräch dreht sich nur darum, soll man sich auf Landstraße begeben und in die Taunus-

Bezugsschein für Fliegergeschädigte, 1944

wälder fliehen, soll man zu Hause bleiben? Wenn nur alles zu Ende wäre, ganz gleich wie!"[46]

Dieser Ansicht waren freilich nicht alle. Kurz vor Kriegsende gab der Ortsgruppenleiter der NSDAP den Befehl zur Verteidigung Oberursels, der zumindest zeitweise befolgt wurde. Ein aktives Parteimitglied erklärte später, er habe von sich aus aufgehört, Gräben anzulegen.[47]

Für Oberursel war der Krieg zu Ende, als am 30.3.1945 von Königstein heranrückende amerikanische Panzertruppen Oberursel besetzten. Der Buchbinder Johann (Jean) Happel, damals Sanitäter in der Kuranstalt Hohemark, erinnerte sich, daß man schon eine Woche vor dem Ereignis ahnte, daß etwas passieren würde. Oberstabsarzt Spangenberg hatte am 28. März den Befehl erhalten, alle Leichtverletzten nach Bad Nauheim zu bringen. Bei der Saalburg wurde der Trupp von einer SS-Kompanie aufgegriffen und zur Hohemark zurückgeschickt. Am 29. März fuhr Happel mit einem Kameraden nach Königstein. Unterwegs kamen ihnen die Amerikaner entgegen. Als sie hörten, daß die beiden Sanitäter vom Reservelazarett Hohemark waren, wo auch ihre gefangenen Landsleute lagen, setzten sie die beiden in einen Jeep und fuhren sie zurück zur Hohemark. Die Kriegsgefangenen, die sich schon seit Tagen frei im Gelände bewegen durften, erwarteten die amerikanischen Truppen bereits am Tor. Kampflos wurde die Kuranstalt den Amerikanern übergeben. Deutsche Zivilpersonen durften sich sofort frei bewegen. Die Versorgung mit Strom und Lebensmitteln wurde von den Amerikanern sogleich sichergestellt. Happel: „So kam es denn auch, daß die Kuranstalt bereits einen Tag vor der Stadt Oberursel besetzt war".[48]

Nach der Stunde Null

Mit dem Einzug der Amerikaner am 30.3.1945 endete der Krieg und begann die Besatzung. „Das war zunächst durchaus kein Zuckerschlecken".

Oberursel in der amerikanischen Besatzungszone

„Mit dem Einzug der Besatzungsmacht nach Kriegsende fing für unsere Stadtgeschichte ein ganz besonders Kapitel an. Oberursel fällt in die amerikanische Zone. Vom ersten Tag an nach dem Einmarsch der Amerikaner hatte die Stadt ein starkes Truppenkontingent aufzunehmen. Ganze Wohnviertel mußten geräumt werden. Die Wohnungsinhaber hatten binnen weniger Stunden eine andere Unterkunft zu suchen und konnten kaum das notwendigste ihres Hausrates mitnehmen."[1] Darüber hinaus mußten Oberurseler, „die noch über Wein verfügen, einige Flaschen, mindestens aber 2 Flaschen je Haushalt" auf das Rathaus bringen: „Die Besatzungstruppen legen Wert darauf, daß die Bevölkerung freiwillig diese einmalige Abgabe vollzieht, um eine zwangsweise Sicherstellung des Weines, zu der sie die Mittel zweifellos hätten, zu vermeiden."[2]

Die Zahl der beschlagnahmten Wohnräume belief sich 1945 auf 1453; sie reduzierte sich bis 1947 auf etwa die Hälfte.[3] 1951 waren noch 25 Häuser mit rund 78 Wohnungen von Angehörigen der Besatzungsbehörde bewohnt.[4]

Lebensmittelkarte, 1945

Die Besatzungsbehörde ließ regelmäßig am Rathaus „Bekanntmachungen" anbringen, aus denen die Bürger ersehen konnten, was zu tun erlaubt war und was nicht. Es wurden 83 Aushänge im Jahr 1945 gezählt, die das Leben in dieser Zeit des Umbruchs schlaglichtartig beleuchten.[5]

Bekanntmachung Nr. 1
1. Alle Urlauber und sonstige Wehrmachtsangehörige müssen sich auf dem Rathaus Zimmer Nr. 8 melden.

2. Sämtliche Waffen sind sofort auf dem Rathaus Zimmer Nr. 7 abzuliefern.

3. Mehr als 3 Personen dürfen nicht zusammenstehen.

4. Ich fordere die Bevölkerung von Oberursel auf, unter allen Umständen Ruhe und Ordnung zu bewahren. Ein jeder gehe nach Möglichkeit seiner Beschäftigung wieder nach. Niemand darf Oberursel verlassen.

5. Verstöße gegen diese Anordnungen werden strengstens bestraft.

Zur Sicherstellung der Ernährung muß die Zwangsbewirtschaftung der Lebensmittel bestehen bleiben. Kleinverteiler dürfen nur gegen Marken oder Bedarfsnachweise verteilen. Die Ausgabe der neuen Lebensmittelkarten erfolgt am 3. April 1945 in den bekannten Stellen. Die einzelnen Rationssätze werden noch bekanntgegeben. Oberursel (Taunus), den 30. März 1945.

Bekanntmachung Nr. 4
... Ich erwarte, daß feindselige Handlungen gegen irgend einen Mitbürger unter allen Umständen unterbleiben... 2. April 1945

Bekanntmachung Nr. 12
Die E.A.G. weist darauf hin, daß die Versorgung des Stadtgebietes Oberursel mit elektrischem Strom nur in beschränktem Umfang möglich ist und wieder eingestellt werden muß, falls in dem Stromverbrauch nicht mit der größten Sparsamkeit verfahren wird. Strom darf zu Heizzwecken, Kochzwecken und zur Bedienung größerer Apparate auf keinen Fall entnommen werden...

Bekanntmachung Nr. 18
... Außerdem müssen sich alle früheren Mitglieder der Nazipartei und ihrer Gliederungen und sämtliche Personen, die seit 1.1.1933 in der deutschen Wehrmacht gedient haben, melden. Ausweise, insbesondere Militärpapiere sind mitzubringen.

Bekanntmachung Nr. 24
1. Die Verdunkelungsvorschriften sind aufgehoben.

2. Passierscheinzwang für die Oberurseler Bevölkerung innerhalb des Obertaunuskreises besteht nicht mehr.

Bekanntmachung Nr. 26
1. Ausgehzeit. Ausgang ist gestattet zwischen 5 Uhr morgens und 21 Uhr abends.
14. Mai 1945

Bekanntmachung Nr. 61
Jede Verbindung mit Kriegsgefangenen, sei es durch Sprechen oder Schreiben, ist für alle Zivilpersonen verboten.
9. Oktober 1945

Um die unfreiwillige Nachrichtensperre zu durchbrechen, bemühte sich die Stadtverwaltung Oberursel schon am 27.7.1945 um eine Lizenz für ein amtliches Nachrichtenblatt. Das Gesuch wurde abgelehnt.[6] Um so wichtiger war der am 1. Juli 1945 wieder in Betrieb genommene Frankfurter Sender „Radio Frankfurt"; er berichtete auch über das Leben in Oberursel. „Nach vielen Wochen des Isoliertseins, nach Wochen ohne Zeitung, ohne Verkehrsverbindungen nach auswärts, ohne Telephon, Telegraph und Rundfunk war die Meldung das erste Lebenszeichen Oberursels, das wieder viele Ohren erreichte."[7] Man erfuhr, daß die Straßenbahnlinie 24 am 2. Juli 1945 ihren Betrieb, wenn auch nur teilweise, wieder aufnahm, daß die Kindergärten der evange-

Eintrittskarte für Tanzkapelle Wild, 1949

298

lischen und der katholischen Kirchenge-
meinden zurückgegeben wurden, daß noch
immer kein Schulunterricht stattfand usw.
Kulturelle Veranstaltungen bedurften
grundsätzlich der Erlaubnis durch die Besatzungsbehörde. Als „getarnte Konzerte" ent-
puppten sich sogenannte Kirchenmusikali-
sche Feierstunden, die ohne eine Lizenz
veranstaltet werden konnten.[8] Eine Lizenz
für Theateraufführungen hatte Oberursel
1945 nicht erhalten. Doch gelang es, schon
am 4.11.1945 im „Taunussaal" ein erstes
Gastspiel des Frankfurter Schauspielhauses
stattfinden zu lassen. Aber: „Leider dauerte
unsere Freude nicht lange. Der Kommandeur einer hier liegenden Einheit untersagte
den Frankfurtern das Spielen für die Bevölkerung und verpflichtete die Bühnen zu wöchentlichen Gastspielen für die Amerikaner". Die Lage besserte sich, als 1946 der
Bund für Volksbildung gegründet wurde,
der sich neben der Förderung der Erwachs-
enenbildung auch um die Durchführung
künstlerischer Veranstaltungen bemühte.[9]

Für diejenigen, die unter dem Hitlerre-
gime besonders zu leiden gehabt hatten,
kehrte mit der „Stunde Null" die Freiheit
zurück. Nur mit Mühe konnte Emil Leutloff davon abgehalten werden, schon vor der
endgültigen Kapitulation der Nationalsozialisten (8.5.1945) eine Maifeier zu begehen.[10]
Paul Grünewald war als Widerstands-
kämpfer sechs Jahre im Gefängnis, dann im
Konzentrationslager Buchenwald gewesen.
Seit 1940 in Oberursel bei der Firma Boston
Blacking beschäftigt, tauchte er zusammen
mit Gleichgesinnten kurz vor Kriegsende
noch einmal unter, weil Gefahr bestand,
verraten zu werden. Aufgrund seiner Tätigkeit hatte er gute Kontakte zu den Amerikanern und konnte so Einfluß nehmen auf die

Neugestaltung der Stadtpolitik (Bürgerrat).
Grünewald arbeitete nach 1945 für die Vereinigung der Verfolgten des Naziregimes
(VVN).[11]
Der unter den Nationalsozialisten aus seinen Ämtern entfernte Richard Wick kam
1946 noch einmal ins Stadtparlament (bis
1948).[12] 1947 wurde ihm der Titel des
Stadtältesten verliehen.[13]
Willi Birkelbach, der ebenfalls wegen ak-
tiver Widerstandtätigkeit inhaftiert gewesen war, übernahm 1947-51 die Leitung der
Gewerkschaftsschule in Oberursel. 1964–
69 war Birkelbach Chef der Hessischen
Staatskanzlei, 1971–75 erster Datenschutz-
beauftragter des Landes Hessen.[14] Der 1949
als Stellvertreter von Willi Birkelbach an die
Bundesschule des DGB in Oberursel beru-
fene Herbert Tulatz wurde Vorsitzender des
Ortsvereins der SPD und war acht Jahre
lang Stadtverordneter.[15]
Karl Wittrock war 1949-53 Mitarbeiter
der DGB-Bundesschule und arbeitete
gleichzeitig für das Labour Office bei der
Hochkommission der amerikanischen Besatzungsmacht in Frankfurt. Danach war er
Regierungspräsident, Staatssekretär und
schließlich Präsident des Bundesrechnungs-
hofes.[16]
Dr. Werner Hilpert, an den heute in Oberursel die nach ihm benannte Hilpert-Sied-
lung erinnert, war 1933 aus allen öffentlichen Ämtern entfernt und 1939 in das
Konzentrationslager Buchenwald gebracht
worden. Nach 1945 stellte sich der inzwischen in Oberursel wohnhafte Hilpert in
die Dienste der Demokratie. Er war einer
der „Väter" der hessischen Verfassung, Mit-
begründer und Landesvorsitzender der
CDU in Hessen, Wirtschaftsminister, später Finanzminister und stellvertretender
Ministerpräsident. In Hilperts Amtszeit fielen die großen Entscheidungen für den

Wohnungsneubau und die Wirtschaftsförderung in Hessen.[17]

Dr. Eugen Kogon (1903–1987), ein „scharfer Gegner des Nationalsozialismus", hatte die Jahre von 1939 bis zur Befreiung im Konzentrationslager Buchenwald zugebracht. Seit Sommer 1945 war er in Oberursel als freiwilliger Chronist der US-Army im Lager Camp King.[18] Dr. Robert Kempner: „Dort war er längere Zeit unter der Betreuung des amerikanischen, aus Deutschland stammenden, Offiziers Fritz Nova. Nova und Kogon freundeten sich an und Kogon wurde eine Schreibmaschine zur Verfügung gestellt. Hier im Camp King begann er sein Buch „Der SS-Staat" zu verfassen. Ich selbst habe mit ihm über die Ereignisse und in Buchenwald begangenen Verbrechen gesprochen. Seine Kenntnisse über die SS sind später auch in Nürnberg zur Sprache gekommen".[19]

Dieses Lager, auf dem Gelände des Dulag Luft, hieß zuerst Camp Seibert, seit 1946 Camp King. Es wurde zunächst als Vernehmungszentrum genutzt. Hinzu kam das 1945 beschlagnahmte, seit 1943 dem NS-Lehrerbund übertragen gewesene Lehrerinnenheim in der Hohemarkstraße 166, wo prominente Persönlichkeiten der Nazi-Zeit interniert waren. Wie die meisten von den Amerikanern beschlagnahmten Gebäude erhielt es den Namen eines amerikanischen Bundesstaates, „Haus Alaska". Hier vernahm Dr. Robert Kempner, der „Ankläger einer Epoche", seit dem Frühsommer 1945 etwa 40–50 Personen, gegen die er dann vor dem Kriegsgericht in Nürnberg Klage erhob.[20] Zu den wichtigsten Fällen gehörte für Dr. Kempner derjenige des ehemaligen Staatsministers und Chefs der Präsidialkanzlei bis 1945, Otto Meißner. Es „gehörten nicht nur protokollarische Angelegenheiten zu seiner Zuständigkeit, sondern

auch die Vorlage für Entscheidungen des Staatsoberhauptes auf dem so wichtigen Gebiet der Gnadensachen".[21] 1947 vernahm Dr. Kempner den ehemaligen Staatssekretär Erich Neumann, der als Vertreter von Görings „Vierjahresplan" bei der Wannsee-Konferenz beteiligt gewesen war. Neumann starb, bevor es zu einem Verfahren kam.[22] 1948 vernahm Dr. Kempner Frau Göring. Ihr Versuch, Görings Staatssekretär Paul Körner zu entlasten, mißlang. Körner wurde zu einer Freiheitsstrafe von 15 Jahren verurteilt und 1951 begnadigt.[23] In Oberursel vernommen wurde 1947 auch Professor Hugo Blaschke, Hitlers Hofzahnarzt. Er wurde zur Identifizierung der nicht verkohlten Teile der Gebisse von Adolf und Eva Hitler herangezogen.[24]

Die ausführlichste, wenn auch stark subjektiv geprägte Schilderung der Verhältnisse im Haus „Alaska" hinterließ die berühmte Fliegerin Hanna Reitsch, die von den Siegermächten als „top Nazi criminal" angesehen wurde. Sie war 1934–45 Forschungs- und Testpilot und während der letzten Tage Hitlers im Führerbunker gewesen. H. Reitsch selbst bezeichnete sich in ihrer Autobiographie als unpolitischen Menschen. Sie berichtete über die Behandlung, die ihr zuteil wurde, als man sie nach Oberursel „in das Hauptquartier der CIC" brachte.[25]

„Das Haus, das viele Zimmer hatte, die alle verschlossen waren, als ich es betrat, wimmelte von GIs als Wachtposten. Ein Einzelzimmer im ersten Stock wurde für mich geöffnet und hinter mir wieder verschlossen. Alles ging wortlos vor sich. Was sollte das Theater? Ich verstand es nicht und fügte mich wie in ein Narrenspiel. Das Zimmer war nahezu wohnlich im Vergleich zu dem, was ich in den letzten Monaten erlebt hatte. Vor allem war es geheizt und warm... und ich wurde von zwei Wachtposten abgeholt und eine Treppe tiefer in einen Riesen-speisesaal geführt, der mehrere lange Tische hatte, an denen etwa 50 bis 60 Herren sa-ßen... Es waren alles Deutsche: Reichsmi-nister, Staatsminister, Feldmarschälle, Ge-nerale, Admirale, Botschafter, Gesandte, Staatssekretäre, Ärzte Adolf Hitlers und Führende aus den verschiedensten Berufen. Mein Platz an einem der langen Tische war neben dem ehemaligen Finanzminister Lutz Graf Schwerin von Krosigk, dem letz-ten Kanzler der Regierung Dönitz. Am lieb-sten hätte ich vor Glück geweint, zu ihnen allen als Leidensgefährte gebracht worden zu sein...

Von sechs Uhr morgens bis neun Uhr abends blieben die Zimmer aller Insassen des Hauses geöffnet, und wir durften zusam-menkommen, miteinander reden oder so-gar spazierengehen...

Nach meinem Eintreffen in diesem Haus wurde ich von einem Herrn nach dem ande-ren zunächst tagelang nach meinem Schick-sal befragt, über das tragische Ende meiner Familie, über den letzten Flug nach Berlin und über die letzten Tage im Hitler-Bunker. Ich erzählte empört allen von den Behaup-tungen der amerikanischen Offiziere, die mir von Gaskammern und Massenvernich-tungslagern erzählt hatten. Es wurde mit dem gleichen ungläubigen Entsetzen aufge-nommen wie damals von mir...

Eingesperrt in unseren Zimmern wurden wir vorübergehend, wenn zum Beispiel ein neuer Häftling eintraf oder einige von uns nach Nürnberg oder in ein Lager gebracht oder ausländischen Regierungen übergeben wurden... Unter uns Deutschen herrschte in diesem Hause ein prächtiger Geist...'

Zusammen mit zahlreichen Nazi-Größen blieb Hanna Reitsch als einzige Frau bis November 1946 im Haus „Alaska" inter-niert. Danach lebte sie bis 1951 in Oberursel

(Altkönigstraße 14) in sogenannter Halb-haft, „da die Amerikaner noch immer fürchteten, daß die Russen Interesse an mir hätten. Die CIC, hatte zwei Zimmer für mich in einer Villa reserviert und brachte je-den Tag ein paar Büchsen Konserven... Ich durfte Oberursel jedoch nicht verlassen. Immer wieder kamen amerikanische Strei-fen, um zu sehen, ob ich auch dort sei. Nach-dem lange Zeit diese Streifen, aber auch die Nahrungszuteilung ausblieben, betrachtete ich jene Halbhaft, ohne daß man es mir ge-sagt hatte, als wohl aufgehoben".

Im Vorfeld zu ihrem Prozeß erlebte Hanna Reitsch in Oberursel viel Diffamie-rendes, aber auch die Hilfsbereitschaft von Freunden.

1946 wurde das Camp King von der ame-rikanischen Spionageabwehr (CIA) belegt, unter deren Patronage die „Organisation Gehlen" Nachrichten aus den Ostblock-staaten, insbesondere aus der DDR sam-melte. Aus ihr entwickelte sich der Bundes-nachrichtendienst. Von 1953 bis 1968 war die „Military Intelligence Group" im Camp King stationiert; sie war dem Militärischen Abschirmdienst der Bundeswehr vergleich-bar.[26] Seit 1968 war das Camp Standort der „4. Transport-Brigade der US-Armee in Eu-ropa". Diese wurde am 13.12.1989 inakti-viert.

Auf dem Gelände befinden sich Wohn-blocks für 450 Menschen, ein Einkaufszen-trum, Kino, Clubs und Bücherei, Sporthalle und eine Kirche für alle Konfessionen.[27] Das 1946 in einen Offiziersclub umgewan-delte Gemeinschaftshaus des Reichssied-lungshofes wurde als Sitz des Standort-kommandanten eingerichtet („Mountain Lodge").

1986/87 legte der ehemalige Barkeeper Franz Gajdosch eine Sammlung zur Lager-geschichte an. Sie illustriert das Leben des

Colonels Charles B. King, dessen Namen das Lager trägt und bewahrt Dokumente zur Geschichte des Camp King, des Dulag Luft und des Reichssiedlungshofes. 1990 wurde diese Sammlung dem Vortaunusmuseum und dem Stadtarchiv übergeben.

„Es entsteht unzweifelhaft eine neue Stadt"

Am 3.4.1945 ernannte der Kommandeur der 15. amerikanischen Infantrie Division Heinrich Kappus, der seit 1933 Stadtkämmerer in Oberursel war, zum Bürgermeister. Dieser berief einen Bürgerrat, der helfen sollte, „eine nach demokratischen Grundsätzen arbeitende Verwaltung einzurichten".[28]

„Auf Vorschlag von Paul Grünewald (KPD) wird der SPD-nahe Werner Jaspert von den Amerikanern zum Bürgermeister ernannt, nachdem zwei Vorgänger über ihre NS-Vergangenheit stolpern. Sein Stadtkämmerer wird der 1933 entlassene frühere SPD-Fraktionsvorsitzende Emil Leutloff. Jaspert und Leutloff bilden einen Bürgerausschuß aus zwei KPDlern, zwei Zentrumsleuten und den Sozialdemokraten Lodwig Schwarz und Karl Kutschbach."[29]

Bei der Wahl im Januar 1946 erreichte die CDU 49,1% (SPD: 35,2%), und Heinrich Kappus wurde Bürgermeister.[30]

Am 27.1.1946 wurde („in freier, geheimer Wahl") eine Stadtverordnetenversammlung gewählt. Sie setzte sich zusammen aus sieben CDU- und fünf SPD-Vertretern. Erst zwei Jahre später kamen auch Vertreter der LDP (Liberale) und der KPD (Kommunisten) dazu. Der Magistrat umfaßte 1948 acht Mitglieder, wovon vier der CDU, drei der SPD und einer der LDP angehörten.[31]

1951 war das politische Leben in Oberursel noch immer stark beeinflußt „von Entscheidungen der amerikanischen Besatzungsbehörde".[32] Die demokratische Verwaltung der Stadt bestand aus einem siebenköpfigen Magistrat, an dessen Spitze der Bürgermeister stand. Die Stadtverordnetenversammlung bestand aus 24 von der Bevölkerung gewählten Abgeordneten, die vier Parteien angehören. Die CDU stellte zehn Abgeordnete, die SPD acht, die FDP vier und die KPD zwei Vertreter.[33]

Ein großes organisatorisches wie auch menschliches Problem stellte die Integration einer großen Anzahl von Evakuierten und Flüchtlingen dar. Oberursel nahm weit mehr Personen auf als der Durchschnitt des Obertaunuskreises.

1948 zählte man in Oberursel noch 1759 Evakuierte, das waren 10,7% der Gesamtbevölkerung. Die meisten kamen aus dem Regierungsbezirk Wiesbaden (1192, hauptsächlich aus Frankfurt/M.), aber es gab auch zahlreiche Evakuierte aus der englischen Zone (326, hauptsächlich aus Köln), aus der russischen Zone (76, hauptsächlich aus Dessau), aus der französischen Zone (47) und aus Berlin (73).[34] Bis 1950 reduzierte sich die Zahl der Evakuierten auf 1633 (= 9,6%).

Am 2.11.1945 war in einer Bekanntmachung erstmals von eintreffenden „Flüchtlingen" die Rede. Es handelte sich vor allem um deutschstämmige Vertriebene aus dem Sudetenland, den Karpathen und dem Donaugebiet. „Die Stadt Oberursel hat für die nächsten Tage und Wochen mit einer außerordentlich großen Zahl von Flüchtlingen aus dem Osten zu rechnen. Es ist die Pflicht der Stadt, diesen Flüchtlingen zu helfen und ihnen ein menschenwürdiges Obdach zu geben. Jeder verfügbare Wohnraum wird dazu bereitgestellt...". Am 19.12.1945 lobte der

Vertriebenen-Denkmal am Waldfriedhof von
Georg Hieronymi, 1981

Bürgermeister die Bevölkerung von Oberursel, daß sie „wieder einmal ihre Hilfsbereitschaft in schönster Weise gezeigt" habe; die Geldspenden beliefen sich auf 40.000 Mark, und Kleider und Hausrat genügten, um „einer großen Zahl Flüchtlingen aus der allerdrängendsten Not helfen zu können."[35]

Anfang 1946 folgten weitere Transporte von Vertriebenen, die vor allem in Stierstadt und Weißkirchen Unterkunft fanden.[36] Schon in jenem Jahr gründete sich der Bund der Heimatvertriebenen (BdH; heute BdV), der sich vor allem um die soziale und materielle Betreuung der Neubürger bemühte und auch eine Selbsthilfegruppe zum Wohnungsbau begründete.

1948 wurden 1547 (= 9,4%) Flüchtlinge in Oberursel gezählt. Der weitaus größte Teil kam aus den Gebieten östlich der Oder-Neiße (709). An zweiter Stelle standen die Sudetendeutschen aus der Tschechoslowakei (578). Bis 1950 stieg die Zahl der Flüchtlinge leicht auf 1703 (= 10%) an.[37]

Schon 1948 konnte Bürgermeister Kappus schreiben, daß 92% aller Flüchtlinge „in Arbeit und Brot" gebracht waren. „Dieser schöne Erfolg ist der unter meinem Vorsitz gegründeten und segensreich arbeitenden Genossenschaft der Hessischen Glas- und Schmuckwaren-Industrie, die fast 100 Mitglieder umfaßt zu verdanken. Hierbei ist die Feststellung interessant, daß die Zahl der aus öffentlichen Mitteln unterhaltenen Flüchtlinge laufend zurückgeht. Diese Feststellung berechtigt zu der Hoffnung, daß die neugegründeten Flüchtlingsbetriebe krisenfest bleiben werden."[38]

Die Oberurseler Flüchtlingsbetriebe waren vor allem in der Textil- und in der Glasindustrie von Bedeutung. Aber es gab auch eine Maschinenfabrik (Lux & Co.), die nach 1945 von Vertriebenen gegründet worden war.

Besonders die Glasherstellung hatte in den Herkunftsgebieten der Neu-Oberurseler Tradition. Oberursel seinerseits gewann für die im Vortaunus angesiedelten Glasbetriebe an Bedeutung durch die hier etablierte Interessenvertretung „Hessische Glas- und Schmuckwaren Industrie GmbH Oberursel/Ts."[39] Sie existierte bis 1953.

Seit 1949 arbeitete die Taunus-Glas Gebrüder Möller GmbH in Oberursel (Erich-Ollenhauer-Straße). Der 1928 in Gehren/Thüringen als Isolierflaschenfabrik gegründete Betrieb der Gebrüder Gerhard und Alfred Möller produziert außer Isolierflaschen und -kannen in seinem „marktgerechten Programm"-Eiswürfelbehälter („Supertherm"), Thermometer, Hygrometer, Barometer etc.[40]

Glasbläser, um 1950

Glaswaren-Präsentation, um 1950

1964 errichtete die Hessenglas GmbH eine zweite Glashütte, die ausschließlich Glaskolben herstellte. In den 1970er Jahren ging der Betrieb an einen neuen Besitzer über, der ihn „Kristallglas GmbH" nannte. „Mitte 1990 kommt das Aus für eine der letzten in Westdeutschland noch bestehenden Glashütten aus der Tradition des Böhmischen Glases".[41]

In der Textilbranche war und ist von Bedeutung die am 1.2.1946 von Georg und Horst Zimmer mit vier Mitarbeitern gegründete Firma „Taunus Textildruck", die ortsansässige Betriebe mit Druckstoffen be-

liefern wollte, da andere Bezugsquellen im In- und Ausland ausgefallen waren.[42] 1947 wurde die Produktion auf einem zunächst kleinen Grundstück in einer aus der Kriegsindustrie verbliebenen Baracke aufgenommen. „Grundsätzlich fehlte es an allem, wie Werkzeug, Baumaterial, Farben, Chemikalien usw. und mußte, soweit nicht durch Bezugsscheine zu erhalten, gegen bedruckte Stoffe eingetauscht werden. Dies bezog sich auch auf Gewebe zum Bedrucken; hierfür dienten u.a. aufgetrennte Baumwoll-Mehlsäcke aus US-Beständen. Der Mangel an Textilien besserte sich, als aus deutschen Rüstungsbeständen größere Mengen hochfestes Viskosegarn – bestimmt für Reifencord – in Hessen entdeckt wurden."[43]

1955 wurde eine neue, 76 m lange Fabrikhalle in Betrieb genommen. Damit hatte der Betrieb 3800 Quadratmeter Produktionsfläche. Die 120 Werksangehörigen bedruckten jährlich 1 Million Meter Stoff. Davon waren 15% für den Export in Europa und Übersee bestimmt.[44]

Der enorme Bevölkerungszuwachs brachte für Oberursel „eine Wohnungsnot größten Ausmaßes" mit sich, denn der verfügbare Wohnraum blieb, nicht zuletzt wegen der zahlreichen beschlagnahmten Wohnungen, in den Jahren nach 1945 annähernd konstant. 1948 waren immerhin 203 Wohnräume im Bau.[45] Doch gab es 1951 immer noch 114 der im Krieg geschaffenen Behelfsheime, primitive Unterkünfte aus Holz mit einer Wohnküche und einem Nebenraum.[46]

Auch das öffentliche Bauwesen nahm großen Aufschwung. Wie anderwärts spiegelt sich in den damals realisierten Bauaufgaben das Selbstverständnis einer jungen Demokratie, die sich in Schulen, Altenheimen, Kirchen usw. ihre Denkmäler setzte. So wurde 1955 die Berufsschule im Maasgrund eingeweiht, 1958 folgte der Bau des Evangelischen Altenheims Haus Emmaus und ebenfalls 1958 die Auferstehungskirche.

Als besondere Leistung verdient der Neubau der katholischen Kirche St. Hedwig gewürdigt zu werden. Sie wurde 1960 in einem neuen Wohngebiet im Norden von Oberursel auf dem Gelände des ehemaligen Sensenwerks errichtet. Die Pläne des Frankfurter Architekten Hein Günther wurden 1963–1966 realisiert.

Die Architektur von St. Hedwig markierte einen Lichtblick im damaligen Baugeschehen, und es spricht für ihre Qualität, daß sie noch in Zeiten eines gewandelten Geschmacks Beachtung und Anerkennung hervorruft. Die Gedankengänge des Architekten lassen sich so zusammenfassen: „Die ruhige und abgeschiedene Lage zwischen dem Urselbach und den bewaldeten Ausläufern des Taunusrandes bot die beste Voraussetzung, hier einen eigenen Mittelpunkt, abgesetzt von der profanen Betriebsamkeit, zu schaffen…

Die zunächst eigenartig wirkende Architektur des Kirchenschiffes ergab sich aus dem Verlangen, einen sakralen Raum mit Mitteln der modernen Technik zu schaffen, einfach und überzeugend. Gegen die Masse des bewaldeten Bergrückens und die Nähe der mehrgeschossigen Wohnhäuser konnte nicht Größe und Höhe des Kirchengebäudes überzeugen, sondern nur eine in sich bezogene Geschlossenheit und Ruhe. So entstand ein parabelförmig gewölbtes Kirchenschiff, das mit dem wuchtigen Turm durch einen die Einheit des Bauwerks betonenden Zwischenbau verbunden ist. Dem Bedürfnis nach Wahrheit und Nüchternheit entsprechend wurde Beton als das Baumaterial unserer Zeit verwendet…

Die Kirche bietet 550 Besuchern auf Bänken und loser Bestuhlung Platz. Tageslicht fällt nur von beiden Stirnwänden ein. Auf die Lichtführung wurde besondere Sorgfalt verwandt. Die Altarwand, im unteren Teil nahezu geschlossen, öffnet sich nach oben den „Feuerbahnen des Heiligen Geistes", von Herrn Hermann Goepfert in überzeugender Weise künstlerisch gestaltet. Die im grauen Gußglas geschlossene Eingangswand trägt im oberen Teil des Parabelbogens eine kreisförmige Rose; wenn man will, eine Analogie zu den Fensterrosen der Gotik, zu der das Bauwerk bei all seiner Modernität eine gewisse geistige Verwandtschaft aufweist. Die Lichtquellen der künstlichen Beleuchtung sind verdeckt und schmiegen sich unauffällig den Betonwänden an. Auch sonst wurde wegen der eindringlichen und religiösen Sprache des Raumes auf jedes überflüssige Beiwerk verzichtet…"[47]

Zu dieser Zeit begann man sich bereits um die Feinstrukturen der Stadtgestalt zu kümmern. Es waren schüchterne Versuche, dem „wilden" Bauen Einhalt zu gebieten. Typisch für diese Phase war der Ausbau des Kumeliusplatzes, 1960/61 (seit 1967 Epinay-

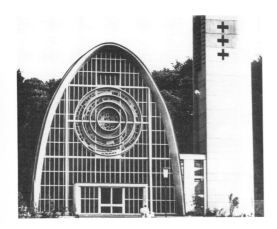

St. Hedwig, um 1966

Bronzefigur der Hl. Ursula auf dem 1962 von
Harold Winter geschaffenen Brunnen
am Marktplatz

platz), der schon nach weniger als drei Jahrzehnten nach einer neuen Lösung verlangte. Auch auf den traditionsreichen Marktplatz richtete sich das Augenmerk. Hier wurde am 17.11.1962 der Marktplatzbrunnen mit der bekrönenden Bronzefigur der Hl. Ursula eingeweiht.[48] Er ist ein Werk des Oberurseler Bildhauers Harold Winter (1887–1969), der die Funktion des Brunnens darin sah, „ein Denk-Mal, ein Wahr-Zeichen, aber auch ein An- und Mahnruf an den Bürgersinn zu sein, die Vergangenheit nicht zu vergessen und mit in die Gegenwart hineinzunehmen."[49]

Schon 1964 stellte Stadtrat Wilhelm Wollenberg fest, daß sich die Stadt seit dem Kriegsende vollkommen gewandelt hatte. „Das Oberursel von heute ist längst nicht mehr das Oberursel der Geschichte, so wie es die eingesessene Bevölkerung noch gesehen, erlebt und heute in der Erinnerung

trägt. Die sich ständig vergrößernde Einwohnerzahl – 11.000 im Jahre 1939, 24.000 im Jahre 1963 – verändert das Gesicht und den Charakter der Stadt. Das Übergewicht der „Ortsfremden" ist so stark und im öffentlichen Leben so bestimmend geworden, daß es den Anschein hat, der Kern der echten Bürgerschaft werde von der Masse der ständig hinzukommenden neuen Bürger aufgesogen. Der Typ des alten „Orschelers" gerät in die Minderheit. Langsam wird sich der Typ eines neuen „Orschelers" entwickeln. Es entsteht unzweifelhaft eine neue Stadt."[50]

Aus dieser Erkenntnis heraus begann sich einerseits ein Heimatgefühl zu entwickeln, das in der Gestaltung eines „Heimattages" 1961 und schließlich in der Gründung des Heimat- und Geschichtsvereins im Jahr 1962 sichtbaren Ausdruck fand. Andererseits öffnete man sich, suchte Beziehungen zu den Neubürgern, aber auch zu den hier ansässigen amerikanischen Staatsangehörigen.

Aus dem Bemühen, „die Menschen und die Völker einander näherzubringen" (Bürgermeister Beil) entstand denn auch die Partnerschaft mit der französischen Stadt Epinay-sur-Seine, die am 16.5.1964 besiegelt wurde.[51] An den Begegnungen mit Bürgern dieser bei Paris gelegenen, rund 50.000 Einwohner zählenden Stadt beteiligten sich Sportler, Schüler, einzelne Berufssparten, Vereine und Kunstschaffende. Bis zum 25jährigen Partnerschafts-Jubiläum 1988 hatten rund 12.000 Personen Besuche in die jeweils andere Stadt unternommen. Es gibt in Epinay einen „Oberurseler Platz" und in Oberursel einen „Epinay-Platz".

Eine weitere Partnergemeinde gewann Oberursel durch den Zusammenschluß mit Stierstadt (1972), das 1971/72 mit der holländischen Gemeinde Ursem eine Partner-

Europaschild Oberursel, Epinay-sur-Seine, Ursem, Rushmoor

schaft eingegangen war, „um aktiv zur Völkerverständigung beizutragen". Auch Ursem wurde einer Großgemeinde (Wester-Koggenland, 1979) eingegliedert. Die partnerschaftlichen Aktivitäten zwischen den beiden „Altgemeinden" Stierstadt und Ursem haben durch diese Veränderungen keine Beeinträchtigung erfahren.

Seit 1989 hat Oberursel eine dritte Partnerschaftsgemeinde: Rushmoor in England. Die in der Nähe von London liegende, etwa 81.000 Einwohner zählende Stadt wurde erst 1974 aus drei Gemeinden und dem Militärlager Farnborough gebildet.

Wie viele andere Städte veränderte Oberursel in den späten 1960er, vor allem aber in den 1970er Jahren sein äußeres Erscheinungsbild. 1969 setzte der Neubau des Bad- oder Panorama-Hotels am Rand der Stadt (Borkenberg 14) einen architektonischen Akzent nach dem Geschmack der Zeit (seit 1977 Bürogebäude Fresenius). Wenig später entstand das erste Wohn-Hochhaus Oberursels in der Berliner Straße 40. 1970 war das erste Kaufhaus in Oberursel eröffnet worden.

Nun setzte die zeittypische Abrißwelle in den Altbaugebieten ein. Davon betroffen waren z.B. 1974 das Haus Vorstadt 20, an dessen Stelle ein viergeschossiger Neubau mit Flachdach trat;[52] 1975 das benachbarte Haus der Bäckerei Ruppel; 1975 das Haus St. Ursulagasse 23, ein Ständerbau aus dem 16. Jahrhundert; 1975 Hollergasse 6 u.8; 1976 Weidengasse 2. Für das 1975–77 errichtete heutige Rathaus wurden zwei Häuser abgerissen (Oberhöchstadter Straße 9 u.11) und für den Neubau der Stadtbibliothek am Marktplatz 1976 das sogenannte Wolfsche Haus. Auf dem sehr großen Areal der vormaligen Firma Brass und der Götzmühle (Vorstadt/Körnerstraße) entstand in den Jahren 1981–84 die Stadthalle.[53] 1983 wurde das Haus Vorstadt 34 (Helfrich) abgebrochen und ein Neubau errichtet.

Oberursels erstes „Hochhaus", Berliner Straße 40

Ecke Vorstadt/Körnerstraße, um 1970

Neubau Ecke Vorstadt/Körnerstraße; Schließung
Bäckerei Franz Ruppel, um 1975

Abriß Bäckerei Franz Ruppel, Vorstadt, 1975

Gegen die Abrißwelle und für eine Sanierung der Altbauten sprachen sich lange nur wenige aus. Zu ihnen gehörte der Heimat- und Geschichtsverein. Er beteiligte sich aktiv an der Meinungsbildung pro Stadtsanierung und veröffentlichte schon 1970 Anregungen zur Sanierung der Oberurseler Altstadt.[54] 1974 sprach sich das Landesamt für Denkmalpflege erstmals gegen einen Abbruch (Obergasse 6) aus.[55]

1978 wurde für das Sanierungsgebiet „Altstadt Oberursel" eine Baugestaltungssatzung erlassen, die Hausbesitzer dazu verpflichtete, bei Neu- und Umbauten, Instandsetzungs- und Unterhaltungsarbeiten an den Fassaden den baulichen Charakter des vorhandenen Straßenbildes nicht zu verändern. Seit 1984 existiert ein Sanierungsrahmenplan, bei dem „besonderer Wert auf die Erhaltung des Stadtgrundrisses und der Kleinmaßstäblichkeit der gewachsenen Bebauung gelegt" wurde.[56]

Daß man erst allmählich die Bedeutung der Stadtsanierung erkannte, hing nicht zuletzt mit den in den frühen siebziger Jahren drängenden Problemen der Selbstdefinition der Städte zusammen.[57] Vor allem galt es, der Sogwirkung Frankfurts entgegenzutreten und kommunale Gebilde zu schaffen, die sich im Großraum behaupten konnten.

Das bedeutete für viele Gemeinden: Zusammenschluß mit der nächstgrößeren Gemeinde oder Stadt. So kam es, nach längeren Diskussionen, 1972, zur Eingliederung von Oberstedten, Stierstadt und Weißkirchen nach Oberursel.

Oberstedten hatte einen erfolglosen Kampf um den Erhalt der Selbständigkeit geführt und schließlich mit den Nachbarstädten Bad Homburg und Oberursel verhandelt. Am 2.12.1971 beschloß die Gemeindevertretung mit Mehrheit die frei-

Marktplatz mit dem Wolfschen Haus, um 1970

willige Eingliederung Oberstedtens in die Stadt Oberursel. Am 1.4.1972 trat der Eingemeindungsvertrag in Kraft.[58]

Stierstadt hatte 1971 förmlich beschlossen, die Selbständigkeit der Gemeinde zu erhalten. Erst die drohende Zwangsvereinigung führte zu Fusionsverhandlungen mit der Stadt Oberursel.[59] Am 24.2.1972 beschloß die Gemeindevertretung „mit 8 Ja-gegen 7 Nein-Stimmen", dem Grenzänderungsvertrag mit der Stadt Oberursel zuzustimmen. Er wurde am 3.3.1972 unterzeichnet.

Weißkirchen sprach sich 1971 gegen die Eingliederung in den Orts- und Verwaltungsbezirk „Nord" wie auch gegen die direkte Eingliederung nach Frankfurt und für die Zugehörigkeit zum Mittelzentrum Oberursel aus.[60] Der Bürgermeister gab

Marktplatz, Neubau der Stadtbibliothek, 1984

aber auch zu erkennen: „Meine Vernunft gebietet mir, auf der Grundlage des vorliegenden Vertragsentwurfs den Gang nach

Neues Rathaus

main". Sollte sich Oberursel „zu einer ruhigen Wohnstadt am Taunusrand", „zu einer möglichst eigenständigen Mittelstadt im Frankfurter Verflechtungsraum" oder zu einer „Wohnstadt von Frankfurt" entwickeln? Die Stadt Oberursel entschied sich für das Modell „Eigenständige Mittelstadt" – und gegen die Tendenz, Wohnvorort für Frankfurt zu werden. Damit war der Rahmen abgesteckt für die Ziele der Wohnungsbaupolitik, die Ansiedlung von Arbeitsplätzen, die Entwicklung der Stadtmitte und die damit verbundenen städtebaulichen Maßnahmen. Als wichtigste Ziele wurden definiert: die Abstimmung von Arbeitsplatzangebot und Wohnungsangebot und die Stärkung der Attraktivität der Stadtmitte als Einkaufsort.[62] Neue Baugebiete sollten vor allem in den Stadtteilgemeinden Bommersheim, Oberstedten und Weißkirchen entstehen. Die bestehenden Gewerbegebiete in Oberursel und Oberstedten sollten erweitert werden, um die Zahl der Beschäftigten zu erhöhen.

Die Stadt entschied sich für den solchermaßen vorgegebenen Rahmen der künftigen Bauleitplanung und beschloß am 16.12.1977 – erstmalig in ihrer Geschichte – eine Stadtentwicklungsplanung mit einer Generalverkehrsplanung für die Gesamtstadt Oberursel.

Danach sollten die einzelnen Wohnbereiche durch Anschlüsse an das auszubauende regionale Straßennetz vom Durchgangsverkehr weitgehend entlastet werden. In der Stadt und zwischen den Stadtteilen wurde ein leistungsfähiges Hauptstraßennetz erforderlich.[63] Im Stadtteil Bommersheim sollte eine Verkehrsberuhigung eintreten. Oberstedten wurde durch den Bau der B 455 vom Durchgangsverkehr befreit. In Stierstadt waren nur „konfliktmildernde Maß-

Oberursel zu empfehlen, von Herzen kommt diese Empfehlung nicht." Am 20.12.1971 beschloß die Gemeindevertretung die freiwillige Eingliederung der Gemeinde Weißkirchen in die Stadt Oberursel. Am 23.12.1971 wurde der Grenzänderungsvertrag unterzeichnet.

Im Frühjahr 1973 beauftragte die Stadt Oberursel die Arbeitsgemeinschaft Städtebau und Architektur Darmstadt mit der Erarbeitung der Stadtentwicklungsplanung. „Die Eingliederung der Nachbargemeinden Oberstedten, Stierstadt und Weißkirchen erfordert eine neue Zielsetzung für die städtebauliche Entwicklung der Gesamtstadt. Diese soll die Grundlage und Ergänzung des aufzustellenden neuen Flächennutzungsplanes als vorbereitendem Bauleitplan bilden".[61] Da sich eine bereits 1963 und 1966/70 erarbeitete Verkehrsplanung „überlebt" hatte, wurde gleichzeitig eine neue Verkehrsplanung begonnen. Die Vorstellungen der Arbeitsgemeinschaft wurden 1974 und 1975 der Öffentlichkeit vorgestellt und diskutiert.

Es gab drei Entwicklungsmodelle. Sie unterschieden sich im Hinblick auf die Rolle Oberursels in der künftigen „Region Unter-

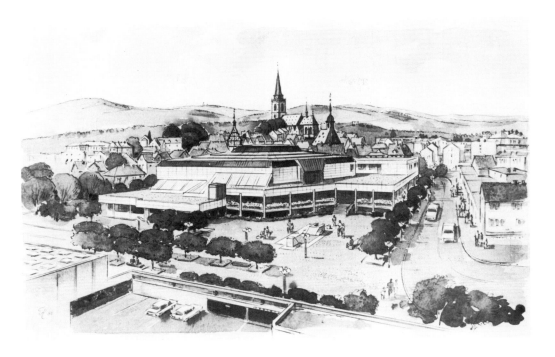

Stadthalle vor der Kulisse der Altstadt, gezeichnet von Georg Hieronymi, 1984

nahmen" möglich. Für Weißkirchen wurde eine Südumgehung geplant.[64]

Im September 1984 wurde der erste Flächennutzungsplan für die Gesamtstadt Oberursel rechtswirksam. Entsprechend dem Ziel der Stadtentwicklungsplanung, die Stadt Oberursel als selbständiges Mittelzentrum im Ballungsgebiet Rhein/Main zu erhalten und zu fördern, wurden Flächen für den Wohnungsbau und die Gewerbeansiedlung ausgewiesen. Damit war die Grundlage dafür geschaffen, daß sich Oberursel sowohl zur begehrten Wohngemeinde als auch zum interessanten Gewerbestandort entwickeln konnte.

1988 verfügte Oberursel nur noch über ein größeres freies Gewerbegebiet. Damit aber war Oberursel im Raum Frankfurt „praktisch die letzte Stadt, die über nen-

nenswerte Flächenreserven verfügt... Ernstzunehmende Interessenten von wirtschaftlicher Bedeutung können gar nicht an Oberursel vorbeigehen, wollen sie nicht auf die Vorteile des Raumes mit der Metropole Frankfurt am Main und dem diese Metropole prägenden Umland verzichten."[65]

1988 wurden in Oberursel 1788 der Industrie- und Handelskammer angehörende Gewerbebetriebe und 275 Handwerksbetriebe gezählt. Dabei stand die Industrie mit 214 Unternehmen erst an vierter Stelle nach dem Einzelhandel (417), der Werbewirtschaft (397) und den Handelsvertretungen (238). Insgesamt herrscht eine „gesunde Mischung von Gewerbebetrieben aller Stufen. Oberursel hat einen guten Mittelstand, insbesondere im Bereich des verarbeitenden Gewerbes. Auch der Dienstleistungsbereich – mit dem Schwerpunkt Versicherung – weist eine gut gemischte Struktur auf".[66] Der Einzelhandel profitierte offensichtlich von der Eröffnung der Fußgängerzone in der oberen Vorstadt, und die sanierte Altstadt erwies sich ebenfalls als Attraktion.

Das Flugzeug „Oberursel/Taunus", 1989

Stichtag 31.12.1988[67]

Das Stadtgebiet hat in seiner größten Nord-Süd-Ausdehnung eine Länge von 7,2 km, in seiner größten Ost-West-Ausdehnung 13 km. Insgesamt umfaßt das Stadtgebiet eine Fläche von 45, 37 Quadratkilometern. Diese Fläche untertheilt sich in folgende Nutzungsarten:

Wald	43,0%
Ackerland	22,6%
Hof- und Gebäudeflächen	15,2%
Grünland	5,9%
Öffentl. Straßen, Wege, Plätze	7,5%
Gartenland	1,8%
Wasserflächen	0,5%
Sonstige Flächen	3,5%

Höchster Punkt ist mit 820 m ü.NN ein Waldgelände unterhalb des Großen Feldbergs im Taunus. Der niedrigste Punkt befindet sich mit 138 m über NN unterhalb der Krebsmühle im Stadtteil Weißkirchen.

1988 hatte Oberursel 42.874 Einwohner, davon waren 39.105 Personen mit Hauptwohnsitz gemeldet. Von diesen waren 3.594 (= 9,2%) Ausländer verschiedener Nationalität; dieser Ausländeranteil entspricht demjenigen des Hochtaunuskreises. Konfessionell überwogen die 16.970 (= 39,6%) evangelischen Einwohner leicht vor den 15.967 (= 37,2%) katholischen Einwohnern; 23% bekannten sich zu einer anderen Konfession.

Die Einwohnerzahl in den im Jahr 1972 eingegliederten Stadtteilen belief sich in Oberstedten auf 5.537, in Stierstadt auf 5.270, in Weißkirchen auf 5.116 Personen. Demnach wohnten 63% der Einwohner in der Kernstadt Oberursel und im Stadtteil Bommersheim, 37% in den jüngeren Stadtteilen. Die Bevölkerungsdichte, bezogen auf den Hauptwohnsitz, betrug 862 Personen pro Quadratkilometer, womit Oberursel im Hochtaunuskreis an vierter Stelle steht.

Die Wirtschaftsstruktur der Stadt basiert auf einer „ausgewogenen Mischung von leistungsfähigen Betrieben der gewerblichen Wirtschaft, des Groß- und Einzelhandels, des Handwerks bis hin zu Großunternehmen mit Weltgeltung". Die Stadt unternimmt seit Jahren erhebliche Anstrengungen zur Förderung der Wirtschaft. Zahlreiche große und mittelständische Unternehmen siedelten sich an oder erweiterten ihren Firmenbestand. Dazu gehörten die Alte Leipziger Versicherungsgruppe, das Europäische Forschungs- und Entwicklungszentrum der Mazda Motor Corporation[68], Webb Service GmbH/Mister Minit Service GmbH ua. Im Jahr 1989 verlegte Aero Lloyd/Air Charter Market seinen Firmensitz nach Oberursel. In Kürze wird das Unternehmen NUR-Reisen[69] den Firmensitz nach Oberursel verlegen.[60]

Die neugestaltete Vorstadt, 1989

Infolge der Wirtschaftskonzentration im Raum Frankfurt war in den zurückliegenden Jahren auch in Oberursel eine sehr starke Nachfrage nach Wohn- und Gewerbegrundstücken zu konstatieren.[71] In den Jahren 1979 bis 1988 wurden ca. 35 ha. Neubauflächen der Besiedlung zugeführt. Weitere Ausweisungen waren bisher nicht realisierbar, da die notwendigen Umgehungsstraßen wegen anhängender Streitverfahren nicht fertiggestellt werden konnten. Bei diesen Umgehungsstraßen handelt es sich insbesondere um den Feldbergzubringer (Rechtsstreit seit 1971), die Umgehung Weingärten (Normenkontrollantrag), Gablonzer Straße (Bebauungsplan rechtskräftig), Südumgehung Oberursel/Weißkirchen (Planfeststellungsverfahren in Vorbereitung). In der Innenstadt hält die Tendenz zur baulichen Verdichtung bei steigenden Bodenpreisen und Mieten weiter an.

Die Rahmenplanungen für die Kernstadt haben die Weiterentwicklung des innerstädtischen Einkaufs-, Geschäfts- und Wohnbereichs zum Ziel. Dazu gehören Maßnahmen zur Verkehrsberuhigung, Verbesserung des Parkplatzangebots etc. Zur Umgestaltung des Epinayplatzes wurde erstmals in Oberursel ein städtebaulicher Wettbewerb nach den Grundsätzen und Richtlinien für Wettbewerbe ausgelobt. Der erste Preis wurde am 9.9.1988 dem Darmstädter Büro Fink & Reinwald zuerkannt.

Autobahn-Abfahrt Oberursel

Oberursel ist als Ziel und Ausgangspunkt für Ausflugs- und Erholungsreisen nach wie vor beliebt. Es stehen ca. 350 Gästebetten zur Verfügung. Die Stadt wirbt für sich mit dem Slogan „Oberursel. Tor zum Taunus" und „Stadt im Grünen". „Zwischen Main und Taunus gelegen, ist Oberursel idealer Ausgangspunkt für Spaziergänge, Wanderungen und Fahrten in den Taunus. Hier beginnt auch die als Fremdenverkehrsroute durch den Taunus ausgeschilderte Hochtaunusstraße. Besondere Anziehungspunkte sind die malerische Altstadt mir ihren historischen Bauwerken und kulturellen Einrichtungen, das beheizte Frei- und Hallenbad sowie die Stadthalle als Kultur-, Konferenz- und Tagungsstätte."[72]

1200 Jahre Oberursel und Stierstadt

Die Jahre 1989/90 standen, vor allem für das Kulturamt der Stadt, im Zeichen der Vorbereitung der 1200-Jahrfeier von Oberursel und Stierstadt.[73] Seit 1990 werden Briefe der Stadtverwaltung mit einem bunten Jubiläums-Aufkleber versehen. Ende 1990 wurde eine offizielle Jubiläums-Medaille ausgegeben, zu der Dr. Marieluise und Dr. Helmut Petran die Idee und Georg Hieronymi den Entwurf beitrugen. Auf der Vorderseite erscheint der Namenszug „Ursella", auf der Rückseite das Monogramm Karls des Großen; beide werden umgeben von Schmuckbändern, deren Motive der Königshalle in Lorsch entlehnt sind.

Medaille zur 1200-Jahrfeier, Entwurf Georg Hieronymi

Im Dezember 1990 erfolgte als Auftaktveranstaltung zu den Jubiläumsfeierlichkeiten die Uraufführung einer handschriftlich überlieferten Messe aus dem Jahr 1773.

Zur Einstimmung in das Jubiläumsjahr trägt weiterhin ein in sehr hoher Auflage (77.500) erscheinendes „Oberurseler Journal" bei, das an die Haushalte im Hochtaunuskreis verteilt wird.

Am 26.4.1991 erläutert Dr. Marieluise Petran in einem Vortrag die Umstände und die Bedeutung auf diesen Tag datierten Ersterwähnung von „Ursella".

Der Festakt zum Jubiläumsjahr findet am 23.5.1991 statt. Im Rahmen des Festaktes wird dieses Buch vorgestellt. Vortaunusmuseum und Stadtarchiv haben eine aus vier Teilen bestehende Jubiläums-Ausstellung vorbereitet, die von einem Vortragsprogramm gerahmt wird.

Einen breiten Bevölkerungskreis werden der Historische Kinderfestzug durch die Innenstadt, eine musikalisch-folkloristische Veranstaltung „Oberursel unter'm Rad" im Rahmen des Brunnenfestes und ein Mittelalterlicher Markt auf dem Marktplatz ansprechen.

Das Jubiläumsjahr klingt aus mit einer Veranstaltung zu Ehren des 1200jährigen heutigen Oberurseler Stadtteils Stierstadt. In einer Ausstellung des Vortaunusmuseums wird der in den Jahren 1954 bis 1967 in Stierstadt ansässig gewesene Verleger Victor Otto Stomps und die Werke seiner „Eremitenpresse" gewürdigt.

Die Ersterwähnung Stierstadts im Jahr 791 gibt weiterhin Veranlassung, dieser ehemals selbständigen Gemeinde eine eigenständige Chronik zu widmen.

Quellen

Hessisches Hauptstaatsarchiv Wiesbaden
(= HHStA)
Hessisches Staatsarchiv Marburg (= HStA MR)
Hessisches Staatsarchiv Darmstadt (= HStA DA)
Stadtarchiv Oberursel (= StA OU)
Stadtarchiv Bad Homburg (= StA HG)
Stadtarchiv Frankfurt am Main (= StA Ffm)

Literatur (Auswahl)

Periodika

Mitteilungen des Vereins für Geschichte und Heimatkunde Oberursel, H.1, 1963 ff.(= MVGH)
Mitteilungen des Vereins für Geschichte und Landeskunde zu Bad Homburg vor der
Höhe (= Mitt. HG)
Oberurseler Bürgerfreund 1863 ff. (= Bürgerfreund)

Sammelwerke

Der Obertaunuskreis und seine Gemeinden
(1867–1927). Düsseldorf o.J. (1927) (= Ober-
taunuskreis)
Ursella. Quellen und Forschungen zur Geschichte
von Oberursel am Taunus, Bommersheim,
Oberstedten, Stierstadt und Weißkirchen.
Frankfurt am Main 1978 (= Ursella I)
Berg, Ingrid u.a. (Hrsg.): Heimat Hochtaunus.
Frankfurt am Main 1988 (= Heimat Hoch-
taunus)

Einzelveröffentlichungen

Friedrich, Josef. Die St.-Ursula-Kirche zu Oberursel. Große Baudenkmäler, Heft 210. Mün-
chen/Berlin 1967 (= Friedrich, St. Ursula)
Kaltenhäuser, Josef: Taunusrandstädte im Frankfurter Raum. Funktion, Struktur und Bild der
Städte Bad Homburg, Oberursel, Kronberg
und Königstein. Frankfurt am Main 1955
(= Kaltenhäuser, Taunusrandstädte)
Korf, August: Festschrift zur 50jährigen Jubiläumsfeier des Lokal-Gewerbevereins. Oberursel
1901 (= Korf, 1901)

Korf, August: Geschichte der evangelischen Gemeinde in Oberursel am Taunus. Oberursel
1902 (= Korf, Evangelische Gemeinde)
Korf, August: Das Feuerlöschwesen der Stadt Oberursel in alter und neuer Zeit. In: Festschrift zum
55jährigen Jubiläum der Freiwilligen Feuerwehr zu Oberursel. Oberursel 1920 (= Korf,
Feuerlöschwesen)
Korf, August: Oberursel. Ein kurzer Führer durch
die Geschichte, Sage und Dichtung der Stadt.
Oberursel 1907 (= Korf, Führer)
Korf, August: Festbuch für die Haupttierschau der
Landwirtschaftskammer und des Vereins Nas-
sauischer Land- und Forstwirte. Oberursel 1910
(= Festbuch Haupttierschau)
Neuroth, Ferdinand: Geschichte der Stadt Oberur-
sel und der Hohemark. Oberursel 1955 (= Neu-
roth, Geschichte)
Neuroth, Ferdinand: Oberursel zur Zeit des
30jährigen Krieges. In: Annalen des Vereins
für Nassauische Altertumskunde und Ge-
schichtsforschung, Bd. 36/1906. Wiesbaden
1907, S. 169–211 (= Neuroth, 30jähriger
Krieg)
Petran, Helmut: Ursella II. Mühlen, Fabriken und
Menschen am Urselbach. Ein Beitrag zur
Industrie- und Sozialgeschichte im Frankfurter
Raum seit 1850. Frankfurt am Main 1980
(= Ursella II)
Reck, Hans-Hermann: Die Pfarrkirche St. Ursula
in Oberursel am Taunus, Bd. 1. Frankfurt am
Main 1981 (= Reck, St. Ursula)
Rosenbohm, Rolf: Oberursel damals, Bd. 1. Der
Stadtkern in alten Ansichten. Oberursel o.J.
(1983)
Roth, F. W. E.: Culturgeschichtliches aus der Herr-
schaft Königstein, besonders der Stadt Oberur-
sel im 16. Jahrhundert. Oberursel 1900
Roth, F. W. E. (Hrsg.): Otto Wallau's Oberurseler
Reimchronik. Wiesbaden 1879
Stamm, Otto: Die Herrschaft Königstein. Ihre Ver-
fassung und Geschichte. Diss. masch. Frankfurt
am Main 1952 (= Stamm, Herrschaft Könige-
stein)

Washausen, Werner: Forstgeschichte der zum ehemaligen Amt Homburg v.d.H. gehörenden Gebiete. Diplomarbeit. Göttingen 1989 (= Washausen, Forstgeschichte)

Wollenberg, Wilhelm: Oberursel am Taunus. Bildnis einer Stadt. Frankfurt am Main 1968 (= Wollenberg 1968)

Anmerkungen

Zu Seite 11–16

[1] (Rosenbohm, Rolf:) „...das Lob der Stadt Ursel". Die Entwicklung der Lokalgeschichtsforschung. In: Oberurseler Kurier 21.12.1972, S.2

[2] (Rosenbohm) „...das Lob", 1972, S.2

[3] Roth, F.W.E. (Hrsg.): Otto Wallau's Oberurseler Reimchronik. Ein Zeitbild aus dem 16., 17. und 18. Jahrhundert. Herausgegeben und mit erläuternden Anmerkungen versehen von F.W.E. Roth. Mit Beilagen zur Geschichte von Oberursel. Wiesbaden 1879; Rosenbohm, Rolf: Otto Wallau schrieb eine Chronik. In: Taunus Zeitung 184, 10.8.1973, S. 5

[4] (Rosenbohm) „...das Lob", 1972

[5] HHStA XIII, 1, gen. 8/b

[6] HHStA 330 VIIIb, 1b.-Stamm, Herrschaft Königstein, S. 117 (datiert ohne Argument auf 1457).- Zum Rentbuch von 1488 (vermutlich im Stolbergischen Archiv in Ortenberg): Stamm, Herrschaft Königstein, S. 118

[7] HHStA IX, 11b; StA OU, 2, 2; Abschrift von 1864 in HHStA 1098 X, 29; Abschrift: Korf, Ms. 3; Kommentierter Abdruck: Steinmetz, Ernst Georg: Beschreibung der Stadt Oberursel aus dem königsteinischen Jurisdictionalbuch von 1619. In: Der Taunuswächter, 5.Jg., Nr.7, April 1930, S. 1-4

[8] Steinmetz, Jurisdictionalbuch

[9] HHStA 330 IX, 11a

[10] StA OU, Ms. Anonyma 501; abgedruckt bei Korf, Führer, S. 61-68; Ursella I, S. 186-199; gekürzt in Bode, Helmut (Bearb.): Immerwährender Kalender. Mit einer Beschreibung der Stadt Oberursel aus dem Jahre 1792. Frankfurt am Main o.J. (1986?).
(Rosenbohm) „...das Lob",1972; Esche Fritz: Eine anonyme Ortsbeschreibung findet ihren Verfasser, ihre Zwillingsschrift und erfährt von ihrer Geschichte. Masch. (Stadtbibl.). Oberursel 1973; Rosenbohm, Rolf: Johann Konrad Dahl schuf der Stadt Topographie. In: Taunuszeitung 89, 14.4.1973, S. 4.
Die Zuschreibung an Dahl wird ermöglicht durch eine (spätere) „Zwillingsschrift" in HHStA 330 IIIa, 2

[11] (Rosenbohm) „...das Lob", 1972, S. 2; Ursella I, S. 222-225

[12] Taunus-Wächter 1, 30.10.1954

[13] Der Taunus-Wächter, Nr.1, 30.10.1954

[14] z.B. HHStA 330, 9 Oberursel, 5

[15] Schmidt, Johann: August Korf. In: MVGH 13/1970, S. 1-3; Minor, Irmela: Aus der Geschichte unserer Stadtbibliothek. In: MVGH 15/1970, S. 28-35; Kolb, Waldemar: August Korf. Verzeichnis seiner Schriften. In: MVGH 15/1971, S. 1-5; Rosenbohm, Rolf: August Korf begründete Oberursel Stadtbibliothek und das Archiv. In: Taunus Zeitung 187, 14.8.1973, S. 6

[16] StA OU, Ms. Wollenberg 102

[17] Rosenbohm, Ms. zur Geschichte der Stadtgeschichte in StA OU; Adolf Kempf zur Vollendung des 70. Lebensjahres am 23. April 1978. In: MVGH 21/1978, S. 1 ff.; 25 Jahre Verein für Geschichte und Heimatkunde Oberursel (Taunus) e.V. (1962-1987). In: MVGH 29/30, 1988, S. 1 ff.

Zu Seite 17–26

[1] Lit.: Martin, Gerald P. R.: Kleine Erdgeschichte der Taunuslandschaft um Bad Homburg vor der Höhe und Oberursel. In: Mitteilungen des Vereins für Geschichte und Landeskunde zu Bad Homburg vor der Höhe, 28, 1963; Führer zu vor- und frühgeschichtlichen Denkmälern, Bd. 21. Mainz 1972; Fischer, Ulrich: Die vorgeschichtlichen Ringwälle auf „der Höhe". In: Ursella I, S. 15–21; Heimat Hochtaunus, S. 129 ff.; Herrmann, Fritz-Rudolf/Jockenhövel, Albrecht: Die Vorgeschichte Hessens. Stuttgart 1990

[2] Rittershofer, Karl-Friedrich: Bodenfunde und Siedlungen der Steinzeit und frühen Bronzezeit. In: Heimat Hochtaunus, S. 129–134

[3] Hoyer, Hans: Der „Heidegraben" in den Gemarkungen Oberursel und Oberstedten. In: MVGH 6/1966, S. 6–7

4   Thomas, Ch. L.: Der Ringwall über der Heidetränk-Talenge. In: Annalen des Vereins für Nassauische Altertumskunde und Geschichtsforschung, Bd. 36/1906. Wiesbaden 1907, S. 212–247

5   Maier, Heidetränk-Oppidum, S. 9

6   Maier, Heidetränk-Oppidum, S. 81–83

7   Rosenbohm, Rolf: Antike Kulturwelt im Vortaunus: Die Römer. In: Ursella I, S. 21–22

8   Saalburg-Jahrbuch 4/1913, S. 119 ff.

9   Herrmann, F.-R.: Der Ringwall auf dem Hünerberg im Taunus. Archäologische Denkmäler in Hessen, Heft 44;

10 Dölemeyer, Territoriale Entwicklung, in Heimat Hochtaunus, S. 621

11 Bay HStA München, I, Mainz Lit. 19; Glöckner, Karl (Bearb.): Codex Laureshamensis, Bd. 3 Kopialbuch, Teil 2. Darmstadt 1936, S. 125

12 d.h. am 26. April 791

13 wörtlich: Tagwerk

14 Übersetzung orientiert an Dr. M. Petran und A. Bott. Abweichend: Minst, Karl Josef (Bearb.): Lorscher Codex. Deutsch, S. 165
Ich danke Frau Bott und Frau Dr. Petran für die gewährte Einsichtnahme in ihre Manuskripte.

15 Ausführlicher A. Bott in Katalog „1200 Jahre Oberursel".

16 Tradd. Laurish. III, 3407; Sauer, Nass. Urk. I, Nr. 32, S. 8. – Zu Suicger: Manuskript Dr. Petran.

17 Manuskript Dr. Petran

18 So eine 1132 erwähnte Schenkung der Zehnteinkünfte in Ursel an das Frankfurter Domkapitel im Zusammenhang mit Land und Pfarrsitz in Praunheim, dessen Filial Niederursel war (Rosenbohm, Diplomatar in StA OU).

19 Korf, Führer, S. 83–94; Krollmann, Christian: Werner von Ursel, Hochmeister des Deutschen Ordens, geb. Niederursel um 1280. In: MVGH 29–30/1988, S. 94–95; Hehemann, Walter: Der Deutsche Ritterorden — Entstehung, Blüte und Niedergang. In: MVGH 31/1989, S. 9–19

20 Boehmer/Lau, Bd. 2, S. 96, 270, 279, 299; Neuroth, Geschichte, S. 42–44 verneint dies; Korf, Führer, S. 13 spricht sich dafür aus.

21 Petran-Belschner, Marieluise: Der Urselbach, eine namenkundliche Untersuchung. In: MVGH 17/1972, S. 25–39; Petran-Belschner, Marieluise: Dreitausend Jahre Geschichte im Spiegel von sieben Oberurseler Siedlungsnamen. In: MVGH 27/1985, S. 8–14, hier S. 12–14; Petran-Belschner, Marieluise: Ursella. In: Ursella I, S. 11–14

22 Petran-Belschner, Marieluise: Taunusnamen – zum Reden gebracht. In: Heimat Hochtaunus, S. 553–557, hier S. 553

23 Sauer, Nr. 1225, 1226, 1227, 1573,

24 StA Ffm, Kopialbuch V, Nr. 53. Gedruckt: Stamm, Herrschaft Königstein, Beilage V

25 Tradd. Laurish. III, 3370; Sauer, Nass. Urk.. I, Nr. 33, S. 9

26 Tradd. Laurish. III, 3315; Sauer, Nass. Urk. I, Nr. 39, S. 13

27 Tradd. Laurish. III, 3341; Sauer, Nass. Urk. I, Nr. 52, S. 21

28 Tradd. Laurish. III 3369; Sauer, Nass. Urk. I, Nr. 61, S. 27

29 Boehmer-Lau: Codex diplomaticus Moenofrancofurtanus, Bd. 1, S. 3–5

30 Esselborn, Karl: Die Übertragung und Wunder der Heiligen Marzellinus und Petrus von Einhard. Darmstadt 1977 (Reprint der Ausgabe Darmstadt 1925), S. 52–53
    S. auch: Der Taunuswächter, 1. Jg., Nr. 2, 1926; Rosenbohm, Rolf: Der Urselerin Maulsperre machte Dorf bekannt. In: Taunus Zeitung 46, 23.2.1973, S. 3

31 Rosenbohm, Rolf: Materialien zu einer Geschichte von Oberursel bis zur Gründung der Neustadt „Im Tal". In: MVGH 15/1971, S. 6–10

32 Lotz, Friedrich: Ursel in fränkischer Zeit. In: Der Taunus-Wächter, Nr. 23, 17.9.1955; Rosenbohm, Rolf: Materialien zu einer Geschichte von Oberursel bis zur Gründung der Neustadt „Im Tal". In: MVGH 15/1971, S. 6–10, hier S. 9

33 Stamm, Herrschaft Königstein, S. 61–67; Neuroth, Geschichte, S. 30 ff.

[34] Stamm, Herrschaft Königstein, S. 2, 29 ff.; Lotz, Friedrich: Ursel in fränkischer Zeit. In: Der Taunus-Wächter, Nr. 23, 17.9.1955

[35] Bay StA Würzburg, Mz. Bücher versch. Inhalts, Nr. 70, fol. 43 (Falkensteiner Kopiar); Stamm, Herrschaft Königstein, S. 29 ff.; Neuroth, Geschichte, S. 35

[36] Stamm, Herrschaft Königstein, S. 44 ff.; Rosenbohm, Rolf: „Stuhl". In: Ursella I, S. 37–38; Dölemeyer, Territoriale Entwicklung, in Heimat Hochtaunus, S. 622

[37] Stamm, Herrschaft Königstein, S. 46–47

[38] Stamm, Herrschaft Königstein, S. 57–59

[39] Wendler, Dagmar: Die Urpfarrei Crutzen (ad crucem). In MVGH 22/1979, S. 1–30
Dohrn-Ihmig, Margarete: Vorbericht über die Grabungen an der Kirche zu Krutzen im Jahr 1983, S. 1–7; Dohrn-Ihmig, Margarete: Krutzen am Bonifatiusbrunnen im Kalbacher Feld, Stadt Frankfurt a.M. In: MVGH 28/1986, S. 1–18

[40] Stamm, Herrschaft Königstein, S. 59

[41] Jurisdiktionalbuch 1619, fol. 16

[42] Stamm, Herrschaft Königstein, S. 55–56 (Aufzählung der schwersten Fälle). — Halsgerichtsrechnungen, -quittungen und -manuale in StA OU, IV, 6 u. 7

[43] HHStA 1 H 21; Stamm, Herrschaft Königstein, S. 54–55

[44] Steinmetz, Ernst Georg: Brandstifter und Mörder vor dem Halsgericht zu Oberursel 1562. In: Der Taunuswächter, 1. Jg., Nr. 11, Juni 1926; s. auch Neuroth, Ferdinand (+): Das peinliche Halsgericht in Oberursel. In: MVGH 31/1989, S. 35–43
Noch 1728 wurden, im Mordfall Braxmeyer, Daumenschrauben angelegt. Das Urteil lautete auf Enthauptung, nachfolgende Räderung und Pfählung des Körpers (StA OU, V, 5; Neuroth, Halsgericht, S. 41–42)

[45] HHStA 330 IX 19; Bericht von 1765

[46] HHStA 330 R 14 u. R 15; Stamm, Herrschaft Königstein, S. 56–57

[47] HHStA 330 IX 19; Bericht von 1765

[48] Neuroth, Halsgericht, in: MVGH 31/1989, S. 43

[49] Bei Ober- oder Nieder-Mörlen in der Wetterau.

[50] Bay StA Würzburg, Mz. Bücher versch. Inhalts, Nr. 70, fol. 43 (Falkensteiner Kopiar); Bay StA Würzburg, Mz. Bücher versch. Inhalts, Nr. 71, fol. 57 (Königsteiner Kopialbuch); Neuroth, Geschichte, S. 35–36
Vorbereitet bereits im Jahr 1300 (Bay StA Würzburg, Mz. Bücher versch. Inhalts, Nr. 71, fol. 57 v.)

Zu Seite 26–33

[51] StA OU, II, Urk., Nr. 21 (Abschrift; Verbleib des Originals unbekannt); Rosenbohm, Rolf: Das Oberurseler Weistum (um 1340). In: Ursella I, S. 57–60 (abweichende Datierung: Neuroth, Geschichte, S. 36–39
Aus dem Jahr 1378 liegt ein Verzeichnis der zu Königstein gehörenden Dörfer und Gefälle vor: „unser dinst und recht zu Obern Ursel..Det sint cinse: zu Ursel uff dem berge 1/2 marg ane 4 pennige, halb zum Mey und halb uff sant Martinsdag."(StA Ffm, Kopialbuch V, Nr. 53. Gedruckt: Stamm, Herrschaft Königstein, Beilage V).

[52] Neuroth, Geschichte, S. 39

[53] Zusammengestellt nach Andernacht, Dietrich/Stamm, Otto: Die Bürgerbücher der Reichsstadt Frankfurt 1311–1400. Frankfurt am Main 1955, S. 6, 10, 20, 22, 23, 30, 34, 36, 39, 40, 42, 46, 47, 76, 79, 83, 100, 129, 132, 134, 138, 168, 172.

[54] Orig. im Archiv zu Ortenberg; Abschrift 19. Jh.: HHStA 331, Urk. Nr. 143. Gedruckt: Stamm, Herrschaft Königstein, Beilage IX; S. 30

[55] StA Magdeburg, H Stolberg-Wernigerode, Ortenberg, Urk. I, Nr. 28

[56] Original: Stolb. Archiv, Ortenberg. Abschrift 19. Jh.: HHStA 331, Urk. Nr. 158; Stamm, Herrschaft Königstein, Beilage X; S. 30; Neuroth, Geschichte, S. 39

[57] Stamm, Herrschaft Königstein, S. 51

[58] Stamm, Herrschaft Königstein, S. 33

59 Stamm, Herrschaft Königstein, S. 34–35

60 Roth (Hrsg.): Oberurseler Reimchronik, S. 19–20

61 HHStA 3002 XIII 2,1, Kopialbuch der Herren von Eppenstein 1211–1443, fol. 65 r. u. v..

62 StA Magdeburg, H Stolberg-Wernigerode, Ortenberg Urkunden I, Nr. 28; Königsteiner Kopiar, Bay StA, Mz. Bücher versch. Inhalts Nr. 71, fol. 2; Stamm, Herrschaft Königstein, S. 103

63 Königsteiner Kopiar, Bay StA, Mz. Bücher versch. Inhalts Nr. 71, fol. 87 v.; Jurisdiktionalbuch 1619; Auszug Jurisdiktionalbuch 1619, HHStA 1098, X, 29, fol. 3;

64 Königsteiner Kopiar, Bay StA, Mz. Schriften versch. Inhalts, Nr. 71, fol. 259 r. u. v..

65 Königsteiner Kopiar, Bay StA, Mz. Bücher versch. Inhalts Nr. 71, fol. 264 v.; Korf, Ms. 3; Neuroth, Geschichte, S. 44

66 Königsteiner Kopiar, fol. 264; zitiert nach Abschrift Korf, Ms. 3

67 Königsteiner Kopiar, fol. 236; Korf, Ms. 3; Neuroth, Geschichte, S. 44

68 Thomas, J. G. Ch.: Der Oberhof zu Frankfurt, 1841, S. 360

69 StA OU, 2, 2, fol. 55–56 (Abschrift 17. Jh.); Jurisdiktionalbuch 1619; Auszug Jurisdiktionalbuch 1619: HHStA 1098, X, 29; HHStA 330 V 2, fol. 2; Korf, Ms. 3; Rosenbohm, Rolf: Die Bommersheim-Oberurseler Humanisten- und Beamtenfamilie Reiffenstein. In: Ursella I, S. 88–94

70 Alberus, Erasmus: Von einem armen Edelmann. Zitiert nach dem kommentierten Abdruck in: Ursella I, S. 101–111, hier: S. 106–107

71 Merian, M.: Topographia Hassiae et Regionum Vicinarum . . . 1655/1966, S. 18

72 HHStA 330 V 2; die Freiheiten des Burggutes zu Oberursel betr. – Vgl. die nicht ganz richtige Information bei Merian: „In obgedachter Burgk hat gewohnet einer vom Adel deß Geschlechts der Zorn, so ihme eigenthümlich gehört." (S. 18)

73 Auf diese Renovierung dürfte sich das relikthaft erhaltene Datum auf einem Maueranker an der Hausrückseite beziehen. S. dazu den Leserbrief von Waldemar Kolb in: Oberurseler Kurier 31, 1.8.1974, S. 7

74 Roth (Hrsg.): Oberurseler Reimchronik, S. 19–20

75 HHStA 330 V 2, fol. 1 u. 5

76 1737 wurde die Burg renoviert. Auf diese Renovierung dürfte sich das nur relikthaft erhaltene Datum auf einem Maueranker an der Hausrückseite beziehen. Siehe den Leserbrief von Waldemar Kolb in: Oberurseler Kurier 31, 1.8.1974, S. 7

77 Neuroth, Geschichte, S. 276–277

78 HHStA 230, 377

79 Korf, Führer, S. 16 ff.; Neuroth, Geschichte, S. 46 ff.; Kaltenhäuser, Taunusrandstädte, S. 36–38; Stamm, Herrschaft Königstein, S. 83

80 Original: Bay StA Wü, Mz. Urk. Weltl. Schrank, 4/5. Abschriften: HHStA 330, 9 Oberursel 1, fol. 2–4; StA OU, 2, 2, fol. 13–14; Bay StA Wü, Mz. Bücher versch. Inhalts, Nr. 71, fol. 58; Neuroth, Geschichte, S. 47–48 (fehlerhaft)

81 HHStA 330, 9 Oberursel 1, fol. 12–15; StA OU, 2, 2, fol. 23–25, 26–29; Bay StA Wü, Mz. Bücher versch. Inhalts, Nr. 71; Neuroth, Geschichte, S. 48–50, 51–54; Korf, Führer, S. 16

82 HHStA 330, 9 Oberursel, 1, fol. 12–15; HHStA 330 VIIIb 4, 1; Bay StA Wü, Mz. Bücher versch. Inhalts, Nr. 71, fol. 59; Neuroth, Geschichte, S. 51–53

83 Drei Versionen von (1444?) 1445 und 1446: HHStA 330 Oberursel, 1 + 2; HHStA 330 Urkunden, 25; StA OU, 2, 2, fol. 32–38; Neuroth, Geschichte, S. 69–80 (ausführlich); Stamm, Herrschaft Königstein, S. 118–119. Erneuerung von 1531/1536 in HHStA 330, 9 Oberursel, 1, fol. 20 ff.

84 Neuroth, Geschichte, S. 46–47

85 Neuroth, Geschichte, S. 53–54; Rosenbohm, in 125 Jahre Handwerker- und Gewerbeverein, S. 62

86 Schätzung nach dem Umfang der neuen Stadtmauer unter Berücksichtigung der vermutlich nicht vollständigen Bebauung.

87 Quellen und Literatur: Stadtordnung HHStA 330, 9 Oberursel, 2; HHStA 330 IX, 11a, Jurisdictionalbuch des Amts Oberursel 1660, fol. 14 v.; HHStA 330, 9 Oberursel, 4; Neuroth, Geschichte, S. 67, 69; Esche, Fritz: Wie sah Oberursels ältestes Rathaus aus? In: MVGH 27/1985, S. 15–31; Rosenbohm, Rolf: Oberursels Rathäuser in Vergangenheit und Gegenwart. Oberursel 1977

Die Angabe, das Gebäude habe schon 1443 bestanden (Rosenbohm, Rathäuser, S. 4) ist nicht überprüfbar; mir ist aus jenem Jahr keine Erwähnung Oberursels bekannt.

[88] HHStA 330, 9 Oberursel, 2, fol. 4

[89] Bay StA Wü, Mz. Bücher versch. Inhalts, Nr. 71, fol. 219–220 (Abschrift der Bestallungsurkunde)

[90] HHStA 330 IX, 11a, Jurisdictionalbuch des Amts Oberursel 1660, fol. 14 v.; Neuroth, Geschichte, S. 71–73; Rosenbohm, Rathäuser, S. 8–10

[91] HHStA 330 Oberursel 2; Stamm, Herrschaft Königstein, S. 120

[92] Grimm, Jacob: Weisthümer, Bd. 3. Göttingen 1842, S. 496

[93] HHStA 330 IX, 11a (Jurisdictionalbuch des Amts Oberursel 1660), fol. 5; Wachsstrafen. In: Der Taunuswächter, Jg. 1, Nr. 15, 1926

[94] Demandt, Karl E./Renkhoff, Otto: Hessisches Ortswappenbuch. Glücksburg 1956, Bd. 1/2, S. 236, Nr. 912; Kolb, Waldemar: Wappen und Siegel der Stadt Oberursel. In: Ursella I, S. 72–77.

Ausführlicher, auch zu abweichenden Interpretationen des Wappenbildes s. Bott, Andrea: Oberursel und Stierstadt, in Katalog 1200 Jahre Oberursel.

Seit 1908 führt Oberursel ein Stadtwappen, das sich aus mehreren Komponenten der Siegelbilder seit 1646 zusammensetzt. Es zeigt: in Blau einen silbernen Schild mit zwei roten Sparren. Dahinter steht („wachsend aus dem Schild") in rotem Gewand die golden bekrönte und mit goldenem Nimbus versehene Heilige Ursula. In der Rechten hält die Heilige drei silberne Pfeile, in der Linken ein silbernes, sechsspeichiges Rad.)

[95] Neuroth, Geschichte, S. 96–98

[96] HHStA 330, 9 Oberursel, 47 (Abschrift); Korf, Ms. 3; Korf, Führer, S. 20

[97] Korf, 1901, S. 18; Neuroth, Geschichte, S. 97

[98] HHStA 330 XVIIa, 3, 3; StA OU, 2, 2, fol. 19–21; Korf, Ms. 3; Neuroth, Geschichte, S. 96

Die Jahrmarkttage wurden im Lauf der Zeit mehrfach geändert, z.B. 1708 (HHStA 330 XVIIa, 7)

[99] Neuroth, Geschichte, S. 98

[100] HHStA 330, 9 Oberursel, 3, fol. 1–2; Korf, 1901, S. 22–23; Neuroth, Geschichte, S. 96–97

Zu Seite 34–46

[101] Neuroth, Geschichte, S. 96–97

[102] HHStA 330 R, 1, 1635 ff.

[103] StA OU, II, 1, 16

[104] HHStA 330 XVIIa, 14

[105] Neuroth, Geschichte, S. 314

[106] Korf, Schützen-Gesellschaft, S. 14

[107] Neuroth, Geschichte, S. 55–60; Rosenbohm, Rolf: Materialien zu einer Geschichte von Oberursel bis zur Gründung der Neustadt „Im Tal". In: MVGH 16/1972, S. 1–12

[108] Neuroth, Geschichte, S. 55

[109] Reste in der Unteren Hainstraße 1970 entdeckt (Friedrich, Josef: Stadtmauerrest bei der Ausbaggerung des Hofes des Grundstückes Untere Hainstraße 2, Im Herbst 1970. In: MVGH 14/1970, S. 56–57); s. auch Friedrich, Josef: Fundbericht. In: MVGH 27/1985, S. 32

[110] Neuroth, Geschichte, S. 111

[111] Zeichnung in Wollenberg, Oberursel, S. 19

[112] Auch die anderen Türme dienten bei Bedarf als Gefängnisse; 1765 hieß es, in Oberursel seien „fünf Türn (Türme) oder Gefängnis (HHStA 330 IX 19).

[113] Diese Aussagen kompiliert nach Neuroth, Geschichte, S. 56–60 und Rückschlüssen aus der Skizze von R. Michel „Oberursel im 15.–18. Jahrhundert" sowie dem Stadtmodell von H. und E. Dinges.

[114] Sie wurden 1834 und 1836 von F. P. Usener zeichnerisch festgehalten. Fotografien des im Besitz des Historischen Museums Frankfurt befindlichen Skizzenbuches bei R. Michel.

[115] Neuroth, Geschichte, S. 56–57

[116] Neuroth, Geschichte, S. 56. – Abweichend die Königsteiner Rentei-Rechnung 1571, die nur für die Unterstadt Bezeichnungen nennt: „Wacht Heintzen Weiganz Thornn", „Wacht genannt Daumen Thornn", „Wacht genannt die Underpfortt", „Wacht genannt Wolffsthorn" (HHStA 330 R 1; 1571).

117 Der jüngere Schützenverein wird im Kapital „Vereinswesen" behandelt.
     Quellen: HHStA 330 XIVa, 6 u. 10 u. 18; StA OU XVII, 9 Literatur: Korf, August: Geschichte der
     früheren Schützen-Gesellschaft der Stadt Oberursel. Oberursel 1902; Korf, August: Fest-Buch zur Feier
     des 450jährigen Bestehens und 100jährigen Fahnen-Jubiläums des Schützenvereins Oberursel. Oberursel
     1914; Neuroth, Geschichte, S. 112–113; 500 Jahre Schützenverein, 500 Jahre Stadtgeschichte. Oberursel
     1964; Marianne Broeker-Liss, in Katalog „1200 Jahre Oberursel", 1991.
     Ende des 14. Jahrhunderts erschienen Oberurseler Schützen noch als Mitglieder der Homburger Schüt-
     zengesellschaft; einige Oberurseler Schützen blieben der Homburger Schützengesellschaft noch über zwei
     Generationen lang treu (Korf, Schützen-Gesellschaft, S. 17; Neuroth, Geschichte, S. 112).
118 Diese Ordnung wurde im 30jährigen Krieg zerstört. Eine Abschrift verschollen.
119 HHStA 330 XIVa, 6; Korf, Schützen-Gesellschaft, S. 28–33, 72–77
120 HHStA 330 XIVa, 6, fol. 8; Korf, Schützen-Gesellschaft, S. 32–33, 76–77
121 HHStA 330 XIV a, 6, fol. 10; Korf, Schützen-Gesellschaft, S. 35–36
122 Korf, Schützen-Gesellschaft, S. 36–37, 77–78, 80–81
123 HHStA 330 XIVa, 10; Korf, Schützen-Gesellschaft, S. 45–47
124 Die Angabe, der Schützenverein sei „im Jahre 1790" gegründet worden, beruht wohl auf einem Irr-
     tum (HHStA 230, 938; 10.9.1878); Korf, Schützen-Gesellschaft, S. 48–52
125 HHStA 330 XIVa 18; Korf, Schützen-Gesellschaft, S. 52–56
126 Korf, Schützen-Gesellschaft, S. 65 ff.
127 HHStA 330 XIVa, 18
128 Korf, Schützen-Gesellschaft, S. 35
129 Quellen: HHStA 330 XIVd 3; HHStA 230, 609–610; 230, 857–858; StA OU VIII, 1–4.
     Literatur: Korf, August: Das Feuerlöschwesen der Stadt Oberursel in alter und neuer Zeit. In: Festschrift
     zum 55jährigen Jubiläum der Freiwilligen Feuerwehr zu Oberursel..., 1920, S. 5 ff; Domke, Jürgen: „...dem
     Nächsten zur Wehr". In: Heimat Hochtaunus, S. 685–692, hier S. 686

130 HHStA 330 XIVd, 3, fol. 6
131 Zu diesem Thema bisher nur Rosenbohm, Rolf: Materialien zu einer Geschichte von Oberursel bis
     zur Gründung der Neustadt „Im Tal". In: MVGH 16/1972, S. 1–12
     Um die Grundlagen zur Erstellung des heute im Vortaunusmuseums befindlichen Stadtmodells von H.
     und E. Dinges zu schaffen, erarbeiteten in den späteren 70er Jahren insbesondere K. Baldes, W. Kolb und
     R. Michel eine Rekonstruktion des Stadtgrundrisses. Die Resultate sind leider nicht publiziert. Herrn Din-
     ges und Herrn Michel danke ich für die Durchsicht meines Manuskriptes. Herrn R. Michel danke ich außer-
     dem für die Bereitstellung der von ihm erarbeiteten Skizze „Oberursel im 15.–18. Jahrhundert", die
     freundlicherweise von Herrn E. Deckert gezeichnet wurde.
     Weitere Aufschlüsse sind zu erwarten von dem archäologischen Stadtkataster, das 1991/92 von Herrn
     Dr. Schmitt erstellt wird.
132 Neuroth, Geschichte, S. 40 u. 55 nach unbekannter Quelle; Rosenbohm, Materialien, S. 1
133 Rosenbohm, Materialien, S. 8, 11
133a Freundliche Mitteilung von Herrn R. Michel.
134 Notiz Dr. Rosenbohm (StA OU, Topographie, Gebäude): Da 1580 „underm Rathaus" ca. 200 Schaf-
     häute abgelegt wurden, muß es im Erdgeschoß offen gewesen sein.

135 Diese These vertritt Esche, Rathaus, S. 29
136 Schimmig, Erich: Die Wappen des Grafen Ludwig II. zu Stolberg-Königstein und der Wappenstein
     im Tordurchgang des Alten Rathauses. In: Ursella I, S. 118–121
     Zum heutigen „Historischen Rathaus" s. Kapitel „Dreißigjähriger Krieg".

137 Die Entstehung der Vorstadt bereits in das 16. Jahrhundert zu datieren, ist m.E. unzutreffend. Außer
     den angegebenen Argumenten für eine Datierung in das 17. Jahrhundert spricht dagegen, daß die Unter-
     stadt nach der Umfriedung in den 1480er Jahren kurz nach 1500 noch nicht vollständig bebaut gewesen
     sein kann, also die Notwendigkeit zur neuerlichen Erweiterung noch nicht bestanden haben kann.

Über diese und die nachfolgenden Perioden der Stadtentwicklung liegen keinerlei Informationen vor. Eine Studie zu diesem Themenkomplex wäre sehr zu wünschen.

[138] Soweit nicht anders erwähnt, liegen diesem Kapitel die vorzüglichen Studien von Dr. Helmut Petran zugrunde: Ursella II, S. 15 ff., 281 ff.; Petran, Helmut: Wasserräder und Turbinen am Urselbach einst und jetzt. In: Heimat Hochtaunus, S. 257–263.
Wertvolle Hinweise verdanke ich Herrn L. Calmano, Herrn R. Michel und meinem Mann, K. Baeumerth.

[139] Der Begriff „Kaltes Wasser" ist untergegangen; gemeint ist der Heidtränkbach (freundliche Auskunft von R. Michel).
1782: „Sie entspringt im Arm einer Buche am sogenannten Buchborn oder Herrmannsborn im Thale zwischen dem Feldberg u. Altkönig" (HHStA 330, IIIa, 2, fol. 156).

[140] HHStA 330 R 1; 1558

[141] Herr L. Calmano und Herr K. Hollmann überzeugten sich anläßlich dort stattgefundener Bodenarbeiten davon, daß sich das alte Bachbett auf der Bleiche durch bläulichen Schlick deutlich abzeichnete. Herr K. Baldes und Herr R. Michel fanden den Sachverhalt durch Vermessungen bestätigt.

[142] Der Sachverhalt bezeugt durch Erasmus Alberus (s. Kapitel „Die Burg"). Möglicherweise wurde die Burg über dem schon bestehenden Werkgraben erbaut.

[143] HHStA 330, IIIa, 2, fol. 156 (Bericht von 1782); Ursella II, S. 20

[144] HHStA 330 R 1; 1645, 1646, 1648, 1650, 1651

[145] HHStA 330, XIXa, 17

[146] HHStA 330, XIXa, 17

[147] HHStA 330, XIXc, 2

[148] HHStA 330, XIXc, 2, fol. 12

[149] HHStA 330 XIXc, 4 (Bestandsbedingungen ebda., fol. 4); s. auch HHStA 330 XIXa, 5

[150] HHStA 330 VIIIb, 79, IV, 2, fol. 2

[151] HHStA 330 XVII b, 19

[152] Der Ursel Bach im Jahre 1743 und Oberursel im Jahre 1747. In: Ursella I, S. 163–164

[153] Korf, Führer, S. 117–119; 125–126; Roth (Hrsg.): Oberurseler Reimchronik, S. 18

[154] HHStA 230, 500 (mit Situationsplan)

[155] StA OU XV, 8

[156] Ursella II, S. 22, 152

[157] HHStA 230, 1163

[158] HHStA 230, 1163

[159] HHStA 230, 1408

[160] HHStA 230, 1408

[161] HHStA 230, 1408

[162] HHStA 413, 308

[163] Schöne Würdigung in Ursella II, S. 15 ff.

[164] Beispiel bei Reck, Hans-Hermann: Vorstadt 31 (= Baugeschichtliche Untersuchungen von Oberurseler Hofreiten, Nr. 4). Ms. in StA OU, Top. OU. 109

[165] Taunus-Kurier 287, 11.12. 1990, S. 9

[166] Freundliche Auskunft von Herrn Hans G. Usinger.

Zu Seite 46–57

[1] Lit.: Scharff, Friedrich: Das Recht in der hohen Mark. In: Archiv für Frankfurter Geschichte, NF 5/1865, S. 255–482; Neuroth, Geschichte, S. 329–360; Steinmetz, Ernst Georg: Gaue und Waldmarken…In: Saalburg-Jahrbuch, VII. Frankfurt am Main 1930, S. 137 ff.; Michel, Reinhard: Märkergedinge in Oberursel. In: Ursella I, S. 178–183; Michel, Reinhard: Der Hohe-Mark-Pokal. In: Ursella I, S. 183–185; Michel, Reinhard: Von der Waldgenossenschaft Hohe Mark und den Märkergedingen in Oberursel. In: Heimat Hochtaunus. Frankfurt am Main 1988, S. 227–231. — Rumbler, Siegfried: Grenzstein-Rundwanderweg im Hohen Taunus, Hohemarkbereich, Sandplacken. Frankfurt am Main 1979, S. 14. — Washausen, Forstgeschichte

Quellen: Bay StA Würzburg, MRA, Hess-Hombg.; HStA Darmstadt, E 14 E; HHStA Wiesbaden, 330 XIXa; ebda. 330, Urkunden; ebda. 330 R 19; StA Oberursel, IX; StA Bad Homburg, A I; StA Frankfurt am Main, Mgb. E 29

Das Thema verdient eine zusammenfassende Darstellung.

Ich danke Herrn Reinhard Michel und Herrn Werner Washausen für die Durchsicht des Manuskripts zu diesem Kapitel.

[2] Sauer, Nass.Urk. I, Nr. 61, S. 27. – Laut freundlicher Mitteilung von Dr. M. Petran wurde der Begriff „marca" im Lorscher Codex auch im Sinn von „Gemarkung" benutzt. S. auch Steen, Jürgen: Königtum und Adel in der frühmittelalterlichen Siedlungs-, Sozial- und Agrargeschichte der Wetterau. Frankfurt am Main 1979, S. 231 ff.

[3] Stamm, Herrschaft Königstein, S. 61–64

[4] Stamm, Herrschaft Königstein, S. 64

[5] HHStA 331, Urk., 162; 4.9.1434

[6] HHStA 330 R 1; 1592

[7] Neuroth, Geschichte, S. 335 datiert die erste urkundliche Erwähnung des Namens „Hohe Mark" auf das Jahr 1303, als in der Beschreibung eines Ackers von dem „Hoinmargsteine" die Rede war.

[8] Washausen, Forstgeschichte, S. 78

[9] Washausen, Forstgeschichte, S. 79

[10] Washausen, Forstgeschichte, S. 81–82

[11] Washausen, Forstgeschichte, S. 82–83

[12] Washausen, Forstgeschichte, S. 84–85

[13] Michel, Reinhard: Von der Waldgenossenschaft Hohe Mark und den Märkergedingen in Oberursel. In: Heimat Hochtaunus. Frankfurt am Main 1988, S. 227–231. – Rumbler, Siegfried: Grenzstein-Rundwanderweg im Hohen Taunus, Hohemarkbereich, Sandplacken. Frankfurt am Main 1979, S. 14. – Ebenso Washausen, Forstgeschichte, S. 66 (beruft sich auf Sauer, Nass.Urkundenbuch, Nr. 2035, Hohemark, 1334; Anm. 156:(Archiv R. Michel) SON-MAR: Die Hohe Mark 1334 (Schenkung an Crutzen) aus dem Eppsteiner Kopialbuch im Hess. Hauptstaatsarchiv Wiesbaden Abt. 3002 XIII, 2/1 (1211–1443).

[14] Washausen, Forstgeschichte, S. 92–93 u. S. 86

[15] Neuroth, Geschichte, S. 336; Washausen, Forstgeschichte, S. 94–96

[16] Neuroth, Geschichte, S. 336–338; Washausen, Forstgeschichte, S. 88

[17] Washausen, Forstgeschichte, S. 88–90

[18] Washausen, Forstgeschichte, S. 90

[19] Washausen, Forstgeschichte, S. 127–136

[20] Stamm, Herrschaft Königstein, S. 21

[21] Grimm, Jabob: Weisthümer, Bd. 3, 1842, S. 496

[22] Abschrift: HHStA 3002 XIII 2,1; Kopialbuch der Herren von Eppenstein, 1211–1443. Gedruckt. Sauer, Nass. Urkbuch., S. 174–175

[23] Grimm, Jacob: Weistümer, Bd. 3. Göttingen 1864, S. 488–490

[24] Stamm, Herrschaft Königstein, S. 144

[25] HHStA 330, 9 Oberursel, 2, fol. 8

[26] StA OU, Top.OU.Gerichtslinde 102

[27] HStA DA, E 14 E, 234/4, fol. 13 ff. (Abschrift). – R. Michel, Märkergedinge in Oberursel, in Ursella I, S. 178–183 (vollständig); Michel, Hohemark, in Heimat Hochtaunus, S. 229–230 (Auszug). – Auch Otto Wallau beschrieb 1724 das Märkergeding. Roth (Hrsg.): Oberurseler Reimchronik, S. 26–27

[28] Original: nicht nachgewiesen; Gedruckt: Grimm, Jacob: Weistümer, Bd. 3. Göttingen 1842, S. 388–390 („Weisthum von Oberursel"); Roth, F.W.E. (Hrsg.): Otto Wallau's Oberurseler Reimchronik. Wiesbaden 1879, Beilage 4

Nach einer Notiz bei Grimm hat er das Weistum abgeschrieben aus Fichards Wetteravia, S. 139–143. Dieser habe es entnommen einer späteren Fassung von 1484 in der deduction Ingelheim gegen Hessen Homburg, Gießen 1653.

[29] Früher in StA Ffm, Mgb. E 29 IIa, fol. 105; Verlust. — Stamm, Herrschaft Königstein, S. 65

30 Original: nicht nachgewiesen; Gedruckt: Grimm, Jacob: Weistümer, Bd. 3. Göttingen 1842, S. 388–390 („Weisthum von Oberursel"); Roth, F.W.E. (Hrsg.): Otto Wallau's Oberurseler Reimchronik. Wiesbaden 1879, Beilage 4

Nach einer Notiz bei Grimm hat er das Weistum abgeschrieben aus Fichards Wetteravia, S. 139–143. Dieser habe es entnommen einer späteren Fassung von 1484 in der deduction Ingelheim gegen Hessen Homburg, Gießen 1653

31 Abschriften: HHStA 330 Urk. 35; HStA MR, MS H 16, S. 159–174 (Beschreibung des Amtes Homburg vor der Höhe).

Gedruckt: Weistum der Hohemark. Repr. d. Ausgabe Frankfurt/M. 1653. Frankfurt 1982; Grimm, Jacob: Weisthümer, Bd. 5, 1866, S. 316–321; Korf, Führer, Anhang, S. 9–20

32 Washausen, Forstgeschichte, S. 127

33 Bay StA Wü, Mainzer Bücher versch. Inhalts Nr. 71, fol. 31 ff. Masch.: Stamm, Herrschaft Königstein, Beilage XIII

34 Korf, Evangelische Gemeinde, S. 243–245; Washausen, Forstgeschichte, S.70 (zitiert nach Novalienregister, abgedruckt Korf, Evangelische Gemeinde, S. 243–245)

35 Washausen, Forstgeschichte, S. 69 (zitiert nach Steinmetz, Waldgaue)

36 Washausen, Forstgeschichte, S. 69 (zitiert nach Steinmetz, Waldgaue)

37 StA OU IX, Nr. 1 (auch: StA HG, Nachlaß Steinmetz EX 9,6)

38 Washausen, Forstgeschichte, S. 71–72

39 Neuroth, Geschichte, S. 342 ff. (ausführlich); Washausen, Forstgeschichte, S. 106–113

40 HStA DA E14E, 135/6

41 Roth (Hrsg.): Oberurseler Reimchronik, S. 25–26

42 Washausen, Forstgeschichte, S. 154

43 HStA DA, E 14 e, 234/4; von E. G. Steinmetz erwähnt, von R. Michel wiederentdeckt.

44 Neuroth, Geschichte, S. 351 ff. (ausführlich); Washausen, Forstgeschichte, S. 113–119

45 Rumbler, Grenzstein-Rundwanderweg, S. 18–20

46 Washausen, Forstgeschichte, S. 121

47 Rumbler, Grenzstein-Rundwanderweg, S. 23–25; Washausen, Forstgeschichte, S. 122

48 Frankfurter Allgemeine Zeitung, Rhein-Main-Zeitung, 23.12.1989; Frankfurter Rundschau, 21.12.1989

49 Michel, Reinhard: Der Hohe-Mark-Pokal. In: Ursella I, S. 183–185

50 Roth (Hrsg.): Oberurseler Reimchronik, S. 27. – Nach Roth enthielt das Weistum von Weinähr an der Lahn (1658) ähnliche Bestimmungen über das Markgeding und den damit verbundenen „guten Trunk".

Zu Seite 58–63

1 Zu diesem Thema: Korf, 1901; Chronik „125 Jahre Handwerker- und Gewerbeverein e.V. Oberursel". Oberursel 1976

2 Unter den lieferbaren Büchern gibt einen guten Überblick Roth, Hans: Von alter Zunftherrlichkeit. Rosenheim 1981

3 StA OU, II, 4; HHStA 330 XVIIb, 1; Korf, 1901, S. 9; Neuroth, S. 88

Rolf Rosenbohm (125 Jahre Handwerker- und Gewerbeverein, S. 65; Ursella I, S. 63–65) ahnte, daß es eine frühere Zunftordnung gegeben haben müsse.

4 HHStA 330 Urkunden, 25, fol. 12

5 HHStA 330 Urkunden, 25, fol. 6–11

6 Schubert, Eisenindustrie, S. 125

7 Johann, Elisabeth: Handwerk in Butzbach. Butzbach 1983, S. 12

8 StA OU, II, 4 (Original); HHStA 330 XVIIb, 1 (Abschrift)

Korf, 1901, S. 9–12 und Neuroth, Geschichte, S. 88–90 bezogen sich auf die Fassung im StA OU, von der die Abschrift im HHStA in Teilen abweicht.

9 StA OU, II, 4. – Für die Angaben bei Korf, 1901, S. 36 fanden sich keine Belege.

10 HHStA 330 XVIIB, 11 und 19

[11] HHStA 330 XVIIb, 23

[12] HHStA 330 XVIIb, 25 und 26

[13] HHStA 330 XVIIb, 22

[14] HHStA 330 XVIIb, 30 u. 31

[15] HHStA 330 XVIIb, 30, Artikel 39

[16] Korf, 1901, S. 58–59

[17] HHStA 330 VIIIb, 79, I, 5, fol. 189 ff.

[18] HHStA 330 XVIIb, 26; Korf, 1901, S. 49

[19] HHStA 330 XVIIb, 22, fol. 7

[20] HHStA 330 XVIIb, 30 u. 31; Extract von 1770 (Art. 39) in StA OU, XV, 4

[21] StA OU XV 2, fol. 10 ff.; Korf 1901, S. 50–52

[22] StA OU, XV, 2; Korf, 1901, S. 51

[23] Neuroth, Geschichte, S. 95

[24] Korf, 1901, S. 64

[25] Korf, 1901, S. 52–53

[26] Korf, 1901, S. 53–54

[27] HHStA 230, 622

[28] HHStA 211, 14640

[29] Original: HHStA 330 XVIIb, 29. Abschrift: HHStA 330 XVIIb 27, fol. 32 ff. – Rosenbohm, in 125 Jahre Handwerker- und Gewerbeverein, S. 93

[30] HHStA 330 XVIIb, 27. – Dazu demnächst ein Aufsatz von Karl Baeumerth.

[31] Ausführlich Korf, 1901, S. 55–58

[32] Korf, 1901, S. 59

[33] HHStA 230, 623; Korf, 1901, S. 65

[34] Korf, 1901, S. 64

Zu Seite 63–74

[1] Ammann, Hektor: Die Friedberger Messen. In: Rheinische Vierteljahresblätter, 15/16, 1950/51, S. 192-225, hier: S. 217

Als Einführung in das Thema und zum Vergleich mit der Situation in Oberursel empfehlenswert: Johann, Elisabeth: Handwerk in Butzbach. (Magistrat) Butzbach 1983, S. 94-111

[2] Andernacht/Stamm, S. 172

[3] Ammann, Friedberger Messen, S. 217

[4] Würdtwein, Dioec. Mog. II, S. 49, 53

[5] Korf, 1901, S. 17; Rosenbohm, in 125 Jahre Handwerker- und Gewerbeverein, S. 66

[6] HHStA 330 XVIIa 14, fol. 9

[7] HHStA 330, 9 Oberursel, 2, fol. 17

[8] HHStA 330 XVIIb, 6. Zum Niedergang des Wollmarktes trug bei, daß die Bewohner der Dörfer (v.a. Schwalbach, Mammolshain, Oberhöchstadt, Oberwöllstadt, Kalbach und Harheim) immer unregelmäßiger zum Wollmarkt kamen.

[9] HHStA 330 XVIIb, 45; Diese bisher unbekannte Zunftordnung befindet sich, zusammen mit der Wollweber-Zunftordnung von 1521 bei den 1788 einsetzenden Akten betr. die Walkmühlen. Dort entgingen beide den Lokalforschern.

Ein Notizzettel bei der Ordnung von 1521 klärt uns darüber auf, wie die älteste Zunftordnung von 1435 zu der jüngeren gelangte: „Uff freitag nach St. And(?) den xiiii May Anno 1535 hab ich Philipps Reiffenstein Im alt ordnung des Wolnweber Hantwerks zu Ursel uberlesen + desselbe zugebunden uff freitag nach pfingsten tags gegen Velt Bindern(?) zu Homberg zu Vilbel entfange demhernach." Möglicherweise hing dieses „Überlesen" der alten Ordnung durch den Amtmann Reiffenstein mit dem in jenem Jahr stattgefundenen Regierungswechsel an Ludwig von Stolberg zusammen.

Neuroth und Korf gingen davon aus, daß die Zunftordnung von 1490 die älteste (überhaupt) darstelle. Rosenbohm vermutete dagegen, daß es eine ältere Wollweber-Zunftordnung gegeben haben müsse, die „vermutlich älter als jene (der gemischten Zunft von 1464) war. Leider hat sich ihr ältestes Statut nicht erhalten" (Rosenbohm, in 125 Jahre Handwerker- und Gewerbeverein, S. 65)

[10] Original: Stolbergisches Archiv in Ortenberg. Abschrift: HHStA 331, Urkunden, Nr. 158

[11] Dieser Sachverhalt erhärtet die Vermutung, daß es sich tatsächlich um die älteste Zunftordnung der Oberurseler Wollweber handelt. Vgl. die erste Zunftordnung der Feinleinenweber zu Friedrichsdorf (Baeumerth, Angelika: 300 Jahre Friedrichsdorf. Friedrichsdorf 1987, S. 29).

[12] HHStA 330 XVIIb, 45

[13] Johann, Handwerk in Butzbach, S. 96-97

[14] Andernacht, Dietrich/Stamm, Otto: Die Frankfurter Bürgerbücher 1311-1400. Frankfurt am Main 1955, S. 30, 34, 36

[15] Rentbuch des Amtes Königstein, vermutlich im Stolbergischen Archiv in Ortenberg.

[16] HHStA 330 XVIIb, 45; HHStA 330, 9 Oberursel, 17. — Sie ging nach dem Erlöschen der Zunft 1788 an die Stadt über (s. unten).

[17] HHStA 330, 9 Oberursel, 2; Korf, 1901, S. 15
Die Beschreibung läßt die Vermutung zu, daß der Standort der Walkmühle derjenige der späteren Steinmetzmühle (Ursella II, S. 185; Nr. 15) war.

[18] Rosenbohm, in 125 Jahre Handwerker- und Gewerbeverein, S. 82

[19] HHStA 330 R 1, 1558

[20] HHStA 330 Urkunden, 25, fol. 6-11 (bei Abschriften betr. Verleihung der Stadtrechte). — Die Zunftordnung ist undatiert. Die Datierung 1464 ergibt sich m.E. aus dem Zusammenhang mit der auf jenes Jahr datierten Zunftordnung der Schmiede und Bäcker, die entstanden sein muß, nachdem die Weber ihre Separation durchgesetzt hatten. Auffälliges Indiz für einen kausalen Zusammenhang und zeitgleiche Entstehung ist die sowohl in der Weber-,Schmiede- Löher-Ordnung als auch in der Schmiede- und Bäcker-Ordnung (datiert 1464) auftretende Mitteilung, daß in Oberursel eine „loblich Kirch" zu bauen angefangen worden sei.

[21] StA OU, II, 4; HHStA 330 XVIIb, 1

[22] HHStA 330 Urkunden, 25, fol. 6-11 (bei Abschriften betr. Verleihung der Stadtrechte).
Neuroth kannte diese Ordnung, hielt sie aber für zu der Erneuerung von 1490 gehörig (Neuroth, Geschichte, S. 90-93). Die Schriftstücke sind jedoch nicht von derselben Hand geschrieben. Auch muß die von mir auf 1464 datierte Ordnung aus inhaltlichen Gründen derjenigen von 1490 vorausgegangen sein.

[23] Dienerbuch des Grafen Eberhard, Bl. 14; Korf, Ms.3

[24] HHStA 330 XVIIb, 45, fol. 4-10

[25] HHStA 330 R 1, 1558 u. 1571

[26] HHStA 330 Urkunden, 25, fol. 13-15
Das Dokument enthält nur die Datierung „Ao LXXXX" (Anno 90), doch muß es sich nach dem Duktus der Schrift um 1490 handeln. Für die Bestätigung des Datums danke ich Herrn Dr. Konrad Bund, Stadtarchiv Frankfurt am Main.

[27] In der Zunftordnung von 1521 sind die Karder (sie rauhten das Tuch nach dem Walken auf) ausdrücklich als Berufsgruppe erwähnt.

[28] Neuroth, Geschichte, S. 92 glaubte, es handele sich um „Walkmeister", was ihn und nachfolgende Lokalforscher zu falschen Schlüssen veranlaßte. So glaubte er an einen enormen Rückgang, als er in Roths „Culturbild aus dem Jahre 1542" las, in jenem Jahr seien in Oberursel 46 Walker tätig gewesen, also weniger als die Hälfte der von Neuroth angenommenen Zahl (Neuroth, Geschichte, S. 93). Irrig war auch die Annahme, daß es in Oberursel eine „Walkerzunft" gegeben habe (Neuroth, Geschichte, S. 93). Wie wir gesehen haben, gehörten alle zum wollverarbeitenden Handwerk gehörigen Berufe in die Wollweberzunft.

[29] Leider sind die Namen sehr schlecht lesbar.

[30] Diese nennt Neuroth, Geschichte, S. 53-54 schon für 1450.

[31] Neuroth, 30jähr. Krieg, S. 170

[32] HHStA 330 XVIIb, 45, fol. 4-10

Die Ordnung selbst ist nicht datiert. Sie enthält jedoch einen Nachsatz von drei Artikeln, die „sint durch hern albern schultheis zu Ursel ubergeben uf mitwochen nach simonis et Jude apl Anno 1521", woraus zu schließen ist, daß die Ordnung zu jenem Zeitpunkt bereits existierte. Doch wissen wir nicht, seit wann. Möglicherweise war sie in jenem Jahr erst ausgefertigt worden.

[33] vgl. Johann, Handwerk in Butzbach, S. 100

[34] Identisch in Butzbach, vgl. Johann, Handwerk in Butzbach, S. 100

[35] Ebenso 1545

[36] HHStA 330 XVIIb, 2

[37] Ammann, Friedberger Messen, S. 198-200. — Eifrige Besuche der Oberurseler Tuchmacher auf der Frankfurter Messe sind durch die Bürgermeisterbücher der Messestadt bezeugt (Kramer, Gewerbeleben, S. 60-63).

[38] Ammann, Friedberger Messen, S. 199-200

[39] HHStA 330 XVIIb, 45, fol. 6. — 1545: Messe zu Frankfurt „in der halle" (HHStA 330 XVIIb, 2)

[40] StA Ffm, Hausurk. K 52. — Gedruckt: Mitteilungen an die Mitglieder des Vereins für Geschichte…in Frankfurt, 1, 1860, S. 240-243. — Korf, 1901, S. 17-18. — Das Haus zum Rothen Löwen stand an der Ecke große Sandgasse/Neue Kräme. 1585 von Grund auf neu gebaut. Es gibt einen ganz ähnlichen Vertrag der Wollenweber von Aachen mit den Besitzern des Hauses zum Braunfels auf dem Liebfrauenberg.

[41] Kramer, Waldemar: Frühe Nachrichten über das Oberurseler Gewerbeleben im Stadtarchiv Frankfurt. In: Ursella I, S. 60-63.- S. auch: Rosenbohm, Rolf: Die Zünfte. In: Ursella I, S. 64-65

[42] Ammann, Hektor: Untersuchungen zur Wirtschaftsgeschichte des Oberrheinraumes. In: Zeitschrift für die Geschichte des Oberrheins 110 (1962), S. 400, 403

[43] Meilinger, J.: Die nassauische Wollindustrie im 16. Jahrhundert. In: Annalen des Vereins für Nassauische Altertumskunde und Geschichtsforschung, Bd.41. Wiesbaden 1912, S. 325-336

[44] Kramer: Ursella I, S. 60-63

[45] Schulte, Aloys: Geschichte des mittelalterlichen Handels und Verkehrs zwischen Westdeutschland und Italien mit Ausschluß von Venedig. Leipzig 1900, S. 702

[46] Rosenbohm, 125 Jahre Handwerker- und Gewerbeverein, S. 66

[47] Ausführlich: Johann, Handwerk in Butzbach, S. 105-109

[48] HHStA 330 R 1, 1558. — Die für 1542 genannte, sehr viel höhere Zahl (Neuroth, Geschichte, S. 93-94) läßt sich vermutlich nicht direkt vergleichen.

[49] HHStA 330 R 1, 1581 ff. — Im folgenden alle Angaben nach den im Text erwähnten Jahrgängen der Rentei-Rechnungen.

[50] HHStA 330 R 1, 1571

[51] HHStA 330 R 1, 1579

[52] HHStA 330 R 1, 1582. Frühjahr: „von 847 inlendischen Duchen…und 202 auslandischen Duchen". Herbstmeß: „von 521 inlendischen Duchen…und von 235 außlendischen Duchen".

[53] HHStA 330 R 1, 1614

[54] HHStA 330 R 1, 1616

[55] HHStA 330 R 1, 1628

[56] HHStA 330 R 1, 1638

[57] Korf, 1901, S. 16-17

[58] HHStA 330 R 1, 1558

[59] HHStA 330 R 1, 1582

[60] HHStA 330 R 1, 1583

[61] HHStA 330 R 1, 1586

[62] HHStA 330 R 1, 1604

[63] HHStA 330 R 1, 1571

[64] HHStA 330 VIIIb, 4, 6; Copia eines alten Registers…1589

[65] Neuroth, Geschichte, S. 195

[66] Korf, 1901, S. 36

[67] Korf, 1901, S. 35; Neuroth, Geschichte, S. 196
[68] HHStA 330 R 1, 1646
[69] HHStA 330 R 1, 1647
[70] Neuroth, Geschichte, S. 196
[71] HHStA 330 VIIIb, 79, VI, 1, fol. 44-45
[72] HHStA 330 XX, 5, fol. 5; StA OU, XV, 1
[73] HHStA 330 XVIIb, 45, fol. 11
[74] HHStA 330 XVIIb, 45; HHStA 330, 9 Oberursel, 17
In der Lokalliteratur unbekannt. Dr. Neuroth kannte nur die lediglich das Schreiben vom 13.10.1788 enthaltende Archivalie in HHStA 330, 9 Oberursel, 17; nach dieser zitiert Neuroth, Geschichte, S. 300
[75] HHStA 330 XVIIb, 48
[76] Korf,1901,S. 63
[77] HHStA 230, 377; Special-Kataster Gebäude, 1822 ff.
[78] HHStA 230, 961
[79] Hausbuch des Nikolaus Kirsch in StA OU, Biogr. OU. Kirsch 102
[80] Korf, 1901, S. 94
[81] Ursella II, 197-198 (=Nr.17)
[82] Ursella II,S. 219-220

Zu Seite 74–79

[1] Rosenbohm, Rolf: Die Zünfte. In: Ursella I, S.65
[2] Kaltenhäuser, Taunusrandstädte, S. 43
[3] Würdwein, Dioec. Mog., t II, 1772, S. 49-53
[4] Rosenbohm, in 125 Jahre Handwerker- und Gewerbeverein, S. 82
[5] Esche, Fritz. Oberurseler Scherenschleifer in Leipzig? In: MVGH 18/1974, S. 18-23
[6] Nach Roth, Kulturgeschichtliches, S. 24 (Quelle: Rentbuch der Herrschaft Königstein, 1542)
Schubert, Hans: Geschichte der Nassauischen Eisenindustrie (=Veröffentlichungen der Historischen Kommission für Nassau IX). Marburg 1937, S. 124
[7] HHStA 330 R 1; 1571/72
[8] HHStA 330 R 1; 1558
[9] HHStA 330 R 1; 1558, 1571/72; Schubert, Eisenindustrie, S. 124, 483
[10] 1558 als Waffenschmied erwähnt (HHStA 330 R 1; 1558)
[11] HHStA 330 VIIIb, 4, 6; Copia eines alten Registers...1589, fol. 46 v.
[12] HHStA 330 R 1; 1579, fol. 68. – Ebenso 1580, fol. 68; 1581;
[13] HHStA 330 R 1, 1588; Schubert, Eisenindustrie, S. 484
[14] HHStA 330 R 1, 1600
[15] HHStA 330 R 1, 1628
[16] HHStA 330 R 1, 1645
[17] Neuroth, Geschichte, S. 196
[18] Korf, 1901, S. 35
[19] Wachsstrafen. In: Der Taunuswächter, Jg.1 Nr. 15, 1926, S
[20] HHStA 330 VIIIb, 79, VI, 1, fol. 42-46
[21] HHStA 330 VIIIb, 79, VI, 1, fol. 34
[22] Korf, 1901, S. 63
[23] HHStA 230, 377; Special-Kataster Gebäude, 1822 ff., Nro. 216, 294, 312
[24] Ursella II, S. 199-218 (=Nr.18); heutige Lage: Schlenkergasse 5
[25] StA OU, XV, 19
[26] Ursella II, S. 199
[27] Ursella II, S. 93 (Nr. 6)
[28] Andernacht/Stamm, S. 134
[29] Schubert, Eisenindustrie, S. 125, 477

[30] Korf, 1901, S. 49

[31] Kaltenhäuser, Taunusrandstädte, S. 43

[32] Harrach, Waffenschmiede, S. 160-162; Kaltenhäuser, Taunusrandstädte, S. 43

[33] HHStA 330 XVIIb, 28; 25.6.1723.- Die Waffenschmiede hatten ihre Stände offenbar auf dem heutigen Domplatz in Erfurt. Leider läßt sich kein namentlicher Nachweis über Urseler/Oberurseler Waffenschmiede in Erfurt erbringen (Freundliche Auskunft des Stadtarchivs Erfurt v. 13.12.1990).

[34] HHStA 330 VIIIb, 4, 6, fol. 46; Copia eines alten Registers...1589

[35] Harrach, W.: Oberursel als altnassauische Waffenschmiede. In: Nassovia 16, 1915, S. 160-162

[36] Rosenbohm, in 125 Jahre Handwerker- und Gewerbeverein, S. 78

[37] Korf, 1901, S. 15

[38] HHStA 330 R 1; 1579/80; Schubert, Eisenindustrie, S. 483

[39] HHStA 330 R 1, 1579/80; Schubert, Eisenindustrie, S. 484

[40] HHStA 330 VIIIb, 4, 6, fol. 46; Copia eines alten Registers...1589

[41] HHStA 330 IVb, 21

[42] Korf, August: Das Feuerlöschwesen der Stadt Oberursel in alter und neuer Zeit. In: Festschrift zum 55jährigen Jubiläum der Freiwilligen Feuerwehr..., 1920, S. 8

[43] HHStA 330 VIIIb, 79, VI, 1, fol. 45

[44] Korf, 1901, S. 46-47. Wenzel war ein Schwiegersohn des „Glockenretters" Hieronymus Eckardt (s. das Grab-Denkmal Eckardt/Wenzel im Turm-Museum von St. Ursula).

[45] HHStA 330 XX, 9; Korf, 1901, S. 54

[46] Nach der Akte HHStA 330 XX, 9 dürfte Johannes Trieb in Weilburg einen nicht näher bezeichneten Betrieb gehabt haben; Theobaldus Trieb wird als Bauverwalter in Braunfels angesprochen. Ihre Niederschriften lassen beide als ausgesprochen gewissenhafte Persönlichkeiten erscheinen.

[47] HHStA 330 VIIIb, 79, VII

[48] StA OU XV, 1, fol. 134

[49] HHStA 230, 676

[50] Korf, 1901, S. 67, 70

[51] HHStA 230, 377; Special-Kataster Gebäude

[52] StA OU, XV, 20; Ursella II, S. 146 (Nr.10)

Zu Seite 79–82

[1] Der Schäleichenbestand in der Umgebung soll nennenswert gewesen sein (Neuroth, Geschichte, S. 94).

[2] HHStA 330 Urkunden 25, fol. 6-11. Es kam wohl wegen Protests der Weber (s.dort) nicht dazu.

[3] Rentbuch des Amtes Königstein (Rosenbohm, in 125 Jahre Handwerker- und Gewerbeverein, S. 82)

[4] HHStA 330 R 1, 1558

[5] Neuroth, Geschichte, S. 94; Rosenbohm, in 125 Jahre Handwerker- und Gewerbeverein, S. 78 Möglicherweise geplant oder zeitweise in Kraft war eine Zugehörigkeit der Gerber und Schuhmacher zu der älteren Zunft der Schmiede und Bäcker (Korf, Kurzer Führer, S. 17), die jedoch spätestens 1586 endete.

[6] HHStA 330 XVIIb, 4 (21 Artikel); ebda. 3 (19 Artikel), es handelt sich wohl um eine nach Separation der Schuhmacher erfolgte Neufassung, die allerdings als „Copia" bezeichnet wurde.

[7] HHStA 330 R 1, 1645

[8] HHStA 330 R 1, 1646 (ebenso 1647-1650)

[9] Korf, 1901, S. 63, 66, 93; Ursella II, S. 151-153 (Nr.11)

[10] Korf, 1901, S. 35; Neuroth, Geschichte, S. 196

[11] Neuroth, Geschichte, S. 196

[12] Neuroth, Geschichte, S. 208

[13] HHStA 330 XVIIa, 10; Summarische Tabelle über die...Lederhändler und Schuster und deren Leder Consumption, auch wo sie es gekauffet.

[14] Korf, 1901, S. 63

[15] Ursella II, S. 218-220 (=Nr.19)

[16] StA OU XV, 9; Ursella II, S. 113

17 Umfangreich dokumentiert in StA OU XV, 8
18 HHStA 413, 308
19 HHStA 413, 308
20 HHStA 413, 308; Ursella II, S. 80 (= Nr. 5)

Zu Seite 82–88

35 Boehmer/Lau, Bd.2, S. 476–477, S. 522–523, Nr. 632, 706
36 StA OU, II, 4; HHStA 330 XVIIb, 1
37 HHStA XVIIa, 1/2
38 Korf, 1901, S. 35
39 75 Jahre Oberurseler Bürgerfreund, 1.5.1938 (dort auch: Bäckerei Homm, Strackgasse 22; Bäckerei Krämer, Vorstadt; Bäckerei Elsenheimer, Untere Hainstraße 20).
40 StA OU, XV, 21
41 HHStA 330 XVIIb, 40; StA OU, XV, 21
42 HHStA 330 XVIIb, 22; 15.9.1716
43 Umfangreich dokumentiert in: StA OU, XV, 10–12, 52-53; HHStA 413, 308
44 StA OU, 2, 2, fol. 40
45 StA OU, Ms. Anonyma 502 (J.C. Dahl, 1792); Korf, Führer, S. 33
46 Korf, 1901, S. 63
47 Korf, 1901, S. 83–84
48 Roth (Hrsg.): Oberurseler Reimchronik, S. 24
49 Ursella I, S. 108
50 Korf, 1901, S. 35
51 Korf, 1901, S. 48, 54, 60. – 1770 wohnte im Haus Hospitalstraße 18 der Brauer Didrich Wolff, der an einem Balken seines Hauses das Handwerkszeichen der Brauer anbringen ließ (Reck, Hans-Hermann: Ein wiederentdecktes Handwerkszeichen. In: MVGH 18/1974, 74–75).
52 HHStA 330 VIIIb, 79, I, 5, fol. 373
53 HHStA 330 VIIIb, 79, I, 5, fol. 364
54 HHStA 330 XVIIb, 22 u. 25. – Die Faßbinderei ist im Vortaunusmuseum dokumentiert. 15.9.1716
55 HHStA 230, 622; 15.10.1707
56 HHStA 230, 377, Special-Kataster Gebäude, 1822 ff.
57 HHStA 230, 961 (mit Situationsplan)
58 StA OU XV, 6; Neuroth, Geschichte, S. 320; Reck, Hans-Hermann: Marktplatz 1, Schulstraße 22a und b (= Baugeschichtliche Untersuchungen von Oberurseler Hofreiten). MS. Oberursel 1975 in StA OU Top. OU 109;
59 Reck, Marktplatz 1
60 Taunuswächter 19, 4.3.1852; Reck, Hans-Hermann: Den Bürgern blieben die Katakomben fast unbekannt. In: Taunus-Zeitung 12.10.1973 (in StA OU, Misc.OU 102/7)
61 HHStA 330 XVIIb, 11. – Korf, 1901, S. 36 (und danach Rosenbohm, in 125 Jahre Handwerker- und Gewerbeverein, S. 93) nennt ein anderes Gründungsdatum: sie soll 1659 als Zimmermanns- und Maurerzunft gegründet worden sein und im darauffolgenden Jahr die Dachdecker aufgenommen haben. Da Korfs Quelle unbekannt ist, beziehen wir uns auf das Schreiben in HHStA.
    Die Zunftordnung dieser Zunft wurde 1819 nicht abgeliefert und befindet sich auch nicht in Abschrift im Hessischen Hauptstaatsarchiv.
62 Inschrift: „Zunftsigl Der Zimmerleit Meirer und Dincher in Oberurschl". Verzeichnis 1819: „ohne Jahreszahl, groß in Messing, mit hölzernen gedrehtem Stiel". -HHStA 3006, XVI, 138
63 HHStA 330 XVIIb, 28, fol. 4–6; 22.1.1713 (irrtümlich bei Strumpfweber-Akten)
64 HHStA 330 XVIIa, 10; Summarische Tabelle über die…Lederhändler und Schuster und deren Leder Consumption, auch wo sie es gekauffet.

Zu Seite 88–90

1 HHStA 330 XVIIb, 23
2 HHStA 330 XVIIb, 24; Original und Abschrift
3 StA OU XV, 3
4 Korf, 1901, S. 64
5 HHStA 230, 378

Zu Seite 90–97

65 HHStA 330 XVIIb, 27; Abschrift: StA OU XV, 2, fol. 1–2 u. 3–6. Lit.: Korf 1901, S. 49–52; Neuroth, Geschichte, S. 253; Rosenbohm, in 125 Jahre Handwerker- und Gewerbeverein, S. 93
66 Dazu ausführlich: 300 Jahre Hugenottenstadt Erlangen. Erlangen 1986
67 Baeumerth, Angelika: 300 Jahre Friedrichsdorf. Friedrichsdorf 1987, S. 25
68 StA OU XV 2, fol. 5
69 Original: HHStA 330 XVIIb, 29. Abschrift: HHStA 330 XVIIb 27, fol. 32 ff.
70 Ausführlich: Rosenbohm, in 125 Jahre Handwerker- und Gewerbeverein, S. 93
71 Bei dem im Strumpfweber-Handwerk gebräuchlichen „Abverdienen" wurden dem Gesellen so lange die Hälfte des Verdienstes einbehalten, bis der Webstuhl völlig bezahlt war.
72 HHStA 310 XVIIb 2, Bd. 1, fol. 6
73 StA OU XV 2, fol. 81; Baeumerth, Friedrichsdorf, S. 198, Anm. 5
74 In Friedrichsdorf Artikel 10: „von denen Manufacturiers oder HaubtMeisters" (HHStA 310 XVIIb 2, 16, Bd.1, fol.5)
75 HHStA 330 XVIIb, fol. 41–55
76 Benedict Datz bei Jacob Baquetz, Hanß Jörg Callmann bei Hans Jacob Bons. — HHStA 330 XVIIb 28; 3.10.1726
77 HHStA 330 XVIIb 28, fol. 32; Präambel der Zunftordnung
78 HHStA 330 XVIIb 28, fol. 8 ff.
79 StA OU XV 2, fol. 11–12
80 StA OU XV 2, fol. 84
81 HHStA 330 III b, 3: Specification aller in Oberursel befindlichen Eheleuthen…, 1743 (bei hier fehlender Berufsangabe wurde dieser unter Zuhilfenahme der Listen von 1722 und 1732 erschlossen)
82 Korf, 1901, S. 57
83 Hausbuch des Nikolaus Kirsch in: StA OU, Biogr. OU. Kirsch 102
84 Baeumerth, Friedrichsdorf, s. 28, 35
85 StA OU XV 2, fol. 114
86 Korf, 1901, S. 61
87 Korf, 1901, S. 63–64
88 HHStA 230, 378
   Nr. 149: Ilmstadt, Eberhard Wwe. Strumpfweber mit 1 Stuhl im Lohn. Nr. 183: Ilmstadt, Johann. Strumpfweber mit einem Stuhl im Lohn. Nr. 475 (seit 1833): Ilmstadt, Martin. Strumpfweber mit einem Stuhl im Lohn.
89 Henninger/Lange, S. 389; Petran, Ursella II, S. 57–58
90 HHStA 230, 622
91 Vergleichsbeispiele: Roth, Zunftherrlichkeit, S. 132–133
92 Zwei Ausfertigungen von Amtmann Stahl in HHStA 230, 622
93 StA OU, II, 4
94 Dieses Siegel war nicht aufzufinden.
95 Abdrücke einiger Oberurseler Zunftsiegel werden im Heimatmuseum in Königstein gezeigt.
96 HHStA 230, 623
97 HHStA 230, 629
98 HHStA 230, 621

99 Happel, Johann: Chronik des Handwerker- und Gewerbevereins. In: 125 Jahre Handwerker- und Gewerbeverein, S. 11–33

100 Happel, S. 15

101 Korf, 1901, S. 74

102 S. Kapitel „Industrie.

103 Happel, S. 20

104 Happel, S. 24

Zu Seite 98–108

1 Lit.: Neuroth, Geschichte, S. 62–67; Friedrich, St. Ursula; Reck, St. Ursula; Beck, Herbert: Fragmente einer spätgotischen Kreuzigung in Oberursel. In: MVGH 20/1976, S. 1–14; Friedrich, Josef: Die Kirche St. Ursula zu Oberursel. In: Heimat Hochtaunus, S. 336–338; Bund, Konrad: Die St. Ursulakirche in Oberursel, das Frankfurter Bartholomäusstift und die Stadt Frankfurt am Main. In: MVGH 29/30, 1988, S. 31–44
Umfangreiches Quellenmaterial: StA OU, XI, 1–14; HHStA 330, Xd, 7, 1–14
Für die Durchsicht dieses Kapitels danke ich Herrn Josef Friedrich und Herrn Dr. Hans-Hermann Reck.

2 Reck, St. Ursula, S. 114

3 Rosenbohm in Ursella I, S. 31–37; Reck, St. Ursula, S. 1, 14; Bund, 1988, S. 32–33

4 Boehmer-Lau, Codex diplomaticus, 1, 1901, S. 355, 372

5 So bei Friedrich, St. Ursula, S. 2

6 Reck, St. Ursula, S. 63–67

7 Reck, St. Ursula, S. 76, 81–82

8 Korf, Führer, S. 132; Bund, 1988, S. 35–36

9 Ausführlich: Bund, 1988, S. 34 ff.

10 Rosenbohm, Rolf: Materialien zu einer Geschichte von Oberursel bis zur Gründung der Neustadt „Im Tal“. In: MVGH 14/1970, S. 31–38

11 HHStA 230, 578

12 HHStA 230, 578. – „In der Altstadt, gleich bei der Kirche steht die alte Michaelskapelle, welche zum Theil zu Schulen eingerichtet ist“ (HHStA 330 IIIa, 2, Topographische Geschichte und Beschreibung der Herrschaft Königstein…).

13 In den Original-Grundrissen 41’ 2”x 26’ (HHStA 230, 581 u. 578)

14 Reck, St. Ursula, S. 115; Bund, 1988, S. 37

15 StA OU, II, 4; HHStA 330 XVIIb, 1; Reck, St. Ursula, S. 116

16 Reck, St. Ursula, S. 113; Bund, 1988, S. 37

17 Reck, St. Ursula, S. 11

18 Reck, St. Ursula, S. 6

19 Reck, St. Ursula, S. 113

20 Reck, St. Ursula, S. 105

21 Reck, St. Ursula, S. 106

22 Reck, St. Ursula, S. 107

23 Beschreibung des Zugangs in Roth (Hrsg.): Oberurseler Reimchronik, S. 28

24 Inschrift auf einem Balken des Glockenstuhls: „Anno 1660 ist dieser Turm wieder auferbaued worden. Hanns Jörg Lederla, Zimmergesel von Wirtzburg. Johannes + Kretzer.“

25 Entwurf Ludwig Becker, Mainz (Friedrich, St. Ursula, S. 12). – 3 Bauzeichnungen von Louis Jacobi in StA HG, B III, 6

26 Roth (Hrsg.): Oberurseler Reimchronik, S. 34; s. auch: Korf, Führer, S. 94–96

27 Neuroth, Geschichte, S. 73–74

28 Aus: Hausbuch des Nikolaus Kirsch in : StA OU, Biogr. OU. Kirsch 102

29 Aus: Hausbuch des Nikolaus Kirsch in : StA OU, Biogr. OU. Kirsch 102

[30] Kolb, Waldemar: Die Glocken von St. Ursula. In: MVGH 8/1967, S.19–42; 9/1968, S. 20

[31] Roth (Hrsg.): Oberurseler Reimchronik, 1879, S. 15–17; Kolb, in: MVGH 8/1967, S. 19–29; Kolb, Waldemar: Die Große Glocke von St. Ursula. In: Ursella I, S. 77–82

[32] Laut erstmaliger Wiegung (Taunus-Zeitung 29.11.1985)

[33] Nach Kolb, in Ursella I, S. 78–79

[34] Nach Kolb, in MVGH 8/1967, S. 30–31

[35] Dazu Kolb, in MVGH 8/1967, S. 33–40

[36] Friedrich, St. Ursula, S. 13–14

[37] Reck, St. Ursula, S. 22

[38] Reck, St. Ursula, S. 96

[39] Reck, St. Ursula, S. 98

[40] Friedrich, St. Ursula; Reck, St. Ursula, S. 98

[41] Neuroth, Geschichte, S. 68; Reck, St. Ursula, S. 99; Bode, Helmut: Taunus-Sagenschatz. Frankfurt am Main 1986, S. 47–49

[42] J. Friedrich hat eine Reihe von Vergleichsbeispielen zusammengetragen, die demnächst veröffentlicht werden sollen.

[43] Reck, St. Ursula, S. 106–107

[44] Friedrich, Josef: Die Chorfenster der St. Ursulakirche zu Oberursel. In: MVGH 29–30/1988, S. 67 u. 70

[45] Reck, St. Ursula, S. 108–109

[46] Reck, St. Ursula, S. 108

[47] Katharinenaltar: Bay StA, Mz. Urk. weltl. Schrank, 49/11; Reck, S. Ursula, S. 102; St. Jacobsaltar: Bay StA, Mz. Urk. Weltl. Schrank, 49/20; Reck, St. Ursula, S. 109; Standort „Mittelaltar"; Fundamente der Kanzel, Stipes des Hauptaltars: Reck, St. Ursula, S. 35; 101–102

[48] Reck, St. Ursula, S. 103

[49] Reck, St. Ursula, S. 102

[50] Friedrich, Josef: Die Chorfenster der St. Ursulakirche zu Oberursel. In: MVGH 29–30/1988, S. 66–71; Kolb, Waldemar: Der Hl. Gebhard in Oberursel? In: MVGH 24/1980, S. 46–47

[51] Friedrich, St. Ursula, S. 10

[52] Reck, St. Ursula, S. 33–34

[53] Zur ersten Orgel: Neuroth, 30jähriger Krieg, S. 172

[54] Neuroth, Geschichte, S. 151, 160–161, 218–219; Bund, 1988, S. 38–39

[55] Bommersheim und Stierstadt waren Filial von Oberursel. Daher gab es in St. Ursula einen „Bommersheimer Gang". Zur kirchlichen Versorgung von Stierstadt, wo „von dem Caplan zu Ursell alle 14 tag daselbst gepredigt" werden sollte, siehe Korf, August: Chronik der Gemeinde Stierstadt. Oberursel 1911, S. 27 ff.

[56] Korf, Evangelische Kirche, S. 250–251; Bund, 1988, S. 37–38

[57] Neuroth, 30jähriger Krieg, S. 172

[58] HHStA 330 XIVd, 1; 18.6.1645; Reck, St. Ursula, S. 8 u. S. 116

[59] Abschrift: StA OU, 11, 2; Korf, Ms. 3; Reck, St. Ursula, S. 8 u. S. 117

[60] Reck, St. Ursula, S. 110

[61] Reck, St. Ursula, S. 9, 111

[62] HHStA 330 Xd, 7,11, fol. 1–162

[63] Bringezu-Paschen, Maria: Johann Conrad Bürgy, Orgel- und Instrumentenmacher zu Homburg vor der Höhe. In: Mitteilungen des Vereins für Geschichte und Landeskunde zu Bad Homburg vor der Höhe, H. XXX. Bad Homburg 1970, bes. S. 106–124, 178–179

[64] Friedrich, St. Ursula, S. 10

[65] Reck, St. Ursula, S. 10, 112 (Quelle: Pfarrchronik)

[66] Ausführlich: Reck, St. Ursula, S. 22 ff.

Zu Seite 109–111

[1] Michel, Reinhard: Von den Wüstungen im Hochtaunuskreis. In: Heimat Hochtaunus, S. 163-171

[2] Washausen, Forstgeschichte, S. 68-72

[3] Ursella II, S. 256-270 (=Nr.25)

[4] Saalburg Jahrbuch 7/1930, S.138-139; (Hoyer, Hans:) Verschwundene Dörfer um Oberursel. In: Taunus-Zeitung 84, 17.7.1951, S. 3

[5] Petran-Belschner, Marieluise: Dreitausend Jahre Geschichte im Spiegel von sieben Oberurseler Siedlungsnamen. In: MVGH 27/1985, S. 8-14, hier S. 8

[6] Michel, Wüstungen, in Heimat Hochtaunus, S. 168

[7] Andernacht, Dietrich/Stamm, Otto: Die Bürgerbücher der Reichsstadt Frankfurt 1311-1400 und das Einwohnerverzeichnis von 1387. Frankfurt am Main 1955, S. 5, 12

[8] Andernacht/Stamm, S. 12

[9] „Die Ursel...lauft uff Ursel, Gattenhoven..."(HHStA 330 R 1, 1558)

[10] Rosenbohm, Rolf:Bericht über die Exkursion in die Gemarkungen von Stierstadt und Gattenhofen am 14. Juni 1969. In: MVGH 12/1969, S. 28-31

[11] Friedrich, Joseph: Spuren der Geschichte. In: St.Hedwig Oberursel, Festschrift. Oberursel 1966

[12] Steinmetz, Waldmarken, S. 138

[13] Bay StA, MRA Stifte K 679, 808

[14] StA OU, Jurisdiktionalbuch; Auszug: HHStA 1098 X 29, S. 4

[15] Eppsteinisches Lehenbuch, HHStA 3004 C 23, fol. 21/22; Wagner, Lehensverzeichnisse, S. 85; Stamm, Herrschaft Königstein, S. 123

[16] Andernacht/Stamm, S. 1, 10, 46; Ursella I, S. 61

[17] Sauer, I, 3, S. 189

[18] StA Ffm, Kopialbuch V, Nr.53; Stamm, Herrschaft Königstein, S. 123 u. Beilage V

[19] Würdwein, Dioc. Mog. t II, 1772, S. 49-53

[20] HHStA 330 Urkunden, 17 (Orig., Papier, 5.12.1413); Abschrift: HHStA 3002 XIII 2,1, Copialbuch der Herren von Eppenstein 1211-1443; Korf, Gattenhofen

[21] Original: Stolb. Archiv, Ortenberg. Abschrift: HHStA 331, Urk. Nr. 158; Bay StA, Mz. Bücher versch. Inhalts Nr. 71, Königsteinisches Kopiar, fol. 30 r.; — Masch.: Stamm, Herrschaft Königstein, Beilage X

[22] Korf, Gattenhofen

[23] S. Kapitel „Mühlen"

[24] Bay StA, Mz. Bücher versch. Inhalts Nr. 71, S. 333

[25] HHStA 330 R 1, 1558 (Königsteiner Rentei-Rechnung); HHStA 330 XIII 1, 4, 6, Kopie „eines alten Registers de Anno 1589", 1656

[26] HHStA 330 XIII, 1, 4, 6, Copie „eines alten Registers de Anno 1589", 1656

[27] HHStA 330 XIII, 1, 4, 6, Copie „eines alten Registers de Anno 1589", 1656

[28] HHStA 330 IX, 11a (Jurisdictionalbuch des Amtes Oberursel)

[29] „...ist nichts mehr übrig, als eine Mühle, die Gatenhöfer Mühle genannt", Topographische Geschichte...1782 in HHStA 330 IIIa 2, § 24 — Korf, Gattenhofen

[30] HHStA 330, 101

[31] Friedrich, Spuren, in Festschrift St. Hedwig 1966

[32] Petran-Belschner, Marieluise: Dreitausend Jahre Geschichte im Spiegel von sieben Oberurseler Siedlungsnamen. In: MVGH 27/1985, S. 8-14, hier S. 8

[33] Friedrich, Spuren, in: Festschrift St.Hedwig Oberursel, 1966

[34] Korf, Oberstedten, S.60-61

[35] Bay StA, MRA Stifte K 679, 808; Friedrich, Spuren, in: Festschrift St.Hedwig, 1966

[36] Korf, Oberstedten, S. 18 (Das erwähnte Gerichtsbuch konnte nicht eingesehen werden.)

[37] A.K. (=August Korf) Das eingegangene Dorf Hausen, das Geschlecht derer von Hausen und die Fleminge von Hausen. In: Beilage zum Oberurseler Lokal-Anzeiger 42, 25.5. u. 1.6.1912; Rosenbohm, Rolf: Das Geschlecht der Fleming mitsamt ihren Linien Fleming von Münster, von Husen und von Steden.I. In: MVGH 21/1978, S. 45-48

[38] Dazu ausführlich: (Korf), Hausen, 1926

[39] Abschrift: Kopialbuch der Herren von Eppenstein 1211-1443, HHStA 3002, XIII 2, 1, fol. 96 v. u. 97 r.; Sauer, Codex Diplomaticus, S. 174-175; Andernacht/Stamm, S.24

[40] Bay StA, Mz.Bücher versch. Inhalts, Nr.71, Königsteinisches Kopialbuch, fol. 245 r.

[41] Gemeint ist Münster bei Hofheim. — Bay StA, Mz. Bücher verschiedenen Inhalts, nr. 71, Königsteinische Kopialbuch, fol. 318 re. u. v.

[42] Abschrift vom 6.2.1468: HHStA 331 Urkunden, 244

[43] Korf, Oberstedten, S. 18; Michel, Wüstungen, in Heimat Hochtaunus, S. 168

[44] Original: Stolb. Archiv, Ortenberg. Abschriften: Bay StA, Mz. Bücher versch. Inhalts, Nr. 71, Königsteinisches Kopialbuch, fol. 30; HHStA 331, Urk. Nr. 158. Masch.: Stamm, Herrschaft Königstein, Beilage X

[45] Zitiert nach Steinmetz, Waldmarken, S. 138

[46] HHStA 3011, 830

[47] Bay StA, MRA Stifte K 679, 808

[48] Umfangreich dokumentiert in: HHStA 330 VIb, 21. Abdruck der Urkunde: Korf, Oberstedten, S. 60-61

[49] Michel, Wüstungen, Heimat Hochtaunus, S. 169

[50] (Hoyer, Hans:) Verschwundene Dörfer um Oberursel. In: Taunus-Zeitung 84, 17.7.1951, S. 3

Zu Seite 112–117

[51] Boehmer-Lau: Codex diplomaticus, 1, 1901, S. 420-421 (Nr. 832); Korf, Oberstedten, S. 8

[52] Bay StA, Mz. Bücher versch. Inhalts Nr. 71, fol. 308 v., 309 r.; HHStA 331 Urkunden, 54; Sauer, I, 3, S. 189, 206; Korf, Oberstedten, S. 13-14

[53] Andernacht/Stamm, S. 31, 45; Ursella I, S. 61

[54] Sauer, I, 3, S. 397; Korf, Oberstedten, S. 17

[55] Notiz Dr. Rosenbohm

[56] (Korf), Hausen, 1926

[57] Abschrift vom 6.2.1468: HHStA 331, 244; s. Korf, Oberstedten, S. 21

[58] Bay StA, Mz. Bücher versch. Inhalts Nr. 71, Königsteinisches Kopiar, fol. 373 r.

[59] Jurisdictionalbuch 1619, Auszug: HHStA 1098 X 29; Bay StA, MRA H 24061 1/2, 570; (Ein Drittel des Kartäuser Teils hatte ursprünglich den Brendel von Homburg gehört, die ihn aber mit der Kartause tauschten gegen Rechte in Nieder-Eschbach.) — Korf, Oberstedten, S. 38

[60] Korf, Oberstedten, S. 21

[61] HHStA 330 VIIb, 13

[62] HHStA 330 Urkunden, 123

[63] Korf, Oberstedten, S. 17-19

[64] HHStA 330 VIIIb 4, 6

[65] HHStA 330 IX 11 a, fol. 32. Masch.: Stamm, Herrschaft Königstein, Beilage XXIV. Erweitert in: Jurisdiktionalbuch 1661

[66] HHStA 3011, 1146

[67] Original: Bay StA, Mz. Urkunden weltl. Schrank, Lade 30, 46; HHStA 310, 318 (vernichtet); Abschrift des 16. Jahrhunderts:HHStA 330, XIII, I, Ib, No.2; Abschrift: Jurisdictionalbuch 1619, StA OU/HHStA; Auszug Jurisdictionalbuch 1619: HHStA 1098 X 29; Jurisdictionalbuch des Amts Oberursel 1660: HHStA 330 IX, 11a, fol. 34; Abschriften: Gemeindearchiv Oberstedten (von 1822); Korf, Ms. 3; Korf, Oberstedten, S. 48-53

[68] HHStA 3011, 1146

[69] Korf, Oberstedten, S. 22

[70] Masch.: Stamm, Herrschaft Königstein, Beilage XXIV. — S.auch: HHStA 330 R 1, 1558 ff.

[71] HHStA 330 IX, 11a, Jurisdictionalbuch des Amtes Oberursel, 1660, fol. 32. — S.auch HHStA 330 VIIIb,4,4

[72] Korf, Oberstedten, S. 22

73 Korf, Oberstedten, S. 62
74 Jurisdictionalbuch 1619, Auszug: HHStA 1098 X 29; Korf, Oberstedten, S. 69-71
75 HHStA 330, IX, 53
76 (Hoyer), Verschwundene Dörfer um Oberursel. In: Taunus-Zeitung 84, 17.7., 1951, S. 3; Walsh, Gerta: Die Wüstung Niederstedten. In: Alt Homburg, 8/1982, S. 131-133; Michel, Wüstungen, Heimat Hochtaunus, S. 169
77 Kropat, Wolf-Arno: Die Wetterau von der Karolingerzeit bis zum Ende der Stauferzeit. In: Bad Homburg vor der Höhe 782-1982. Bad Homburg 1983, S. 74-111, hier: S. 92
78 Steinmetz, Ernst Georg: Das Kircheninventar der Aemter Eppstein, Cronberg und Homburg von 1525 und die Einführung der Reformation in Homburg vor der Höhe. In: Mitteilungen des Vereins für Geschichte und Altertumskunde zu Bad Homburg vor der Höhe, H. XVII. Bad Homburg 1932, S. 165
  1444 hatte es eine „Kirchfabrik" in Niederstedten gegeben (StA Ffm, St. Barth., Nr. 3088)
79 Sauer, I, 2, S. 435
80 O.Frhr. Stotzingen: Cronberg'sches Diplomatarium, S. 186, 219; Sauer, I,3, S. 363,370
81 Fuldaer Lehensverzeichnis in HStA MR, L. 65, fol. 27. — Notiz Dr. Rosenbohm: Offenbar nur bis 1442.
82 Königsteiner Kopiar, fol. 31 ff.; HHStA 331, 244; Korf, Hausen, 1926; Korf, Chronik Oberstedten, S. 21; Stamm, Herrschaft Königstein, Beilage XIII
83 Notiz Dr. Rosenbohm: Fuldaer Lehensregister, StA MR, Kopiar 439 (Nr. 455)
84 Andernacht/Stamm, S. 28, 36, 101
85 StA HG, A I, 11, Nr. 95
86 Beschreibung des Amtes Homburg v.d.H. — HStA MR, H 16, S. 73-74
87 Andernacht/Stamm, S. 5
88 Andernacht/Stamm, S. 39
89 Andernacht/Stamm, S. 50
90 Original: StA Ffm, Barth. St., No. 4207. Gedruckt: Boehmer/Lau, Bd.2, S. 522-523, Nr. 706
91 Gerner, Manfred: Niederursel, Mittelursel. Chronikalische Aufzeichnungen zu einem Dorf. Frankfurt am Main 1976, S.26
92 StA Ffm, Kopialbuch V, Nr. 53; Auszug von 1390 in StA Ffm, Reichssachen-Akten I, Nr. 102; HHStA 330 IX 11a, Jurisdiktionalbuch 1660, S. 83 ff.; Auszug: Stamm, Herrschaft Königstein, Beilage V
93 Original: Stolb. Archiv, Ortenberg. Abschrift: HHStA 331, Urk. Nr. 158. Masch.: Stamm, Herrschaft Königstein, Beilage X
94 Grimm, Weistümer, III, S. 496; Gerner, Niederursel, Mittelursel, S.26
95 Bay StA, Mz. Bücher versch. Inhalts Nr. 71, Königsteinisches Kopiar, fol. 369 r. — Grimm, Jacob: Weisthümer, Bd.3. Göttingen 1842, S. 496
96 (Hoyer,Hans:), Verschwundene Dörfer um Oberursel. In: Taunus-Zeitung 84, 17.7.1951, S. 3
97 Gerner, S. 26
98 HHStA 330 R 1, 1558
99 HHStA 330 R 1, 1579, 1580, 1581 ff., 1628, 1630, 1638 ff. (Rentei-Rechnungen)
100 Scharff, Friedrich: Das Recht in der hohen Mark. In: Archiv für Frankfurter Geschichte, NF 5/1865, S. 255-482; Stamm, Herrschaft Königstein, S. 154-155
101 HHStA 4 IVb 12, fol. 350; Stamm, Herrschaft Königstein, S. 155
102 Bay StA, Mz. Urkunden Weltl. Schrank, Lade 42/46; StA Ffm, Mgb. E 44, 21; HHStA 330 IX 11a, Jurisdictionalbuch 1660, S. 81-82; Stamm, Herrschaft Königstein, S. 155
103 HHStA 330 IX 11a, fol. 81-83
104 HHStA 330 IIIa 2, § 24

Zu Seite 119–121

1 Korf, Evangelische Gemeinde, S. 5–99; Neuroth, Geschichte, S. 118–130; Das Goldene Jahrhundert. In: Ursella I, S. 83–126

² Rosenbohm, Rolf: Oberursel im 16. Jahrhundert. In: Ursella I, S. 83–88

³ Wollenberg, Oberursel, S. 23–24

⁴ Roth (Hrsg.): Oberurseler Reimchronik, Beilage 2; Korf, Führer, S. 97–103, Anhang, S. 1–8; Korf, Evangelische Gemeinde, S. 5 ff.; Steinmetz, Ernst Georg: Erasmus Alber, ein Dichter des Taunus. In: Der Weiße Turm, Beilage des Taunusboten, Nr.8–11. Bad Homburg 1938; Rosenbohm, Rolf: Erasmus Alberus der Fabeldichter und Begründer der Lateinschule in Oberursel 1522-1527. In: Ursella I, S. 94–101; Mielke, Hans-Peter: Erasmus Alber, seine Fabeldichtung und die Pädagogik seiner Zeit. In: MVGH 24/1980, S. 1–12; Ochs-Halbig, Gertraude: Erasmus Alberus und die Lateinschule zu Ursel. In: Heimat Hochtaunus, S. 327–330

⁵ Beispiel Voltzius: Rosenbohm, 16. Jahrhundert, S. 85–86

⁶ Korf, Evangelische Gemeinde, S. 21

⁷ Korf, Evangelische Gemeinde, S. 25; Rosenbohm, Rolf: Die Bommersheim-Oberurseler Humanisten- und Beamtenfamilie Reiffenstein. In: Ursella I, S. 88–94. – S. auch Kapitel „Die Burg".

⁸ Korf, Evangelische Gemeinde, S. 12 ff.;
   Neuroth, Geschichte, S. 120; Rosenbohm, 16. Jahrhundert, S. 83

⁹ Bay StA Würzburg, MRA Stifte, K 679; 808; Korf, Evangelische Gemeinde; Neuroth, Geschichte, S. 122–125; Bund, Konrad: Die St. Ursulakirche in Oberursel, das Frankfurter Bartholomäusstift und die Stadt Frankfurt. In: MVGH 29/30, 1988, S. 31–44, hier: S. 37

¹⁰ Es ist nicht klar, ob Oberursel in seiner protestantischen Zeit zum Fluchtpunkt von protestantischen Niederländern wurde (Korf, 1901, S. 25)

¹¹ Neuroth, Geschichte, S. 125

¹² S. Kapitel „St. Ursula".

¹³ HHStA 330 IX 11; Stamm, Herrschaft Königstein, S. 114

¹⁴ Schon 1537 entlieh Graf Ludwig für seinen Bruder Heinrich 100 Gulden bei den „Bawmeystern der Kirchen zu Obern Ursell", Wendel Meister und Werner Riddelheim. 1556 erfolgte durch den Rat der Stadt eine Kapitalverschreibung in Höhe von 2000 Gulden zum gleichen Zweck (HHStA 1063, 141).

¹⁵ HHStA 330 Urkunden 67); Stamm, Herrschaft Königstein, S. 36

¹⁶ HHStA 1063, 141

¹⁷ HHStA 330, 9 Oberursel, 5; Neuroth, Geschichte, S. 226–230 (ausführlich)

¹⁸ HHStA 330 Urkunden 93; StA OU, II, 7. – Stamm, Herrschaft Königstein, S. 36

¹⁹ HHStA 330, XIII, 1; HHStA 330, 9 Oberursel, 1, fol. 33–35

²⁰ Nach Schimmig; die Annahme 1565 bei Korf und Neuroth überzeugt nicht.

²¹ Korf, 1901, S. 21–22; Neuroth, Geschichte, S. 98–100; Schimmig, Erich: Urseler Münzen. In: MVGH 10/1968, S. 40–49; Schimmig, Erich: Zur Münztätigkeit des Grafen Ludwig II. zu Stolberg-Königstein und seine Urseler Prägungen. In: Ursella I, S. 121–126

Zu Seite 122–134

¹ Dieses Kapitel beruht auf den nachfolgenden Publikationen, durch die alle früheren als aufgehoben zu betrachten sind.

   Kopp, Manfred: Nicolaus Henricus und Cornelius Sutor. Bürger und Drucker zu Ursel. Oberursel 1964

   Kopp, Manfred: Aus der Gründungszeit unserer Buchdruckerei. In: Ursella I, S. 111–118

   Kopp, Manfred: „Nachrichten aus aller Welt" – gedruckt in der Urseler Druckerei. In: Heimat Hochtaunus. Frankfurt am Main 1988, S. 251–257

   Der Autor bereitet einen Katalog der Urseler Drucke vor.

² Frdl. Hinweis von Pfr. M. Kopp. Ausführlicher: Kopp, Manfred: Die Druckerei zu Ursel 1557–1623, Nr. 309 und 375

³ HHStA 330 VIIIb, 79, IV, 1, fol. 8

⁴ HHStA 330 VIIIb, 79, IV, 1, fol. 12; 1669

⁵ Dietz, Alexander: Frankfurter Handelsgeschichte, Bd. III. Frankfurt am Main 1921, S. 109–114.- Kopp, Manfred: Nicolaus Henricus und Cornelius Sutor. Bürger und Drucker zu Ursel. Oberursel 1964, S. 56

⁶ HHStA 330 VIIIb, 4, 6, fol. 46 v.

[7] HHStA 330 R 1, 1628

[8] Dietz, Handelsgeschichte, S. 109–114; Kopp, Henricus und Sutor, S. 56

[9] Korf, Evangelische Gemeinde, S. 142–143

[10] HHStA 330 R 1, 1604 ff.

[11] HHStA 330 VIIIb, 79, VI, 1, fol. 2

[12] HHStA 330 VIIIb, 79, VI, 1, fol. 8

[13] HHStA 330 VIIIb, 79, IV, 1, fol. 8

[14] HHStA 330 VIIIb, 79, VI, 1, fol. 8

[15] HHStA 330 VIIIb, 79, VI, 1, fol. 2 u. fol. 8

[16] HHStA 330 R 1, 1638

[17] Korf, 1901, S. 36, 37; Rosenbohm, in 125 Handwerker- und Gewerbeverein, S. 93

[18] HHStA 330 R 1, 1640 ff.

[19] HHStA 330 VIIIb, 79, VI, 1, fol. 2

[20] HHStA 330 VIIIb, 79, IV, 1, fol. 9

[21] HHStA 330 VIIIb, 79, VI, 1, fol. 8

[22] HHStA 330 VIIIb, 79, IV, 1, fol. 12

[23] HHStA 330 VIIIb, 79, VI, 1, fol. 11–12

[24] HHStA 330 VIIIb, 79, IV, 1, fol. 22–27

[25] HHStA 330 VIIIb, 79, IV, 2, fol. 2 ff.; HHStA 330 VIIIb, 79, IV, 3, fol. 2 ff.

[26] HHStA 330 VIIIb, 79, IV, 2, fol. 5–6 (umfangreicheres Konzept); HHStA 330 VIIIb, 79, IV, 3, fol. 26–28, 21–22 (Fassung 2.4.1696); HHStA 330 VIIIb, 79, IV, 3, fol. 4–5, 13–14, 19–20; StA OU, XV, 22, fol. 31 (Extrakt); HHStA 330 VIIIb, 79, IV, 3, fol. 33 (Extrakt)

[27] HHStA 330 VIIIb, 79, IV, 2, fol. 7 ff.; HHStA 330 VIIIb, 79, IV, 3, fol. 31; StA OU, XV, 22, fol. 8, 29 ff.- Eberhard Hartart war jahrzehntelang der Lumpensammler der Papiermühle.

[28] StA OU, XV, 22, fol. 5–6; Korf, 1901, S. 48

[29] StA OU, XV, 22, fol. 5–6

[30] StA OU, XV, 22, fol. 8

[31] StA OU, XV, 22, fol. 7–10

[32] HHStA 330 VIIIb, 79, VII

[33] StA OU, XV, 22, fol. 27, 51–52, 63–68

[34] StA OU, XV, 22, fol. 40–44

[35] Erhalten in: StA OU,XV, 22, fol. 36 (nur Schriftzug), fol. 41 u. 44 (Rad und Schriftzug). Das Rad zeigt die vom kurmainzer Wappen (mit sechs Speichen) abweichende Zahl von acht Speichen. Auch das acht-speichige „Mainzer" Rad ist vielfach belegt.

Den Hinweis auf dieses Wasserzeichen verdanke ich der Leiterin des Vortaunusmuseums, Frau Marianne Broeker-Liss.

Ein abweichendes Wasserzeichen — „OU" und stilisierter Pfeil (?) im Blätterkranz — dürfte ebenfalls auf Oberursel zu beziehen sein. Es ist vielfach belegt im Papier der „Urkunden" zu den Oberurseler Kriegs-kostenrechnungen, z.B. 1792 und 1797 (HHStA 330 R 57).

[36] StA OU, XV, 22, fol. 45 ff.; Korf, 1901, S. 48

[37] StA OU, XV, 22, fol. 40–44

[38] StA OU, XV, 22, fol. 74–78

[39] HHStA 330 VIIIb, 79, I, 5, fol. 111 ff.

[40] StA OU, XV, 22, fol. 81

[41] HHStA 330 VIIIb, 79, IV, 3, fol. 37–46. Nicht zutreffende Daten bei Korf, 1901, S. 63

[42] Ursella II, S. 271

[43] StA OU, XV, 23

Zu Seite 134–146

[1] Umfangreiches Quellenmaterial über das eine separate Studie verdienende Hospital in: StA OU, X, 1–43, Akten aus dem Zeitraum 1545–1958; HHStA 330 XII, 2, 1-12, Akten aus dem Zeitraum 1502–1806;

HHStA 330 R 107, Hospitalfondrechnung 1686–91; 1717; 1790–1855; Die Kirchenbücher wurden von W. Kolb im Hinblick auf die Hospitalkirche ausgewertet.

Zur finanziellen Ausstattung des Hospitals: Bay StA, MRA 641/H 2406 1/2

Eine umfangreiche Arbeit über das Oberurseler Hospital fertigte Sanitätsrat Dr. Neuroth. Ihr lag, wie Stichproben ergaben, ein offenbar sorgfältiges Studium der Archivalien im StA OU zugrunde. Soweit nicht anders erwähnt, beruht dieses Kapitel auf dieser Publikation F. Neuroths.

Neuroth, Ferdinand: Geschichte des Hospitals ad S. Barbaram. In: MVGH 11/1969, S. 11; 12/1969, S. 33–38; 13/1970, S. 9–13; 14/1970, S. 38–42; 15/1971, S. 23–27; 17/1972, S. 43–45 (Manuskript in StA OU, MS Neuroth 4 f.); nicht erwähnt in Neuroth, Geschichte.

[2] Korf, Evangelische Gemeinde, S. 34; Neuroth, Hospital, 1969, S. 11
[3] Neuroth, Hospital, 1969, S. 11
[4] Nach ihm ist die Henchenstraße in Oberursel benannt.
[5] Korf, Evangelische Gemeinde, S. 247–248
[6] Abschrift: Korf, Ms. 3
[7] Jurisdiktionalbuch 1619, Auszug: HHStA 1098 X 29
[8] Bay StA. MRA, H 2406, Lade 641; Gefälle des Kugelhauses und deren Verkauf an das Spital zu Ober-Ursel, 1502–1572
[9] Bay StA, MRA Frankreich K 591/74; ebda. K 591/67. Für 19.u.20.Jh.: StA OU X, 14 ff.
[10] StA OU, X, 22, 23, 41
[11] Reck, Hans-Hermann: Die Baugeschichte des Hospitals in Oberursel. In: MVGH 21/1978, S.19–31
StA OU, X, 15; Hospital-Neubau u.a. Bauarbeiten 1822-49
[12] Kolb, Waldemar: Die Hospitalkirche. In: MVGH 11/1969, S. 14, 16
[13] StA OU, X, 16, 16a; Kolb, Waldemar: Die Hospitalkirche. In: MVGH 11/1969, S. 14–17; 13/1970, S. 4–9; Reck, Baugeschichte Hospital, S. 20, 21
S. auch: HHStA 330 XII, 2, 4; Erbauung der Hospitalkirche zu Oberursel 1720; StA OU X, 16, Hospital-kirche 1792–1874
[14] Im Wortlaut: Kolb, Hospitalkirche, S. 16–17
[15] Döry, Ludwig Baron: Die Bildwerke der Hospitalkirche Oberursel. In: MVGH 13/1970, S. 15–22
[16] StA OU X, 15, fol. 13–23, 15a mit Plan; Reck, Baugeschichte Hospital, S. 24
[17] Dieses Kapitel nach StA OU, X, 19

Zu Seite 146–151

[1] Ich danke Herrn R. Michel, der sich seit vielen Jahren mit Oberursel betreffenden Karten beschäftigt, für die Überlassung von Materialien sowie für Hinweise und die Durchsicht dieses Kapitels.
[2] StA MR, R II 41; Wolff, Fritz: Elias Hoffmann – ein Frankfurter Kartenzeichner und Wappenmaler des 16. Jahrhunderts. In: Zeitschrift für hessische Geschichte und Landeskunde, 94/1989, S. 71–100, bes. S. 98, Nr. 18a

Den Kartenausschnitt „Obern Ursell" entdeckte R. Michel, dem ich die Kenntnis dieser Karte verdanke.
[3] HHStA 3011, 830

Die sogenannte „Hirschkarte" wurde von E. G. Steinmetz im Staatsarchiv Wiesbaden gefunden und im Hinblick auf die „Gaue und Waldmarken" ausgewertet (Steinmetz, Ernst Georg: Gaue und Walmarken des Taunus in ihren Beziehungen zum Pfahlgraben. In: Saalburgjahrbuch VII, 1930, bes. S. 191)

R. Michel hat die „Hirschkarte" seit den 1970er Jahren in zahlreichen Vorträgen behandelt (z.B. Taunus-Zeitung 8.12.1971, S. 3).

Die „Hirschkarte" und die „Mittelstedter Karte" werden in Kürze von R. Michel publiziert werden.
[4] HHStA 330 Urkunden, 101. – Außer diesem Notariatsinstrument sind z.Zt. keine weiteren, diesen Fall betreffende Dokumente bekannt.
[5] HHStA 3011, 1146

Esche, Fritz: Oberursel und benachbarte Gemarkungen. Versuch einer Zeit- und Urheberermittlung für die Karte Nr. 3011–1146 im Hauptstaatsarchiv Wiesbaden. Masch. vervielf. Oberursel 1973 (mit abweichender Datierung der Karte).

6 Bay StA Wü, Mz. Urkunden Weltl. Schrank, L. 30/46; HHStA 330 Ib, 2, fol. 12–16 (Abschrift)
7 Als Homburg und Ursel stritten. In: Taunus-Zeitung 8.12.1971, S. 3
8 Die zugehörigen Akten in HHStA 330 Ib, 2 werden von R. Michel ausgewertet.
9 Hessische Chronica, zusammen getragen und verfertiget durch Wilhelm Scheffern genannt Dilich. Cassel 1605. Reprint Kassel 1961, T.1, S. 66
10 Meisner, Daniel/Kieser, Eberhard: Politisches Schatzkästlein. Reprint Unterschneidheim 1979, Bd.2, 5, 33
11 Topographia Hassiae et Regionum Vicinarum...Frankfurt am Main 1655. Reprint Kassel 1966, A 16

Zu Seite 153–156

1 Diese Darstellung vor allem nach der profunden Arbeit von: Stamm, Herrschaft Königstein, S. 36–39, 39–43, 96–101
2 Darstellung nach Stamm, Herrschaft Königstein, S. 40
3 Dazu ausführlich Jakob Schmidt: Die katholische Restauration in den ehemaligen Kurmainzer Herrschaften Königstein und Rieneck. Freiburg 1902 (hier: S. 2), die trotz ihrer starken prokatholischen Ausrichtung als Quelle nutzbar ist. Im gleichen Jahr erschien Korf, August: Geschichte der evangelischen Gemeinde, der auf S. 99–149 die Rekatholisierung behandelte. Es scheint, als habe zwischen Schmidt und Korf Kontakt bestanden. Das Kapitel „Der Kurfürst von Mainz und die Gegenreformation" in Neuroth, Geschichte, S. 130–135 beruht ausschließlich auf der Publikation Schmidts.
  Quellen: Bay StA, Mainz, Geistlicher Schrank, Lade 20; Ursler Reformation Anno 1604
4 Schmidt, Restauration, S. 44
5 Schmidt, Restauration, S. 71 ff.
6 Im Wortlaut: Korf, Evangelische Gemeinde, S. 105–106
7 Schmidt, Restauration, S. 80 ff.
8 Ausführlich: Korf, Evangelische Gemeinde, S. 131–137
9 Korf, Evangelische Gemeinde, S. 139
10 Bay StA Würzburg, Mzr. Urk. geistl. Schrank 20/12 II; Korf, Evangelische Gemeinde, S. 253–264
11 Schmidt, Restauration, S. 89–89
12 Korf, Evangelische Gemeinde, S. 144–145
13 Schmidt, Restauration, S. 92
14 Korf, Evangelische Gemeinde, S. 147–149
15 Korf, Evangelische Gemeinde, S. 150 ff.
16 Korf, Evangelische Gemeinde, S. 152

Zu Seite 156–167

1 Dr. Ferdinand Neuroth beschäftigte sich sehr eingehend mit dem Dreißigjährigen Krieg, dessen Auswirkungen für die Stadtgeschichte Oberursels von umwälzender Bedeutung waren. Diesen Publikationen wurden nur die wesentlichen Ereignisse und Fakten entnommen. Interessierte Leser seien nachdrücklich auf die genannten Werke Neuroths verwiesen.
  Neuroth, Geschichte, S. 149–214; Neuroth, Ferdinand: Oberursel zur Zeit des 30jährigen Krieges. In: Annalen des Vereins für Nassauische Altertumskunde und Geschichtsforschung, Bd.36/1906. Wiesbaden 1907, S. 169–211. – Von den beiden Arbeiten ist der 1906 erschienene Aufsatz die ausführlichere. Im Gegensatz zu dem 1905 abgeschlossenen Geschichtswerk enthält er zumindest globale Quellenverweise. Die Kürzungen für Neuroths Geschichtswerk gehen auf W. Wollenberg zurück.
  S. auch: Rosenbohm, Rolf: Oberursel im Dreißigjährigen Krieg. In: Ursella I, S. 127–134
2 Neuroth, Geschichte, S. 194
3 Neuroth, Geschichte, S. 159–165 schildert ausführlich die kirchlichen Verhältnisse in Oberursel seit der Rekatholisierung bis zum Jahr 1632. Behandelt wird auch die schwierige Errichtung des Pfarr- und Kaplaneihauses.
4 (Bernbeck, Ernst:) Die Kreuzkapelle auf dem Friedhof. In: Der Taunus-Wächter, Nr. 8, 5.2.1955

5   StA OU, Slg. A IX, 2; Abschrift: Korf, Ms. 3

6   Neuroth, 30jähriger Krieg, S. 181

7   Die Geschichte ist sehr oft geschildert worden. In Reimform: Wallau, Nova Facies, 1724, S. 8–10; Korf, Kurzer Führer, S. 65–67; mit Lebensbild des Crommes Eckart: Neuroth, Geschichte, S. 207–211. — Der Grab-Gedenkstein für Hieronymus Eckardt, seine Tochter Anna Ursela und seinen Schwiegersohn, Landhauptmann Johann Philipp Wenzel, aus dem Jahr 1718 befindet sich im Turm-Museum von St. Ursula.

8   Neuroth, Geschichte, S. 165–166. Ausführlich schildert Korf, Evangelische Gemeinde, S. 150–159 die kirchlichen Verhältnisse unter den evangelischen Pfarrern.

9   Neuroth, Geschichte, S. 167–168; Neuroth, 30jähriger Krieg, S. 182

10   HHStA 330 R 1, 1635

11   Lebensbild Kumelius' in: Neuroth, Geschichte, S. 198–201. — In der Kernstadt von Oberursel ist eine Straße nach ihm benannt.

12   Neuroth, Geschichte, S. 171; Neuroth, 30jähriger Krieg, S. 185

13   Neuroth, Geschichte, S. 180–182

14   Neuroth, Geschichte, S. 170 ff. (ausführlich)

15   Bay StA Würzburg, Aschaffenburger Archivreste, 360/VII/2 (undatierte Supplik, wohl 1645); Neuroth, Geschichte, S. 186–187, 189

16   Neuroth, Geschichte, S. 195: „… hat der doll Rosen verursacht und bekommen."

17   HHStA 330 R 1, 1644

18   Neuroth, Geschichte, S. 184–185 (Quellen: Oberurseler Stadtrechnungen und Königsteiner Rentei-Rechnungen)

19   Neuroth, Geschichte, S. 190 nennt 4.000; Korf, Feuerlöschwesen, S. 9–10: etwa 7.000

20   Neuroth, Geschichte, S. 190 nennt fälschlich den 18. Juni 1645. – In der Akte HHStA 330 XIVd, 1, fol. 21 v. wird eindeutig der „15t. huius, also in ipso festo Corporis Christi" genannt. Korf, Feuerlöschwesen, S. 9–10 schreibt richtig 5./15. Juni, denn die Angabe des späteren Datum bezog sich offenbar auf den in Frankreich bereits gebräuchlichen gregorianischen Kalender, der in Deutschland noch nicht den alten julianischen Kalender abgelöst hatte. Die Schreibweise Korfs findet sich in zahlreichen Quellen des 17. Jahrhunderts.

21   Neuroth, Geschichte, S. 190; Korf, Feuerlöschwesen, S. 9–10

22   HHStA 330 XIVd, 1, fol. 19–27

23   Hierbei handelt es sich um die zur Schule umgebaute ehemalige Michaelskapelle.

24   die Herrenmühle

25   Korf, Feuerlöschwesen, S. 9–10 und Neuroth, Geschichte, S. 190 nennen 277 vernichtete Wohnhäuser. Ihre Quelle, ein Fragebogen von 1648 (Neuroth, S. 194) sprach aber von „Häusern", wozu auch andere Bauten (wohl nicht Scheunen) gehört haben könnten. Die Zahl 277 errechneten Korf und Neuroth nach der Angabe, vor dem Brand hätten sich 280 Häuser in Oberursel befunden.

26   Nach diesem authentischen Bericht trifft die Angabe bei Neuroth, Geschichte, S. 191, es sei nur eine alte gelähmte Frau umgekommen, nicht zu.

27   Neuroth, Geschichte, S. 191 (Quelle unbekannt)

28   Neuroth, Geschichte, S. 194

29   HHStA 330 XIVd, 1, fol. 26–27; Korf, Feuerlöschwesen, S. 9–10

30   Neuroth, Geschichte, S. 192

31   HHStA 330 XIVd, 1, fol. 26–27

32   Neuroth, Geschichte, S. 192

33   HHStA 330 R 1, 1645–1649

34   Korf, 1901, S. 35; Neuroth, Geschichte, S. 195

35   Reck, Hans-Hermann: Das Bürgerhaus in Oberursel. In: Ursella I, S. 172--78

36   Korf, 1901, S. 35; Neuroth, Geschichte, S. 194–196

36a   HHStA 330 R 1; 1671

37   Neuroth, Geschichte, S. 193, 201–207 (Lebensbild Peter Wolf)

38   Korf, Führer, S. 122–124

[39] Roth (Hrsg.): Oberurseler Reimchronik, S. 33. — „Prae" gleich Vorzug.

[40] Quellen und Literatur: Stadtordnung HHStA 330, 9 Oberursel, 2; HHStA 330 IX, 11a, Jurisdictional-buch des Amts Oberursel 1660, fol. 14 v.; HHStA 330, 9 Oberursel, 4; Neuroth, Geschichte, S. 67, 69; Esche, Fritz: Wie sah Oberursels ältestes Rathaus aus? In: MVGH 27/1985, S. 15–31; Rosenbohm, Rolf: Oberursels Rathäuser in Vergangenheit und Gegenwart. Oberursel 1977

[41] Neuroth, 30jähriger Krieg, S. 173–174; Neuroth, Geschichte, S. 154–155; Esche, Rathaus, S. 15–31

[42] So Esche, Rathaus, S. 29

[43] Sehr ähnlich ist das Rathaus in Königstein.

[44] Schon 1545 hieß es: „Die eel ist frankfurter eel und dero läng ist ahm Rathaus ahngeschlagen" (HHStA 330 XVIIb, 2)

[45] Schimmig, Erich: Die Wappen des Grafen Ludwig II. zu Stolberg-Königstein und der Wappenstein im Tordurchgang des Alten Rathauses. In: Ursella I, S. 118–121

[46] Hoyer, Hans: Hausinschriften in der Altstadt von Oberursel. In: MVGH 4/1964, S. 13

[47] Kolb, Waldemar: Zwei Oberurseler Inschriften entschlüsselt. In: MVGH 14/1970, S. 58

[48] HHStA 330, 9 Oberursel, 16 u. 19

[49] Rosenbohm, Rathäuser, S. 11 vermutet sogar, daß im Rathaus die Belange des „Amtes Ursel" verhan-delt worden seien.

Zu Seite 167–173

[17] Stamm, Herrschaft Königstein, S. 42

[18] Neuroth, Geschichte, S. 245–300.- Dr. Neuroth hat, da sich in dem von ihm benutzten Ortschafts-archiv Oberursel (HHStA 330, 9 Oberursel) mehrere Faszikel zu Vorgängen des 18. Jahrhunderts fanden, diese Zeitspanne in einer den Tatbeständen meist nicht angemessenen Ausführlichkeit geschildert.

[19] Neuroth, Geschichte, S. 281

[20] HHStA 330, 9 Oberursel, 9–14; Neuroth, Geschichte, S. 285 ff. (ausführlich)

[21] S. Kapitel „Kupferschmiede und -handel"

[22] Peter Renneau, Gärtner des Hofkammerrats Pfeiff und verheiratet mit Katharina Brugier aus Stier-stadt, war im 18. Jahrhundert wohl der einzige Franzose in Oberursel (Brugier, Adolf: Leonhard Brugier. In: MVGH 27/1985, S. 37–38).

[23] Calmano, Ludwig: Woher die alten Oberurseler kamen...

[24] Das Thema wurde mehrfach behandelt. Literatur: Junker, Johann Baptist: Aus Ober-Ursel. Haar-schneider. In: Annalen des Vereins für Nassauische Alterthumskunde und Geschichtsforschung, Bd. 6, H. 2. Wiesbaden 1859, S. 391–392; Henrich, Karl: Brabanter Tödden in Oberursel. In: MVGH 18/1974, S. 29–31; Rosenbohm, in 125 Jahre Handwerker- und Gewerbeverein, S. 94; Kippenberg, W. H. Th..: De Teuten. Buitengaanders van de Kempen. In: Kulturhistorische verkenningen in de Kempen, deel V. Eindho-ven 1974, S. 203–204. – Jozef Mertens bereitet eine Publikation über die Brabanter Tödden vor. Er gestat-tete mir freundlicherweise die Einsicht in sein Manuskript.

[25] Korf, 1901, S. 52.- Die Schilderung beruht wohl auf Junker, der noch Brabanter Haartödden gekannt haben könnte.

[26] Neuroth, Geschichte, S. 183

[27] s. auch: MVGH 13/1970, S. 6 f.

[28] Schlesinger, Carola: Aktive Hilfe für ausländische Kinder und Jugendliche. In: Heimat Hochtaunus, S. 546–548

[29] Post, Bernhard: Judentoleranz und Judenemanzipation in Kurmainz 1774–1813. Wiesbaden 1985, S. 190–191

[30] HHStA 330 IIIb, 3; s. auch HHStA 330 III b, 4

[31] Nach dem Original in StA OU publiziert von Calmano, Ludwig: Die Einwohner von Oberursel im Jahre 1750. In: MVGH 29/30, 1988, S. 97–104
Spezifikationen von 1754–1757 und 1758–1762 ebenfalls in StA OU.

[32] HHStA 330, 9 Oberursel, 9

Zu Kapitalaufnahmen der Stadt Oberursel 1780–1797 s. HHStA 330, 9 Oberursel, 11. Zum Schuldenstand im Vogteiamt Oberursel 1801 s. HHStA 330, 9 Oberursel, 26.

[33] HHStA 330 XIVd, 3, fol. 6

[34] Neuroth, Geschichte, S. 300–307

[35] Information Vortaunusmuseum

[36] Original in: StA OU, MS Anonyma 501

Erstmals abgedruckt in: Korf, Führer, Anhang, S. 21–40.In gekürzter Form wiederabgedruckt durch Bode, Helmut (Bearb.): Immerwährender Kalender. Mit einer Beschreibung der Stadt Oberursel aus dem Jahre 1792. Frankfurt am Main o.J. (1986?)

Esche, Fritz: Eine anonyme Ortsbeschreibung findet ihren Verfasser, ihre Zwillingsschrift und erfährt von ihrer Geschichte. Oberursel 1973

Dahl, Johann Konrad: Die Stadt Oberursel geographisch – historisch – statistisch beschrieben. In: Ursella I, S. 186–199

[37] Information Vortaunusmuseum

[38] Die Ausführungen beruhen auf dem gleichnamigen Manuskript von Günter Spahn, Oberursel, dem ich für die Erlaubnis der Einsichtnahme danke. S. auch: HHStA 330 R 56 u. R 57 (Kriegskostenrechnungen)

[39] Zur Vita s. Spahn

[40] Ausführlich: Nassauische Annalen 15/1879

[41] Korf, Führer, S. 71–77

Zu Seite 174–177

[1] Literatur: Arnsberg, Paul: Die jüdischen Gemeinden in Hessen, Bd. 2. Frankfurt am Main 1971, S. 157–159; Kropat, Wolf-Arno: Die Emanzipation der Juden in Kurhessen und in Nassau im 19. Jahrhundert. In: Neunhundert Jahre Geschichte der Juden in Hessen (= Schriften der Kommission für die Juden in Hessen, Bd.VI). Wiesbaden 1983, S. 325–349; Zink, Wolfgang: Die Friedhöfe der Juden von Oberursel. In: MVGH 28/1986, S. 19–31; Zink, Wolfgang: Die Geschichte der Juden und die Judenverfolgung im Dritten Reich. In: Heimat Hochtaunus, S. 514–519

Sehr hilfreich waren mir die von A. Bott erarbeiteten Texte zur Austellung „Oberurseler Juden und die Zeit 1993–1945" (StAOU); im folgenden „A. Bott, Text zu Ausstellung . . .".

Wir beziehen uns ausschließlich auf die heutige Kernstadt von Oberursel; die Geschichte der Juden in den vier ehemals selbständigen Stadtteilgemeinden wird in deren Chronik behandelt werden.

Für die Durchsicht dieses Kapitels danke ich Frau Andrea Bott, Herrn Ludwig Calmano, Herrn Dr. Bernhard Post und Herrn Wolfgang Zink.

[2] HHStA 330 R1; 1636.

Die in der Literatur (Zink, Heimat Hochtaunus, S. 514) zu findende Aussage, „um 1475 wohnen in Oberursel wahrscheinlich" zwei Familien, bezieht sich nicht nur auf die Kernstadt, sondern auch auf die heutigen Stadtteilgemeinden.

Die Angabe, 1542 seien zwei Judenfamilien in Oberursel ansässig gewesen, ist nicht zu überprüfen (z.B. daraufhin, ob nur die Kernstadt Oberursel gemeint war), da die Quelle unzugänglich ist (Korf, Evangelische Gemeinde, S. 32; Zink, in Heimat Hochtaunus, S. 514).

In den Königsteiner Rentei-Rechnungen (z.B. 1572) wird für Oberursel kein Juden-Schutzgeld erwähnt (HHStA 330 R 1, 1579).

[3] HHStA 330 XIVc 2; 1648

[4] HHStA 330 IX, 11a, fol.2

[5] HHStA 330 R1; 1636 und HHStA 330 XIVc 2 („. . . diese Juden sich anfangs von Hedernheimb naher Ursell geflöhet und von einer Zeit zur andern alda sich ufgehalten, biß endlich durch den Brandt alles eingeäschert worden…")

[6] Die Königsteiner Metzger betrieben seit 1655 die Rückkehr dieser „verfluchten Juden". – HHStA 330 XVIIb, 8

[7] HHStA 330 R1; 1645; 1648; 1649; 1650; 1651.

[8] HHStA 330 XIVc 2; StA OU, Oberurseler Ratsprotokoll

[9] HHStA 330 IX, 11a, fol. 2 v.; Jurisdictionalbuch 1660

[10] HHStA 330 XIVc, 5

[11] Herz, Yitzhak Sophoni: Meine Erinnerung an Bad Homburg und seine 600-jährige jüdische Gemeinde (1335–1942). Rechovoth 1981, S. 88 u. 53

[12] Calmano, Ludwig: Die Einwohner von Oberursel im Jahre 1750. In: MVGH 29/30, 1988, S. 97

[13] Zink, Friedhöfe, Anm. 4 u. 42

[14] Errechnet nach dem Verzeichnis betr. Schutzgeld: HHStA 230, 599

[15] A.Bott, Text zu Ausstellung..

[16] A.Bott, Text zu Ausstellung…

[17] So wurde z.B. im Jahr 1832 Löb Jacob aufgenommen; er bezahlte für seinen noch lebenden 80jährigen Vater Bär Wolf die Steuer. HHStA 230, 600; Repartitionsliste pro 1832

[18] Erhalten in StA OU, XIII, 1

[19] Zink, in Heimat Hochtaunus, S. 516 nennt drei kurmainzische Judenordnungen für Oberursel: 1734, 1773, 1776.

[20] Neuroth, Geschichte, S. 240

[21] HHStA 330 R1; 1636

[22] HHStA 330 R1; 1649

[23] Bay StA, MRA Kurpfalz 1585; Fürschreiben für die Schutzjuden Wolf Lazarus zu Oberursel, um die Jüdin Gudel Maierin von Eppingen anzuhalten, 1791

[24] HHStA 330 R1; 1645 (ebda. 1636)

[25] HHStA 330 IX, 11a; Jurisdictionalbuch 1660, fol. 2v.

[26] HHStA 230, 740

[27] HHStA 230, 599

[28] HHStA 230, 599

[29] HHStA 230, 599

[30] HHStA 230, 599

[31] Kropat, Emanzipation, S. 337

[32] HHStA 230, 806

[33] HHStA 230, 807. – Intus: zahlreiche Quittungen.

[34] HHStA 230, 600

[35] HHStA 230, 603

[36] Neuroth, Geschichte, S. 255

[37] Auskunft W. Zink; s. auch: Zink, in Heimat Hochtaunus, S. 515

[38] Ausführlich: A.Bott, Text zu Ausstellung…

[39] HHStA 230, 602; Königstein, 23.11.1836

[40] HHStA 230, 599

Zu Seite 177–186

[41] HHStA 230, 600; Repartitonsliste pro 1831

[42] HHStA 330 XVIIa, 8; 18.Jh.

[43] HHStA 330 R108; Juden-Gemeinde Rechnung 1807

[44] Neuroth, Geschichte, S. 232

[45] Neuroth, Geschichte, S. 233; Zink, in Heimat Hochtaunus, S. 516

[46] HHStA 230, 599

[47] HHStA 230, 378; 1831, 1832, 1833 (Gewerbsteuer Cataster)

[48] HHStA 413, 25; 11.12.1887

[49] Auswertung der (unvollständigen !) Einwohnerkartei; konvertierte Juden und Halbjuden wurden nicht erfaßt. Ausführlicher: A.Bott, Text zu Ausstellung…

[50] HHStA 230, 798; Rechnung 1815

[51] StA OU XV, 10; Viehhandels-Protokollbücher

52 HHStA 230, 1999; 29.5.1809. – S.auch: HHStA 230, 1999; 1881/1884

53 HHStA 230, 798; Rechnung 1815

54 HHStA 230, 798; Rechnung 1855. — 1884 erhielt nach längerer Wartezeit ein jüdisches Mädchen in Babenhausen das Legat (HHStA 230, 1999).

55 HHStA 230, 1999; 29.5.1809

56 Errechnet nach der Angabe von 1837: 68 Jahr alt. – HHStA 230, 602; Repartitionsliste pro 1837

57 HHStA 230, 1999; 28.1.1834

58 Bay StA, MRA Kurpfalz 1585; 1791

59 HHStA 230, 600

60 HHStA 230, 600

61 HHStA 230, 602

62 HHStA 230, 602; Repartitionsliste pro 1837

63 HHStA 230, 377; Special-Kataster über sämmtliche in dem Gemeindebezirk Oberursel gelegenen Gebäude

64 s. oben „Hausbau", „Viehhandel".

65 Wachsstrafen. In: Der Taunuswächter, Jg.1 Nr. 15, 1926

66 StA OU, XIII, 1, fol. 16

67 HHStA 330 XIVc 14; 3.6.1800; 4.9.1801

68 Washausen, Forstgeschichte, S. 116

69 Zink, in Heimat Hochtaunus, S. 515

70 Zink, in Heimat Hochtaunus, S. 515

71 HHStA 330 R 108; Juden-Gemeinde Rechnungen, 1807

72 StA OU, XIII,1; 1801

73 HHStA 330 XIVc 14; Bau der Synagoge

74 HHStA 330 XIVc 14; Bau der Synagoge

75 HHStA 330 XIVc 14; 3.6.1800

76 StA OU, XIII,1, fol. 38–39; 1801 (s.judurk.txt)

77 StA OU, XIII, 1, fol. 55–56

78 HHStA 330 XIVc 14; 14.11.1801

79 Im Lagerbuch ist das Grundstück Weidengasse 9 unter der Nummer 271 als der „Israelitengemeinde zu Oberursel" gehörig eingetragen und wird als „Hofraithe (Hausgrundstück) und Synagoge" gekennzeichnet. Das Stockbuch verzeichnet um 1854 eine seit dem Jahre 1823 auf dem Anwesen ruhende Hypothek von 150 Gulden (Rosenbohm, Rolf: Unsere Stock- und Lagerbücher. In: MVGH 18/1974, S. 43–45).

80 Zink, in Heimat Hochtaunus, S. 515

81 Stockbuch und Feuerassekuranz-Kataster in StA OU; Special-Kataster über sämmtliche in dem Gemeindebezirk Oberursel gelegenen Gebäude in HHStA 230, 377 und StA OU, IV, 27 (1822–1852)

82 HHStA 330 R 108; Juden-Gemeinde Rechnung, 1807

83 HHStA 230, 1999; 29.5.1809

84 HHStA 330 R 108; 1808 u.1809

85 HHStA 330 R 108; Juden-Gemeinde Rechnungen; 1814

86 Zink, Friedhöfe, S. 19–31; s. auch Herz, Homburg, S. 32

87 Taunuswächter 2, 1851, Nr. 95, S. 378; A. Bott, Texte zu Ausstellung; Zink, in Heimat Hochtaunus, S. 516

88 Quirin, Georg: Erinnerung an Alt-Orschel.

89 Laut Grundbuch

89a HHStA 520F/OT 1091

90 Akte im Bauamt; A. Bott, Text zu Ausstellung

91 HHStA 230, 740; ebda. 230, 603; Kropat, Emanzipation, S. 326–327

92 Kropat, Emanzipation, S. 328

93 HHStA 230, 740

94 Kropat, Emanzipation, S. 331–333

95 1841: „An gemeinnützigen Anstalten nehmen die Juden nur in so fern Antheil als sie ihre Kinder in die Bürgerschule schicken" (HHStA 230, 603; 15.12.1841).
96 Kropat, Emanzipation, S. 333
97 A. Bott, Text zu Ausstellung…
98 HHStA 230, 807
99 Zink, in Heimat Hochtaunus, S. 517
100 Kropat, Emanzipation, S. 337
101 Kropat, Emanzipation, S. 336–338
102 Kropat, Emanzipation, S. 340
103 A. Bott, Text zu Ausstellung…
104 Einige Lebensbilder bei A. Bott, Text zur Ausstellung …
105 A. Bott, Text zu Ausstellung…
106 Die knappe Darstellung dieses Zeitabschnitts ist auf die schlechte Quellenlage, zurückzuführen.
107 Zink, in Heimat Hochtaunus, S. 518
108 Zink, in Heimat Hochtaunus, S. 518
109 Zeitung vom 1.4.1933 in A.Bott, Text zu Ausstellung…
110 Deutschland-Berichte der Sozialdemokratischen Partei Deutschlands (Spade), 2. Jg., 1935 in A. Bott, Text zu Ausstellung…
110a HHStA 520/DZ, 518 500
110b HHStA 520 F/OT 1091
111 Zink, in Heimat Hochtaunus, S. 518
112 A. Bott, Text zur Ausstellung
112a HHStA 520 F/OT 1091
113 Zink, in Heimat Hochtaunus, S. 518
113a Information von Herrn W. Zink
114 A. Bott, Text zu Ausstellung
115 Zink, in Heimat Hochtaunus, S. 519
116 Zink, in Heimat Hochtaunus, S. 519
117 Taunus-Zeitung, 4.12.1987
118 In A.Bott, Text zu Ausstellung …

Zu Seite 187–193

1 Schleif-, Walk-, Loh-, Papier- und Tabakmühlen sind den jeweilen Handwerken zugeordnet.
   Pulvermühlen scheinen in Oberursel nie gestattet worden zu sein. 1610 war zwar ein Pulvermacher, Hans Schwind, Bürger in Oberursel; aber von einer Pulvermühle war nicht die Rede (HHStA 330 R 1, 1610). Vor 1814 wollte der Frankfurter Handelsmann Friedrich Wilhelm Winkelmann auf dem Platz des ehemaligen Eisenhammers eine Pulvermühle errichten, doch wurde ihm dieses verweigert (HHStA 230, 676).
   Tabaksmühlen gab es im ganzen nur zwei. Die von Anton Kürtell 1820 neben seiner Lohmühle (Altkönigstraße 43) eingerichtete Tabaksmühle war mit einer Schneidemühle kombiniert (Korf, 1901, S. 66). Bekannter war die seit ca. 1850 unterhalb der Zimmersmühle arbeitende Tabaksmühle des Joseph Bolongaro (Tabaksmühlenweg 30). Um 1890 beabsichtigte Bolongaro, die Tabaksmühle an seinen Nachbarn Zimmer zu verkaufen, aber der Plan zerschlug sich. Vor 1898 verkaufte Bolongaro an den Fabrikanten Göhring (HHStA 230, 377; 413, 308); nicht erst 1901 wie in Ursella II, S. 277.
2 Vielleicht auch die bereits 1586 als wüst bezeichnete Lußmühle am Ende der Landwehr im Urseltal (Saalburg Jahrbuch 7/1930), von der wir jedoch nicht wissen, ob sie tatsächlich eine Mahlmühle war.
3 Neuroth, Geschichte, S. 261
4 Stamm, Herrschaft Königstein, S. 130
5 HHStA 330 IX, 11a
6 HHStA 330 IX, 11a;
7 HHStA 330 VIIIb, 4, 6; Copia eines alten Registers… 1589
8 Korf, 1901, S. 35

9 HHStA 330 VIIIb, 79, I, 5, fol. 369–374; StA OU, XV, 13; Korf, 1901, S. 40; Neuroth, Geschichte, S. 265–266

10 HHStA 330 VIIIb, 79, I, 5, fol. 358–365

11 HHStA 330 XVIIb, 7, fol. 19; o. Datum

12 Original und Abschrift: HHStA 330 XVIIb 19; Lit.: Korf, 1901, S. 47

13 HHStA 330 VIIIb, 79, II, 2 u. 3, fol. 95

14 HHStA 330 VIIIb, 79, II, 3, fol. 75 ff.

15 Korf, 1901, S. 35

16 HHStA 330 VIIIb, 79, II, 2

17 HHStA 330 VIIIb, 79, II, 2, fol. 10

18 StA OU, XV, 13

19 Korf, Führer, S. 104–107

20 StA OU, XV, 13

21 HHStA 230, 377; Special-Kataster Gebäude.

22 Petran, Helmut: Die ehemalige Zimmersmühle bei Oberursel. In: Ursella I, S. 227–230, hier: S. 228; Ursella II, S. 242–246

23 StA OU, Jurisdiktionalbuch 1619; Auszug in HHStA 1098 X 29, S. 4. – Neuroth, Geschichte, S. 334

24 HHStA 330 V 2, fol. 3; HHStA 330 XXId, 3

25 HHStA 330 VIIIb, 79, III

26 StA OU, XV, 13

27 StA OU, XV, 13

28 StA OU, XV, 13

29 HHStA 230, 377; Special-Kataster Gebäude

30 Ursella II, S. 256–269

31 Sie stammte offenbar aus der Waldenserkolonie Dornholzhausen, wo sie noch einen Acker besaß.

32 HHStA 230, 1762

33 Ursella II, S. 256–269

34 HHStA 413, 308

35 HHStA 413, 308; Ursella II, S. 256–259

36 HHStA 230, 1762.- Aus Platzgründen wurden nur einige Bestandteile des Inventars erwähnt.

37 Petran vermutet wohl zu recht eine Verwandtschaft mit dem Besitzer der Aumühle in Oberursel.

38 Roth (Hrsg.): Oberurseler Reimchronik, S. 14

39 Die Geschichte der Herrenmühle kann in diesem Buch nur umrissen, nicht aber umfassend dargestellt werden. Eine Auswertung der überaus zahlreich vorhandenen Quellen wäre wünschenswert.
      Quellen: HHStA 330 VIIIb, 79, I, 1, 2,3, 8, 9.; StA OU, XV, 14, 14a, 15
      Lit.: Korf, 1901, S. 48; Neuroth, Geschichte, S. 261–267; Ursella II, S. 166–184 (Nr. 14)

40 Ursella II, S. 168

41 HHStA 330, 9 Oberursel, 2, fol. 14. Erwähnt auch im Rentbuch des Amtes Königstein, 1488 (Rosenbohm, in 125 Jahre Handwerker- und Gewerbeverein, S. 82)

42 HHStA 330 R 1, 1558

43 HHStA 330 R 1, 1581

44 HHStA 330 R 1, 1587

45 HHStA 330 R 1, 1588

46 HHStA 330 R 1, 1592

47 HHStA 330 R 1, 1600

48 HHStA 330, VIIIb, 79, I, 2

49 HStA 330, VIIIb, 79, I, 2

50 HHStA 330 R 1, 1628 u. 1629

Zu Seite 193–198

51 HHStA 330 R 1, 1641

52 HStA 330, VIIIb, 79, I, 2
53 HHStA 330 R 1, 1645
54 HHStA 330 R 1, 1646; HHStA 330 VIIIb, 79, I, 1
55 HHStA 330 R 1, 1648
56 HHStA 330 R 1, 1649
57 HHStA 330 R 1, 1650
58 HStA 330, VIIIb, 79, I, 2; Korf, 1901, S. 37
59 StA OU, XV, 14
60 Taxierte 1692 die Aumühle (StA OU, XV, 13); HHStA 330 VIIIb, 79, I, 2, fol. 104 ff.; StA OU, XV, 14
61 Verpachtung während eines vereinbarten Zeitraum.
62 StA OU, XV, 14
63 StA OU, 2, 2, fol. 67–70
64 HHStA 330 VIIIb, 79, I, 5, fol. 165 ff. (Kopie)
65 Neuroth, Geschichte, S. 265
66 StA OU, XV, 14
67 z.B. 1759: „… die so genante Obermühl… obig der Stadtmühl…“ (HHStA 330 VIIIb, 79, V, 1, fol. 14)
68 StA OU, XV, 14 u. 15
69 StA OU, XV, 14; Neuroth, Geschichte, S. 264–265, 266: 2134 Gulden
70 StA OU, XV, 14
71 StA OU, XV, 14
72 StA OU, XV, 14
73 StA OU, XV, 14
74 HHStA 330 VIIIb, 79, I, 5, fol. 375 ff.
75 StA OU, XV, 14
76 HHStA 330 VIIIb, 79, I, 5, fol. 37, 217 ff.
77 HHStA 330 VIIIb, 79, I, 5, fol. 366
78 HHStA 330 VIIIb, 79, V, 8, fol. 9 ff.; HHStA 330 VIIIb, 79, V, 2, fol. 29; StA OU, XV, 13
79 HHStA 330 VIIIb, 79, I, 5
80 HHStA 330 VIIIb, 79, I, 5
81 HHStA 330 VIIIb, 79, I, 5, fol. 47 ff.
82 HHStA 330 VIIIb, 79, I, 5, fol. 58 ff.
83 HHStA 330 VIIIb, 79, I, 4
84 HHStA 330 VIIIb, 79, I, 5, fol. 66
85 HHStA 330 VIIIb, 79, I, 5, fol. 76 ff., fol. 143 ff.
86 HHStA 330 VIIIb, 79, I, 5, fol. 116 ff. (Tod: fol. 131)

87 HHStA 330 VIIIb, 79, I, 5, fol. 163 (auch fol. 16).- Rauffenbarth wird als Usingers „Vorfahre“ bezeichnet (HHStA 330 VIIIb, 79, I, 5, fol. 195, 196).
88 HHStA 330 VIIIb, 79, I, 5, fol. 152 ff.
89 HHStA 330 VIIIb, 79, I, 5, fol. 170 ff.
90 HHStA 330 VIIIb, 79, I, 5, fol. 179 ff.
91 HHStA 230, 71; HHStA 330, 9 Oberursel, 24
92 HHStA 330 VIIIb, 79, X; HHStA 330 VIIIb, 79, I, 7
93 HHStA 330 VIIIb, 79, X
94 HHStA 330 VIIIb, 79, I, 9; HHStA 230, 72
95 HHStA 330 VIIIb, 79, I, 9; Korf, 1901, S. 66
96 HHStA 330 VIIIb, 79, I, 9, fol. 78 ff.
97 HHStA 330 VIIIb, 79, I, 9, fol. 214 ff., 251 ff.; HHStA 230, 1235
98 HHStA 330 VIIIb, 79, I, 9, fol. 114 ff.
99 HHStA 330 VIIIb, 79, I, 9, fol. 126 ff.
100 HHStA 330 VIIIb, 79, I, 9, fol. 335 ff.

Zu Seite 198–204

[101] HHStA 330 VIIIb, 79, I, 9, fol. 337–339

[102] StA OU, XV, 14a

[103] HHStA 330 VIIIb, 79, I, 9, fol. 360 ff. (Konzept)

[104] Ursella II, S. 168 u. 177

[105] HHStA 330 VIIIb, 79, I, 9, fol. 372

[106] Ursella II, S. 177

[107] Ursella II, S. 166, 178

[108] Taunus Zeitung 135, 28.6.1978, S. 16

[109] Taunus Zeitung 13, 13.2.1981, S. 1

[110] Korf, 1901, S. 35. – Noch 1756 nannte J.W. Aumüller seine Mühle „die Kuhnische Untermühle" (HHStA 330, VIIIb, 79, II, 3, fol. 114).

[111] HHStA 330, 9 Oberursel, 2; Korf, 1901, S. 15

[112] HHStA 330, 9 Oberursel, 15b, fol. 2

[113] HHStA 330 VIIIb, 79, II, 2, fol. 14

[114] Umfangreich dokumentiert in: HHStA 330 VIIIb, 79, II, 3

[115] HHStA 330 VIIIb, 79, II, 4; Einspruch Aumüllers in StA OU, XV, 13

[116] StA OU, XV, 13

[117] HHStA 330, 9 Oberursel, 15 b; HHStA 330 VIIIb, 79, IX

[118] HHStA 330, 9 Oberursel, 15 b; HHStA 330 VIIIb, 79, IX

[119] HHStA 330 VIIIb, 79, I, 5, fol. 117 ff.; HHStA 330 VIIIb, 79, I, 8

[120] HHStA 330 VIIIb, 79, I, 5, fol. 117 ff.

[121] Korf, 1901, S. 63

[122] HHStA 230, 377; Special-Kataster Gebäude, Nr. 176 u. 359; hier und im folgenden: Ursella II, S. 185–194 (= Nr. 15)

[123] HHStA 330 VIIIb, 79, V, 1 . – „von ihme vor etlich und zwantzig Jahren schon oberhalb Unserer Bannmühle aufgerichteten neuen Mühle…". Filtzinger selbst schrieb 1715, er habe „28 Jahre lang" seine Mühle betrieben; demnach wäre diese 1687 erbaut worden (HHStA 330 VIIIb, 79, V, 2, fol. 1).
Magdalena Weißenbach geb. Filtzinger 1759: „… die so genante Obermühl… obig der Stadtmühl gelegen… von meinem Vatter übernommen…" (HHStA 330 VIIIb, 79, V, 1, fol. 14). Die Kontinuität Filtzinger-Schaller wird bezeugt durch die Notiz betr. die Filtzingersche Mühle: „dermaliger Possessor ist N. Schallert" (HHStA 330 VIIIb, 79, V, 2, Deckblatt u. fol. 29).

[124] HHStA 330 VIIIb, 79, VI, 1, fol. 34

[125] HHStA 330 VIIIb, 79, VI, 1, fol. 44–45, 52

[126] HHStA 330 VIIIb, 79, VI, 1, fol. 34

[127] Ölmühlen gab es in Oberursel seit dem Mittelalter:
1351: Hi sunt reditus perpetui vicarie in Ursule, qui anno Domini MCCCLI per Sifridum plebanum ibidem sunt conscripti… It. XVIII jugera in campis Ursule superioris. It. XI jugera uff dem blatzenberge. It. iii jugera pratorum ibidem. It. ii jugera pratorum bey der Oleymolen… (Würdwein, Dioc. Mog., t II, 1772, S. 49–53).
Im Rentbuch des Amtes Königstein heißt es 1488, in Oberursel gebe es zwei Ölmühlen, die eine hieß „Zwei Korbe" und befand sich „in seinem Huse" (d.h. des Eigentümers), die andere gehörte Schucharthennes Erben und lag unterhalb der erstgenannten (Rosenbohm, in 125 Jahre Handwerker- und Gewerbeverein, S. 82).
1558 wurde im Zusammenhang mit einem Kupferhammer eine Ölmühle und ihr Betreiber erwähnt: „unwendig der Stadt Ursel ahn der Hirzbach bey den olen Mühlen Jan Jagöls" (HHStA 330 R 1, 1558).

[128] HHStA 330 VIIIb, 79, I, 5, fol. 266

[129] HHStA 330 VIIIb, 79, V, 1 ; HHStA 330 VIIIb, 79, I, 5, fol. 39, 233–236, 245 (Abschriften)

[130] StA OU, XV, 16

[131] HHStA 330 VIIIb, 79, VI, 1, fol. 34

[132] StA OU, XV, 16; HHStA 330 VIIIb, 79, V, 2; HHStA 330 VIIIb, 79, I, 5, fol. 256 ff.

133 HHStA 330 VIIIb, 79, V, 1

134 HHStA 330 VIIIb, 79, V, 1 u. ebda. 2, fol. 21 ff. u. ebda. 4, fol. 1 ff.

135 HHStA 330 VIIIb, 79, V, 8, fol. 9 ff.; HHStA 330 VIIIb, 79, V, 2, fol. 29; HHStA 330 VIIIb, 79, I, 5, fol. 210 ff.

136 HHStA 330 VIIIb, 79, 8, fol. 31, fol. 217

137 HHStA 330 VIIIb, 79, I, 5, fol. 47 ff.

138 Ursella II, S. 163–165 (= Nr. 13)

139 Arbeitsordnungen: HHStA 413, 136

140 Ursella II, S. 163–165 (= Nr. 13)

141 StA OU, 14, 21; Neuroth, Geschichte, S. 256; Augel: Italienische Einwanderung u. Wirtschaftstätigkeit in den rheinischen Städte im 17. und 18. Jahrhundert. Bonn 1971; Calmano, Ludwig: Woher die alten Oberurseler kamen. In: MVGH 20/1976, S. 33; Ursella II, S. 160; Mitteilungen von Herrn Ludwig Calmano, Oberursel, 1990.

142 HHStA 330 VIIIb, 79, VI, 1, fol. 11 ff., 27–28, 42 ff.

143 HHStA 330 IIIb, 3

144 Den Auszug aus dem Kirchenbuch im Diözesanarchiv Limburg verdanke ich meinem Mann Karl Baeumerth.

145 Es ist nicht klar, ob aus einer oder zwei Ehen.

146 Ursella II, S. 160

147 HHStA 230, 434

148 HHStA 330 VIIIb, 79, VI, 1, fol. 11 ff., 27–28, 42 ff.

149 HHStA 330 VIIIb, 79, VI, 1, fol. 32

150 HHStA 330 VIIIb, 79, VI, 1, fol. 1

Zu Seite 205–212

151 HHStA 330 VIIIb, 79, VI, 1, fol. 24–25, 34–35 (Unterzeichnet: „Adam Filtzinger zue Hoffheimb")

152 Sie führte u.a. an, daß eine Ölmühle „dem publico zum besten" sei und dem Ort „durch dergleichen Trafique die Nahrung zugewendet" werde. Und schließlich ergebe die Ölmühle auch „die Prath Kuchen zu Unterhaltung des Rindtviehes und der erzogenen Hirschen" (HHStA 330 VIIIb 79, VI, 1, fol. 15 u. 45). Bei diesen „Prath Kuchen" kann es sich nur um den sogenannten Ölkuchen gehandelt haben, der beim Nachpressen erhalten blieb und „als ein beliebtes Viehfutter" diente (Brockhaus'Konversations-Lexikon, Bd. 12. Leipzig 1903, S. 585). Als Liebhaber von Edelhirschen galt Hofkammerrat Pfeiff, der seit der Mitte der 1720er Jahre in Oberursel lebte und diese Tiere auf seinem 1736 erworbenen Grundstück in der Ackergasse hielt (Neuroth, Geschichte, S. 275).

153 HHStA 330 VIIIb, 79, VI, 1, fol. 20 (Konzept), fol. 52 (Abschrift)

154 HHStA 330 VIIIb, 79, VI, 1, fol. 21–23 (Konzept), fol. 54

155 Abschrift in HHStA 330 VIIIb, 79, VI, 1, fol. 52

156 Ursella II, S. 160–162 (= Nr. 12)

157 HHStA 330 VIIIb, 79, 1, fol. 74 ff.

158 HHStA 330 VIIIb, 79, 1, fol. 1 ff., 93

159 HHStA 330 VIIIb, 79, 1, fol. 69–70

160 HHStA 330 VIIIb, 79, 1, fol. 60 ff.

161 HHStA 330 VIIIb, 79, 1, fol. 96

162 HHStA 330 VIIIb, 79, 1, fol. 80, 92

163 Ursella II, S. 160–162 (= Nr. 12)

164 Korf, 1901, S. 163

165 Korf, 1901, S. 63

166 HHStA 230, 377; Special-Kataster Gebäude, Nr. 199

167 Ursella II, S. 195–196 (= Nr. 16)

168 HHStA 230, 676

169 StA OU, XV, 17

170 Deshalb nicht enthalten in Ursella II.
171 StA OU, XV, 18; Korf, 1901, S. 67
172 HHStA 230, 377; Special-Kataster Gebäude
173 Ursella II, S. 113 (= Nr. 8)
174 Ursella II, S. 142–144 (= Nr. 9); HHStA 230, 377; Special-Kataster Gebäude
175 u.a. betrieb Joseph Adrian in den Jahren 1888 bis 1892 eine Wollwascherei und Filzfabrik (HHStA 413, 308; StA OU, XV, 28). Die Taunus Lederwerke Haass u. Srpek erhielten keine Konzession (HHStA 413, 308).
176 Ursella II, S. 142–144
177 Petran, Helmut: Die ehemalige Zimmersmühle bei Oberursel. In: Ursella I, S. 227–230
178 HHStA 230, 377; Special-Kataster Gebäude, 1822 ff.
179 Ursella II, S. 247–250 (= Nr. 23)
180 Ursella II, S. 71 (= Nr. 4)
181 Ursella II, S. 238–241 (= Nr. 21)
182 Bürgerfreund 20.6.1932, 21.6.1932
183 Ursella II, S. 230–237 (= Nr. 20)
184 StA OU, XV, 20; Ursella II, S. 146–150 (= Nr. 10)
185 StA OU, XV, 19
186 HHStA 230, 377; Special-Kataster Gebäude
187 Ursella II, S. 80 (= Nr. 5)
188 Hausbuch des Nikolaus Kirsch in StA OU, Biogr. OU. Kirsch 102
189 Ursella II, S. 221–228 (= Nr. 19a)
190 Ursella II, S. 151–159 (= Nr.11)
191 StA OU, XV, 29; Ursella II, S. 96–104 (= Nr. 7)
192 Ursella II, S. 93–95 (= Nr. 6)
193 Ausführlich: Ursella II, S. 281 ff.

Zu Seite 212–218

1 Roth (Hrsg.): Oberurseler Reimchronik, S. 18
2 Umfangreich dokumentiert in: StA OU, XV, 1; HHStA 130 XX, 1a u.1b
3 HHStA 330 XX, 9
4 StA OU, XV, 1, fol. 229
5 StA OU, XV, 1, fol. 230; 1804
6 HHStA 330 R 1, 1651
7 HHStA 330 XX, 1b, fol. 99–106.- S. auch: Wenzel, Manfred: Heimischer Bergbau. In: Heimat Hochtaunus. Frankfurt am Main 1988, S. 595–602, bes. S. 596, 599
8 Bay StA, Mz. Bücher verschiedenen Inhalts Nr. 71, S. 333
9 Zitiert nach Ursella I, S. 105
10 HHStA 330 R 1, 1558; Neuroth, Geschichte, S. 95
11 HHStA 330 R 1, 1580
12 HHStA 330 R 1, 1588 u. 1589; HHStA 330 XXIa, 3
13 HHStA 330 VIIIb, 4, 6, fol. 46 v.
14 HHStA 330 R 1, 1595 ff.:
Seit 1604: „Der Papierer", Johann Adam, Caspar Au(ren)müller, Enders Hagell.
1628: Die „Papier Mühln", Samuel Meiser, Endreß Hagell und Andreaß Rümpels Witwe (HHStA 330 R 1, 1628).
1638, 1643, 1644; „Berthell Buschen (Papiermühle) und Samuel Meisers Erben, Wilhelm Erhardt, Ebald Sommereißen und Andreas Hageln".
15 HHStA 330 R 1, 1645
16 HHStA 330 R 1, 1646 (ebenso 1647–1650)
17 Korf, 1901, S. 35

[18] Neuroth, Geschichte, S. 196

[19] HHStA 330 VIIIb, 79, IV, 1, fol. 22-29; HHStA 330 IX, 11a; Korf, August: Gattenhofen. In: Der Taunuswächter, 1. Jg., Nr. 8, 1926

[20] StA OU, II, 4. – Korf, 1901, S. 39 kannte diese Quelle, kam aber dennoch zu dem Schluß, die Urseler Kupferschmiede seien der Mainzer Kupferschmiede-Zunft inkorporiert gewesen und erst 1664 der Oberurseler Feuerzunft einverleibt worden. Dazu veranlaßten ihn offenbar die in StA OU, XV, 1, fol. 222 ff. enthaltenen Auszüge aus dem Protokollbuch der „Feuerzunft", die im Jahr 1664 einsetzen. Doch läßt diese Quelle keineswegs darauf schließen, daß die Kupferschmiede in jenem Jahr der „Feuerzunft" beigetreten seien. Es scheint sich bei dieser Zunft um nichts anderes zu handeln als um die alte Schmiede- und Bäckerzunft, die umgangssprachlich „Feuerzunft" genannt wurde, da sie (seit 1464) alles vertrat, „was mitt dem Hahmer arbeitet", wozu (nachweislich seit 1587) auch die Kupferschmiede gehörten.
Daß es sich bei dem im Stadtarchiv Oberursel befindlichen Exemplar um die einzige Original-Zunftordnung in diesem Archiv handeln dürfte, wird auch unterstützt durch die Tatsache, daß bei der Auflösung der Zunftverfassung die Zunftordnung der „Feuerzunft" nicht abgeliefert und in das Archiv nach Idstein verbracht wurde. Sie kann also sehr wohl, auf uns unbekanntem Weg, in das städtische Archiv gelangt sein.

[21] StA OU, XV, 4; Korf, 1901, S. 25. – Die Annahme Henrichs, Brabanter Tödden, S. 25, Brabanter Kupfertödden seien in Oberursel „in der zweiten Hälfte des 17. Jahrhunderts" nachweisbar, trifft also nicht zu.

[22] Diese Meinung vertritt Jozef Mertens, u.a. mit dem Hinweis darauf, daß die Vor- und Zunamen der fünf Männer zurückzuführen seien auf Namen, die in der „Töddenregion" verbreitet seien (z.B. Hauprech Müller = Huibrecht de Moler, Smolders o.ä.; Reinhard Lentz = Reinaart Lenaerts, Lenders o.ä.).

[23] Henrich, Karl: Brabanter Tödden in Oberursel. In: MVGH 18/1974, S. 24-32; Knippenberg W.H.Th.(Hrsg.): De Teuten. Buitenganders van de Kempen. In: Kulturhistorische verkenningen in de Kempen, deel V. Eindhoven 1974 (bes. S.200–204: Brabantse Teuten in Oberursel). – Herr Jozef Mertens bereitet eine Arbeit über die Tödden vor. Er war freundlicherweise bereit, mir in das Manuskript Einsicht zu gewähren. Aus diesem Manuskript stammende Angaben wurden von mir mit „Manuskript Mertens" gekennzeichnet. Ich danke Herrn Mertens auch für die Durchsicht meines Manuskriptes.

[24] StA OU XV, 1; Korf, 1901, S. 38–39

[25] HHStA 330 XX, 1b, fol. 41

[26] Beschwerde der Kupferschmiede in Gießen, in Manuskript Mertens. – Eine Reihe von Oberurseler „Brabantern" nennt Henrich, Brabanter Tödden, S. 26–29.

[27] HHStA 330 XX, 1b, fol. 45

[28] HHStA 330 XVIIa, 5; HHStA 330 XX, 1b

[29] HHStA 330 XVIIa, 5

[30] Manuskript Mertens

[31] HStA DA, E 10, 108/10

[32] StA OU XV, 1

[33] HHStA 330 XX, 1a, fol. 51–54

[34] Manuskript Mertens.- 1697 verheiratete sich Vogelsang in Cransberg. 1700 bewarb er sich schließlich noch um das Privileg in den darmstädtischen Ämtern Königsberg, Blankenstein, Gründ, Breidenbach, Biedenkopf, Battenberg und in der Herrschaft Itter.

[35] Über den Kupferhandel im Amt Amöneburg: Mertens, Jef: Brabanders in Duitse Gewesten: Het Katholieke Amt Amoeneburg in Hessen Omstreeks 1650–1850. In: de Brabantse Leew, 37/1988, S. 178–190 (mit Hinweis auf einen nach Mardorf eingewanderten „Oberurseler" Brabanter).

[36] HHStA 330 XX, 1b, fol. 120.- Zu Alvens (Alweins) und Mardorf: Brabanter Händler in den Mainzischen Ämtern Amöneburg und Neustadt. In: Amöneburger Blätter, Jg.3, H.2 (1989), S.4–5

[37] HHStA 330 XX, 1b, fol. 157–158

[38] HHStA 330 XX, 1b, fol. 163. – Zu den wirtschaftlichen und persönlichen Beziehungen zwischen Oberurseler und Mardorfer Kupferhändlern: Brabanter Händler in den Mainzischen Ämtern Amöneburg und Neustadt. In: Amöneburger Blätter, Jg. 3, H. 2 (1989), S. 4–6; ebda. H.3, S. 5

[39] StA OU XV, 1; Korf, 1901, S. 41–47

[40] StA OU XV, 1

41 StA OU XV, 1, fol. 22–23; Kopie (??) in HHStA 330 XX, 1b, fol. 134–135

42 StA OU, XV, 1, fol. 31. – Wiederholung des Befehls, 10.1.1691 (StA OU II, 15; Abschriften: StA OU, XV, 1, fol. 59 ff.).

43 HHStA 330 XX, 1a, fol. 23; Korf, 1901, S. 44–45

W. Kolb hält das sogenannte kleine städtische „Signet" für einen Oberurseler Kupferstempel, weil er offensichtlich „mittels eines Hammers harten Gegenständen, vielleicht Kupfergeschirren" aufgedrückt wurde (Kolb, Waldemar: Das kleine städtische „Signet" ds 17./18. Jahrhunderts – ein Kupferstempel. In: MVGH 31/1989, S. 33–34). Da solche Schlagstempel auch zu anderen Zwecken dienten, kann der endgültige Beweis erst angetreten werden, wenn ein mit dem Stempel versehenes Kupferteil aufgefunden wird.

44 HHStA 330 XX, 1a, fol. , 27, 36; StA OU, XV, 1, fol. 83–84

45 HHStA 330 XX, 1a, fol. 67–93, 106

46 HHStA 330 XX, 1a, fol. 51–54

47 Die Annahme Korfs, 1901, S. 46, die Kessler hätten noch einen zweiten Kupferhammer einrichten wollen, scheint auf einem Irrtum zu beruhen; aus den Akten geht keine derartige Absicht hervor.

48 StA OU XV, 1, fol. 86–87; HHStA 330 XVIIa, 11

49 Korf, 1901, S. 47

50 1699 wurden aufgelistet: „Caspar Waldteysin, hat 11 Mann; Antoni Widders und dessen Schwagen, hat 12 Mann; Jonas, hat 2 Mann; Andreaß Haubrich, hat 3 Mann; Mattheß Jansen, hat 6 Mann; Heinrich Maaß, hat 11 Mann; Arnold Güld, hat 11 Mann". (HHStA 330 XX, 1a, fol. 41).

Zu Seite 218–225

51 HHStA 330 XX, 1a, fol. 31–36; Korf, 1901, S. 46–47

52 HHStA 330 XX, 1a, fol. 29; Korf, 1901, S. 46–47

53 HHStA 330 XX, 1a, fol. 51–54, 56

54 HHStA 330 XX, 1a, fol. 61–62, 115; Quittungen ebda., fol. 66–94

55 HHStA 330 XX, 1a, fol. 97–99

56 HHStA 330 XX, 1a, fol. 109

57 HHStA 330 XX, 1a, fol. 110–121

58 HHStA 330 XX, 1a, fol. 124, 127

59 HHStA 330 XX, 1a, fol. 122–130

60 HHStA 330 XX, 1a, fol. 138–142

61 HHStA 330 XX, 1a, fol. 152

62 Johannes Kamper, Johan Peter Rompel, Adam Reinhart Herolt, Johannes Lackner, und Mattheß Roth

63 HHStA 330, XX, 1b, fol. 17 ff.

64 HHStA 330 XX, 1b, fol. 23 ff.

65 HHStA 330 XVIIa, 12

66 HHStA 330, 9 Oberursel, 15a

67 HHStA 330, XX, 1b, fol. 32 ff.

68 HHStA 330, XX, 1b, fol. 37–39

69 HHStA 330 XX, 1b, fol. 46–47

70 HHStA 330 XX, 1b, fol. 45

71 HHStA 330 XX, 1b, fol. 50

72 HHStA 330 XX, 1b, fol. 51–55

73 HHStA 330 XX, 1b, fol. 68

74 HHStA 330 XX, 1b, fol. 54–58

75 Z.B. 1748 (HHStA 330 XX, 1b, fol. 96–97)

76 HHStA 330 XX, 1b, fol. 79–81

77 HHStA 330 XX, 1b, fol. 77

78 Hoyer, Hans: Hausinschriften in der Altstadt von Oberursel. In. MVGH 4/1964, S. 13. – Näheres zu dieser Familie bei Marianne Broeker-Liss in dem Katalog „1200 Jahre Oberursel".

79 Neuroth, Geschichte, S. 272-275; Holst, Niels von: Ein Lieblingsbild Goethes aus der Mainzer Sammlung Pfeiff. In: MVGH 9/1968, S. 21

80 HHStA 330 XXIb, 1; Neuroth, Geschichte, S. 275

81 Beschriftung des Situationsplanes (HHStA 330 XXIb, 1)

82 StA OU, XV, 1, fol. 154–155

83 Döry, Ludwig Baron: Stukkaturen der Bandlwerkzeit in Nassau und Hessen. In: Schriften des Historischen Museums, VII. Frankfurt am Main 1954, S. 36–39

84 Holst, Niels von: Ein Lieblingsbild Goethes aus der Mainzer Sammlung Pfeiff. In: MVGH 9/1968, S. 21

85 StA OU, XV, 1, fol. 142–146

86 HHStA 330 XX, 1b, fol. 77

87 Neuroth, Geschichte, S. 272–275

88 1726 waren Niclas Lackner, Peter Roth und Matthäus Rompel im Besitz der drei bestehenden Kupferhämmer (StA OU, XV, 1).

89 StA OU, XV, 1, fol. 116 ff.

90 StA OU XV, 1, fol. 142 ff.

91 StA OU, XV, 1, fol. 154–155, 202–205. – 1745 wird Gerlach Capito als Beständer genannt (StA OU XV, 1, fol. 202–205

92 Es handelte sich um den Kupferhammer, an dessen Stelle später die Götzmühle stand (Ursella II, S. 230).- Herr L. Calmano teilte mit, daß Pfeiff auf dem riesigen Areal einen Park anlegen lassen wollte. Nach Pfeiffs Weggang sei das Gelände an einen Borzner übergegangen. (Quelle unbekannt.)

93 StA OU XV, 1, fol. 176

94 HHStA 330 XX, 1b, fol. 99–106

95 HHStA 330 XX, 1b, fol. 99–106

96 HHStA 330 XX, 1b, fol. 131–133

97 HHStA 330 XX, 5, fol. 5; StA OU, XV, 1

98 Ein Nachfahre v.Galls durchforschte nach Ausweis der Benutzerlisten zu Beginn des 20. Jahrhunderts die Thonet-Akten im Hessischen Hauptstaatsarchiv. Es dürfte sich lohnen, diese Akten in Bezug auf die Kupferhämmer noch einmal zu sichten.

99 HHStA 330 XX, 5, fol. 1. – Es müssen jedoch damals noch zwei weitere Kupferhämmer existiert haben, denn es ist in den Akten immer von vier Kupferhämmern und dem Bau eines fünften die Rede.

100 HHStA 330 XX, 6

Zu Seite 225–229

101 HHStA 330 XX, 5, fol. 1 ff.; StA OU XV, 1; 1.11.1782. – Die lediglich auf den Schreiben im StA OU beruhende Darstellung bei Korf, 1901, S. 60–61 erfaßt den tatsächlichen Sachverhalt nicht.

102 HHStA 330 XX, 5, fol. 16

103 vgl. StA OU, XV, 1, fol. 220; Korf, 1901, S. 60

104 HHStA 330 XX, 1b, fol. 147–153

105 HHStA 330 XVIIa, 12

106 HHStA 330 XX, 5, fol. 19–25

107 Korf, 1901, S. 67

108 Korf, 1901, S. 66

109 StA OU, XV, 18

110 Petran (Ursella II, S. 66) erwähnt einen zweiten Kupferhammer von Heitefuß, über den jedoch nichts zu ermitteln war.

111 HHStA 230, 377; Spezial-Kataster Gebäude, Nr. 78

112 Ursella II, S. 252 (Original im Besitz von Eberhard Morgenstern, Oberursel). Die Gemäldefassung von 1828 im Prehn'schen Kabinett des Historischen Museums Frankfurt am Main abgebildet in Ursella I, Taf. XVII

113 HHStA 230, 377

[114] HHStA 230, 377; Spezial-Kataster Gebäude

[115] HHStA 230, 1513

[116] Das Spezial-Kataster Gebäude (HHStA 230, 377) nennt jedoch 1823–1827 Jakob Rompel d.J. als Besitzer.

[117] HHStA 230, 1932; Inventar Rompel. Die Angaben decken sich mit jenen im Special-Kataster Gebäude (HHStA 230, 377; Nr. 213). Der dort noch aufgeführte Stall 40' lang 12' tief war vermutlich identisch mit dem Walzwerk.

[118] Ursella II, S. 66–70

[119] HHStA 230, 963

[120] Ursella II, S. 142–144, Abb. S. 129

[121] HHStA 413, 308

[122] Mitteilung von L. Calmano nach Aussage von Frau Vell.

[123] Ursella II, S. 66–67

[124] Reck, Hans-Hermann: Vorstadt 31 (= Baugeschichtliche Untersuchungen von Oberurseler Hofreiten, Nr. 4). Ms. in StA OU, Top.Ou.10

Zu Seite 231–239

[1] Obertaunuskreis, S. 26–27; Korf, Führer, S. 42 ff.; Neuroth, Geschichte, S. 308 ff.; Dölemeyer, Territorialentwicklung, in Heimat Hochtaunus, S. 633–634

[2] Darstellung nach Spahn, Ms.

[3] Obertaunuskreis, S. 27

[4] Obertaunuskreis, S. 27

[5] Obertaunuskreis, S. 27

[6] Darstellung nach Spahn, Ms.

[7] Schwartz, Karl: Landgraf Friedrich V. von Hessen-Homburg, Bd. 1. Rudolstadt 1878, S. 191–192, 223–225; Seibert-Panrod: Wieso Oberursel nicht homburgisch sondern nassauisch wurde. In: Der Taunuswächter, 2. Jg., Nr. 10. Oberursel 1927; Jacobi, H(einrich): Hessen-Homburgs Verhandlungen zu Regensburg 1802. In: Der Weiße Turm. Beilage des Taunusboten, Nr. 3. Bad Homburg 1937

[8] Seibert-Panrod: Wieso Oberursel nicht homburgisch sondern nassauisch wurde. In: Der Taunuswächter, 2. Jg., Nr. 10. Oberursel 1927

[9] Der „Verlust" Oberursels hielt den Landgrafen Friedrich von Hessen-Homburg übrigens nicht davon ab, einem nach Sibirien verbannten Oberurseler zu helfen, indem er seine verwandtschaftlichen Beziehungen nach Rußland spielen ließ (Korf, Führer, S. 78–79).

[10] Korf, Führer, S. 67; Der Taunuswächter, 1. Jg., Nr. 12, 1926

[11] Loos, Heinz: Die Fahnen des Schützenvereins und des „Bataillons Oberursel". In: Ursella I, S. 207

[12] Obertaunuskreis, S. 27

[13] Obertaunuskreis, S. 27; Neuroth, Geschichte, S. 320. – 1854 wurde das Kreisamt Höchst wieder aufgehoben und Oberursel dem neugeschaffenen Oberamt Königstein zugeteilt (Neuroth, Geschichte, S. 323).

[14] HHStA 330, 9 Oberursel, 29; Neuroth, Geschichte, S. 309–310

[15] Ausführlich: Neuroth, Geschichte, S. 311 ff.

[16] Korf, Führer, S. 42–43; Neuroth, Geschichte, S. 317

[17] Isaac von Sinclair: Die Kerbe zu Ursel. In: Der Taunuswächter, 1. Jg., Nr. 20, 1926; Korf, Führer, S. 128–130

[18] Kastanien gehörten demnach zu den Festtagsspeisen.

[19] Spahn, Ms.

[20] Neuroth, Geschichte, S. 314–315; s. auch Kapitel „Hohe Mark".

[21] StA OU, IX

[22] Washausen, Forstgeschichte, S. 137–139

[23] Eine detaillierte Abhandlung über das Oberurseler Schulwesen im 19. Jahrhundert würde den Rahmen dieser Arbeit sprengen. Interessierte Leser seien auf folgende Quellen und Literatur verwiesen:

StA OU, XII, 4–20; StA OU, III, 21; StA OU, VII, 19; HHStA 230, 578, 579, 581, 1075; HHStA 413, 62 u. 11

Obertaunuskreis, S. 89–90; Jahn, Friedrich: Oberursel und seine Schulen. In: MVGH 14/1970, S. 43–45; Rosenbohm, Rolf: Johann Baptist Junker schrieb Urseler Schulgeschichte. In: Taunus Zeitung 25.7.1973, S. 5; Galuschka, Hans-Joachim: Schulen im Hochtaunuskreis – Stationen ihrer Entwicklung. In: Heimat Hochtaunus, S. 698–715

[24] HHStA 230, 429 u. 575 u. 1427; Korf, Evangelische Gemeinde, S. 183 ff.(ausführlich); Korf, Führer, S. 43

[25] StA OU, III, 25

[26] Dölemeyer, Territorialentwicklung, in Heimat Hochtaunus, S. 635

[27] Korf, Führer, S. 107–115

[28] Zeugenaussagen, 15.3.1898, vor Bürgermeister Füller über die Vorgänge bei der Zurückholung der Papiere des Hospitalfonds im Jahre 1848. – StA OU, III, I, 1; Das tolle Jahr von 1848 in Oberursel. In: Der Taunuswächter, 1. Jg. Nr. 4, Februar 1926; Neuroth, Hospital 1970, S. 12–13; – Weitere Schilderung des Vorgangs in Hausbuch des Nikolaus Kirsch in: StA OU, Biogr. OU. Kirsch 102. S. Kapitel „Hospital".

[29] Oberursel im Jahre 1849. In: Ursella I, S. 211–218

[30] S. Kapitel „Handwerk".

[31] Ausführlich: Rosenbohm, Rolf: Die Geschichte des Oberurseler Zeitungswesens. In: Ursella I, S. 248–263

[32] Umfangreich dokumentiert in StA OU, XVI, 1–32

[33] Fest-Schrift des Gesang-Vereins „Harmonie" in Oberursel (Ts.). Eine Festgabe zur Feier des 90-jährigen Bestehens. Oberursel 1930

[34] HHStA 230, 938

[35] An dieser Stelle wird nur der jüngere Schützenverein behandelt. Zur alten Schützen-Gesellschaft s. den Anfang des Buches.
Quellen: HHStA 330 XIVa, 6 u. 10 u. 18; StA OU XVII, 9; StA OU, XVI, 9
Literatur: Korf, August: Geschichte der früheren Schützen-Gesellschaft der Stadt Oberursel. Oberursel 1902; Korf, August: Fest-Buch zur Feier des 450jährigen Bestehens und 100jährigen Fahnen-Jubiläums des Schützenvereins Oberursel. Oberursel 1914; Neuroth, Geschichte, S. 112–113; 500 Jahre Schützenverein, 500 Jahre Stadtgeschichte. Oberursel 1964; Marianne Broeker-Liss, in Katalog 1200 Jahre Oberursel, 1991

[36] HHStA 330 XIVa, 18; Korf, Schützen-Gesellschaft, S. 58 ff.

[37] Bode, Helmut: Unsere alten Schützengesellschaften. In: Heimat Hochtaunus, S. 493–497

[38] Quellen: StA OU, VIII, 1–4; XVI, 5; HHStA 330 XIVd 3; HHStA 230, 609–610; 230, 857–858.
Lit.: Korf, August: Das Feuerlöschwesen der Stadt Oberursel in alter und neuer Zeit. In: Festschrift zum 55jährigen Jubiläum der Freiwilligen Feuerwehr zu Oberursel..., 1920, S. 5 ff; Domke, Jürgen: „...dem Nächsten zur Wehr". In: Heimat Hochtaunus, S. 685–692, hier S. 686

[39] HHStA 230, 938; Neuroth, Geschichte, S. 324–325

[40] StA OU, XVI, 6, 18, 25

[41] StA OU, XVI, 6

[42] StA OU, XVI, 24; Festschrift 100 Jahre Taunusklub Zweigverein Oberursel. Oberursel 1978

[43] StA OU, XVI, 14

[44] StA OU, XVI, 6; HHStA 230, 938

[45] StA OU, XVI, 6

[46] StA OU, XVI, 6

[47] StA OU, XVI, 6

[48] StA OU, XVI, 6

[49] StA OU, XVI, 28

[50] StA OU, XVI, 17

Zu Seite 240–248

[51] StA OU, XVI, 20

[52] StA OU, XVI, 19

[53] StA OU, XVI, 6

[54] StA OU, XVI, 6; HHStA 230, 938

[55] StA OU, XVI, 32

[56] StA OU, XVI, 6; HHStA 230, 938; Rosenbohm, Oberursel damals, S. 82

[57] StA OU, XVI, 32

[58] 125 Jahre Turn- und Sportgemeinde 1861. Oberursel 1986

[59] StA OU, XVI, 23 u. 26

[60] StA OU, XVI, 6

[61] StA OU, XVI, 10–12

[62] StA OU, XVI, 6; StA OU, III, 43; HHStA 230, 938

[63] StA OU, XVI, 13

[64] StA OU, XVI, 29

[65] HHStA 230, 938

[66] StA OU, XVI, 1 u. 2; s. auch Kapitel „Handwerk".

[67] StA OU, XVI, 6

[68] StA OU, XVI, 6

[69] StA OU, XVI, 7 u. 8

[70] StA OU, XVI, 15

[71] StA OU, XVI, 30

[72] HHStA 413, 113

[73] Rosenbohm, Oberursel damals, S. 83

[74] StA OU, XVI, 21

[75] StA OU, XVI, 6 u. 22

[76] StA OU, XVI, 27

[77] Was erledige ich wo im Oberurseler Rathaus? Oberursel 1989, S. 53–65

[78] Die bisher einzige Darstellung gibt Rosenbohm, Rolf: Oberursel damals, Bd. 1. Oberursel o.J. (1983), S. 67 ff.

[79] Korf, 1901, S. 36

[80] Korf, Führer, S. 80–81

[81] Rosenbohm, Rolf: Ein „Guter Tropfen" entsteht im Weidengäßchen. In: Oberurseler Kurier 99, 19.12.1981

[82] Karteikarte in StA OU

[83] Taunus-Anzeiger 88, 23.7.1957, S. 3

[84] Korf, Führer, S. 116–117

[85] Calmano, Ludwig: Kleine Geschichte der Familie Calmano. Manuskript

[86] Karteikarte in StA OU; Rosenbohm, Oberursel damals, S. 69–71

[87] Rosenbohm, Oberursel damals, S. 72

[88] Taunus-Kurier 302, 31.12.1990, S. 8

[89] Rosenbohm, Oberursel damals, S. 24

[90] Rosenbohm, Oberursel damals, S. 68; s. auch „Haus Pfeiff" in Kapitel „Kupferschmiede".

[91] Korf, 1901, S. 64

[92] HHStA 230, 968; s. auch Korf, 1901, S. 70

[93] Reck, Hans-Hermann: Vorstadt 31 (= Baugeschichtliche Untersuchungen von Oberurseler Hofreiten, Nr. 4). Ms. in StA OU, Top. OU. 109

[94] Rosenbohm, Oberursel damals, S. 74

[95] Reck, Hans-Hermann: Hollerberg 3 (= Baugeschichtliche Untersuchungen, Nr. 6). Ms. Oberursel 1975 in StA OU, Top.OU.109

[96] Rosenbohm, Oberursel damals, S. 77

[97] Rosenbohm, Oberursel damals, S. 75

[98] Rosenbohm, Oberursel damals, S. 79

99 Rosenbohm, Oberursel damals, S. 26
100 HHStA 230, 684 u. 685 u. 687 u. 681; StA OU, VII, 20; StA OU, XV, 41 u. 46; Karteikarte in StA OU; Dinges, Paul: Zur Postgeschichte der Stadt Oberursel. In: Ursella I, S. 244–248
101 HHStA 230, 839 u. 855; StA OU, VII, 2
102 HHStA 413, 339
103 StA OU, XV, 42 u. 44 u. 45 u. 47
104 Söhnlein, Walter: 150 Jahre öffentlicher Verkehr und Stadtstruktur, Bad Homburg v.d.H.. Landsberg 1978, S. 18 ff.; Rosenbohm, Oberursel damals, S. 12
105 StA OU, Top.OU. Bahnhof 101; Lokal-Rundschau 234, 8.10.1977
106 Söhnlein, 150 Jahre; Eckert, Kurt: Klein- und Nebenbahnen im Taunus. Augsburg 1978, S. 111–118; Söhnlein, Walter: Die Verkehrserschließung des Kreisgebietes seit dem 19. Jahrhundert. In: Heimat Hochtaunus, S. 661 (Abb. S. 624); Rosenbohm, Oberursel damals, S. 17–18
107 Dinges in Ursella I, S. 247
108 Ursella II, S. 242–243, 271–272
109 Lokal-Rundschau 204, 13.9.1976, S.16

Zu Seite 249–258

1 Aus einem Schreiben des Gesindehospital-Vorstandes, der unter Hinweis auf die industrielle Entwicklung Oberursels den Zwangsbeitritt zeitweise in Oberursel beschäftigter Gesellen, Feldarbeiter und Arbeiter zum Gesindehospital-Verein beantragte. – HHStA 230, 1061
2 Eiler, Klaus: Hessen im Zeitalter der industriellen Revolution. Frankfurt am Main 1984, S.91
3 HHStA 413, 136
4 Ausführlicher: Korf, 1901, S. 88–100; Ursella II
5 HHStA 230, 893
6 StA OU XV, 24; Ursella II, S. 57–65 (= Nr.2); Herzogtum Nassau 1806–1866. Wiesbaden 1981, S. 137
7 HHStA 230, 856
8 HHStA 230, 1417; Kaltenhäuser, S. 62
9 StA OU, XV, 23; HHStA 413, 136: Arbeitsordnung; Ursella II, S. 58
10 Umfangreich dokumentiert in: HHStA 230, 835; 230, 824; 230, 891; 413, 308; 413, 136
11 Lerner, Franz: Wirtschafts- und Sozialgeschichte des Nassauer Raumes 1816–1964. Wiesbaden 1965, S. 129–132
12 Petran, Helmut: Die „Aktiengesellschaft für Spinnerei und Weberei zur Hohen Mark" und ihre Nachfolger. In: Ursella I, S. 233–239; Michel, Reinhard: Aus der Geschichte der „Aktien-Gesellschaft für Spinnerei und Weberei an der Hohen Mark". In: Heimat Hochtaunus, S. 276–278
Ursella II, S. 45–56 (= Nr.1)
Aus der Perspektive der Familie Schaller: Aus der Geschichte der Spinnerei Hohemark. In: MVGH 1/1963, S. 5–6 ; 2/1963, S. 15–16; 3/1964, S.7–8; 4/1964, S. 14–16; 5/1965, S. 11–13; 6/1966, S.12–13; 7/1967, S. 15–17; 9/1968, S.17–18;
13 HHStA 405, 767, fol. 1 ff. Abgedruckt in: Eiler,K., S. 148–152. – Auch StA OU, XV, 26
14 HHStA 230, 835
15 StA OU, XV, 26 (mit Zeichnungen); Eiler, K., S. 140
16 HHStA 230, 854
17 StA OU, XV, 26
18 HHStA 413, 136 (mit Arbeitsordnung)
19 Korf, 1901, S. 88–89
20 HHStA 413, 137 (mit Arbeitsordnung)
21 In: MVGH 3/1964, S. 7–8
22 StA OU, XV, 26; HHStA 413, 308
23 Korf, 1901, S. 88–89
24 HHStA 230, 891, fol. 51. Abgedruckt in: Eiler, 1984, S. 309–310

25 StA OU, XV, 27; Arbeitsordnungen: HHStA 413, 136; Arbeitsordnung 1896: Ursella II, S. 76–78; Korf, 1901, S. 89–90; Ursella II, S. 71–79 (= Nr.4) (S. 76–78 = Arbeitsordnung 1896)

26 HHStA 413, 136

27 Arbeitsordnungen 1902 u. 1911: HHStA 413, 136; Ursella II, S. 71–73

28 HHStA 413, 136 (Arbeitsordnung); StA OU, XV, 29; Korf, 1901, S. 96–97

29 StA OU, XV, 74; Korf, 1901, S. 93

30 StA OU, XV, 70; HHStA 413, 308; HHStA 413, 136 (Arbeitsordnung); Korf 1901, S. 90; Ursella II, S. 97–101 (ausführlich)

31 Information Vortaunusmuseum

32 Sartorius, Otto: Nassauische Kunst- und Gewerbe-Ausstellung in Wiesbaden 1863. Wiesbaden 1863, S. 201–235

33 Führer durch die Gewerbe-Ausstellung für den Obertaunus-Kreis zu Bad Homburg. O.O. o.J. (Homburg 1883), S. 7–10, 13–15, 18–19, 22

34 Korf, 1901, S. 74. – 1878: 20 Arbeiter (HHStA 230, 854)

35 Korf, 1901, S. 84–86

36 Bürgerfreund, 22.7. u. 9.12. 1882

37 Führer durch die Gewerbe-Ausstellung für den Obertaunus-Kreis zu Bad Homburg o.O. o.J. (Homburg 1883), S. 7

38 Korf, Feuerlöschwesen, S. 57

39 Am 9.4.1990 ermittelt von A. Bott, StA OU

40 Hausbuch des Nikolaus Kirsch in StA OU, Biogr. OU. Kirsch 102; Korf, Feuerlöschwesen, S. 57

41 HHStA 413, 136

42 StA OU, X, 41

43 Ermittelt von A.Bott, StA OU; vgl. Ursella II, S. 251 ff.

44 Korf, 1901, S. 85–86

45 Oberurseler Lokal-Anzeiger 19.2.1916, ermittelt von A. Bott, StA OU

46 Korf, 1901, S. 97; Ursella II, S. 251–255 (= Nr.24). – Arbeitsordnungen 1896, 1910: HHStA 413, 136–137

47 Obertaunuskreis 1927, S. 158

48 Ursella II, S. 251–255 (= Nr.24); A. Bott, Text zur Ausstellung „Oberurseler Juden und die Zeit 1933–1945", Oberursel 1988

49 StA OU, XV, 71; HHStA 413, 308; Arbeitsordnung 1896: HHStA 413, 136.- Korf, 1901, S. 90; Ursella II, S. 80–92 (= Nr.5)

50 Ursella II, S. 256–269

Zu Seite 258–265

51 Arbeitsordnung 1913: HHStA 413, 137

52 StA OU, XV, 32

53 Ursella II, S. 256. – Arbeitsordnung: HHStA 413, 136

54 Arbeitsordnung: HHStA 413, 137. – Ursella II, S. 260–266.

55 Korf, 1901, S. 95–96

56 Korf, 1901, S. 96

57 HHStA 413, 137

58 Korf, 1901, S. 92

59 HHStA 413, 308; Ursella II, S. 277

60 Ursella II, S. 277

61 HHStA 413, 137

62 Ursella II, S. 199–218

63 HHStA 413, 136

⁶⁴ StA OU, XV, 30 u. 64; Arbeitsordnungen von 1892, 1897, 1918/19 in HHStA 413, 136–137.
Korf, 1901, S. 91–92; Goldbeck, Gustav: Kraft für die Welt. 1864–1964 Klöckner-Humboldt-Deutz AG.
Düsseldorf/Wien 1964 (bes. S. 184–189, 239–240); Mertmann, Hans-Günther: Zur Geschichte der Motorenfabrik Oberursel. In: MVGH 5/1965, S. 5–8; Ursella II, S. 113–141 (=Nr. 8); Ursella II, S. 142–144
(= Nr. 9); Petran, Helmut: Von der Motorenfabrik Oberursel (M.O.) zur KHD-Luftfahrttechnik GmbH
1898–1988. In: Heimat Hochtaunus, S. 289–295
⁶⁵ In Bad Homburg (Pläne in StA HG) und in Kronberg ((Berg, Ingrid: Villa Gans, Kronberg – ein Spät-
werk von Peter Behrens. In: Heimat Hochtaunus, S. 411–414) gibt es jeweils eine Villa Gans.
⁶⁶ Der größte Teil der Angaben zur Familie von Gans sowie zur Villa Gans wurde übernommen von
A. Bott, Texte zur Ausstellung „Oberurseler Juden und die Zeit 1933–1945"(StA OU)
⁶⁷ Pläne in StA OU, XIV, 42
⁶⁸ Korf, 1901, S.96
⁶⁹ HHStA 413, 137; StA OU, XV, 65
⁷⁰ HHStA 413, 137 (Arbeitsordnung); StA OU, XV, 69; Bericht über den Stand und die Verwaltung der
Gemeindeangelegenheiten der Stadt Oberursel 1912, S. 19-20; 1913, S. 20-21; Information A. Bott
⁷¹ Arbeitsordnungen: HHStA 413, 136
⁷² HHStA 413, 136 (mit Arbeitsordnung)
⁷³ Arbeitsordnung: HHStA 413, 136.- Korf, Festbuch, Haupttierschau
⁷⁴ Arbeitsordnungen: HHStA 413, 136
⁷⁵ HHStA 230, 854
⁷⁶ Ausführlich: Hoffmann, Brunhilde: Roter Frühling am Taunushang. 100 Jahre 1. Mai Bad Homburg
und Umgebung. Abschlußarbeit Akademie der Arbeit, Frankfurt am Main 1990 (Exemplar in StA OU
vorhanden).
⁷⁷ HHStA 405, 322; Hoffmann, Roter Frühling, S. 7
⁷⁸ Hoffmann, Roter Frühling, S. 7
⁷⁹ Guter Überblick: Ursella II, S. 288 ff., hier: S. 293
⁸⁰ HHStA 413, 136. – Es haben sich zahlreiche Arbeitsordnungen von Oberurseler Betrieben erhalten
(HHStA 413, 136–137). Eine vergleichende Betrachtung dürfte sich lohnen, da die Betriebe branchenspe-
zifische Unterschiede in die Arbeitsordnungen einbrachten und da sich bei Betrieben mit mehreren aufein-
ander folgenden Arbeitsordnungen deren Entwicklung ablesen läßt.
⁸¹ HHStA 413, 136
⁸² HHStA 413, 113; Hoffmann, Roter Frühling, S. 53
⁸³ HHStA 413, 113; Hoffmann, Roter Frühling, S. 54
⁸⁴ Rosenbohm, Rolf: August Korf begründete Oberursels Stadtbibliothek und das Archiv. In: Taunus
Zeitung 187, 14.8.1973, S. 6
⁸⁵ Korf, 1901, S. 93; Hausordnung: HHStA 413, 136
⁸⁶ MVGH 13/1970, S. 1

Zu Seite 267–281

¹ Die Entwicklung des Kreises im Detail in: Obertaunuskreis, S. 28 ff.;
Die seit 1897 in gedruckter Form vorliegenden jährlichen Bericht(e) über den Stand und die Verwaltung
der Gemeindeangelegenheiten der Stadt Oberursel (= Verwaltungsbericht) geben einen hervorragenden
Einblick in die Oberurseler Verhältnisse (in StA OU).
² HHStA 413, 173; Müllerleile, Christoph: Oberursel und die ersten Kinderautomobile. In: MVGH
12/1969, S. 21–27
³ Kinderautomobile, Seifenkisten, Minicars. Es begann in Oberursel. Oberursel 1991
⁴ Korf, Führer, S. 7
⁵ Oberursel am Taunus, Führer des Taunus-Klubs Oberursel. Oberursel o.J., S. 3
⁶ Oberursel, Führer o.J., S. 9
⁷ StA OU, XIV, 41; A. Bott, Texte zur Ausstellung „Oberurseler Juden und die Zeit 19331945" (StA
OU)

8   Verwaltungsbericht 1918, S. 53; 1919, S. 37; Obertaunuskreis, S. 174

9   HHStA 413, 308

10 HHStA 413, 308

11 Auf zum Taunus. Unternehmung zur Hebung des Verkehrs und Förderung der Besiedlung im südlichen Taunus. Frankfurt am Main 1908, S. 17–24 (Plan nach S. 24)

12 Oberursel, Führer, o.J., S. 4, 6

13 Landhausbauten bei Frankfurt a.M.: In: Zeitschrift für Architektur und Ingenieurwesen, N.F. Bd.XII. Wiesbaden 1907, Sp. 59–64

14 Für die Recherchen zur Familie Georg Coste danke ich A. Bott, Stadtarchiv Oberursel.

15 Kramer, Waldemar: Frankfurter Gelehrte in Oberursel am Taunus. In: Ursella I, S. 300–304

16 Karteikarte StA OU

17 Oberursel, Führer, o.J. S. 34

18 Broeker-Liss, Marianne: Der Maler Hans Thoma in Oberursel. In: Ursella I, S. 267–276; Kramer, Waldemar: Hans Thoma und Oberursel. In:MVGH 21/1978, S.11–17; Broeker-Liss, Marianne (Hrsg.): Hans Thoma. Skizzen aus dem Taunus. Frankfurt am Main 1989. Weitere Künstler, die hier geboren waren und/oder hier lebten bzw. sich zeitweise mit Oberursel künstlerisch auseinandersetzten sollen zumindest namentlich genannt werden:
Hermann Bahner; Archibald Bajorat (geb. 1923); Hans Cornelius; Paul Dick; Friedrich Wilhelm Häger (1882–1965); Georg Hieronymi (geb. 1914); Hofmann; Richard Lisker; Karl Mahr (1890–1945); Eberhard Müller-Fries (geb. 1953); Eberhard Quirin (1864–1951); Kurt Scholz; Martin Richard Werner (1903–1949); Gerda Jo Werner; Rolf Winter (1881–1968); Harold Winter (1887–1969); Kurt Winter.
Lit.: Bringezu-Paschen, Maria: Eberhard Quirin, Maler und Radierer in Bad Homburg v.d.H. In: Mitteilungen des Vereins für Geschichte und Landeskunde zu Bad Homburg vor der Höhe, XXXIV. Heft. Bad Homburg 1982; Dorn-Zachertz, Ingrid: (Ferdinand Balzer). Sein Wesen. In: Ursella I, S. 278-281; Frankfurter Rundschau, 7.1.1950 (betr. M. R. Werner); Gäfgen, Heino: Rolf Winter 1881–1968. Frankfurt am Main o.J.; Kramer, Henriette: Künstler unserer Zeit in Oberursel. In: Heimat Hochtaunus, S. 419-425; Rosenbohm, Rolf: Maler Balzer ist von den Bürgern fast vergessen. In: Taunus Zeitung 138, 16.1.1973, S. 6; Rosenbohm, Rolf: Karl Mahr nutzte Holzstich als Ausdrucksmittel. In: Taunus Zeitung 206, 5.9.1973, S. 6; Taunus-Anzeiger, 10.10.1959 (betr. M. R. Werner); Wollenberg, Wilhelm: Oberursel und seine Künstler. In: 75 Jahre Oberurseler Bürgerfreund, 1.5.1938; Ziebe, Lisa: Ferdinand Balzer. Sein Werk. In: Ursella I, S. 276-278; Ziebe, Lisa: Friedrich Wilhelm Häger. In: Ursella I, S. 290-292

19 Bürgerfreund 140, 23.11.1926, S. 2

20 Korf, Evangelische Gemeinde; Evangelische Gemeinde in Oberursel. 75 Jahre Christuskirche. Oberursel 1989

21 Widmer, Karl: Neubauten von Curjel & Moser. In: Klopfer, Paul (Hrsg.): Moderne Bauformen. Monatshefte für Architektur, IX.Jg. Stuttgart 1910, S. 471–502

22 HHStA 413, 113

23 HHStA 230, 995. Gemeint war wohl die „Fortschritts-Partei", s. StA OU, XVI, 6, fol. 44

24 HHStA 413, 114

25 HHStA 413, 114; Volksstimme, 2.5.1913; Hoffmann, Roter Frühling, S. 65; s. auch: ebda., S. 74

26 Hoffmann, Roter Frühling, S. 15–16

27 HHStA 413, 230; Bingula, in Heimat Hochtaunus, S. 510; Hoffmann, Roter Frühling, S. 38; zu weiteren Maifeiern in Oberursel s. Hoffmann, Roter Frühling, S. 46, 56, 59, 65, 70

28 Umfangreich dokumentiert in HHStA 413, 111

29 HHStA 413, 113

30 Beier, Gerhard: Arbeiterbewegung in Hessen. Zur Geschichte der hessischen Arbeiterbewegung durch einhundertfünfzig Jahre (1834–1984).Frankfurt am Main 1984, S. 597. — Dort auch weitere Persönlichkeiten (S. 376, 392, 430–431, 567, 586, 603–604,

31 Verwaltungsbericht, 1914, S. 4

32 Verwaltungsbericht, 1914, S. 4

33 Am 1.12.1915 wieder aufgelöst (Verwaltungsbericht 1915, S. 30)

[34] Verwaltungsbericht 1914, S. 19, 24–27;

[35] Verwaltungsbericht 1916, S. 32. — Gegen Ende 1918 „mußte das Lazarett geräumt werden, weil Oberursel infolge der Besetzung des Mainzer Brückenkopfes durch die Franzosen in die neutrale Zone fiel" (Verwaltungsbericht 1918, S. 36).

[36] Verwaltungsberichte 1914–19; Obertaunuskreis, S. 51–52

[37] Ausführlich: Verwaltungsbericht 1915, S. 11 ff.

[38] Verwaltungsbericht 1916, S. 12 ff.

[39] Verwaltungsbericht 1915, S. 18–19

[40] Verwaltungsbericht 1916, S. 22. — Seit 1917 in einer Fabrik auf der Hohen Mark (Verwaltungsbericht 1917, S. 42). Am 1.12.1918 infolge Demobilmachung aufgelöst (Verwaltungsbericht 1918, S. 31). 1915 ist von einer Fliegerersatzabteilung IX Motorenschule Oberursel die Rede (Verwaltungsbericht 1915, S. 32).

Zu Seite 281–286

[41] Verwaltungsbericht 1917, S. 15

[42] Verwaltungsbericht 1916, S. 47

[43] Von 296 im Jahr 1913 auf 1561 im Jahr 1918 (Denkschrift Wohnungsbauprogramm der Stadt Oberursel, S. 6).

[44] Verwaltungsbericht 1915, S. 19; 1916, S. 22; 1917, S. 43. Laut Verwaltungsbericht 1918, S. 31 erfolgte am 26.11.1918 „der Abtransport sämtlicher Gefangenen nach ihren Stammlagern, von wo aus dieselben in ihre Heimat befördert wurden".

[45] HHStA 405, 3778, fol. 61–63, 75–76, 85, 115–116, 136–140; 1918: ebda., fol. 285–287

[46] HHStA 405, 3778, fol. 86, 96–104, 123–124

[47] HHStA 405, 3778, fol. 164–167

[48] HHStA 405, 3778, fol. 143–145; 1918: ebda., fol. 313–314

[49] HHStA 405, 3778, fol. 174–188, 229–234

[50] HHStA 405, 3778, fol. 182–183, 235-

[51] HHStA 405, 3778, fol. 225–226

[52] HHStA 405, 3778, fol. 216–219

[53] Verwaltungsbericht 1918, S. 20

[54] Namentlich in den Verwaltungsberichten 1914–19; Korf, Führer, 2. Aufl., S. 45 u. Anhang, S. 71–73

[55] StA OU, III, 60; Bürgerfreund 274, 23.11.1929, S. 12; Bürgerfreund Sept./Okt.1930

[56] Verwaltungsbericht 1918, S. 44

[57] HHStA 405, 5880, fol. 103 ff.; Müller, Karlheinz: Preußischer Adler und Hessischer Löwe. Wiesbaden 1966

[58] Verwaltungsbericht 1918, S. 44–45

[59] Rühl, Eckard: „Wir sind auf 100!". Historische Revue der SPD Oberursel 1890–1990. Oberursel 1990, S. 22–23

[60] StA OU, V, 17; HHStA 405, 5880

[61] HHStA 405, 5278, fol. 126

[62] Oberurseler Bürgerfreund, 21.12.1918; Quirin, H.: Am Ackergässer Floß. Oberursel 1974, S. 94

[63] Verwaltungsbericht 1919, S. 36–37

[64] Verwaltungsbericht 1923, S. 10

[65] Verwaltungsbericht 1923, S. 34

[66] Exemplare im Besitz von Herrn Werner Stahl, Friedrichsdorf.

[67] Ursella II, S. 80 u. 89. — Herrn Werner Stahl, Friedrichsdorf, danke ich für weitere Auskünfte und Fotos von den Scheinen.

[68] W. Stahl nach Auskunft von Herrn Rowold.

[69] Verwaltungsbericht 1924, S. 16–18

[70] HHStA 405, 3778, fol. 499–510

[71] HHStA 405, 3778, fol. 510–512

72 HHStA 405, 3778, fol. 496–498, 534–535

73 StA OU, V, 17

74 HHStA 413, 114

75 Oberurseler Bürgerfreund 85, 21.7.1923

76 Verwaltungsbericht 1922, S. 9

77 Verwaltungsbericht 1920, S. 51–52; 1921, S. 38–39

78 StA OU, VII, 17

79 Exemplar in StA OU, VII, 8

80 StA OU, VII, 8

81 StA OU, VII, 7

82 Denkschrift Wohnungsbauprogramm in StA OU, VII, 8

83 Verwaltungsbericht 1925, S. 6–7; Oberurseler Bürgerfreund 72, 6.5.1922, S. 1

84 Oberurseler Bürgerfreund 61, 13.3.1929, S. 2; 74, 28.3.1929, S. 3; 75, 30.3.1929, S. 5; 78, 4.4.1929, S. 2; 82, 9.5.1929, S. 2; 114, 17.5.1929, S. 2; 115, 18.5.1929, S. 2; 116, 21.5.1929, S. 2 (Vertrag); 137, 15.6.1929, S. 2; 214, 13.9.1929, S. 2; 225, 26.9.1929, S. 2; 227, 28.9.1929, S. 2, 4–8; 228, 30.9.1929, S. 2; 229, 1.10.1929, S. 2; 35 Jahre Oberursel-Bommersheim. In: Taunus-Anzeiger 4.7.1964.

Zu Seite 287–295

1 75 Jahre Oberurseler Bürgerfreund, 1.5.1938

2 StA OU, V, 17

3 HHStA 461, 7197; ebda. 461, 7251

4 Kölsch, Florian: Die Katholische Pfarrei St. Ursula (Oberursel) im Nationalsozialismus. In: MVGH 26/1983, S. 13–33, hier: S. 22–23

5 Kropat, Wolf-Arno: Die nationalsozialistische Machtergreifung in Wiesbaden und Nassau. In: Hennig, Eike (Hrsg.): Hessen unterm Hakenkreuz. Frankfurt am Main 1983, S. 273; Kölsch, S. 23

6 Recherchiert von Frau Bott, StA OU. – Die Benennungen wurden 1945/46 wieder aufgehoben.

7 Kölsch, 1983, S. 23

8 Kölsch, 1983, S. 23; Oberurseler Bürgerfreund, 27. und 29.3.1933

9 Kölsch, 1983, S. 21, 24

10 Freundliche Auskunft von Paul Grünewald, 26.3.1990; s. auch: Hoffmann, Brunhilde: Roter Frühling am Taunushang. 100 Jahre 1. Mai Bad Homburg und Umgebung. Abschlußarbeit Akademie der Arbeit, Frankfurt am Main 1990, S. 88 (Exemplar in StA OU vorhanden).

11 Beier, Gerhard: Arbeiterbewegung in Hessen. Zur Geschichte der hessischen Arbeiterbewegung durch einhundertfünfzig Jahre (1834–1984). Frankfurt am Main 1984

12 Rühl, Eckard: „Wir sind auf 100!". Historische Revue der SPD Oberursel 1890–1990. Oberursel 1990, S. 31

13 Kölsch, 1983, S. 23–25

14 Kölsch, 1983, S. 26–33

15 Kölsch, 1983, S. 28 ff.

16 Kölsch, 1983, S. 15–22

17 S. Kapitel „Jüdisches Leben in Oberursel"

18 75 Jahre Oberurseler Bürgerfreund, 1.5.1938

19 Oberurseler Bürgerfreund 16./21.10. u. 30.12.1933

20 Am 14.8.1945 erhielt das Gebäude seine alte Bezeichnung „Villa Gans" zurück.

21 Bürgerfreund 57, 18.7.1906, S. 2; Bürgerfreund 113, 16.5.1931, S. 213

22 StA OU, VII, 18 (umfangreich)

23 75 Jahre Oberurseler Bürgerfreund, 1.5.1938

24 75 Jahre Oberurseler Bürgerfreund, 1.5.1938

25 Oberurseler Bürgerfreund, 25.8.1938, 3.9.1938, 5.9.1938, 7.9.1938; Rhein-Main-Spiegel (1938), in: StA OU, Ost. hist. 104 Bd. 2

26 Schaller, Margarete: Das Dulag Luft. In: MVGH 28/1986, S. 33

27 Unterlagen aus dem Bundesarchiv — Militärarchiv Freiburg (BA-MA RL 2 III/482) über die Einrichtung des Dulag Luft 1939-1940, Generalstab 1.Abt., Luftflottenkommando 3. (Fotokopien in StA OU).
28 Toliver, Raymond F./Scharff, Hanns J.: The Interrogator. The Story of Hanns Scharff, Luftwaffe's Master Interrogator. O.O. 1978, S. 14
29 Toliver/Scharff, S. 14, 30–31, 38–49, 333 ff.; vgl. auch Schaller, Dulag Luft, S. 32–42
Herr Stadtarchivar Gerhard Raiss, Eschborn, plant eine Dokumentation von Dulag Luft und Auswertestelle West, zu der er bereits eine große Menge Material gesammelt hat. Ich danke Herrn Raiss für die Durchsicht dieses Kapitels.
30 Nur in den letzten Kriegstagen ging hier eine Bombe nieder.
31 Toliver/Scharff, S. 14, 73–74
32 Toliver/Scharff, S. 53
33 Toliver/Scharff, S. 53–54, 354 ff.
34 Toliver/Scharff, S. 52–53, 76 ff.
35 Toliver/Scharff, S. 49–53, 354 ff.; s. auch: Irving, David J.: Und Deutschlands Städte starben nicht. Zürich 1964, S. 229–236
36 Toliver/Scharff, S. 50
37 Toliver/Scharff, S. 140–144
38 Toliver/Scharff, S. 37
39 Toliver/Scharff, S. 286 ff., 300
40 Toliver/Scharff, S. 313
41 W(ollenberg), W(ilhelm): Wie war es vor zehn Jahren? In: Der Taunus-Wächter, Nr. 11, 19.3.1955; Wollenberg, Wilhelm: Der Luftkrieg in Oberursel. In: Der Taunus-Wächter, Nr.11, 19.3.1955; Reck, St.Ursula, S. 11 (Quelle: Pfarrchronik)

42 Wollenberg, Taunus-Wächter, Nr.11, 19.3.1955
43 Klöckner-Humboldt-Deutz AG, Motorenfabrik:
   Gemeinschaftslager 2: 25 Holländer, 70 Kroaten, 11 Tschechen, 29 Ukrainer, 38 Ostländer (21.9.42).
   Gemeinschaftslager: 14 Deutsche, 27 Holländer, 57 Franzosen, 5 Polen, 29 Kroaten, 71 Ukrainer, 1 Flame (1.4.43).
   Gemeinschaftslager Oberursel, Lager Kupferhammer Hohemarkstraße 10: 8 Deutsche, 20 Polen, 27 Litauer, 57 Ukrainer, 63 Ukrainerinnen (1.4.43)
   Karl Herzer & Co., Hohemarkstraße 48: 37 Russinnen, 5 Ostländerinnen (21.9.42); 5 Litauerinnen, 34 Russinnen (1.4.43).
   Phil. Menges & Wilh. Menges: 78 Kroaten, 24 Ukrainer, 18 Holländer (21.9.42).
   Faudi-Feinbau GmbH: 46 Russen, 8 Ostländer, 7 Ostländer, 22 Franzosen Kgf. (21.9.42). 22 Kriegsgefangene, 40 Russen, 16 Ukrainer (1.4.43).
   Fr. Busch Eisengießerei: o. Angabe (1.4.43).
   Maschinenfabrik Turner AG: 26 Franzosen Kgf., 9 Franzosen, 5 Ungarn (1.4.43).
   Es handelt sich nur um Zwangsarbeiterlager, die zum angegebenen Zeitpunkt von der DAF erfaßt wurden. Daher ist die Aufstellung sicher unvollständig. Bis Mitte 1944 stiegen die Zahlen der Zwangsarbeiter sprungartig an, d.h. sie dürften dann um ein vielfaches höher als 1942/43 gewesen sein. Hier ist auch noch zu berücksichtigen, daß nicht alle Zwangsarbeiter in Lagern untergebracht wurden, d.h. westliche und italienische Volkszugehörige vielfach auch privat wohnten.
   Diese Zusammenstellung und Erläuterungen verdanke ich Herrn Bernd Vorlaeufer-Germer, der eine Publikation über die Zeit des Nationalsozialismus im Hochtaunuskreis vorbereitet. Weitere Informationen nimmt Herr Vorlaeufer-Germer dankbar entgegen.
44 Wollenberg, Taunus-Wächter, Nr.20, 30.7.1955
45 Heimatgeschichtlicher Wegweiser zu Stätten des Widerstandes und der Verfolgung 1933–1945, S. 48
46 Wollenberg, W(ilhelm): Auf dem Rückzug durch Oberursel. In: Der Taunus-Wächter, Nr. 8, 5.2.1955
47 HHStA 520 F/OT 1091
48 Leindecker, Jürgen: Vor 35 Jahren ging in Oberursel der Zweite Weltkrieg zu Ende. In: Taunus-Zeitung 76, 29.3.1980, S. 21

Zu Seite 297–303

[1] Wollenberg, Chronik, StA OU, Ms. Wollenberg 102

[2] Vor fünfundzwanzig Jahren, S. 11–13

[3] Oberurseler Jahrbuch 1949, S. 28

[4] Wollenberg, Chronik, StA OU, Ms. Wollenberg 102

[5] Vor fünfundzwanzig Jahren. (= Jahresgabe Erasmus-Alberus-Bücherstube). Oberursel 1970

[6] Wollenberg, Wilhelm: Wie war es vor zehn Jahren. In: Der Taunus-Wächter, Nr. 20, 30.7.1955

[7] Wollenberg, W(ilhelm): Vor zehn Jahren – Wer weiß es? In: Der Taunus-Wächter, Nr. 8, 5.2.1955; Vor fünfundzwanzig Jahren. Oberursel 1970

[8] Wollenberg, Wilhelm: Wie war es vor zehn Jahren? In: Der Taunus-Wächter, Nr. 20, 30.7.1955

[9] Wollenberg, Chronik, StA OU, Ms. Wollenberg 102; Oberurseler Chronik, S. 29; s. auch Rosenbohm, Rolf: Unsere eigene Zeit. In: Ursella I, S. 265–266

[10] Schriftlicher Bericht von Paul Grünewald, 26.3.1990; Hoffmann, Roter Frühling, S. 88

[11] Beier, S. 430–431 und Auskünfte von Paul Grünewald.

[12] Beier, Gerhard: Arbeiterbewegung in Hessen. Zur Geschichte der hessischen Arbeiterbewegung durch einhundertfünfzig Jahre (1834–1984). Frankfurt am Main 1984

[13] Beier, S. 597

[14] Beier, S. 376

[15] Beier, S. 586

[16] Beier, S. 603–604

[17] Oberurseler Kurier 29, 11./12.4.1986, S. 3; Frankfurter Rundschau 101, 2.5.1986, S. 7; dies. 206, 6.9.1986, S. 5;

[18] Damals noch Camp Seibert.

[19] Ich bedanke mich bei Herrn Dr. Robert Kempner für diese freundliche Auskunft vom 8.10.1990. Zu Kogon s. auch: Munzinger-Archiv/Internat. Biograph. Archiv 6/88. — S. auch: Plewnia, Hansjörg: Eugen Kogon — Mitbürger und „streitbarer Mahner". In: Heimat Hochtaunus, S. 121–122

[20] Dazu u.a.: Taylor, Telford: Die Nürnberger Prozesse. Kriegsverbrechen und Völkerrecht. Zürich 1950; Kempner, Robert M.W.: Das Dritte Reich im Kreuzverhör. München/Esslingen 1969, S. 161–171; Kempner, Robert M.W.: Ankläger einer Epoche. 1983

[21] Kempner, Robert M.W.: Das Dritte Reich im Kreuzverhör. München/Esslingen 1969, S. 161–171

[22] Kempner, R.M.W.: S.188–193

[23] Kempner, R.M.W.: Dritte Reich, S. 172, 176-177

[24] Kempner, Robert M.W.: Das Dritte Reich im Kreuzverhör. München/Esslingen 1969, S. 48–66, bes. S. 62

[25] Reitsch, Hanna: Höhen und Tiefen. 1945 bis zur Gegenwart. München/Berlin, 2.Aufl. 1978, S. 42 ff.

[26] Ursella II, S. 141; Taunus-Zeitung 73, 27.3.1990, S. 11

[27] Frankfurter Rundschau 123, 28.5.1977, S. 4

[28] 1945-1948. Ein Rückblick von Bürgermeister Heinrich Kappus. In: Oberurseler Jahrbuch 1949, S. 23–33, hier: S. 23

[29] Rühl, Eckard: „Wir sind auf 100!". Historische Revue der SPD Oberursel 1890–1990. Oberursel 1990, S.

[30] Rühl, Revue, S. 35

[31] Oberurseler Jahrbuch 1949, S. 23.- Für 1951 s.: Wollenberg, Chronik, StA OU, Ms. Wollenberg 102

[32] Wollenberg, Chronik, StA OU, Ms. Wollenberg 102

[33] Wollenberg, Chronik, StA OU, Ms. Wollenberg 102

[34] Oberurseler Jahrbuch 1949, S. 27

[35] Vor fünfundzwanzig Jahren. Oberursel 1970, S. 27–29, 31–32

[36] Information Hans Riedel, Oberursel, dem ich für die Überlassung seines Manuskriptes „Oberursel wird neue Heimstätte für tausende Neubürger aus dem Osten" herzlich danke.

Der Weg einer aus Pommern vertriebenen Frau wird im Vortaunusmuseum nachgezeichnet.

37 Häfner-Moutoux, Lore: Der Obertaunuskreis. Eine Strukturuntersuchung durchgeführt im Jahre 1950. Wiesbaden 1951, S. 27–34; s.auch: Wollenberg, Chronik, StA OU, Ms. Wollenberg 102 und Oberurseler Jahrbuch 1949, S. 27

38 Oberurseler Jahrbuch 1949, S. 27

39 H. Riedel

40 Taunus-Zeitung 138, 1.7.1978, S. 20

Zu Seite 304–314

41 H. Riedel

42 Die Firmengeschichte ist im Vortaunusmuseum Oberursel umfassend dokumentiert.

43 Czerny, Anton Rudolf: Aufstieg der Firma „Taunus Textildruck Zimmer" seit 1946. In: Heimat Hochtaunus, S. 302–304

44 Taunus Anzeiger 6, 15.1.1955, S. 3

45 Oberurseler Jahrbuch, S. 27–28

46 Wollenberg, Chronik, StA OU, Ms. Wollenberg 102

47 St.Hedwig Oberursel. Festschrift zur Kirchweihe am 14.Mai 1966. Oberursel 1966

48 Zur Einweihung des neuen Marktplatzbrunnens am 17.November 1962. In: MVGH 1/1963, S. 3–5

49 Fackert, Jürgen/Gäfgen, Heino (Hrsg.): Der Bildhauer Harold Winter. Frankfurt am Main 1967
Fackert, Jürgen: Harold Winter. In: Ursella I, S. 288–289

50 500 Jahre Schützenverein, 500 Jahre Stadtgeschichte. Oberursel 1964, S. 71

51 Zu den Städtepartnerschaften s. StA OU, Misc. OU

52 Reck, Hans-Hermann: Vorstadt 20. (= Baugeschichtliche Untersuchungen von Oberurseler Hofreiten, Nr. 3). Oberursel 1974

53 Verlagsbeilage Taunus-Zeitung, 1.12.1984; Verwaltungsbericht 1985 bis 1988 der Stadt Oberursel (Taunus). Oberursel 1989, S. 249–253

54 Anregungen zur Sanierung der Oberurseler Altstadt. In: MVGH 14/1970, S. 29–30

55 Reck, Hans-Hermann: Obergasse 6 (= Baugeschichtliche Untersuchungen von Oberurseler Hofreiten, Nr. 10). Ms. Oberursel 1976 in StA OU, Top.OU.109

56 Verwaltungsbericht 1985 bis 1988 der Stadt Oberursel (Taunus). Oberursel 1989, S. 196 ff.

57 Verwaltungsbericht 1985 bis 1988 der Stadt Oberursel (Taunus). Oberursel 1989, S. 18 ff.

58 Gemeinde Oberstedten 1960–1972. Zahlen – Fakten – Ereignisse. Oberursel 1985, S. 33–34 u. Anhang

59 Gemeinde Stierstadt 1960–1972. Zahlen – Fakten – Ereignisse. Oberursel 1985, S. 36–37 u. Anhang

60 Weißkirchen 1960–1972, S. 24-25, 26, 28 u. Anhang

61 Beschluß der Stadtverordnetenversammlung vom 21.6.1974, zitiert nach: Staadt, Herbert/Topp, Hartmut (Bearb.): Oberursel. Stadtentwicklungsplanung, Bd. 2a. Darmstadt 1978, S. 175–176

62 Staadt/Topp, S. 41–42

63 Staadt/Topp, S. 177

64 Staadt/Topp, S. 82–86

65 Crössmann, Klaus: Oberursel, das Tor zum Taunus. In: IHK Frankfurt am Main Mitteilung 15.6.1988, S. 23–25; siehe auch: Verwaltungsbericht 1985 bis 1988 der Stadt Oberursel. Oberursel 1989, S. 13 ff.

66 Crössmann, S. 23

67 Verwaltungsbericht 1985 bis 1988 der Stadt Oberursel. Oberursel 1989, S. 13 ff.

68 Taunus-Kurier 127, 2.6.1990, S. 8

69 Taunus-Kurier 243, 19.10.1990, S. 9

70 Verwaltungsbericht 1985–1988, S. 237 ff.

71 Verwaltungsbericht 1985–1988, S. 179 ff.

72 Verwaltungsbericht 1985–1988, S. 240

73 Überblick: 791–1991 Eintausendzweihundert Jahre Oberursel (Taunus), Kulturelle Aktivitäten. Oberursel 1990; Veranstaltungskalender „1200 Jahre Oberursel"

Personenregister

Ortsregister

Bildnachweis

F. K. Azzola: 67

A. Baeumerth: S. 47, 105, 193, 205, 245, 246 oben (Repro Sammlung Baeumerth), 306, 307 unten, 310, 313 links

Bayerisches Hauptstaatsarchiv München: S. 19

Bayerisches Staatsarchiv Würzburg: S. 31

K. Engelhardt: S. 201 (Repro Sammlung H. Petran)

J. Friedrich: S. 106 links

Hendrikx, Bergeyk: S. 216

Hessisches Hauptstaatsarchiv Wiesbaden: S. 64, 83, 85, 87, 88 oben und unten, 112 (Foto Oschatz), 114 (Foto Oschatz), 116 (Foto Oschatz), S. 148 (Foto Oschatz), S. 149 (Foto Oschatz), 164, 170, 171, 188, 224 links, 231 links und rechts, 251, 255, 261, 263 oben, 278 unten, 282 unten

H. Himmelhuber: S. 18, 26, 34 rechts, 135, 163, 182, 185, 253, 303, 307 oben, 309 unten, 311, 312

Historisches Museum Frankfurt am Main: S. 36 links und rechts, 41, 58 oben und unten (Foto R. Michel), 99 (Foto Stadtarchiv Oberursel/Kmiec), S. 121

A. Jaenicke: S. 42, 82, 107, 224 rechts, 265

Sammlung M. Kopp: S. 159

Archiv Verlag Waldemar Kramer: S. 243, 250

Familie Kügel in Fa. Rompel: S. 228 (Foto Erbelding)

Kulturamt Stadt Oberursel: S. 314

R. Michel: S. 39 (Zeichnung E. Deckert)

E. Morgenstern: S. 226 (Foto Sammlung Dr. H. Petran)

Sammlung Ch. Müllerleile: S. 269 oben (Foto N. Burkard)

J. Romann: S. 133 (Zeichnung)

Schloßmuseum Darmstadt: 55, 57 links und rechts (Foto R. Michel)

Sammlung W. Stahl: 284 (Foto W. Stahl)

Stadtarchiv Oberursel: S. 34 links (Foto Kaselow), 35, 60 (Repro Himmelhuber), 75 (Foto Kmiec), 103 oben (Foto Fischer), 103 unten (Foto Sarowy), 106 rechts (Foto Deutscher Kunstverlag), 123 (Foto Kmiec), 128 (Foto Kmiec), 155 (Foto Gerstner), 157 (Repro Kmiec), 165, 166 (Repro Himmelhuber), 180 (Repro A. Kmiec), 189, 211 (Repro Kmiec), 214 (Foto Kmiec), 217 (Foto Kmiec), 223 (Repro Kmiec), 235 (Repro Kmiec), 238 (Repro Kmiec), 239 (Repro Kmiec), 241 (Repro Kmiec), 242 (Repro Kmiec), 244 (Repro Kmiec), 246 unten (Repro Kmiec), 247 (Repro Kmiec), 256 (Repro Kmiec), 262 (Repro Kmiec), 269 unten (Repro Kmiec), 273, 279 (Repro Kmiec), 282 oben (Repro Kmiec), 286 oben und unten, 288 unten (Repro Kmiec), 290, 291 (Repro Kmiec), 295 (Foto Kmiec), 297 (Foto Kmiec), 298 (Foto Kmiec), 304 oben und unten (Repro Kmiec), 305 (Repro Kmiec)

W. Steinmetz: S. 199 (Repro Sammlung Dr. H. Petran)

Sammlung H.G. Usinger: 259

Verein für Geschichte und Heimatkunde Oberursel: S. 12, 14, 84, 140, 141, 249, 257, 278 links, 280, 288 oben, 308 oben, Mitte, unten, 309 oben

Vortaunusmuseum: S. 172 (Foto Kmiec), 174 (Foto Kmiec), 221 (Foto Kmiec), 277

E. Wachsmann: S. 45

Aus: Königsteiner Rentei-Rechnung 1581 (HHStA 330 R 1, 1581): S. 117

Aus: Amman, Jost/Sachs, Hans: Das Ständebuch. Frankfurt am Main 1568. Reprint Frankfurt/Hannover 1984: S. 130

Aus: Auf zum Taunus. Frankfurt am Main 1908: S. 101, 260, 271

Aus: Diderot, Encyclopedie: S. 213

Aus: Dilich, Wilhelm: Hessische Chronica. Cassel 1605. Reprint Kassel 1961, nach S. 66: S. 150

Aus: Fristius, Fridericus: Ceremonial-Politica. Leipzig 1708: S. 80

Aus: Henninger, Aloys/Lange, Gustav Georg: Das Herzogthum Nassau in malerischen Original Ansichten. Darmstadt 1862. Reprint Kassel 1977, S. 388: S. 104

Aus: Korf, Festbuch Haupttierschau: S. 229, 263 unten

Aus: Meisner, Daniel/Kieser, Eberhard: Politisches Schatzkästlein, 2. Buch, 5. Teil, Taf. 46. (1630). Frankfurt am Main 1627–1631. Reprint Unterschneidheim 1979, Bd. 2: S. 151 oben

Aus: Prospekt Oberursel: S. 313 rechts (Repro Himmelhuber)

Aus: Toliver/Scharff, The Interrogator, 1978: S. 292, 293

Aus: Topographia Hassiae, et Regionum Vicinarum … Frankfurt am Main 1655. Reprint Kassel 1966, nach S. A 16: S. 151 unten

Aus: Ursella II, S. 24–25: S. 209

Aus: Ursella II, S. 257: S. 190

Aus: Zamorensis, Rodericus: Spiegel des menschlichen Lebens. Augsburg 1479: S. 76

Aus: Zeitschrift für Architektur und Ingenieurwesen, N.F., Bd. XII. Wiesbaden 1907, Sp. 59–64: S. 275